...resse.

I. Jahrgang.

Verwaltung.

In allen Angelegenheiten, welche die Verwaltung des Journals betreffen, wie Abonnements, Inserate u. s. w. bittet man sich in frankirten Briefen an das Expeditions-Bureau, Stadt, Wollzeile Nr. 778. zu adressiren.

Redaction.

Briefe und Mittheilungen, welche sich auf die Redaction beziehen, bittet man an das Redactions-Bureau, Kohlmarkt Nr. 1146, dritten Stock, senden zu wollen.

Motto: Gleiches Recht für Alle.

...en 3. Juli 1848.

und der Ungesetzlichkeit ent-
sprach, war Freiheit der
Die Presse hält in ihren
Gesellschaft. Die Mei-
Welt; die Journale aber
inung.
eit die Presse in Wien sich
war ihr noch nicht möglich,
war entweder ausschlie-
phlet; wir sprechen nicht
iese das Zufällige am Baume
ht entfernt werden. — Es
eigenen Standpunkt anzu-

tlichen Sinne des Worts,
n es auch, wir sind der Ue-
er Presse darin besteht, die
zuführen, dem Bürger des
nge die Wahrheit zu zeigen
, aller Classen eine Art gei-
hne welche die Gleichheit
Grundsatz unserer Zeit, fast
hat die Freiheit der Presse
ht, Ordnung und Gesittung

n nöthig, das öffentliche Le-

In Frankreich fiel eine Regierung, die, wir sagen es freimüthig ein besseres Los verdient hätte, weil sie die großen Fragen der Zukunft, die Reform in Politik und Gesellschaft nicht rasch genug erfaßte, und in Wien mußte ein Minister, der fast ein König war, in die Verbannung gehen, weil er weder die Würde noch Entwicklungsfähigkeit der österreichischen Völkerstämme zu begreifen im Stande war.

Der Ruf der Zeit ist Fortschritt, wo er mit Kämpfen verbunden ist, werden wir sie mit entschlossenem Gemüthe aufnehmen.

Die Executivgewalt Deutschlands und Erzherzog Johann.

Das deutsche Parlament in Frankfurt discutirt jetzt den großen Stoff der Constituirung eines Landes, das die Politik der Fremden und seiner eignen Fürsten seit Jahrhunderten in der Zerwürfniß erhalten hat. Zwei große Probleme bothen hier sich unmittelbar zur Lösung. Die Verfassung zuerst und die Gründung einer ausübenden Gewalt, die ihr Geltung verschaffen könnte. Mußte das Parlament zuerst die Constitution vollkommen entwerfen und diese erschaffne Macht erst dann einem oder mehreren in die Hände legen, oder war das Umgekehrte angewiesen und natürlich? — Um diese Fragen zu beantworten, müssen wir die außerordentliche, sich fast ohne Vorgänge in der Geschichte gestaltende Lage der Dinge in's Auge fassen.

In fest gegliederten Staaten liegt die Macht ...

Ein Stück Österreich

—— 150 Jahre ——

„Die Presse“

VIELEN DANK FÜR BESUCH!

HOLZHAUSEN

HERAUSGEGEBEN VON
JULIUS KAINZ UND ANDREAS UNTERBERGER

Ein Stück Österreich

— 150 Jahre —

Die Presse
UNABHÄNGIGE TAGESZEITUNG FÜR ÖSTERREICH
Vormals NEUE FREIE PRESSE Gegründet 1848

MIT 358 ABBILDUNGEN

Verlag Holzhausen · Wien 1998

Gedruckt mit Unterstützung des
Bundesministeriums für Wissenschaft und Verkehr
bm:wv

Die Deutsche Bibliothek – CIP-Einheitsaufnahme

Ein **Stück Österreich** : 150 Jahre „Die Presse" / hrsg. von Julius Kainz und
Andreas Unterberger. – Wien : Holzhausen, 1998
ISBN 3-900518-83-1

Verlag Holzhausen

2. Auflage Wien 1998
Umschlag: Robert Kaitan
Graphische Gestaltung: Franz Hanns
Umschlagbild: Ausschnitt aus dem Gemälde
„Studentenwachstube der Akademischen Legion in der Aula der alten Universität im Jahre 1848"
von Franz Schams, Historisches Museum der Stadt Wien
Druck: Adolf Holzhausens Nachfolger, Wien
Printed in Austria

ISBN 3-900518-83-1

Der 150. Geburtstag der *Presse* war Anlaß zu diesem Buch. Je mehr wir daran gearbeitet haben, umso mehr haben wir jedoch gespürt: Hier geht es nicht bloß um einen Rückblick auf 150 Jahre faszinierende Zeitungs- und Zeitgeschichte, hier geht es auch nicht nur um Bilanz und Ausblick. Mit 150 Jahren *Presse* haben wir darüber hinaus ein großes Stück Österreichs zu bewerten. Sie ist jenes Medium, in dem sich die kulturelle Kraft dieses Landes und seine dramatischen politischen Verstrickungen besser als in jedem Geschichtsbuch widerspiegeln.

Es klänge nach eitlem Selbstlob, würde man all die Zitate aneinanderreihen, die der *Presse* und der *Neuen Freien Presse*, wie die Zeitung zwischen 1864 und 1938 geheißen hat, eine einzigartige Bedeutung für das politische, kulturelle wie wirtschaftliche Österreich attestieren, die diese Zeitung als wichtigsten Träger österreichischer Identität darstellen.

Wir haben es in diesem Buch vorgezogen, eine einzige Geschichte – nämlich die der Beziehung zwischen der *Presse* und Österreich – von sehr vielen Autoren aus sehr vielen unterschiedlichen Blickwinkeln beleuchten zu lassen. Ein Teil der Autoren kommt aus der *Presse*-Redaktion, viele aus der Wissenschaft und von anderen Zeitungen.

Wir haben bewußt darauf verzichtet, ein wissenschaftliches Werk zu gestalten – auch wenn hier viele in der Geschichtsschreibung bisher unbekannte Fakten zusammengetragen worden sind. Wir haben statt dessen in guter journalistischer Tradition die Lesbarkeit und Verständlichkeit des Werks zur Vorgabe für alle Autoren gemacht. Bei der Auswahl der Beiträge wurde in dieser Frage eine sehr hohe Meßlatte angelegt.

Dieses Buch ist nicht primär das Werk der Herausgeber, sondern das Produkt eines begeisterten Teams. An der Spitze ist Günther Haller zu nennen, der Chef des *Presse*-Archivs, der im letzten Jahr zum Top-Experten in Sachen *Presse*-Geschichte geworden ist, der eine unglaubliche Vielfalt an Illustrationen zusammengetragen hat, den Autoren mit Informationen zur Seite gestanden ist, sich um den historischen Faden des Buches gekümmert und auch wichtige Passagen selbst verfaßt hat.

Hans Werner Scheidl war der Hauptverantwortliche für den kulinarisch-journalistischen Stil des Buches, er hat intensiv an allen Texten gearbeitet, damit diese eben so wie das Buch eines einzigen Autors wirken. Daß die opulenten Illustrationen die gewünschte Qualität bekamen, ist Klaus Pahlich und seinem handwerklichen Können zu verdanken.

Wichtige Beiträge zur Gesamtgestaltung haben Karl-Peter Schwarz und Heinz Müller geleistet. Tribut ist auch Benedikt Kommenda, Eva Male und Henriette Adrigan für ihre Mithilfe zu zollen. Das Layout ist mit großer Souveränität von Franz Hanns entwickelt worden.

Ihnen allen gilt der Dank der Herausgeber für ein Buch, das einer wichtigen Zeitung, einem gewichtigen „Stück Österreich" einen großen Spiegel vorhält. Für ein Buch, das vor allem dem Leser Freude bereiten soll.

Julius Kainz *Andreas Unterberger*

Mit freundlicher Unterstützung durch die ERSTE BANK
und die Vereinigung Österreichischer Industrieller

INHALT

I „Gleiches Recht für Alle!“
„Die Presse“ – Eine Gründung des Jahres 1848

Günther Haller 12 Gleiches Recht

Erich Witzmann 14 **Herr Biedermeier auf den Barrikaden**
Der Kampf um die Pressefreiheit

Günther Haller 20 **„Bei mir müßte sogar die englische Königin ihre Thronrede inserieren“**
August Zang und seine „Presse“

Karl-Peter Schwarz 28 **„*Die Presse* ist nicht die Kuh, die sie sein sollte“**
Karl Marx als Korrespondent in London

Brigitte Hamann 40 **Um des Kaisers Bart**
Die kaiserliche Familie und „Die Presse“

Günther Nenning 46 **„Wie stehst du zum Kapital?“**
„Die Presse“ und der Sozialismus

II Das Weltblatt aus der Fichtegasse
Die Geschichte der „Neuen Freien Presse“

Günther Haller 52 Das Weltblatt

Emil Brix 54 **Ein Fenster nach Europa**
Die „Neue Freie Presse“ als Zeitung des liberalen Bürgertums

Reingard Witzmann 62 **Die große Schau, der große Krach**
Wien im Weltausstellungsjahr 1873

Wolfgang Duchkowitsch 68 **„Fahren Sie bitte gleich nach Meidling – es brennt!"**
Alltag der „Neuen Freien Presse" um 1900

Alfred Pfabigan 74 **Von „Preßhyänen" und „Tintenstrolchen"**
Karl Kraus und die „Neue Freie Presse"

Lucian O. Meysels 82 **Wie ein mächtiger Traum**
Theodor Herzl und Moriz Benedikt – Eine Studie der Gegensätze

Hans Werner Scheidl 88 **Als Star-Journalist in Bosnien**
Kurt von Redens Balkan-Reportagen

Manfried Rauchensteiner 92 **Zeitungskrieg und Kriegszeitung**
Die „Neue Freie Presse" im Ersten Weltkrieg

Kurt R. Leube 108 **Nicht der Kapitalismus hat versagt ...**
Die österreichische Schule der Nationalökonomie

Eva Widmair 118 **Über kurz oder lang – alle Macht ...**
Frauenemanzipation und Männerzeitung

Hans Haider 122 **Österreichs Dreyfusaffäre**
Der Fall Philipp Halsmann

Heinz Müller 128 **„Zahmer Affe, sammt schönem Affenhaus"**
Inserate in der „Neuen Freien Presse"

Theodor Venus 136 **Die dunklen Jahre**
Österreichs Ende und das Ende der „Neuen Freien Presse"

III Unter dem Strich
Das Feuilleton der „Neuen Freien Presse"

Günther Haller 156 Das Feuilleton

Walter Obermaier 158 **Mit Spitzers Feder**
Daniel Spitzers „Wiener Spaziergänge"

Dietmar Grieser 168 **Von der Unsterblichkeit eines Tages**
Der Kritiker Ludwig Speidel

Wilhelm Sinkovicz 174 **Das Blatt der bösen, subjektiven Kritiker**
Zur Geschichte der österreichischen Musikkritik

Wendelin Schmidt-Dengler 178 **„Die Entdeckung des Geringen“**
Georg Büchners „Woyzeck“ in der „Neuen Freien Presse“

Günther Haller 184 **„Niemals meine Feinde und niemals meine Freunde“**
Arthur Schnitzler und die „Neue Freie Presse“

IV Neubeginn und Gegenwart

„Die Presse“ in der Zweiten Republik

Günther Haller 194 Die Zweite Republik

Fritz Molden 200 **Unabhängig – und am Rande der Krida**
Interview

Hugo Portisch 204 ***Die Presse* jubelte nicht**
Die Neutralität – wie sie wurde und was sie ist

Johannes Eidlitz 210 **Der Grandseigneur aus dem Herrenhof**
Über Milan Dubrovic

Otto Schulmeister 216 ***Die Presse* geht nicht unter**
Interview

Heinz Müller 222 **Mit Rattengift und Küchenmesser**
Vom Tatort zum Gerichtssaal

Friedrich Achleitner 232 ***Die Presse* als Briefkasten**
Zur Architekturkritik der Nachkriegszeit

Hans Werner Scheidl 236 **Der gestrichelte Leitartikel**
„Ironimus“-Karikaturen

Engelbert Washietl 240 **Hier haben wir gelernt**
„Die Presse“ als Journalistenschule

Dieter Lenhardt 248 **Bombenschüsse – vom Stapel gelassen**
Anmerkungen zur Sportberichterstattung

Hans Haider 254 **Durchhaus und Heimat für die Literatur**
Das „Presse“-Feuilleton

Günther Haller 262 **Magie der Dunkelkammer**
Pressephotographie im Zeitraffer

Hans Werner Scheidl 268 **Der Umgang mit den Mächtigen**
Über das Verhältnis von Journalisten zu Politikern

Josef Urschitz 272 **Willkommen im fast freien Markt!**
Der „Economist" der „Presse"

V Zeitungsleser und Zeitungsmacher
Der Weg in die Zukunft

Günther Haller 280 Zeitungsleser und -macher

Karl Woisetschläger 282 **Es lebe die Blamage!**
„Die Presse" – Studien zu einem Sittenbild

Hans Werner Scheidl 288 **Füllfeder und Keyboard**
Zeitungstechnik für Nostalgiker

Detlef Drewes 292 **Zeitungsleser sind klüger**
Die Zukunft der Medien

Thomas Chorherr 296 **Der süße Duft von Papier**
Über den Beruf des Journalisten

Julius Kainz 302 **Durch Qualität zur Lust am Lesen!**
Gedanken eines Herausgebers

Andreas Unterberger 306 **Bürgerlich und liberal**
Ein Wegweiser ins nächste Jahrtausend

VI Anhang

Günther Haller 318 Chronik 1848 – 1998

332 Die Autoren des Buches

Günther Haller 336 Literaturverzeichnis

339 Bildnachweis

340 Personenregister

I

„Gleiches Recht für Alle!“

„Die Presse“ – eine Gründung des Jahres 1848

Die Geschichte der *Presse* beginnt nicht zufällig im Jahr 1848. Die revolutionären Märzereignisse mit der Aufhebung der Zensur waren für die österreichischen Zeitungen von elementarer Bedeutung: Erstmals wurden sie zum Organ der öffentlichen Meinung. Nach der Zeit der Unterdrückung nutzte jeder, der über die entsprechenden Mittel verfügte, die Möglichkeit, in einer Auflage von ein paar hundert Stück seine Gedanken über Gott und die Welt einem größeren Publikum mitzuteilen. Gierig wurde alles Gedruckte verschlungen, über Nacht hatte die Unterhaltungsliteratur des Vormärz ausgedient, die Atmosphäre in der Publizistik war hochpolitisch geworden.

In dieser chaotischen Situation, da täglich Publikationen von zum Teil katastrophalem Niveau gegründet wurden, oft schon nach wenigen Tagen wieder eingingen und wieder neuen Platz machten, erschien am 3. Juli 1848 zum ersten Mal *Die Presse*, eine neue Tageszeitung mit einem ganz und gar unscheinbaren Titel, aber sehr hohem Anspruch: Sie wurde nicht von Dilettanten, sondern von hochprofessionellen Journalisten gemacht, die durch die Schule des französischen Pressewesens gegangen waren, sie vertrat eine politisch gemäßigte Haltung, die die lauthals propagierten Extrempositionen verabscheute; und sie vertrat diese Position in einer seriös-konservativen Aufmachung und einer anspruchsvollen Sprache. Das Blatt erregte sogleich Aufmerksamkeit, sein „Erfinder", August Zang, wurde in Wien zum berühmten und sehr bald umstrittenen Mann.

Der Zeitungsleichen, die den Weg der *Presse* in ihrer Gründungsphase säumten, sind Legion. Mehrere Male, wenn die Wogen des Revolutionsjahres besonders hoch gingen, drohte das Flaggschiff der gemäßigt-liberalen Publizistik, eingekeilt zwischen der Scylla der reaktionären Regierungspolitik und der Charybdis der feindseligen linksrepublikanischen Konkurrenzblätter, ebenfalls zu kentern. An einen geradlinigen Kurs war unter diesen Umständen nicht zu denken, es ging vor allem ums Überleben. August Zang, der diese strategische Meisterleistung schaffte, war aber nicht nur ein inspirierter und ungemein moderner Verleger, sondern von seiner Charakteranlage her ein beinharter Materialist, seiner Neigung nach ein Spekulant, der keine Scheu davor hatte, seine Einkünfte auch durch trübe Quellen zu vermehren. Kurzum: *Die Presse* mußte auch Gewinne abwerfen, sonst wäre sie für ihren Gründer uninteressant geworden.

Doch all die verlegerischen und kommerziellen Talente hätten nicht ausgereicht, wenn *Die Presse* nicht in einer breiten bürgerlich-gebildeten, gemäßigt-liberalen Leserschicht ein Stammpublikum gefunden hätte, das offensichtlich ausgehungert war nach seriöser Information über dem Niveau der marktschreierischen Revolutionsblätter und der rein schöngeistigen Biedermeierpublizistik. Die treuen und ständig mehr werdenden *Presse*-Leser waren durch die Ereignisse von 1848 nachhaltig politisiert worden und machten ihre Zeitung in den fünfziger Jahren trotz der geistigen Knebelung durch den Neoabsolutismus zum größten und einflußreichsten Journal der Monarchie. Es ging jetzt darum, eine der wichtigsten Errungenschaften der Revolution, die Pressefreiheit, gegen einen Wust von Zivilprozessen, Zensurbestimmungen, Konfiskationsdrohungen und bürokratischen Schikanen zu behaupten. Erst mit dem Pressegesetz von 1862 findet dieses Tauziehen zwischen Regierung und *Presse* ein Ende.

Unter diesen Begleitumständen wurde der Berufsjournalismus in Österreich geboren, Zangs Chefredakteure Michael Etienne und Max Friedländer gehörten zu den profiliertesten Vertretern dieses Standes. Im Verhältnis zu seinen Journalisten hat der ansonsten so modern agierende Verleger und Alleineigentümer Zang jedoch den Zug der Zeit verpaßt: Der krasse Egoist und Selfmademan, der zunehmend starrköpfig agierte und immer mehr in den Verdacht eines Korruptionisten geriet, wies den Wunsch der Redaktion nach besseren Arbeitsbedingungen und entsprechender Entlohnung kategorisch zurück. Im Mai 1864 kam die gewittrig aufgeladene Atmosphäre mit der Sezession von Friedländer und Etienne zur Entladung: Eine neue Gründungsmanie im österreichischen Zeitungswesen der sechziger Jahre, für die Männer wie Zang den Weg bereitet hatten, war der Palastrevolution hilfreich; am 1. September 1864 konnte die *Neue Freie Presse*, die für die österreichische Publizistik von singulärer Bedeutung wurde, zum ersten Mal erscheinen. Es war zum geschlossenen Frontwechsel gekommen: Die Dioskuren Friedländer/Etienne zogen so gut wie das gesamte Redaktionspersonal mit sich. Die neue Tageszeitung unterschied sich nicht nur redaktionell, sprachlich und stilistisch wenig von der *Presse*, sondern sie sah sich auch in ihrer politischen Haltung in derselben Tradition. Sie vertrat jetzt als repräsentatives Blatt den vornehm großbürgerlichen Liberalismus mit einer betont österreichischen Linie.

Die 1848 gegründete *Presse* hieß von diesem Zeitpunkt an im Volksmund nur noch „die alte *Presse*“. Sie behielt ihre grundsätzliche zentralistisch-großösterreichische Linie liberaler Prägung bei, lehnte den Neoabsolutismus ab und begrüßte das Oktoberdiplom und das Februarpatent. Eine plötzlich einsetzende konservative Wendung zur Zeit der Regierung Taaffe zeigte mehr als deutlich an, daß sie Regierungsorgan geworden war. Zang hatte sich schon 1867 von ihr zurückgezogen, am 31. Oktober 1896 wurde den Abonnenten mitgeteilt, daß *Die Presse* zu bestehen aufhöre.

Zu diesem Zeitpunkt war ihre Nachfolgezeitung, die *Neue Freie Presse*, auf dem Höhepunkt ihres Ruhms. Sie konnte auf der Generation der Zeitungspioniere aufbauen, die sich eine politisch wache Leserschaft „großgezogen“ hatten und eine kommerziell sehr erfolgreiche, Gewinn abwerfende Qualitätszeitung von hohem inhaltlichen und sprachlich-stilistischen Niveau auf dem Markt durchgesetzt hatten.

Günther Haller

ERICH WITZMANN

Herr Biedermeier auf den Barrikaden

Der Kampf um die Pressefreiheit

Der Josefsplatz ist von einer unübersehbaren Menschenmenge besetzt. Die Wiener demonstrieren in sichtlicher Erregung, Hüte werden geschwenkt und in die Luft geworfen, eine Kundmachung wird verlesen. Die Reiterstatue Kaiser Josefs II. in der Mitte des Platzes ist mit einer Standarte mit der Aufschrift „Press-Freiheit von 1780" versehen. Die kurze Bildunterschrift der Kreidelithographie aus dem Wiener Verlag Johann Höfelich: „Der 14 Merz 1848".
Zweite Szene: „Schießt sie todt, die Hunde, es sind – Journalisten!", lautet der Text einer Abbildung, die das Spott- und Karikaturenblatt *Wiener Charivari* am 5. September 1848 bringt. Journalisten halten eine riesige Tafel, auf der „Strafe für Pressfrechheit" zu lesen ist, einige von ihnen haben bereits die Hände erhoben. Ihnen gegenüber feuert gerade eine Gruppe Soldaten in militärischer Ordnung eine Salve ab, die in der vordersten Reihe stehenden Redakteure brechen zusammen.
Zwischen der Veröffentlichung dieser beiden Karikaturen liegt der bewegteste und turbulenteste Abschnitt der österreichischen, der Wiener Pressegeschichte. Die „Kundmachung zur Aufhebung der Censur", die am 14. März 1848 auf dem Josefsplatz verlesen wird, ist Zeichen eines Erfolges, den die Wiener vorerst gar nicht für möglich gehalten haben. Am 13. März kommt es im niederösterreichischen Landhaus zur Entzündung des Pulverfasses, zum Ausbruch der Revolution. Fünf Tote in der Stadt, 45 Tote bei dem in den Vorstädten entfachten Arbeitersturm sind die schreckliche Bilanz. Am selben Tag tritt Staatskanzler Fürst Metternich zurück, tags darauf erhalten die Wiener die Bewilligung zur Bewaffnung in der Nationalgarde, zur Gründung der Akademischen Legion; die Zensur wird aufgehoben.
Dies wird mit der totalen Presse- und Meinungsfreiheit gleichgesetzt – und die folgenden Wochen und Monate geben den Wiener Bürgern recht, die sich dieses Vorrecht nehmen (und in dieser weitgehenden Auslegung nicht erhalten haben). Daß die Reaktion stets auf ein Ende dieser bis zur Zügellosigkeit genutzten Pressefreiheit bedacht war, deutet bereits die *Charivari*-Karikatur vom 5. September an. Fast zwei Monate vor der Niederschlagung der Wiener Revolution wurde mit bitterem schwarzen Humor das Ende prophezeit: Schießt sie nieder, die Journalisten.
Anfang 1848 haben die Wiener die „Erweiterte Preßfreiheit", die Josef II. am 11. Juni 1781 gewährt hatte (die Karikatur von 1848 hatte ein falsches Datum angegeben), mit der Freiheit in allen Lebensbereichen gleichgesetzt. Josef II., der ohne äußeren Zwang die Zensur lockerte, stand zu seiner Zeit außerhalb jeder Kritik. Der Kaiser benötigte zudem Zeitungen und Flugschriften als Mitstreiter seiner Reformen. Und er benutzte im Sinn der

„'s is die Gärung zu groß, es geht überall los"
J. N. Nestroy, „Freiheit in Krähwinkel"

„Paris ist vollkommen ruhig"
Die „Wiener Zeitung" am 29. Februar 1848, im gewohnten Stil über die Revolution in Frankreich

Linke Seite: 14. März 1848 auf dem Josefsplatz: Die Zensur ist aufgehoben, die ersehnte „Preßfreiheit" erreicht. Oben: Maueranschlag beim Kärntnertor am frühen Morgen des 29. Februar 1848. Unten: Der erste Erfolg, durch Anschläge bekanntgegeben: Die Revolution hatte ihr Haupt erhoben.

heutigen Zeit die Medien: Als Papst Pius II. wegen des kirchlichen Konflikts mit dem österreichischen Regenten (Toleranzpatent, Klosteraufhebungen) bereits von Rom nach Wien aufgebrochen war, ließ er in den Wiener Zeitungen seinen Briefverkehr mit dem Papst veröffentlichen und duldete den sofort einsetzenden Druck zahlreicher Pamphlete gegen die Papstreise.
Die erste Freiheit für Schrift und Bild ist am 22. Februar 1795 durch die General-Zensurverordnung Kaiser Franz II. (später Franz I.) jäh beendet worden. Angesichts der Französischen Revolution haben seit 1790 auch die Habsburger die Freiheiten mehr und mehr eingeschränkt. 1801 wurde die Zensurkompetenz an die Wiener Polizeibehörde übertragen, weitere Verschärfungen folgten.
„Kein Lichtstrahl, er komme, woher er wolle, soll in Hinkunft unbeachtet und unerkannt bleiben oder seiner möglichen nützlichen Wirksamkeit entzogen werden": Diese Einleitungsformel aus der Zensurvorschrift vom 14. September 1810 läßt wie kaum eine andere amtliche Verordnung den Charakter des Polizei- und Überwachungsstaates er-

Seine k. k. apostolische Majestät haben die Aufhebung der Censur und die alsbaldige Veröffentlichung eines Preßgesetzes allergnädigst zu beschließen geruht.

Wien am 14. März 1848.

Johann Talatzko Freiherr von Gestieticz,
k. k. Nieder-Oester. Regierungs-Präsident.

„Die Werke der Akademie werden censurfrei sein!"

Zitat aus der Rede zur Eröffnung der Akademie der Wissenschaften am 2. Februar 1848

kennen. Die völlige geistig-politische Bevormundung war damit zur Realität geworden. Jahre der Lähmung folgten, und erst nach der Französischen Revolution von 1830 wurden in der Habsburgermonarchie neue Strömungen sichtbar. Ausländische Zeitungen waren unter der Hand erhältlich und wurden weitergegeben. Bei jeder Diskussion um Reformen, bei jedem Ansatz einer demokratischen Erneuerung stand die „Preßfreiheit" an der Spitze der Forderungen.

Vorerst versuchten die Künstler mit feiner Satire gegen die Mächtigen aufzubegehren: 1841 fertigte Joseph Danhauser, der eine Professur für Historienmalerei an der Akademie innehatte, eine aquarellierte Bleistiftzeichnung an, die er mit dem Text „Die Nothwendigkeit der Maulkörbe oder versäumte Vorsicht" versah. Die Hunde auf dieser Zeichnung hatten eine Ähnlichkeit mit Personen der Realität, ein Tier, das gerade Manuskripte zerriß, trug die Züge des Joseph Christian Freiherrn von Zedlitz, eines Beamten der Zensurbehörde. Die Zensoren strichen den Text „Die Nothwendigkeit der Maulkörbe", ließen die Zeichnung aber passieren.

„Jede Konstitution erfordert Bewegung." Metternich auf der Flucht. Das Wien von 1848 hat seine erste politische Karikatur.

Der tierliebende Schriftsteller Ignaz Franz Castelli, Gründer des Tierschutzvereins, nannte seine beiden Hunde wiederum nach dem verhaßten Leiter der Polizei- und Zensurstelle, Josef Graf Sedlnitzky. Der Maler Karl Fichtner fertigte ein (später mehrmals kopiertes) Aquarell an, auf dem Castellis Hunde „Sedl" und „Nitzki" gerade ihre Notdurft auf zahlreichen bedruckten Papiererzeugnissen verrichteten.

Am 29. Dezember 1842 lehnten sich erstmals die Zeitungsredakteure auf, ihre Beschwerdeschrift gegen die Bevormundung durch die Polizeistelle blieb aber unbeantwortet. Einen nachhaltigeren Protest unternahmen 99 in der Künstler- und Literatenvereinigung „Concordia" tätige Mitglieder, die am 11. März 1845 Staatskanzler Fürst Metternich eine Petition gegen die Zensur überreichten. Immerhin trug das Schriftstück die Unterschriften von Friedrich Amerling, Eduard von Bauernfeld, Ignaz Franz Castelli, Joseph Danhauser, Ernst Freiherr von Feuchtersleben, Franz Grillparzer, Mathias Ranftl und Georg Ferdinand Waldmüller sowie von hohen Aristokraten wie Fürst Friedrich Schwarzenberg und Colloredo-Mannsfeld.

Das Jahr 1848 begann mit einer Aktion des Hofes: Am 14. Jänner wurde ein neues Zensurgesetz erlassen, das nach Absicht der Verfasser zu einer Beruhigung führen sollte. Denn mit einer neu eingeführten Berufungsinstanz sollte der von den Schriftstellern immer wieder erhobenen Forderung nach einem Rekursrecht Rechnung getragen werden. Freilich war das Gegenteil der Fall: Zeitschriften, Tag- und Flugblätter – also die gesamte Journalistik – waren von dem Berufungsrecht ausgenommen.

Nun ging es Schlag auf Schlag, der Unmut breiter bürgerlicher Schichten konnte nicht mehr im Zaum gehalten werden. Gleich nach Inkrafttreten des neuen Gesetzes am 1. Februar 1848 überreichte das Gremium der Wiener Buchhändler dem Hof eine Bittschrift, in der die Zurücknahme des Zensurgesetzes gefordert wurde. Die Schriftsteller schlossen sich der Petition an, und in der neugegründeten Kaiserlichen Akademie der Wissenschaften kam es zu einem Eklat: In der Eröffnungsrede am 2. Februar betonte Präsident Josef Freiherr von Hammer-Purgstall, daß die Akademie zensurfrei wirken

„Alle auf die Censur von Druckschriften und Bildwerken sich beziehenden Gesetze und Verordnungen sind aufgehoben."
§ 1 des Provisorischen Pressegesetzes vom 31. März 1848

werde. Die Rede wurde zwei Tage später in der *Wiener Zeitung* wiedergegeben – aber gerade dieser Passus fehlte.

Die nächsten Anstöße kamen nun von außen, wobei die Kanzlei des Kaisers die Geschehnisse nicht mehr unter Kontrolle halten konnte. Am 28. Februar verbreitete sich in Wien wie ein Lauffeuer die Nachricht von der sechs Tage zuvor ausgebrochenen Revolution in Paris. Die Absetzung Louis Philippes und die Proklamation der Republik waren die Hauptgesprächsthemen in der Stadt. In den nächsten Tagen folgten Neuigkeiten von den Revolutionen in Bayern und in anderen deutschen Staaten, von den Unruhen in Turin und Neapel. Am 3. März hielt Lajos Kossuth seine berühmt gewordene Rede im ungarischen Landtag. Kossuth bekannte sich zur Dynastie, er forderte aber eine Konstitution und prangerte das „entartete Regierungssystem" an. „Aus der Beinkammer des Wiener Systems weht eine verpestete Luft auf uns", rief er aus.

Jetzt waren der Kaiser und der Hof unmittelbar gefordert. Noch einmal sollte eine Beschwichtigungs- und Einschüchterungskampagne helfen: Die *Wiener Zeitung* und der *Österreichische Beobachter* – die damals einzigen politischen Zeitungen in Wien – reagierten auf die Kossuth-Rede in Budapest mit verniedlichenden Artikeln, am 10. März wurde dann im Namen von Kaiser Ferdinand eine amtliche Erklärung veröffentlicht, in der vor „Bestrebungen zum Umsturz der rechtlichen Ordnung" gewarnt wurde.

Diese Verordnung goß nur noch Öl ins bereits schwelende Feuer. Die „Press-Freiheit" war in aller Munde, sie galt als Ausgangspunkt für weitere Reformen. Jetzt forderten der Gewerbeverein, die Wiener Bürger in einer Massenpetition und die Studenten nachdrücklich die Aufhebung der Zensur. Am 13. März bereiteten die Stände unter dem Eindruck der allgemeinen Erregung eine Eingabe an den Kaiser vor, die sich ausschließlich mit den Presseverhältnissen befassen sollte. Aber während der Beratungen im niederösterreichischen Ständehaus kam es zu Tumulten im Hof des Landhauses. Der Jurist Putz verlas vor einer erregten Menschenmenge die Ausführungen Kossuths, die damit schlagartig zur „Taufrede der österreichischen Revolution" wurden.

Der 13. März: Zusammenstöße, das Militär schießt, die ersten Toten. Am Tag darauf sammeln sich die Bürger in der Nationalgarde und der Akademischen Legion, die Zensur wird aufgehoben und ein neues Pressegesetz versprochen. Am 15. März kündigt der Kaiser eine Verfassung an, Metternich flieht, der Wiener Polizeichef Graf Sedlnitzky tritt zurück. Die Revolution hat – zu diesem Zeitpunkt – gesiegt.

„In den Märztagen zeigte sich die Presse wie das Volk selbst: glücklich und gemütlich wie ein Kind ohne Hofmeister, sorglos und zukunftsfreudig"
Aus der „Bohemia", einer zeitgenössischen Zeitung

„Das Ministerium hat die höchste Stufe von Volkstümlichkeit erreicht"

Bildtext zu einer zeitgenössischen Zeichnung, die die Regierung am Galgen zeigt

Das „Wandernde Bureau" des „Gerad' aus": Zeitungskolporteure anno 1848

Ab dem 19. März erscheinen die Blätter der neuen – zensurfreien – Ära. Nach einer 1877 von Joseph Freiherr von Helfert erstellten Statistik gab es 1848 in Wien insgesamt 217 verschiedene Presseerzeugnisse, wobei Helfert auch die Kurzlebigkeit der neuen Zeitungen hervorhob: 34 Zeitungen waren „Eintagsfliegen", weitere 26 mußten binnen einer Woche ihr Erscheinen einstellen. Nur 13 Zeitungen überlebten das Revolutionsjahr. Die Zeit der freisinnigen, der radikalen Zeitungen folgte. Einige Titel erreichten schon nach zwei, drei Tagen einen überaus großen Bekanntheitsgrad und mußten bis zu 15.000 Exemplare pro Tag drucken.

An der Spitze der extremen Journalistik stand die *Constitution*, andere Zeitungen wie der *Freimüthige*, der *Studenten Courier* der *Radicale* und später das Spott- und Karikaturenblatt *Wiener Charivari* und der *Wiener Krakehler* folgten. Es brach zudem ein täglicher Zeitungskrieg der radikalen Zeitungen gegen die schwarz-gelben Publikationen aus. An der Spitze der konservativen Ausgaben standen die *Geißel*, der *Zuschauer*, die *Constitutionelle Donau-Zeitung* und die *Kirchenzeitung*.

Den Journalisten standen die Schriftsteller nicht nach. Eduard von Bauernfeld vollzog die Revolution in seinem Bühnenspiel „Die Republik der Tiere" – und ahnte bereits das bittere Ende. Johann Nestroy warnte in seiner „Posse mit Gesang", in „Freiheit in Krähwinkel", vor einer extensiven Auslegung der Freiheiten. Ein Journalist, Eberhard Ultra, und als Studenten verkleidete Mädchen führen den Umsturz herbei. Ultra, von Nestroy selbst gespielt, warnt aber in einem Auftritt vor zu vielen Freiheiten, denn am Ende würde gar kein System vorhanden sein.

„An unseren lieben Mitbürger, auch Kaiser genannt!"

Aus der radikaldemokratischen Revolutionspublizistik

Am 1. Juli fand die Uraufführung von „Freiheit in Krähwinkel" am Wiener Carltheater statt. Zu dieser Zeit stand ein großes Zeitungsprojekt knapp vor seiner Vollendung: Am 3. Juli 1848 erschien die erste Ausgabe der *Presse* – der einzigen Zeitung, die auch 150 Jahre später noch besteht.

Abonnement.
Ganzjährig 6 fl. C. M.
Halbjährig 3 fl. C. M.
Vierteljährig 1 fl. 30 kr. C. M.
Monatlich 30 kr. C. M.
Einzelne Blätter kosten 1 kr. C. M.
Tägliche Postversendung.
Ganzjährig 7 fl. 12 kr. C. M.
Halbjährig 3 fl. 36 kr. C. M.
Vierteljährig 1 fl. 48 kr. C. M.
Inserate aller Art werden angenommen. Einrückungs-Gebühr für die einspaltige Petitzeile bei einmaliger Einrückung 4 kr. Für die zweite und dritte Wiederhohlung jedesmal 2 kr. Folglich für dreimalige Einrückung 8 kr. C. M.

Die Presse.

Motto: Gleiches Recht für Alle.

I. Jahrgang.
Verwaltung.
In allen Angelegenheiten, welche die Verwaltung des Journals betreffen, wie Abonnements, Inserate u. s. w. bittet man sich in frankirten Briefen an das Expeditions-Bureau, Stadt, Wollzeile Nr. 778. zu adressiren.
Redaction.
Briefe und Mittheilungen, welche sich auf die Redaction beziehen, bittet man an das Redactions-Bureau, Kohlmarkt Nr. 1146, dritten Stock, senden zu wollen.

№ 1. Wien, Montag den 3. Juli 1848.

Die Austräger dieses Journals sind angewiesen, Abonnements-Bestellungen für die Stadt und alle Vorstädte in das Expeditions-Bureau, Wollzeile Nr. 778, zu befördern.

Es genügt also, dem Austräger Namen, Adresse und die Dauer des Abonnements genau anzugeben, um am andern Morgen das Journal mit der Pränumerations-Karte zu erhalten.

Den Abonnenten wird das Journal täglich ohne Erhöhung des Preises in das Haus geschickt.

Inhalt: Unser Zweck. — Die Executiv-Gewalt Deutschlands und Erzherzog Johann. — Oesterreich und Deutschland. — Wien. — Nachricht aus Treviso. — Sicherheits-Ausschuß vom 1. und 2. Juli. — Pest. — Prag. — Frankfurt, die provisorische Central-Gewalt für Deutschland. — Berlin, Rückblicke in die letzte Vergangenheit Deutschlands. Preußen. — Hannover. — Zürich. — Luzern. — Rom. — Großherzogthum Posen — England. — Frankreich. — Börsenbericht.

Wien den 2. Juli.

Bei der Gründung des Blattes, dessen erste Nummer wir hier dem Publikum vorlegen, haben uns mannigfache Ideen geleitet und Plane vorgeschwebt, deren Verwirklichung unser theuerstes Interesse wäre. Wir haben das Werden der öffentlichen Meinung in diesem Lande in seinen ersten Regungen gesehen, die junge österreichische Freiheit in ihrem ersten, noch etwas unsicheren Fluge haben wir mit dem freudigsten Gefühle begrüßt, und sind der sich entwickelnden, sich neu erzeugenden Presse mit jener Theilnahme gefolgt, die bei ernsten Männern die Würdigung des Geistes ist.

Unsere Revolution hat das eigene Schauspiel dargeboten, daß sie nicht durch hereinbrechende Noth, durch den Unverstand der Regierenden bei Lösung der materiellen Fragen, durch Verlegenheit in den Finanzen, wie in andern Ländern herbeigeführt wurde, sondern bloß durch das Gefühl würdiger Reife, das aller Gemüther wie mit Einem Schlage sich bemächtigte. Man brach die Fesseln der Bevormundung, weil man sich selbst, weil man Europa gegenüber es nicht mehr vertreten mochte, Kind zu sein, und es entstand eine Staatsumwälzung, die wir nur mit der amerikanischen vergleichen wollen, weil sie wie diese im Namen des Rechtes, ich möchte fast sagen im Namen der Gesetze dem Unrechte und der Ungesetzlichkeit entgegentrat. Das Erste, was man ansprach, war Freiheit der Presse, und man hatte Recht. Die Presse hält in ihren Händen die Geschicke der neueren Gesellschaft. Die Meinung ist die Königin der Welt; die Journale aber schaffen, berathen, leiten diese Meinung.

Wie hat nun seit dieser ersten Zeit die Presse in Wien sich gestaltet? Wir sagen es frei, es war ihr noch nicht möglich, den rechten Weg zu finden. Sie war entweder ausschließend, oder abstract, oder Pamphlet; wir sprechen nicht einmal von ihren Auswüchsen, weil diese das Zufällige am Baume sind und weil sie durch Pflege leicht entfernt werden. — Es mag uns hier gegönnt sein, unsern eigenen Standpunkt anzudeuten.

Wir sind Demokraten im eigentlichen Sinne des Worts, wir lieben das Volk, aber wir achten es auch, wir sind der Ueberzeugung, daß die große Pflicht der Presse darin besteht, die Geister in das öffentliche Leben einzuführen, dem Bürger des erneuten Staates unparteiisch strenge die Wahrheit zu zeigen und zu sagen, und durch Belehrung aller Classen eine Art geistiger Gleichheit anzustreben, ohne welche die Gleichheit vor dem Gesetze, dieser heiligste Grundsatz unserer Zeit, fast immer Täuschung wird. Das Volk hat die Freiheit der Presse erkämpft, die Presse muß dafür Recht, Ordnung und Gesittung für das Volk erkämpfen.

Der Bürger hat in unseren Tagen nöthig, das öffentliche Leben, in das er treten soll, genau zu kennen. Das Journal muß daher alle Stoffe behandeln, welche darauf Bezug haben.

Angelegenheiten der Religion, der Moral, der Politik, der Verwaltung, der Literatur, der Kunst, so wie der Ereignisse und Thatsachen, welche die Geschichte in unserm Lande und in andern Staaten erzeugt, gehören ganz in seinen Kreis, und je mannigfacher die Interessen des Tages und die Arbeiten des Lebens werden, desto höher wird auch der Beruf und die Aufgabe seines Wirkens.

Und so haben wir es unternommen, von diesem Gesichtspunkte aus das Journal der reinen Demokratie herauszugeben. Unsere Grundsätze sind, die sich geltend machende Freiheit und Gesittung gegen Uebergriffe und Barbarei zu schützen, die Bewegung nicht zu fürchten, weil sie die Ruhe stört, die wahre Erhaltung aber im fortwährenden Vorbereiten und Schaffen des Neuen zu erblicken. — Die Geschichte der letzten Monate hat Staatsmännern und Denkern die furchtbarsten Lehren gegeben: das Schroffe brach überall vor dem Sturme zusammen, in Frankreich fiel eine Regierung, die, wir sagen es freimüthig ein besseres Los verdient hätte, weil sie die großen Fragen der Zukunft, die Reform in Politik und Gesellschaft nicht rasch genug erfaßte, und in Wien mußte ein Minister, der fast ein König war, in die Verbannung gehen, weil er weder die Würde noch Entwicklungsfähigkeit der österreichischen Völkerstämme zu begreifen im Stande war.

Der Ruf der Zeit ist Fortschritt, wo er mit Kämpfen verbunden ist, werden wir sie mit entschlossenem Gemüthe aufnehmen.

Die Executivgewalt Deutschlands und Erzherzog Johann.

Das deutsche Parlament in Frankfurt discutirt jetzt den großen Stoff der Constituirung eines Landes, das die Politik der Fremden und seiner eignen Fürsten seit Jahrhunderten in der Zerwürfniß erhalten hat. Zwei große Probleme bothen hier sich unmittelbar zur Lösung. Die Verfassung zuerst und die Gründung einer ausübenden Gewalt, die ihr Geltung verschaffen könnte. Mußte das Parlament zuerst die Constitution vollkommen entwerfen und diese erschaffne Macht erst dann einem oder mehreren in die Hände legen, oder war das Umgekehrte angewiesen und natürlich? — Um diese Fragen zu beantworten, müssen wir die außerordentliche, sich fast ohne Vorgänge in der Geschichte gestaltende Lage der Dinge in's Auge fassen.

In fest gegliederten Staaten stirbt die Macht nie, das Gesetz kann zertrümmert werden, die Empörung kann Kronen zerbrechen, aber augenblicklich wird dann einem Manne oder mehreren das Geschick des Landes anvertraut. In Frankreich, in England, nach den großen Staatsumwälzungen, haben die souveränen Vertreter des Volkes augenblicklich die Herrschaft abgegeben, und wenn eben Gesetze die Herrschaft noch nicht beschränkten, so wurde sie, blos vom Volkswillen gedämmt und geleitet, die den Verhältnissen entsprungene Dictatur. — Wie ist es in Deutschland? — Hier war die Aufgabe viel verwickelter und umsonst rang man bisher nach Lösung. — Noch bestehen alle Regierungen aufrecht, die meisten werden, wenn nicht von der Liebe ihres Volkes, doch von den geschichtlichen Erinnerungen und den separatistischen Wünschen der verschiedenen Länder getragen. Nicht blos die Mandate der Wähler, sondern die politischen Ueberzeugungen der meisten Abgeordneten verbieten ihnen, sich Maßregeln anzuschließen, welche die zu große Beschränkung oder gänzliche Aufhebung der Unabhängigkeit

Feuilleton.

Wochen-Chronik.

Der Beruf des Feuilleton's.

Wir wollen eine Uebersicht der historischen Ereignisse dieser Woche, jedoch hauptsächlich nur wie sie sich im Localleben Wiens spiegeln, dem Leser vorführen, und beginnen mit dem aufrichtigen Geständnisse, daß die Gründung unseres neuen Tageblattes: „Die Presse“ uns die allerwichtigste Begebenheit scheint, in Bezug auf Völkerwohl, Industrie, Handel, Freiheit u. s. w., die seit langem in Europa vorgekommen. Das denken zwar Alle, die ein neues Blatt erscheinen lassen, allein nur wir sind so frei, es auch zu sagen. Freilich nur im Feuilleton, allein das ist eben der Vorzug des Feuilletons, daß es auch individuelle Meinungen abspiegeln darf, während die eigentlich politische Presse die öffentliche Meinung vertreten soll, die Meinung Aller, wobei es freilich geschieht, daß Jeder seine Privatmeinung für die Aller — oder bescheidener Weise nur aller Vernünftigen ausgibt. Jedenfalls aber soll unser Feuilleton in der Zeit der Massenherrschaft ein schützendes Dach für das Individuum sein, um durch persönliche Erlebnisse und aus dem Fond der Eigenthümlichkeit geschöpfte Bemerkungen, die große Geschichte der Gegenwart memoirenhaft interessant zu begleiten. Es soll einen Standpunkt bilden, von welchem aus auch die Kunst, die literarische Bildung, die wissenschaftliche Ideen-Entwicklung des Jahrhunderts, im Bewußtsein, nicht untergehen zu können und deßhalb in ruhiger Beschaulichkeit dem Kampfe zusehe, der sich zwischen der lang unterdrückten gesunden Naturgewalt der Völker und der eben so lange mächtig gewesenen Fäulniß aller unserer gekünstelten, raffinirten und verderblichen Zustände erhoben hat. Es ist natürlich, daß dieser Kampf sich zuerst als ein politischer ausprägt, weil sich die Macht der erwähnten Fäulniß eben als Politik am fühlbarsten den Massen aufdrängte; — allein Niemand verkennt, daß er auf alle krankhaften Verhältnisse der Gesellschaft übergehen wird und eine eigentlich sociale Revolution im Hintergrunde bereit hält. Dieselbe mag vielleicht erst die That zweier Dezennien später als das jetzige sein, die Ideen aber, von denen sie getragen werden soll, müssen schon aus dem gegenwärtigen hervorgehen; eben so wie die Thaten der Gegenwart auf den Ideen beruhen, die schon aus dem 18ten Jahrhundert hervorgingen. Große Ideen aber werden nicht von den Massen selbst erzeugt, wenn auch die Geschichte von jetzt an von den Völkern selbst gemacht werden und nicht mehr das Tagebuch der Könige sein soll. Große Ideen gehen nur aus der Einsamkeit zuerst hervor, sie sind das letzte und einzige Privilegium des Individuums. Während die Zeitung ihre größere Hälfte der Beleuchtung der Massenwirksamkeit widmen muß, die augenblicklich im Vordergrund der Geschichte steht, bezieht das Individuum mit seinen Theorien, Gedanken und stillen Träumen den Raum des Feuilletons, und füllt diesen scheinbar untergeordneten Theil des Tageberichtes mit den individuellen Erscheinungen der Kunst, der Literatur und der philosophischen Betrachtung aus. Das Feuilleton, mit den Ideen, deren Verwirklichung in der Ferne liegt, ist die Zeitung der Zukunft; je mehr aber oben das politische Material versiegt, je vollständiger die nächsten politischen Erfordernisse befriedigt sein werden, desto mehr wird das sociale Feuilleton in die Höhe wachsen, desto näher wird der Inhalt der Zukunft an die Gegenwart rücken.

Wir wollten also eine Wochen-Chronik vom Standpunkt des Individuums liefern und so beginne — ich mit dem, was mir am wichtigsten: diese Zeitung nämlich. Für das, was der Welt am wichtigsten zu erfahren, sorgt eben die Zeitung selbst. Ihre demokratische Gesinnung will ich nicht erst anpreisen, diese ist kein Verdienst mehr, seit sie keine Gefahr mehr herbeizieht, sie ist etwas sich von selbst Verstehendes, ein negativer Vorzug, wie ein Mensch zu sein vor Allem der negative Vorzug ist, kein Thier zu sein. Allein erst Erziehung, Bildung, Talent und Sitte, nicht das Geschrei, wodurch er sich der Welt zuerst ankündigt, machen seine positiven Vorzüge aus. Somit soll diese Zeitung nicht durch bloßes Geschrei anzeigen, daß sie den negativen Vorzug besitzt, kein Aristokrat, kein Reaktionär zu sein; sie soll es durch Bildung und Talent, zwei Dinge, die jener Classe nicht oft zuzuschreiben, positiv beweisen. Allein sein wir aufrichtig, besonders im Feuilleton, wo wir ganz entre nous sprechen: die Aristokratie hat ihre Vorzüge. Sie bewegt sich mit jener Grazie, mit jenem je ne sais quoi, wie es nur die Geburt verleiht, sie duftet vom feinsten Parfum, sie trägt die liebenswürdigsten Handschuhe, und weiß damit sich zu schützen und Andern zu imponiren. Aber es soll ja, wie jeder Vollblut-Demokrat behauptet, keine Privilegien mehr geben. Gut, bewegen auch wir Demokraten uns mit der Grazie, die freilich nur die Geburt, nämlich das angeborne Talent verleiht; machen wir uns auch einem an feinen Duft gewöhnten Sinn angenehm, es braucht ja dazu nicht eben russischen Patschulis; und wenn wir schon angreifen müssen, so sei es nicht mit schmutzigen Händen, sondern mit den liebenswürdigen Handschuhen, die uns schützen und der Gemeinheit imponiren. Und wenn sonst die Aristokratie in ihrer Unverschämtheit sich herabließ, zu sagen, ein ehrliches Herz könne auch unter einem Kittel schlagen (als ob dieß nicht immer der Fall wäre), so wollen wir uns gnädig herablassen zu sagen, es kann ein demokratisches Herz auch unter einer seidenen Weste schlagen. Was erreicht Ihr Demokraten, deren Styl nicht Seide sondern das gröbste, ordinärste und

GÜNTHER HALLER

„Bei mir müßte sogar die englische Königin ihre Thronrede inserieren"

August Zang und seine „Presse"

Alles begann damit, daß der Wiener August Zang das Pariser Gebäck erbärmlich schal fand. Immer, wenn er auf Reisen war, litt sein Gaumen, der auf schmackhafte Semmeln, Altwiener Briochekipferln und dunkles Brot trainiert war.

Im Wien des Vormärz war der 1807 geborene August Zang mit Immobilienspekulationen gescheitert, jetzt – 1838 – erkennt er die neue Chance: Bäcker sollte man sein, hier in Paris. Als nach wenigen Wochen das Haus Rothschild seine Equipage vorbeischickt, um frische Wiener Kipferln abholen zu lassen, ist Zang ein gemachter Mann. Tout Paris will nur noch Brot mit der aufgestanzten Inschrift „Zang: la main de l'homme n'y a pas touché". Von keiner menschlichen Hand berührt – so stolz ist der erfolgreiche Großbäcker auf seine rein maschinelle Fertigung.

Doch Zang will mehr. Er hat jetzt viel Geld; der Laden, die „Boulangerie Viennoise", läuft von selbst. Zang ist unausgelastet. Es zieht ihn zur Pariser Journalistik. Bald lernt er Emile de Girardin kennen, Gründer und Herausgeber des erfolgreichen Massenblatts *La Presse*, der in Paris als der „König der Journalisten" gilt. All das, was *La Presse* revolutionär macht – der niedrige Verkaufspreis, die Annahme von Annoncen gegen Bezahlung, das tägliche Feuilleton und der Roman –, wird Zang später in Wien nachahmen. Daß Girardin durch seine Zeitung zu Geld und gesellschaftlichem Prestige gekommen war (seine Frau unterhielt einen Salon), wird Zang wohl am meisten beeindruckt haben.

Zang hat nun keine ruhige Minute mehr: Wie macht man eine Zeitung, wie wird sie gedruckt, wie vermarktet? Das alles interessiert ihn jetzt genauso brennend wie zehn Jahre zuvor die Einrichtung der Wiener Backstuben. Als im März 1848 die Nachrichten von den revolutionären Ereignissen in Wien nach Paris dringen, vom Sturz Metternichs und der Aufhebung der Zensur, bereitet Zang seine Familie auf eine Rückkehr nach Wien binnen weniger Tage vor: Große Pläne hat er. Nur jetzt keinen strategischen Fehler!

Zangs erstes Ziel mußte es sein, nach zehnjähriger Abwesenheit wieder geistigen Anschluß in Wien zu finden und die Chancen für seine journalistischen Pläne auszuloten. Das Wien des Jahres 1848 wimmelt von publizistischen Machwerken jeder Art, es darf daher nicht allzusehr verwundern, daß Zang bereits wenige Wochen nach seiner Rückkehr, am 8. April, mit einem Flugblatt nicht gerade bescheidenen Zuschnitts an die Öffentlichkeit tritt: Nicht mehr und nicht weniger als die „Lebensfrage für die österreichische Monarchie" ist sein Thema. Das Nationalitätenproblem interessierte ihn am meisten, seine Einsicht in die politischen Realitäten ist bemerkenswert: „Italien will und darum wird es frei sein!"

Allerdings ist über die Wirkung dieses und eines folgenden Flugblatts nichts bekannt. In den ersten Maitagen trennt sich der Möchtegern-Journalist August Zang von seiner Pariser Großbäckerei. Ganz läßt ihn das Bäckereigeschäft freilich nicht los: Seine zahlreichen publizistischen Gegner in Wien werden ihn immer wieder als „Kipfelbäck“ verspotten: „Herr Zang, ehemaliger Bäckermeister, entblödet sich nicht, von Geist, von Talent, von Fähigkeit zu sprechen, von Dingen, die man nicht vom Backtrog abkratzt und sich zu eigen macht.“

Oben: 1848: „Den ganzen Tag über nur Zeitung, Reform, Keinen Kuß für das Weibchen, das ist doch enorm!“
Links: Zeitungsboom 1848: „Mägde betrogen am Markte ihre Herrschaft, um täglich etwas Neues zu lesen zu haben.“

Im „Club der Volksfreunde“ in der Weihburggasse, einer der vielen republikanischen Splittergruppen, macht Zang die Bekanntschaft mit Journalisten, die bereits einen Namen haben. Er versteht es, alte Kontakte auszunützen: Leopold Landsteiner, der durch die französische Journalistenschule gegangen ist und den Zang schon von Girardin her kennt, gilt in Wien als der distinguierteste, welterfahrenste und fähigste Schreiber, als einer der wenigen, der imstande ist, eine Zeitung auch zu redigieren, nicht zuletzt aber auch als „ehrenwerther politischer Charakter, eine Eigenschaft, die fast allen hiesigen Journalisten abgeht“. Landsteiner erklärt sich bereit, Zang für sein Zeitungsprojekt als politischer Ressortleiter mit der Bezeichnung „Hauptredakteur“ (heute: Chefredakteur) zur Verfügung zu stehen.

Nun kann Zang seine größte und erfolgreichste Spekulation umsetzen: Er entschließt sich, ohne sich zunächst ideologisch in der Öffentlichkeit festzulegen, seine Zeitung in dem zwischen Radikalismus und Reaktion eingekeilten konservativ-liberalen Lager anzusiedeln, das kein Sprachrohr besitzt. Doch seit April des Jahres '48 gab es in Wien schon an die 70 Zeitungsneugründungen. Zang muß sich also neben seiner ideologischen Plazierung zwischen den Lagern noch einiges einfallen lassen, um zu überleben. Das Produkt, das in Wien am 3. Juli 1848 das Licht der Welt erblickt und nach dem französischen Vorbild *Die Presse* benannt ist, überragt vom ersten Erscheinungstag an in Niveau und Professionalität alle anderen Neugründungen, ist die erste Zeitung großen Stils in Österreich.
Zang & Landsteiner haben der Konkurrenz eines voraus: Sie sind keiner Partei und keinem Lager verpflichtet, sie stehen kühl und unbeeinflußt über den rasch wechselnden

August Zang (linke Seite) und sein Vorbild Emile de Girardin (hier in der Karikatur und als zeitgenössischer Stich)

„Wie das Heer von neuen Zeitungen gegen die Reaction zu Felde zieht"

Strömungen. In solcher Umgebung erscheint *Die Presse*, das war den Zeitgenossen bald klar, „in ihrem Auftreten, in ihrem Urtheil, in ihrer Sprache anders als alle andern." (Freiherr von Helfert in seiner „Wiener Journalistik im Jahre 1848"). Offensichtlich hatte *Die Presse* eine Marktlücke gefüllt: Es gab eine Leserschicht, die die plumpe und hemdsärmelige Art, wie ideologische Konflikte von der Publizistik des Revolutionsjahres ausgetragen wurden, satt hatte und gewillt war, sich auf das Experiment *Presse* einzulassen. In kurzer Zeit stieg die Auflage auf 10.000, bald darauf auf 15.000 Exemplare, und das, obwohl die gehobene Sprache dem einfachen Leser Schwierigkeiten bereitete.

„Man konnte wochenlang nicht durch die Straßen gehen, ohne nach jedem zehnten Schritte einem Flugblattverkäufer zu begegnen." Darstellung eines Wiener Flugschriftenweibes

Die Presse sah sich sogar gezwungen, ihr hohes Sprachniveau zu rechtfertigen. Nicht Blasiertheit, sondern eine pädagogische Tendenz sei der Grund: „Der Volksfreund zeigt sich nicht darin, daß er die literarischen Handschuhe auszieht, sich Schwielen an die Feder schreibt, die zu exponierenden Begriffe in den vulgärsten Ausdrücken hinstellt."

Da sich *Die Presse* in keiner Weise in die radikalrepublikanische Journalistik einreihte, lag der Hauptvorwurf von dieser Seite auf der Hand: *Die Presse* sei schwarzgelb, reaktionär und kriecherisch und werde durch geheime Geldquellen von Regierungsseite am Leben gehalten: „Hütet Euch! Kauft ja nicht das Tageblatt *Die Presse*", warnt ein Flugblatt Mitte Juli: „Dieses Blatt hat nicht die Absicht, das Volk zu belehren, nein es will die Sache der Reaction verfechten, es ist und will schwarzgelb sein . . . Würdige Bewohner Wiens! Lasset Euch durch das große Format dieser Zeitung nicht verlocken sie zu kaufen! Dieses ist kein Blatt für Euch, kein Blatt zur Aufklärung des Volkes. Es ist eine Censur! Ihre Basis ist Reaction, und ihr infernalischer aristokratischer Gestank dampft aus dem Riesenkreuzer-Folio." Die Haßorgien der

Konkurrenz unter dem Motto „Pereat der *Presse*!" nahmen solche Ausmaße an, daß manche der Wiener Kaffeehäuser es nicht wagten, *Die Presse* aufzulegen.
August Zang mußte mit Vorwürfen dieser Art rechnen, und um nicht in den Verdacht der Reaktion zu geraten, ließ er schon im ersten Leitartikel seine Zeitung als „Journal der reinen Demokratie" ankündigen und stellte an die Spitze jeder Nummer das Motto „Gleiches Recht für Alle": „Wir sind Demokraten im eigentlichen Sinn des Wortes, wir lieben das Volk, aber wir achten es auch, wir sind der Überzeugung, daß die große Pflicht der Presse darin besteht, die Geister in das öffentliche Leben einzuführen, dem Bürger des erneuten Staates unparteiisch strenge die Wahrheit zu zeigen und zu sagen, und durch Belehrung aller Klassen eine Art geistiger Gleichheit anzustreben, ohne welche die Gleichheit vor dem Gesetze, dieser heiligste Grundsatz unserer Zeit, fast immer Täuschung wird." In Leitartikel und Feuilleton wird in der Folge der feste Wille der Redaktion dokumentiert, keinen Einflüsterungen von irgendeiner Seite nachzugeben und von der Warte der Unabhängigkeit zu argumentieren.
Für Gegner Zangs war es vom ersten Tag an klar, daß ihm die Zeitung nicht Herzenssache, sondern „purblankes Geschäft" war. Der kommerzielle Erfolg der Zeitung war aber in keiner Weise vorhersehbar: Zang bot zu einem sensationell niedrigen Verkaufspreis von einem Kreuzer eine Zeitung im Folioformat mit jeweils drei Spalten auf jeder der vier Seiten, unerhört günstige Abonnementbedingungen mit Hauszustellung und eine seriös-konservative Aufmachung ohne Konzessionen gegenüber der marktschreierischen Konkurrenz. Er blieb also auch bei seinem Zeitungsprojekt Spekulant und war auf Gedeih und Verderb auf die Höhe der Auflage angewiesen.
Auf die Unterstellung, sein Blatt werde aus Regierungskreisen finanziert, reagierte

Studentenwache in der Aula der Wiener Universität 1848: Gemälde von Franz Schams, der dritte Student von links liest die neugegründete „Presse".

„Schießt sie todt, die Hunde, es sind … Journalisten!" Die Pressefreiheit wurde nach dem Oktober 1848 wieder zurückgenommen.

Zang mit einer erbosten Replik in der Ausgabe vom 14. Juli: Er liefert darin eine exakte Budgetaufstellung über Papier-, Druck-, Verbreitungs- und Personalkosten, gibt die durchschnittliche Auflage mit 15.000 Exemplaren an und resümiert pompös einen „in der Geschichte der Journalistik beispiellosen Erfolg", einen Erfolg, „den wir nicht so sehr dem Werthe unserer Leistungen als dem gänzlichen Unwerthe unserer Gegner beizumessen haben".

Mag auch die angegebene Auflage leicht übertrieben sein: Der Hunger nach seriöser Information in den politisch interessierten Kreisen war offensichtlich so groß, daß Zang auch über die Revolutionstage hinaus die Symbiose von großer Auflage und hohem Niveau schaffte. Der Leserkreis erweiterte sich nach und nach auf Kosten der anderen Journale, die durch den Erfolg der *Presse* wie gelähmt waren. In der „haute Finance" stieg bald das Interesse an der Zeitung: Allein, Zang konnte es sich leisten, abzuwinken. Die Zeitung warf Gewinne ab, Zang verkehrte in den maßgeblichen politischen Kreisen, pflegte vertrauten – im Hinblick auf die politische Unabhängigkeit vielleicht allzu vertrauten – Umgang mit Graf Stadion und rettete die Zeitung auch über die kritischen Oktobertage '48 hinweg,

die vielen Zeitungen zum Verhängnis wurden.

Doch mit den Wochen, die ins Land ziehen, wird der Ton der *Presse* kühner, ironischer, selbstbewußter, die politische Haltung beginnt langsam nach links zu schwenken, sie zieht sich durch ihre liberale, antiklerikale Haltung die Feindschaft der gesamten katholischen Presse zu. Seit Graf Stadion Innenminister ist, muß auch er sich Kritik gefallen lassen. Nicht selten bewegt sich *Die Presse* in den fünfziger Jahren am Rande des Verbots, der gute Kontakt Zangs mit Polizeiminister von Kempen verhindert das Schlimmste.

August Zang sah seine Zeitung als modernen Industriebetrieb, als geschäftliches Unternehmen, in dem kein überflüssiger Aufwand das Budget belasten sollte. Heute sind diese Maximen der Leitung eines Verlages selbstverständlich, Zang schadeten Sätze wie „Meine Zeitung ist ein Kramladen, ich verkaufe Publicität!" freilich enorm, sowohl bei den Zeitgenossen wie auch bei der Nachwelt.

Zangs Schreibtisch – heute im Besitz der Stadt Voitsberg. Zang war hier Bergwerksbesitzer und Besitzer von Schloß Greisenegg.

Voller Ungeduld muß der Geschäftsmann auf das Anzeigengeschäft verzichten, bis sich die politische Situation beruhigt und *Die Presse* etabliert hat. Doch Ende November 1848 – das Weihnachtsgeschäft steht bevor – wird das Thema mit vollendetem Raffinement angegangen: In dem Artikel „Industrie und Publizität" wird zunächst die Rückständigkeit der österreichischen Wirtschaft beklagt. In England, Frankreich und den USA würden bereits Millionen in „Ankündigungen" investiert. In Österreich sei es, nachdem das Inseratenmonopol der *Wiener Zeitung* gebrochen und die politische Situation stabil sei, dringend angebracht, „alle Mittel zur Wiederbelebung des Geschäftes in Anwendung zu bringen", empfiehlt der ehrlich besorgte Autor der österreichischen Industrie.
Natürlich sei *Die Presse* unter allen Journalen besonders geeignet, „eine wirksame Publizität ins Leben zu rufen", wegen des großen Leserkreises „in den wohlhabenden, konsumierenden Schichten der Gesellschaft". Falls Interessenten bei der Gestaltung von Inseraten noch nicht recht bewandert seien: „Ein für diesen Zweck besonders bestimmter Redakteur wird die Fassung jeder Ankündigung mit der größten Bereitwilligkeit übernehmen." Diese Mischung von geschäftsmäßiger Nüchternheit und marktschreierischer Aufdringlichkeit, wie sie Zang hier an den Tag legt, ist ein Novum in der österreichischen Publizistik.
Nur zwei Tage später bringt *Die Presse* ein bemerkenswertes Beispiel von elastischer Anzeigenpolitik hervor: Wie sehr sei doch, so ein redaktioneller Artikel, die Brennholzkalamität und die Holzverteuerung in der Wienerstadt zu beklagen. Es sei viel zu wenig bekannt, daß die städtische Gasanstalt zu billigem Preis mit Koks Abhilfe leisten könne. Die zweispaltigen Koksinserate in der Folge sind schwer zu übersehen …
1856 avanciert August Zang zum nö. Landtagsabgeordneten und Wiener Gemeinderat. Mit seinen Ideen zur Stadtplanung, der Begrünung von Plätzen, der Errichtung von Markthallen und der Verbesserung von Kanalisation und Wasserversorgung ist er seiner Zeit teilweise voraus. Erfolg hat er bei der Konzeption des heute noch existierenden Stadtparks auf den unverbauten Glacisgründen: Doch wie viele Debattenbeiträge

August Zang war einer der Lieblinge der zeitgenössischen Karikaturisten (hier in seiner Funktion als Herausgeber der Zeitschrift „Finanzielle Fragmente").

und wieviel Überredungsgabe waren allein für den schönen, großen Teich, heute hochgeschätzter Teil des Stadtparks, vonnöten: Der Abgeordnete Zang, der gewohnt war, seine Ideen ohne Widerrede ins Blatt rücken zu können, wurde durch die Widerstände,

„Die bedeutendste journalistische Schöpfung des Jahres 1848, ja in gewissem Sinne die bedeutendste Schöpfung der ganzen neuen österreichischen Tagesliteratur überhaupt"
Freiherr v. Helfert über „Die Presse"

Zangs Grabmal am Wiener Zentralfriedhof

Der Karikaturist spiegelt in dem Kontretanz den Gegensatz zwischen der „Neuen Freien Presse" von Etienne und Friedländer auf der einen, der Zang(e)schen „Presse" auf der anderen Seite wider. (Der Laubfrosch weist auf August Zangs ökologische Anliegen bei der Stadtparkgründung hin).

die seine weitsichtigen Pläne fanden, bald zermürbt. Nach zehn Jahren tritt er von seinen politischen Ämtern zurück.
Die *Presse*-Redaktion wurde damals bereits von den glänzenden Journalisten Michael Etienne und Max Friedländer geleitet, für die Administration war Adolf Werthner zuständig. Zang, der für den Aufbau der *Presse* Übermenschliches geleistet hatte, tagsüber in der Redaktion gearbeitet und anschließend Druckerei und Expedit überwacht hatte, verlor durch seine politische Tätigkeit den Kontakt zu seinen Mitarbeitern. Der Musikkritiker Eduard Hanslick z. B. berichtet, er habe Zang während seiner neunjährigen Tätigkeit für die *Presse* nur drei- oder viermal gesprochen.
Als Etienne und Friedländer 1864 eine Beteiligung an der Zeitung fordern, kommt es zum Bruch Zangs mit seinen Chefredakteuren, Adolf Werthner schließt sich an, und am 1. Juli kündigen die wichtigsten Leute aus Redaktion und Verwaltung. Dem alleingelassenen Zeitungsbesitzer gelingt es nicht, die Gründung einer Konkurrenzzeitung durch seine abtrünnigen Redakteure zu verhindern. Zwar läßt er sich flugs die Zeitungstitel *Die freie Presse, Die neue Presse* und *Die Wiener Presse* patentieren – an den Titel *Neue Freie Presse* hat er nicht gedacht. Die beiden abtrünnigen Chefredakteure hatten fast die gesamte Redaktionsmannschaft der *Presse* um sich geschart: So erwächst mit der *Neuen Freien Presse*, die am 1. September 1864 zum erstenmal erscheint, der alten *Presse* eine übermächtige Konkurrenz.
Zang wurde von seinen eigenen Generälen besiegt. Er bäumte sich noch einmal auf, aber bald verlor nicht nur die Leserschaft das Interesse an dem Zeitungskrieg der beiden großen liberalen Blätter, sondern auch Zang selbst: 1867 verkaufte er seine Zeitung an die Regierung, die sie an ein Konsortium von Vertrauensleuten weitergab. *Die Presse* verlor zunehmend an Bedeutung, ein treuer Freund blieb ihr freilich bis zur Einstellung 1896 erhalten: Kaiser Franz Joseph nannte sie 1890 in einem Brief an Katharina Schratt „mein Leibjournal, die alte *Presse*".
Der verbitterte Zang hörte jedoch nicht auf, Pläne zu schmieden: Er wurde Bankier, dann Herausgeber eines Börsenblattes, Bergwerksbesitzer, und selbst der große Bankenkrach 1873 konnte seinem Millionenvermögen nichts anhaben. In seinem Wiener Palais in der Johannesgasse 7 lebte er das Leben eines reichen Einzelgängers, geistig und körperlich frisch bis zu seinem Tod 1888 im 81. Lebensjahr. Vergessen war er bei seinem Tod nicht: Endlich konnte seine Leistung als Nestor der Wiener Journalistik frei von Gegnerschaft und Neid gewürdigt werden. Er war ein Vorläufer der großen anglo-amerikanischen Zeitungsmagnaten vom Schlag eines Randolph Hearst oder Joseph Pulitzer, ein großer Österreicher, dem ein Verdienst nicht zu nehmen ist: Er hat in inhaltlicher, technischer und ökonomischer Hinsicht die erste moderne Zeitung Österreichs geschaffen.

ANEKDOTEN ÜBER AUGUST ZANG

An einem schönen Sommermorgen des Jahres 1846 gab es für die flanierenden Pariser in der Rue Richelieu eine willkommene Abwechslung: August Zangs florierende Bäckerei hatte die Pariser Konkurrenten aufgebracht – die Geschäftseinbußen waren bereits fühlbar –, und so waren sie auf eine besonders tückische Gegenstrategie verfallen: Täglich zu den Stunden, an denen die „Maison Zang“ besonders voll von Kunden war, hatten sie ein Rudel von Rauchfangkehrern engagiert, die in ungestümer Weise ihren Einkauf erledigten. Die hübschen weißen Schürzen der Dienstmädchen und die Kleider der feinen Damen litten unter dem Ruß, die Polizei sah keinen Grund einzuschreiten, Zang mußte sich etwas einfallen lassen. Er griff zu einem typisch Zangschen Mittel: Er bestach die Rauchfangkehrergenossenschaft mit einer nicht unbeträchtlichen Summe, die schmutzigen Gesellen mieden von nun an seinen Laden. Sehr viel anders hat es Zang Jahre später als Zeitungsherausgeber auch nicht gemacht, wenn es galt, ein Problem zu lösen.

Als *Presse*-Eigentümer kümmerte sich Zang um alles: In den schlimmen Oktobertagen des Jahres 1848 soll er einmal einem *Presse*-Kolporteur auf dem Stephansplatz den Korb mit der neuesten Ausgabe entrissen und die Zeitung persönlich angepriesen haben, und zwar mit solchem Enthusiasmus, daß er nach einer Viertelstunde ausverkauft war. Nur beim Schreiben tat er sich schwer: Er quälte sich lange ab, bis 60 oder 80 Zeilen druckreif vor ihm lagen. Auch sein Chefredakteur Leopold Landsteiner feilte an einem Artikel stundenlang herum, bis er mit Inhalt und Satzmelodie zufrieden war. Seine Leitartikel galten als „Zuckerkrapfen“, genauso berühmt war er freilich für seine Faulheit. Man erzählte sich, daß Zang, als es ihm zuviel wurde und Landsteiner nicht einmal mehr zwei bis drei Leitartikel pro Woche ablieferte, in Rage geriet und den säumigen „Haupt-Redacteur“ solange in seinem Zimmer einschloß, bis der Artikel fertig abgeliefert war. Kein Wunder, daß die beiden es nicht lange miteinander aushielten. Landsteiner kündigte 1849.

Stadion: Sie sind meine ganze Hoffnung, ich sitze in der Tinte, Sie werden mich aber herausschreiben.
Landsteiner: Es ist schrecklich! in dieser Tinte sind gar so viele Galläpfel, daß trotz aller Schwärze das Gelbe ungeheuer durchschlägt.

Zang besaß gute Beziehungen zu Innenminister Stadion. Aber so gefügig wie hier in der Karikatur mußte Chefredakteur Landsteiner zweifellos nicht schreiben.

August Zang hatte nicht viele Freunde unter seinen Zeitgenossen. Der Wiener Bürgermeister Cajetan Felder nannte ihn „Träger einer der widerlichsten Visagen unter der Sonne, in welcher sich fratzenhaft Grobheit, Arroganz, Unverschämtheit, Bosheit und Geldgier malten.“ So böse beschrieb ihn sonst keiner, aber was die Geldgier betrifft, dürfte Zang wohl wirklich schwer zu schlagen gewesen sein. „Es muß noch dahin kommen, daß die Königin von England ihre Thronrede als Inserat in *Die Presse* gibt“, ist ein vielkolportierter Ausspruch von ihm – und Zang genoß die üble Nachrede noch dazu. Eduard Hanslick, der Musikkritiker der *Presse*, berichtet in seinen Erinnerungen, daß Zang ihn eines Tages zu einer wichtigen Unterredung habe rufen lassen. Er finde es notwendig, daß alle Künstler, die in der *Presse* besprochen sein wollten, ihre Auftritte in Zukunft zu inserieren hätten: „Wer das nicht tut, über den wird nicht geschrieben. Wir sind nicht da, um die Geschäfte dieser Leute zu machen.“ Hanslick reichte noch in derselben Minute die Kündigung ein, Zang verzichtete in der Folge auf das Vorhaben – die Idee wird er aber weiterhin für gut gehalten haben.

Günther Haller

„Niemand kam ihm in der technischen Herstellung, der Organisation des Betriebes, wie in der Reklame, aber auch in der Ausbeutung der Arbeitskräfte gleich.“
Ein Zeitgenosse über August Zang

KARL-PETER SCHWARZ

„*Die Presse* ist nicht die Kuh, die sie sein sollte“

Karl Marx als Korrespondent in London

Das geheimnisvollste und skurrilste Kapitel der Geschichte der *Presse* hat kein Österreicher, sondern ein Russe ans Licht gebracht. 1912 veröffentlichte D. Rjasanow im „Kampf“, dem theoretischen Organ der traditionsbewußten österreichischen Sozialdemokratie, einen Beitrag mit dem aufsehenerregenden Titel: „Karl Marx und die Wiener *Presse*“. Der profunde Marx-Kenner Rjasanow, der 1920 das Moskauer Marx-Engels-Institut gründen und die Gesamtausgabe der „Klassiker“ des Kommunismus in die Wege leiten sollte (bis Stalin auch dieses Unternehmen abwürgte), hatte noch vor dem Ersten Weltkrieg vom Vorstand der Sozialdemokratischen Partei Deutschlands den Auftrag erhalten, die Zeitungsartikel von Marx und Engels aus den Jahren 1850–1862 herauszugeben.

Die dabei gemachte Entdeckung, daß Marx mehr als ein Jahr lang für die Zeitung des liberalen österreichischen Bürgertums geschrieben hatte, die seit ihrer Gründung aus allen Rohren gegen Radikalismus und Sozialismus feuerte, stellte Rjasanow vor nicht geringe Probleme der Interpretation. Und nicht nur ihn, sondern auch die Historiker und Redakteure der *Presse*, die sich später damit beschäftigen sollten.

Es beginnt damit, daß keiner der 52 Artikel, die Marx zwischen Oktober 1861 und Dezember 1862 aus London der *Presse* übermittelte (zwei davon hatte er gemeinsam mit Friedrich Engels verfaßt, einen ließ er Engels gleich selber schreiben), unter seinem Namen erschien. *Die Presse* hob wohl hervor, daß es sich bei dem Verfasser um einen „berühmten deutschen Schriftsteller“ handelte, unterließ es aber merkwürdigerweise, ihren Lesern den Namen zu nennen.

Als Marx 1883 starb, widmete ihm die *Neue Freie Presse* zwar einen dreispaltigen Nachruf auf der ersten Seite, aber daß dieser „Socialist“ einmal Mitarbeiter der *Presse*-Redaktion gewesen war, fand darin keine Erwähnung. War es ein Redaktionsgeheimnis, eines von der Art, das die eingeweihten Redakteure dieses für seine Diskretion bekannten Blattes für sich behalten und mit ins Grab nehmen? Oder war der Name des Herrn Doktor Marx irgendwann einfach der redaktionellen Geläufigkeit entglitten, ähnlich wie bei jenem berühmten Aufseher im Lesesaal des Britischen Museums, der sich, in alten Tagen nach Marx befragt, noch dunkel an einen fleißig studierenden Mann dieses Namens erinnerte, von dem dann „keiner mehr etwas gehört“ habe? Auch dem Archiv der *Presse*, diesem kollektiven Gedächtnis der Redaktion, ist nichts darüber zu entlocken, außer eben der Hinweis auf einen russischen Marxisten, der 1912 …

Kurz, wer auch immer sich mit diesem mysteriösen Kapitel beschäftigen sollte, darunter so illustre Autoren wie Adam Wandruszka, Franz Endler und Ernst Hanisch, mußte auf Rjasanow beziehungsweise die von ihm genannten und später publizierten Quellen zurückgreifen, namentlich auf die Manuskripte und den Briefwechsel von Karl Marx, denn bei dessen Kontaktperson in der Redaktion, Max Friedländer, ist die Quellenlage erheblich dürftiger. Der hier vorliegende Beitrag ist in der Erforschung der Fakten auch nicht weiter gekommen und beschränkt sich daher darauf, den Leser mit einigen neuen interpretatorischen Mutmaßungen zu unterhalten.

Dazu empfiehlt sich zunächst ein kurzer Blick auf die Vorgeschichte dieser rätselhaften journalistischen Liaison. Als die alte Ordnung einstürzte und die drei noch jungen politischen Bewegungen des Liberalismus, des Nationalismus und des Sozialismus sich plötzlich auf freiem Feld mit-, neben- und gegeneinander behaupten mußten, im Chaos der Revolution von 1848, genauer: zwischen 28. August und 6. September, stattete der 30jährige Karl Marx Wien seinen ersten und einzigen Besuch ab. Er war damals „Redakteur en Chef" der am 1. Juni 1848, also einen Monat vor der *Presse*, zum ersten Mal erschienenen *Neuen Rheinischen Zeitung*, die nicht nur ein Kölner Tagblatt war, sondern ihrem – angesichts der geringen Auflage (5000) schwer zu erfüllenden – Anspruch nach auch das Zentralorgan der äußersten Linken in ganz Deutschland. „Gleich nach der ersten Nummer verließ uns die Hälfte (der Aktionäre), und am Ende des Monats hatten wir gar keine mehr", erinnerte sich Redaktionsmitglied Friedrich Engels 1884, „die Verfassung der Redaktion war die einfache Diktatur von Marx. Ein großes Tagblatt, das zur bestimmten Stunde fertig sein muß, kann bei keiner anderen Verfassung eine folgerechte Haltung bewahren ... Das politische Programm der *Neuen Rheinischen Zeitung* bestand aus zwei Hauptpunkten: einige, unteilbare, demokratische deutsche Republik und Krieg mit Rußland." Von Politik, revolutionärer Organisation und Zeitungen als deren Vehikel verstand Marx damals schon einiges. Er war von 1842 zuerst Redakteur, dann Chefredakteur der radikalen *Rheinischen Zeitung* gewesen, bis sie 1843 der Zensur zum Opfer fiel, und hatte in Paris 1844 mit Arnold Ruge die *Deutsch-französischen Jahrbücher* herausgegeben, von denen nur eine Nummer erschien, die in Deutschland sofort verboten wurde. 1847 figurierte Marx in Brüssel unter den Gründungsmitgliedern des „Bundes der Kommunisten", dessen Programm, das „Manifest der Kommunistischen Partei", er ebendort gemeinsam mit Friedrich Engels gerade rechtzeitig fertigstellen konnte, nämlich im Februar 1848, am unmittelbaren Vorabend der Revolution.

In dieser Schrift, die nach der Bibel und den „Worten des großen Vorsitzenden Mao Tsetung" die größte Auflage in der Geschichte des Buchdrucks erreichen sollte, gelangten Marx & Engels zu der Schlußfolgerung, daß „die deutsche bürgerliche Revolution ... nur das unmittelbare Vorspiel einer proletarischen Revolution sein kann." Der Puls der

Oben: Allegorie auf die Unterdrückung der von Marx redigierten „Rheinischen Zeitung": Dem „Prometheus" Marx wird vom preußischen Adler die Leber zerhackt (1843).
Linke Seite: Karl Marx 1861, zur Zeit seiner Tätigkeit für die „Presse": Das Photo zeigt noch nicht die spätere Pose, die zur politischen Agitation verwendet wurde.

„Die Wiener *Presse* ist für ein östrreichisches Blatt unter gegebnen Umständen geschickt und anständig redigiert“
Marx an Engels, 18. Mai 1859

Geschichte hatte plötzlich rasend schnell zu schlagen begonnen, und bei seiner Stippvisite in Wien wollte Marx keine Zeit verlieren. Rasch verschaffte er sich Zugang zu den radikalsten Kreisen, traf den Wiener Korrespondenten der *Neuen Rheinischen Zeitung*, Eduard von Müller-Tellering, trat auf im „Demokratischen Verein“, polemisierte gegen jeden, der mit Kaiser oder Reichstag auch nur verhandeln wollte, propagierte den Entscheidungskampf zwischen Proletariat und Bourgeoisie, hielt den Mitgliedern des „Ersten Wiener Arbeitervereins“ in der Josefstadt seine Brüsseler Vorträge über „Lohnarbeit und Kapital“, unterhielt sich mit dem deutsch-böhmischen Abgeordneten Alois Borrosch darüber, wie man der „tschechischen Reaktion“ das Wasser abgraben könne, und fuhr gleich wieder ab nach Berlin.

Von Kontakten zur eben erst gegründeten *Presse* keine Spur. Mit gutem Grund. Die von Bäckermeister August Zang gegründete Zeitung hatte im bewußten Gegensatz zum radikalen Blätterwald von Anfang an eine Position der Mäßigung eingenommen, sich gleichermaßen gegen Radikalismus und Reaktion gestellt und ihre Leserschaft damit klug kalkulierend genau in jener Schicht gefunden, die Marx wie die Beulenpest verabscheute: im liberalen Bürgertum. Zwei Monate nach diesem Besuch, am 31. Oktober, nahmen die kaiserlichen Truppen unter dem Kommando des Fürsten Windischgrätz die Stadt ein, aus der der Kaiser am Tag des dritten Volksaufstands (6. Oktober) nach Olmütz geflüchtet war. Wieder floß viel Blut. Die Führer des Aufstandes wurden standrechtlich erschossen.

Die „Kontrerevolution“ hatte gesiegt. In der (nach Engels mit „acht Bajonettgewehre(n) und 250 scharfen Patronen“ bewachten) Redaktion der *Neuen Rheinischen Zeitung* trat Marx beim Diktieren Schaum vor den Mund: „Verrat jeder Art hat Wiens Fall vorbereitet. Die ganze Geschichte des Reichstags und des Gemeinderats seit dem 6. Oktober ist nichts als eine fortgesetzte Geschichte des Verrats. Wer war repräsentiert im Reichstag und Gemeinderat? Die Bourgeoisie ... Der Kannibalismus der Kontrerevolution selbst wird die Völker überzeugen, daß es nur ein Mittel gibt, die mörderischen Todeswehen der alten Gesellschaft, die blutigen Geburtswehen der neuen Gesellschaft abzukürzen, zu vereinfachen, zu konzentrieren, nur ein Mittel – den revolutionären Terrorismus.“

Der Oktoberaufstand in Wien wird niedergeschlagen. Karl Marx kommentierte: „Verrat jeder Art hat Wiens Fall vorbereitet.“

„Die erste Pflicht der Presse ist nun, alle Grundlagen des bestehenden politischen Zustandes zu unterwühlen“
Karl Marx, 1849

Dieser Aufruf zur gesellschaftlichen Geburtshilfe, verbunden mit einer Kampfansage an jenes Bürgertum, dem sich *Die Presse* von Anfang an verbunden fühlte, erschien am 7. November in der *Neuen Rheinischen Zeitung*.
„Unbarmherzig zertreten", „Vernichtungskampf", „rücksichtsloser Terrorismus" – die Schriften von Marx und Engels aus den Jahren 1848/49 enthalten bereits einen Großteil des Kampfwörterbuchs des linken Totalitarismus und – kurioserweise – auch einige Seiten des rechten, denn Marx und Engels huldigten einem linksrechts gewirkten Deutschnationalismus mit rassistischen Zügen, der im „Slawentum" nichts anderes als den Hort und Herd der finstersten Reaktion zu sehen vermochte – waren es nicht Russen, Kroaten und Tschechen gewesen, die der „Kontrerevolution" zum Sieg verhalfen?
Wie konnte dieser Mann Korrespondent der *Presse* werden, noch dazu 13 Jahre später, zu einer Zeit also, da diese Liaison nicht einmal mehr jener Verdunkelung des Geistes zugeschrieben werden kann, die für revolutionäre Situationen typisch ist? Marx arbeitete für *Die Presse* zwischen Oktober 1861 und Dezember 1862. Die Geschichte hatte wieder zu galoppieren aufgehört, und beide Seiten hatten sich auf ihre Weise konsolidiert: *Die Presse* als führende demokratische Zeitung Österreichs mit einer vorwiegend bürgerlich-liberalen Leserschaft und einem Einfluß, der weit über die Grenzen Österreichs hinausging; Karl Marx, mittlerweile 43 Jahre alt, als führender Denker der kommunistischen Bewegung, der von London aus Verbindung unterhielt zu Aufrührern und Revolutionären aller Herren Länder, der seine „Politische Ökonomie" in ihren Grundzügen längst ausgearbeitet hatte und das liberale Bürgertum jetzt erst recht haßte wie der Teufel das Weihwasser. Und, vielleicht noch erstaunlicher, es war nicht der notorisch unter Geldnöten leidende exilierte Berufsrevolutionär, der sich, ökonomischen Zwängen folgend, an das Bourgeoisblatt mit der Bitte um Mitarbeit wandte, es war *Die Presse*, die Karl Marx höflich darum ersuchte, sie aus London mit Korrespondenzen zu versorgen. Marx als Auslandskorrespondent – das war die fixe Idee des leitenden Redakteurs Max Friedländer, und dieser mußte es sogar einige Jahre lang versuchen, bis Marx endlich ja sagte.

„Presse"-Redakteur Max Friedländer, ein Cousin von Ferdinand Lassalle, knüpfte den Kontakt zu Karl Marx.

Eigentlich hätten Marx und Friedländer schon von Anfang an wissen müssen, daß die Geschichte nicht gut ausgehen konnte. Aber da kamen Faktoren ins Spiel, die in der schreibenden Zunft immer schon eine Rolle gespielt haben. Einer davon war die Absicht des Politikers, sich in der Zeitung einzunisten – Marx hielt es „ad vocem *Presse*" für „wesentlich", wie er am 28. März 1859 in einem Brief an den deutschen Arbeiterführer Ferdinand Lassalle schrieb, „daß unsere Partei, wo sie kann, Position nimmt, sollte es auch einstweilen nur sein, damit nicht andre sich des Terrains bemächtigen. Einstweilen kann es natürlich nur mit Vorsicht benutzt werden, aber das Wichtigste ist, sich des Einflusses an verschiednen Punkten für entscheidendre Zeitpunkte zu bemächtigen ... aus dem Blatt selbst muß man sehen, wie man für das Wiener Publikum zu schreiben hat, nicht was."
Ein weiterer Faktor war das auch heute noch gelegentlich zu beobachtende redaktionelle Trägheitsprinzip; es mag Friedländer dazu veranlaßt haben, sich einen Korrespondenten auszuwählen, mit dem er bereits zusammengearbeitet hatte und von dem er sich – fälschlich, wie sich herausstellen sollte – wenig Probleme erwartete. Bevor Max Friedländer 1856 von August Zang engagiert

„Der Gärungsprozeß hat begonnen, und nun muß jeder tun, was er kann. Gift infiltrieren, wo immer, ist nur ratsam."
Marx an Lassalle, März 1859

„Wenn … die Kerls einen bloßen wöchentlichen Money article von mir wollen, wofür sie dann natürlich blechen müßten, könnte ich allenfalls auf die Sache eingehen.“

Marx über das „Presse“-Angebot

wurde, um gemeinsam mit Michael Etienne die Redaktion der *Presse* zu leiten, hatte er mit Moritz Elsner, einem radikal linken Abgeordneten der Frankfurter Nationalversammlung, in Breslau die *Neue Oder-Zeitung* geleitet, ein Blatt der Opposition, das das Revolutionsjahr überdauern und trotz zahlreicher behördlicher Schikanen bis Ende 1855 erscheinen konnte. Marx, der mit Elsner gut bekannt war, hatte die *Neue Oder-Zeitung* im Verlauf des Jahres 1855 mit 133 Artikeln aus London versorgt, eine angesichts der Umstände durchaus beträchtliche Leistung. Diese Zusammenarbeit hatte der deutsche Arbeiterführer (und – damals noch – Kampfgefährte von Karl Marx und Friedrich Engels) Ferdinand Lassalle eingefädelt, ein um vier Jahre älterer Cousin Max Friedländers.

Allem Anschein nach kam da also noch ein Faktor ins Spiel, der ebenfalls ziemlich branchentypisch wäre: Die Vermutung liegt nahe, daß der junge Friedländer (er war 26, als er zur *Presse* wechselte) mit diesem familiären und politischen Hintergrund selbst heimlich mit radikalen Positionen sympathisierte und in der Redaktion der *Presse* eine andere Linie haben wollte als jene, die Zang diktierte. Auffallend ist jedenfalls, daß Marx' Kontakte zur Redaktion stets ausschließlich über Friedländer gingen, obwohl dieser nach der Aufteilung der redaktionellen Kompetenzen für Wirtschaft und Innenpolitik zuständig war und sich nebenbei dem Feuilleton widmete, während das für Korrespondenten zuständige Auslandsressort von Michael Etienne geleitet wurde.

Die ersten Kontakte zwischen dem eben erst in Wien ansässig gewordenen Friedländer und Marx, die wieder über die Vermittlung Lassalles zustandekamen, sind schon 1857 belegt. Aber daraus wurde nichts, politische Bedenken von Marx standen einer Mitarbeit entgegen. In einem Brief teilt er Engels mit, er habe Friedländer durch Lassalle geantwortet, „daß ich auch ‚antifranzösisch', aber nicht minder ‚antienglisch' bin und am allerwenigsten schreiben kann für Lord Pam“ – gemeint war Lord Palmerston (1784–1865), der liberale britische Premier, den Marx verdächtigte, ein „russischer Agent“ und Feind eines starken Deutschland zu sein.

Der *Presse* warf Marx ihre damalige probritische Haltung vor: „Also ich habe die Sache abgeschlagen. Wenn der Friedländer mir *Die Presse* schickt, so daß ich zuvor sehe, wes Geistes Kind sie ist, und die Kerls einen bloßen wöchentlichen Money article von

Der Lesesaal der British Library, in den sich Marx fast täglich flüchtete, um seinen Gläubigern und den Plagen des Alltags zu entkommen.

mir wollen, wofür sie dann natürlich blechen müßten, könnte ich allenfalls auf die Sache eingehen. Von Politics kann keine Rede in diesem case sein."

Die einzige eigene Einkommensquelle, die der Familienvater Marx damals hatte, war seine kärglich entlohnte Mitarbeit bei der *New York Daily Tribune*, die er seit 1851 mit Korrespondenzen aus London versorgte. In diesen Jahren experimentierte Marx von London aus mit einer Art kommunistischer „Realpolitik". Sie war im wesentlichen antirussisch und anti-österreichisch (Zar und Kaiser galten als der Inbegriff der Reaktion), großdeutsch und anti-preußisch und vor allem stets darauf bedacht, jede Bewegung zu fördern und zu unterstützen, die geeignet erschien, „die Verhältnisse zum Tanzen" und das Proletariat an die Macht zu bringen. Daraus leitete sich die negative Haltung ab, die Marx zu Frankreich (Napoleon III.) und England (Palmerston) einnahm, und natürlich die Unterstützung aller revolutionären Umtriebe gegen Kaiser und Zar, von Bakunin bis Garibaldi.

Diese „Realpolitik" inkludierte häufig wechselnde Allianzen (mit dem Bürgertum gegen die Aristokratie, dann mit den Arbeitern gegen das Bürgertum; mit den Deutschen für einen Krieg gegen Rußland, um in Deutschland eine revolutionäre Situation zu schaffen; mit Lincoln gegen die Konföderierten usw.), sie war der erste Entwurf einer revolutionären Strategie „in Etappen", die Lenin, Stalin, Mao und andere Marxisten bis hin zu Pol Pot im 20. Jahrhundert perfektionieren sollten. Vorläufig aber beschränkte sich ihre Wirksamkeit auf ein über mehrere europäische Länder gespanntes Untergrund-Netz, oder, besser gesagt, auf die Köpfe von einigen hundert radikalen Intellektuellen, deren Omnipotenzphantasmagorien im krassen Gegensatz zu ihrer politischen Bedeutungslosigkeit standen.

Marx und Engels machten fleißig mit bei den Intrigen unter den deutschen Emigranten in London, von denen der russische Anarchist Alexander Herzen, ebenfalls im britischen Exil, einmal schrieb, von dieser „Schwefelbande" steige man „zur letzten Hefe, zum trüben Bodensatz hinunter, der durch die Stöße und Erschütterungen des Festlandes an den britischen Küsten und besonders in London sich niederschlägt".

Das Haus in London, in dem Marx 1856–1864 in kargen materiellen Verhältnissen lebte.

Sektierertum, tiefes Mißtrauen, Furcht vor Agenten und Polizeispitzeln sowie ideologische Kontroversen, die erbarmungslos, zuweilen auch mit Pistolen oder Degen ausgetragen wurden, kennzeichneten das Milieu dieser Polit-Bohème, die das hehre Ziel der „freien Assoziation freier Menschen" auf ihre Fahnen geheftet hatte. Den Großteil seiner erstaunlichen Energien widmete Marx jedoch der Ausarbeitung seiner ökonomischen und politischen Theorie zur späteren Verwendung. Unter erbärmlichen sozialen Verhältnissen, im ständigen Krieg gegen seine Gläubiger (einmal wurde er sogar von seinem Milchmann geklagt), tageweise ans Haus gefesselt, weil er seinen einzigen Rock verpfändet hatte, geplagt von einem Leber- und Gallenleiden, schmerzhaften Hämorrhoiden, eitrigen Geschwüren in der Mundhöhle, Karbunkeln und Furunkeln an Gesicht, Hals und Rücken, bewältigte er, eingehüllt von Zigarrenrauch, täglich ein unglaubliches Arbeitspensum; Geschichte, Philosophie, Ökonomie, Geographie, Naturwissenschaften, Sprachen: Was immer diesem rastlosen Leser unter die Hände geriet, wurde bewertet, von Widersprüchen gereinigt, ausgeschlachtet und integriert in jenes geschlossene Gedankengebäude des „Historischen Materialismus" und der Politischen Ökonomie; es geriet ihm perfekt

***Die Presse* sei „das demokratischste Journal Österreichs, in jeder Beziehung der Regierung hartnäckig feindlich gegenüberstehend und gerade diesem Unterschied ihre große Blüte verdankend"**

Lassalle an Marx, März 1859

genug, daß sich Generationen von Intellektuellen darin niederlassen sollten, ohne auch nur den Wunsch zu verspüren, ein Fenster zur Wirklichkeit zu öffnen.

Über die Lebensumstände der Familie Marx ist man bestens informiert. Marx und seine, ihrem „Mohren" in grenzenloser Liebe ergebene Frau Jenny von Westphalen (ihr Bruder Ferdinand war übrigens preußischer Innenminister, ein unerbittlicher Gegner von Marx) waren begeisterte und fleißige Briefschreiber. Besonders aufschlußreich ist der Briefwechsel mit Friedrich Engels, der in Manchester die ererbte Baumwoll-Spinnerei Ermen & Engels leitete und den Betrieb an den Rand des Bankrotts steuerte, um die Familie Marx, die kommunistische Geheimbündelei und die Marx- & Engels-Productions über Wasser zu halten.

Marx mit Ehefrau Jenny von Westphalen: Sie mußte ihren „Shawl" versetzen, weil das Geld für die Kohlen fehlte.

Zu der Zeit, als sich der Kontakt mit der *Presse* anbahnte, bewohnte Marx mit seiner Familie eine Wohnung in 9, Grafton Terrace, Maitland Park, Haverstock Hill, London N. W. – ein Elendsviertel. Da war noch „Lenchen" Helene Demuth, die Haushälterin: Die Vaterschaft für das Kind, das Marx ihr anhängte, übernahm der großzügige Friedrich Engels. Das Ehepaar Marx hatte sechs Kinder, ein siebentes kam tot auf die Welt. Zwei Kinder (Guido und Franziska) starben im ersten Lebensjahr. Edgar starb mit acht. Tochter Jenny mit 39. Nur Laura und Eleanor überlebten ihren Vater.

Vergnügungen gab es wenige, und die genoß dann erstens der Fabrikant Friedrich Engels, und zweitens entsprachen sie auch damals nicht der „political correctness" eines Arbeiterführers: „Am Samstag war ich Fuchsjagen, 7 Stunden im Sattel. So eine Geschichte regt mich immer für ein paar Tage höllisch auf, es ist das großartigste körperliche Vergnügen, das ich kenne. Im ganzen field sah ich nur 2, die besser ritten als ich, sie hatten aber auch bessere Pferde. Das bringt meine Gesundheit schon auf den Strumpf. Wenigstens 20 Kerle fielen vom Pferd oder stürzten, 2 Pferde wurden ruiniert, 1 Fuchs getötet (ich war at the death) ... Jetzt Prosit Neujahr für die ganze Familie auf das Krawalljahr 1858" (Engels an Marx, 31. Dezember 1857).

Am 28. Jänner 1858 schrieb Marx an Engels: „Die große Kälte, die hier eingebrochen ist und der reelle Kohlenmangel in unsrer Behausung zwingt mich – obgleich von allen Dingen in der Welt es mir das fatalste ist – wieder zu pressen auf Dir. Ich habe mich nur dazu entschlossen infolge von heavy pressure from without. Meine Frau hat mir vordemonstriert, daß infolge einer Sendung ... die früher als gewöhnlich eintraf, Du in einen Rechnungsfehler geraten seiest und daher diesen Monat, ohne besondres Schreiben meinerseits, nichts schicken würdest; daß sie ihren Shawl etc. etc. versetzt habe, sich nicht zu helfen wisse. Kurz, ich muß schreiben und darum tu ich es. In der Tat, wenn dieser Zustand fortdauert, möchte ich lieber 100 Klafter tief unter der Erde liegen, als so fortvegetieren. Immer andren lästig fallen und dabei beständig selbst mit dem kleinsten Dreck gequält sein, ist auf die Dauer unerträglich. Ich, persönlich, arbeite mir die Misere weg durch starke Beschäftigung mit allgemeinen Dingen. Meine Frau, of course, hat nicht dieselben Ressourcen."

Knapp vier Wochen später, am 22. Februar, schreibt Marx an Lassalle: „Was nun Deinen

Vetter angeht, so wäre ich zu einem Ding bereit ... alles, wozu ich mich engagieren könnte, wäre ein wöchentlicher Artikel ... worin ich politisch absolut nichts mit der *Presse* zu tun hätte ... Ich würde verlangen für einen solchen Artikel wöchentlich 1 Pfund Sterling. Außerdem müßten mir noch vorher einige Nummern der *Presse* zugeschickt werden, damit ich sähe, ob my principles es überhaupt erlauben, an dem Blatt zu arbeiten. However that may be, danke Deinem Vetter in meinem Namen, daß er so freundlich war, an mich bei der Gelegenheit zu denken."

Aber die Sache zögerte sich lange hinaus, zunächst wegen der von Marx vermuteten „Nachlässigkeit" Lassalles, dann aufgrund von Meinungsverschiedenheiten zwischen Lassalle, der *Die Presse* eine Zeitlang selber von Berlin aus belieferte, und Friedländer über die „italienische Frage". Lassalle hatte sich für eine Niederlage Österreichs gegen Napoleon III. im Krieg von 1859 ausgesprochen, die Preußen nützen sollte, um die großdeutsche Lösung zu realisieren. Marx, der Napoleon III. noch mehr haßte, als er Großdeutschland liebte, und *Die Presse* (aus österreichischer Staatsräson) waren da anderer Meinung. Marx an Engels (18. Mai 1859): „Was er (Lassalle, Anm.) über die Tendenz sagt, weswegen er schreibt, den F(riedländer) gerüffelt zu haben, ist nonsense. Die Wiener *Presse* ist für ein östreichisches Blatt unter gegebnen Umständen geschickt und anständig redigiert, mit viel mehr Takt als L(assalle) zu mustern hätte ... Aus den letzten Nummern der *Presse* sehe ich, daß ihre Abonnentenzahl auf 27.000 gewachsen."

Zu dieser Zeit wurde Marx *Die Presse* bereits zugesandt, und zwar unentgeltlich. Erstaunlich, wenn man berücksichtigt, wie sparsam diese Zeitung mit Freiabonnements umgeht. Friedländer muß sich da sehr eingesetzt haben. Einen Monat früher, nämlich am 12. April, hatte er Marx noch geschrieben: „Was zunächst Ihre Korrespondenz betrifft, so habe ich nur nötig, Sie auf die sehr gemessenen Rücksichten aufmerksam zu machen, die uns die hiesigen Verhältnisse auferlegen. *Die Presse* ist ein liberales Blatt, aber nur soweit dies zu sein in Österreich gestattet ist. Das vergessen Sie keinen Augenblick und ich glaube, die Lektüre unseres Blattes, das Sie auf Ihren Wunsch regelmäßig erhalten, wird Ihnen hiefür sowie für Ton, Länge u. s. w. der Briefe die beste Richtschnur sein. Da Sie Neuigkeiten nicht schreiben werden, so werden wir uns für die Regel mit wöchentlich einem Brief von Ihnen begnügen, was nicht ausschließt, dass Sie bei besonderen Veranlassungen nach Ihrem Ermessen öfter schreiben. Das Honorar pro Brief ist für Sie ausnahmsweise zwanzig Francs."

Ein gutes Honorar, kein Zwang zur nachrichtlichen Berichterstattung, dezente Rücksicht auf die Leserschaft – kann sich ein Korrespondent mehr wünschen? Aber plötzlich wurde der Kontakt auf Eis gelegt, diesmal von Friedländer, weil er, wie Rjasanow vermutete, der irrtümlichen Ansicht war, Marx vertrete hinsichtlich des italienischen Kriegs eine ähnliche Auffassung wie Lassalle. Eineinhalb Jahre später, Anfang 1861, machte Marx bei einem Besuch in Berlin die Bekanntschaft des Assessors Julius Friedländer, eines Bruders von Max, und wandte sich über ihn an den *Presse*-Redakteur. Max Friedländer antwortete sofort und stellte Marx ein „glänzendes Honorar" (1 Pfund Sterling pro Artikel und 10 Schilling pro Brief) in Aussicht, er möge schreiben nach Belieben.

Aber wieder, wie schon im Falle Palmerston, kamen Marx politische Bedenken, diesmal wegen der zunächst positiven Haltung der

Das Ehepaar Marx hatte sechs Kinder, nur zwei überlebten den Vater. Photo: ein Jugendbild von Tochter Laura

„Nie dürfen Sie vergessen, daß Sie für ein österreichisches Blatt schreiben, welches zwar durchaus unabhängig ist, aber seine Stütze in der Bourgeoisie hat; das nicht außer acht lassend, hat der Liberalismus sehr weiten Spielraum bei uns."

Max Friedländer an Karl Marx, 25. Oktober 1861

Der amerikanische Bürgerkrieg: Thema des ersten Marx-Artikels für *Die Presse*, erschienen am 25. Oktober 1861. Der Redaktion war der Artikel zu lang, „der Korrespondent müsse sich in Zukunft kürzer fassen."

Aufnahme vom amerikanischen Kriegsschauplatz am 3. Oktober 1862, in der Mitte Abraham Lincoln

Presse zu Anton Ritter von Schmerling. Erst als sich die Zeitung gegen den Ministerpräsidenten stellte (Zang: „Ich habe ihn auf den Ministersessel gebracht, ich werde ihn auch wieder herabwerfen"), sagte Marx endgültig zu. Jetzt aber hatte Friedländer plötzlich Bedenken. Er verlangte von Marx, dessen Arbeit er bestens kannte, wie von einem journalistischen Neuling auf einmal zwei Probeartikel. Marx ahnte sofort warum: „seines Eigentümers Zang wegen", schrieb er an Engels (Brief vom 30. Oktober 1861). Zang war hellhörig geworden. Friedländer mußte mit mehr Vorsicht agieren. Marx fügte sich ohne Protest.

„Ich muß auf die Sache eingehen, car il faut vivre"
Marx am 10. Juni 1861 über das „Presse"-Angebot, er merkte aber bald:
***Die Presse* sei doch nicht „die Kuh, die sie sein sollte"**

Es blieb ihm auch nichts anderes übrig, das Wasser stand ihm bis zum Hals. Der amerikanische Bürgerkrieg hatte dazu geführt, daß die *New York Daily Tribune* ihre europäischen Korrespondenzen vernachlässigte, was seine Einkünfte empfindlich verringerte. Die Arbeit für *Die Presse* wurde für ihn zu einer Überlebensfrage. Er war natürlich Realist genug, um der liberalen österreichischen Zeitung nicht Pamphlete jener Art anzubieten, wie er sie 1848 für die *Neue Rheinische Zeitung* verfaßt hatte. Es ist daher nicht leicht, in den Korrespondenzen aus London, die von Oktober 1851 bis Dezember 1856 in der *Presse* erschienen sind, gleich den Autor wiederzuerkennen.

Marx hat natürlich keine Reportagen verfaßt, das Individuelle und Konkrete hat ihn nie interessiert. Er lieferte einige brillant formulierte ökonomische und politische Analysen und Berichte (amerikanischer Bürgerkrieg, Mexiko, englisches Eisenbahnwesen, Baumwollkrise, neue Methoden der Brotfabrikation – letzteres als Hommage an August Zang?), viele notdürftig als Analysen getarnte Leitartikel sowie einige höchst polemische bis haßerfüllte Kommentare zu britischen Zeitungsberichten.

Über das Leben in England schrieb er wenig Anschauliches, abgesehen von einigen feuilletonistischen Versuchen, die auf wiederholtes Drängen Friedländers zustandekamen und denen man es ansieht, daß sie Marx nur als Aufhänger dienten für Erörterungen theoretischer Natur. Bei der Lektüre der englischen Themen gewidmeten Artikel fällt auf, daß sich Marx ausschließlich auf

Zeitungsberichte und Statistiken stützte. Zugang zu britischen Politikern hatte er nicht, was angesichts seiner Lebensumstände und seines Milieus auch kein Wunder ist: Mag sein, daß sich auch andere Auslandskorrespondenten gelegentlich einem Lebensstil hingegeben haben, der sich nicht unbedingt mit den Vorstellungen des Chefredakteurs und der Leserschaft deckte – aber Karl Marx hat hier mit Sicherheit sämtliche Rekorde gebrochen.

Den armen Friedländer stürzte der neue Mann in London, der auf die Bedürfnisse der Redaktion wenig Rücksicht nahm, in ernste Schwierigkeiten. Nach dem ersten überlangen Artikel über den amerikanischen Bürgerkrieg, den *Die Presse* am 25. Oktober 1861 veröffentlichte, bekam Marx mit gleichem Datum einen ziemlich deutlichen Brief aus Wien: „Aus dem heutigen Blatte entnehmen Sie, dass wir Ihren Brief durchaus unverändert an der Spitze und mit einer besonderen Reklame für den Verfasser abgedruckt haben. Indessen kann ich Ihnen nicht verhehlen, dass die Aufnahme eines Artikels dieser Länge für uns nur ganz ausnahmsweise zulässig ist. Wir müssen uns hinsichtlich der ausländischen Angelegenheiten sehr knapp halten und Sie wollen Ihre Briefe auf das Mass von vier Seiten Ihres Manuskripts als Maximum beschränken. Ich denke, dass Sie sich leicht darauf einrichten werden. Ausser den amerikanischen wünschen wir von Ihnen viel mehr englische Berichte in der Ihnen so geläufigen Form, wie Sie solche einst der *Oder-Zeitung* schickten. Vielleicht senden Sie uns auch hie und da etwas für das Feuilleton. Ich enthalte mich absichtlich jeder Andeutung über Ihre Auswahl und meine, durch die Praxis werden wir uns am besten verstehen lernen."

Aber Friedländers Hoffnung, Marx könnte im Feuilleton zu literarischem Format auflaufen und ihm die Probleme mit Zang und Etienne ersparen, erfüllte sich nicht. Schon am 9. Dezember 1861 beschwerte sich Marx bei Engels: „Was ich einzunehmen habe Ende des Monats, wird sich auf 30 Pfund höchstens belaufen, da die Lausekerls von der *Presse* einen Teil meiner Artikel nicht drucken. Ich muß mich natürlich erst daran gewöhnen, innerhalb der ‚Grenzen der deutschen Vernunft' zu handeln. (Nebenbei aber machen sie in ihrem Blatt großes Wesen von meinen Beiträgen). Was ich zu zahlen habe (Pfandhauszinsen etc. inbegriffen), beläuft sich auf 100 Pfund. Es ist merkwürdig, wie der Ausfall aller Einnahmen, zusammen mit nie ganz abgetragnen Schulden, trotz aller Detailhülfe immer wieder den alten Dreck aufschwemmt … Bin ich aus dieser Scheiße heraus, so kann ich mit New York und Wien wieder wenigstens vegetieren."

Er blieb drin stecken. An Engels, 27. Dezember 1861: „Die lausige *Presse* druckt kaum die Hälfte meiner Artikel. Es sind Esel."

Friedländer stellte die Dinge am 7. Jänner in einem freundlichen und ermunternden Schreiben an Marx noch einmal klar. Die Redaktion habe „ein Teil Ihrer Zuschriften" nicht aufgenommen. „Teils geschah dies dann, wenn Sie sich in einem Stoff verloren, den wir, durch uns näher liegende Angelegenheiten bedrängt, unseren Lesern zugänglich zu machen verhindert sind (beispielsweise die mexikanische Sache). Uebrigens haben Sie in dieser Beziehung nur in der ersten Zeit fehlgegriffen, während ich nun wahrgenommen habe, dass Sie jetzt selbst herausgefunden haben, was gerade für uns nützlich ist. Ich lade Sie ein, nun in dieser Weise fortzufahren und dabei stets auf ein österreichisches Bourgeoispublikum Bedacht zu nehmen sowie die Raumverhält-

„Ich glaube, die *Neue Freie Presse* und all diese Pressgelichter könnten zehntausend Feuilletons schreiben, ohne dass dies auf die Haltung der deutschen Arbeiterpartei den allergeringsten Einfluss hätte"

Friedrich Engels, 6. Oktober 1874

Marx-Grabmal im Highgate Cemetery London

„Lausekerls!"

Marx über die „Presse"-Redaktion, weil sie einen Großteil seiner Beiträge nicht abdruckte.

„Vor der Leiche eines so großen Gegners wollen wir den Hut ziehen, und selbst in ihrer abschreckendsten Form soll die mächtige geistige Kraft geehrt werden, die sich vermaß, mit dröhnenden Hammerschlägen die bürgerliche Gesellschaft zu zertrümmern."

Nachruf der NFP auf Karl Marx, 17. März 1883

nisse unseres Blattes zu respektieren. Vielleicht passt es Ihnen einmal, auch etwas für unser Feuilleton zu senden." Es paßte Marx nicht, und es gelang ihm immer weniger, seine Artikel unterzubringen. Am 25. Februar 1862 schrieb er an Engels: „Die Wiener *Presse*, wie unter den jetzigen deutschen Lauseverhältnissen vorherzusehen, ist nicht die Kuh, die sie sein sollte. Angeblich erhalte ich 1 Pfund per article. Da die Kerls aber von 4 Artikeln vielleicht nur 1 drucken und oft keinen, so kommt verdammt wenig heraus außer Zeitverlust und Ärger, daß ich auf die Spekulation schreiben muß, ob oder ob nicht besagter Artikel das Imprimatur einer gnädigen Redaktion erhält ... Während der letzten 2 Monate hat *Die Presse* so wenig von mir gedruckt, daß mein Guthaben an sie kaum nennenswert." Die Situation war wieder einmal aussichtslos geworden. Im April 1862 verzichtete die *New York Daily Tribune* zur Gänze auf seine Mitarbeit.

In der britischen Hauptstadt, damals das Zentrum des Kapitalismus, und zu einer Zeit, als man noch den Mut hatte, neu erworbenen Reichtum offen und stolz zur Schau zu stellen, muß Marx seine Armut und seinen Mißerfolg besonders schmerzlich empfunden haben. Von Mai bis November 1862 fand in London zum zweiten Mal die Weltausstellung statt. Schon die erste (1851) war mit sechs Millionen Besuchern ein Riesenerfolg gewesen. Mit Spannung wurde auch diesmal das Ereignis erwartet. In der City wimmelte es nur so von Industriellen, Journalisten und Spionen. Aber erst am 19. August ersuchte Marx die Veranstalter in seiner Eigenschaft als Londoner Korrespondent der Wiener *Presse* um „ein Presseticket für die Exhibition", das ihm auch zugestellt wurde. Was war der Grund des mangelnden Interesses? *Die Presse* hatte beschlossen, Reporter aus Wien zu dem internationalen Großereignis zu entsenden, eine Praxis, die auch andere Korrespondenten – nicht nur damals – genervt hat. Friedländer wollte Marx bei Laune halten, indem er ihm versprach, seine Weltausstellungs-Artikel mit eineinhalb Pfund (statt wie üblich einem Pfund) zu honorieren, und fügte wieder einmal hinzu, daß er diese Artikel „am liebsten im Feuilleton placieren" möchte. Aber: „Die eigentliche Berichterstattung musste ich den von hier hingehenden Reportern vorbehalten."

Ein Arbeiter verkauft sozialistische Blätter (Aquarell von 1919).

Friedländer „musste" – hatte Zang ein Machtwort gesprochen? Im selben Brief (22. April 1862) kündigte Friedländer an, er werde wahrscheinlich nach London kommen und „die Ehre (haben), Sie im Laufe dieses Sommers zu sehen". Ob es zu dieser Begegnung kam, ist nicht bekannt. Von Marx ist jedenfalls kein einziger Artikel über die Weltausstellung erschienen, vielleicht auch deshalb, weil er nicht das Geld hatte, um sich die für den Besuch vorgeschriebene Garderobe zu kaufen. Es könnte gut sein, daß Friedländer zwar nach London reiste, aber Marx nicht aufsuchte, weil er bereits den Auftrag hatte, einen Korrespondentenwechsel vorzubereiten.

Im Sommer 1862 begann Julius Rodenberg damit, *Die Presse* aus London mit Korrespondenzen zu versorgen, während noch einige Artikel von Marx erschienen.

Am 18. Juni 1862 bat Marx Engels wieder einmal dringend um Geld: „Es ist mir höchst ekelhaft, Dich wieder von meiner misere zu unterhalten, aber que faire? Meine Frau sagt mir jeden Tag, sie wünschte, sie läge mit den Kindern im Grab, und ich kann es ihr wahrlich nicht verdenken, denn die Demütigungen, Qualen und Schrecken, die in dieser Situation durchzumachen sind, sind in der

Marx-Statue in Ostberlin als Photosouvenir

Tat unbeschreiblich. Die 50 Pfund sind, wie Du weißt, für Schulden ausgegeben worden, von denen nicht die Hälfte damit bezahlt werden konnte. Die zwei Pfund für Gas. Das Lausegeld von Wien geht erst Ende Juli ein und wird verdammt wenig sein, da die Hunde nicht einmal wöchentlich 1 Artikel jetzt drucken. Dazu nun wieder die neuen Ausgaben seit Anfang Mai. Ich will gar nicht von der in London wirklich gefährlichen Situation sprechen, ohne einen Centime während 7 Wochen zu sein, da dies sich bei uns chronisch wiederholt. Aber so viel wirst Du aus eigner Erfahrung wissen, daß es beständig laufende Ausgaben gibt, die bar bezahlt werden müssen. Das geschah nun durch Wiederversetzen der Ende April aus dem Pfandhaus geholten Sachen. Aber schon seit Wochen ist diese Quelle so erschöpft, daß meine Frau vor einer Woche den vergeblichen Versuch machte, Bücher von mir zu verklopfen. Die armen Kinder tun mir um so mehr leid, als dies alles in dieser Exhibition season vorfällt, wo ihre Bekannten sich amüsieren und sie nur Schrecken durchmachen, daß nur niemand sie besucht und den Dreck anschaut ... Kein Mensch besucht mich, und das ist mir lieb, denn die Menschheit, die hier ist, kann mich ——. Schönes Gesindel. Salut. Dein K. M."

Der letzte *Presse*-Artikel von Karl Marx erschien am 4. Dezember 1862 und war, wie der erste, dem Amerikanischen Bürgerkrieg gewidmet („Englische Neutralität – Zur Lage in den Südstaaten"). Aber auch danach riß der Kontakt zwischen Marx und Friedländer nicht ab. Friedländer lud Marx 1869 noch einmal zur Mitarbeit ein, diesmal für die *Neue Freie Presse*. Marx verschmähte das Angebot. Zwei Jahre später wandte sich Marx an Friedländer, um in der *Neuen Freien Presse* sein Dementi eines Berichts zu veröffentlichen, der in Zangs *Presse* erschienen war. Marx bestreitet darin, in London je mit dem russischen Anarchisten Alexander Herzen zusammengetroffen zu sein oder gar bei einer „socialistischen Soiree" in dessen Palais eine Rede gehalten zu haben. Das Dementi (gezeichnet: „London, 30. Juni 1871. Karl Marx"), das die Leserschaft der *Neuen Freien Presse* nicht gerade brennend interessiert haben dürfte, erschien am 4. Juli. Kaum ein Jahr später, am 20. April 1872, starb Max Friedländer im Alter von 43 Jahren während eines Aufenthaltes in Nizza. Marx hatte ab nun keinerlei Kontakte mehr zur *Neuen Freien Presse*. Er starb am 14. März 1883, arm und in London, nicht „auf einem Landsitz zu Argenteuil, umgeben von dem feinen Comfort, welcher das Leben verschönt", wie die *Neue Freie Presse* in ihrem Nachruf (17. März) behauptete. Der nichtgezeichnete Leitartikel, aus dem der Zensor alle Marx-Zitate strich, verrät eine ziemlich dürftige Kenntnis der Marxschen Schriften. Er endet jedoch mit einer Prognose, die sich mehr als hundert Jahre später erfüllen sollte: „Das Verderben, welches er schuf, wird vergehen, wie seine Asche ... und bald wird auch der Arbeiter erkennen, daß die Freiheit die sicherste Bürgschaft ist für den Wohlstand."

BRIGITTE HAMANN

Um des Kaisers Bart

Die kaiserliche Familie und „Die Presse“

Die Revolution stand Pate bei der Gründung der *Presse* im Jahre 1848. Das vergaß Kaiser Franz Joseph, der 1848 an die Macht kam, nie. So bald wie möglich schaffte er die Pressefreiheit, eine der großen Errungenschaften von 1848, wieder ab und unterstellte die Zeitungen den Polizei- und Justizbehörden. Wie zu Metternichs Zeiten konnten Journalisten Kritik nur in Andeutungen anbringen oder sie unter harmlosen Überschriften und Texten verstecken. Viele Journalisten kannten in dieser Zeit die Gefängnisse von innen, so auch der Gründer und Inhaber der *Presse*, August Zang.

1862 löste eine unscheinbare Meldung in der *Presse* unter dem absichtsvoll harmlosen Titel „Wiener Nachrichten“ einen ernsten Streit zwischen dem damals 31jährigen Franz Joseph und seinem jüngeren Bruder und Thronfolger Erzherzog Maximilian aus. Der Artikel berichtete über den Kuraufenthalt der Kaiserin Elisabeth in Bad Kissingen, ihren schlechten Gesundheitszustand, ihre Trinkkuren, Schlammbäder und ähnliches. Jener Satz, der so ungeheure Aufregung auslöste, bezog sich auf Sisis einzigen bekannten Schönheitsfehler, ihre schlechten Zähne, und lautete: „Außerdem hat der Aufenthalt in Kissingen auf die Kaiserin derart unliebsam gewirkt, daß sie dort leider mehrere ihrer schönsten Zähne einbüßte.“ Das genügte. Chefredakteur Zang wurde zum Kaiser und dann zu Außenminister Graf Rechberg zitiert. Es drohte ihm Haft wegen Majestätsbeleidigung. Zang wand sich aus den Anschuldigungen heraus, bedauerte den Artikel, erklärte, daß er nichts davon gewußt habe, da er auf Reisen gewesen sei. Kurz: Er bat den Kaiser um Begnadigung. Dabei erwähnte er, auch Erzherzog Maximilian trete für eine Begnadigung ein. Aber ein Sekretär des Erzherzogs habe ihm, Zang, geschrieben, daß seine Chancen nicht gut stünden, „da eine verletzte weibliche Eitelkeit im Wege sei“.

Das verschlimmerte die leidige Angelegenheit erst recht. Denn schon lange ärgerte sich der wenig populäre Kaiser über den Bruder und dessen gute Beziehungen zu Journalisten. Franz Joseph am 6. September 1862 an Maximilian: „Da ich nicht dulden kann, daß Mitglieder der kaiserlichen Familie und besonders die Kaiserin auf eine ebenso leichtsinnige als pflichtvergessene Art durch Personen, die sich in der Nähe derselben befinden, gegenüber einer solchen Canaille wie Zang kompromittiert werden“, bitte er um eine Erklärung, „ob Du den Zang wegen des Mißlingens des für ihn gemachten Schrittes (der Begnadigung) hast schreiben lassen“. Überdies habe „sich Sisi um den bewußten Artikel nicht gekümmert“ – was stimmte, denn Elisabeth interessierte sich zeitlebens nicht für das, was in Zeitungen stand. Es sei, so Franz Joseph weiter, „also hier nicht von weiblicher Eitelkeit, sondern von der

gerechten Entrüstung die Rede, die der Artikel in mir und in jedem treuen Unterthan erwecken mußte“.
Maximilian verteidigte sich höchst kleinlaut. Er habe bei seinem Kontakt zu Zang ja nur „das Wohl der vielbeschimpften Marine“ im Auge gehabt, deren Oberkommandant er war, und sich bemüht, „die gute Stimmung Zangs vor der Wiedereröffnung des Abgeordnetenhauses zu erhalten“. Er nannte Zang einen „reizbaren und gefährlichen Journalisten“, dessen Zeitung er fast nie lese. Aber in seinem Auftrag habe ein Mitarbeiter nun rasch die „einzelnen Blätter der *Presse*“ durchgesehen „und fand auch wirklich eine Anzahl unglaublicher Artikel, so den über die Kaiserin in Kissingen, so einen höchst unschicklichen über den Bart Eurer Majestät und einige bissige über meine Wenigkeit“. Dann meinte er, das ganze sei nicht ernst zu nehmen und eher „ein abgedrehtes Journalisten Manöver“.
Bei dem Bart-Artikel handelte es sich um eine zuerst von der liberalen *Morgen-Post* gedruckte Meldung, der Kaiser habe seinen Backenbart abrasiert, mit dem Kommentar: „Wie man aus Possenhofen schreibt, fiel des Kaisers Bart aus galanter Zärtlichkeit für die Kaiserin. Ihre Majestät ließ nämlich die Bemerkung fallen, daß der Kaiser früher, bevor er den Backenbart getragen habe, jugendlicher und munterer ausgesehen habe.“ Auch diese Meldung hatte einen Skandal ausgelöst.
Eine Generation später gab es wieder einen Thronfolger, der sich für den Liberalismus engagierte, sich mit Journalisten anfreundete und sogar selbst journalistischen Ehrgeiz hatte: Kronprinz Rudolf. Inzwischen war die Pressefreiheit garantiert – abgesehen von Majestätsbeleidigung und Angriffen auf die katholische Kirche. Die „alte“ *Presse* war praktisch ein Regierungsorgan, die *Neue Freie Presse* aber zur politischen Großmacht geworden. Außenpolitisch vertrat sie voll die Regierungslinie, vor allem die enge Anbindung Österreich-Ungarns an das Deutsche Reich. So war der Kaiser wohlberaten, sich diese Zeitung trotz seines andauernden Mißtrauens nicht zum Feind zu machen. Die zahlreichen Niederlagen seiner bisherigen Regierung hatten ihn ohnehin in der Öffentlichkeit sehr viel vorsichtiger werden lassen. Auch in der Familie gab er Kompetenzen ab. Es war Erzherzog Albrecht, der

„Da ich nicht dulden kann, daß Mitglieder der kaiserlichen Familie und besonders die Kaiserin … kompromittiert werden …“
Franz Joseph

Elisabeth als Braut: Der einzige Schönheitsfehler – die schlechten Zähne – durfte in der „Presse“ nicht erwähnt werden.

„Der reizbare und gefährliche Journalist“, „die Canaille“
Die kaiserliche Familie über „Presse“-Chef August Zang

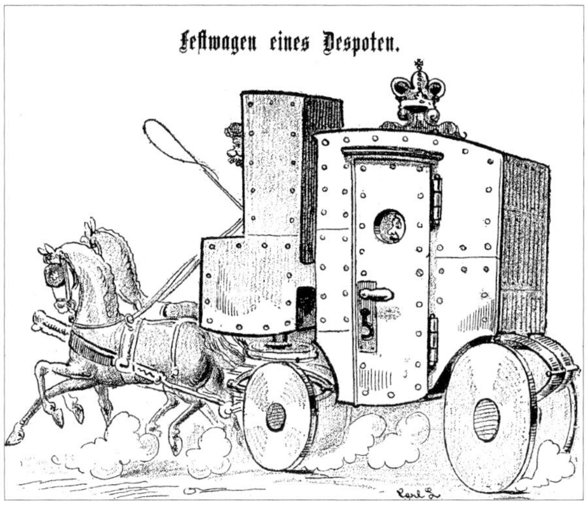

Linke Seite: Der Kaiser las am liebsten die „alte Presse“, das „Fremdenblatt“ sowie Witz- und Klatschblätter.
Links: Die Pressefreiheiten von 1848 wurden unter Franz Joseph zurückgenommen: Der sehr vorsichtig formulierende Karikaturist warnt den Kaiser im Rahmen des damals Erlaubten.

„... es gibt nichts zudringlicheres u. arroganteres, korrupteres als unsere Jornalistiker"

Warnung von Erzherzog Albrecht an den Kronprinzen

den 17jährigen Kronprinzen energisch an die höfischen Prinzipien erinnerte, als dieser voll Stolz seinen ersten anonymen, noch sehr harmlosen Zeitungsartikel präsentierte: „Kein junger Prinz, am allerwenigsten ein Kronprinz, darf als Zeitungskorrespondent figurieren. Der Nimbus geht nur zu leicht verloren, u. es gibt nichts zudringlicheres u. arroganteres, korrupteres als unsere Jornalistiker."
Doch Rudolf hatte anderes im Sinn, wie er 1882 auch Theodor Billroth erläuterte: „Die Presse muß heutzutage bei großen Unternehmungen stets beigezogen werden. Als Freundin ist sie eine große, starke Bundesgenossin, als Feindin kann sie, indem sie ja doch bei den meisten Menschen die öffentliche Meinung fabriziert, einen sehr gefährlichen Krieg führen."
Moriz Szeps, Gründer und Inhaber des liberalen *Neuen Wiener Tagblatts* – und damit Konkurrent der *Neuen Freien Presse* –, wurde Rudolfs politischer Mentor und Ersatzvater. Für ihn, den von Antisemiten wild bekämpften „Preßjuden", schrieb Rudolf in den achtziger Jahren scharfe oppositionelle Artikel, natürlich anonym. Er polemisierte innenpolitisch gegen die Antisemiten Schönerer und Lueger, außenpolitisch gegen die Berliner Dominanz und mit einer deutlichen Präferenz für freundschaftliche Beziehungen zu Paris und London.
Berlin war offenkundig über diese Aktivitäten besser informiert als Franz Joseph. So erhielt Bismarck von seinen Diplomaten einen Bericht, „man habe, als der Kronprinz ... sehr unvorsichtig in seinem Umgang mit allerhand literarischem Volk war, dem Kaiser geraten, er möchte dies untersagen und ihn in bessere Disziplin nehmen". Dieser aber habe seinen Sohn nicht ernst genommen und gesagt: „Der Rudolf plauscht wieder!" Darauf Bismarck höchst unwillig: „Er kann jeden Tag zur Regierung kommen – nur 1 Menschenleben dazwischen! ... Wenn irgend etwas unsere Beziehungen zu Österreich lähmen kann, so ist es das Kokettiren mit Frankreich." Der Deutsche Botschafter in Wien wurde angewiesen, den Kronprinzen „kühl zu behandeln".
Das *Neue Wiener Tagblatt* hatte von nun an zum Jubel der Antisemiten unter Schikanen der Regierung Taaffe zu leiden, so Beschlagnahmungen, dem Verbot, die Zeitungen in Trafiken zu verkaufen, und ähnlichem. Die *Neue Freie Presse* konnte dagegen so gut wie unbehelligt weiterarbeiten.
Rudolf demonstrierte seine Freundschaft zur „Judenpresse" vielfach in der Öffentlichkeit, so auch beim „jüdischliberalen"

Links: Kronprinz Rudolf schrieb mit 17 Jahren seinen ersten – anonymen und harmlosen – Zeitungsartikel. Rechts: Moriz Szeps, Inhaber des liberalen „Neuen Wiener Tagblatts", war für Kronprinz Rudolf Mentor und Ersatzvater.

„Als Freundin ist sie eine große, starke Bundesgenossin"

Kronprinz Rudolf über „Die Presse"

Concordia-Presseball 1884. Wieder einmal lag die Regierung Taaffe mit der liberalen Presse im Streit und entsandte kein Regierungsmitglied. Umso triumphaler wurde der Auftritt des damals 25jährigen Kronprinzen, der in der Galauniform eines Generals erschien. Karl Emil Franzos schilderte Rudolfs Begegnung mit einigen Chefredakteuren: „Mit dem Herausgeber der *Neuen Freien Presse*, Dr. Bacher, konversierte er wie etwa mit dem Botschafter einer Großmacht, ungemein verbindlich, aber doch reserviert, mit dem dicken, gemütlichen Hügel von der *Vorstadtzeitung* zwanglos, das Hochdeutsch mit wienerischen Ausdrücken durchsetzt, aber herablassend wie etwa mit einem Wiener Großfuhrmann.“ Mit Moriz Szeps tauschte er lächelnd freundlich-förmliche Worte. Dieser Abend ging in die Annalen des Presseclubs ein und erweckte Hoffnungen auf die Zukunft. Andererseits gehört er aber auch in die Vorgeschichte von Mayerling, also Rudolfs Scheitern.

Die Quellenlage über diese so wichtigen Jahre ist auffallend schlecht, vor allem was Franz Josephs Haltung betrifft. Eines aber ist sicher: Rudolfs Bindung ausgerechnet zu liberalen Journalisten und die daraus erwachsenden erheblichen politischen Probleme vergrößerten Franz Josephs Mißtrauen gegen die freiheitliche Presse. Jahrzehntelang faßte Franz Joseph die Lektüre der von seinen Sekretären farbig angestrichenen politischen Zeitungsartikel als Pflicht auf – wie das Aktenlesen.

Im Alter aber wurde er ein geradezu leidenschaftlicher Zeitungsleser, und zwar seit seiner Freundschaft mit Katharina Schratt. Dabei beschränkte er sich auf den nichtpolitischen Teil: Burgtheater-Kritiken und alles, was es an Skandalgeschichten und Tratsch über die wechselnden Direktoren, die Launen und Liebesverhältnisse der Stars irgendwo zu lesen gab, also Gesellschaftstratsch.

Auf diesem Gebiet war die *Neue Freie Presse* freilich nicht konkurrenzfähig. Der Kaiser bevorzugte die unscheinbar gewordene „alte“ *Presse*, Witzblätter wie den *Kikeriki* und vor allem das *Fremdenblatt*. Dieses brachte nämlich tägliche Listen heraus: wer in welchem Wiener Hotel abgestiegen war, welches Mitglied der Gesellschaft wo zur Kur weilte oder sonstwohin reiste, wer an

Katharina Schratt nahm gegen den Willen Franz Josephs an einem Ballonflug des Sportsman Viktor Silberer (hier mit seinem Bruder Johann und Gattin) teil: Die Zeitungsnachricht empörte den Kaiser.

welcher Krankheit gestorben, welche Dame auf welchem Ball in welchem Kleid erschienen war und ähnliches. Anhand dieser Listen verfolgte Franz Joseph nicht nur die Wege seiner Verwandten und der Freundin, sondern auch voll Mißtrauen die des Fürsten Ferdinand von Bulgarien und des Grafen Hans Wilczek, seiner beiden Rivalen bei der Schratt. Eifersucht quälte ihn, wenn er den Reise- und Hotellisten des *Fremdenblattes* entnahm, daß sich einer der beiden Herren am selben Ort wie die Schratt aufhielt.

Im Juni 1890 löste eine Meldung in der „alten“ *Presse* eine ernste Verstimmung des Paares aus. Es ging um eine Ballonfahrt, die die Schratt gegen Franz Josephs Willen mit den bekannten Sportsmen Viktor Silberer und Alexander Baltazzi unternahm. Laut *Presse* wohnten „diesem Schauspiel ... außerhalb der aeronautischen Anstalt viele Hundert Menschen bei, und kleine Jungen erkletterten die hohen Bäume der Umgebung, um Zeugen der Auffahrt sein zu können“. Franz Joseph: „Ich kann es mir nicht versagen, Ihnen durch beiliegenden Ausschnitt aus der alten *Presse* den Beweis zu liefern, daß ich in Beziehung auf das Schweigen der Zeitungen doch recht hatte.“ Sie sei leichtsinnig gewesen und habe „an Ihre auf dem festen Boden zurückgelassenen Freunde nicht gedacht“. Am nächsten Tag

Rudolfs Freundschaft zu liberalen Journalisten vergrößerte die Distanz zum Vater und verstärkte das Mißtrauen des Kaisers gegen die freiheitliche Presse.

Franz Joseph und Katharina Schratt: Die Beziehung wurde nach dem Tod Sisis schwieriger.

Elisabeth ließ für ihren Lieblingsdichter Heinrich Heine auf Korfu einen Tempel errichten. 1908, im Wien des grassierenden Antisemitismus, veröffentlichte die NFP eine Würdigung von Sisis Heine-Begeisterung.

schickte er weitere Ausschnitte anderer Zeitungen zum selben Thema und berief sich gar auf seine Ehefrau: „Selbst die Kaiserin, die doch gewiß keine Gefahr scheut, fand die Sache gefährlich und nicht zu billigen."
Nicht nur die Freundin, sondern auch die Ehefrau bedachte der Kaiser häufig mit Zeitungsausschnitten, so am 20. April 1896: „Beiliegend ein Ausschnitt aus der *neuen freien Presse*, den ich Deiner Beherzigung empfehle, weil in den wenigen Zeilen bei Gelegenheit des plötzlichen Todes des armen Tilgner so richtiges und schauerliches über Entfettung gesagt wird." Tatsächlich war der Bericht auf Seite 5 der NFP wie für die stets hungernde und sich mit stundenlangen Gewaltmärschen erschöpfende Kaiserin verfaßt. Denn unter dem Titel „Forcirte Curen" ortete dort ein Arzt die Ursache des plötzlichen Todes des Bildhauers Tilgner in einer „Entfettungscur – bestehend in häufigen anstrengenden Leibesübungen sowie Dauermärschen".
Ob Franz Joseph das folgende Inserat kannte, ist zweifelhaft. Die Vorgeschichte: Nach dem Tod der Kaiserin, die ihre schützende Hand über Franz Josephs Freundschaft mit der Schratt gehalten hatte, wurde die Beziehung schwierig. 1900 forderte die Schratt vom Kaiser die Entlassung des Burgtheaterdirektors Paul Schlenther oder wenigstens die des Obersthofmeisters Graf Montenuovo, mit dem sie ebenfalls im Streit lag. Aus Ärger, daß der Monarch nicht tat, was sie wollte, weigerte sie sich monatelang, aus dem Ausland nach Wien zurückzukehren. Der Kaiser war derart bekümmert und schlechter Laune, daß die ganze Umgebung stöhnte – und die Schratt wieder herbeisehnte. Schließlich nahm sich ein Witzbold des kaiserlichen Kummers an. In der *Neuen Freien Presse* erschien folgendes Inserat, das der Deutsche Botschafter sofort Kaiser Wilhelm II. nach Berlin schickte: „Kathi kehr zurück – alles geordnet – zu Deinem unglücklich verlassenen Franzl."
Während sich Franz Josephs Beschäftigung mit der *Neuen Freien Presse* auf spärliche und eher skurrile Meldungen beschränkte, setzte

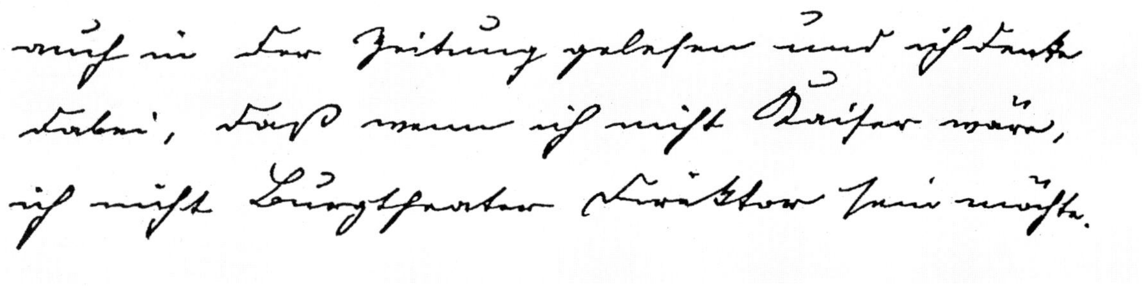
auch in der Zeitung gelesen und ich denke
dabei, daß wenn ich nicht Kaiser wäre,
ich nicht Burgtheater Director sein möchte.

die von Antisemiten bekämpfte Zeitung 1908 ein kräftiges Zeichen: Zehn Jahre nach Elisabeths Tod, fast zwanzig Jahre nach Rudolfs Selbstmord, inmitten des antiliberalen und antisemitischen Zeitgeistes der Lueger-Ära und einer gerade aktuellen allgemeinen Heine-Beschimpfung brachte das Blatt in der Weihnachtsbeilage eine fast fünfseitige Würdigung Heines, Elisabeths und Rudolfs. Es druckte ohne großen Kommentar jene Heine-Briefe ab, die Rudolf wenige Wochen vor seinem Tod der Mutter zu Weihnachten geschenkt hatte, in Anerkennung ihrer unerschütterlichen Haltung für diesen ihren Lieblingsdichter. So erinnerte das Blatt an diese beiden kaiserlichen „Judenknechte“ als Gesinnungsgenossen. Eine Reaktion Franz Josephs ist uns nicht bekannt.

„... auch in der Zeitung gelesen und ich denke dabei, daß wenn ich nicht Kaiser wäre, ich nicht Burgtheater Direktor sein möchte.“

Aus einem Brief Kaiser Franz Josephs an die Schratt

GÜNTHER NENNING

„Wie stehst du zum Kapital?“

„*Die Presse*“ *und der Sozialismus*

Hinab zu den Müttern. Beide, der österreichische Sozialismus und *Die Presse*, sind 150 Jahre alt. In solche Zeittiefe hinabzugelangen, mußte ich die Leiter hinaufsteigen, in die Region über zwei Meter Regalhöhe, mit Staubwedel und Wischtuch. Hübsch einige Kilo Bücher über die Anfänge des Sozialismus im bürgerlich-liberalen Revolutionsjahr 1848 landeten auf Tisch und Bett. So liegen jetzt über diversen Bibel-Ausgaben friedlich einige Werke von und über Karl Marx. Und bei dieser An- und Unordnung wird's wohl eine ganze Zeitlang bleiben. Ich kann gut damit leben. In all ihren 150 Jahren hat *Die Presse* an Sozialdemokratie und Sozialismus einen praktischen Maßstab angelegt. Mehr oder minder belobigt wurde stets eine Sozialdemokratie, die sich bereitfindet zur Koexistenz mit dem Kapital, ein Tony-Blair- oder Viktor-Klima-Sozialismus, zuckerlrosa verpackt. Restlos heruntergeputzt wurde stets ein dunkelroter Sozialismus, der Kapital und Eigentum angeblich oder wirklich abschaffen will, „Kommunismus“, unter welchem Namen immer.

„Wie stehst du zum Kapital?“, war immer die Grundfrage der *Presse* an jegliche Spielart von Sozialismus. Das ist eine lebensnahe Einstellung. Dem politisch tätigen Sozialismus war die Abschaffung des Kapitalismus immer herzlich wurscht. Das war Gegenstand für den einen oder anderen Absatz im Grundsatzprogramm und konnte im Ablauf der Zeiten auch dort gestrichen werden ohne besonderes Federlesen.

Sozialdemokratie ist ein Zusammenleben mit dem Kapital, welchem je nach Möglichkeit und Tüchtigkeit mehr oder minder große Happen friedlich aus dem Fleisch gerissen werden. In meinen jungen Jahren bei der sozialdemokratischen Tageszeitung *Neue Zeit* in Graz durfte ich ein Preisausschreiben veranstalten: „Was ist Sozialismus?“ Antworten kamen spärlich, die niederschmetterndste lautete, in originalsteirischer Orthographie: „Wann mir eine Wohnung kriegn, wähln mir stotsialistis, wann aber nigs is, dann nigs.“ Den Unterschied zwischen theoretischem und praktischem Sozialismus kann ich seither geläufig Klavier spielen.

In ihrem Nachruf auf Karl Marx schreibt *Die Presse* sehr böse (17. März 1883): „Vor der Leiche eines so großen Gegners wollen wir den Hut ziehen, und selbst in ihrer abschreckendsten Form soll die mächtige geistige Kraft geehrt werden, die sich vermaß, mit dröhnenden Hammerschlägen die bürgerliche Gesellschaft zu zertrümmern ... Marx war der Vater jener Sozialdemokratie, mit der es keinen Frieden und keine Versöhnung gibt.“

Sehr freundlich hingegen schreibt dieselbe *Presse* in ihrem Nachruf auf Viktor Adler, den Gründer der österreichischen Sozialdemokratie (12. November 1918): „An der Bahre des Dr. Viktor Adler dürfen alle Parteiunterschiede schweigen ... Seine geschichtliche Aufgabe sah er nicht im Niederreißen, sondern im programmgemäßen Aufbau ... Maßhalten, das Durchführbare ins Auge fassen und dann zielbewußt erstreben, war die Kunst, die ihn auszeichnete."

Warum gar so freundlich? „Marx war ein Dämon", schauderte es die *Presse*. Adler war kein Dämon, sondern ein guter Geist: Man spürt die Erleichterung des Weltblattes. Es ließ jene Sozialdemokratie leben, die das Kapital leben läßt. Oder in der blumigen *Presse*-Sprache: „Schon sendet das Bürgertum den Ölzweig aus."

Fast gleichzeitig mit der ersten revolutionären *Presse* erschien die erste revolutionäre *Arbeiter-Zeitung*, am 7. September 1848. Die beiden erwiesen ihre revolutionäre Verwandtschaft auch darin, daß sie unter ihrem Titelkopf dasselbe Motto trugen: „Gleiches Recht für Alle!"

Zum gleichen Recht für die Arbeiter war's freilich ein viel weiterer Weg als für die Bürger. Die erste *Arbeiter-Zeitung* verschwand zugleich mit der Revolution. Ihr Herausgeber Friedrich Sander, Schustergesell, hatte weder die Begabung noch die Fortüne seines Gegenstücks August Zang von der *Presse*.

Karl Marx war im Revolutions- und Geburtsjahr der *Presse* in Wien – unklar wie lange, aber zumindest zwei Wochen. Es war ihm also ziemlich wichtig. Kaum dreißig, und schon in der ganzen Welt eine Berühmtheit und Berüchtigtheit seit seinem „Kommunistischen Manifest" (Februar 1848). Für ihn als Chef der ersten sozialistischen „Internationale" und „Redacteur en chef" der *Neuen Rheinischen Zeitung* war Wien zum Nabel der Revolution geworden, seit diese im Juni 1848 in Paris niedergeschlagen worden war.

Kommunismus, Sozialismus, Sozialdemokratie – durcheinander gebrauchte Namen teils für ein und dasselbe, teils für ziemlich Verschiedenes – schwappten aus Paris nach Wien über und wurden in der revolutionär gewordenen kaiserlichen Haupt- und Residenzstadt diskutiert, sei es auch nur in einer Minderheit von Sympathisanten wie Gegnern.

Der Besuch des jungen Genies Marx trug zu dieser Diskussion bei. Herbert Steiner und Eva Priester, kundige Frühgeschichtler der österreichischen Arbeiterbewegung, haben herausgefunden, daß Marx wahrscheinlich in Wien nicht nur Vorträge hielt, sondern auch politisch am linken Flügel der Revolution tätig wurde, welcher sich jedenfalls unmittelbar nach seinen Auftritten offensiv belebte.

Der den Weltrevolutionär ins zurückgebliebene und nun doch wichtig gewordene Wien einlud, war vermutlich vorerwähnter Schuhmachergeselle Friedrich Sander. Dieser war nicht nur Gründer der ersten *Arbeiter-Zeitung* und ungefähr gleichlautender Blätter (*Wiener Allgemeines Arbeiter-Blatt* schon im Mai 1848, und *Concordia. Politisch-soziales Wochenblatt für die Arbeiterschaft*), sondern auch Gründer und Obmann des „1. Wiener Arbeitervereins" (auch „Arbeiterbildungsvereins"), also des allerersten Vorläufers der SPÖ.

Zur Verspottung Sanders und seines Arbeitervereins diente ein Flugblatt über die

„Freiheit muß sein!
Wir erringen's
Und sperren's uns auch leb'nslänglich ein!"
Wenzel Scholz und Johann Nestroy als Nationalgardisten 1848

Linke Seite: Darstellung von Arbeitern um 1880

Gründung eines Schusterbuben-Vereins, dessen dort abgedruckte Satzung die allerrevolutionärste überhaupt war. Ein tolles Jahr. Dem Wiener Arbeiterverein spendeten der König von Hannover und der junge Kaiser Franz Joseph je 200 Gulden für eine „Arbeiterkrankenkasse". Dem spendablen Monarchen zu Ehren „erheben sich alle Anwesenden einmütig von ihren Sitzen", vermerkt das Protokoll.

Desgleichen erheben sich eintausend Anwesende von ihren Sitzen, um den jungen Karl Marx zu akklamieren, als er am 2. September 1848 einen gelehrten Vortrag über „Lohnarbeit und Kapital" hält, zu welchem Zweck der Arbeiterverein vom Theater in der Josefstadt die Sträussl-Säle gemietet hat. Marx ergriff in Wien – soviel man weiß – mindestens dreimal das Wort, nämlich vor dem erwähnten Vortrag bereits am 30. August gleichfalls vor dem Arbeiterverein in den Sträussl-Sälen, wo er über die Pariser Revolution referierte, und am 28. August im bürgerlich-radikalen „Demokratischen Verein".

Als Marx in Wien war, spielte man im Carl-Theater Nestroys Erfolgsstück „Freiheit in Krähwinkel" (dreißigmal seit 1. Juli 1848); und Johann Strauß Sohn, Kapellmeister der revolutionären Nationalgarde, begeisterte mit seinen populären Revolutionsmärschen. Ob Marx das Nestroy-Stück sah und des Strauß-Sohnes Märsche hörte, ist nicht überliefert. Schon gar nicht, was er etwa dazu sagte.

Marx, Nestroy, Strauß jun. – was für An- und Unverwandte! Sicher ist nur, daß Karl Marx von den dreien jedenfalls der in Wien unbekannteste war. In den Journalen schien er falsch geschrieben auf – als „Dr. Carl Marxe, Dr. der Philosophie aus Paris" oder „Herr Dr. Marks" oder gar nur als „ein fremder Doktor", dem es die *Wiener Zeitung* verübelte, daß er den Wienern Revolution beibringen wollte, wovon sie nämlich selber eh genug verstünden. Nestroy sang dazu:

„Drum lassen wir jetzt nimmer nach,
Freiheit muß sein!
Wir erringen's
Und sperrn s' uns auch leb'nslänglich ein!"

Von beiden glaubt man's heute nicht so recht, aber es stimmt trotzdem: Die österreichische Sozialdemokratie wie auch die gleichfalls alt- und neuösterreichische *Presse* sind Teil internationaler Bewegungen von welthistorischer Bedeutung und vielleicht auch Zukunft.

Als ihre beiden Internationalen ins Schlittern gerieten – wie dies bei Vehikeln, die der Weltgeist steuert, halt immer der Fall ist, früher oder später –, da halfen ihnen die bewährten Konstruktionsmuster kaum. Der sozialistisch / sozialdemokratischen Internationale half nicht ihre relativ straffe Ideologie; und der immer schon eher virtuellen Internationalen des Liberalismus half nicht ihre flexible Vielgestalt.

Im Gegenteil. Der ideologische Schnürleib des Sozialismus ist eher eine Ursache seiner Krise als eine Hilfe, aus ihr herauszukommen. Und die puddingweiche Vielgestalt des Liberalismus ist eher ein Grund, an ihm zu verzweifeln, als eine Antriebskraft zu neuem Fortschritt.

Der ideologiegeladene Sprung ins Reich der Freiheit – Sozialismus als der wahre Liberalismus – ist dem Gesamtkomplex Sozialdemokratie / Sozialismus / Kommunismus glorreich mißglückt. Anzeichen für einen neuen Anlauf gibt's bis auf weiteres nur wenige.

Anzeichen, daß es dem Liberalismus gelingt, politische Freiheit und ökonomische Freiheit unter einen Hut zu bringen, gibt es

Fabrikensturm des Wiener Proletariats, März 1848

Arbeiter im Prater am 1. Mai 1890

ebensowenig. Immer mehr gerät die altliberale Cyber-Freiheit in der Demokratie zur Komödie und die neoliberale Real-Freiheit des Kapitals zur Tragödie.
Die Gegenwart flicht dem Sozialismus keine Kränze für seine historischen Verdienste, dem Kapitalismus mancherlei Krokodilszähne gezogen zu haben. Und schon gar nicht kriegt der Liberalismus seinen verdienten Kranz für die doch ziemlich gelungene Grundlegung von Demokratie und Rechtsstaat. Sozialdemokratie und *Die Presse*, die zwei höchst Ungemeinsamen, haben eine gemeinsame Urvergangenheit; als Zwillinge – seien's auch zweieiige – der Revolution 1848. Haben sie am Ende noch eine gemeinsame Zukunft? Endet die ehrwürdige Sozialdemokratie an ihrer lahmen Folgsamkeit, konfrontiert mit dem neuen Global-Brutal-Kapital? Endet die ehrwürdige *Presse*, weil im Global-Brutal-Zeitalter für ein heimeliges Austro-Medium kein Auskommen ist?
Drei sympathisierende Fragezeichen. Im Zeitalter der Fragezeichen kommt's auf drei mehr nicht an.

„Fabrikanten werden für die Kandidaten der Arbeiter stimmen, die Gegner der Sozialdemokratie, zu denen wir stets gezählt haben, werden morgen die Namen der sozialistischen Führer auf ihre Stimmzettel schreiben."

Die NFP gibt am 10. März 1897 aus Furcht vor den Antisemiten eine Wahlempfehlung für die Sozialisten ab.

II

Das Weltblatt aus der Fichtegasse

Die Geschichte der „Neuen Freien Presse“

Durch das Schicksalsjahr 1848 war eine Lawine ins Rollen gebracht worden, die auf Dauer nicht mehr aufzuhalten war. Das Interesse der geistig regen und wirtschaftlich potenten Bevölkerungsschichten an der res publica war erwacht, das Sprachrohr der politischen Mobilisierung wurde eine immer selbst- und machtbewußtere bürgerlich-liberale Presse. Und hier war es vor allem die 1864 aus der *Presse* hervorgegangene *Neue Freie Presse*, die zum Fahnenträger der neuen antifeudalen, bürgerlich-kapitalistischen Eliten wurde, welche mit dem Februarpatent 1861 ihren ersten Erfolg und mit der Dezemberverfassung von 1867 ihren Sieg errangen.

Doch die Zeitspanne der liberalen Herrschaft in Österreich war denkbar kurz: Die allgemeine Beteiligung an Geldgeschäften und Wertpapierspekulationen mit Börsenpapieren, schrankenlose Konkurrenz und ein durch die Weltausstellungseuphorie von 1873 noch zusätzlich überhitztes Gründungsfieber, begleitet von Bestechungs- und Korruptionsaffären, eskalierten in der großen Krise von 1873, dem „Schwarzen Freitag", an dem die Börse krachte. Die jahrelange Depression führte in der Folge zur völligen Abwendung von den politischen und wirtschaftlichen Ideen des Liberalismus.

Die liberale Presse hat im Rückblick einen erheblichen Anteil am Börsenkrach von 1873. Die Finanzmagnaten hatten sich massiv in die Tageszeitungen eingekauft, die dubiosen Wechselbeziehungen zwischen Politik, Börse, Wirtschaft und Presse erwiesen sich als verhängnisvoll: Als der Zusammenbruch sich schon abzeichnete, hielten die Zeitungen im Interesse der Spekulanten die Euphorie wach.

Die NFP aber konnte weder durch den frühen Tod ihrer beiden Herausgeber Max Friedländer (1872) und Michael Etienne (1879) noch durch den Börsenkrach und den rapiden Niedergang des politischen Liberalismus ernsthaft erschüttert werden. Am 1. September 1869 waren Redaktion, Administration und Druckerei in eines der neuen Ringstraßengebäude übersiedelt: Die „Fichtegasse" (Nummer 11) wurde in der österreichischen Innenpolitik und im europäischen Zei-

tungswesen bald ein fester Begriff. Die „österreichische Times" beschäftigte damals ständig 500 bis 600 Mitarbeiter, darunter 80 bis 100 Korrespondenten im Ausland.
Nach Etiennes Tod 1879 wurde der erst 33jährige Parlamentsberichterstatter Eduard Bacher Chefredakteur und kurz darauf auch Herausgeber. Drei Jahrzehnte lang stand er zumindest nominell an der Spitze der Zeitung, er wurde aber bald von der brillanteren und dynamischeren Persönlichkeit des Vollblutjournalisten Moriz Benedikt überstrahlt, der 1872 als 23jähriger zur Zeitung gekommen war. Bacher wie Benedikt kamen aus dem deutschliberalen Judentum der böhmisch-mährischen Kronländer, sie bildeten zusammen mit dem noch aus der Gründerzeit stammenden Verwaltungsleiter Adolf Werthner das neue Triumvirat an der Spitze des Blattes, das zum im In- und Ausland anerkannten Weltblatt der Donaumonarchie aufstieg.
Unter Benedikt wurde der Leitartikel, wesentlicher Bestandteil des politischen Teils der Zeitung, auch auf wirtschaftliche und kulturelle Themen ausgeweitet. Lokalteil, Gerichtssaal und Sport erhielten vergleichsweise wenig Raum, vielmehr machten die wissenschaftlich fundierten Wirtschaftsanalysen aus der Feder führender Nationalökonomen und die sorgfältige Ausgestaltung des Feuilletons den Ruhm der Zeitung aus. Was die *Neue Freie Presse* neben der internationalen Verbreitung zum „Weltblatt" machte, war nicht die Auflage, die auch in der Blütezeit kaum über 50.000 anstieg, sondern ihre journalistische und technische Perfektion, war das Bestreben, auf politischem, wirtschaftlichem und kulturellem Gebiet Spitzenleistungen des Journalismus in Form und Gehalt zu bieten. Im Inland gehörte es zum guten Ton, die Zeitung abonniert zu haben – „Abonnent der *Neuen Freien Presse*" auf der Visitenkarte stehen zu haben, ersetzte manchem den Adelstitel –, im Ausland sah man sie als Repräsentanten der öffentlichen Meinung der Habsburgerländer, was so nicht ganz stimmte, liebten es die Journalisten der *Neuen Freien Presse* doch, ihre Meinungen ex cathedra zu dekretieren.
Als Repräsentant des vornehmen, großbürgerlichen Liberalismus knüpfte die *Neue Freie Presse* an die *Presse* an, machte aber im Unterschied zu dieser nie ein Hehl aus ihrer Deutschfreundlichkeit. Skeptisch gegenüber dem ungarischen Ausgleich hielt sie am Zentralismus fest, unterstützte die liberale Verfassungspartei und argumentierte vehement gegen das Konkordat. Für die Anliegen der neuen sozialen Bewegungen hatte sie anfangs wenig, später mehr Verständnis (1897 gab sie sogar eine Wahlempfehlung für die Sozialdemokraten ab).
Durch das Aufkommen der neuen Massenparteien christlich-sozialer, sozialdemokratischer und deutschnationaler Provenienz, die sich die *Neue Freie Presse* als Organ des Großbürgertums und des „jüdischen Bank- und Finanzkapitals" zum Ziel ihrer Angriffe nahmen, verlor die Zeitung an politischem Einfluß im Innern. Trotzdem hieß es immer noch, daß man in Österreich nicht gegen die *Neue Freie Presse* regieren könne, auch die Leserzahl stieg ständig, und journalistische Meisterleistungen wie das berühmte Interview Benedikts mit Fürst Bismarck von 1892 machten Furore. Die Fünfzigjahrfeier am 1. September 1914, zu der sich alle führenden Persönlichkeiten der Donaumonarchie als Gratulanten drängten, war bereits überschattet durch die Kriegsgeschehnisse.
Moriz Benedikt erlebte noch die Genugtuung, als erster und einziger Journalist vom Kaiser ins Herrenhaus berufen zu werden. Doch durch die Zerstückelung der Donaumonarchie verlor das Blatt viel von seiner politischen und wirtschaftlichen Basis. Ernst Benedikt, der nach dem Tod seines Vaters im Februar 1920 Eigentümer und Herausgeber wurde, übernahm ein schweres Erbe. Der Rückgang der Auflage und die wirtschaftliche Not der dreißiger Jahre zwangen ihn 1934, seine Anteile an die österreichische Regierung zu verkaufen. Für die nun zum Regierungsblatt gewordene *Neue Freie Presse* gab es nach dem Einmarsch der Nationalsozialisten in Österreich 1938 kein Weiterleben mehr: Hitler hatte sich seit seiner Wiener Zeit eine unversöhnlich-feindselige Haltung gegen das „Judenblatt" bewahrt und dessen Einstellung verlangt. Nun war es soweit.

Günther Haller

EMIL BRIX

Ein Fenster nach Europa

Die „Neue Freie Presse" als Zeitung des liberalen Bürgertums

Das wahre Zentrum Altösterreichs waren nicht die Hofburg oder das Parlament, sondern die Tausenden Kaffeehäuser des Landes, in denen eine bürgerliche Elite Meinungen austauschen und in den dort aufliegenden Zeitungen die Welt erleben konnte. Lenin, Stalin und Trotzki zählten zu jenen ausländischen Kaffeehausbesuchern, die die Liberalität und Kompliziertheit dieses Reiches zumindest teilweise aus der Perspektive des Zeitungslesers im Kaffeehaus erlebten.

„Wie jeder Zeitungsleser weiß", heißt es bei Bertolt Brecht, „ist Wien um einige Kaffeehäuser herum gebaut, in denen die Bevölkerung zusammensitzt und Zeitung liest." Anders als in der britischen Tradition, Europa in jungen Lebensjahren auf einer „Grand Tour" nach Italien oder Griechenland zu erleben, begab man sich im bürgerlichen Österreich in die Kaffeehäuser und damit eher auf eine Reise ins Innere. Europa konnte man sich dort leicht vom Zeitungsständer holen.

Ferdinand Kürnberger nannte bereits 1873 das Zeitunglesen eine bürgerliche Besessenheit: „Den größten Posten im literarischen Budget des kaufenden Publikums beziffern bei weitem nicht mehr die Bücher, sondern die Zeitungen. Jedes Kaffeehaus ist eine Leihbibliothek, fast jeder größere Cafetier gibt zwei- bis dreitausend Gulden für seine Zeitungen aus. Welcher Fürst gibt das für seine Bücher aus?"

Im Wien der Jahrhundertwende waren die Zeitungen nicht nur das wichtigste Kommunikationsmedium in einem komplizierten Staatswesen, sondern auch in einer heute kaum mehr vorstellbaren Weise für einen Großteil der Bevölkerung die wichtigste Informationsquelle über Europa und die Welt.

Die österreichisch-ungarische Monarchie war vor 1918 ein europäischer Großstaat, der weit weniger einheitlich auftreten konnte als andere Staaten. In diesem einzigen europäischen Großstaat, dessen Bevölkerung mehr als zehn verschiedene Muttersprachen hatte und auf dessen Territorium mehrheitlich analphabetische ukrainische Bauern genauso siedelten wie tschechische Großindustrielle und ungarische Adelige und in dem nur eine Minderheit Deutsch als Muttersprache hatte, war die *Neue Freie Presse* mit dem Beginn des politischen Liberalismus in den sechziger Jahren des 19. Jahrhunderts die einzige Tageszeitung mit internationaler Bedeutung. Ihr weitverzweigtes Netz von Auslandskorrespondenten brachte ihr sogar den Titel „einziges Weltblatt der Monarchie" ein.

Stefan Zweig, der 1901 erstmals ein Feuilleton in der Zeitung veröffentlichte, schrieb über ihre Bedeutung: „In Wien gab es eigentlich nur ein einziges publizistisches Organ hohen Ranges, die *Neue Freie Presse*, die durch ihre vornehme Haltung, ihre kulturelle Bemüht-

Das Kaffeehaus (Photo um 1910), „Ort für Leute, die allein sein wollen, aber dazu Gesellschaft brauchen"

heit und ihr politisches Prestige für die ganze österreichisch-ungarische Monarchie etwa das gleiche bedeutete wie die *Times* für die englische Welt und der *Temps* für die französische ...“
Für das Bürgertum der Jahrhundertwende war die *Neue Freie Presse* damit ein Fenster nach Europa. Da Deutsch als zentrale Kommunikationssprache des Reiches diente, konnte sie diese Funktion auch für das Bürgertum mit anderen Muttersprachen zumindest teilweise erfüllen. Diese Bedeutung wurde auch von Schriftstellern anerkannt, die inhaltlich nicht mit den in der Zeitung vertretenen Positionen übereinstimmten.
Marie von Ebner-Eschenbach schrieb im Dezember 1899 dem Wiener Arzt Josef Breuer, daß sie sich die *Neue Freie Presse* nach Rom schicken lasse und so lange lese, „bis ihr

„Bleiben wir halt bei der N. Fr. Pr.!“ Leserin der „Neuen Freien Presse" Marie v. Ebner-Eschenbach

„Wie jeder Zeitungsleser weiß, ist Wien um einige Kaffeehäuser herum gebaut ...“
Bertolt Brecht

„Wenn ich meinem Großvater die Zeitung aus Wien vorlas, wollte er vor allem erfahren, was über den Kaiser geschrieben werde.“
Manès Sperber

übel werde“. Dennoch riet ihr Breuer in einem Brief 1902, eines ihrer Feuilletons dort zu veröffentlichen. Er wisse „doch keinen besseren Platz zur Veröffentlichung vorzuschlagen“, deshalb „bleiben wir halt bei der N. Fr. Pr.!“

Elias Canetti schildert in seiner Autobiographie „Die gerettete Zunge“ seine Kindheit in der kleinen an der Donau gelegenen Stadt Rousse vor dem Ersten Weltkrieg. Er schreibt darin: „Der Vater las täglich die *Neue Freie Presse*, es war ein großer Augenblick, wenn er sie langsam auseinanderfaltete. Sobald er sie zu lesen begonnen hatte, hatte er kein Auge mehr für mich, ich wußte, daß er dann auf keinen Fall antwortete, auch die Mutter fragte ihn dann nichts, nicht einmal auf deutsch.“

Das Lesen der liberalen Zeitung wird als nahezu sakrale Handlung geschildert, die den Leser von der provinziellen Umgebung abhebt. Auch Manès Sperber schreibt in seinen Erinnerungen, daß er als Kind vor dem Ersten Weltkrieg regelmäßig seinem sehbehinderten Großvater die *Neue Freie Presse* vorlesen mußte. Und diese Schilderung bezieht er auf ein weltabgeschiedenes, kleines galizisches Städtchen unweit der Grenze zur Bukowina.

Diese Beschreibungen weisen der *Neuen Freien Presse* für das liberale Bürgertum eine Rolle in der Ausbildung und Erhaltung eines europäischen Weltbildes in den letzten Jahrzehnten der Habsburgermonarchie zu. Wie läßt sich dies in die Ideen- und Kulturgeschichte des altösterreichischen Fin de siècle einordnen? Tatsächlich führten Interviews, Berichte und Kommentare in der *Neuen Freien Presse* zu internationalen Fragen vor dem Ersten Weltkrieg wiederholt zu diplomatischen Problemen. Die Zeitung wurde in Europa von Regierungen und politischen Kommentatoren als ein Publikationsorgan gesehen, dessen Inhalte auch international rezipiert wurden.

Als Robert Musil 1919 in seinem Aufsatz „Buridans Österreicher“ ein Plädoyer gegen eine eigenständige österreichische Kultur hielt, nannte er als Beispiel für österreichische Kulturträger nicht nur Autoren wie

Schlagbaum in Ostgalizien, an der Grenze zwischen Rußland und Österreich-Ungarn (um 1905). Für die weltabgeschiedenen Teile der Monarchie war die „Neue Freie Presse“ Bindeglied zu Kaiser und Residenzstadt.

Das assimilierte, bürgerliche, weltoffene Judentum Wiens identifizierte sich mit der klassisch-liberalen Haltung der Zeitung: Im Bild NFP-Mitarbeiter Felix Salten mit seinen Kindern.

Grillparzer und Hofmannsthal, sondern auch als einzige Zeitung die *Neue Freie Presse*. Musil kritisierte aus heutiger Sicht zu Recht, daß die sogenannte Wiener oder Österreichische Moderne mit ihren berühmt gewordenen Komponisten, Philosophen und Literaten eine kleine Minderheit der gesamten Bevölkerung war. Dennoch war diese kleine Minderheit nicht nur meinungsbildend, sondern auch jener Teil der Bevölkerung, der den Blick nach Europa nicht aus einer ethnisch-nationalen oder einer parteipolitischen Position richtete, sondern als Teil eines liberalen Kultur- und Lebensverständnisses.

Diese bürgerliche Gruppe von weniger als einer Million Menschen bei einer Gesamtbevölkerung von 52 Millionen war das Zielpublikum der *Neuen Freien Presse*.

Ein statistisch nicht erhebbarer, aber wesentlicher Teil davon waren assimilierte deutschsprachige Juden, die sich mit der klassisch liberalen Haltung der *Neuen Freien Presse* identifizieren konnten. Tatsächlich war die Zeitung für das gesamte liberale Bürgertum das zentrale Kommunikationsmedium. Aber für die intellektuelle Elite des assimilationsbereiten altösterreichischen Judentums war sie auch ein Beleg, zu dieser Kultur zu gehören.

Das klarste Beispiel dafür gibt das Verhalten Theodor Herzls, der selbst als Zionist, und obwohl die *Neue Freie Presse* die neue Bewegung des Zionismus ignorierte, Redakteur der Zeitung blieb. Herzl war 1878 aus Budapest nach Wien gekommen, um „deutscher Schriftsteller" zu werden und um von „der Welt" anerkannt zu werden. Es war daher für Herzl wie für viele andere wichtig, Teil der liberalen öffentlichen Meinung in Österreich zu werden, die von der *Neuen Freien Presse* verkörpert wurde. Sie war das Blatt der „täglich zweimal verfälschten öffentlichen Meinung", wie Karl Kraus es nannte, und sie war in ganz Europa verbreitet.

Was Herzl anzog, war die Tatsache, daß die Zeitung wesentlich dazu beitrug, ein liberales Publikum zu einer öffentlichen Meinung zu versammeln und ein Reich deutscher Kultur zu schaffen. Der Herzlforscher Klaus

„Wenn man in dieses Reich vor allem durch die *Neue Freie Presse* eingebürgert wurde, konnte man hoffen, als Jude im Habsburgerreich auch von jenen für voll genommen zu werden, die keine Juden waren"
Klaus Dethloff

Satirische Darstellung der Ideale des liberalen Zeitalters. Die liberalen Ideen verloren in den Jahren nach 1873 an Einfluß.

„Der Vater las täglich die *Neue Freie Presse*, es war ein großer Augenblick, wenn er sie langsam auseinanderfaltete. Sobald er sie zu lesen begonnen hatte, hatte er kein Auge mehr für mich."

Elias Canetti in „Die gerettete Zunge"

Dethloff schreibt: „Wenn man in dieses Reich vor allem durch die *Neue Freie Presse* eingebürgert wurde, konnte man hoffen, als Jude im Habsburgerreich auch von jenen für voll genommen zu werden, die keine Juden waren. Für einen Juden war der Umstand, daß sein Name veröffentlicht vorlag, für die Möglichkeit, Gleicher unter Gleichen zu sein, entscheidender als das Staatsgrundgesetz, und je öfter er gedruckt wurde, desto gleicher war er, und am gleichsten war er dann, wenn er bis in die *Neue Freie Presse* vorgedrungen war ..."

Herzl schaffte es und wurde 1891 ihr Auslandskorrespondent in Frankreich. Paris galt den frankophilen leitenden Redakteuren als einer der wichtigsten Posten. Obwohl Herzl nach der Erfahrung des französischen Antisemitismus in der Affäre Dreyfus mehr Politiker als Feuilletonist war, blieb er bis zu seinem Tod Mitarbeiter der Zeitung.

Sozialdemokraten und (jüdische) Liberale wurden von den Christlichsozialen in der politischen Propaganda bekämpft: Doppeladler als Koalition von Gewalt und Geld.

Die *Neue Freie Presse* war in der Habsburgermonarchie auf Grund ihrer Eigentümerverhältnisse, ihrer wichtigsten Mitarbeiter, ihrer Leser und ihrer klassisch liberalen Ausrichtung dem Vorwurf ausgesetzt, eine „jüdische" Zeitung zu sein. Dieser Vorwurf war aber nicht auf die „Rasse" bezogen, sondern galt einer Weltanschauung, die für das assimilierte jüdische Bürgertum lebenswichtig war: bürgerlich, weltoffen, assimilationsbereit, aber auf die Exklusivität des eigenen Kultur- und Politikverständnisses bedacht. Es war eine Reichsperspektive, die ethnisch-nationale Vorstellungen und die Macht der modernen Massenparteien politisch, wirtschaftlich und kulturell ablehnte.

Die *Neue Freie Presse* war dafür das wichtigste Publikationsorgan. Sie wurde für eine Leistungs- und Bildungselite geschrieben, die sich an internationalen Standards messen wollte. Dies zeigen die Auslandsberichterstattung und die ausführlichen Börsenberichte genauso wie der regelmäßige Abdruck ausländischer Literaturbeispiele (Anatole France, Hauptmann, Ibsen, Zola, Strindberg und Shaw). Die *Neue Freie Presse* war auch im eigenen Selbstverständnis eine europäische Zeitung. Die kurze, auf der Verfassung von 1867 basierende deutschliberale politische Herrschaft in der Habsburgermonarchie endete mit dem Börsenkrach von 1873 bereits in den siebziger Jahren, aber der staatliche Rahmen blieb bis zum Ersten Weltkrieg liberal. In diesem liberalen Rahmen, der Österreich als europäischen Großstaat verstand, bewegte sich die *Neue Freie Presse*.

Aber die österreichische Welt war um 1900 nicht mehr liberal. Die Zeitung und mit ihr die liberalen Parteien konnten nicht verhindern, daß 1897 der Christlichsoziale Karl Lueger zum Wiener Bürgermeister gewählt wurde. Jede Wahlrechtsreform schwächte den Einfluß der liberalen Parteien. In den einzelnen Regionen des Vielvölkerstaates wurden die jeweiligen nationalen Parteien meinungsbildend. Die Sozialdemokratie wurde in den Städten und in den Industrieregionen zur politischen Macht. Gerade damit wurden aber die liberalen Zeitungen zur politischen und kulturellen Ersatzbühne, die den realen politischen Machtverlust wettmachen sollte. Die zitierten Beispiele aus den Lebenserinnerungen von Canetti, Sperber und Zweig zeigen, daß diese liberale Bühne als eine europäische empfunden wurde.

Für die gegenüber dem Vielvölkerstaat loyalen, assimilationsbereiten Teile der jüdischen Bildungs- und Wirtschaftselite war die *Neue Freie Presse* ein Symbol ihrer eigenen Wunschvorstellungen. Österreich-Ungarn sollte ein liberaler europäischer Großstaat mit Deutsch als allgemeiner Verständigungssprache sein, der sich gegen nationalistische und klassenorientierte Politik mit einem Eintreten für Wirtschaftskapitalismus und individuelle Aufstiegsmöglichkeiten durch Bildung und Besitz zur Wehr setzt.

Stefan Zweig schilderte später diese Einstellungen in seiner Autobiographie „Die Welt von Gestern" als eine Welt der vermeintlichen Sicherheit. Diese Sicherheit war in der inhomogenen und von zentrifugalen Kräften bestimmten Habsburgermonarchie vor dem Ersten Weltkrieg eine Illusion. Getragen wurde diese Illusion vom Kaiserhaus und von einer Bürokratie, die die inneren Gegensätze des Vielvölkerstaates mit der Rationalität eines liberalen Rechtsstaates harmonisieren wollte.

Karl Lueger (hier im berühmten Blumencorso-Gemälde von Wilhelm Gause) war einer der Totengräber des politischen Liberalismus. „Von ihm kam das Ätzende, Verbitternde und Rücksichtslose", schrieb die NFP.

Bürgerliches Fenster nach Europa und Instrument der Innenpolitik eines Vielvölkerstaats: Die „Neue Freie Presse", hier ihr „Arbeitspalast" Wien I., Fichtegasse 11

Dabei wurden aber Prinzipien angewandt, die aus heutiger Sicht nicht rational, sondern postmodern anmuten. Robert Musil formulierte als österreichisches Charakteristikum jener Zeit: „Das, was ist, nicht wichtiger zu nehmen, als das, was nicht ist." Parallelaktionen, Möglichkeitsdenken, die Beschäftigung mit Ambivalenzen, die Entwicklung von Dialog- und Sprachphilosophie waren alles Erscheinungen einer zerbrechlichen bürgerlichen Welt, die in der führenden liberalen Zeitung kein angemessenes Echo mehr fanden.

Für die gegenüber dem Vielvölkerstaat loyalen, assimilationsbereiten Teile der jüdischen Bildungs- und Wirtschaftselite war die *Neue Freie Presse* ein Symbol ihrer eigenen Wunschvorstellungen.

Aus heutiger Sicht lesen sich viele der damaligen Grundsatzartikel der *Neuen Freien Presse* als Kommentare zu gesellschaftlichen Modernisierungskrisen, die als typische Wachstumskrisen positiv und notwendig waren. Die Mitte und der Osten Europas sollten nach liberalen Prinzipien und mit imperialistischen Methoden modernisiert werden. Vielleicht lag auch darin die Faszination der *Neuen Freien Presse* für das bürgerliche Altösterreich, das die Idee der unverzichtbaren zivilisatorischen europäischen Rolle des Reiches betonte. Bei Joseph Roth heißt es aber später im Radetzkymarsch: „Die Zeit ist gegen uns."

Am Beginn des 20. Jahrhunderts konnte es nicht mehr gelingen, ein Imperium nach britischem und französischem Vorbild zu schaffen. Karl Kraus nannte diese Versuche „eine Weltpolitik auf geistigen Schmalspurbahnen". Bei Kraus hängt dieses radikale Urteil auch mit seiner Überzeugung zusammen, daß der große Einfluß der *Neuen Freien Presse* auf die öffentliche Meinung und auf das Europabild seiner Leser den Ersten Weltkrieg möglich gemacht hat. Im November 1914 schreibt er in der Rede „In dieser großen Zeit": Der Journalismus „hat durch jahrzehntelange Übung die Menschheit auf eben jenen Stand der Phantasienot gebracht, der ihr einen Vernichtungskrieg gegen sich selbst ermöglicht".

Für Kraus hatte die *Neue Freie Presse* mit ihrer Abhängigkeit von den Interessen der Großindustrie, mit ihren eleganten Feuilletons, die Fakten und Meinung vermischten, und mit ihrer Doppelmoral, in Artikeln gegen Prostitution und Homosexualität aufzutreten, aber im Anzeigenteil für Massagesalons und „Partnerschaften" werben zu lassen, die altösterreichische bürgerliche Gesellschaft für den Ersten Weltkrieg vorbereitet.

Tatsächlich war es in Wien um 1900 auch für eine Zeitung mit dem höchsten internationalen Anspruch üblich, dadurch Politik zu machen, daß über bestimmte Themen nicht berichtet wurde. So berichtete die *Neue Freie Presse* zwanzig Jahre lang nicht über die österreichische Sozialdemokratie. Sie berichtete nicht über die Regierungsprojekte eines Donau-Oder-Kanals, über Syphilis, den Zionismus, und Karl Kraus wurde – nachdem er 1899 die Zeitschrift *Die Fackel* gegründet hatte – nicht mehr genannt. Ausländische Justizskandale wurden in der Berichterstattung österreichischen vorgezogen. Die *Neue Freie Presse* erfüllte mit ihren Gewichtungen und Auslassungen den selbst gestellten Auftrag, gleichzeitig ein bürgerliches Fenster nach Europa und ein Instrument der Innenpolitik eines komplizierten Vielvölkerstaates zu sein.

In den Kaffeehäusern von Triest bis Czernowitz und in den Wohnzimmern ihrer Abonnenten vermittelte sie ein Stück europäischer Zivilisation, aber sie leistete auch einen Beitrag zum Untergang der alten europäischen Ordnung. Ihre europäische Rolle überlebte den Untergang der Habsburgermonarchie. Sie galt in der Ersten Republik weiterhin als „Weltblatt", und auch heute rühmt sich *Die Presse* ihres weiten Horizontes. Nichts läßt sich heute mit ihrer Rolle in der multinationalen Habsburgermonarchie vergleichen, aber die Tradition, ein Fenster nach Europa zu sein, hat sie 150 Jahre bewahrt.

„HIER BESTIMMT NIEMAND ANDERER ALS HERR MORIZ BENEDIKT"

Für den jungen, noch völlig unbekannten Prager Journalisten Egon Erwin Kisch war es eine Ehre und Herausforderung: Er erhielt von Moriz Benedikt, dem Herausgeber der *Neuen Freien Presse*, den Auftrag, eine Reportage über Schloß Konopischt, das Domizil des österreichischen Thronfolgers, zu schreiben. Der Haken an der Sache: Die Zeitung stand mit Franz Ferdinand schon die längste Zeit auf Kriegsfuß. Zunächst klappt aber alles: Kisch fährt mit Zylinder und Zweispänner hinaus ins Schloß, die Wache läßt ihn passieren – doch im Park kommt es zum Zusammenstoß mit dem Erzherzog: „Unerhört! Ich habe doch sagen lassen: Ich dulde nicht, daß über das Schloß etwas in die Zeitung kommt!" Doch die blitzenden Pupillen, wie Kisch in seinen Memoiren schreibt, verfehlen dieses Mal ihre Wirkung völlig: Hier steht einer, ein junger Journalist, der von höherer Seite gesandt ist: „Kaiserliche Hoheit, was in der *Neuen Freien Presse* erscheint, bestimmt niemand anderer … – Bei dem Wort *Neue Freie Presse* wird sein Gesicht puterrot vor Wut, seine Finger krampfen sich zusammen, als wollten sie jemanden erwürgen – … bestimmt niemand anderer als Herr Moriz Benedikt." Damit ist der Erbe des Weltreiches geschlagen, und Kisch schreitet zurück in die Richtung des Tores.

In dem „unnumerierten" Fiaker, in dem sich Moriz Benedikt, der „Großherr" der *Neuen Freien Presse*, täglich von seiner Wohnung in das Pressehaus in der Fichtegasse bringen ließ, hatte auf Geheiß des Vaters auch Ernst Platz genommen. Unterwegs eröffnete Moriz Benedikt dem Sohn, er habe beschlossen, nachdem vor kurzem sein älterer, für die Nachfolge bestimmter Sohn gestorben war, nunmehr den jüngeren, Ernst, für die Aufgabe als Herausgeber und Chefredakteur heranzuziehen. Dieser widersprach unter Hinweis auf seine künstlerischen Interessen, bat den Vater, ihm die einstige Übernahme der großen und schweren Erbschaft zu erlassen. Da klopfte Moriz Benedikt mit dem Spazierstock von innen ans Wagenfenster, ließ den Fiaker anhalten und stellte den Sohn vor die Wahl, sich dem väterlichen Willen zu unterwerfen, oder als ein Fremder, vom Vater Verstoßener, auszusteigen. Nach kurzem inneren Kampf unterwarf sich Ernst dem starken Willen des abgöttisch verehrten Vaters, Moriz Benedikt gab dem Kutscher ein Zeichen, und Vater und Sohn fuhren zum ersten gemeinsamen Arbeitstag in die Fichtegasse.

Günther Haller

Ernst Benedikt, von Karl Kraus der „junge Springinsgeld" genannt, übernahm das Erbe des Vaters.

REINGARD WITZMANN

Die große Schau, der große Krach

Wien im Weltausstellungsjahr 1873

Als ein „schaumgeborenes Luftschiff" bezeichnete Daniel Spitzer, der „Spaziergänger" der *Neuen Freien Presse*, im Jahr 1872 die Wiener Börse. Seit Jahren war das Bau- und Spekulationsfieber durch die Vorbereitungen auf die Weltausstellung noch zusätzlich angeheizt worden. „Die Menge bewunderte das bunte Farbenspiel", schrieb Spitzer, „sie gab dem schaumgeborenen Luftschiff Vermögen, Lebensglück und Ehre als Ladung mit für seine Luftfahrt in das Reich der Märchen."

Am 9. Mai 1873 ist diese Vorahnung zur Apokalypse geworden: Die Börsenträume lösen sich in Luft auf, Tausende Anleger halten plötzlich wertlose Aktien in ihren Händen und stehen vor dem Ruin. Acht Tage zuvor war die Weltausstellung im Wiener Prater auf einer Fläche von 16,2 Hektar mit mehr als 200 Hallen eröffnet worden. Dimension und Konzeption übertrafen alle bisherigen Ausstellungen, und als Symbol für die Wiener Exposition wurde die „Rotunde", ein kreisrunder Bau mit einem Durchmesser von 108 und einer Höhe von 84 Metern, errichtet. Der „große Krach" setzte nun dem übersteigerten Wirtschaftsoptimismus ein Ende: Unzähligen Familien brachte der Börsenkrach den finanziellen Ruin, an die 150 Selbstmorde waren die Folge.

Wien ist zur Zeit der Weltausstellung auf dem Höhe- und zugleich Wendepunkt der Ringstraßen-Ära. Mit dem Schleifen der Stadtmauern hat eine rege Bautätigkeit eingesetzt: Im Jahre 1873 sind Teile der Ringstraße mit der Hofoper und dem Heinrichshof, weiters das Österreichische Museum für Kunst und Industrie und das Palais Epstein bereits eröffnet. Doch sonst gleicht Wien einer großen Baustelle, die beiden Hofmuseen sowie Parlament und Universität sind noch nicht vollendet, in feierlichen Zeremonien werden die Grundsteinlegungen für das neue Rathaus und das neue Börsengebäude vorgenommen. Das Baugelände für das Burgtheater ist mit Planken bereits abgegrenzt.

An der großen Donauregulierung wird seit 1870 gearbeitet, der Strom fließt schon in seinem neuen Bett. Und nach nur zweieinhalb Jahren Bauzeit wird am 24. Oktober mit der Inbetriebnahme des Hochstrahlbrunnens die erste Wiener Hochquellwasserleitung ihrer Bestimmung übergeben. Die k. u. k. Reichshaupt- und Residenzstadt Wien möchte sich mit großer Euphorie im neuen Glanz der Welt präsentieren – eben mit dem Großereignis einer Weltausstellung.

Die *Neue Freie Presse* steht mitten in diesen Ereignissen, teils kommentierend, teils aber auch in die Geschehnisse eingebunden und diese vorantreibend: „Erst ein solches Wien, sich selbst wieder zurückgegeben und im unbedingten Gefühle seiner Kraft, konnte daran denken, eine Universalausstellung zu veranstalten und die Welt bei sich zu empfangen." Mit diesen Worten will die *Neue*

Die vornehme Gesellschaft auf dem Weltausstellungsgelände im Prater

Linke Seite: Vindobona trägt 1873 die Rotunde, das Weltausstellungsfieber ist ausgebrochen.

Freie Presse am 1. Mai 1873 – dem Tag der Eröffnung der großen Schau – dem feierlichen Anlaß gerecht werden. Nach einer großen Praterauffahrt eröffnet Kaiser Franz Joseph an diesem 1. Mai in einer eindrucksvollen Zeremonie die Ausstellung, bei der mehr als 35 souveräne Staaten vertreten sind. 33 regierende Fürsten, 13 Thronfolger, 20 Prinzen, Fürst Otto von Bismarck und der russische Staatskanzler Gorcakov haben sich zu einem Besuch angesagt.

Die Wiener Exposition ist die fünfte in der Reihe der Weltausstellungen und sollte von ihrer Planung alle Rekorde brechen. Das Ausmaß des Gebotenen ist gigantisch, doch liegt die Bedeutung nicht nur im wirtschaftlichen, sondern in weiten Bereichen auch auf kulturellem Gebiet. Im nördlichen Teil des Ausstellungsareals, bei der Maschinenhalle, hat die *Neue Freie Presse* einen eigenen stattlichen Pavillon bezogen. Außerdem wird als Beilage die *Ausstellungs=Zeitung* herausgegeben: Sie erscheint täglich um zwei Uhr nachmittags sowohl im Ausstellungspavillon als auch an mehreren Verkaufsständen auf dem Ausstellungsgelände und wird am nächsten Tag mit dem Morgenblatt unentgeltlich an die Abonnenten der *Neuen Freien Presse* versandt. Sie ist die „informativste und beste Ausstellungszeitung", schreibt der Schriftsteller Johann Winckler in einer Studie.

Diese Beilage beginnt stets mit den „Mittheilungen der General-Direction", es folgen Veranstaltungen wie die zahlreichen Johann-Strauß-Konzerte im Musikpavillon auf dem Mozartplatz, das aktuelle Geschehen im Ausstellungsbereich samt durchaus kritischen Leserbriefen und ein Feuilleton über ein Detail der Weltausstellung. Auch die eigene kritische Auseinandersetzung mit der Ausstellung oder mit den plötzlich angehobenen Preisen für Hotelübernachtungen und Mahlzeiten fehlt nicht. So wird etwa als Reaktion und als teilweise Bestätigung zahlreicher negativer ausländischer Zeitungsberichte auch in der Wiener Ausstellungsleitung nach Fehlern gesucht. „Die Gegner der Ausstellung", so schreibt die *Ausstellungs=Zeitung* schon am 18. Mai, seien „in der Mitte der leitenden Organe selbst" zu suchen.

Das ändert freilich nichts an der grundlegenden positiven Sicht des Projekts durch die NFP: „Für Wien wird diese gegenwärtige Weltausstellung Epoche machen, sie wird ihm den Stempel der Weltstadt aufdrücken. Wien wird von ihr eine Menge guter und nützlicher Antriebe empfangen, deren Wirkungen bis in die äußersten Spit-

Der Pavillon des österreichisch-ungarischen Lloyd mit Segeltakelage

zen dieses Reiches nachzittern werden." Daß in den nächsten Tagen ein völlig anderes „Zittern" Wien zum Erbeben bringt, haben am 1. Mai bereits einige Kundige vorausgeahnt, darunter auch die *Neue Freie Presse*, die in ihrer Ausgabe am 2. Mai meldet, daß in diesen Tagen die Börse einen „Reinigungsprozeß" absolviere. Im Wirtschaftsteil des Blattes heißt es dann: „Es war heute als ein Symptom der Wiedergenesung der Börse zu betrachten, daß sich der Verkehr in ungewohnt ruhiger Weise entwickelte und die Cursbesserungen nur mäßige und zeitweilige waren. Nach so langen und schweren Widerwärtigkeiten wäre ein beschleunigtes Vorgehen nur zu bald von einem intensiven Rückfalle bedroht, und was als Rehabilitierung der Spekulation erscheinen würde, nichts weiter als ein Maskieren des Übels, welches denn doch völlig zur Austragung gebracht werden muß."

Die „Neue Freie Presse" war auf dem Expo-Gelände mit einem eigenen Pavillon prominent vertreten. Hier wurde die Weltausstellungs-Zeitung vor den Augen der staunenden Besucher gesetzt und gedruckt.

Die Wiener Börse hatte in den Jahren zuvor eine rasante Entwicklung genommen. Allein im Jahr 1872 wurden 500 Aktiengesellschaften gegründet, die täglichen Abschlüsse an der Börse erreichten schwindelerregende Höhen. Nicht nur das vermögende Bürgertum, auch kleine Gewerbetreibende und selbst Schankgehilfen und Dienstmädchen trugen ihre Ersparnisse zur Börse. Die Zeitungen mischten mit, kurbelten an, brachten spekulative Annoncen der Bankinstitute und Einzelpersonen. Daß dieser Geschäftsgang auf keinem guten Grund gebaut war, hat ja der „Spaziergänger" Daniel Spitzer durch seinen Vergleich mit einem „Luftschiff" poetisch karikiert. Die Weltausstellung war nicht Ursache des „Schwarzen Freitags", sie hat vielmehr den Krach verzögert und der Börse bis über den Eröffnungstag eine Galgenfrist gewährt.

In ihrer wöchentlichen Börsenrückschau am 4. Mai erkennt die *Neue Freie Presse* bereits die Anzeichen des kommenden Krachs: „Die Baisse, in welche schon gegen Schluß der Vorwoche das allmähliche Abbröckeln der Curse umgeschlagen, hat im Verlaufe dieser Woche weitere und entschiedene Fortschritte gemacht. Insolvenzen in großer Zahl waren sowohl Ursache als Wirkung der absteigenden Cursbewegung, und während zweier Tage hatte es fast den Anschein, als ob die längst gefürchtete große Börsenkrise nunmehr eintreten sollte. Der Verkehr hatte durch einige Stunden einen panikartigen Charakter." Im Bericht wird die Börsenentwicklung mit einem Verdauungsprozeß verglichen, der mit „einem gelinden Fieber" verbunden ist.

Noch hofft die Zeitung, daß dieses Fieber nur von kurzer Dauer sein wird. Jedoch: Am 8. Mai werden 110 Insolvenzen angemeldet, am 9. Mai, der als „Schwarzer Freitag" in die Geschichte eingeht, 120 Insolvenzen. An diesem 9. Mai liegt schon eine Ausgabe der *Neuen Freien Presse* auf, in der die Gründe des Krachs analysiert werden: Die Börse habe Geldsummen aufgetrieben, die sonst

Die Börsenkatastrophe in Wien am 9. Mai 1873: Zeichner und Autoren schwelgen in Chaos-Metaphern.

nur Verschwender in Erwartung einer väterlichen Erbschaft erhalten; sie habe es „durch eine Hetze sondergleichen" verstanden, daß die Zinsfußerhöhungen der hiesigen Nationalbank mit den ausländischen Banken Schritt halten. Die Gesetze der Volkswirtschaft, so schreibt die Zeitung dann, würden aber doch die Oberhand behalten. Banken und Bauunternehmungen, von denen man noch vor einem Monat „goldene Berge als Erträgnisse" erwartet hat, seien nun zu Hemmschuhen der ökonomischen Entwicklung geworden. Und zuletzt: „An der Börse herrscht Panik."

Die ausführlichen Analysen lassen an diesem 9. Mai nichts an Deutlichkeit zu wünschen übrig. Die „Überladung" der Börse mit Effekten wird genauso konstatiert wie der Überfluß an neuen Gründungen und der Leichtsinn, mit dem die Anleger investiert haben. Daß die Wahrheit des Börsengeschehens gerade zum Beginn der Weltausstellung, von der man sich einen weiteren Aufschwung erhofft hatte, offenkundig wurde, habe „etwas Tragisches". Dennoch spricht die *Neue Freie Presse* in den nächsten Tagen von einer Besserung und von Anfängen einer Neuordnung. Die Zeitung als Blatt der finanzkräftigen Kreise tritt jeder Verunsicherung entgegen und wünscht sich eine Beruhigung im Unterschied zu anderen Zeitungen, die in viel größerem Maße die Einzelschicksale der kleinen Anleger betonen.

Dennoch ist die später geübte Kritik, die *Neue Freie Presse* habe die Dimension des Börsenkrachs verharmlost, fehl am Platz. Die Zeitung vom 10. Mai beginnt auf der Titelseite mit dem geradezu marktschreierischen Satz: „Eine Katastrophe ist über die Börse hereingebrochen, wie eine unheilbrütende Phantasie nicht drastischer ersinnen konnte." Und im Blattinneren heißt es: „Als ob ein Erdbeben plötzlich die Tiefen des Bodens, auf dem unsere Stadt ruht, aufgewühlt und panischen Schrecken in unsere Häuser gesendet hätte."

Auf der einen Seite will die *Neue Freie Presse* bei ihrer zurückhaltenden und seriösen Berichterstattung bleiben, auf der anderen

„Wehe uns allen, wenn Fortuna so daher kömmt!" Börsenspekulation war auch für die breite Masse zum Alltag geworden – dementsprechend groß war der Jammer.

„Man spricht von Wien sechs Monate lang, alle Welt reist nach Wien, alle Welt preist Wien – nur so kann ich mir erklären, daß dieser Spaß 17 Millionen wert sein kann"

Der Schah von Persien, Ausstellungsbesucher, in seinem Tagebuch

Seite werden immer wieder das „Trauerspiel der Börse" und die verlorengegangene Reputation des Aktienmarktes beklagt. Die *Neue Freie Presse* ermahnt die Wiener Börse, sich vor einer Wiederholung solcher Exzesse zu hüten. Die Bilanz, die später gezogen wird, zeigt freilich ein ernüchterndes Bild. Acht Banken, zwei Versicherungsgesellschaften, zahlreiche Industrieunternehmungen sowie ein Eisenbahnunternehmen gingen in Konkurs. Mehr als hundert größere Gesellschaften, darunter 40 Banken, mußten liquidiert werden.

„Schreckliches Wiedersehen nach dem großen Krach": Der Börsenbaron wieder als Hausierer. Der Zorn über die Börsenverluste entlädt sich in einer Welle antisemitischer Witze und Karikaturen.

Der Börsenkrach prägt fast zwangsläufig das weitere Bild der Weltausstellung und wird im Resümee der *Neuen Freien Presse* am 1. November 1873 als der bestimmende Grund angeführt, der „den Glanz dieser großartigsten aller Weltausstellungen" nicht nur gemindert, sondern sogar „noch weitere verderbliche Kreise" gezogen hat. Auch die Choleraepidemie, an der im Sommer in Wien 2883 Menschen gestorben waren, auch diese „unheimliche Seuche" trägt, „so gering die Zahl der Opfer, welche sie Wien auch abforderte", nach Pressemeinung zum eklatanten Defizitdebakel der Weltausstellung bei. Die Börse und die Cholera hätten der Weltausstellung „Todtengräberdienste" bereitet, sagt Wiens Bürgermeister Cajetan Felder, der sich und die Stadtverwaltung freilich schon in der Vorbereitungsphase nicht zu eng an das Ausstellungsunternehmen gebunden hat.

Obwohl selbst am letzten Ausstellungstag, am 2. November, noch 140.000 Besucher das Areal im Prater stürmen, bleibt die Gesamtbesucherzahl mit 7,254.693 weit hinter den erwarteten 20 Millionen zurück. Das Defizit von rund 19 Millionen Gulden muß der Staat übernehmen. Einen von den Wienern oft zitierten Vergleich prägt anläßlich der Bilanzzahlen der Schriftsteller und Publizist Ferdinand Kürnberger: Für ihn ist die Weltausstellung „unser zweites Königgrätz".

125 Jahre später sind die Spuren der Weltausstellung kaum mehr aufzufinden. Einige Nebengebäude dienen noch als Künstlerateliers, die Hauptgebäude und die zahlreichen Pavillons wurden abgerissen. Vor der Demolierung der vorerst zum Abbruch vorgesehenen Rotunde schreckte man allerdings zurück. Sie wurde für weitere Ausstellungen und Großveranstaltungen genutzt, bis sie 1937 durch einen Brand vollkommen zerstört wurde.

Die Jahre um das Weltausstellungsereignis sind zugleich Jahre des Umschichtungs-

und Veränderungsprozesses in sozialer wie auch baulicher Hinsicht in Wien. Eine glaubwürdige und wahrhaftige Selbstdarstellung und Selbstfindung der Bevölkerung fehlt allerdings. Bei der Suche nach Identität in der wachsenden und großbürgerlich gewordenen Großstadt gerät man vorerst bei der Darstellung des „Volkes der Wiener" in Bahnen der Klischeebildung. Schlagworte wie „Wiener Humor", „Wiener Luft" oder die „Typen" der Stadt werden bald geläufig.

Im Weltausstellungsjahr schreibt Johann Strauß den Walzer Opus 354 mit dem rasch populär werdenden Titel „Wiener Blut". Die *Neue Freie Presse* berichtet am 20. April von der Uraufführung. Immerhin feiert die Strauß-Dynastie in diesen Apriltagen auch ihr „50jähriges Jubiläum … der musikalischen Produktionen Strauß" im Musikvereinssaal, wie aus der Konzertankündigung im Inseratenteil des Abendblattes vom 5. April hervorgeht; zwei Tage später folgt ein Bericht über diese Konzertveranstaltung. Am 30. Oktober 1873 findet sich in der *Neuen Freien Presse* dann der bedeutungsvolle Hinweis, daß Johann Strauß an einer neuen Operette für das Theater an der Wien arbeite. Dieses Werk steht unter einem glücklichen Stern; in nur „42 Tagen und Nächten" bringt der Komponist den größten Teil der Partitur zu Papier: „Die Fledermaus". Nach ihren musikalischen Motiven entstehen in der Folge viele Tanzpiecen; eine davon, eine Polka-Mazurka, drückt wie keine andere das Lebensgefühl jener Zeit voller krasser Widersprüche aus und wird zum Schlager: „Glücklich ist, wer vergißt, was doch nicht zu ändern ist."

„Man mache den Johann Strauß zum Ministerpräsidenten und es wird sofort die allgemeine Zufriedenheit hergestellt sein."

„Die Wirkungen der Überspekulation sind eingetreten. Ohne wahrnehmbaren Anlaß, wie von Dämonengewalt erfaßt, ist das Gebäude zusammengebrochen, welches aus Actien aufgebaut war."
NFP 10. Mai 1873

WOLFGANG DUCHKOWITSCH

„Fahren Sie bitte gleich nach Meidling – es brennt!“

Alltag der „Neuen Freien Presse“ um 1900

Wie wohl der Alltag in der Redaktion der *Neuen Freien Presse* ausgesehen haben mag? Gar nicht so einfach zu beantworten: Wir greifen nach Bänden des praktischen Journalismus, stöbern in Biographien aktiver „großer“ oder „kleinerer“ Medienmacher, einen Blick durchs Schlüsselloch erhoffend.

Die erste Adresse für diese Frage stellt der Band „Wegbereiter der Publizistik in Österreich“ dar, ein beeindruckendes Dokument wissenschaftshistorischer Grundlagenforschung, 1990 ediert von Michael Schmolke. Sein Anliegen bestand darin, alle Personen bibliographisch zu erfassen sowie werkbezogen zu porträtieren, die im Zeitraum von 1848 bis 1938 fachspezifisch tätig waren. Dem Band ist zu entnehmen, daß um die Jahrhundertwende mehr als ein halbes Dutzend Autoren, fast alle mit reicher Erfahrung journalistischer Praxis, zeitungskundliche Arbeiten publiziert haben.

Einige dieser zeitungskundlichen Publizisten beschäftigten sich mit aktuellen Problemen, so etwa mit Fragen des journalistischen Selbstverständnisses, mit der Stellung des Journalisten zum Staat oder mit Hoffnungen auf ein adäquateres Presserecht. Andere beschrieben historische Medienphänomene, primär orientiert an lokalgeschichtlichen und bibliographischen Interessen, ohne jedoch die Bedeutung der Presse als kulturgeschichtliches Segment außer acht zu lassen.

Diesen gehörte Heinrich Moritz Richter an, Leitartikler und Feuilletonist bei der *Neuen Freien Presse*. Er betonte, daß die Zeitung eine Schule der Erwachsenen sei, er forcierte den Gedanken, daß die „Menge“ durch die Kenntnis von Lehren der Kunst und Wissenschaft geläutert und veredelt werde. Ausgehend vom Ideal einer Zeitung, wie es bereits in der Zeit der Aufklärung postuliert wurde, verknüpfte er sein Denkbild mit dem Ideal eines Zeitungslesers, schöngeistig überhöht und literarisch verbrämt.

Nur zwei zeitungskundliche Experten bezogen damals in Österreich andere kulturhistorische Positionen: Emil Löbl, der zeitweise als Feuilletonist und Leitartikler bei der *Presse* tätig war, sowie Jakob Julius David, der als Rezensent, Theaterkritiker, Leitartikler sowie als Feuilletonist bei mehreren Wiener Blättern diente. Beide verfügten über eine Kompetenz, die Kritik an Entwicklungen der modernen Presse mit historischem Wissen und systematischer Reflexion verband. Löbl erkannte in seinem imposanten Werk „Presse und Kultur“ den Wert des Lesens als essentieller Kulturtechnik: „Für die kompakte Majorität“ der Menschen sei „die Gewohnheit und das Bedürfnis, tagtäglich die Zeitung zu lesen, gleichbedeutend mit einer ständigen Übung der geistigen Kräfte“.

Dieser Einsicht Löbls wohnt eine Kraft inne, die weit über die Zeit um 1900 hinausreicht. Ungeachtet aller inzwischen entstandener medialer Konkurrenz lebt seine Aussage auch heute fort, daß die Zeitungslektüre eine (potentiell) geist- und lustvolle Begegnung mit dem „großen Strome des geistigen Lebens der Zeit" ist – sofern darunter nicht auch die Lektüre von Produkten des Boulevards fällt.
Ein anderes Buch, das den Titel „Historisch-literarische Erinnerungen" trägt, weiß zu bezeugen, daß „Journalisten unermüdliche Maulwürfe der Weltgeschichte" sind. Das literarische Leben Wiens spiele sich nicht in selbständigen Werken ab, sondern in der Tagespresse: „Alle hervorragenden Talente werden von dem großen Pressemoloch verschlungen; die schönsten Ideen gehen unter in der überströmenden Flut der Leitartikel und Feuilletons. Der Journalist hat keinen Anspruch auf Unsterblichkeit."
Einblicke speziellerer Art gewähren die „ungeschminkten Schilderungen eines fahrenden Gesellen", die 1892 anonym in Berlin veröffentlicht worden sind. Sie offerieren „Charakterbilder". Aus diesen tritt uns etwa der Kulturkritiker Emil Granichstaedten so entgegen: „Ein eleganter moderner Mann voll Witz und Geist", dessen „brillante äußere Erscheinung Lebhaftigkeit und Beweglichkeit besitzt". Schlecht schneidet Felix Stern ab, ein Mitarbeiter der *Presse*: „Das hagere Exterieur, sowie das widerlich süße, doch den inneren Größenwahn nicht unterdrückende Gebaren dieses Journalisten mit dem fuchsrothen Schnurrbärtchen, ist die Originaltype vieler Journalisten von gänzlicher Talentlosigkeit, deren Stellung sich zumeist auf die liebevolle Protection und deren Conto setzen läßt." Von einem Montagsblatt heißt es gar, daß dort „der sattsam bekannte Isidor Fuchs und der ganz talentlose Julius Stern in gemeingefährlicher Weise herumzigeunern und den Wienern eine Kost anbieten, wie sie nur für Trottel oder Halbidioten paßt."
Über ranghohe Journalisten der *Neuen Freien Presse*, in deren Büro die „Elite des Wiener Journalisten- und Schriftstellerstandes" arbeite, befand der „fahrende Geselle" ebenfalls vom physiognomischen Standpunkt. Den „ungeschminkten Schilderungen" zufolge besaß Moriz Benedikt einen „eleganten" Kopf, ein „angenehmes Gesicht mit klugen Augen und eine nicht gar zu große Gestalt". Benedikt vereinige den „Weltmann mit dem Journalisten". Noch etwas besser das Äußere des Librettisten Hugo Wittmann: Sein „hübsches Gesicht macht den besten Eindruck", es sei „ideal". Außerdem stünde ihm „eine Umgangsart zur Verfügung, die anziehend in der Gesellschaft wirkt". Dem „allmächtigen" Kritiker Ludwig Speidel attestiert der Autor „aus Erz gemeißelte Züge". Sie zeugen „mit den scharfausgeprägten harten Linien um den Mund" von „Energie, Thatkraft und Selbstbewußtsein". Er habe eben einen „rein germanischen Character".

„Alle hervorragenden Talente werden von dem großen Pressemoloch verschlungen; die schönsten Ideen gehen unter in der überströmenden Flut der Leitartikel und Feuilletons."
Zeitkritik um 1900

Linke Seite: Metteur en page (Setzer) der „Neuen Freien Presse". Beide Abbildungen stammen aus dem hier besprochenen Buch „Wienerstadt"
Links: Zeitungsleser aus der Zeit um 1895.

Im „Lesezimmer" einer Redaktion um 1895 – ein Herren-Club bei der Arbeit

Der erste „berittene Depeschenausträger" von Wien (1895)

Besondere Zuneigung erfährt Eduard Hanslick, der sich als erbitterter Gegner Richard Wagners einen Namen in der Musikgeschichte gemacht hat. Er sei kein „energisch vorgehender Mann", sondern ein „feinfühliger, idealer Musiker, liebenswürdig, angenehm und geistreich". In seinem Antlitz lebe jener „sanfte Zug, der idealdenkende Männer so sympathisch macht". Dagegen erscheine Oppenheim – ein „edler Mensch, der für das Elend seiner Collegen immer eine offene Hand" habe – mit dem „knochigen Gesicht und dem eigenthümlichen Bart geradezu sonderbar". Intensiver wandte sich der Autor dem „witzigen, launigen, oft lasciv" wirkenden Daniel Spitzer zu, dem Verfasser der „Wiener Spaziergänge". Er habe ein Gesicht, das „ganz die Züge seines spöttischen Wesens trägt". In diesem sei „alles unregelmäßig und doch piquant". In den Augen Spitzers, der „unendlich gemütlich sein kann", wenn er wolle, „sieht der scharfe Blick des Satirikers". Alles „spitze sich im Character dieses Humoristen zu irgend einer moquanten Sarcastik zu". Bei ihm erfülle sich das Sprichwort, „es sei mit ihm nicht gut Kirschen zu essen, da man gewöhnlich immer die Kerne ins Gesicht bekommt".

Höchstes Lob spendete der „fahrende Geselle" Karl von Thaler, dem Präses des Schriftstellerhauses in Wien und „hochgebildeten" Kunstkritiker der *Neuen Freien Presse*. In der gesamten Zeitungswelt gebe es keinen „feineren Mann", feiert ihn der Anonymus: „Die elegante und vornehme Persönlichkeit dieses unendlich wissensreichen Mannes mit dem sympathischen, geistreichen Gesicht und den vorzüglichen Allüren" zeige seine „geistige Größe auf allen Gebieten". Ihn zeichne aus, jüngere Kollegen tatkräftigst zu fördern. Er sei der liebenswürdigste Mentor. Verwundert es da noch, daß wir diesem Mitarbeiter der *Neuen Freien Presse* das einzige zeitgenössische Alltagsbild einer Zeitung im Wien der Jahrhundertwende zu verdanken haben?

„Wie die Zeitung gemacht wird", heißt der Beitrag, den Karl von Thaler für den Band „Wienerstadt. Lebensbilder aus der Gegenwart", geschildert von Wiener Schriftstellern, gezeichnet von Myrbach, Mangold, Zasche, Engelhart und Hey, publiziert 1895 bei F. Tempsky in Wien, verfaßt hat. Folgen wir ihm also – auszugsweise nur und überdies stark gekürzt, doch mehrheitlich getreu seiner Diktion, widerspiegelnd Atem, Tempo und Trott der Zeitungsfabrikation:

„Eben schlägt es vier Uhr nachmittags. Stille herrscht in allen Räumen der Redaktion. Plötzlich stürzt ein Lokalreporter herein, eben noch bei der Polizei gewesen, um möglichst reiche Einzelheiten über einen Mord zur Mittagszeit zu erfahren. Schon rast seine Feder über das Papier, wie ein Rennpferd setzt er sich über Hindernisse der Sprache hinweg. Da tritt der Redakteur der Tages auf ihn zu und ruft: ‚Genug, genug! Wir können doch nicht eine ganze Spalte mit Ihrem Bericht füllen. Fahren Sie lieber gleich nach Meidling – dort brennt es!‘

Augenblicklich stürmt der Reporter davon und wirft im Vorzimmer beinahe den langsam einherschreitenden Börsenberichterstatter um. Dieser bedenkt mit ernster Miene jedes Wort, seinen Lesern verpflichtet, das nicht gezählt, sondern gewogen wird. Mit seiner Arbeit früher fertig als alle Kollegen, wäscht er sich die Hände in Unschuld und geht bald nach Hause oder ins Theater. Allzeit sind seine Abende frei. Kaum sind seine Berichte an die Druckerei geschickt, eilen die Reporter aus dem Landesgericht sowie aus dem Rathaus herbei. Einer bringt Witze in seinem Bericht an und seufzt dazu ahnungsvoll: ‚Die werden mir wieder gestrichen werden!‘

Inzwischen ist es sechs oder sieben Uhr geworden. Schon liegen die Abenddepeschen vor, und die politischen Redakteure treten auf den Plan, stets bereit zu Debatten. Dies belebt, frischt auf und entschädigt für die Eintönigkeit ihrer Beschäftigung. Sie denken frei nach Napoleon: Gott ist immer auf der Seite der starken – Lungen. Doch bald danach sitzen sie still und fleißig an ihren Tischen, redigieren Korrespondenzen und Telegramme, eifrig bemüht, Spalten zu füllen. Dies geht nicht so leicht. Die Zeitung ist nämlich ein gefräßiges Ungeheuer, das viel Futter benötigt. Außerdem erscheint unentwegt der Metteur-en-pages, der die Manuskripte einsammelt, besorgt um neuen Stoff, gleich dem Heizer in einer Dampfmaschine, der beständig Kohlen nachschüren muß.

Zwischen sieben oder neun Uhr abends, wenn andere Menschen ihrem Vergnügen nachgehen, herrscht in der Redaktion die eifrigste Tätigkeit. Der politische Teil des Blattes wächst empor. Sowohl das ‚Inland‘ wie das ‚Ausland‘ sind bemüht, die eingelaufenen Nachrichten zu ordnen, zu erläutern, das Bemerkenswerteste herauszuheben, diese Meldung mit Genugtuung zu verzeichnen, gegen jene zu polemisieren.

Ein Manuskript nach dem anderen wandert in den Setzersaal, um dort in kleine Streifen zerschnitten und verteilt zu werden. Abseits von diesem Getriebe sitzt ein würdiger Herr. Er verfaßt den Leitartikel. Ist ihm der Stoff vertraut, hat er manchmal das Bewußtsein, aufzuklären und nützlich zu sein. Aber zuweilen geht es ihm wie dem Doktor Faust: Er muß andere lehren, was er selbst nicht

„Die große Mehrheit der Bevölkerung würde ohne Zeitung überhaupt nicht lesen, sie würde, sobald die wenigen Schuljahre zu Ende sind, jede weitere Fortbildung vernachlässigen.“

„Presse“-Redakteur Emil Löbl um 1900

Journalisten heute, bei der Arbeit

Zeitungsausträgerinnen um 1900

„Schule der Erwachsenen", „Erziehungsmittel ersten Ranges", „eines der großen Culturmittel"

Allzu idealistische Sicht der Zeitung bei Heinrich M. Richter, Leitartikler der NFP

weiß. Nur wenn er leichtsinnig ist, tröstet er sich mit dem Gedanken: Die meisten Leser merken es ohnehin nicht.

Viel besser haben es die Kollegen vom volkswirtschaftlichen Teil, sind sie doch die angesehensten und zugleich die gefürchtetsten Mitglieder des Journalistenstandes. Wenn sie die Sonne ihrer Gnade auf eine Aktie scheinen lassen, kann dies die schönsten Hausseblüten treiben. Das Zimmer, in dem sie arbeiten, ist von einem geheimnisvollen Zauber erfüllt, den ein lautes Wort zerstören würde. Deshalb flüstern sie oft miteinander, verstummen, sobald andere Redakteure in ihre Nähe kommen, oder eröffnen ein Gespräch über Kunst und Literatur.

Zeitungskolporteure in Wien heute

Gegen zehn Uhr leert sich das Büro. Der Inlandsredakteur ist nur dann frei, wenn der Reichsrat nicht versammelt war. Sonst muß er bis weit nach Mitternacht anwesend sein, um den stenographischen Bericht druckfertig zu machen. Während er die Parlamentsreden kürzt, oft zur Verzweiflung der Abgeordneten, platzen die Theaterkritiker herein und werfen, hungrig und durstig wie sie sind, deshalb zumeist grimmig gestimmt, ihre Notizen über Premieren, Debuts und Neubesetzungen des Abends hin. Unter diesen sonnt sich der Burgtheater-Rezensent, der oft auch zugleich der Feuilletonredakteur ist. Er nimmt die Sonnenseite des journalistischen Berufs ein, plagt sich weniger als andere Kollegen und wird von jungen Schauspielerinnen geliebt – wenn er darauf besteht. Den Setzern übergibt er sein Manuskript mit der Miene eines Mannes, der eine Staatsschrift abgeschlossen hat.

Nach dem Abgang der Kritiker bleibt zumeist nur ein Mann in der Redaktion: der Chefredakteur. Er liest den politischen Teil und das Feuilleton im Bürstenabzug und ändert, was ihm nicht gefällt. Er entscheidet, was zu ‚kommen' hat. Die letzten Telegramme laufen ein. Der Chef prüft, ob sie nicht mit einem bereits gesetzten Artikel im Widerspruch stehen, und entscheidet dann, bisweilen zu dem letzten ‚heroischen' Mittel greifend: Der Artikel bleibt, wie er ist, und ein widerborstiges Telegramm erhält die Überschrift: ‚Nach Schluß des Blattes'.

Mit dem Chefredakteur genießen noch andere Betriebsangehörige die nächtliche Tätigkeit: zunächst einmal die Korrektoren, die sich eben mit schweren Herzen von dem letzten Glas Bier getrennt haben, um in einem an die Druckerei stoßenden, seltsam duftenden Zimmer ihrer Aufgabe zu genügen, in verdrießlichem Schweigen sitzend, den Rotstift in der Hand, darunter bisweilen ein gescheiterter Journalist, überzeugt, den Beitrag, den er von Druckfehlern reinigen soll, selbst viel besser geschrieben zu haben.

Danach ist der verantwortliche Redakteur an der Reihe, stets in die Pflicht genommen, jeden Artikel vom Standpunkt des Preßgesetzes zu begutachten und aufzupassen, ob der Eiertanz zwischen den Paragraphen ohne Anstoß ausgeführt sei. Im Dunkel der Nacht wird er, untertags vielleicht der beste Mensch, zum Mörder. Er erwürgt neugebo-

rene Gedanken. Oft dünkt ihm, es führe ihm eine andere Hand die Feder, wenn er ein kühnes Wort in einem dicken Strich erstickt. Hat er seine Pflicht getan, beginnen die Stereotypeure ihre Arbeit. Das Haus erfüllt ein durchdringender Gestank wie von brennendem, schwefelbelegtem ranzigem Speck. Bald folgt das Rollen und Stampfen der Druckpressen. Berge von gedrucktem Papier häufen sich an. Der Behörde wird sofort die erste fertige Nummer geschickt.
Unterdessen sind lange vor Tagesanbruch massenhaft Frauen in die Druckerei eingerückt, zuerst die Falzerinnen. Dann wimmeln die Austrägerinnen heran, arme Geschöpfe, weder schön noch jung, in den Wintermonaten gleichend einer Nordpolexpedition, um den Abonnenten die Zeitung in die Wohnung zu bringen, Regen und Sturm, Kälte und Kot trotzend, fortlaufend, kreuz und quer durch die Gassen, treppauf, treppab.
Doch nicht immer ist es den Troßweibern des Journalistenheeres beschieden, die Zeitung auch wirklich auszuliefern. Es gibt dramatische Zwischenfälle im Zwielicht. Denn wenn die Preßbehörde eine mißliebige Äußerung entdeckt, bricht die Katastrophe herein. Während die Maschinen noch lustig Nummer auf Nummer auswerfen, zeigt sich schon die Gestalt eines Polizeibeamten, am Tor pflanzt sich ein Sicherheitswachmann auf. Ballenweise wird in hastiger Eile das Eigentum der Abonnenten auf bereitstehende Wagen geladen und der Vernichtung entgegengefahren, während die Austrägerinnen zerstieben. Nur die eine oder andere unter ihnen, geübt und erfahren in solchen Abenteuern, weiß ein paar Dutzend Exemplare zu retten und so der Behörde ein Schnippchen zu schlagen. Die Hauptmasse der Auflage ist aber unwiederbringlich dahin, geistige Arbeit, Mühe und Kosten – alles umsonst.
Noch ruht der Chefredakteur in süßen Träumen. Doch wenn ein Bote an seiner Tür pocht, fährt er empor und ruft: ‚Was gibt's?' – ‚Die Zeitung ist konfisziert worden', tönt es ihm entgegen. Konfisziert, so lautet häufig genug die lakonische Grabschrift einer Journalnummer.
Der Staatsanwalt weiß zwar selten, wie eine Zeitung gemacht wird, aber desto besser, wie man sie umbringt, schreibt Karl von Thaler mutig: Was nützt es da, wenn die Beschlagnahme zuweilen vom Landesgericht aufgehoben wird? Den Lesern kann man keinen 14 Tage alten Artikel vorsetzen, er wäre ungefähr so schmackhaft wie ein gleich alter Braten.“
Einen ähnlich wenig schmackhaften Happen würde ich kredenzen, wenn ich die kraftvoll-lebendige Schilderung „Wie die Zeitung entsteht“ ohne Kenntnis vergleichbarer Befunde des Pressealltags aus früherer, gleicher oder späterer monarchischer Zeit analysieren wollte. Doch solche Befunde, gedruckte oder ungedruckte (Briefe, Tagebucheintragungen oder Vermächtnisse), müssen erst einmal systematisch aufgespürt werden, um die Alltagsgeschichte des Journalismus, einer der gesellschaftlich bedeutsamsten Professionen, zu erhellen – in einer Zeit zumal, als „die ausgezeichnetsten Geister ihre Kräfte“ dem Journalismus gewidmet haben, wie in der anonym veröffentlichten Schrift „Die Kaiserstadt“ nachzulesen ist, allen voran, so darf präzisiert werden, in der *Neuen Freien Presse*. Selbst wenn die Behauptung eines Zeitgenossen Karl von Thalers zutraf, daß es in Wien keine Poeten mehr gibt, sondern nur mehr Literaten, die sich entweder Schriftsteller oder Journalisten nennen, so waren doch nicht alle „Herren der Feder“ so „praktisch“ geworden, wie er meinte, um nur nach dem Geschäftsprinzip zu handeln: „Geld – ist Geld!“

Wie Journalistenalltag heute aussieht, glauben viele schon zu wissen, wenn sie wöchentlich durch das Mattglas voluminöser Magazine blicken. Ihnen wird freilich nur das geboten, was sich auf dem medialen Marktplatz tummelt.

Druckmaschine der „Neuen Freien Presse“ von König & Bauer

ALFRED PFABIGAN

Von „Preßhyänen" und „Tintenstrolchen"

Karl Kraus und die „Neue Freie Presse"

Daß im Weltbild des Karl Kraus der „Saupresse", den „Fanghunden der öffentlichen Meinung", den „Tintenstrolchen", „Preßhyänen" und der „Preßmafia" die Verantwortung für den üblen Zustand der Welt zugeschrieben wurde, gehört zur österreichischen Geistesgeschichte. Die Liste der Zeitungen, die Kraus in den 922 Nummern der *Fackel*, aber auch auf Vortragspodien, Plakaten und in Gerichtssälen attackiert hat, ist schier endlos; doch den wichtigsten Platz in seinem satirischen Kosmos hat die *Neue Freie Presse* eingenommen. Das Leibblatt des liberalen, kultivierten Wiener Bürgertums und der Untergang der Donaumonarchie waren für Kraus mehr als ein Jahrzehnt lang untrennbar miteinander verbunden; lange Zeit konzentrierte sich seine Betrachtungsweise weniger auf das „Ereignis" als auf dessen „Spiegelung" in der NFP, deren Name sich für ihn allmählich in eine gigantische Metapher für das gesamte österreichische Übel verwandelte.

Die schier unerschöpfliche Wut des Karl Kraus hat sachliche und persönliche Gründe. Der Sohn des erfolgreichen jüdischen Papierfabrikanten Jakob Kraus entstammte genau jenem sozialen Milieu, dem die *Neue Freie Presse* den publizistischen Rahmen einer Lebensform schuf – die Auseinandersetzung mit ihr war auch ein vieldimensionaler Aufstand gegen das eigene Herkommen. Gründung der *Fackel* 1899 und Austritt aus der jüdischen Religionsgemeinschaft fielen nicht zufällig ins selbe Jahr. Das Etikett des „Jüdischen" war Kraus und der *Neuen Freien Presse* gemeinsam, und die Abgrenzung zum Jüdischen intervenierte auf vielschichtige Weise in ihren Konflikt. Scheinbar propagierten der Satiriker und die liberale Zeitung in der „jüdischen Frage" die gleiche Lösung: Die jüdische Emanzipation basiert auf der Assimilation. So heißt es bei Kraus, dem entschiedenen Antizionisten: „Nur das Ablegen der Eigentümlichkeiten einer Rasse, die durch die vielhundertjährige Zerstreuung längst aufgehört hat, eine Nation zu sein, kann all der Qual ein Ende machen." Karl Kraus wird immer wieder in den Kontext des „jüdischen Selbsthasses" gestellt.

Er hat seine „Jugendsünden", darunter die zeitweilige Mitarbeit bei der NFP, nie geleugnet. Der schon vor der Matura in durchaus angesehenen Organen publizierende, produktive, begabte und witzige Nachwuchsjournalist tritt uns in seinen Frühschriften häufig als Personifikation des später abgelehnten Typus des Journalisten entgegen. Der junge Kraus hat den später denunzierten „Ton" genau getroffen, seine Texte weisen jenes angemaßte „Bescheidwissen" auf, jene journalistische Geste des mit einigen Floskeln über alles Disponierens – über Dichter, Werk und Welt. Trotz seines unbestreitbaren Hangs zur Bosheit ist er ein Mann der vernünfti-

gen Mitte. Der ostentativ „Nichtdekadente“, der dennoch unentwegt für die „Literatur nach 1832“ plädiert, lobt, wenn es sein muß, den „gesunden Humor“ einer „prächtigen Skizze“ mit dem schönen Titel „Der Badwaschl“, preist die „seltene Frau“ Ebner-Eschenbach und feiert als Gegenbewegung zur „Fin de siècle“-Stimmung die von Paul Barsch entdeckte „Ohlauer Nachtigall“ Anna Nitschke. Manches an der journalistischen Praxis des Nachwuchstalents ist fragwürdig: Das Buch eines Freundes wird rezensiert und eine Zeitschrift als „Literaturdenkmal“ gefeiert, an der der Rezensent selbst mitarbeitet.

Ein selbstkritischer Rechenschaftsbericht resümiert die „Jugendsünden“ und zeigt, daß das ursprüngliche Ziel der Anpassungsleistung ein Platz in der Redaktion der *Neuen Freien Presse* war, die Kraus ab 1894 als gelegentlichen freien Mitarbeiter beschäftigte: „Ich hatte im Alter von neunzehn bis dreiundzwanzig Jahren ‚Verbindungen‘, das bedächtige Warmhalten neugewonnener ‚Beziehungen‘ war mein Sturm und Drang und ein feinsittsames Auskommen im liberalen Zeitungskreise der Inhalt meiner Flegeljahre. Ja, ich will nicht leugnen, daß den literatursüchtigen, politisch völlig ahnungslosen Neuling ein Feuilletonistenplatz in der *Neuen Freien Presse* zuweilen verlocken mochte, daß mich von allen bestehenden Blättern dies eine mit den seither durchschauten Mätzchen der Vornehmheit getäuscht hat.“

Zwar hätte man ihm, berichtet Kraus, ermunternde Depeschen gesandt, doch ansonsten resümiert er, daß die „Leiter dieses Blattes noch immer an ein Talent glaubten, das ausschließlich für sie in der Stille reife, dessen Entwicklung man aber durch freundlichen Zuruf nicht stören dürfe“. Hat das Ausbleiben des freundlichen Zurufs den jungen Mann verletzt? Die Haltung der Redaktion ändert sich, als Kraus sich mit Gründungsplänen für ein neues, „eigenes“ Blatt trägt – man lädt ihn zur liberalen „Futterkrippe“ ein und bietet ihm die seit Daniel Spitzers Tod verwaiste Rubrik des „Wiener Spaziergängers“ an.

Doch der junge Publizist will inzwischen die Entdeckung gemacht haben, daß nicht er reif für die NFP, sondern diese reif für ihn sei, und will „nicht einen Augenblick“ geschwankt haben, wie er zu wählen hätte. Das ist ein eindeutiger Satz, der durch das folgende Statement relativiert wird: „Es gibt zwei schöne Dinge auf der Welt: der *Neuen Freien Presse* angehören oder sie verachten.“

Oben: Die Sirk-Ecke, Opernring-Kärntnerstraße, um 1900
Linke Seite: Karl Kraus im Kaffeehaus, von der Muse unterstützt. Scherenschnitt von H. Schließmann um 1900

„Ich will es ja nicht leugnen, daß den literatursüchtigen, politisch völlig ahnungslosen Neuling eine Feuilletonistenstelle in der *Neuen Freien Presse* zuweilen verlocken mochte.“
Karl Kraus

Die erste Nummer der „Fackel", April 1899

„Die *Fackel* liebäugelt mit keiner Partei. Sie glaubt bloß erkannt zu haben, von welcher Seite dem Staat die akuteste Gefahr droht, und sie bleibt in der Anschauung befangen, daß die Journaille der ärgere Feind unserer Kultur sei als der Papst in Rom."
Kraus, 1902

Der Wechsel der Perspektive hat sich im journalistischen Frühwerk allmählich vorbereitet. Kraus hat in den Jahren 1892–1899 eine hohe Sensibilität für den Machtverlust des österreichischen Liberalismus und die Krise der Monarchie entwickelt. Spätestens ab 1897 witterte er die drohende Katastrophe. Seinen Kommentar zur Wahl 1897, als deren Folge pöbelhafte Antisemiten die Wiener Bevölkerung parlamentarisch vertraten, sollte man nicht als satirische Übertreibung lesen: „Wien hat seinen Entschluß manifestirt, sich von der kulturellen Entwicklung des übrigen Europa definitiv loszusagen ... Das Volk will, daß es keine Juden gebe."

Gegen die „Verderblichkeit der Zeitung, die culturwidrige Macht der Presseinstitution": Karl Kraus

Die Wahl Karl Luegers zum Wiener Bürgermeister und die gewalttätigen Szenen im Parlament als Folge der Sprachenverordnung des Ministerpräsidenten Badeni im November 1897 verstand Kraus als Menetekel, er konstatierte das Ende des „Plauderfeuilletonismus". Darin liegt ein realistischer, tiefsitzender Vorwurf gegen das österreichische Bürgertum und gegen seine Publizistik, der Vorwurf, das Wesen ihrer gefährdeten Zeit verfehlt zu haben.
Auch konnte Kraus nach seinen persönlichen Erfahrungen in der liberalen Publizistik das vereinfachende Weltbild vom Kampf der Kräfte aufgeklärter Vernunft gegen die dumpfe Reaktion als zentralem Ereignis der österreichischen Politik nicht mehr teilen. Er hat an zahllosen Einzelbeispielen gelernt, daß der Liberalismus und seine Publizistik Anteil hatten an der österreichischen Misere und auch an ihrem eigenen Niedergang.
Vor allem aber hat Kraus das kränkende Erlebnis der innerredaktionellen Zensur gehabt und wußte daher, daß sein mutiges Projekt der Suche nach den Ursachen der heraufziehenden österreichischen Katastrophe nicht innerhalb der liberalen Publizistik durchgeführt werden konnte. Einstweilen noch mit Distanz zu den grundsätzlichen Wiener Vernunftkritikern formulierte er nun die Zielsetzung einer Absage an den „halb verwesten Liberalismus".
Es hat mehrere Jahre gedauert, bis diese zunächst dumpfe Kritik an der Wiener Realität, die sich letztlich in Phantasien vom „Untergang der Welt durch schwarze Magie" verdichteten, präzisiert wurde. Am Ende dieser Entwicklung steht eine eskapistische Absage an die etablierten bürgerlichen Ordnungsvorstellungen: „Und das Chaos sei willkommen, denn die Ordnung hat versagt!"
Die erste Phase der *Fackel* steht in der Tradition des Antikorruptionismus. Und die *Neue Freie Presse* und ihr soziales wie ökonomisches Umfeld haben Kraus reichhaltiges Material geliefert. Daß die Unterscheidbar-

keit entgeltlicher und redaktioneller Texte presserechtlich nicht vorgeschrieben war, hat die Existenz eines allgemein korrupten Klimas begünstigt: Öffentlichkeit war käuflich, Unternehmungen zahlten für positive Berichterstattung, und umgekehrt wurde die Unterlassung negativer Berichte honoriert.

Leopold Liegler, der zeitweilige „Sekretär" des Karl Kraus, hat aus dem Material, das Kraus gegen die liberale Presse gesammelt hat, die Konsequenz gezogen und die Geschichte der *Presse* und der *Neuen Freien Presse* einfach als Kriminalgeschichte erzählt, als Geschichte von Erpressung, Korruption und Betrug, und – mit deutlich antisemitischen Implikationen – als Geschichte der „journalistischen Schreckensherrschaft" der Juden. Kraus ist letztlich an den mit seiner antikorruptionistischen Praxis verbundenen Beweisproblemen gescheitert.

Nach dem Ende seiner von Maximilian Harden als „grotesker Roman" verspotteten Beziehung zur lebenslang unvergessenen frühverstorbenen Schauspielerin Annie Kalmar, deren Tod ihm zum exemplarischen Fall der „Hetzjagd auf das schöne Weib" wurde, sistierte er die *Fackel* zeitweilig und änderte die Konzeption des Blattes. Ab nun entdeckte auch er jenen für das Wien der Jahrhundertwende so konstitutiven Konflikt zwischen der liberalen „Kultur des Gesetzes" und der „Kultur der Anmut" (Carl E. Schorske).

Die bürgerliche Moral, mit der er bisher durchaus konformistisch gespielt hat, wurde ihm von da an zum Haupthindernis jeder Menschheitsentwicklung. Unter der Parole „Fort mit der sexuellen Heuchelei!" artikulierte Kraus in seinen Kommentaren zu den in jenen Tagen zahlreichen „Sittlichkeitsprozessen" sein höchstpersönliches „Unbehagen in der Kultur". Wieder finden wir die NFP in der ersten Reihe der attackierten Blätter: Im redaktionellen Teil exekutierte ein strenges bürgerliches „Überich" die „Kultur des Gesetzes", im kommerziellen Inseratenteil des „Masseusenblattes" tobte sich ein laszives „Es" aus. Masseusen suchten unter dem sinnreichen Pseudonym „Wanda Stockinger", „Ida Schlage" und „Hedwig Faust" ihre Klienten, und ein „Jupiter" umwarb unter der Chiffre „Sacher Masoch" eine „Leda mit Vermögen".

„Hetzjagd auf das schöne Weib": Schauspielerin Annie Kalmar, ein Rollenbild

Die satirische Absage an die bürgerliche Wertwelt blieb nicht bei der Konstatierung dieses klaren Falls von Doppelmoral stehen: „Im Ernst, ich halte die Veröffentlichung von Sexualannoncen für die weitaus verdientsvollste aller Tendenzen, die die liberale Presse verfolgt; und nur weil sie nicht selbst dieser Ansicht ist und die Unmoral schmäht, von der sie Zinsen nimmt, habe ich manchmal den Charakter ihres Inseratenteils enthüllt. Nicht die Verdrängung der Masseusen, sondern die reinliche Scheidung des Liebesmarktes von korrupten Redaktionen lag mir am Herzen. Kein wahrer Kenner

„Was ich will – wenn man von dem, was ich tue, unmittelbar eine Tendenz abziehen kann – ist, daß die Presse aufhöre zu sein. Das will ich schließlich in fast jeder Zeile."

Karl Kraus

Karl-Kraus-Karikatur von „Blix"

Photomontage „Der Sieger": „Die Fackel", 20. Juni 1911, Meuchelphoto von Moriz Benedikt, vor das Parlament plaziert

meiner Lebensanschauung kann glauben, daß ich eine junge, sympathische Masseuse nicht für kulturfördernder halte als einen alten unsympathischen Schmock, und die Körperpflege, wie sie auf der letzten Seite der *Neuen Freien Presse* betrieben wird, nicht für anregender als die Pflege des Geistes, die weiter vorn betrieben wird. Die Hurerei prostituiert sich heute durch eine Verbindung mit dem schäbigsten Journalismus ..."

Als Konsequenz seiner „ästhetischen Wende" ignorierte Kraus von nun an die Tagespolitik und definierte sich als „Antipolitiker". Wie so viele „Unpolitische Betrachtungen" sind allerdings auch die des Herausgebers der *Fackel* konservativ, wenn nicht gar reaktionär. Adressat der politischen Kommentare des Feindes von Demokratie, Parlamentarismus und Geschworenengerichtsbarkeit ist der Adel, den Kraus – „wenn noch Adel in ihm ist" – dazu verleiten möchte, „dem Bürgertum den Fuß auf den Nacken zu setzen". Zu dem Zeitpunkt stellt das Christentum dem Satiriker, der sich 1911 in der Karlskirche taufen ließ, ein mögliches geistiges Gegengewicht zum flachen Rationalismus einer massenmedial vulgarisierten Aufklärung dar – weltanschaulich nimmt Kraus ab da den exakt bestimmbaren Gegenpol zur *Neuen Freien Presse* ein.

In dieser Phase beginnt die gigantische Überhöhung des Blattes und seines Herausgebers zur verantwortlichen Kraft für den Untergang Österreichs. Nach den liberalen Erfolgen bei der Reichstagswahl 1911 montiert Kraus in einer Photocollage, „Der Sieger" betitelt, eine Photographie des Moriz Benedikt vor dem Parlament und der Statue der Pallas Athene. Die Collage zeigt Benedikt als wahren Herrn des Landes, das „Meuchelphoto" lehrt, „wie der Fortschritt dasteht, wie die Geldgier die Faust ballt, welchen Blick die Aufklärung hat, welchen Bart der Einfluß und welche Nase der freisinnige Triumph".

An der Grabenecke, Photographie von 1908

Skandale wie die „Affaire Friedjung" illustrieren die These von der heillosen Kooperation zwischen Staat, Presse und Wissenschaft: Dem angesehenen, aber gutgläubigen Historiker waren vom österreichischen Außenministerium gefälschte Dokumente zugespielt worden, aufgrund derer Friedjung Abgeordnete des kroatischen Land-

tages der hochverräterischen Verschwörung mit Belgrad bezichtigte. Leitartikel der NFP unterstützten die von Außenminister Graf Aerenthal angezettelte Kampagne, die einem Präventivkrieg die moralische Rechtfertigung liefern sollte. Aus der Perspektive der *Fackel* betrachtet hieß das: In den Redaktionsstuben der Fichtegasse wird der Weltkrieg vorbereitet.
Die Untergangsphantasien des Karl Kraus sind zeittypisch und haben aus heutiger Sicht einen realistischen Kern. Kraus hatte sich in jenen Jahren allerdings zum Satiriker gewandelt, und Satire unterliegt einer anderen Wahrheitspflicht als Polemik, sie strebt nicht nach Kongruenz zwischen Gegenstand und Abbildung, sondern bezieht die Legitimität ihrer gelegentlichen Übersteigerungen aus der Schlüssigkeit einer ästhetischen Konstruktion. So sind diese Untergangsphantasien Bestandteil dessen, was Hermann Broch die „Fröhliche Apokalypse“ genannt hat.
Und für „Lustgewinn“ bot die *Neue Freie Presse* vielfältigen Anlaß. Die scheinbar undurchdringliche Panzerung der Berufung auf Vernunft und Wissenschaftlichkeit hatte ein Loch, und das lag auf der Leserbriefseite. Wichtigmacher aus der „Familie“, dem jüdischen Bürgertum, die zu einem bedeutenden Ereignis einen unbedeutenden Brief sandten, dürften quasi einen Anspruch darauf gehabt haben, ihren Namen in der Zeitung zu lesen. Auch das Wiener Erdbeben im Februar 1908 provozierte eine Fülle von solchen Berichten, darunter den eines Zivilingenieur J. Berdach aus der Glockengasse im II. Bezirk. Souverän spielte Berdach bzw. sein Schöpfer Karl Kraus mit dem „Slang“ der Technik und dem der *Neuen Freien Presse*. Das Beben ereilte den Techniker bei der Lektüre des „hochgeschätzten“ Blattes, doch er griff sofort zur „Bussole“, die er seit seinem Aufenthalt in „Bolivia, dem bekannten Erdbebenherd“, im Haus hatte, registrierte die „Variabilität der Eindrucksdichtigkeit“ und gab die beruhigende Entwarnung: Es ist ein „tellurisches“, kein „kosmisches“ Erdbeben.
Der Brief wird sorgfältig redigiert, eine kleine sexuelle Zweideutigkeit wird korrigiert, ansonsten erscheint er in der Rubrik „Weitere Mitteilungen über Erdbebenbeobachtungen“. Auf einmal kann Kraus den „Ehrentitel“ eines Autors der *Neuen Freien Presse* für sich beanspruchen, und zwar

„Journaille, Tintenstrolche, Preßköter, Preßhorde, Fanghunde der öffentlichen Meinung, Preßhyänen, Preßmafia“
Auswahl an Krausschen Beschimpfungen

Szenenausschnitt „Die letzten Tage der Menschheit“ (Theater in der Josefstadt). Letzte gigantische Steigerung im Lebenskampf gegen die Zeitung

„Was die Preßfreiheit betrifft: lügen wird man immer dürfen!“
Karl Kraus

nicht als zeilenschindender freier Mitarbeiter, sondern als angesehener Geologe. Jene intellektuelle Wiener Gegenwelt, die sich um die *Fackel* schart, lacht.
Kraus selbst setzt seine Tätigkeit als getarnter Mitarbeiter des Intelligenzblattes fort, doch dem Genre seinen Namen gibt der Ingenieur Arthur Schütz, der als Erich Ritter von Winkler unter dem Titel „Die Wirkungen des Erdbebens im Ostrauer Kohlenrevier“ im Jahr 1911 die staunende Öffentlichkeit über die Reaktion seines „Grubenhundes“ auf das Erdbeben informiert. Damit ist ein Damm gebrochen. Tolle Unsinnigkeiten erscheinen von nun an in den Leserbriefspalten der NFP, viereckige Kreise, ovale Räder und Mütter fünf Monate alter Töchter, die im Zug von einer Niederkunft überrascht werden. Wer die heute noch immer nicht vollständig gesammelten „Grubenhunde“ liest, gewinnt den Eindruck, daß es ein populäres Vergnügen der Wiener Intelligenz war, ihrem Leibblatt Briefe zu senden, durch deren Publikation es sich blamierte.
Die Redaktion war offensichtlich in Panik und völlig wehrlos. Aus heutiger Sicht ist es bemerkenswert, daß sie ihre Fehler nie kommentierte. Nur einmal, 1916, reagierte Benedikt auf einen (nicht von Kraus stammenden) Brief mit einem Leitartikel, der die „große Zeit“ und die Überlastung der Redakteure als Erklärung für das Versagen anbot. Das ist keine zutreffende Erklärung – die leidgeprüfte Redaktion war nachweislich durchaus auf der Hut. Mit deutlicher Stoßrichtung gegen Kraus hatte Benedikt von den Buben, die es nicht wert sind, „daß wir sie mit dem Fuße wegstoßen“, gesprochen und provozierte damit dessen heftigste Abrechnung: „Ich sage Benedikt und meine ihn! Man muß diesen Banditen, dessen Gewalttätigkeit gegen die letzten Überreste eines öffentlichen Schamgefühls von der Unterworfenheit hochgestellter Preßknechte erhitzt wird, derart überschreien, daß er die Glorie, die ihm zum Alibi seines Handelns gut genug scheint, erschreckt aus der Pranke fallen läßt und nie wieder auf die Idee verfällt, die große Zeit, an der seine Opfer leiden, als seine eigene Schonzeit aufzufassen.“
Kein Krieg ohne Kriegsgesinnung, ohne Verächtlichmachung des Gegners und ohne Verniedlichung der Folgen; Massenmedien werden im Krieg regelmäßig gewalttätig: Das gilt auch für die „patriotisch“ agierende NFP. Die Reaktion des Karl Kraus ist zumindest durch das einem „Marstheater“ zugedachte monumentale Theaterstück „Die letzten Tage der Menschheit“ Weltliteratur geworden. Damit erfährt der Prozeß der Überhöhung Benedikts und seines Blattes eine letzte gigantische Steigerung.
Eine Szene der „Letzten Tage der Menschheit“ benutzt die Namensgleichheit des Pressetycoons und des Papstes dazu, sie in eine Person zu verschmelzen: Auf der Kanzel predigt Benedikt den Völkerfrieden, während er im Leitartikel behaglich die Grausamkeiten des Krieges zelebriert. Kein Verbrechen, dessen sich der „verantwortliche Redakteur des Weltkriegs“ vor seinem satirischen Ankläger nicht schuldig gemacht hat. In der „Letzten Nacht“ tritt der „Herr der Hyänen“ in jener Pose auf, die er einst vor der Pallas Athene eingenommen hat, und ernennt sich in einem Monolog, den Kraus selbst vorgetragen hat, triumphierend zum Gegenpapst und zum Antichrist:

„Werde mißtrauisch, und einer von Druckerschwärze fast schon zerfressenen Kultur winkt die Errettung.“
Karl Kraus

Karikatur von Moriz Benedikt in der „Fackel“: „Erhabene Corruptionstypen“

„Und der es einst vollbrachte,
an seinem Kreuz verschmachte,
wert, daß man ihn vergißt.
Ich tret an seine Stelle,
die Hölle ist die Helle!
Ich bin der Antichrist.

Ich traf mit Druckerschwärze
den Erzfeind in das Herze!
Und weil es ihm geschah,
sollt ihr den Nächsten hassen,
um Judaslohn verlassen –
der Antichrist ist da!“

Mit dieser Passage hat der Kampf des Satirikers einen nicht mehr übersteigbaren Höhepunkt erreicht. Nach dem Zusammenbruch der Donaumonarchie ist die Reibungsfläche zwischen Kraus und der NFP reduziert: Das Blatt verliert seinen internationalen Status, und 1920 stirbt Moriz Benedikt. Die *Neue Freie Presse* bleibt im Kanon der von Kraus angegriffenen Zeitschriften, aber die Phase ihrer „Überhöhung“ ist zu Ende. Sie ist von nun an eine Zeitung wie andere auch.

Stephan und Nikolaus Paryla (als Optimist und Nörgler) proben im Theater in der Josefstadt Kraus' „Letzte Tage der Menschheit“.

LUCIAN O. MEYSELS

Wie ein mächtiger Traum

Theodor Herzl und Moriz Benedikt – Eine Studie der Gegensätze

Sie waren Zeitgenossen und Berufskollegen, schrieben in derselben Zeitung, aber sie waren grundverschieden. Der eine zählt heute zu den „Unsterblichen": Theodor Herzl hat den zweitausend Jahre alten Traum des jüdischen Volkes von einer Rückkehr in die Heimat der Vorväter – wenn nicht verwirklicht, so doch der Realisierung entscheidend näher gebracht. Und der andere? Moriz Benedikt: zu Lebzeiten als Chef der *Neuen Freien Presse* der „Zeitungszar" schlechthin – nicht nur in der Monarchie, sondern im gesamten deutschsprachigen Raum. Heute ist sein Name gerade noch in einem Lexikon zu finden.

Vor hundert und etlichen Jahren, da waren die Rollen anders verteilt. Wer kannte damals den Doktor Theodor Herzl? Ja, vielleicht als mäßig erfolgreichen Bühnenautor, dessen Stücke immerhin an der „Burg" aufgeführt worden waren. Seinen Bekanntheitsgrad als Journalist verdankte er nicht so sehr den eigenen Werken als der Zeitung, in der sie erschienen waren.

Da sind etwa seine Berichte als Pariser Korrespondent der *Neuen Freien Presse* über den Dreyfus-Prozeß. In einem weniger einflußreichen Blatt hätten sie nicht so viel Aufmerksamkeit erregt. Seine – selbst finanzierte, 1896 erschienene – Broschüre „Der Judenstaat" hatte nur in jüdischen Kreisen für Aufregung gesorgt. Zumeist für negative.

Ganz anders Moriz Benedikt. Seine politische Macht hatte wohl gelitten, einerseits durch den Niedergang der klassischen Liberalen – deren konservativen Flügel er vertrat, andererseits durch den Aufstieg der Christlichsozialen und Sozialdemokraten. Doch sein Einfluß war noch immer sehr groß, jeder Minister tat gut daran, sich um sein Wohlwollen zu bemühen. Nein, kein Zweifel: Theodor Herzl und Moriz Benedikt spielten in den neunziger Jahren nicht in der gleichen „Liga". Und doch waren sie untrennbar miteinander verbunden.

Rein optisch war der Gegensatz denkbar groß: Herzl sah genauso aus, wie man sich im romantischen Fin de siècle einen „König der Juden" vorstellte. Was zweifellos zu seinem Charisma und seinem Ansehen unter den Glaubensgenossen beitrug. Hätte es damals schon Fernsehen gegeben, dieser telegene Mann wäre vielleicht schon zu Lebzeiten seinem Traumziel nähergekommen.

Benedikt dagegen war ein kleiner Dicker. Selbst sein liebender Sohn Ernst, der ihm als Herausgeber folgen sollte, beschreibt ihn in seinem Gedenk-Artikel als „nicht gerade gutaussehend".

Doch darum geht es nicht. Niemand hat je behauptet, daß Benedikt aus Eitelkeit auf Herzl eifersüchtig war. Wenn Benedikts Name sich in der Geschichte des Zionismus einen Stammplatz erworben hat, dann wegen seiner erbitterten Gegnerschaftzu der Bewegung. Für den Gründer des „politischen Zionismus" war Benedikt

der Mann, der alles unternahm, um die Verbreitung zionistischer Thesen in seinem Blatt und in der Öffentlichkeit zu verhindern.
Heute muten uns diese Reaktionen Moriz Benedikts auf Manifestationen des Zionismus skurril, geradezu absurd an.
Da trat im August 1897 in Basel der von Herzl und Freunden einberufene erste zionistische Weltkongreß zusammen, um sich mit der Umsetzung der Idee des „Judenstaates" zu befassen.
Es ist heute völlig müßig, darüber nachzudenken, ob der Kongreß wirklich repräsentativ für das Weltjudentum war; fehlten doch anerkannte „Opinion Leaders" des orthodoxen und des säkularen Lagers. Auf jeden Fall war's eine eindrucksvolle Versammlung: 197 Delegierte waren gekommen, aus Europa, aus Amerika, zum erstenmal auch aus Nordafrika. Herzl selbst schrieb nach dem Kongreß in sein Tagebuch: „In Basel habe ich den Judenstaat gegründet. Vielleicht nicht in fünf Jahren, aber jedenfalls in fünfzig wird es jeder erkennen." Tatsächlich wurde der Staat Israel knapp 51 Jahre nach Basel gegründet.
In der amerikanischen und europäischen Presse wurde der Kongreß immerhin registriert, und der zaristische Geheimdienst zeigte sich so beeindruckt, daß er die Zusammenkunft zum Anlaß nahm, um die berüchtigte Fälschung „Die Protokolle der Weisen von Zion" in die Welt zu setzen.
Doch wie reagierte die *Neue Freie Presse* auf das Ereignis – immerhin hatte es ein angesehenes Redaktionsmitglied initiiert? Mit keinem einzigen Wort, nicht einmal in der „Kleinen Chronik" oder in den „Telegrammen unserer Korrespondenten". Zum Vergleich: Über den Arbeitsschutz-Kongreß, der zur gleichen Zeit in Zürich stattfand, wurde ausführlich berichtet.
Doch man sollte Gerechtigkeit walten lassen. So wird von zionistischen Geschichtsschreibern geflissentlich übersehen, daß Herzl seinen Aufstieg – auch als Politiker – weitestgehend seiner Verbindung zur NFP, der „Times of Europe", verdankte. Natürlich war es der Herzenswunsch des Journalisten, nicht nur seine Berichte über die Dreyfus-Affäre, sondern auch die Schlüsse, die er daraus gezogen hatte, in den Spalten der eigenen Zeitung zu veröffentlichen. Doch dabei biß er nicht nur bei Moriz Benedikt, sondern auch bei den Spitzen der jüdischen Gemeinde, angeführt vom Wiener Oberrabbiner Güdemann, auf Granit.

Links: Herzl in der Karikatur: „Er sieht ein Ziel, ein Ziel so weit, / Im Träumen, wie im Wachen: / Er denkt daran, in dieser Zeit / Mit Juden Staat zu machen!"

Herzl hat dieses Veto nie verziehen, und diese Einstellung wurde von seinen Epigonen kritiklos übernommen. Doch ist dieses Urteil gerecht? Ich wage dies zu bestreiten – bei Abzug aller berechtigten Einwände, etwa im Zusammenhang mit dem „Blackout" beim 1. Zionistenkongreß. Man versuche, sich in die Position Moriz Benedikts hineinzuversetzen. Keine seriöse Zeitung der Welt würde auf Dauer die Thesen eines noch so geschätzten Mitarbeiters veröffentlichen, sofern diese der Blattlinie widersprechen. Zum besseren Verständnis ein rein hypothetisches Beispiel: Ein Redakteur einer renommierten Zeitung ist einer religiösen Sekte verfallen (und der Zionismus galt zu jener Zeit als eine eigene Art von Kult) und versucht nun, die Anliegen seiner Gruppe in seinem Blatt zu propagieren. Er würde damit nie durchkommen – und niemand würde den Herausgeber deswegen verurteilen.
Außerdem übersehen die „Herzlianer", daß Benedikt auf die Extratouren seines Angestellten mit äußerster Nachsicht reagierte. In den letzten neun Jahren seines allzu kurzen Lebens beschäftigte sich Herzl vorwiegend mit zionistischer Politik. Für seine redaktionelle Arbeit bei der *Neuen Freien Presse* dürfte ihm dabei nicht viel – jedenfalls nicht

„Der moderne Zionismus entstand in Österreich, in Wien. Ein österreichischer Journalist hat ihn begründet. Kein anderer hätte ihn begründen können."
Joseph Roth

Tausende folgten dem Sarg Herzls auf den Währinger Friedhof.

„Ich arbeite seit einiger Zeit an einem Werk, das von unendlicher Größe ist. Ich weiß heute nicht, ob ich es ausführen werde. Es sieht aus wie ein mächtiger Traum."
Herzl in seinem Tagebuch

ausreichend – Zeit geblieben sein. Ein anderer Herausgeber hätte diesen Mitarbeiter gefeuert. Benedikt tat nichts dergleichen. In seinem Herzen muß er den Träumer sogar bewundert haben, und so bezog dieser bis an sein Lebensende sein volles Gehalt von der NFP. Eigentlich eine schöne Geste Benedikts, denn wovon hätte Herzl sonst leben sollen? Etwa vom brotlosen Zionismus?
Herzl genoß natürlich auch noch andere Vorteile aus seiner Tätigkeit beim angesehensten Blatt Mitteleuropas. Kann jemand ernsthaft glauben, die Herrscher und Größen des Fin de siècle hätten den Vertreter einer umstrittenen jüdischen Fraktion ernstgenommen und in Privataudienzen empfangen? Niemals! Sein Entrée an den Fürstenhöfen Europas verdankte er ausschließlich dem Renommée, das die *Neue Freie Presse* damals von Gibraltar bis Konstantinopel besaß. Und diese Zeitung wollten weder Wilhelm II. noch Sultan Abdul Hamid vor den Kopf stoßen. Herzl nützte das auch aus: Bei seiner politischen Korrespondenz benutzte er das Briefpapier der NFP (und nicht jenes seiner *Welt*).
An der negativen Haltung der *Neuen Freien Presse* gegenüber dem Zionismus konnte er allerdings nichts ändern. Nicht einmal bei seinem Tod. Herzl starb am 3. Juli 1904. Tausende folgten seinem Sarg auf den Währinger Friedhof. Die *Neue Freie Presse* widmete ihm einen Nachruf über fünf Spalten, in dem nur vom Redakteur und Schriftsteller, aber mit keinem Wort vom Zionisten die Rede war.
Das war selbst für Herzls unmittelbare Kollegen vom Feuilleton zu schäbig. Sie bestanden darauf, daß am folgenden Tag ein zweiter Nachruf veröffentlicht wurde, in dem – wenigstens zum Schluß – des Zionisten gedacht wurde: „Es wäre beinahe lächerlich, von Theodor Herzl zu sprechen und dabei jener zionistischen Bewegung, die er in

Schwang gebracht hatte und als sein höchstes Lebenswerk betrachtete, mit keinem Wort zu gedenken ... Wie die Bewegung entstand und daß sie aus den edelsten Motiven gefördert wurde, ist sonnenklar. Das große Mitleid war es in erster und letzter Linie, das ihn dabei antrieb, seine Liebe zum Nächsten. Er sah seine Glaubensgenossen verhöhnt, verleumdet, gedemütigt, beinahe zurück geschleudert in die mittelalterliche Rechtlosigkeit ... Da bäumte sich sein ganzer Stolz in ihm auf ... und er gewöhnte sich daran, national zu denken, jüdisch-national, messianische Regungen dämmerten in ihm auf, und so sah er sich eines Tages durch sich selbst vor die Aufgabe gestellt, sein Volk aus dem Elend zurückzuführen in das alte gelobte Land Palästina ... Mit Ruhm und Ehre kämpfte er dafür, persönlich wissen wir nicht zu sagen, mit wieviel Glück. Möglich aber, daß er dafür gestorben ist, daß er der Märtyrer seiner Idee geworden."

Moriz Benedikt überlebte seinen berühmtesten Redakteur um 16 Jahre. Nach seinem Tod übernahm sein Sohn Ernst die NFP, Herzl hatte ihn als seinen einzigen Sympathisanten in der Redaktion bezeichnet. Seine positive Einstellung zum Zionismus in Ehren – ein großer Zeitungsmann wie sein Vater war Ernst Benedikt sicher nicht. Sein wichtigster Beitrag für den Zionismus bestand darin, in den zwanziger Jahren einen gewissen David Ben Gurion zum Korrespondenten in Palästina zu erwählen.

Oben: Jüdische Einwanderer dicht gedrängt auf einem Schiffsdeck auf dem Weg nach Palästina (um 1925)

Links: Die Proklamation des unabhängigen Staates Israel durch Ministerpräsident Ben Gurion am 14. Mai 1948 erfolgte unter einem Photo Theodor Herzls.

„Wer in dreißig Jahren Recht behalten will, muß in den ersten drei Wochen seines Auftretens für verrückt erklärt werden."

Herzl im Mai 1898

20. Oktober 1895

Da war plötzlich mein Entschluß fertig: Benedikt für die Sache zu gewinnen!
Sofort fuhr ich zu ihm, warf mich sofort medias in res.
Er verstand mich gleich so gut, daß er ein unbehagliches Gesicht machte. Wir gingen sprechend bis nach Mauer – dreistündiger Fußmarsch über herbstliche Felder. Ich sagte, daß ich es am liebsten in und mit der *Neuen Freien Presse* machen möchte.
Er: „Sie stellen uns vor eine ungeheuer große Frage. Das ganze Blatt bekäme ein anderes Aussehen. Wir galten bisher als Judenblatt, haben das aber nie zugestanden. Jetzt sollen wir plötzlich alle Deckungen, hinter denen wir standen, aufgeben."
Ich: „Sie brauchen keine Deckung mehr. In dem Augenblick, wo meine Idee publiziert wird, ist die ganze Judenfrage ehrlich gelöst. Wo man sich unsere gute Staatsbürgerschaft und Anhänglichkeit an das Vaterland gefallen lassen will, können wir ja bleiben. Wo man uns nicht mag, ziehen wir ab. Wir sagen ja, daß wir Österreicher sein wollen. Die Mehrheit, nein, alle Staatsbürger, die nicht Juden sind, erklären bei der Wahl, daß sie uns nicht als Deutsch-Österreicher (Russen, Preußen, Franzosen, Rumänen usw.) anerkennen. Gut, wir ziehen ab; wir werden aber drüben auch nur Österreicher (Russen usw.) sein. Wir geben unsere erworbenen Nationalitäten so wenig auf, wie unser erworbenes Vermögen."
Er machte verschiedene mir schon bekannte Einwendungen, freilich in einer höheren Form als die Juden, mit denen ich bisher gesprochen. Ich hatte auf alles eine Antwort.
Er behandelte die Sache durchaus als eine ernste, hielt mich gar nicht für verrückt, wie mein erster Zuhörer, mein armer Schiff in Paris. Er anerkannte, was in meiner Idee alt, d. h. Allerweltsgedanke, und neu, d. h. siegverheißend ist. Er meint nur, die Regierungen würden sofort mit einem Ausfuhrverbot und Auswanderungs-Erschwerungen antworten. Darum gründe ich ja eben die Society, die in der Lage sein wird, mit den Regierungen zu verhandeln, Entschädigungen zu bieten usw.
Ich solle den Herausgebern einen Vorschlag machen, wie ich mir die Ausführung denke, sagte er.
Ich: „Es gibt zwei Formen. Entweder Sie gründen mir neben der *Neuen Freien Presse* ein kleineres Blatt, wo ich den Ge-

Theodor Herzl mit seinen Kindern

danken ausführe. Oder Sie geben mir eine Sonntagsnummer, wo auf der ersten Seite ‚Die Lösung der Judenfrage, von Dr. Theodor Herzl' erscheint. Ich mache aus dem Entwurf einen Extrakt, der sechs oder neun Spalten füllt. Dann erscheinen die Details, Fragen und Antworten – denn das ganze Judentum fordere ich zur Mitarbeit auf, und es wird mitarbeiten – in einer neuen Rubrik ‚Die Judenfrage', die ich redigiere.
Nie hat eine Zeitung etwas Interessanteres enthalten. Ich allein trage die Verantwortung. Sie können vor meinen Entwurf eine Reservation der Zeitung hinstellen."
Er: „Nein, das wäre eine Feigheit. Wenn wir es bringen, sind wir mit Ihnen solidarisch. Ihr Gedanke ist eine fürchterliche Mitrailleuse, die aber auch nach hinten losgehen kann."
Ich: „Furchtsam darf man nicht sein. Jeder wird sich übrigens seinen Platz wählen können: ob vor oder hinter der Mitrailleuse."
Wir redeten und gingen uns müde. Benedikt wird Bacher in die Sache einweihen. Dann werde ich beiden in der nächsten Woche meine Rede an die Rothschilds vorlesen. (...)
Ich kann mir nicht verhehlen, daß auch für mich selbst eine entscheidende Wendung damit eingetreten ist. Ich habe mich selbst in Bewegung gesetzt. Alles Bisherige war Träumerei und Gerede. Die Tat hat begonnen, weil ich entweder die *Neue Freie Presse* mit mir oder gegen mich habe.

28. Oktober

Abends.
Die Schlacht ist geliefert und verloren – für wen?
Von 5 – 8 Uhr abends las ich Bacher in seiner Wohnung die Rede an die Rothschilds vor.
Wenigstens das war erreicht, daß er, der mich vor einigen Wochen a limine abgewiesen, mich jetzt anhörte – und wie!
Er, der Ablehner, war auch ganz anders

Jüdischer Hausierer in Wien um 1900

geworden. Er fand die Idee groß und erschütternd. Aber er könne sich doch nicht von einem Augenblick auf den anderen über eine so ungeheure Lebensfrage des Blattes entscheiden.
Er stellte mir vor, was ich verliere, wenn ich von der *Neuen Freien Presse* weggehe. Sie brauchen mich eigentlich nicht, haben aber doch den Posten des Feuilletonredakteurs geschaffen, als ich nicht in Paris bleiben wollte.
Meine Judenidee fand er generös – aber schwerlich ausführbar. Die *Neue Freie Presse* riskiere zu viel. Die Juden werden vielleicht darauf nicht eingehen – und was dann?
Ich stellte ihm vor, daß die *Neue Freie Presse* dieser Frage nicht werde ausweichen können. Sie werde früher oder später Farbe bekennen müssen.
„Ja", meinte er, „wir haben auch zwanzig Jahre lang nichts von der Sozialdemokratie gesprochen."
Das war eigentlich sein merkwürdigstes Wort.
Von da ab war es und ist es klar, daß ich für die Sache nichts von der *Neuen Freien Presse* zu erwarten habe. (...)

HANS WERNER SCHEIDL

Als Star-Journalist in Bosnien

Kurt von Redens Balkan-Reportagen

Er war k. u. k.-Offizier und Journalist. Und weil er eine Zeitlang beides gleichzeitig war, mußte Kurt von Reden in der *Neuen Freien Presse* mit einem Kürzel „K. v. R." arbeiten. 1875 in Prag als Sohn des späteren Statthalterei-Vizepräsidenten von Tirol und Vorarlberg, Alexander Freiherr v. Reden, geboren, diente er nacheinander in drei verschiedenen österreichischen Kavallerieregimentern und lernte so die gesellschaftliche Vielfalt der Donaumonarchie kennen – von der ostgalizischen Garnison bis zum Kaiserhof in Wien. Der Ur-Urenkel des legendären Freiherrn Knigge schrieb für die *Neue Freie Presse* zunächst politische Feuilletons, dann Kriegsreportagen von sämtlichen Fronten. Als ihm die Zeitung schließlich einen fixen Redakteursposten anbot, lehnte der Freiheitsdurstige empört ab: Schreibtischarbeit – niemals! Seine Lebenserinnerungen vermitteln uns Heutigen einen packenden Einblick in die Arbeitsweise eines politischen Presse-Reporters seiner Zeit (Der Neffe, Hans Hugo v. Reden, war von 1946 bis 1956 bei der *Presse*, zuletzt als Prokurist und Chef der Verwaltung. Und dem Großneffen, Sixtus von Reden, verdanken wir diese Aufzeichnungen).

„Mitte März 1909 saß ich einigermaßen bedrückt beim Mittagessen in der ‚Großen Tabakspfeife' am Wiener Graben, denn mein Geld reichte eben noch zur Rückreise nach Innsbruck. Wochen harten Wartens waren vergangen seit meinem ersten Besuch in der Schriftleitung der *Neuen Freien Presse*, die mir baldige Arbeit versprochen hatte. Ich war zu stolz, um mich dort wieder in Erinnerung zu bringen, ebenso, um meinen Vater anzupumpen. Wie hatte ich mich schon gefreut, nach dem Zusammenbruch der medizinischen Hoffnungen nun auf meiner Feder in die Freiheit reiten zu können!

Plötzlich ruft mich der Oberkellner zum Telephon: ‚Hier Sekretariat der *Neuen Freien Presse*. Können Sie heute um vier Uhr zum Chef in die Wohnung kommen? Sie sollen noch in der Nacht wegen der serbischen Krise nach Bosnien. Reisegeld bitte an der Kasse beheben!'

Ich glaubte zu träumen, als mir der Kassier vier Tausend-Kronen-Noten überreichte und sich den Empfang bestätigen ließ. Gleich darauf bekam ich vom Besitzer des Blattes, Moriz Benedikt, im Telegrammstil, aber sehr höflich meine Weisungen: ‚Die politische Spannung zwischen uns und Serbien hat sich derart verschärft, daß der Krieg schon in wenigen Tagen ausbrechen kann. Ihr Probeartikel, den Sie uns im vergangenen Herbst einsandten, hat nach Inhalt und Form das, was wir brauchen. Reisen Sie bitte noch heute nachts. Schicken Sie uns über alles, was Sie für interessant halten, nur telegraphische Berichte. Scheuen Sie keine Kosten, und denken Sie daran, daß auf Ihnen allein die Verantwortung für den Ruf des Blattes ruht.'"

Kurt von Reden rast zum „Sirk", um sich dort vom Schlafsack bis zu den Bergstiefeln auszustatten. Dann geht es mit den wohlgefüllten neuen Feldkoffern zum Bahnhof. „Als ich mich beim Schlafwagenschaffner sehr bescheiden nach einem freien Bett erkundigte, führte der mich zu einem ganzen Abteil, an dessen Tür bereits ein ‚Reserviert'-Zettel klebte. Da ahnte ich zum erstenmal die Macht der *Presse*. Am nächsten Morgen – in Bosnisch-Brod – wieder ein sehr höflicher Empfang und wieder der Zettel ‚Reserviert', der mich nun jahrelang auf allen Reisen begleiten sollte ..."

Die Reporter-Reise führt Reden per Schmalspurbahn von der bosnischen Grenze zur Hauptstadt Sarajewo, das Luxusleben begleitet den *Presse*-Sonderkorrespondenten: „Ich wurde in einen unwahrscheinlich eleganten kleinen Salon geführt, auf dessen einer Seite hinter einem Gobelin ein Messingbett stand, während ein Tisch und mehrere sehr bequeme Polsterstühle die andere Hälfte einnahmen. Kurz – ich kam aus dem Märchen nicht heraus. Dazu diese herrliche bosnische Gebirgslandschaft, diese Felsennester und Minaretts!"

Reden notiert feinsäuberlich auch die kleinsten Details für seine Leser: Bezeichnend für die Monarchie und ihre kluge Verwaltung waren etwa die Warntafeln entlang der Bahnstrecke: „Achtung auf den Zug" hieß es da in deutscher Frakturschrift, daneben der kroatische Satz in Latein, dann dasselbe auf serbisch in zyrillischen Lettern und rechts die türkische Warnung in arabischen Schriftzeichen.

„Selbstverständlich hatte ich meine bunten Reiseeindrücke schon niederzuschreiben begonnen und bei allen längeren Aufenthalten abtelegraphien lassen. Ich brannte ja darauf, mir meine Sporen zu verdienen. Die schwere Verantwortung war die drohende Peitsche über dem Rücken des Neulings. Ich durfte gar nicht daran denken, daß von heute auf morgen jedes von mir geschriebene Wort von hunderttausend Menschen gelesen und kritisiert werden würde; das hätte mich befangen gemacht. Ich hielt nur Augen und Ohren, Kopf und Herz weit offen, um alle Eindrücke durstig in mich aufzunehmen und dann wiederzugeben."

Der NFP-Reporter mit der wohlgefüllten Reisekassa beschreibt Sarajewo, Mostar in seiner Ursprünglichkeit, läßt sich von den jeweiligen österreichischen Militärs unterrichten – meist trifft er ohnedies Kameraden von der Kriegsschule. Er fährt an die südliche Grenze in der Herzegowina, „ich schrieb und schrieb; alle halben Stunden übernahm ein Soldat die fertigen Blätter, um sie stundenlang zur nächsten Telegraphenstation zu tragen, die wegen der Krise Nachtdienst hatte. So konnte ich sicher sein, daß die Depeschen vor zwei Uhr morgens, dem Redaktionsschluß, in Wien waren."

Zurück in Wien, lernt er die Arbeit im Redaktionsgebäude kennen. „Zuerst war ich von dem steten Wirbel in diesem Haus wie erschlagen; ich konnte gar nicht begreifen, wie irgendein Mensch unter solchen Umständen überhaupt arbeiten konnte. Ununterbrochen eilten Redaktionsdiener durch

Oben: Kaiser Franz Joseph mit Gefolge im Hof der Begova-Moschee in Sarajewo (1910)
Linke Seite: „Reisen Sie bitte noch heute nachts!" Kurt von Reden, 1909 bis 1912 Sonderkorrespondent für die „Neue Freie Presse"

„Scheuen Sie keine Kosten, und denken Sie daran, daß auf Ihnen allein die Verantwortung für den Ruf des Blattes ruht."

Moriz Benedikt verstand es, seinen frisch gefangenen Korrespondenten zu motivieren.

die Zimmer, teilten mit unglaublicher Sicherheit die in ihren Händen flatternden Telegramme an die richtigen Schreibtische aus und sausten wieder durch ewig offen stehende Türen ab. Im selben Galopp kamen Leute aus der Setzerei mit den langen Druckfahnen zur Korrektur und kehrten schon in kürzester Zeit ungeduldig wieder, um sie abzuholen. Inzwischen klingelten die vielen Tischtelephone für die Stadtgespräche, die eiligst erledigt wurden, während die rechte Hand stenographische Notizen machte. Über allem lag die stete Wolke blauen Zigarettenrauches.

Ich bewunderte auch die Gelassenheit und die Liebenswürdigkeit der einzelnen Schriftleiter, trotz aller Hochspannung. In dem ganzen Trubel richteten sie seelenruhig die ununterbrochen einlaufenden Telegramme ein, das heißt, sie versahen sie mit den nötigen konventionellen Haken und Zeichen für den Setzer, schrieben Titelköpfe darüber, kürzten und ergänzten den Text. Andere schrieben wieder kurze Artikel oder Kommentare, arbeiteten blitzschnell mit Nachschlage- oder Wörterbüchern und leisteten eine ganz unglaubliche Arbeit.

Heilige Ruhe – auch das Telephon war abgestellt – herrschte nur im Arbeitszimmer des Chefs hinter dicken Polstertüren, wenn er schrieb. Das war dann der fast tägliche Leitartikel, den dieser hochbegabte Mann an die Spitze seines Blattes setzte. Fanatiker seines Berufes, fühlte er sich vollkommen eins mit seinem Blatt, dessen Macht sein persönliches Werk war. Daher war er auch vollkommen unversöhnlich gegen jeden Mitarbeiter, der seiner Meinung nach versagt hatte. So entzog er zum Beispiel seinem Stellvertreter und ältesten Kollegen, dem Außenpolitiker Bertold Molden, durch Jahre die Erlaubnis, Artikel zu schreiben, weil dieser einst den Tod Lucchenis im Kerker (des Mörders der Kaiserin Elisabeth) nicht zum Anlaß für einen Leitartikel genommen hatte. Er zahlte seinem alten Mitarbeiter das hohe Gehalt unverändert weiter, verwendete ihn aber anders. Andere Schriftleiter wieder durften die Redaktion gar nicht mehr betreten, bezogen aber ebenfalls ihr Gehalt, aus dem Grundsatz, niemanden zu entlassen. Er strafte eben durch Arbeitsentzug, weil ihm dies das Schlimmste schien."

1912 ließ Benedikt sondieren, ob der Sonderkorrespondent von Reden nicht in ein festes Anstellungsverhältnis eintreten möchte. Aber regelmäßige Bürostunden waren ihm ein derartiges Greuel, daß sich die Wege trennten. Reden schrieb von da an für das *Tagblatt*.

AUDIENZ BEIM FÜRSTEN BISMARCK

Das Leben von Moriz Benedikt, der dominierenden Persönlichkeit in der *Neuen Freien Presse*, war sicher nicht arm an Höhepunkten, sein Einfluß in Politik und Wirtschaft schien – glaubt man den Zeitzeugen – in den letzten Jahrzehnten des zerfallenden Österreich geradezu hypertrophisch zugenommen zu haben. 1892 wurde sein Name weit über die Grenzen der Monarchie hinaus bekannt: In diesem Jahr war der Fürst Bismarck nach seiner Entlassung aus dem Reichskanzleramt zur Hochzeit seines Sohnes mit einer Gräfin Hoyos nach Wien gekommen, ein Besuch bei Franz Joseph war eingeplant. Durch eine Depesche Kaiser Wilhelms wurde die Begegnung hintertrieben, der deutsche Botschafter in Wien durfte nicht einmal die Hochzeit besuchen. Bismarck, aufs äußerste erbost, rief den *Neue Freie Presse*-Chef zu sich, um ihm in einem langen Gespräch unverblümt seine Meinung über die Politik seiner Nachfolger darzulegen. Benedikt kam völlig unvorbereitet zu dem Interviewtermin, ein Fiaker war direkt zur Wohnung in Heiligenstadt beordert worden, um ihn abzuholen, er konnte sich auch während des Gesprächs keine Notizen machen. Am nächsten Tag gab er das ganze Interview in der Zeitung wieder – ohne die Möglichkeit, dem Fürsten das Manuskript zur Durchsicht und Genehmigung vorlegen zu können – der war noch am selben Abend aus Österreich abgereist: Eine brenzlige Situation, kurz vorher war ein Journalist durch ein brutales Bismarck-Dementi fast zugrunde gerichtet worden. Das Interview, in dem der entlassene Reichskanzler mit der wilhelminischen Großmannssucht abrechnete und die beiden Weltkriege schon voraussah, machte Furore in ganz Europa. Bismarck lobte das journalistische Bravourstück mit einem Wortspiel („Bene dixit!" „Er hat es gut gesagt!"), und Moriz Benedikt schrieb: Er habe das Gefühl gehabt, der Geschichte selbst ins Antlitz zu schauen.

Die Sommermonate verbrachte Moriz Benedikt aus Gesundheitsgründen auf dem Semmering, in der um 1900 erbauten Villa Kleinhans. Doch von Sommerfrische konnte keine Rede sein, die beinahe unheimliche Arbeitskraft des *Neue Freie Presse*-Chefs, der vierzig Jahre lang pro Tag mindestens einen Artikel geschrieben haben soll, wird auch hier deutlich: Eine eigene Telephonleitung wurde auf den Semmering gelegt, jede wichtigere Nachricht, jede längere Depesche, jeder längere Artikel wurde ihm hinauftelephoniert. Dafür drahtete er nach Mitternacht seinen täglichen Leitartikel ins Tal. Selbstverständlich setzte er dieselbe Besessenheit bei seinen Redakteuren voraus: Sie mußten damit rechnen, daß er sie um ein oder zwei Uhr nachts vom Semmering aus ans Telephon zitierte. Der Journalist Stefan Grossmann resümiert: „Wenn dieser von seiner Arbeit ganz angefüllte Mensch je eine Geliebte gehabt hat, so hat er auf ihrem Rücken keine römische Elegie skandiert, sondern einen Leitartikel geschrieben."

Günther Haller

Dicke Redaktionsluft auf dem Semmering: Moriz Benedikts Villa Kleinhans

MANFRIED RAUCHENSTEINER

Zeitungskrieg und Kriegszeitung

Die „Neue Freie Presse“ im Ersten Weltkrieg

Neue
Freie Presse.
Sonder-Ausgabe.

№ 17929. Wien, Samstag, den 25. Juli 1914.

Der Ausbruch des Krieges zwischen Oesterreich-Ungarn und Serbien bevorstehend.

Wien, 25. Juli 1914.

Vom Ministerium des Aeußern wird amtlich das Folgende mitgeteilt:

Wir erhalten soeben die Nachricht, daß die serbische Regierung heute um 5 Uhr Nachmittag ihre ganze Armee mobilisiert hat.

Der König, die Regierung und alle Behörden verlassen Belgrad.

Die serbische Garnison hat Belgrad geräumt.

Die serbische Regierung hat um 5 Uhr 30 Min. nachmittags die Antwort auf die österreichische Note mitgeteilt.

Die Antwort auf die Note ist unbefriedigend.

Freiherr v. Giesl hat um 6 Uhr mit dem Gesandtschaftspersonal Belgrad verlassen.

Sie war ja nun wirklich nicht die „Thronfolger-Presse“ gewesen, doch nach der Ermordung des Thronfolgerpaares gab es zunächst nur Ausdrücke der Erschütterung. Da es am Sonntag, dem 28. Juni 1914, kein Abendblatt gab, kam die Meldung „Erzherzog Franz Ferdinand. Der Thronfolger und seine Gemahlin ermordet“ erst in das Morgenblatt des 29. Juni. Der Kernsatz war: „Der Thronfolger war doch mehr als ein auswechselbarer Erzherzog von mittlerem Durchschnitt.“ Alles andere war biographisch, amtlich, reportagenhaft und vor allem rückblickend, sieht man davon ab, daß die letzte Meldung besagte: „Thronfolger Erzherzog Karl Franz Josef“. Sogar Lokales und Sport und – was besonders hervorzuheben ist – Anzeigen unterblieben. Eine Zeitung trauerte auf ihre Weise.

Was dann folgte, war die tägliche Berichterstattung und Kommentierung jenes Vorgangs, der als „Julikrise“ Bestandteil der historischen Terminologie geworden ist und doch weit mehr war, nämlich die systematische Herbeiführung des Kriegs. Die NFP setzte sich in dem Zusammenhang kaum dem Vorwurf aus, kriegshetzerisch zu sein. Ganz im Gegenteil ließ sie vielleicht gerade wegen einer gewissen Distanz zu dem ermordeten Thronfolger auch immer Appelle zu Ruhe und Vernunft einfließen und gab insofern den Ton an, als am 4. Juli in einem Leitartikel ausdrücklich bedauert wurde, daß es anläßlich des Begräbnisses von Erzherzog Franz Ferdinand nicht zu einem Fürstentreffen gekommen war. „Das wäre eine Kundgebung gegen den politischen Mord geworden … Die Fürsten müssen den Frieden wollen; denn niemand kann sagen, wie die heutige Gesellschaft aus dem nächsten Kriege hervorgehen … würde.“

Das war nun sicherlich sehr weise und vorausschauend geschrieben, doch es traf weder die Stimmung im Ministerium des Äußeren, noch ließ sich die sogenannte öffentliche Meinung auf diese Formel einschwören. Schon eher lag man auf einer gemeinsamen Linie, wenn das Bündnis mit dem Deutschen Reich beschworen wurde, das der eigenen Politik Rückhalt gab. Immer wieder fallen einzelne Worte auf, wenn etwa am 8. Juli über die Beschlüsse des gemeinsamen Ministerrats vom Vortag geschrieben wird: Es hätte eine „vollkommen übereinstimmende Auffassung der leitenden Faktoren der Monarchie“ über das Attentat und die zu ergreifenden Maßnahmen gegeben.

Diese „leitenden Faktoren“ waren es schließlich auch, die dann, sehr viel später, Ende Oktober und Anfang November 1918 wieder beschworen wurden, als die österreichische Sozialdemokratie deutlich machte, daß jene „Faktoren“ die den Krieg begonnen hatten, ihn auch beenden sollten.

Zunächst aber wurde noch optimistisch gemeint, man müßte doch allenthalben und vor allem in Italien, Eng-

Links: Sarajewo, 28. Juni 1914. Die „Neue Freie Presse" warnt: „Niemand kann sagen, wie die heutige Gesellschaft aus dem nächsten Kriege hervorgehen würde"

land und Frankreich erkennen, daß das Großserbentum zu isolieren sei, weil es für Mord und Krieg verantwortlich sei. Nirgends würde Sympathie für Serbien empfunden. Und schließlich unterstützte die Zeitung eindeutig sämtliche Schritte der Monarchie, die in Richtung Eindämmung dieses Großserbentums gingen. Insbesondere wurde betont, es müßte doch möglich sein, das serbische von allen anderen Problemen zu trennen und Österreich-Ungarn gewissermaßen freie Hand zu lassen.

Als schließlich die befristete Demarche, das Ultimatum an Serbien, am 23. Juli überreicht worden war, glaubte Chefredakteur Moriz Benedikt noch immer, „Europa wird nicht für den Major Woja Tankosic sein, der die Mörder im Schießen und im Bombenwerfen einübt" (24. Juli 1914, Morgenblatt). Dann meldete der Spezialkorrespondent der *Neuen Freien Presse* am 25. Juli: „Der Friede kann als gesichert gelten", ehe tags darauf, wieder an einem Sonntag, in der ersten Spalte mit der Überschrift aufgemacht wurde: „Der bevorstehende Ausbruch des Krieges gegen Serbien".

In der Redaktion gab sich offenbar niemand mehr der Täuschung hin, die De-facto-Ablehnung des österreichisch-ungarischen Ultimatums durch Serbien und der Abbruch der diplomatischen Beziehungen würden nicht auch Krieg bedeuten, so wie das Kaiser Franz Joseph angeblich verstanden haben will. Schließlich wurde über das „Gefecht bei Temes Kubin" berichtet, wie es auch in der Kriegserklärung ursprünglich erwähnt wurde, ohne daß man in der Redaktion wissen konnte, daß es sich bei der Meldung über das Gefecht um eine Fälschung handelte.

Zwar ließ sich die *Neue Freie Presse* auch an einem solchen Tag nicht zu Begeisterungsstürmen hinreißen, wie das bei anderen Zeitungen der Fall war. Doch die Tage vom 28. Juli bis in den August machten für die *Neue Freie Presse* auch keine Änderung der Blattlinie notwendig, denn man war sehr wohl patriotisch und auf den Krieg eingestellt gewesen. Nur einige Redakteure hatten noch Schwierigkeiten, zu begreifen, daß bestimmte Hinweise etwa auf Versorgungsengpässe, Auswirkungen des Krieges auf den Aktienmarkt oder andere primär im Wirtschaftsteil zu interpretierende Veränderungen ebenso der Zensur unterlagen wie alles, was über das Geschehen an der Front

„Ein Weltkrieg ohne zureichende Gründe wäre eine Todsünde und kann von den Wahrscheinlichkeiten ausgeschieden werden."

NFP 19. Juli 1914

Das serbische Wild muß erlegt werden. Auch die NFP schwenkt um: „Der Sumpf muß ausgetrocknet werden, damit dieses bösartige Fieber verschwindet."
7. Juli 1914

Wien, Juli 1914: Kriegsbegeisterte tragen eine schwarz-gelbe Fahne zum Kriegsministerium.

„Nie war die Schönheit Österreichs gewaltiger hervorgetreten als im August 1914, und nie wurde diese Schönheit von Millionen Herzen reiner und stärker aufgenommen."

Hugo von Hofmannsthal in der NFP vom 1. Jänner 1915

„Der Weltkrieg. Der Weltruin. Ungeheuere und ungeheuerliche Nachrichten … In wenigen Tagen hat sich das Bild der Welt völlig verändert. Man glaubt zu träumen! Alle Menschen sind rathlos."

Arthur Schnitzler in seinem Tagebuch am 5. August 1914

und über die große Politik berichtet wurde. Daher begannen zuerst recht unauffällig, dann wohl auffälliger jene weißen Flecken in der Zeitung zu erscheinen, die deutlich machten, daß die Zensur die Herausnahme eines Blocks gefordert hatte.

Selbstverständlich gab es auch im nicht-redaktionellen Teil erhebliche Umstellungen, die eigentlich dort am auffälligsten waren, wo es sich um das Anzeigengeschäft handelte. Da wollten sich nicht zuletzt Firmen, die militärische Ausrüstungsgegenstände produzierten, verstärkt in das Bewußtsein rücken. Oder es erschien eine ganzseitige Anzeige, in der als Ersatz für Hafer für „St. Marxer Blutmehl" geworben wurde, dessen Beifütterung bei Pferden wahre Wunder bewirken sollte und die Fütterung verbilligte.

Zunächst gab es Tag für Tag einen Erfolg zu melden, und die Tatsache, daß dann ab dem 6. August auch Krieg mit Rußland herrschte, daß schließlich Frankreich und Großbritannien Österreich-Ungarn den Krieg erklärten, Italien und Rumänien aber dem Bündnis der Mittelmächte fernblieben, wurde eigentlich nur als logisch empfunden, abgetan und ohne nennenswerte Kommentare berichtet. Es war eben Weltkrieg geworden, etwas, worüber jahrelang geschrieben und nachgedacht worden war.

Offenbar waren da und dort auch zu wenig Vorbereitungen getroffen worden, denn es dauerte bis in die zweite Augusthälfte, ehe die ersten Verlustlisten herauskamen, und erst am 27. August wurde damit begonnen, sie auch in der Zeitung zu veröffentlichen.

Die Terminologie bei der Zeitungsberichterstattung über den Krieg lehnte sich naturgemäß stark an die amtlichen Mitteilungen des Kriegspressequartiers an, die meist außerordentlich knapp waren, aber auch in den Kommentaren nicht wesentlich verändert oder gar interpretiert wurden. Da waren eben Schlachten im Gang mit guter Aussicht. „Der eigene linke Flügel ist in Offensive begriffen und dringt siegreich vor" (28. August 1914). „8-tägige Schlacht. Scharen von Gefangenen und 160 Kanonen erbeutet. Dankl's Angriff auf Lublin. Lemberg in schwieriger Lage" (3. September 1914). Unmittelbare Einblicke in das Kriegsgeschehen blieben den Journalisten meistens verwehrt, da das k. u. k. Armeeoberkommando das Kriegspressequartier bewußt weit hinter der Front untergebracht hatte, um den Berichterstattern keinen unmittelbaren Einblick zu ermöglichen. Ebenso gab das Kriegspressequartier mit seinen amtlichen Berichten ein Vokabular vor, von dem der damalige Hauptmann im Generalstab Edmund Glaise von Horstenau auch in sei-

„Dröhnen - stöhnen, Marsch - barsch ...": Der Kriegslyriker

nen privaten Aufzeichnungen schwärmte, weil die Diktion so außerordentlich subtil war. Da wurde über die Armee Dankl (k. u. k. 1. Armee) und ihren Vorstoß nach Lublin berichtet, der angesichts des russischen Schwerpunkts eigentlich bedeutungslos war. Doch in der Zeitung las sich's emphatisch. Dafür hieß es im selben Augenblick, als es darum ging, die Hauptstadt Galiziens nach schweren Verlusten aufzugeben: „In Ostgalizien Lemberg noch in unserem Besitz."

Größere Verluste bekam man erst zeitversetzt mitgeteilt, Schwierigkeiten drückten sich meist so aus, daß die Meldungen noch knapper ausfielen, und wenn es von den k. u. k. Truppen nichts und vor allem nichts Positives zu melden gab, dann wurde den deutschen Truppen Aufmerksamkeit gewidmet und berichtet, wie sie in Richtung Paris vorstießen und wie General Hindenburg bei den Masurischen Seen die russische Armee schlug.

4. September: „Lemberg wahrscheinlich gestern noch behauptet". „Deutsche Streifzüge bereits vor Paris". „Die Mörser der österreichisch-ungarischen Armee im französischen Feldzuge".

1. Oktober: „Günstige Lage der verbündeten Armeen, beginnender Zusammenbruch der russischen Offensive, Aufstände und Hungersnot im Rücken der Feinde und Einigkeit und Zuversicht in der Monarchie und in Deutschland". Aber es ließ sich auch noch weiter ausholen, denn schließlich gehörte mittlerweile auch das Osmanische Reich dem Bündnis der Mittelmächte an.

14. November: „Verkündigung des Heiligen Krieges ... Die Wünsche und Gebete von 300 Millionen unschuldigen und bedrückten Gläubigen, welche in den Moscheen und Medschids sowie in der Kaaba sich mit Inbrunst an den Herrn der Welten wenden, begleiten euch."

Am augenfälligsten wurde der Schauplatzwechsel in der Berichterstattung gegen Jahresende 1914, als die k. u. k. Armeen Belgrad eroberten und der Eindruck entstehen mußte, die Serben wären endgültig geschlagen. Daß es nach der Einnahme der serbischen Hauptstadt am 2. Dezember 1914 sehr bald zu dramatischen Rückschlägen und schließlich zur Aufgabe des gesamten serbischen Gebietes kam, verschwand in den wenigen kryptischen Formulierungen des Kriegspressequartiers, die von der Zeitung getreulich wiedergegeben wurden.

Doch dergleichen war eigentlich keine Besonderheit, denn alle Kriegführenden bedienten sich des Mittels der Presse, um das Geschehen zu verschleiern, ja es entstand sogar ein eigener Pressekrieg, da sich die großen Blätter immer wieder darin gefielen, die Korrektheit ihrer eigenen Berichterstattung und die zügellose Verfälschung der anderen hervorzuheben.

„Nie war die Schönheit Österreichs gewaltiger hervorgetreten als im August 1914, und

Mobilmachung Österreich-Ungarn 1914: Reservisten melden sich zum Dienst.

„Wenn jene Speisen, die besonders viel Fett brauchen wie gebackene Karpfen, Krapfen, panierte Schnitzel fehlen, kann man ganz ruhig sagen, daß das Auslangen auch jetzt gefunden werden wird.“
NFP 2. September 1916

nie wurde diese Schönheit von Millionen Herzen reiner und stärker aufgenommen.“ So leitete Hugo von Hofmannsthal seinen Beitrag in der Neujahrsnummer 1915 der *Neuen Freien Presse* ein. Es war keine eminente Dichtung, eher ein beiläufiges Aufsätzchen, in dem Hofmannsthal meinte, daß nach jedem großen und siegreich beendeten Krieg eine Stadt wie Wien neuen Aufschwung genommen und vor allem ihr Äußeres durch großzügige Neubauten verändert hätte. So würde es auch nach diesem Krieg sein.
Auch andere artikulierten in den ersten Tagen des neuen Jahres die Hoffnung, es würde aufwärts gehen, und sie zeichneten die Vision von einem siegreichen, friedlichen und neu geordneten Österreich-Ungarn. Die Hoffnung auf Frieden wurde vielfältigst artikuliert. Doch die täglichen Meldungen des österreichisch-ungarischen Generalstabes mit dem Beginn „Amtlich wird verlautbart“ ließen alles andere denn eine Abnahme der Kämpfe erkennen. Daß es einen serbischen Kriegsschauplatz gab, war zwar nur mehr fallweise herauszulesen, doch die Meldungen vom galizischen Kriegsschauplatz ließen gerade wegen ihrer Einsilbigkeit und der unvermindert langen Verlustlisten auf schwere Kämpfe und einen harten Winter schließen.
Aber es war ja nicht nur der Krieg an den Fronten, der zu schaffen machte, denn natürlich wurde auch fast jeden Tag über die Situation in der Heimat berichtet und zu beruhigen gesucht. „Brot und Mehl. Kein Mangel bei zureichenden Einrichtungen“, hieß es am 10. Jänner 1915. Jetzt waren jene Annoncen am Platz, in denen für „Uniformkriegshosen“ geworben wurde, „im Winterfeldzug von unschätzbarem Wert, verhüten jede Verkühlung im Freien, rückwärtiger doppelter Verschluß, mit einem Griff zu öffnen und zu schließen, ohne die Lage und den Sitz der Hose zu ändern“ (1. Jänner 1915) oder: „Gestrickte Handschuhe, gestrickte Westen, gestrickte Socken, gestrickte Pulswärmer, gestrickte Kniewärmer, gestrickte Halsschals, gestrickte Schneehauben“ (2. Jänner 1915), oder aber „Militär-Winterwäsche-Ausrüstung“, Kamelhaardecken und ebensolche Bauchbinden, Wollhemden, Schneehauben und hygienische Seidenwäsche – alles für die kalte Jahreszeit. Den k. u. k. Truppen in den Karpaten stand nichts dergleichen zur Verfügung, und es hätte ihnen wahrscheinlich nichts geholfen. Es hatte minus 20 Grad, und die Soldaten er-

Links: Alice Schalek, umstrittene Kriegsberichterstatterin der NFP, stolz auf ihr „Goldenes Verdienstkreuz mit der Krone am Band der Tapferkeitsmedaille“ Rechts: „Gott so ein Krieg is was Interessantes!“ Für ihre Vermischung von Schlachtbericht und Stimmungsfeuilleton wurde Alice Schalek von Karl Kraus heftig attackiert.

1916 in Wien: Frauen stellen sich Am Hof um Kartoffeln an.

froren in den Stellungen. Doch die Meldungen des Kriegspressequartiers sagten darüber kaum etwas aus, und daher blieb es bei den Allerweltsnachrichten. Meist waren es auch außerordentlich kurze Artikel, und es gehörte durchaus zum Erscheinungsbild der *Neuen Freien Presse*, daß auf einer Seite bis zu 20 Einzelthemen behandelt wurden, die sich aber natürlich alle um den Krieg drehten. Sport kam kaum vor, und die Berichte über Theater und Kunst blieben knapp.

Dann gelang die Rückeroberung eines Großteils der Bukowina, die entsprechend herausgestrichen wurde, während die parallel dazu tobende zweite Karpatenschlacht als solche gar nicht erkennbar wurde und nicht einmal erahnbar war, daß bei diesem verzweifelten Versuch, die Festung Przemysl und rund 120.000 Soldaten zu retten, mehr als viermal so viele österreichisch-ungarische Soldaten getötet oder verwundet wurden, erfroren, erkrankten oder in Kriegsgefangenschaft gerieten. Bis es dann am 23. März hieß: „Amtlich wird verlautbart: Nach viereinhalbmonatiger Einschließung, am Ende ihrer Kraft angelangt, ist die Festung Przemysl am 23. März in Ehren gefallen." Dann wurde noch einige Tage über die Auswirkungen dieses Ereignisses auf den Kriegsverlauf und vor allem auf Italien und Rumänien diskutiert, da ja schon längst zu befürchten stand, daß sich diese beiden Staaten von ihren bisherigen Verbündeten abwenden und auf die Seite der Ententemächte schlagen würden. Den Kriegseintritt

Werbung für Kriegsanleihe

„Heute steht im Leitartikel, daß eine Lust is zu leben. Glänzend wie er sagt, der Glanz antiker Größe durchleuchtet unsere Zeit.“

Karl Kraus, Die letzten Tage der Menschheit, I,1

Italiens zu verhindern, war eine Forderung, die insbesondere der Chef des k.u.k. Generalstabes, Franz Conrad von Hötzendorf, unentwegt erhob. Freilich tat er das nicht über die Zeitung, denn diesem Medium mißtraute er grundsätzlich.

Anfang Mai 1915 schien die Einsilbigkeit der Presseverantwortlichen plötzlich geschwunden. Die Meldungen überschlugen sich. Mit der Sonderausgabe vom 3. Mai und der Überschrift „Sieg der österreichisch-ungarischen und der deutschen Truppen in Westgalizien“ wurde eine wochenlange, ja monatelange Berichterstattung eingeleitet, die der sogenannten Durchbruchsschlacht von Tarnow-Gorlice galt, die Rückeroberung des mittleren und östlichen Galizien schilderte, die Wiedereinnahme von Lemberg, und, wie man meinen konnte, die endgültige Wende im Krieg. Hugo von Hofmannsthal schrieb am 23. Mai 1915 in der „Kriegsbeilage“ der *Neuen Freien Presse* vom „Geist der Karpathen“.

Doch gerade an diesem Tag war die Zeitung eigentlich von einem ganz anderen Thema beherrscht, nämlich vom Kriegseintritt Italiens, dem 5. Krieg im Verlaufe von 65 Jahren, wie es schon tags zuvor geheißen hatte, denn wie im Fall des Kriegsbeginns 1914 hatte eigentlich niemand mehr daran gezweifelt, daß Italien auf Seite der Entente Krieg gegen Österreich-Ungarn beginnen würde.

Es war Pfingsten, und der „Treuebruch“ wurde in aller Ausführlichkeit behandelt: Aktuell, indem über die entscheidenden Abstimmungen des italienischen Senats, den Jubel bei den Ententemächten und Übergriffe auf österreichische Staatsbürger berichtet wurde; historisch, indem die Feldzüge des 19. Jahrhunderts beschworen wurden; und prophetisch, indem aus dem Kriegsmanifest des Kaisers zu zitieren war, wo es hieß: „Die großen Erinnerungen an Novara, Mortara, Custozza und Lissa, die den Stolz Meiner Jugend bilden, und der Geist Radetzkys, Erzherzog Albrechts und Tegetthoffs, der in Meiner Land- und Seemacht fortlebt, bürgen Mir dafür, daß wir auch gegen Süden hin die Grenze der Monarchie erfolgreich verteidigen werden.“

Jetzt gab es einen Dreifrontenkrieg. Und wieder waren Erfolge zu melden. Noch gingen die Meldungen über die erste und die zweite Isonzoschlacht in den großen Sondermeldungen über die Fortschritte in Galizien und Rußland unter, doch dann begann die Berichterstattung über den italienischen Kriegsschauplatz allmählich zu dominieren.

Als der Jahrestag des Attentats von Sarajewo begangen wurde, zählte man freilich schon die 200. Verlustliste und füllten die Meldungen über alle möglichen Sammlungen und insbesondere auch die „Kriegsanleihe 1915“ Seite um Seite. Es wurde zu Sammlungen für „Im Felde erblindete Angehörige des Heeres“ aufgerufen, zur „Anschaffung von künstlichen Gliedmaßen für Kriegsinvalide“, für die „Österreichische Gesellschaft vom Roten Kreuz“, für den „Witwen- und Waisenhilfsfonds der gesamten bewaffneten Macht“, für die „Flüchtlinge aus den südlichen Grenzgebieten“, für die „Hilfsaktionen der Frau Anita Müller“, für die „Flüchtlinge aus Galizien und der Bukowina“, für die „Zentralstelle der Fürsorge für Kriegsflüchtlinge“, für die „Flüchtlinge aus dem Süden“ usw. (Alle Aufrufe 26. Juni 1915).

Und es war erst ein Jahr Krieg! Die Zeitung wurde nicht schmäler, und es kann wohl davon ausgegangen werden, daß das Interesse an der Zeitung grundsätzlich nicht abgenommen hat. Da war einmal ein neuer Kriegsschauplatz vorzustellen, da ging's darum, zu berichten, zu interpretieren, zu überhöhen und zu bagatellisieren. All das wurde wohl Routine, ebenso wie sich im Krieg schon längst der Alltag eingestellt hatte.

Im Sommer 1915 gab es viele ganzseitige Sondermeldungen, es wurden Kartenskizzen gebracht, die mit neuen Gegenden vertraut machen sollten, doch daß der Krieg die Monarchie nach wie vor fest im Würgegriff hielt, war immer dann herauszulesen, wenn man die Wirtschaftsseiten aufschlug und über Versorgungsengpässe in denkbar verschleierter Form, über die Notwendigkeit zur Rationierung und weitere Maßnahmen bei der Lebensmittel- und Rohstoffbewirtschaftung lesen mußte. Wer wollte, konnte zwar aus Meldungen, daß man ab dem Sommer 1915 dem Brot statt Mais Gerste beizumischen begann, ableiten, daß es zu einer Besserung gekommen sei; ja es wurde sogar damit geworben, daß „Kronenbrot 45 Heller garantiert maisfrei!“ sei. Doch das hatte letztlich nur zu bedeuten, daß mit der Ernte des Jahres 1915 eine kurzzeitige Besserung eingetreten war, sodaß man jenes Maisbrot, das sich nicht in Stücke schneiden ließ und das man besser mit dem Löffel aß, für eine Zeitlang vergessen konnte. Doch daraus ließ sich keinesfalls auf eine allgemeine Besserung schließen.

Bis zum Herbst hielten die Erfolge an und wurden entsprechend groß herausgestrichen, dann aber, ab September 1915, wurde die Bedrängtheit in anderer Weise deutlich, da zur „neuerlichen Musterung der 38- bis 42jährigen, der 24-, 20- und 19jährigen“ aufgerufen wurde (*Neue Freie Presse*, 17. September 1915). Zunächst hatte man vielleicht meinen können, die Monarchie würde in der

„Die Besseren gehen und die Schlechtern bleiben. Nicht sterben müssen sie. Sie können schreiben.“

Karl Kraus über Kriegsberichterstatter

1916 in Wien, Frauen bei Straßenarbeiten

Die weißen Flecken gehören bald zum Zeitungsalltag. Am 18. März 1915 wird erstmals der gesamte Leitartikel der NFP zensuriert. Sie reagiert im Rahmen des Möglichen, zitiert den Vormärzdichter I. F. Castelli: Zensur sei ein „lächerliches Kompendium des Unsinns, der Willkür und der Geistesknechtung".

Lage sein, den außerordentlich verlustreichen Krieg beliebig weiterzuführen, und es würde noch immer genügend Menschen geben. Doch genau das war nicht der Fall.

Auch damit stand Österreich-Ungarn keinesfalls allein da, ganz im Gegenteil: In den Staaten der Entente, aber auch in Deutschland waren prozentuell mehr Menschen zu Soldaten gemacht worden als in der Habsburgermonarchie. Die Frage war nur, wie lange das so gehen würde. Auch in England wurde gegen Ende 1915 die allgemeine Wehrpflicht bekanntgegeben, um eine Vermehrung der Truppen zu bewirken, und selbstverständlich begann man sich immer mehr dafür zu interessieren, ob eventuell noch ein weiteres Land oder gar ein ganzer Kontinent, nämlich Amerika, in den Krieg eintreten würde. Daß dies nicht auf Seite der Mittelmächte sein würde, war klar. Doch vielleicht ließen sich die USA draußen halten. Nicht zu provozieren, war daher die oberste Maxime, der sich auch *Die Presse* verschrieben hatte.

Das wurde vor allem immer dann deutlich, wenn über Zwischenfälle, wie die Versenkung von Schiffen, berichtet wurde, bei denen Amerikaner oder zumindest amerikanische Interessen zu Schaden kamen. Dann entschuldigte man sich ausführlich bei Washington, betonte zwar, daß es sich dabei um keinen völkerrechtlichen, sondern einen politischen Akt gehandelt hätte, doch die Absicht, insbesondere die USA ruhig zu halten, war unübersehbar (*Neue Freie Presse* vom 31. Dezember 1915).

„Papierene Gespenster aus einem geistigen Vormärz"

Die NFP über Zensur, allerdings erst im Rückblick, am 3. November 1918

Im Jänner 1916 wurde zwar „erst" der 18. Kriegsmonat gezählt, dennoch galt das anbrechende Jahr als das dritte Kriegsjahr. Bei der Analyse des Gewesenen schwang freilich etwas mit, was ein Jahr zuvor gefehlt hatte: verhaltener Triumph. Österreich-Ungarn, dessen Fortbestand in den ersten Monaten des Krieges und bis in das Frühjahr 1915 schwerstens bedroht erschienen war, hatte mittlerweile eine Reihe militärischer Erfolge errungen. Galizien war, wie das in einem nicht gezeichneten Artikel in der Neujahrsnummer 1916 überdeutlich anklang, „wiedererobert" worden, Deutsche und Österreicher hatten mehr als 200.000 Quadratkilometer russischen Bodens besetzt und eineinhalb Millionen Kriegsgefangene gemacht. Serbien war im Herbstfeldzug des Jahres 1915 vernichtend geschlagen und besetzt worden, und in Italien hatte man vier Isonzoschlachten überstanden.

„Diese Tatsachen sind es, die dem Kriegsjahr 1916, das hoffentlich auch das Friedensjahr werden wird, schon jetzt das Gepräge geben" – so wurde Zuversicht artikuliert. Die ökonomische Rundschau vom 1. Jänner bilanzierte allerdings schon gewaltige Kosten und Lasten. Etwa die, daß für 17 Kriegsmonate 160 Milliarden Kronen aufzuwenden gewesen waren, daß die Bautätigkeit praktisch zum Stillstand gekommen war, Rohstoffpreise um 200 bis 450 Prozent gestiegen waren usw. In den Neujahrsbotschaften des Monarchen, des Armeeoberkommandanten, der Ministerpräsidenten und aller anderen wurde Zuversicht geäußert. Österreich-Ungarn hatte allem Anschein nach tatsächlich mehr Grund zum Jubel als andere, denn das Jahr 1916 begann damit, daß auch Montenegro niedergeworfen wurde und k. u. k. Truppen in Albanien einrückten.

Trotz der unzähligen Meldungen und aller Analysen des Kriegsgeschehens war man 1916 eigentlich noch weniger informiert als am Beginn des Krieges. Vor allem gab es etwas nicht mehr, was früher den Krieg ablesbar gemacht hatte, nämlich die Verlustmeldungen.

Ab dem Februar 1916 tobte die Schlacht von Verdun, die angelegt war, um die Franzosen verbluten zu lassen. Der Krieg erhielt eine neue Dimension, doch keiner wußte es. Die Berichterstattung wurde auch merkwürdig „punktgenau", denn wenn es in der *Neuen Freien Presse* vom 9. Mai 1916 bei der Wiedergabe der Meldung des deutschen Großen Hauptquartiers vom Vortag hieß: „Trotz hartnäckigster Gegenwehr und wütender Gegenstöße des Feindes wurde das ganze Grabensystem am Nordhange der Höhe 304 genommen", dann wußte wohl jeder, worum es ging. Und man mußte eigentlich nur fortsetzen, um dann am 11. Mai zu schreiben: „Südwestlich der Höhe 304 wurden feindliche Vortruppen weiter zurückgedrückt und eine Feldwache aufgehoben." Am 29. Juni und einige hundert Meter weiter hieß es dann in der Meldung des deutschen Generalstabes: „Links der Maas wurden am ‚Toten Mann' nachts Handgranatenabteilungen des Gegners abgewehrt" usw.

In Österreich-Ungarn war man freilich seit dem 15. Mai 1916 weniger an dem interessiert, was vor Verdun passierte, da auf der Hochfläche der Sieben Gemeinden eine Offensive begonnen worden war, mit der Italien in die Knie gezwungen werden sollte. Die Berichte darüber blieben aber recht zurückhaltend, obwohl sich schon nach wenigen Tagen zeigte, daß die beiden k. u. k. Armeen, die zu dieser Offensive im Hoch- und Mittelgebirge angetreten waren und mit extremen Schwierigkeiten zu kämpfen hatten, erfolgreich vordrangen.

Schon drei Tage nach Beginn der Offensive konnte es daher heißen: „Die bisherigen Verluste der Italiener seit dem 15. Mai nahezu bereits doppelt so groß wie vor fünfzig Jahren bei Custozza“ (*Neue Freie Presse*, 19. Mai 1916). „Siegreiche Vorstöße“, „Starke Erfolge in Südtirol“, „Der Sieg über die Italiener“, „Fortschritt der Südtiroler Angriffe“, hieß es an den Folgetagen, doch es gab nie eine Sondermeldung und jene ganzseitigen Jubelberichte, die noch Anfang des Jahres zu finden gewesen waren. So war es dann auch nicht nötig, das Ende der Offensive und die Zurücknahme der Front ähnlich dramatisch einzugestehen, denn da genügte es, am 31. Mai zu schreiben: „Ruhigere Entwicklung der Kämpfe im Südwesten“.

Es hatte aber noch ein Weiteres gegeben, was dazu beitrug, die Meldungen von der Westfront und von der Italienfront verblassen zu lassen, nämlich eine unerwartete Offensive der Russen, die im Raum zwischen Olyka und Luck am 4. Juni losgebrochen war. Während der ersten Tage ließ sich nur anhand der Meldungen des k. u. k. Generalstabes ablesen, daß es in Wolhynien zu schweren Kämpfen gekommen war, und erst allmählich begann man über die russische „Offensivschlacht“ intensiver zu berichten. Sie führte zu außerordentlichen Verlusten der Russen und wurde in der *Neuen Freien Presse* vom 16. Juni damit kommentiert, daß der Befehlshaber der Angriffsarmeen, General Brussilov, denselben Fehler begehe wie vor ihm Großfürst Nikolai, daß er nämlich die Russen dazu zwinge, „sich zu Tode zu siegen“. Aber erst im Juli und im August kam es – nicht zuletzt auf grund massiver deutscher Truppenhilfen und der Übernahme des Kommandos über ganze

US-Soldaten an Deck eines Truppentransporters kurz vor dem Auslaufen nach Europa, Juni 1917

Frontabschnitte durch deutsche Generäle – zu einer Stabilisierung.

Der Preis, den Österreich-Ungarn dafür zu zahlen hatte, war die „Gemeinsame Oberste Kriegsleitung“, die am 7. September 1916 geschaffen wurde und in der letztlich der deutsche Kaiser über die alles entscheidenden Fragen von Krieg und Frieden das letzte Wort zu sprechen hatte. Die Schaffung der Gemeinsamen Obersten Kriegsleitung fiel mit dem Angriff Rumäniens zusammen, dessen Armeen am 27. August in Siebenbürgen eingedrungen waren. Deutschen, bulgarischen und österreichisch-ungarischen Truppen gelang es freilich, Rumänien in einer Art Blitzfeldzug niederzuwerfen und auch diese Gefahr zu bannen.

Jetzt gab es schon vier und mehr Kriegsschauplätze, über die zu berichten war. Und dann starb Kaiser Franz Joseph. Das Morgenblatt der *Neuen Freien Presse* widmete

Verschnaufpause an der Südfront: Österreichischer Soldat liest die „Neue Freie Presse".

„Der Journalismus schuf den Krieg nach seinem Bilde und paßte sich seinen Formen und Bedürfnissen an."
Franz H. Mautner

dem verstorbenen Monarchen am 22. November 1916 einen von vielen Nachrufen, der mit der Feststellung schloß: „Das Zeitalter des Kaisers Franz Josef I. ist beendigt." Die ganze Ausgabe stand im Zeichen des Rückblicks auf die 68 Regierungs- und 86 Lebensjahre des Monarchen. Die Trauer ging freilich nicht so weit, sofort die vielleicht weniger passenden Meldungen, Kleinen Anzeigen und Annoncen zu verbannen, und während auf Seite 16 noch geschrieben wurde, „Morgen bleiben selbstverständlich sämtliche Wiener Theater … geschlossen", wurde drei Seiten weiter für das Lustspiel-Theater und die Revue-Operette „Mädel küsse mich!" geworben und bei den Heiratsanträgen eine „sehr reiche junge Dame aus gutem Hause" für „nahen Verwandten, alter Adel, aus Offiziersfamilie, 30 Jahre alt …" gesucht (22. November 1916).

Dann wurde noch einige Tage über das Testament und das Begräbnis des Verblichenen geschrieben, ehe sich Berichterstattung und Interesse dem neuen Kaiser, Karl I., zuwandten. Für eine Zeitung verständlich, appellierte die *Neue Freie Presse* am 25. November an den Kaiser, schleunigst die Pressepolitik zu ändern und etwas zu beseitigen, was auch im Morgenblatt desselben Tages seine Spuren hinterlassen hatte, nämlich die Zensur. Noch immer kamen in den Zeitungen die weißen Flecken vor, weil im letzten Augenblick aus den schon gesetzten Artikeln irgendwelche Passagen herauszunehmen waren. Doch der Appell blieb fruchtlos. Dabei war die *Neue Freie Presse* ohnedies bevorzugt und lieferte kaum Grund zur Klage. Ganz im Gegenteil war sich wohl jedermann darüber klar, daß die Zeitung auch im Ausland gründlich gelesen wurde und sich daher auch besonders eignete, bestimmte Themen, Inhalte und Aussagen zu „transportieren".

Da gab es beispielsweise noch im Dezember 1916 die sogenannte „Friedensaktion der Mittelmächte", einen Versuch mit sicherlich untauglichen Mitteln und Angeboten an die Ententemächte, den Krieg zu beenden. Es wurde ausführlichst darüber geschrieben, und von da an verschwand das Thema Frieden weder aus der österreichisch-ungarischen Politik noch aus der Presse. Und diese Passagen waren es auch, die die eigentliche Bedeutung des Blattes ausmachten. Denn die Berichterstattung über den Krieg war schon seit längerem uninteressant geworden, zumindest aber unterlag sie der Gleichschaltung.

Anfang 1917 beherrschten die Meldungen über den „verstärkten U-Bootkrieg" die Seiten. Es wurde über die außerordentlich schweren Schiffsverluste der Ententemächte und vor allem Englands berichtet. Eingehend wurde jener Fall geschildert, bei dem der amerikanische Dampfer „Lusitania" einem deutschen U-Boot zum Opfer fiel. Diese Versenkung nahmen die USA zum Vorwand, um dem Deutschen Reich – nicht aber Österreich-Ungarn – den Krieg zu erklären.

Wieder überstürzten sich die Ereignisse, denn am 15. März 1917 konnte die *Neue Freie Presse* melden: „Ausbruch einer Revolution in Rußland". Tags darauf hieß es: „Abdankung des Zaren Nikolaus", und dann begann eine Art Parallelberichterstattung über den Krieg zwischen den Vereinigten Staaten und dem Deutschen Reich sowie den Fortgang der russischen Revolution, den Wunsch der Russen nach der Einleitung von Friedensverhandlungen, für die die Formel vom Frieden ohne Annexionen gelten sollte. Dazu kamen die Berichte von der deutschen Westfront, wo die (zweite) Schlacht von Arras tobte.

In Österreich gab es die sechste Kriegsanleihe – acht sollten es dann insgesamt

werden, jede wurde beworben und schließlich der Tilgungszeitraum mit 1954 angegeben (da war von Österreich-Ungarn aber nur mehr in den Geschichtsbüchern die Rede). Im April und Mai 1917 wurden die Änderungen in der österreichischen Innenpolitik immer deutlicher und begannen, in der Berichterstattung zu dominieren. Zur politischen Reportage gehörte auch, daß der Prozeß gegen Dr. Friedrich Adler, der am 21. Oktober 1916 den österreichischen Ministerpräsidenten Graf Stürgkh ermordet hatte, ausführlichst behandelt wurde. Bei dieser Berichterstattung gab es abermals zahlreiche Eingriffe der Zensur, denn bei den wörtlichen Wiedergaben des Verhörs von Friedrich Adler kam wohl manches vor, was der Öffentlichkeit vorenthalten werden sollte.
Generell verdrängte die Information über die Vorgänge im Inneren der Monarchie die Meldungen von den Kriegsschauplätzen. Doch natürlich war darüber zu berichten, daß von Ende Oktober bis Anfang Dezember der Sieg über Italien mit Händen zu greifen war. Österreichisch-ungarische und deutsche Truppen überrannten die italienischen Linien und stießen zunächst unaufhaltsam nach Südwesten vor. Die Meldungen über die Erfolge überstürzten sich.
Im Armeebefehl des Kaisers vom 3. November (*Neue Freie Presse*, 4. November 1917) ließ sich wieder unschwer die Verbindung zwischen Radetzky und den Isonzoarmeen herstellen, es bedeutete allerdings einen gewissen Trapezakt, die deutschen Generäle und Truppen, die das ermöglicht hatten, nicht allzusehr herauszustreichen. Denn das wollte Kaiser Karl nicht. Rund sechs Wochen wurde über die phantastischen Erfolge gegen Italien berichtet, über die schließlich mehr als 300.000 Kriegsgefangenen, den

Vorführung der Geländegängigkeit eines britischen Panzers an der Westfront

„Die *Neue Freie Presse* hätte nicht so geschrieben, hätte nicht ein großer Teil der Bevölkerung so gedacht."

Der Germanist Sigurd Paul Scheichl

„Wir verteidigen unseren Boden, dessen Unversehrtheit das natürliche Ziel eines Krieges ist, der zur dauernden Sicherung der Grenzen unternommen wurde."

NFP, 26. Mai 1917: Die Sprache der Zeitung hat an Festigkeit und Überzeugung verloren.

Vorstoß bis an die Piave und die Eroberung ungeheurer Mengen von Nahrungsmitteln und Kriegsmaterial.

Vielleicht war das tatsächlich auch der günstigste Zeitpunkt für Kaiser Karl, um einen Armee- und Flottenbefehl hinauszugeben, in dem allen Angehörigen der bewaffneten Macht das Duell verboten wurde (*Neue Freie Presse*, 10. November 1917). Kaiser Karl lieferte auch anderweitig Schlagzeilen, wenn er bei der Durchquerung eines Isonzo-Torrente mit seinem Auto stecken blieb und geborgen werden mußte, was wunderschöne Berichte über „Die Rettung des Kaisers aus ernster Lebensgefahr" ergab (*Neue Freie Presse*, 12. November 1917).

Wieder kamen ein Jahresende und ein Jahresbeginn; es ging um Rückblicke und das, was dann mit „Dem Frieden entgegen" betitelt wurde (*Neue Freie Presse*, 1. Jänner 1918). Die Voraussetzungen dafür waren sicher gegeben, denn in Brest-Litowsk wurde mit den Russen und dann separat mit den Ukrainern und Rumänen über Waffenstillstand und Frieden verhandelt. Man begann sich auch intensiver den Kopf über die Zukunft von Belgien und Serbien zu zerbrechen. Las man den österreichisch-ungarischen Generalstabsbericht vom 3. Jänner 1918, dann konnte man ohnedies glauben, es wäre schon Frieden, denn da hieß es nur lapidar: „Östlicher Kriegsschauplatz – Waffenstillstand. Italienischer Kriegsschauplatz – Keine besonderen Ereignisse."

In den Anzeigen wurden Hunderte tüchtige Leute gesucht, ebenso aber „Erben", „Probierfräulein", „Schilfrohr" und „Korbflaschen" (*Neue Freie Presse*, 27. Jänner 1918). Es wurde sogar „Papierunterwäsche zu kaufen gesucht" (*Neue Freie Presse*, 11. Juli 1918). Konnte es ein deutlicheres Zeichen der Zeit geben?

Ende Jänner kam es in Deutschland und in Österreich-Ungarn zu einer ausgedehnten Streikbewegung. Das war aber weniger an den Meldungen und knapp gehaltenen Berichten darüber abzulesen, als daran, wie ungewohnt ausführlich über die Nahrungsfrage und die Arbeiterbewegung geschrieben wurde (*Neue Freie Presse*, 16., 17. und 21. Jänner 1918). Die Streiks bewirkten freilich auch, daß am 19. und 20. Jänner 1918 erstmals in diesem Krieg keine Zeitungen erschienen. Für die Arbeiter war nicht ausschlaggebend, daß sich die Lage an den Fronten so oder so entwickelte, und es war für sie zum wenigsten ein Schock, daß im Dezember 1917 die USA nun doch auch Österreich-Ungarn den Krieg erklärt hatten. Doch daß sie bis zu 110 Stunden in der Woche arbeiten sollten, ließ sie an diesem Krieg und oft auch am Staat verzweifeln. Und natürlich blieben die Parolen der russischen Revolution vom Frieden ohne Annexionen und Kontributionen, die demokratische Revolution ebenso wie die bolschewikische mit ihren sozialrevolutionären Zielen und der Absicht, Frieden um jeden Preis zu schließen, nicht ohne Auswirkungen.

Die Menschen waren freilich schon abgestumpft. Und auch der *Neuen Freien Presse* schien nichts mehr wichtig genug, um noch nennenswert hervorgehoben zu werden. Als am 10. Februar die Meldung von einem Frieden mit Rußland durchkam, keimte nicht einmal verhaltener Jubel auf. Vielleicht hatte man auch mit gutem Grund die Meldungen über den Abschluß des Friedens so knapp gehalten, denn letztlich war dem nur eine Erklärung Vladimir Iljitsch Lenins vorangegangen, wonach Rußland keinen formellen Friedensvertrag unterschreiben würde, wohl aber den Kriegszustand mit den Mittelmächten für beendet erkläre.

Dem Deutschen Reich war das zuwenig, weshalb es seine Truppen nochmals vorschickte. Daraufhin gingen die Verhandlungen weiter, wurde mit der Ukraine ein separater Vertrag abgeschlossen und schließlich am 4. März auch mit „Großrußland", wie es genannt wurde, die formelle Einstellung der Kampfhandlungen besiegelt. Mittlerweile waren österreichisch-ungarische Truppen von der neuen Ukraine gerufen worden, um ihr militärisch gegen alle möglichen Gruppen beizustehen, und plötzlich fand sich die k. u. k. 2. Armee in Odessa und fuhren Monitore der Donauflottille im Schwarzen Meer. Man konnte also das Gefühl haben, der Siegfrieden sei nur noch eine Frage von Tagen. Kaiser Karl beurlaubte die im Landsturm dienenden Geburtsjahrgänge 1865 und 1866 und am 14. März 1918 auch jene der Jahre 1867 bis 1869. Es waren erste zaghafte Demobilisierungsschritte, allerdings noch ohne nennenswerte Auswirkungen auf das Ganze.

Waffenruhe an der Ostfront, Tauschhandel zwischen fraternisierenden deutschen und russischen Soldaten (1917)

Wieder sah man etwas neidvoll auf das Deutsche Reich, das offenbar mit wesentlich weniger Problemen zu kämpfen hatte und dessen Armeen am 22. März abermals zu einer Großoffensive in Frankreich angetreten waren, die sie nochmals an Paris heranrücken ließ. In Wien schlitterte man währenddessen in eine politische Krise, deren Dimensionen zunächst nicht absehbar waren und die sich nachträglich unter dem Schlagwort „Sixtus-Affäre" zusammenfassen ließ. Der Minister des Äußern, Graf Czernin, hielt am 2. April eine Rede „Über den Frieden und gegen czechische Verräter". Die *Neue Freie Presse* druckte die Rede tags darauf im Wortlaut ab. In dieser Rede wurde von Graf Czernin auch auf Friedenssondierungen mit Frankreich hingewiesen, die von Ministerpräsident Clemenceau begonnen worden wären. Doch da Frankreich von seiner Forderung nach Elsaß-Lothringen nicht abrücken wollte, hätten sich die Gespräche erübrigt. Über diese Rede wurde tagelang berichtet, ehe dann am 5. April das Dementi Clemenceaus veröffentlicht wurde: „Graf Czernin hat gelogen."

Hintergründe und Zusammenhänge der darauf begonnenen erregten Debatte, die sich, was nicht bekannt war, auf Gespräche und Korrespondenzen Kaiser Karls mit seinem Schwager Sixtus Bourbon-Parma bezogen, waren kaum bekannt, da ja nicht einmal wichtige Repräsentanten des Staates, wie der Minister des Äußern, davon wußten. Es wurde über „Lüge und Wahrheit" geschrieben (*Neue Freie Presse*, 8. April 1918), dann tagelang über „Gerüchte und Wahrheiten", dann kam die Erklärung des Monarchen (12. April 1918), in der Kaiser Karl den französischen Ministerpräsidenten der Lüge bezichtigte. Am 13. April veröffentlichte die *Neue Freie Presse* wiederum eine französische Stellungnahme, und es konnte wohl auffallen, daß die Zensur die Herausnahme etlicher Passagen auf der Titelseite der Zeitung verlangt hatte. Am 15. April trat der Minister des Äußern, Graf Czernin, zurück und erhielt einen außerordentlich schmeichelhaften Nachruf.

Doch in Österreich-Ungarn konnte man sich nicht mit einer einzelnen Krise aufhalten; es gab deren unzählige, und meistens kamen sie auch gleichzeitig. Der Kaiser war nur mehr eine Art Krisenfeuerwehr, es gab weiterhin Rücktritte, Ruhestandsversetzungen und kaum zu kaschierende Ablösungen, von denen seit den ersten Monaten 1917 das Militär wohl weitgehend verschont geblieben war. Doch um die Mitte 1918 erfaßte es auch wieder das Militär, und diesmal ganz besonders. Noch einmal schien man dem Siegfrieden ein Stück näher zu kommen, als die k. u. k. Armeen in Italien zu der – wie man freilich erst im nachhinein wußte – letzten Offensive antraten. „Großer Erfolg unserer Armee gegen Italien" titelte die *Neue Freie Presse* am Sonntag, dem 16. Juni, und begann damit die Berichterstattung über die

„Was für eine Erleichterung ist ein Befehl! Was immer geschieht – man kann es nicht ändern. Man ist nicht verantwortlich. Man braucht weder nachzudenken, noch sich aufzuraffen."

Alice Schalek in der NFP

„Aber das furchtbarste waren die Lazarettzüge, die ich zwei- oder dreimal benützen mußte. Ach, wie wenig glichen sie jenen gut erhellten, weißen, wohlgewaschenen Sanitätszügen, in denen sich die Erzherzoginnen und die vornehmen Damen der Wiener Gesellschaft zu Anfang des Krieges abbilden ließen."

Stefan Zweig

tags zuvor begonnene Piave-Offensive. Mehrere Tage hindurch wurde von großen Erfolgen, Zehntausenden Gefangenen, erbeuteten Geschützen und „wertvollem Raumgewinn westlich der Piave" geschrieben (*Neue Freie Presse*, 18. Juni 1918). Die Skizzen zeigten den Raum von Treviso bis in das Umland von Venedig, und bis zum 20. Juni mußte man den Eindruck gewinnen, daß es voranging. Dann, am 21. Juni, hieß es nur noch: „Vergebliche Versuche der Italiener zur Erschütterung der Piavefront". In den Folgetagen wurde nicht oder kaum mehr über die letzte Offensive berichtet, und da man sehr wohl gelernt hatte, Zeitungen zu lesen, war das Scheitern gewissermaßen mit Händen zu greifen. Truppenführer wurden abgelöst und zur „Allerhöchsten Disposition" gestellt. Doch entweder wurden die Maßnahmen recht diskret gesetzt, oder es interessierte sich niemand mehr dafür. Auch Conrad von Hötzendorf, der zuletzt ein Heeresgruppenkommando innegehabt hatte, verlor sein Frontkommando.

Ende September kapitulierte der erste Staat der Mittelmächte, nämlich Bulgarien. Nun kamen, und das schon sehr drängend, neue Friedensvorschläge, und vor allem Österreich-Ungarn machte kein Hehl daraus, daß es eher heute als morgen zu einem Frieden bereit war. Jeden Tag konnte man lesen, wer sich wie über den Frieden geäußert hatte, welche Erwartungen, welche Hoffnungen und welche Enttäuschungen sich mit dem verbanden, was so schön große Politik genannt wurde. Kaiser Karl überlegte ein „Völkerministerium zum Abschlusse des Friedens" und bereitete ein „Völkermanifest" vor, das mit 16. Oktober datiert und tags darauf publiziert wurde. Es war die „Verkündigung des Bundesstaates", eine Einladung an die Völker der österreichisch-ungarischen Monarchie, an einem neuen gemeinsamen Staat mitzuwirken.

Statt dessen sagten sich die Nationalitäten vom gemeinsamen Staat los und trafen sich auch die Abgeordneten der deutschen Wahlbezirke Österreichs im niederösterreichischen Landhaus (*Neue Freie Presse*, 22. Oktober 1918). Vom Krieg wurde eigentlich nicht mehr geschrieben, obwohl er noch nicht der Vergangenheit angehörte, aber er schien unendlich fern zu sein, und wenn man darüber schreiben wollte, dann gab es die letzten Eingriffe der Zensur, die auch aus dem Abendblatt der *Neuen Freien Presse* vom

„Deutschösterreichers Heimkehr" aus dem Krieg: „... Alsdern, dös schöne Zimmer hat sich der Tschecho-Slowak genommen, dös Schlafzimmer der Südslav, dö Speis der Ungar, für uns is nix als dös übrig blieb'n. Alsdern, schön schau'n m'r aus, Alte!" „Morgen" vom 11. November 1918

24. Oktober, das ohnedies nur zwei Seiten hatte, den Großteil einer Spalte herausnahm. Es ging um Waffenstillstandsverhandlungen, die Österreich ohne deutsche Zustimmung aufnehmen wollte und schließlich auch in der Villa des italienischen Senators Giusti in der Nähe von Padua führte. Ab dem 1. November wurde darüber berichtet; Substantielles war freilich nicht mitzuteilen.

Die Masse der Meldungen deutete schon auf das Ende und die drohende Anarchie hin. „Ermordung des Grafen Stefan Tisza", „Die Übergabe der Flotte", „Beschlüsse des deutsch-österreichischen Staatsrates" (*Neue Freie Presse*, 1. November 1918); „Der Verlust von Triest", „Für die Bildung einer Studentengarde", „Versenkung des Schlachtschiffes ‚Viribus Unitis' im Hafen von Pola" (*Neue Freie Presse*, 2. November 1918); „An das deutsche Volk in Österreich: Das Land ist in Gefahr", „Umwälzungen in sämtlichen Teilen der Monarchie". Und schließlich hieß es am 4. November im Nachmittagsblatt: „Das Ende des Krieges. Waffenstillstand nach einer Kriegsdauer von 51 Monaten und sechs Tagen."

Das also war die Schlußmeldung, und sie fiel damit zusammen, daß über die Rechte der Entente-Truppen berichtet wurde, sich auf dem Gebiet des bisherigen Österreich-Ungarn frei zu bewegen, daß kurz berichtet wurde, wie zunächst Lemberg und dann

Demontage der Monarchieinsignien in Klagenfurt

Przemysl von ukrainischen Truppen besetzt worden seien, wie man in Ungarn versuchte, der Anarchie gegenzusteuern, wie die Rückbeförderung „unserer" Truppen aus dem Südwesten erfolgen sollte usw.

Doch diese „unsere" Truppen gab es genausowenig wie Österreich-Ungarn. Es hatte sich aufgelöst, und fast hat man den Eindruck, die von der Zeitung hätten es gar nicht bemerkt.

KURT R. LEUBE

Nicht der Kapitalismus hat versagt ...

Die österreichische Schule der Nationalökonomie

Während in den meisten westeuropäischen Ländern die sozial- und moralphilosophischen Werke der Aufklärung schon längst gelesen und zum Teil heftig diskutiert wurden, verblieben einige wichtige Bücher der großen Denker dieser Zeit in Österreich noch bis zum Ende des 18. Jahrhunderts auf dem Index der verbotenen Literatur. Werke von Thomas Hobbes, David Hume, von Locke oder Rousseau waren aus den österreichischen Bibliotheken verbannt. Die österreichische Gesellschaftstheorie war daher in der Hauptsache vom Leitbild einer zentralen, lenkenden Staatsmacht beherrscht, das der Grundidee jeder Sozialphilosophie, dem Verhältnis zwischen Individuum und Staat, eher ablehnend gegenüberstand. Die intellektuell wichtige Zeit zwischen 1750 und 1850 wurde daher in Österreich mit Recht als eine „verzögerte Aufklärung" bezeichnet.

Die imperiale und konservative Bürokratie schien allgegenwärtig und stand auch nach den dramatischen Ereignissen von 1848 neuen Ansätzen ablehnend gegenüber. Es kann daher kaum überraschen, wenn wir bis gut in die zweite Hälfte des vorigen Jahrhunderts, von einigen einflußreichen Arbeiten von Bernhard von Bolzano abgesehen, in Österreich wenige wirklich originelle Beiträge zu den Sozialwissenschaften finden. Ähnlich wie heute trugen die politischen Umstände zur intellektuellen Lethargie bei, und der herrschende Zeitgeist fand seinen Niederschlag auch in den Berufungspraktiken der Rechts- und Staatswissenschaftlichen Fakultäten.

Dieser bedauernswerte Zustand der theoretischen Nationalökonomie in Österreich änderte sich gegen Mitte der achtziger Jahre des vorigen Jahrhunderts allerdings dramatisch. Unter dem Druck liberaler Kräfte wurden zunächst zaghaft die Fesseln der Zensur gelockert, das Konkordat überdacht und wesentliche Prinzipien des modernen Verfassungsstaates durchgesetzt. In Österreich erschien dann 1871 als erstes großes sozialwissenschaftliches Werk dieser Zeit „Grundsätze der Volkswirtschaftslehre", mit dem es Carl Menger ganz ohne Lehrer oder Vorbild gelang, die gesamte klassische ökonomische Theorie aus den Angeln zu heben und die österreichische Schule der Nationalökonomie zu begründen.

In Wien allerdings hatte er dabei mit Schwierigkeiten und in Deutschland mit aktivem Widerstand zu kämpfen. Erst 1873 gelang es ihm, eine Privatdozentur an der Wiener Universität zu erhalten, um dann immerhin noch weitere sechs Jahre zu warten, bis er sozusagen als Belohnung für den erfolgreichen akademischen Unterricht des jungen Kronprinzen Rudolf auf den Lehrstuhl für politische Ökonomie an der Universität Wien beru-

Oben: Raffiniermaschine des berühmten Berliner Fabrikanten Carl-Justus Heckmann (zu sehen in der „Maschinenabteilung des Deutschen Reiches", Wiener Weltausstellung 1873)
Linke Seite: Porträt Carl Menger

fen wurde. Menger, der mit Kronprinz Rudolf auch nach Beendigung des formellen Lehrverhältnisses intellektuell eng verbunden blieb, veröffentlichte am 31. Jänner 1889 anläßlich des Todes Rudolfs in der *Neuen Freien Presse* einen persönlich bewegten Nachruf (31. Jänner 1889).

Ein rascher Sieg neuer Ideen kann jedoch kaum jemals Prüfstein der Bedeutung einer Reformleistung sein. Erst das langsame Heranreifen der Disziplin gibt gewöhnlich dem großen Vordenker später die verdiente Würdigung. Daß Menger diesem häufigen Gelehrtenschicksal entging, verdankt er dem ideengeschichtlich ziemlich einmaligen Glücksfall der Kooperation zweier kongenialer Köpfe, die sein Werk auf gleicher intellektueller Höhe weiterführten. Obwohl weder Eugen von Böhm-Bawerk noch sein Schwager Friedrich von Wieser je Mengers direkte Schüler waren, haben diese beiden ersten Anhänger der neuen Lehre in Österreich doch sofort erkannt, daß dieses Werk den „archimedischen Punkt" (Wieser) lieferte, mit dem Menger die Werttheorie revolutionierte. Anläßlich des 75. Geburtstages von Menger schrieb Josef A. Schumpeter treffend: „Wie aus einer anderen Welt – unerklärlich, ursachenlos – sind Menger, Böhm-Bawerk und Wieser in der Sozialökonomie von damals aufgetaucht ... Allein und ohne alle äußeren Mittel haben sie schließlich den besten Teil der modernen Sozialökonomie geschaffen und ihren großen Sieg errungen" (*Neue Freie Presse*, 23. Februar 1915).

Die höhnende Bemerkung Roschers, Österreich habe, „ähnlich dem alten Sparta von Tyrtäos bis Xenophon, stets einer geistigen Zufuhr aus national verwandten, aber staatlich fremden Ländern bedurft", sei somit auf staatswissenschaftlichem Gebiet nunmehr obsolet geworden, schrieb Menger stolz in der *Neuen Freien Presse* (24. April 1890)

Mit Gustav von Schmoller als unumstrittenem Haupt entwickelte die „jüngere deutsche historische Schule" ein vollkommenes Desinteresse an theoretischer Arbeit und forderte nicht nur be-

Verlagsgebäude der „Neuen Freien Presse" in Wien I., Fichtegasse 11. Photographie aus den zwanziger Jahren, vor dem Gebäude die Auslieferungswagen

wußte Ablehnung jeder deduktiven Forschung, sondern vermengte sozialpolitische Schwärmerei in zunehmendem Maße mit politischer Agitation. „All das, was in anderen Disciplinen die Grösse und die Bedeutung wissenschaftlicher Leistung begründet, die Erforschung des Wesens und des inneren Zusammenhanges der Erscheinungen", ist nach Menger unter Schmoller und seinen Katheder-Sozialisten zur „blinden Gegnerschaft gegen Kapital, Unternehmergeist und gegen jede individuelle Initiative und Selbstverantwortlichkeit in wirthschaftlichen Dingen" geworden (6. August 1891). Diese leidenschaftlich und mitunter recht polemisch geführten Auseinandersetzungen sind in die Ideengeschichte als der „Methodenstreit" eingegangen und führten zu Mengers zweitem Buch, den „Untersuchungen über die Methoden der Socialwissenschaften und der politischen Ökonomie insbesondere".

Mit diesem 1883 publizierten Werk konnte sich Menger über eine Nichtbeachtung kaum noch beklagen. Dieser Frontalangriff auf die Lehren Schmollers forderte zu beispiellosen Gegenattacken heraus. Schmoller, der mit Hilfe seines Freundes und Weggefährten Friedrich Althoff die universitäre Berufungspolitik im Deutschen Reich weitgehend kontrollierte, erklärte die Mitglieder der abstrakten österreichischen Schule als anti-sozial und für deutsche Universitäten schlicht als ungeeignet. Menger konterte mit der ätzenden Bemerkung, daß die „wissenschaftliche Nationalökonomie Deutschlands geradezu in eine Art theoretischen Nihilismus ausgeartet" sei. Dort würde man im „Abdrucke eines Archiv-Fascikels, in Excerpten aus Enquete-Berichten oder in der morphologischen Darstellung einzelner Wirtschaftserscheinungen ... den Höhepunkt wissenschaftlicher Forschung" erblicken (*Neue Freie Presse*, 11. April 1890). Für Menger wäre es „stets noch im Interesse reactionärer Parteien und principloser Opportunitäts-Politiker gelegen, die wissenschaftlichen Vertreter eines, wenn auch noch so besonnenen und auf dem Boden der Tatsachen fussenden Fortschrittes als dem praktischen Leben abgewendete abstracte Theoretiker oder als dem Bestande der Gesellschaft gefährliche Neuerer hinzustellen".

Während sich die in der Zwischenzeit schon kräftig angewachsene Gruppe der zweiten Generation der österreichischen Schule sowohl in größeren Büchern, Aufsätzen, aber auch oft in den Spalten der *Neuen Freien Presse* hinter ihren Meister stellte und die theoretische, deduktive Forschung in der Ökonomie verteidigte, erschien allen Angriffen auf die neue Lehre zum Trotz allein bis 1890 in rascher Folge eine Vielzahl jener Werke, die der österreichischen Schule zur Weltgeltung verhalfen. Vielleicht sollte hier am Rande doch erwähnt werden, daß Ernst Molden, Chefredakteur der *Neuen Freien Presse* von 1924 – 1938, kurioserweise ein Student Schmollers war.

Zu Mengers 60. Geburtstag, am 23. Februar 1900, veröffentlichte der Prager Professor Robert Zuckerkandl, einer der führenden Vertreter der zweiten Generation der Schule, eine große Würdigung von Mengers Werken. „Diese grundlegend gewordene Lehre, die ein Räthsel löste, mit dem sich die Forschung seit längster Zeit erfolglos beschäftigt hatte, bewegt sich in ihren Grundzügen in wenigen, äusserst einfachen Sätzen. Sie geht von der Thatsache aus, dass, wenn der Vorrath eines Gutes für den Bedarf nicht ausreicht, und das ist bei allen nicht freien Gütern der Fall, jedes solche wirthschaftliche, concrete Gut die Bedingung einer sonst zu entbehrenden Befriedigung ist" (23. Februar 1900). Während dann am 24. Februar 1900 die *Neue Freie Presse* den „Hofnachrichten" nur elf Zeilen widmete, wurde über Carl Mengers Geburtstagsfeier fast eine halbe Seite lang berichtet und die Festansprache Viktor Matajas, eines seiner engsten Schüler, im vollen Wortlaut abgedruckt. Mit sichtlichem Wohlwollen schrieb die *Neue Freie Presse* am selben Tag: „Als Hofrath Menger heute Mittags in dem bis auf das letzte Plätzchen von Studenten überfüllten Hörsaale der Universität erschien, wurde er durch minutenlanges Händeklatschen, jubelnde Prosit- und Hoch-Rufe der begeisterten Hörerschaft begrüsst, für welche Kundgebungen er anfangs nur durch Kopfnicken danken konnte, bis nach drei Minuten Ruhe eintrat. Der durch diese Manifestation sichtlich freudig bewegte Gelehrte" schloß dann unter „jubelndem Beifall" seine Dankesworte mit der „Hoffnung ..., dass es meinem und meines hervorragenden Collegen Philippovich, sowie der übrigen ausgezeichneten Dozenten Wirken gelingen werde, das Studium der Nationalökonomie an der Wiener Universität auf der Höhe der Zeitanforderungen zu erhalten" (*Neue Freie Presse*, 24. Februar 1900). Der Enthusiasmus, mit dem die Lehren der österreichischen Schule von den Studenten getragen, und die Begeisterung, mit der Menger als akademischer Lehrer empfangen wurde, sind heute kaum noch denkbar.

Im Juli 1903 berichtete die *Neue Freie Presse* etwa dreimal so lange wie über die Krankheit des Papstes über die für viele überraschende und unerklärliche vorzeitige Pensionierung Karl Mengers. Unter „lebhaftestem Bedauern" wurde dort ausführlich darauf hingewiesen, wie sehr „Menger ... von allen seinen Schülern verehrt (wurde), nicht allein als Gelehrter und Forscher, sondern auch als Mensch mit einer wohlwollenden Gesinnung, mit dem grössten Eifer, jedes Talent zu fördern, mit den liebenswürdigsten Umgangsformen und mit echtem Freisinn". Nach seinem Ausscheiden aus dem ordentlichen Lehrbetrieb ließ Menger nur noch vier Artikel in der *Neuen Freien Presse* erscheinen und zog sich immer mehr aus dem öffentlichen Leben zurück. Friedrich von Wieser, der ihm auf seinen Lehrstuhl nachfolgte, würdigte den 70jährigen Menger in einem ausführlichen und persönlich gehaltenen Aufsatz (23. Februar 1910). Einen Tag später wurde dann eingehend über die Festlichkeiten zu Ehren Mengers berichtet und die gesamte Laudatio, die Eugen von Böhm-Bawerk anläßlich der Feiern gehalten hatte, abgedruckt. Als Geburtstagsbeigabe wurde ihm von seinen Schülern Schmutzers berühmter Menger-Stich überreicht.

Zum 75. Geburtstag beschrieb Schumpeter den pensionierten Menger als zurückgezogenen Gelehrten, der „auch im Herrenhause ... kein gesprächiger Gast (ist), und seit er sich vorzeitig von seiner Lehrtätigkeit an der Wiener Universität zurückgezogen hat, durchstreift er nur gemächlich den Garten seiner Gedanken. Man möchte den Mann beneiden, der seine Kraft nicht zum wenigsten dadurch bewies, dass er sein Leben ganz nach seinem Sinne gestaltete und, nachdem er viel von Menschen und Dingen gesprochen, sich eine Insel schuf, in die kein Lärm eindringt" (*Neue Freie Presse*, 23. Februar 1915). Menger starb 1921. Ludwig von Mises' schöner Nachruf wurde interessanterweise aber im Konkurrenzblatt, dem *Neuen Wiener Abendblatt*, am 26. Februar 1921 veröffentlicht.

Nach Mengers Pensionierung übernahmen es dann vermehrt die führenden Köpfe der zweiten Generation der Schule, insbesondere aber Friedrich von Wieser, Eugen von Philippovich und etwas seltener Eugen von Böhm-Bawerk, in der *Neuen*

„Ich kann aus voller Überzeugung aussprechen, daß der ‚Economist' der *Neuen Freien Presse* nach Quantität und Qualität des Gebotenen den Rang eines eminent wissenschaftlichen Fachblattes einnimmt. Er ist eine Fundgrube wertvollen Materials, eine reichhaltige und zuverlässige wirtschaftliche Weltchronik."

Böhm-Bawerk

Eugen von Böhm-Bawerk auf der österreichischen 100-Schilling-Banknote

„Sparsamkeit ist nie populär ... Waren ehedem die Parlamente die Wächter der Sparsamkeit gewesen, so sind sie heute weit eher ihre geschworenen Feinde geworden."

Böhm-Bawerk in seinem berühmten Aufsatz „Unsere passive Handelsbilanz", NFP, 6., 8. und 9. Jänner 1914

Freien Presse für ein größeres Publikum zu schreiben. 1880 wurde Moriz Benedikt, der mit Böhm-Bawerk und Wieser seit der gemeinsamen Schulzeit am Wiener Schottengymnasium gut bekannt war, zum Herausgeber und Chefredakteur der *Neuen Freien Presse* bestellt. Die freundschaftliche Verbindung zu den großen Theoretikern der Schule, insbesondere aber zu Böhm-Bawerk, dem dreimaligen Finanzminister des Habsburgerreiches, und die standfeste Haltung der Zeitung wirkten sich positiv für beide Teile aus. Das Lob, das Böhm-Bawerk der Zeitung seines Freundes zollte, wurde erst nach seinem Tod in einem großen Nachruf zitiert: „Die glänzende Pflege ihres wissenschaftlichen Teiles hat mir die *Neue Freie Presse* schlechthin unentbehrlich gemacht. Ich suchte, was ich brauchte, und fand es" (30. August 1914).

Am 3. März 1905 berichtete die *Neue Freie Presse* ausführlich über die Bestellung Eugen von Böhm-Bawerks zum Professor der Nationalökonomie an der Wiener Universität und meinte, „Dr. von Böhm wird jedenfalls eine Zierde der Wiener rechts- und staatswissenschaftlichen Fakultät sein; unsere akademische Jugend wird Gelegenheit erhalten, ihre Belehrung bei einem Manne zu schöpfen, der in der Gelehrtenwelt eine hervorragende Stelle einnimmt und dessen Name mit der Geschichte der letzten zehn Jahre auf das engste verknüpft ist" (3. März 1905).

Am 6., 8. und 9. Jänner 1914, gerade ein halbes Jahr vor Ausbruch des Weltkriegs, erschien Böhm-Bawerks berühmt gewordener Aufsatz über „Unsere passive Handelsbilanz", mit dem er auf eine Serie von Artikeln reagierte, die von 1911 bis 1913 in der NFP – teils anonym – erschienen waren. Die deutliche und besorgte Warnung von damals scheint auch heute noch relevant: „Sparsamkeit ist nie populär ... Waren ehedem die Parlamente die Wächter der Sparsamkeit gewesen, so sind sie heute weit eher ihre geschworenen Feinde geworden. Heutzutage pflegen die politischen und nationalen Parteien – vielleicht nicht nur bei uns, aber jedenfalls auch bei uns – eine förmlich für pflichtgemäß gehaltene Begehrlichkeit nach allerlei Vorteilen für ihre Konnationalen oder Wählerkreise auf Kosten der Öffentlichkeit zu entwickeln, und wenn die politische Situation entsprechend günstig, das soll sagen, wenn sie für die Regierung ent-

Arbeiterinnen der Weberei Marienthal, 1937

„Die glänzende Pflege ihres wissenschaftlichen Teiles hat mir die *Neue Freie Presse* schlechthin unentbehrlich gemacht. Ich suchte, was ich brauchte, und fand es"

Eugen v. Böhm-Bawerk

sprechend ungünstig ist, erhält man auch durch politischen Druck das Gewünschte." Und: „Wir sind in den letzten Lustren in unserer Handelsbilanz einfach deshalb wieder stark passiv geworden, weil wir in den selben Lustren von neuem begonnen haben, uns gegenüber dem Auslande stark zu verschulden" (*Neue Freie Presse*, 6. Jänner 1914). Wieser, der mit Böhm-Bawerk nicht nur eng befreundet, sondern auch verschwägert war, begann ab Dezember 1906 für die *Neue Freie Presse* zu schreiben. In seinem ersten Beitrag diskutierte er die überhöhte „Besteuerung der Stadt und des Kapitals in Österreich". Angesichts der damaligen etwa 30prozentigen Steuerquote meinte er polemisch, „wenn wir die gleichhohe Quote der Ausnützung des Privateinkommens für öffentliche Anforderungen in allen Zweigen des Volkseinkommens (hätten), so hätten wir den Weg zur Sozialisierung der Wirtschaft, dem praktischen Ergebnis nach, schon zu etwa einem Drittel zurückgelegt" (*Neue Freie Presse*, 15. Juli 1906).

Am 8. Februar 1907 erschien dann Wiesers vierteilige Analyse „Unsere gesellschaftliche und politische Entwicklung seit 1848". Wieser, der sich in seinem späteren Werk zunehmend mit sozialökonomischen und politischen Problemen auseinandersetzte, trat hier für die Erhaltung und die föderative Entwicklung der konstitutionellen Monarchie ein. Nach nur fünf Monaten brach er dann eine weitere, sehr anspruchsvolle fünfteilige Diskussion über „Das erste Haus des allgemeinen Wahlrechtes" vom Zaun, indem er die Grundprinzipien der Demokratie, die parteipolitische Zusammensetzung sowie die gesellschaftspolitischen Aufgaben im allgemeinen und jene des Herrenhauses im besonderen darstellte (*Neue Freie Presse*, 18. Juni 1907).

Im September 1909, wenige Tage vor Mengers letztem Aufsatz, eröffnete die *Neue Freie Presse* mit dem Hinweis, daß „die Aufmerksamkeit unserer Leser auf die heute beginnende Veröffentlichung einer Artikelreihe aus der Feder des berühmten Forschers und Schriftstellers Freiherrn von Wieser" gelenkt wird, eine große achtteilige Serie. Diese Beiträge „Über Recht und Macht" sind aus Wiesers Vorlesungen bei den Salzburger Hochschulkursen entstanden und hatten, wie die *Neue Freie Presse* weiter ausführte, das Ziel, „eine zeitgemässe Formel für den Liberalismus zu finden. Diese Absicht kommt einem tiefen Bedürfnisse entgegen und sichert den Artikeln ein grosses Interesse." (*Neue Freie Presse*, 5. September 1909). In jedem einzelnen dieser anspruchsvoll geschriebenen, sozial- und rechtsphilosophischen Beiträge konzentrierte sich Wieser, teilweise über mehrere Seiten reichend, auf jeweils einen anderen Schwerpunkt.

AEG-Fabrik in Stadlau, 1904

Nach Böhm-Bawerks unerwartetem Tod in Tirol kurz nach Ausbruch des Weltkrieges am 27. August 1914 und der Emeritierung von Eugen von Philippovich, dessen Lehrkanzel damit vakant geworden war, nach der Unterbrechung des regulären Universitätsbetriebs durch den Krieg und nach Wiesers Emeritierung 1922 war die Kontinuität der Schule an der Wiener Universität ernstlich in Frage gestellt. Aus politischen wie auch aus akademischen Gründen wurden bei den nun dringend notwendigen Neubesetzungen Ludwig von Mises und Joseph A. Schumpeter als die beiden logischen Nachfolger vollkommen übergangen. So wurde der Lehrstuhl Böhm-Bawerks bis 1924 mit Carl Grünberg besetzt, einem marxistisch orientierten Ökonomen, dem der, wenn überhaupt, dann mehr wirtschaftshistorisch interessierte Ferdinand Graf Degenfeld-Schönburg nachfolgte. Auf die Lehrkanzel von Philippovich wurde Othmar

„Wie aus einer anderen Welt – unerklärlich, ursachenlos – sind Menger, Böhm-Bawerk und Wieser in der Sozialökonomie von damals aufgetaucht ... Allein und ohne alle äußeren Mittel haben sie schließlich den besten Teil der modernen Sozialökonomie geschaffen und ihren großen Sieg errungen."
NFP 23. Februar 1915

Spann berufen, und schließlich übernahm dann Hans Mayer die ehrwürdige Lehrkanzel seines Förderers Friedrich von Wieser. Dieses akademisch wie auch menschlich problematische Dreigespann brachte durch einen teilweise gehässig geführten Machtkampf das universitäre Leben fast zum Erlahmen. Der zunehmende Antisemitismus an den Universitäten und die durch diese unglückliche Besetzungspolitik verursachte Aussichtslosigkeit auf eine wissenschaftliche Karriere trieb die meisten ambitionierten jungen Sozialwissenschaftler zunächst einmal aus den Universitäten hinaus und in private Vereinigungen hinein – und später dann, als letzte Konsequenz, ins Exil. Viele verdienten sich ihren Lebensunterhalt in der Wirtschaft und publizierten nebenher in ihrer Freizeit. Andere begannen sich bereits mit Auswanderungsgedanken zu tragen und versuchten, durch Auslandsreisen entsprechend vorzubauen.

Daß es diesen unglücklichen Konstellationen zum Trotz gelungen ist, die Schule mit einer Fülle neuer Ideen und bahnbrechender Arbeiten zu einer weiteren Blüte zu treiben, ist im wesentlichen dem außeruniversitären, intellektuell pulsierenden Klima Wiens zwischen dem Ende des Weltkrieges und den frühen dreißiger Jahren zu verdanken. Mit einem dichten Netzwerk intellektueller Gruppierungen funktionierte Wien weiterhin als ein Schmelztiegel und Marktplatz für Ideen, aber auch Klatsch, wobei die Institution des Wiener Cafés eine nicht zu unterschätzende Rolle spielte. Während die Mitglieder der österreichischen Schule einander im Künstlercafé trafen, konnte man die Schriftsteller meist im Café Central finden. Einige Anmerkungen zum geistigen Leben im Wien der Zwischenkriegszeit schrieb 1973 der Historiker und Mises-Seminarist Friedrich Engel-Janosi für die *Presse* (17. / 18. Februar 1973).

Automobilfabrik der Ford-Werke in den dreißiger Jahren

Ähnlich wie während der achtziger Jahre des vorigen Jahrhunderts erschien wieder in einem relativ kurzen Zeitraum eine Reihe großer Werke, die den Ruf der Schule weiter festigte. Hier seien nur einige der wichtigsten Beiträge genannt: 1922 erschien Ludwig von Mises' revolutionäre „Gemeinschaft", Richard von Strigl publizierte „Die ökonomischen Kategorien und die Organisation der Wirtschaft" 1923, kurz danach, 1924, erschien „Grenznutzen und Wirtschaftsrechnung" von Leo Schönfeld-Illy, Fritz Machlups „Die Goldkernwährung" folgte 1925. Gottfried von Haberlers „Der Sinn der Indexzahlen" erschien 1927 und Friedrich A. von Hayeks „Geldtheorie und Konjunkturtheorie" 1929. In diesem Jahr veröffentlichte auch Martha Steffy Braun ihre „Theorie der staatlichen Wirtschaftspolitik".

1931 kam Hayeks „Prices and Production" heraus, 1933 dann sowohl Mises' „Grundprobleme der Nationalökonomie" wie auch Haberlers „Theorie des Internationalen Handels", und 1934 erschien dann Machlups „Führer durch die Krisenpolitik".

Arbeitsloser in den dreißiger Jahren

Im Dezember 1919, rund ein Jahr nach dem Zusammenbruch der Monarchie, der Wieser noch als letzter Handelsminister gedient hatte, erschien dann noch der erste Artikel seines zweiteiligen Beitrags unter dem Titel „Die Schuld am Frieden", in dem er die politischen Folgen des Ersten Weltkrieges geradezu hellseherisch analysierte. „Wie lange es aber auch währen möge, der Tag wird kommen, wo es klar sein wird, dass die Weltsieger, als sie die Friedensschlüsse von Versailles und Saint-Germain diktierten, schwere Keime des Unheils ausgepflanzt und eine Schuld sondergleichen auf sich geladen haben, der Tag wird kommen, wo es klar sein wird, daß die Schuld am Frieden, welche neue Weltkriege zeugte, noch schwerer wiegt als die Schuld am ersten Weltkriege" (*Neue Freie Presse*, 23. Juli 1919). Wieser starb 1926. Die Nachrufe erschienen interessanterweise in anderen Blättern.

Obwohl dieses Plädoyer für einen gerechten Frieden der letzte größere Beitrag der zweiten Generation war, brach die traditionelle Verbindung zur *Neuen Freien Presse* nicht ab. Am selben Tag und sogar auf derselben Seite erschien bereits der erste Beitrag von Wiesers indirektem Schüler, Ludwig von Mises. Mises, der ebenso wie Joseph A. Schumpeter, Richard von Strigl, Richard Reisch, Franz X. Weiss oder Franz Cuhel aus dem berühmten Seminar hervorgegangen ist, das Böhm-Bawerk an der Wiener Universität ab 1904 gehalten hatte, wurde der führende Kopf der dritten Generation der österreichischen Schule der Nationalökonomie. Der Vollständigkeit halber soll jedoch auch erwähnt werden, daß in diesem Seminar unter anderen auch so unterschiedliche Denker wie der Schöpfer der „Reinen Rechtslehre", Hans Kelsen, oder der fanatische Austro-Marxist Otto Bauer saßen.

„Ein wirtschaftliches System, das nur in einem Verzehren des Kapitals, das einige Jahrzehnte freiere Wirtschaft angesammelt hat, besteht, kann sich auf die Dauer nicht halten", warnte Mises 1920 (*Neue Freie Presse*, 28. Jänner 1920). Rund 70 Jahre vor dem Zusammenbruch des „realen Sozialismus" schrieb Mises ahnungsvoll, „auch ein augenblicklicher Erfolg wird den endgültigen Zusammenbruch des bolschewistischen Systems nicht verhindern können. Gelingt der Versuch zunächst, so ist das ein Erfolg der Soldaten und Henker der Sowjetrepublik … Es ist die Frage, ob es überhaupt möglich ist,

„Wie lange es aber auch währen möge, der Tag wird kommen, wo es klar sein wird, daß die Weltsieger, als sie die Friedensschlüsse von Versailles und Saint-Germain diktierten, schwere Keime des Unheils ausgepflanzt …"

Friedrich von Wieser in der NFP, 23. Dezember 1919

Druckereiarbeiter in den fünfziger Jahren

„Nicht der Kapitalismus hat versagt, sondern die Wirtschaftspolitik des Interventionismus, Etatismus und Sozialismus, die seit Jahrzehnten am Ruder ist."

Ludwig von Mises in der NFP, 17. Oktober 1931

in einem rein sozialistischen Gemeinwesen wirtschaftliche Kalkulation zu betreiben ... Das Problem, um das es sich hier handelt, ist das Haupt- und Grundproblem des sozialistischen Gemeinwesens ... Man kann sagen, dass die wissenschaftliche Nationalökonomie den Beweis erbracht hat, dass es eine sozialistische Lösung für dieses Problem überhaupt nicht geben kann" (*Neue Freie Presse*, 17. November 1920).

1922 setzt sich Mises „Gegen eine weitere Verwendung der Notenpresse" ein. „Es ist ein alter, schon von David Hume und Adam Smith widerlegter Irrtum, wenn man glaubt, die Geldknappheit durch Vermehrung der umlaufenden Geldmenge mildern zu können. Da alles Kapital in Geld gerechnet wird und da alle Kapitalsnachfrage als Nachfrage nach Leihgeld auf dem Markte erscheint, verfiel man darauf, die Ursache des Leihgeldsatzes in einem Mangel an Geld zu suchen. Doch ein Mehr oder Weniger an Geld wirkt nur auf die Preise der Güter und Dienstleistungen. Wenn die Geldmenge wächst, steigen die Preise und Löhne. Der Zinssatz wird dadurch keineswegs ermässigt" (11. März 1922).

Am 29. Jänner 1929, anläßlich der Enthüllung einer Büste Carl Mengers im Arkadenhof der Wiener Universität, veröffentlichte die *Neue Freie Presse* einen großen, zweiteiligen Beitrag mit dem Titel „Karl (!) Menger und die Österreichische Schule der Nationalökonomie". Ludwig von Mises, der führende Kopf der dritten Generation dieser Schule, schrieb hier: „An keiner anderen Stätte kann der Versuch, einem grösseren Kreise einen knappen Überblick über das Werk der Österreichischen Schule der Nationalökonomie zu geben, besser am Platze sein als in den Spalten der *Neuen Freien Presse*. Denn Karl Menger selbst und alle die übrigen, die man in engerem oder weiterem Sinne zur älteren Österreichischen Schule rechnen mag, Eugen von Böhm-Bawerk, Friedrich von Wieser, Robert Zuckerkandl, Emil Sax, Robert Meyer, Johann von Komorzynski, Rudolf Auspitz, Richard Lieben, haben in der *Neuen Freien Presse* oft und oft das Wort ergriffen, bald um wirtschaftspolitische Tagesfragen zu besprechen, bald um von den Ergebnissen der theoretischen Forschung Bericht zu erstatten" (NFP, 29. Jänner 1929). Mises konnte damals wohl kaum ahnen, daß es gerade noch ein paar Jahre dauern sollte, bis sich Wissenschaft und Politik – dem Zeitgeist folgend – von den die Theorie beherrschenden „Österreichern" abzuwenden begannen. In den unruhigen Zeiten der dreißiger Jahre schien der theoretische Ansatz der Österreicher, aus dem sich, ungleich der neuen „Heilslehre" von Keynes, kaum je Empfehlungen für populäre Staatseingriffe, politisch zündende Forderungen oder emotionsgeladene Erklärungen ableiten ließen, politisch wie auch akademisch plötzlich nicht mehr opportun. Ein Erklärungsmodell, das auf der Annahme eines Gleichgewichtes bei Unterbeschäftigung und Unterkonsumption beruhte, verdrängte daher zunächst einmal erfolgreich die Überinvestitions- und Überkonsumptionstheorie der Österreicher.

Fast identisch mit dem oben erwähnten Mises-Titel schrieb dann Friedrich A. von Hayek gerade 44 Jahre später für die *Presse* einen kurzen Nachruf auf seinen großen

Mentor: „Mises war schon ab den frühen zwanziger Jahren zum Mittelpunkt eines Kreises junger Gelehrter aus den verschiedenen Bereichen der Sozialwissenschaften (geworden), die sich regelmässig in seinem Bureau in einem ‚Privatseminar' trafen, durch das er grossen persönlichen Einfluss ausübte. Nicht nur heute weltbekannte Nationalökonomen wie Fritz Machlup, Gottfried von Haberler und Oskar Morgenstern, sondern auch berühmte Soziologen wie der verstorbene Alfred Schütz und angesehene Philosophen wie der ebenfalls verstorbene Felix Kaufmann sind aus diesem Kreis hervorgegangen. Es ist zwar aus den Zeitumständen erklärlich, aber doch kaum entschuldbar, dass Mises in Österreich nie mehr als dem Titel nach Professor war" (*Die Presse*, 22. Oktober 1973).

Obwohl er meist für die Wiener Konkurrenzblätter schrieb, veröffentlichte Machlup am 26. September 1931 doch auch in der NFP seine Ideen zur Überwindung der internationalen Währungskrise. Sein Lehrer Mises folgte dann knapp einen Monat später mit seinem Aufsatz über „Die Krise und der Kapitalismus", der auch heute noch von ungebrochener Aktualität ist. „Daß Arbeitslosigkeit nicht nur als vorübergehende Erscheinung von unbeträchtlichem Umfang, sondern als Dauererscheinung auftritt, ist allein dem Umstand zuzuschreiben, daß die Bestrebungen der Gewerkschaften, das Lohnniveau über den Satz zu steigern, der bei dem Stand der Kapitalsversorgung und der Ergiebigkeit der Arbeit von der Wirtschaft ohne Kapitalsaufzehrung getragen werden kann. Zu diesem von den Gewerkschaften festgehaltenen Lohnsatz kann nur ein Teil der Arbeiter Beschäftigung finden." Und weiter: „Nicht der Kapitalismus hat versagt, sondern die Wirtschaftspolitik des Interventionismus, Etatismus und Sozialismus, die seit Jahrzehnten am Ruder ist. Nicht noch mehr Staatseingriffe, Sozialismus, Planwirtschaft, Staatskapitalismus können uns helfen, sondern allein die Einsicht, dass eine Hebung der Lebenshaltung nur durch mehr Arbeit und durch Bildung von neuem Kapital bewirkt werden kann" (NFP, 17. Oktober 1931). Mises konnte damals noch nicht wissen, daß es ihm nur mehr gelingen sollte, zwei weitere Artikel für die *Neue Freie Presse* zu schreiben (NFP, 25. Juni 1932), bis auch er 1934 gezwungen war, Wien den Rücken zu kehren.

Friedrich August von Hayek

Mit Mises in Genf und dann in New York, Hayek in London, Haberler in Harvard oder Machlup in Buffalo und dem Rest der Schule in alle Welt zerstreut, hörte Wien somit auf, ein Zentrum nationalökonomischer Forschung zu sein. Und als dann, unter dem geänderten Zeitgeist, auch noch Hans Mayer, Nachfolger auf Wiesers Lehrstuhl, den Anschluß als den „des deutschen Volkes allein entsprechenden natürlichen Zustand" pries und alle „nicht-arischen Mitglieder" aufforderte, sofort aus der österreichischen Nationalökonomischen Gesellschaft auszuscheiden, besiegelte er das Ende der Schule in Wien. Allerdings schrieb dann gerade 13 Jahre später derselbe Mayer in der neuentstandenen *Presse*, daß Mises „einer der wenigen nach den USA ausgewanderten österreichischen Nationalökonomen (sei) ..., der sich nicht einfach passiv dem neuen wissenschaftlichen Milieu anpaßte" (*Die Presse*, 30. September 1951). Was für Österreich zum katastrophalen „brain drain" wurde, geriet so der Schweiz, England und insbesondere den USA langfristig zum „brain gain".

„Auch ein augenblicklicher Erfolg wird den endgültigen Zusammenbruch des bolschewistischen Systems nicht verhindern können ... Es ist die Frage, ob es überhaupt möglich ist, in einem rein sozialistischen Gemeinwesen wirtschaftliche Kalkulationen zu betreiben."

Ludwig von Mises in der NFP, 17. November 1920

EVA WIDMAIR

Über kurz oder lang – alle Macht …

Frauenemanzipation und Männerzeitung

Gegen Ende des vorigen Jahrhunderts mußten die Herren zusehen, wie die Frauen begannen, in organisierter Form politische Rechte und die Gleichberechtigung in Bildung und Beruf für sich zu beanspruchen; doch die männliche Front hat sich wacker geschlagen: Erst 1918, nachdem die Frauen sich während des Krieges nicht nur in der Familie, sondern auch in der Produktion als Männerersatz bewährt hatten, wurde ihnen das Wahlrecht, das Recht, sich politisch zu organisieren, sowie die Bildungsfreiheit zugestanden.

Der „Bund österreichischer Frauenvereine" und der „Allgemeine österreichische Frauenverein" stellten jedoch auch Forderungen, die dem Mikrokosmos des einzelnen, nämlich dem Heim des Mannes, bei weitem gefährlicher wurden: Die Stellung des Mannes als Haupt der Familie sollte aufgehoben und durch ein partnerschaftliches Entscheidungsrecht ersetzt werden, zum Schutz der von ihrem Ehemann durch Gewalttätigkeiten bedrohten Frau sollten die Verbindlichkeit zur „ehelichen Pflicht" und das Verbot der eigenmächtigen Aufhebung der Ehe entfallen. Gerade die sexuellen Emanzipationsansprüche, das neue Selbstverständnis der Frau, das sich auch in der geradezu revolutionären Mode der zwanziger Jahre manifestierte, haben die Männerwelt jener Jahre in arge Bedrängnis geführt.

Vor nunmehr siebzig Jahren führte die *Neue Freie Presse* ihrer Leserschaft an einem eindrucksvollen Zeugnis vor, auf welch bedenkliche Weise sich weiblicher Vormarsch auf die eigentlich doch unerschütterliche Psyche der Herren auszuwirken vermochte. Der Lokalredakteur, Humorist und Filmkritiker Ludwig Hirschfeld (geb. 1882, gest. 1945 in Wien) hatte bereits während seines Studiums in verschiedenen Zeitschriften publiziert und war ab 1906 ausschließlich schriftstellerisch tätig gewesen. Im Ersten Weltkrieg Mitglied des Kriegspressequartiers, von 1918 bis 1926 Chefredakteur der illustrierten Halbmonatsschrift *Moderne Welt*, war er bereits ab 1907 gelegentlicher Mitarbeiter, nach 1922 Redakteur der *Neuen Freien Presse*. Daneben betätigte er sich als Dramatiker, Bühnenschriftsteller und Bearbeiter französischer und ungarischer Bühnenwerke sowie gelegentlich als Komponist von Tanznummern und Autor von Opernlibretti.

Am 9. Mai 1926 lieferte Ludwig Hirschfeld den Lesern der *Neuen Freien Presse* „authentisches" Material zum äußerst brisanten Thema. Die Röcke und die Haare der Damen waren kürzer geworden, die Frauen rauchten, politisierten und wollten die „freie Liebe" nun auch für sich beanspruchen. So konnte es doch auf keinen Fall weitergehen; dieser äußerst bedrohlichen Entwicklung mußte Einhalt geboten werden. Ludwig Hirschfeld

„Die Frauenfrage, meine Gnädige, ist ein Ding, das man nur von Fall zu Fall lösen kann. Wenn Sie persönlich einen Wunsch haben –?!“
Karikatur von 1911

wußte auch, wie sich die Herren ihren Feldzug gegen die neue Weiblichkeit so vorstellten. Und erfand das Sitzungsprotokoll eines „Bundes für Männerrechte“.

Auf Seite 13 abgedruckt – ungeraden Seiten kommt die größere Aufmerksamkeit des Lesers zu –, war dieser Text, wohl auch als Parodie auf eine Parlamentssitzung zu verstehen, ein Beitrag, der gelesen werden wollte. Zudem plaziert zwischen einem Artikel zum Muttertag, der in diesem Jahr eingeführt werden sollte, und einer großzügig gestalteten Anzeige für Textilfarben, illustriert mit einer Dame in adrettem Kleid und mit dauergewelltem Bubikopf; das Thema Frau sozusagen auf einer Seite dreifach beleuchtet. Ob es wohl ein Zufall war, daß Hirschfeld dieses pikante „Schriftstück“ publizierte, genau fünf Tage nachdem die *Neue Freie Presse* die neue Rubrik „Das Heim der Frau“ ins Leben gerufen hatte?

Bekanntlich verlief das Leben der Mehrheit der Frauen, aus welchem Grund auch immer, weiterhin in konventionellen Bahnen, und gerade diese Frauen sollten nun angesprochen werden; eine eigene Rubrik in der namhaften Tageszeitung war doch eine gute Möglichkeit, das Selbstverständnis der Hausfrau als tragender Säule der Gesellschaft zu stärken. Ihre oberste Sache war es ja, die Ihren an Körper und Seele gesund zu erhalten, da konnte sie doch jede Menge gute Ratschläge brauchen! Außerdem konnte sich der Kulturmensch (und damit ist natürlich der männliche gemeint) nur dann behaglich fühlen, wenn auch im Heim seinen verfeinerten Bedürfnissen Rechnung getragen wurde. Und hier das richtige Maß zu halten, war bei Gott nicht leicht!

Diese Grundbedürfnisse der österreichischen Gesellschaft hatte die Redaktion der *Neuen Freien Presse* erkannt, und wenn man so recht überlegte, wie mannigfaltig die Pflichten der Hausfrau waren (gleich in der ersten Ausgabe der neuen Rubrik informierte ein Beitrag mit dem Titel „Die Erziehung zur Hausfrau“ über einschlägige Ausbildungsplätze), in welcher Fülle sie Stoff zur Besprechung boten, so konnte man doch annehmen, daß das Erscheinen dieser neuen Rubrik den Frauen einen lauten Freudenschrei entlocken würde. Und schließlich sollten doch auch die Männer bei dieser Innovation indirekt auf ihre Kosten kommen – ihren weiblichen Gefährtinnen wurde sinnvoller, auf ihre wahren Bedürfnisse zugeschnittener Gesprächsstoff ins Haus geliefert. Was sollten die Frauen schon anfangen mit Artikeln über Politik, Wirtschaft und Wissenschaft?

Etwaigen Mißverständnissen und mühsamen Diskussionen darüber, welche Themen nun für den Mann und welche für die Frau bestimmt waren, konnte zudem entgegen-

„Wenn die Frauen das Rauchen, das Politisieren, den Klub, die pikanten Witze und die freie Liebe für sich reklamieren, was bleibt da uns?“
Satiriker Ludwig Hirschfeld
NFP, 9. Mai 1926

„Das heutige männliche Geschlecht läuft Gefahr, im Sumpf der feministischen Weltanschauung zu versinken."

„Sie wurden Straßenbahnschaffnerinnen und Telephondamen. Dagegen hatten wir nichts, denn das sind unangenehme Berufe. Aber sie wurden auch Rechtsanwälte, Schöffen, Gerichtspersonen. Das geht zu weit."

Zitate aus der NFP-Satire von 1926

gewirkt werden. Nun, da ihr und ihrem verantwortungsvollen Aufgabenbereich am Herd doch eine eigene Rubrik gewidmet war, da konnte die Frau doch keinen Zweifel mehr daran haben, daß sie unentbehrlich war, und was könnte sie schon mit größerem Glück erfüllen, als die Gewißheit, von ihren Lieben gebraucht zu werden? Außerdem konnten jetzt tatsächlich beide Geschlechter bei der Lektüre der *Neuen Freie Presse* auf ihre Kosten kommen.

Natürlich sollten die Frauen nicht in ihrer Rolle als Rezipientinnen verharren müssen; wie hilfreich konnten sie doch mit ihrem eigenen Wissen ihren Kolleginnen an anderen Herden sein – sie hatten doch schließlich etwas zu sagen! Zwar hatten auch bisher Angehörige ihres Geschlechts in der Zeitung geschrieben, Beiträge zum Thema Muttertag beispielsweise oder darüber, wie man Tennis spielt; außerdem gab es immer wieder literaturkritische Beiträge von Feuilletonistinnen. Doch sollte mit der neuen Rubrik den Frauen verstärkt entgegengekommen werden. Nun sollten sie zu Wort kommen.

Freilich war das weibliche Geschlecht im Grunde immer präsent gewesen. Man hatte es doch nicht übersehen können in den zahlreichen Mode- und Werbeanzeigen! Doch auch in diesen Werbeschaltungen wollte das Bild der Frau nicht mehr dasselbe sein wie früher: Man zeichnete Damen in Röcken, die ihre Knie nicht mehr bedeckten, das Haar war zum Bubikopf gestutzt, der in der *Neuen Freien Presse* vom 9. Mai 1926 auf Seite 14, gleich hinter dem Männerbund-Protokoll, zum unbedingten Muß erklärt wurde.

Die neue Damenmode, Ausdruck eines neuen Frauenbildes und weiblicher Eigenwilligkeit, wollte die männlichen Gemüter in den Folgejahren einfach nicht zur Ruhe kommen lassen. Die *Neue Freie Presse* wollte es genau wissen und wartete mit Konkretem auf: am 8. und 15. April 1928 präsentierte sie ihren Lesern die Ergebnisse einer Umfrage zum Thema „Kurz oder lang – männlich oder weiblich?"; prominente Künstlen, u. a. Maria Jeritza, Helene Thimig, Alfred Piccaver und Anton Edthofer, nahmen zur „Krise der Damenmode" Stellung. Und nachdem

Die galante Dame und **die Intellektuelle.**

(Zeichnungen von K. A. Wilke.)

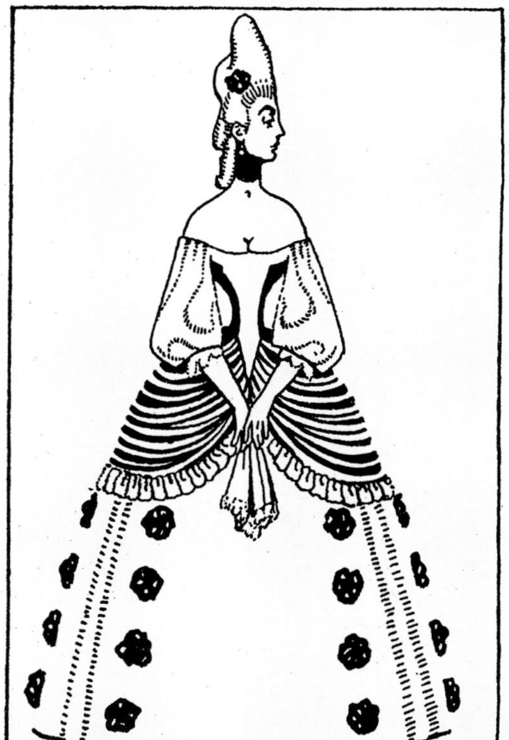

Oben spitz und unten breit,
Durch und durch voll Süssigkeit.

Unten spitz und oben breit,
Durch und durch voll Bitterkeit.

Mutterdarstellung „Der Stammhalter" von L. A. Tessier (1907)

sich die Meinungen teilten, man das neue Outfit der Frau mit Attributen von „fortschrittlich", „ungemein bequem" und „gesund" über „pikant" und „reizvoll" bis hin zu „häßlich", „scheußlich" versah und diese „Vermännlichung der Frau" als „Verirrung" bezeichnete, sei (um am Ende die Ehre des männlichen Geschlechts doch wieder herzustellen) abschließend Adolf Loos zitiert: „Den Frauen vorschreiben zu wollen, sie müßten ihr Haar lang tragen, da das lange Haar Lustgefühle erzeuge und die Frauen nur dazu da sind, ihnen – den Männern – diese erotische Spannung zu verschaffen, nein, das ist eine Frechheit! ... Ein Mann, der den Frauen Vorschriften machen will, sagt damit, daß er die Frau als Sexualhörige betrachtet. Er möge sich lieber mit seiner eigenen Kleidung beschäftigen. Die Frauen werden mit ihrer schon fertig werden!"

„Wenn es eine Heilige in unserer entheiligten Zeit gibt, die verdient, daß man ihr im Kalender einen Feiertag zuspricht, dann ist es die Mutter. Sie, die Märtyrerin von Natur aus, die ihr Leben Tag für Tag hingibt .

Die NFP zum Muttertag – keine Satire

HANS HAIDER

Österreichs Dreyfus-Affäre 1928–1930

Der Fall Philipp Halsmann

Une affaire Dreyfus en Autriche": Mit dieser Titelzeile über einem Zeitungsartikel von Henri Guernut wurde im Jänner 1930 in Paris, wo der Name Dreyfus als Chiffre für politische und antisemitische Rechtsprechung besonders schmerzte, die Aufmerksamkeit auf einen aktuellen österreichischen Kriminalfall gelenkt. Derselbe Linksabgeordnete Guernut hatte 1927 im Pariser Verlag der Ligue des droits de l'homme das Buch „L'Affaire Sacco et Vanzetti: une affaire Dreyfus aux Etats Unis" herausgebracht. Die Affäre Dreyfus war in Österreich der „Fall Halsmann". Er richtete drei Jahre lang, von 1928 bis 1930, den Blick vieler Gerechter und Besorgter auf die österreichische Justiz, Politik, Mentalität. Auch Thomas Mann und Albert Einstein schickten Gnadengesuche nach Wien zugunsten von Philipp Halsmann. Dieser Student aus Riga stand zweimal als Vatermörder in Innsbruck vor Gericht, wurde das erste Mal wegen Meuchelmords, das andere Mal wegen Totschlags verurteilt – schließlich von Bundespräsident Miklas begnadigt und sogleich als unerwünschter Ausländer abgeschoben.

Für den unschuldigen Angeklagten Hauptmann Alfred Dreyfus hatte sich 35 Jahre davor kein Österreicher leidenschaftlicher engagiert als der NFP-Prozeßberichterstatter Theodor Herzl. So wie Emile Zola am 13. Jänner 1897 in der Tageszeitung *L'Aurore* mit seinem „Offenen Brief an den Präsidenten der Republik" („J'accuse ...") das nationale Gewissen wachrüttelte, setzte auch die *Neue Freie Presse* auf ihre Titelseite vom 27. Oktober 1929 Jakob Wassermanns „Offenen Brief an den Präsidenten der Republik". Der in der ganzen Welt gelesene Romancier schrieb aus seiner Residenz in Altaussee: „Philipp Halsmann ist unschuldig. Wenn Ihnen dieses Diktum als zu vermessen und unbedingt erscheint, so kann ich mich zu seiner Bekräftigung auf die Meinung von ganz Europa berufen, das heißt auf die aller anständigen, unbefangenen, klar empfindenden und von der Pestatmosphäre des Rassenhasses noch unvergifteten Menschen dieses Erdteils, Christen wie Juden."

In den Zillertaler Alpen war am 10. September 1928 der Zahnarzt Mordok Halsmann aus Riga mit vielen Wunden am Körper tot aufgefunden worden; er war mit seinem Sohn Philipp, einem Architekturstudenten, auf dem Heimweg von einer größeren Bergtour gewesen; Philipp meldete den Tod seines Vaters im Tal als Folge eines Unfalls – doch alle Indizien deuteten darauf hin, daß Mordok (Max) Halsmann ermordet worden sein mußte. Philipp Halsmann wurde 1928 in Innsbruck des Vatermordes angeklagt, von den Geschworenen für schuldig befunden und zu zehn Jahren Kerker verurteilt; nach der Kassation dieses ersten Urteils erkannten die Geschworenen 1929 auf Totschlag – das Strafmaß betrug diesmal vier Jahre.

In beiden Indizienprozessen gegen Halsmann in Innsbruck wurden die Geschworenen, Gutachter und Richter durch wilde antisemitische Medienkampagnen unter Druck gesetzt. Während im Oberlandesgericht Innsbruck zum zweiten Mal der Tod Mordok Halsmanns verhandelt wurde, rief die NSDAP zu einer Protestkundgebung in den Kleinen Innsbrucker Stadtsaal mit dem Plakat: „Der Halsmann-Prozeß zeigt allen, die sehen wollen, den ungeheuren Einfluß und Zusammenhalt des Judentums. Der Jude ist der Herr des deutschen Volkes. Antisemiten, kommt und helft uns im Kampfe gegen die jüdischen Bedrücker, für ein freies deutsches Volk." Die Tiroler Landesregierung verbot diese Kundgebung. Auch Kanzelpredigten gegen Halsmann und Sympathisanten für ihn wurden bekannt.

Ödön von Horvath schrieb damals im bayerischen Murnau seinen satirischen Roman „Der ewige Spießer", in dem der ungute Held zu einer Weltausstellung nach Barcelona reist. In Tirol, und zwar im Bahntunnel unter dem Bergisel in Innsbruck, macht sich ein im Coupé Mitreisender Luft gegen das Weltjudentum, das einen Vatermörder seiner gerechten Strafe entziehen will.

Für Philipp Halsmann engagierten sich Schriftsteller, Politiker, Wissenschaftler und Juristen. Plattform für diese Parteinahmen und Gegengutachten wurde die *Neue Freie Presse*. Kein anderes Strafverfahren zwischen dem Schattendorfer und dem Nürnberger Prozeß erfuhr je in Österreich eine nur annähernd so umfangreiche, wortgetreue, sämtliche Anträge, Gutachten, Beweisdokumente zitierende Berichterstattung. Die *Neue Freie Presse* wurde die wichtigste Quelle, Dutzende Agenturen und Korrespondenten schöpften sie aus. Denn ein voller Prozeßtag in Innsbruck fand in der NFP seine Darstellung auf drei, vier ganzen Seiten.

Emil Kläger, der Sonderkorrespondent der NFP im Herbst 1929 in Innsbruck, war freilich nie frei von Verlockungen feuilletonistischer Ausmalereien und beschrieb den Prozeßbeginn wie ein Theaterkritiker: „Wellen von Lärm brechen durch verschiedene Türen herein, in wenigen Minuten unter dem gedämpften Licht umgebender Höfe, von grauen Mauern reflektiert, entwickelt sich nun im gesteigerten Tempo das Vorspiel zum ersten Akt. Der Angeklagte erscheint."

Nach dem neuerlichen Schuldspruch am 19. Oktober 1929 wollte Emil Kläger in einem „Der häßliche Sonderling" betitelten Feuilleton, also „unterm Strich" erklären, daß Halsmann bloß aufgrund arger Rassenvorurteile nicht freigekommen ist: „Was hat es mit Schuld oder Unschuld zu tun, ob einer eine spitze Schnabelnase hat, unreinen Teint, von Natur aus braun, durch das Hautpigment noch dunkler ausschauend. Hat es mit Schuld etwas zu schaffen, daß die Augen in Höhlen liegen, kleine Augen, unter den dünnen Kohlestrichen der Brauen? ... Der Kampf für die Rettung eines Unschuldigen ist eine Pflicht der österreichischen Öffentlichkeit."

Der Name Dreyfus wurde zur Chiffre für politische und antisemitische Rechtsprechung. Im Bild die Verlesung des endgültigen Urteils im wiederaufgerollten Dreyfus-Prozeß in Rennes am 9. September 1899

Linke Seite: Selbstporträt von Philipp Halsmann, gezeichnet am 25. Dezember 1929 in der Untersuchungshaft

Noch nach der heimlichen vorzeitigen Freilassung und Abschiebung Philipp Halsmanns (nach einer Intervention des französischen Außenministers Clemenceau, der von seiner Schwägerin Berta Zuckerkandl motiviert wurde) im Oktober 1930 bemühte sich die *Neue Freie Presse* um eine Wiederaufnahme des Strafprozesses. „Fiat iustitia. Für die Ehrenrettung Philipp Halsmanns": Unter diesem Titel analysierte Josef Hupka, Professor der Rechte an der Universität Wien, in einem zweiteiligen Aufsatz (29./30. November 1930) alle Innsbrucker Gutachten und Geschworenensprüche. Er bestätigte die plausible, durch Indizien erhärtete, aber von den Geschworenen verworfene Erklärung: Mordok Halsmann war aus irgendeinem Grund auf dem Weg ein wenig zurückgeblieben – und in einem Augenblick, da er außer der Sehweite seines Sohnes war, von einem nie gefundenen Landstreicher (oder einheimischen Schwachsinnigen oder Wilderer?) erschlagen und beraubt worden.

Ein Gutachten der Innsbrucker medizinischen Fakultät führte auch einen „Ödipuskomplex" als möglichen Auslöser für die Tat, die dem Sohn vorgeworfen wurde, ins Treffen: „Es könnte das Vorhandensein eines solchen Komplexes im vorliegenden Falle sehr wohl wahrscheinlich gemacht werden", da „sich bei Philipp Halsmann in dem Verhältnis zu seinen Eltern Züge finden, die sich in diesem Sinne deuten ließen".

Josef Hupka (er starb im KZ Theresienstadt) fragte zuerst bei Sigmund Freud nach, ehe er seine eigene Stellungnahme für die *Neue Freie Presse* schrieb. Freud lieferte einen süffisanten Kommentar zum Gutachten der Innsbrucker Mediziner-Kollegen und veröffentlichte diesen ebenfalls in der *Neuen Freien Presse* (14. Dezember 1930): „Was die Untersuchung an Unstimmigkeiten zwischen Vater und Sohn in der Familie Halsmann aufgedeckt hat, ist durchaus unzureichend, um die Annahme eines schlechten Vaterverhältnisses beim Sohne zu begründen. Wäre es selbst anders, so müßte man sagen, von da bis zur Verursachung der Tat ist ein weiter Weg. Gerade wegen seiner Allgegenwärtigkeit eignet sich der Ödipuskomplex nicht zu einem Schluß auf die Täterschaft. Man würde leicht die Situation herstellen, die in einer bekannten Anekdote angenommen wird: Ein Einbruch ist geschehen. Ein Mann wird als Täter verurteilt, in dessen Besitz ein Dietrich gefunden wurde. Nach der Urteilsverkündigung befragt, ob er etwas zu bemerken habe, verlangt er, auch wegen Ehebruchs bestraft zu werden, denn das Werkzeug dazu habe er auch bei sich."

Die Tiroler Lokalkorrespondenten der *Neuen Freien Presse* bewerteten die Bluttat zunächst („allem Anschein nach") als einen „Versicherungsmord" am wohlhabenden Vater und gaben vorschnell wieder, was die Gendarmerie erhob: „Es steht augenscheinlich fest, daß der Sohn Halsmanns die Schläge gegen seinen Vater geführt hat. Er leugnet noch immer die Tat" (21. September 1928). Erst nach und nach begann die Skepsis zu überwiegen und wurden Begleitumstände nach Wien telegraphiert, die sowohl Halsmanns Schuld in Zweifel zogen als auch die äußeren Umstände der Erhebungen und Prozeßvorbereitungen.

Nach dem ersten Schuldspruch der Geschworenen – in einer Wiener Diktion verächtlich eine „Bauernbank" genannt – durfte Halsmanns erster Verteidiger, der

Chor der Pharisäer: „Der Jude wird verbrannt!" Wilde Medienkampagnen begleiteten den Innsbrucker Indizienprozeß

Wiener Anwalt Richard Preßburger, in der NFP seine Erfahrungen („üble Stimmung", „feindliche Tendenzen") ausführlich darlegen. Doch lassen sich in der NFP auch kritische Hinweise finden, daß Preßburger nicht rechtzeitig zu einer klaren Verteidigungslinie gefunden habe. Im zweiten Prozeß standen Philipp Halsmann Innsbrucker Anwälten zur Seite. Für die *Neue Freie Presse* endete der Fall Halsmann mit der Freilassung keineswegs: Zum Jahreswechsel 1929/30 erschien ein zweiteiliger „Aufmacher" mit einer Rekonstruktion der Umstände, unter denen Mordok Halsmann zu Tode gekommen ist. Auch weiterhin setzte sich die Zeitung für eine Wiederaufnahme des Verfahrens und einen klaren Freispruch ein. Doch vergebens.

Jakob Wassermann sollte mit seinen Ängsten recht behalten, die er 1929 dem Bundespräsidenten Miklas vorgetragen hat: „Verhindern Sie, Herr Präsident, als Oberhaupt dieses Staates mit allen Mitteln, die zu Ihrer Verfügung stehen, dieses beispiellose Unrecht, und Sie werden es in tausendfacher Weise verhindert haben, da doch jede Tat ihre ungemessenen Befruchtungstriebe in sich trägt."

Das Unrecht in Innsbruck wurde von den Nationalsozialisten als Sieg gefeiert, aus den Innsbrucker Gemeinderatswahlen im April 1933 ging die NSDAP mit 41 Prozent als stärkste Fraktion hervor. Sie wurde daraufhin in ganz Österreich verboten. Die Nazis schlugen zurück mit Terror, mit Destabilisierung, mit Fremdenverkehrsboykott, mit der Ermordung des Bundeskanzlers Engelbert Dollfuß. Als sie 1938 an die Macht kamen, deportierten sie sofort den Innsbrucker Rechtsanwalt Franz (von) Passler, der Halsmann verteidigt hatte, ins KZ Dachau. Er konnte nie mehr in Innsbruck beruflich Fuß fassen und ließ sich in Eggenburg (Niederösterreich) als Anwalt nieder.

Philipp Halsmann ging nach Paris, wo schon seine Schwester lebte. Als Philippe Halsman begann er eine Weltkarriere als Photokünstler. Den Deutschen entkam er knapp, indem er mit seiner Frau Yvonne und seiner Schwester nach Amerika floh – dank eines Visums, für das Albert Einstein intervenierte. Einstein und Thomas Mann mußten 1943 noch einmal ihre Stimme erheben, als bei den US-Behörden ruchbar

Philipp Halsmann als Gekreuzigter – zeitgenössische Karikatur

wurde, daß Philippe Halsman ein rechtskräftig verurteilter Totschläger sei. Da hatte in New York schon sein Aufstieg zum gefragten Porträt-Photographen begonnen.

Nicht weniger als 101 Titelphotos hat er für *Life* beigetragen. Als 1979 die internationalen Agenturen den Tod des berühmten amerikanischen Photographen Halsman meldeten, erinnerte sich in Österreich kaum noch jemand des politischen Prozesses in den Zwischenkriegsjahren.

Philippe Halsman wurde ein Gründervater der Amerikanischen Akademie für Photographie. In seinem in vielen Bildbänden verbreiteten Oeuvre finden sich zahlreiche weltbekannte Porträtphotos von Edward Albee, Woody Allen, Louis Armstrong, Ingrid Bergman, Humphrey Bogart, Marlon Brando, Pablo Casals, Marc Chagall, Pierre Teilhard de Chardin, Maurice Chevalier, Giorgio de Chirico, Winston Churchill, Jean Cocteau, Salvador Dali, Sammy Davis jr., Albert Einstein, Duke Ellington, Fernandel, Judy Garland, André Gide, Walter Gropius, Alfred Hitchcock, Aldous Huxley, Grace Kelly, Sinclair Lewis, André Malraux, Groucho Marx, Henri Matisse, Marilyn Monroe, Vladimir Nabokov, Laurence Olivier, Pablo Picasso, Bertrand Russell, Jean-Paul Sartre, Susan Sontag, John Steinbeck, Sharon Tate, Andy Warhol.

In keiner von Philippe Halsman veröffentlichten Biographie findet sich ein Hinweis auf den Innsbrucker Prozeß. Die österreichi-

Philippe Halsman, als Photograph berühmt geworden, setzte Ideen des Malers Salvador Dali in das Medium Photographie um. Bild: „Dalis Akt Schädel", um 1950 Stiftung Gruber

sche Dreyfus-Affäre blieb verdrängt: „As eighteen I had finished school and went to study engeneering in Dresden, Germany. A couple of years later my sister, who had gone to Paris to study art, fell in love with a young Frenchman. I went to their wedding in Paris. At that time this vibrant city was indisputably the world capital of the arts, and it made such an impression on me that I decided to continue my studies there."

Erst am 8. August 1991 wurde in der Israelitischen Abteilung des städtischen Innsbrucker Westfriedhofs der seit 1928 im Gerichtsmedizinischen Institut der Universität Innsbruck verwahrte Kopf von Mordok Halsmann beigesetzt. Doch auch diese Beerdigung wurde noch durch einen Skandal überschattet. Der Innsbrucker Ordinarius für Gerichtsmedizin Rainer Henn kam wütend auf den Friedhof gestürzt und suchte Revanche dafür, daß man ihm – übrigens aufgrund einer Anordnung des damalsigen Wissenschaftsministers Erhard Busek - die berühmteste Trophäe der Innsbrucker Kriminalgeschichte genommen hatte. Die kleine Jüdische Gemeinde von Tirol-Vorarlberg hatte eigens einen Rabbiner und einen Kantor nach Innsbruck gebeten, um die Totenfeier würdig zu begehen. Professor Rainer Henn bestand – mit Berufung auf eine nach dem Sanitätsgesetz notwendige Unterschriftleistung – darauf, daß der eben erst der Erde anvertraute Kopf noch einmal ausgegraben werde, auf daß er ihn selbst noch als Amtsperson rekognoszieren könne. Damit brachte er die Gemeinde in schlimme Verlegenheit, denn sie mußte die ganze religiöse Zeremonie wiederholen, um den Verstoß gegen das rituelle Exhumierungsverbot nichtig zu machen.

Rainer Henn war jener Mediziner, der die prähistorische Leiche vom Hauslabjoch, bekannt als der „Ötzi", als Bergtoten aus jüngerer Zeit identifizierte und mit Eispickel und Skistock unsachgemäß-grob barg. Er starb bei einem Autounfall in Kärnten noch ehe ein Jahr seit seinem Roheitsakt auf dem Jüdischen Friedhof vergangen war.

DER GEFÜRCHTETE AUTOKRAT

Benedikts Fähigkeiten als Journalist und Zeitungsmacher sind unbestritten, was seinen Charakter betrifft, gehen die Meinungen der Zeitgenossen weit auseinander. Durch einnehmendes Äußeres konnte er jedenfalls nicht gewinnen, seine geradezu unheimliche Häßlichkeit versuchte er, so NFP-Feuilletonredakteur Franz Servaes in seinen Erinnerungen, durch freundliches Auftreten auszugleichen, womit er meist das Gegenteil erreichte: Jeder, der neu mit ihm zu tun hatte, wurde erst recht mißtrauisch und ging auf Distanz. Seine vulkanischen Temperamentsausbrüche sind ebenfalls legendär: Arthur Schnitzler beschreibt am 13. 8. 1910 in seinem Tagebuch folgende Episode: Wiens Journalisten drängeln sich auf schamlose Weise in das Spital, in dem der sterbende Burgtheatermime Josef Kainz liegt. Zur Rede gestellt, antwortet der *Neue Freie Presse*-Redakteur Felsenburg: „Wenn jemand früher die Nachricht von K.s Tod bringt als ich, bin ich entlassen, hat mir Benedikt gedroht – und ich hab Frau und Kinder." Freilich: Als Alleinherrscher in der mächtigsten Zeitung des Landes hätte Benedikt ein Heiliger sein müssen, um nicht zum Autokraten zu werden.

Anfang der 30er Jahre, Moriz Benedikt ist schon lange tot, wirkt der Nimbus des Namen Benedikt noch immer auf eine geradezu dämonische Weise auf einen jungen Literaten, der sich anschickt, im 19. Bezirk, in der Himmelstraße, seine Wohnung zu beziehen: Es ist Elias Canetti. Er blickt von der Terrasse seiner neuen Wohnung über den Garten und erfährt, daß auf der anderen Straßenseite, der Nummer 55, Ernst Benedikt mit seiner Frau und seinen vier Töchtern in der Ferstl-Villa, dem alten Familiensitz, lebt. Fluchtartig verläßt der junge Dichter, ein Krausianer, für den der Name Benedikt durch jahrzehntelange Lektüre der *Fackel* zu einem furchterregenden Popanz geworden war, das Haus. „So muß in vergangenen Zeiten einem Gläubigen zumute gewesen sein, wenn er erfuhr, daß in seiner nächsten Nähe ein Ketzer wohnte, ein verabscheuenswertes Geschöpf, mit dem jede Berührung gefährlich war." Elias Canetti griff zu einem Mittel der Selbsthilfe: Er belegte das Benedikt-Haus mit einem Bann, mied die Aussichtsterrasse, und wenn er die abschüssige Straße nach Grinzing hinunterging, blickt er so lange nach links, bis er am Haus Nummer 55 vorbei war.

Günther Haller

1938 verlor die Familie Benedikt ihren Wohnsitz, die Ferstl-Villa in der Grinzinger Himmelstraße

HEINZ MÜLLER

„Zahmer Affe, sammt schönem Affenhaus“

Inserate in der „Neuen Freien Presse“

Suchen Sie eine Sommerwohnung auf dem Kahlenberg? Darf's ein Bösendorfer Stutzflügel sein? Benötigen Sie vielleicht mehrere vorzügliche Köchinnen? Etwa gar einen sehr zahmen Affen für Ihre Kinder?

Ja? Nun gut, dann wird's schwer. Denn wenn Sie auf besagte Kleinanzeigen reagieren, werden Sie lange auf eine Antwort warten. Das Haus mit der Sommerwohnung steht wahrscheinlich nicht mehr, der Flügel ist zerfallen, Köchinnen und Aff' sind längst tot. Schließlich stammen die Angebote aus dem Jahr 1884. Konkret vom 6. April, einem Sonntag. Einem willkürlich ausgewählten Tag in der langen Reihe der Bände der *Neuen Freien Presse*.

In London, berichtet das Blatt auf Seite 3, belebe weiterhin die „egyptische Debatte“ das Unterhaus, auf Seite 4 schreibt man über die Reise von Kaiserin Elisabeth nach Wiesbaden. Bei Schweinefett, heißt es in den Berichten vom „Wiener Waaren- und Productenmarkt“, herrsche „totale Geschäftslosigkeit“, während zur Großmarkthalle 1,322.500 Stück Eier angeliefert worden seien. Und „auf dem Fischmarkte kamen 21.000 Kilo Fische und 1800 Stück Krebse zum Verkaufe“.

Die wahren Schmankerln findet man allerdings weiter hinten – auf den Seiten 19 und 20: „Kleine Anzeigen“. Beim zahmen Affen wäre noch hinzuzufügen, daß er „insbesondere bei Kindern sehr vertraut, sammt schönem Affenhaus“ zu verkaufen sei. Die genaue Adresse der Sommerwohnung lautet – falls Sie nachschauen wollen, ob das Haus noch steht – Kahlenberg 20. Die vorzüglichen Köchinnen „empfiehlt bestens Frau North, I. Bez., Spiegelgasse 21, 1. Stock“, und besagter Flügel wäre bei „Martinetz, Rauhensteingasse 8“ verkäuflich. Fast hätten wir das Wichtigste vergessen: „Neu, billig“.

Und was inserieren die Leute im April 1884 noch? „Die schönste Handschrift können sich Herren und Damen in kürzester Zeit nach meiner vielbewährten Methode aneignen“, wirbt Hofkalligraph Prof. Füchsel aus der Rotenturmstraße. Und „ein junges gebildetes Frl. wünscht Stellung als Vorleserin und Leitung des Haushaltes“. Ein Paar elegante Pferde, „vertraulich, fehlerfrei sammt drei Wagen“ ist ebenso verkäuflich wie eine „vorzügliche neue Dampfmaschine von 12 Pferdekraft“ oder ein „zehnpferdiges Halblocomobile“.

Welch Unterschied zum Jahr 1899: Da wird schon ein Automobil-Rennen auf der Wiener Trabrennbahn inseriert („Schnelligkeit 45 Kilometer“); die ersten privaten Automobil-Verkäufe finden sich allerdings erst einige Jahre später – und auch da nur vereinzelt.

Dominierend sind im Jahr 1903 nach wie vor die Stellenanzeigen: „Intelligentes Mädchen, welches in Frisiren, Nähen, Damenbedienung und häuslichen Arbeiten bewandert ist, bittet als erstes Stubenmädchen unterzu-

Links: Opel & Beyschlag ist schon Anfang des Jahrhunderts unter den Inserenten, als „Generalvertreter der Fahrräder-, Nähmaschinen- und Motorwagenfabrik Adam Opel in Rüsselsheim“
Rechts: Palmers-Werbung 1937: Die Dame ist – verglichen mit heute – geradezu züchtig gekleidet

kommen.“ Oder: „Kutscher, 33 Jahre, mit langjährigen Zeugnissen, verheiratet, kinderlos, nüchtern, sucht seinen Posten zu verändern, auch auswärts.“ Einige Zeilen weiter: „Disting. Damen empf. sich unter strengster Discretion praktische alleinstehende Hebamme.“

Doch was, bitte, wäre eine Zeitung ohne Heiratsanzeigen? „Graf, sehr alten Adels, in gesicherter Stellung, wünscht sich mit vermögender Dame, Witwe nicht ausgeschlossen, zu verehelichen.“ Oder was wäre mit: „30jähriger angehender Brauereibesitzer, Christ, sehr reich und vermögend, sucht sympathische Lebensgefährtin mit mindestens 60 Mille Kronen.“ Nicht unbescheiden, der junge Mann. Ob er wohl eine Frau gefunden hat?

Auch beim weiblichen Geschlecht gibt es genügend Angebote: „Hübsches Mädchen, kathol., 30.000 Kronen Mitgift, wünscht einen Doctor der Medicin, circa 40 Jahre alt, zwecks Heirat kennenzulernen. Witwer und Provinz nicht ausgeschlossen.“ Einige Wochen später liest man: „Welcher Ehrenmann wäre geneigt, 26jähr., unbescholt. Mädchen aus guter Familie, gebildet, häuslich, bescheiden, durch Ehe gesicherte, sorgenfreie wenn auch bescheidene Existenz zu bieten?“

Natürlich muß man nicht selbst suchen, wenn man heiraten will – es gibt auch im Jahr 1909 Menschen, die einem diese Arbeit abnehmen: „Oberbeamter mit großer persönlicher Bekanntschaft in heiratslustigen Herren- und Damenkreisen erbietet sich zu diskreter, Erfolg versprechender Intervention ohne jegliche Vorspesen.“ Und auch für Geschiedene gibt es einen Ausweg, liest man am 14. Dezember: „Katholisch geschiedene Herren und Damen können sich in Ungarn wieder verehelichen. Diese Ehen sind in Oesterreich giltig und anerkannt. Nachweisbare Erfolge in kurzer Zeit.“

Doch wo sollten die Jungvermählten wohnen? Auch da bietet das Blatt genügend In-

Rechts: Die Anker-Versicherung rühmte sich 1906 ihrer Vertretungen in ganz Europa
Rechte Seite, oben: „Eine gute Straße ladet zu schneller Fahrt ein!" Werbung der Firma Mobiloil aus dem Jahr 1929

Rechte Seite, unten: Es gibt auch Produkte, die ihren Werbetext im Lauf von sechzig Jahren kaum zu ändern brauchen: Franzbranntwein mit Menthol, für die anstrengenden dreißiger Jahre

DER ANKER **Gesellschaft für Lebens- und Rentenversicherungen in Wien**

Gegründet im Jahre 1858 ◆◆ ◆◆ **1 Hoher Markt 11 (Ankerhof)**

Stand der Gesellschaft am 31. Dezember 1907

Summe der Aktiven	174.091.290,52 K.	Ausgestellte Polizzen im Jahr 1907 { Kapital	61.627.112,77 K.
Summe der Prämienreserven und Assoziationsfonds	151.907.402,52 „	{ Rente	136.358,30 „
Extrareserven	6.235.377,10 „	Versicherungsstand ultimo 1907 an Kapital	538.188.577,58 „
Jahreseinnahmen (Prämien u. Zinsen)	26.850.614,49 „	„ Rente	732.051,15 „
		Auszahlungen seit Gründung bis Ende 1907	338.036.784,56 „

Die Gesellschaft übernimmt alle Arten der Lebens- und Rentenversicherungen:

Kinderversicherung für die Zwecke der Aussteuer-, Millitärdienst und Studienkosten; Todesfallversicherungen in allen Kombinationen mit und ohne Gewinnanteil; **Gemischte Versicherungen auf dem Er- und Ablebensfall, welche**

die beste Familie- und Altersversorgung

darstellen und in Verbindung mit Prämienbefreiung und Rentenbezug im Falle eintretender Invalidität während der Versicherungsdauer als Ergänzung zur

Pensionsversicherung

für Privatbeamte besonders geeignet erscheinen.
Der Anker bietet im Rahmen der Versicherungsbedingungen

Unanfechtbarkeit – Unverfallbarkeit – Weltpolizze.

Kulante Bedingungen, solide Verwaltung, billige Prämien.
Die Leibrentenversicherung ermöglicht die Ausnützung des Kapitals in moderner Weise und eignet sich besonders für all jene, denen weniger daran liegt, das Kapital den lachenden Erben zu erhalten, als sich eine höhere Jahreseinnahme auf Lebenszeit sicher zu stellen.
Auskünfte werden **kostenlos erteilt**.
Anfragen sind zu richten: An die Direktion des „Anker" in Wien 1 Hoher Markt 11 (Ankerhof).
Vertretungen in allen grösseren Orten der Monarchie.
Das Geschäftsgebiet erstreckt sich auf:
Österreich-Ungarn, das Deutsche Reich, Belgien, Holland, Italien, Serbien, Bulgarien, Rumänien, Türkei, Klein-Asien und Egypten.
Vertretungen in:
Agram, Alexandrien, Amsterdam, Belgrad, Berlin, Bielitz-Biala, Bologna, Bozen, Breslau, Brünn, Brüssel, Budapest, Bukarest, Constantinopel, Czernowitz, Dresden, Fiume, Frankfurt a. M., Görz, Gothenburg, Graz, Hamburg, Hermannstadt, Innsbruck, Iassy, Klagenfurt, Krakau, Laibach, Lemberg, Linz, Mailand, Mannheim, Osnabrück, Padua, Prag, Przemysl, Rom, Salzburg, Spalato, Stockholm, Teschen, Triest, Udine, Venedig, Verona, Zara.

teressantes. Etwa: „Behagliches Heim, elegant möblierte Zimmer, separiert, elektrisches Licht, peinlich rein, für dauernd, eventuell auch für kurze Zeit, sofort abzugeben. 4. Bezirk, Schönburgstraße Nr. 3, Mezzanin, Tür 7." Was es da noch alles gibt! Wohnungen mit „Aussicht auf einen großen Herrschaftspark", mit Dienerzimmer, ein Kabinett „mit Morgensonne und moderner Ausstattung", Gartenbenützung. Klingt recht gut, oder?
19. Dezember 1909, das letzte Wochenende vor Weihnachten: Die Zeitung umfaßt an diesem Tag 92 Seiten, gut ein Drittel davon ist mit Inseraten gefüllt. „Weihnachts-Okkasionen in Seiden-, Woll- und Waschstoffen übertreffen alles bisher Gebotene", meldet das Modenhaus Gerngross, die Firma Kwizda bietet Abführpillen, Hufkitt und Kolikpillen (für Pferde) an; Fiat verkündet, daß vier Mitglieder des Kaiserhauses – Erzherzogin Alice, Erzherzog Heinrich Ferdinand, Erzherzog Eugen und Erzherzog Leopold Salvator – mit Autos dieser Marke unterwegs sind.
„Jacobi's Sprechapparate und Platten, mit und ohne Trichter" eignen sich ebenso als Geschenk für das frohe Fest wie Petersburger Gummischuhe: „Unerreicht an Haltbarkeit", beeilt sich die Firma noch hinzuzufügen. „Neue Caruso-Aufnahmen eingetroffen", inseriert Grammophon Janauschek & Cie aus der Kärntner Straße, als „epochale Erfindung" werden „Taubers patentierte regulierbare pneumatische Sohleneinlagen" angepriesen.
Doch auch an Haustiere wird gedacht: „Fattingers Fleischfaser-Hundekuchen" seien „das tägliche Brot für jeden Hund". Und die „K. k. priv. Südbahn-Gesellschaft" erinnert an ihre Schnellzugsverbindungen: Die Strecke Wien-Neapel ist in 23 Stunden und 40 Minuten zu schaffen, von Budapest nach Mailand benötigt der Schnellzug knapp 27 Stunden.
Selbst an solchen Tagen dürfen Heiratsinserate nicht fehlen: „Ernstdenkender genialer Mann wünscht mit kapitalkräftiger Witwe oder Mädchen (illegitimes Kind kein Hindernis) in Korrespondenz zu treten", liest

„Zu heiraten wünscht ein solider wohlhabender Handelsmann ... wenn sich ein in bürgerlichen Verhältnissen, häuslich und wohlerzogenes Mädchen finden sollte."

Die erste Heiratsanzeige in der „Presse", am 24. Dezember 1848 man hier. Ein junger Kaufmann, Reserveoffizier, wünscht ein „sehr hübsches, gediegen erzogenes junges Mädchen, bis 22 Jahre alt, mit einer seinem Vermögen entsprechenden Mitgift von mindestens 100.000 Kronen aus geachteter israelitischer Familie zu ehelichen“.

Auch für jene, die Ehepartner und Wohnung längst gefunden haben, gibt es genügend Angebote – beispielsweise für die Ernährung des Nachwuchses: „Wer seine Kinder geistig und körperlich frisch und kernig gesund haben will, mache einen Versuch mit Kunz-Triumph (Früchte-Hafer-Kakao)“, liest man in der Silvesternummer des Jahres 1909. Das Inserat für Eau de Cologne steht neben jenem von „Guttmann's Zimmerklosett (garantiert geruchlos)“, das von Meyers großem Konversations-Lexikon neben jenem für „Zauber-König: Wiens größtes und ältestes Scherzartikelgeschäft“: Riesenzauberschlangen gibt es hier zu kaufen und Früchte mit scherzhaftem Inhalt, mystische Bonbonbriefe ebenso wie Scherz-Knallkorke, einen Krawall-Sect und eine Jux-Tombola.

Die meisten inserierenden Firmen existieren heute, einige Jahrzehnte später, nicht mehr. Doch ein paar haben überlebt: „Chocolade Küfferle“ etwa, das seine „Depots in den Bezirken“ schon am 5. April 1884 „zur Bequemlichkeit des Publicums einer gütigen Beachtung empfiehlt“. Immerhin hat die Firma, wie sie bekanntgibt, die „Goldene Medaille der internationalen pharmaceutischen Ausstellung Wien 1883“ erhalten. „The Berlitz School of Languages“ preist am 1. Oktober 1899 ihre Kurse für das „Studium des Englischen, Französischen, Spanischen, Italienischen und Böhmischen“ an: Herren und Damen, so heißt es im Inserat, würden separat unterrichtet.

„Singer Nähmaschinen“ bringt den Wiener Kunden am 10. Dezember 1899 „höflich zur Kenntnis, daß wir die Localitäten unseres Wiener Hauptgeschäftes von I., Nibelungengasse Nr. 8, nach I., Wipplinger Straße 23, verlegt“ haben: „Unsere neuesten Familien-Maschinen haben den leichtesten, ruhigsten Gang, sind von einfachster Handhabung und unübertroffen für alle im Haushalt vorkommenden Arbeiten wie für die moderne Kunststickerei und Hohlsaum-Arbeit.“

FIAT
509

Die Firma „Teekanne" rät ihren Kunden, „zum Selbstschutz" ausdrücklich „Tee Marke Teekanne" zu fordern. Und auch Julius Meinl macht die Leser am 6. März 1903 höflichst darauf aufmerksam, daß „seit neuerer Zeit minderwertige Erzeugnisse, Mischungen von Malz und Cacao, unter ähnlich klingenden Namen in den Handel gebracht werden und dadurch das Publikum schon oftmals zu seinem Schaden getäuscht wurde, indem es im Glauben, echten Julius Meinls Maltin-Cacao zu kaufen, minderwertige Nachahmungen erhielt."
Das Modenhaus Gerngross, „größtes Spezialhaus der Monarchie in Seiden- und Wollstoffen", offeriert am 8. Jänner 1905 seinen Inventur-Sonderverkauf „als besonders günstige Kaufgelegenheit für Schneider, Schneiderinnen und Modistinnen". Reifenfirmen wie Dunlop oder Continental preisen ihre Produkte mit ersten Preisen beim Semmering-Rennen oder beim Automobil-Grand-Prix im Jahr 1906, die „Donau-Versicherung" bietet „zu den billigsten Prämien und vorteilhaftesten Bedingungen Feuer-, Hagel-, Glas- und Einbruchsdiebstahl-Versicherungen" sowie Assekuranzen für den „See-, Fluß- und Landtransport" an.
Auch manch Autofirma wie Opel & Beyschlag ist schon Anfang des Jahrhunderts unter den Inserenten: Man sei, so liest man, Generalvertreter der Fahrräder-, Nähmaschinen- und Motorwagen-Fabrik Adam Opel in Rüsselsheim. Die Berndorfer Metallwaren-Fabrik bietet „schwer versilberte Alpacca-Silber-Bestecke und Tafelgeräte: Preisliste franko". Die Firma „Eternit-Schiefer" ist am 22. Juli 1906 überzeugt, „das beste Dach der Gegenwart" zu bieten: „Feuer- und sturmsicher, wetterfest, reparaturlos, leicht, vornehm und billig."
Die Flasche von Odol-Mundwasser sieht schon im Jahr 1909 so aus wie heute noch, die Firma hat sich ein besonders nettes Sprücherl einfallen lassen: „Wenn die Zähne regelmäßig mit Odol gepflegt werden, wird der ganze Mund gleichsam verjüngt wie der Körper nach einem Bade."
Als „Zierde für Ihren Fuß" stellen sich „Salamander-Stiefel" in einem Inserat am 6. Dezember 1909 vor: „Einheitspreis für Damen- und Herrenstiefel 16.50 Kronen – Luxusausführung 20.50: Fordern Sie neuestes Musterbuch." Und „Brockhaus" bietet rechtzeitig vor Weihnachten 1909 die 17 Bände seines Lexikons à 14,40 Kronen an: „Niemand, der mit der Zeit fortschreiten will und bestrebt ist, seine Bildung zu vervollständigen, kann das Lexikon entbehren."
Von all der Pracht früherer Jahre ist einige Zeit später, im Dezember 1917, nichts mehr zu sehen. Letzter Kriegswinter, mit Rußland laufen Waffenstillstandsverhandlungen, und in Inseraten wird um Zeichnung der siebenten Kriegsanleihe gebeten. Die Zahl der Inserate nimmt deutlich ab: Für jene, die auch in diesen schweren Zeiten aufs Feiern nicht verzichten wollen, bietet das Hotel

Oben: „Unsere neuesten Familien-Maschinen haben den leichtesten, ruhigsten Gang, sind von einfachster Handhabung und unübertroffen für alle im Haushalt vorkommenden Arbeiten." Singer-Werbung 1909
Linke Seite: Flotte Fiat-Werbung aus dem Jahr 1925, für den, der sich schon damals touristische Eskapaden leisten konnte.

Oben: Die Firma „Teekanne" riet ihren Kunden, „zum Selbstschutz" ausdrücklich „Tee Marke Teekanne" zu fordern (1909) Unten: Gesundes Bräunen, propagiert 1933 von der Firma Nivea

Imperial „Zusammenstellungen von guten und edlen Weinsorten in Körben".
Doch im selben Band merkt man auch den Mangel – zum Beispiel bei Gummi: „Holzeisen-Bereifung für schwere Lastautomobile" bietet die Felgenfabrik Ernst Bauer aus Wien. „Jeder sammle alte, unbrauchbare Gummiwaren aller Art", bittet die Österreichische Kautschukzentrale Aktiengesellschaft: „Wir kaufen diese Abfälle zu den vom k. k. Handelsministerium genehmigten Preisen an." Fiat wirbt für seine Kraftfahrzeuge nicht mehr mit Erzherzögen, sondern unter den Schlagworten „felderprobt und kriegsbewährt".
Und auch aus so mancher Kleinanzeige ersieht man den Krieg und das Elend: „Militärfrei" ist ein Bilanzbuchhalter, der eine Lebensstellung sucht. Ein „armer Staatsbahnpensionist bittet edle Geschäftsleute um irgendeine provisorische Stelle". Nachsatz: „Ist durch den Krieg Bettler geworden."
Daß das Elend auch vor besseren Kreisen nicht halt macht, erkennt man an der Dominanz jener Anzeigen, in denen Schmuck, Silberbestecke und Antiquitäten angeboten werden. „Echte Perserteppiche, sehr gut erhalten, preiswert abzugeben. Anzusehen von 2 bis 5 Uhr nachmittags, Händler verbeten. Bei Herstein, 9. Bez., Hörlgasse 10, Tür 14."
Lust zum Heiraten hat in Zeiten wie diesen nur jemand, der wirklich muß – und dies in verklausulierter Form auch bekanntgibt: „Junges, hübsches, intelligentes, vermögendes Mädchen, aus bestem Haus, wünscht zwingender Gründe halber Herrn im Alter von 25 bis 35 Jahren zwecks Ehe kennenzulernen."
Die wirklich lustigen Inserate früherer Jahre aber – die sucht man vergeblich. Doch halt – da ist doch noch eines, am 15. Dezember 1917: „Papagei! Suche schönen, zahmen, gut sprechenden Papagei." Ob etwa gar der „zahme Affe" aus dem Jahr 1884 plötzlich verstorben ist?

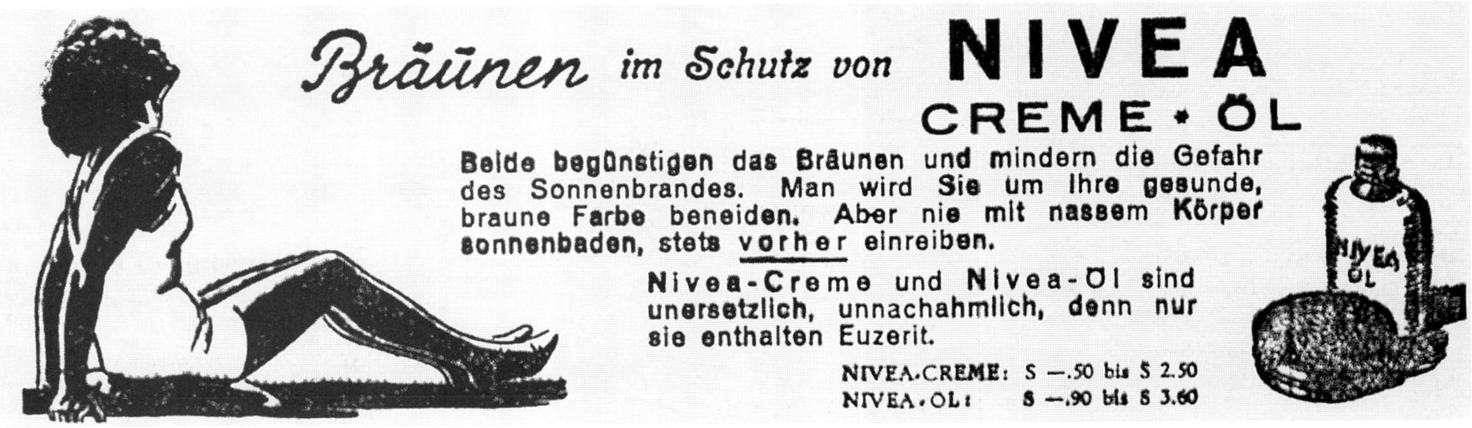

Erste Wiener Leichenbestattungs-Anstalt
ENTREPRISE DES POMPES FUNÈBRES
Besorgung von Leichenbegängnissen
in Wien und Umgebung.
Direction: Stadt, Kärntnerstraße Nr. 21, 1. Stock.
Leichen - Anmeldungs - Kanzlei: Stadt, Kärntnerstrasse Nr. 21, 1. Stock.
„ „ „ Stadt, Kolowratring Nr. 14.
„ „ „ Landstrasse, Ungargasse Nr. 36.
Verkauf aller Gattungen Metall- u. Holz-Särge,
Leichenkleider, Leichenhäubchen,
Sarg-Kissen, Sarg-Matratzen, Sargschleier, Handkreuze, Grabkreuze, Hut-, Arm- und Kerzen-Flöre, Blumen, Bänder, Wachskerzen und Windlichter etc. 3674—1
In grösster Auswahl von vorzüglichster Qualität und zu den billigsten Preisen.

„Bei den ohnehin günstigen Vermögensverhältnissen wird mehr auf ein angenehmes Aeußeres, vorzügliche Herzensgüte und Liebe zur Führung einer größeren Haushaltung als auf Vermögen Rücksicht genommen."

Aus einer Heiratsanzeige, „Die Presse", 11. Jänner 1855

Die schönsten und besten
Zähne
Luftdruckgebisse etc. etc.
nach neuester amerikanischer Manier zu billigsten Preisen.
Plombirungen,
besonders in Gold,
sowie 3288—13
Zahn-Operationen
werden vollkommen schmerzlos unter Einfluss des ausserordentlich angenehm wirkenden und bei jedem Alter und jeder Individualität gefahrlos anwendbaren
Lust-Gases
(Preis 2 fl.) vorgenommen bei
Zahnarzt Ludw. Heksch,
Wien, Kohlmarkt Nr. 24,
im Hause „zum Lothringer".
Ordination an Wochentagen von 10 bis 5 Uhr, an Sonn- und Feiertagen von 10 bis 1 Uhr.

Verlorener Pintsch.
Derselbe ist klein, grau und hört auf den Namen: „Pimperl". Er verlief sich vom Hause Nr. 28 auf der Wieden, Heugasse, woselbst er gegen eine angemessene Belohnung abgegeben werden wolle. 4364 - 1

Wassersparendes FAYENCE KLOSET
„QUARNERO" PATENT FRIEDMANN
AUCH OHNE WASSERLEITUNG VERWENDBAR.
IN ALLEN INSTALLATIONSGESCHÄFTEN ERHÄLTLICH.
S. Friedmann jr. WIEN, I.,
WEIHBURGGASSE 26. PROSPEKTE.
TAUSENDE nachweisbar in Verwendung.

Zu Festgeschenken
1 Stereoskop-Apparat
mit 12 hübschen Bildern
von 1 fl. 50 kr. bis 10 fl. Oe. W.
12 Bilder von 75 kr. bis . . . . . 6 fl.
12 „ fein colorirt, von 2 bis 8 fl.
12 „ transparent, von 4 bis 10 fl.
Das allergrösste Lager
von
Photographie = Albums
zu überraschend billigen Preisen.
10,000 Photographien
in Visitkartenformat, per Stück 10 kr., kein Ausschuß, in der
Papierhandlung,
Stadt, Weihburggasse Nr. 16,
vis-à-vis der Franciscaner-Kirche.
Provinzaufträge prompt gegen Nachnahme. 4282—1

THEODOR VENUS

Die dunklen Jahre

Österreichs Ende und das Ende der „Neuen Freien Presse“

Mit dem Ende der Donaumonarchie mußte die *Neue Freie Presse* den Verlust eines Großteils ihrer bisherigen Leser verkraften, die nun zu den neuen Nachfolgestaaten gehörten; die Zeitungskrise nach Kriegsende verursachte bei der gesamten Wiener Presse massive Lesereinbrüche, auch bei der *Kronen Zeitung*, am stärksten aber traf sie Blätter vom Typus der *Presse*. Der Liberalismus, speziell in seiner deutsch-liberalen Spielart, dessen Anhänger Klientel und Schutzmacht der Zeitung zugleich waren, hatte nach dem Weltkrieg ebenfalls seine soziale Basis verloren.

Der damals wohl bedeutendste österreichische Wirtschaftspublizist Gustav Stolper schrieb 1924: „Die Presse des alten Österreich war Organ einer Großmacht. Was in Wien geschrieben wurde, hörte man und mußte man hören in Lemberg und Czernowitz, in Prag wie in Laibach, in Budapest wie in Triest ... Daß Wien (heute) noch eine sogenannte große Presse hat, ist absurd. Die äußeren und inneren Wirkungsmöglichkeiten dieses Landes sind geschwunden. Die inneren Probleme dieses Landes sind von erquickender Bedeutungslosigkeit ...“ Darüber hinaus verlor die Zeitung zahlreiche Inserenten: Unternehmen, die nun ebenfalls im Neu-Ausland ihren Sitz hatten und ihre Inserate in den führenden Organen des eigenen Landes plazierten.

Es ist zweifelhaft, ob diese objektiven Faktoren, die auch jeder anderen Zeitung zusetzten, durch entschlossene verlegerische Reformen hätten wettgemacht werden können. Unbestreitbar traf der Tod Moriz Benedikts im März 1920 die Zeitung freilich zum denkbar schlechtesten Zeitpunkt. Es ist in Rechnung zu stellen, daß die politischen, sozialen und kulturellen Umbrüche der frühen zwanziger Jahre neue Lesegewohnheiten hervorriefen, die zu zahlreichen Zeitungsneugründungen mit Veränderungen im Zeitungsinhalt, Layout und Stil führten.

Schufen die heftigen politischen Auseinandersetzungen um die Umgestaltung von Staat, Gesellschaft und Kultur zuerst einen Nährboden für den Aufschwung der Parteipresse, so wurde diese bald durch die im modernen Stil und Layout gemachten neuen Boulevardblätter mit ihrem Enthüllungsjournalismus in der Lesergunst übertroffen. Beide und ebenso die neue Vielfalt der Presse in den Bundesländern machten den Qualitätsblättern zu schaffen.

1923 erschienen in Wien 30 Tageszeitungen, und selbst zu Beginn der Wirtschaftskrise verringerte sich ihre Zahl nur unwesentlich. Aufgrund der Einkommensverluste mittelständischer Berufsgruppen in den Inflationsjahren wurde der tägliche Kauf einer Tageszeitung zu einem Luxus. Man griff daher nicht selten zu einem der zahlreichen billigeren Blätter, wie *Die Stunde*, *Der Tag* oder der *Kronen Zeitung*, die mit einer Auflage von 250.000 auch damals an der Spitze unter den österreichischen Tageszeitungen lag. Eine Alternative zum Kauf einer Tageszeitung bot das traditionell reichhaltige Angebot der zahlreichen Kaffeehäuser: „Die Tagespresse muß sich mit dem Unikum abfinden, daß im Durchschnitt 30 bis 40 intellektuelle Leser ein Zeitungsexemplar benützen“, schrieb der Vertriebschef der *Neuen Freien Presse* Friedrich Fliegel im Jahre 1928.

Die politischen Hoffnungen der *Neuen Freien Presse* richteten sich in den ersten Nachkriegsjahren auf ein Revival des Liberalismus als parlamentarischer Kraft. Als sie diese Hoffnungen jedoch sowohl bei den Wahlgängen 1919 und 1920 wie auch 1923 enttäuscht sah, unterstützte die Zeitung die durch Ignaz Seipel bewerkstelligte „Genfer Sanierung“, von der sie sich eine wirtschaftliche Wende zum Besseren erwartete. Obwohl sie in anderen wichtigen politischen Fragen dem christlichsozialen Lager mit großer Reserve gegenüberstand, trat sie als bürgerliche Zeitung seit 1919 in einen noch schärferen Gegensatz zur zweiten großen innenpolitischen Kraft, der Sozialdemokratie. Die Unterstützung der „antimarxistischen Koalition“ bei den April-Wahlen 1927 hatte nicht unerhebliche Einbußen bei einem Teil der jüdischen *Presse*-Leserschaft zur Folge. Bei den letzten demokratischen Nationalratswahlen 1930 unterstützte die Zeitung Bundeskanzler Johann Schober, dem sie seit langem in Sympathie verbunden gewesen war.

Ernst Benedikt, Moriz Benedikts Sohn und Nachfolger als Herausgeber, versuchte, den etwas antiquierten Tanker behutsam auf neuen Kurs zu bringen. Nahezu zwei Dutzend neue – sowohl erfahrene wie jüngere – Redakteure wurden engagiert, um die hoffnungslos überalterte Redaktion aufzufrischen: Ernst Molden, Richard Charmatz, Felix Salten, Paul Wertheimer, Otto Erich Deutsch oder Kurt Sonnenfeld kamen nach dem Tode Moriz Benedikts neu zum Blatt, Paul Kisch, Fritz Kessler, Robert Donath und Josef Reitler waren noch zu seinen Lebzeiten dazugestoßen. Neben den Feuilletonisten wurde nun auch anderen wichtigen Mitarbeitern des Blattes das Recht zugestanden, ihre Artikel zu zeichnen.

Wahlagitation der Sozialdemokraten 1919 in Wien

Ab 1924 gab es jedoch nahezu zehn Jahre lang keine Neuzugänge in der Redaktion. Besonders Ernst Benedikt setzte seit 1932 alles daran, die Personallasten durch Pensionierungen abzubauen. Durch intensive Kontakte zu Journalisten im Ausland und redaktionelle Abkommen mit anderen internationalen Qualitätsblättern versuchte Benedikt den großen Stab an Korrespondenten, ein wichtiges „human capital“ jedes Qualitätsblattes, zu erhalten; außerdem konnte die Zeitung aufgrund von Abkommen zumindest teilweise auf das wertvolle Material des *Times*- und *Ullstein*-Nachrichtendienstes zurückgreifen.

Auch inhaltlich und im Layout erlebte das Blatt unter Ernst Benedikt einige Reformen. Der tägliche Leitartikel mußte, zu Lebzeiten seines Vaters undenkbar, immer öfter wichtigen Nachrichten weichen. Seit Mitte der zwanziger Jahre erhielt die Zeitung sogar immer öfter einen Aufmacher. „Heute erfährt der, der das Blatt liegen oder aushängen sieht, auf den ersten Blick, welche besonderen Neuigkeiten ihn erwarten. Eine Zeitung, die schon lange besteht und eine Tradition zu wahren hat, wird sich gewiß nicht leicht zu einer solchen Änderung entschließen“, schrieb ein aufmerksamer journalistischer Beobachter 1925. Der Börsenbericht wurde Ende der zwanziger Jahre umfangmäßig erweitert und erhielt zugleich ein modernes Layout. Der Chronikteil wurde durch eine feuilletonistische Beilage erweitert, der Economist wurde durch einen

„Daß Wien noch eine sogenannte große Presse hat, ist absurd. Die äußeren und inneren Wirkungsmöglichkeiten dieses Landes sind geschwunden.“

Gustav Stolper, 1924

regelmäßigen „mitteleuropäischen" Wirtschaftsbericht angereichert, und der Sportteil bildete ebenso wie etwas später das tägliche Radioprogramm einen regelmäßigen Bestandteil der Zeitung. Auch die Photographie hielt Mitte der zwanziger Jahre zaghaft Einzug ins Blatt. Selbst der Anzeigenteil konnte, besonders in den Jahren der „Inflationskonjunktur" (1920/21), fast wieder an seine frühere Bedeutung anschließen.

Dennoch war die Auflage der Zeitung, die zu Beginn des Ersten Weltkrieges zeitweilig bei 100.000 gelegen war, bis zur Weltwirtschaftskrise langsam auf 80.000 gesunken. Obwohl es Ernst Benedikt zunächst gelungen war, den bekannten amerikanischen Geschäftsmann und Philanthropen Edward A. Filene an der Zeitung zu interessieren, wurde das finanzielle Fundament des Blattes langsam ausgehöhlt: Seit 1925 wies die Bilanz der „Österreichischen Journal AG" nur noch rechnerisch schwarze Zahlen aus, während sich Jahr für Jahr operative Verluste in beträchtlicher Höhe ergaben, sodaß das Darlehen Filenes bald nicht mehr zu deren Bedeckung ausreichte. Seither wurde in der Branche immer öfter darüber gesprochen, daß Ernst Benedikt auf der Suche nach Partnern sei und sich aus persönlichen Motiven womöglich aus dem Zeitungsgeschäft zurückziehen wolle.

Nach sozialdemokratischen Wahlsiegen 1928 unterstützen die jüdisch-liberalen Zeitungen den christlichsozialen Ignaz Seipel.

Immer wieder berichteten verschiedene Zeitungen seit 1925 über konkrete Verkaufsgespräche. Als potentielle Interessenten wurden so klingende Verlagsnamen wie Ullstein, Mosse oder Orbis genannt. Am weitesten waren die seit 1927 mit Ullstein geführten Verhandlungen gediehen, ehe sich auch diese im Frühjahr 1929 zerschlugen.

Das rasche Übergreifen der Weltwirtschaftskrise auf Österreich im zweiten Halbjahr 1929 veränderte die finanziellen Existenzbedingungen des Blattes grundlegend. Vor dem Hintergrund einer ständig schrumpfenden Volkswirtschaft Anfang der dreißiger Jahre verschlechterte sich die finanzielle Lage der Zeitung, die infolge ihres großen redaktionellen und Verwaltungsapparats stets auch in hohem Maße auf Inseratenerlöse angewiesen war, rapide.

Die *Neue Freie Presse* wurde somit, wie die gesamte übrige Zeitungsbranche, durch die Depression der österreichischen Volkswirtschaft schwer getroffen, und hätte Ernst Benedikt die weitere triste wirtschaftliche Zukunft Österreichs voraussehen können, hätte er sich vermutlich schon viel früher zum Verkauf entschlossen. Eine wirklich dramatische Situation für die Zeitung ergab sich jedoch erst Ende Mai 1931, als die größte österreichische Bank, die Creditanstalt, vor dem Zusammenbruch stand. Der damals zum „Krisenmanager" bestellte Generaldirektor der Bank, Alexander v. Spitzmüller, gab später zu Protokoll, daß die Zeitung der Bank zumindest 1,5 Millionen Schilling schuldete, ein Betrag, der heute ca. 50 bis 60 Millionen Schilling entspräche: Eine Fälligstellung dieses Kredits hätte unweigerlich den Zusammenbruch der *Presse* herbeigeführt. Das Weitererscheinen der Zeitung konnte nur durch ein kurzfristiges Darlehen des bisherigen Hauptaktionärs der Bank, Louis Rothschild, vorübergehend gesichert werden. Seither schwebte das Damoklesschwert über der Zeitung.

Da es Benedikt nicht gelungen war, große deutsche Zeitungsverlage für eine Beteiligung an seiner Zeitung zu gewinnen, schien es Bundeskanzler Johann Schober im Hinblick auf die wirtschaftliche Annäherung Österreichs an die Weimarer Republik (Zollunionsvertrag vom Frühjahr 1931) nicht abwegig, gemeinsam mit offiziellen deutschen Stellen eine tragfähige Lösung zur Sanierung der inoffiziellen „Stimme Österreichs" im internationalen Medienkonzert zu finden. Die finanzielle Lage der Zeitung spitzte sich im ersten Halbjahr 1931 so sehr zu, daß der Zusammenbruch der Zeitung nur noch durch stille Zuschüsse des Bundespressedienstes verhindert werden konnte.

Mitte Juli 1931 entschloß sich Benedikt über Empfehlung Schobers daher schweren Herzens, den „Canossagang" nach Berlin anzutreten. Das Auswärtige Amt in der Wilhelmstraße reagierte prompt auf die Hilferufe und schickte binnen zwei Tagen einen Vertreter nach Wien, um sich die Wünsche und Vorschläge Benedikts anzuhören und einer Prüfung zu unterziehen.

Im Verlauf der Gespräche gab sich der Herausgeber der *Neuen Freien Presse* sehr besorgt über die Zukunft seiner Zeitung, weil er die ihm so angenehme Zusammenarbeit mit der CA infolge der Krise der Bank akut gefährdet sah und kein anderer Partner in Sicht war, der die Unabhängigkeit des Blattes in gleicher Weise zu garantieren imstande gewesen wäre. Sein Gesprächspartner versuchte zu beruhigen, indem er den „überreizten" Benedikt darauf hinwies, „keine österreichische Regierung (könne) es verantworten, die *Neue Freie Presse* preiszugeben". Intern äußerte der Gast aus Berlin die Meinung, es bleibe nach dem Scheitern der Verhandlungen mit privaten Partnern wohl nur noch die Alternative, „amtliche Mittel für diesen Zweck zur Verfügung zu stellen".

Bevor aber noch das letzte Wort gesprochen wurde, änderten sich die politischen Rahmenbedingungen: In Wien stürzte die Minderheitsregierung unter Buresch über die neuerliche CA-Krise. Die Lausanner Anleihe, die das Anschlußverbot Österreichs bekräftigte, bedeutete auch das Aus für das Zollunionsprojekt und brachte Engelbert Dollfuß ans Ruder. In Deutschland wurde gleichzeitig die Regierung Brüning durch die konservativ-nationale Regierung unter Franz von Papen abgelöst.

Aus den knappen Mitteilungen, die im Frühjahr 1932 über die Verhandlungen zur Lösung der finanziellen Krise der Zeitung gerüchteweise verlauteten, ist zu entnehmen, daß Ernst Benedikt Ende April 1932 die mit Berlin seit Juli 1931 geführten Verhandlungen als gescheitert ansah. Etwa zur gleichen Zeit stellte die Creditanstalt – inzwischen unter der gestrengen Kontrolle des Völkerbund-Beauftragten Adrian van Hengel – wie seit langem befürchtet den schwebenden Kredit der *Neuen Freien Presse* fällig.

Vater Moriz und Sohn Ernst Benedikt in der Semmeringer Sommerfrische. Hätte der Sohn die triste wirtschaftliche Zukunft Österreichs vorhergesehen, hätte er die Zeitung vermutlich schon früher verkauft.

„Keine österreichische Regierung kann es verantworten, die *Neue Freie Presse* preiszugeben."

Vermutlich noch im Mai, vielleicht aber auch erst Anfang Juni 1932 sah sich Benedikt genötigt, einem Vertrag seine Zustimmung zu geben, der einem ausländischen Konsortium gegen sofortigen Einschuß von 100.000 Schilling zur Deckung des laufenden Betriebs die Option auf Erwerb der Mehrheit der Anteile an der „Österreichischen Journal AG" einräumte. Das Konsortium verpflichtete sich im Gegenzug, bis zum Herbst 1932 eine Entschuldung der Zeitung herbeizuführen. Da dies offenbar gelang, übernahm die „Portus AG", hinter der sich der österreichische Finanzier Siegmund Bosel sowie eine Gruppe von Geschäftsfreunden Bosels verbargen, am 20. September 1932 fünfzig Prozent der Anteile an der *Neuen Freien Presse*. Zusammen mit weiteren Anteilen, die der volkswirtschaftliche Ressortleiter der Zeitung, Stephan von Müller, übernommen hatte, verfügte das Konsortium nun über eine satte Mehrheit von etwa 65 Prozent der Anteile.

„Instinktiv sagte ich mir bei dem entscheidenden Händedruck, daß dies der Anfang vom Ende des Blattes sei, das meinem Vater und mir ein Krongut war.“

Ernst Benedikt zum Verkauf der NFP 1934

Ernst Benedikt, der für die Herausgabe der Anteilshälfte 1,5 Millionen Schilling erhalten haben soll, blieb bis auf weiteres formell Herausgeber und Chefredakteur, stand aber der ganzen Transaktion höchst mißtrauisch gegenüber: „Trotz einem Vertrag, der mir alle Rechte ... gewährte, ... sagte ich mir instinktiv bei dem entscheidenden Händedruck, daß dies der Anfang vom Ende des Blattes sei.“ Er erhielt zwar die von ihm verlangten Garantien hinsichtlich der Blattlinie, gleichzeitig wurde ihm aber Stephan von Müller als „Sanierer“ an die Seite gestellt. Die daraus folgenden Spannungen zwischen beiden steigerten sich im Verlauf der nächsten Monate bis zu offener wechselseitiger Abneigung, die sich wiederholt in Schreiduellen entlud.

Obwohl es naheliegt, die Beteiligung der Gruppe um Siegmund Bosel an der *Neuen Freien Presse* nur als Zwischenlösung zu sehen, stellte die „Portus AG“ dem Blatt im Verlaufe des darauffolgenden Jahres doch erhebliche Beträge zur Verfügung. Im Gegenzug übernahm sie im August 1933 weitere 13 Prozent Anteile an der Zeitung, und zu einem nicht näher bekannten Zeitpunkt brachte das Bosel-Konsortium auch die restlichen Anteile Benedikts an sich. Nach Informationen des Bundespressedienstes soll die Gruppe um Bosel beträchtliche Mittel für die Weiterführung der Zeitung in der Hoffnung aufgewendet haben, diesen Aufwand durch einen späteren Verkauf wieder zurückzuerhalten.

Demonstration von Arbeitslosen am 1. Mai 1931

Im Verlauf des Jahres 1934 aber waren Bosel und seine Freunde zu keinen weiteren finanziellen Opfern mehr bereit. Sie ließen im Herbst 1934 die österreichische Bundesregierung wissen, daß die Gefahr einer Übernahme der Aktienmehrheit der *Neuen Freien Presse* durch eine deutsche Gruppe bestehe.

Diese Mitteilung löste im Kreise der Regierung Schuschnigg Bestürzung aus, als Mitte Oktober 1934 ein kleiner Kreis von Eingeweihten durch Finanzminister Buresch in Kenntnis gesetzt wurde. Galt doch die *Neue Freie Presse* aufgrund ihrer Verbreitung in den Nachbarstaaten nach wie vor als „publizistische Visitenkarte“ Österreichs in den Nachfolgestaaten und dem übrigen Europa. Buresch, der aufgrund seiner guten Beziehungen zu Bosel über die triste finanzielle Lage der „Österreichischen Journal AG“ vermutlich am längsten und genauesten informiert war, schilderte Schuschnigg die finanzielle Lage der Zeitung in den schwärzesten Farben. Bedenken, die der Leiter des Bundespressedienstes, Eduard Ludwig, und der mit heiklen Transaktionen betraute Benjamin Schier über den von der „Portus AG“ geforderten Kaufpreis und die Folgekosten für das Budget äußerten, begegnete Buresch mit dem Argument, es bestehe unmittelbare Gefahr, daß „die deutschen Nationalsozialisten das Blatt erwerben wollen“.

Es gelang dem Finanzminister schließlich, den Bundeskanzler von der politischen Dimension der Angelegenheit zu überzeugen, sodaß sie zum Abschluß gebracht wurde. Im November 1934 gab Schuschnigg grünes Licht für Verhandlungen mit der „Portus AG“ zum Erwerb der „Journal AG“-Aktien durch die Bundesregierung. Die Endverhandlungen wurden durch Eduard Ludwig und Benjamin Schier geführt, der für die Gebarung eines geheimen Fonds zur Beeinflussung der Presse verantwortlich zeichnete. Dieser sogenannte D-Fonds war im Sommer 1934 ins Leben gerufen worden und wurde durch Spenden namhafter österreichischer Industrieller gespeist.

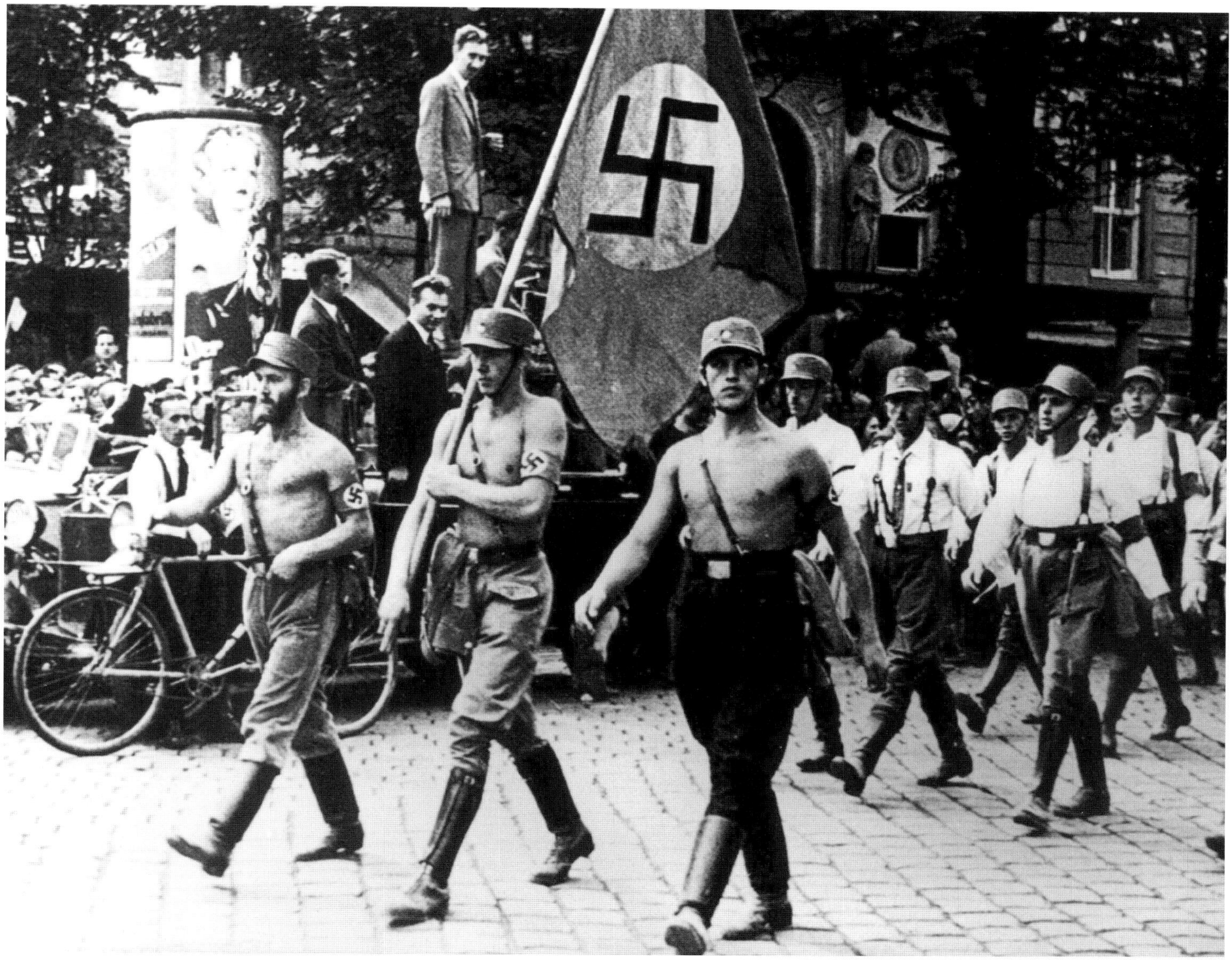

1932, die SA marschiert wegen des Uniformverbots bei öffentlichen Kundgebungen mit nacktem Oberkörper und Armbinde über die Wiener Ringstraße

Nach massiven Interventionen Bureschs kam schließlich am 20. Dezember 1934 ein Kaufvertrag mit der „Portus AG“ zustande, durch den die österreichische Bundesregierung die Aktien der „Österreichischen Journal AG“ erwarb. Der vereinbarte Kaufpreis, der in mehreren Raten zu entrichten war, betrug 2,4 Millionen, also etwa die Hälfte der ursprünglichen Forderung. Durch vorzeitige Bezahlung der letzten Raten konnte die Bundesregierung den Kaufpreis nochmals geringfügig senken.
An der Spitze der *Neuen Freien Presse* war es, nach einem neuerlichen Eklat zwischen Benedikt und Müller, bereits im Juli 1934 zu einem Wechsel gekommen: Ernst Benedikt legte sowohl die Funktion des Herausgebers wie auch des Chefredakteurs zurück. Damit wurde Stephan von Müller, der seit Moritz Dubs Tod Anfang des Jahres 1927 die Leitung des volkswirtschaftlichen Teils der Zeitung innegehabt hatte, neuer Chefredakteur. Seine „Amtseinführung“ ging ohne lautes Getöse vor sich. Als Herausgeber fungierte offiziell die „Journal AG“. Richard Stagel wurde vom Bundespressedienst als neuer Verantwortlicher für die kaufmännischen Belange Müller zur Seite gestellt.
Müller sollte im Auftrag der Regierung versuchen, ausländische Interessenten für eine Beteiligung am Unternehmen zu finden, die der Bundesregierung dauerhafte Garantien für eine Beibehaltung der österreichischen Linie der Zeitung bieten könnten; diese Bemühungen blieben aber, entgegen den anfangs optimistischen Erwartungen, erfolglos. Zu diesem Zeitpunkt ahnte wohl nur Ludwig, welche Lasten der Bundesregierung aus diesem publizistischen Engagement auf Dauer entstehen würden.

Gemeinderatswahlen Wien 1932

„Durch die politischen Veränderungen im Mai 1932 erhielt die österreichische Journalistik die schwere Wunde, an der sie noch einige Jahre dahinsiechte, bis 1938 der endgültige Todesstoß kam."
Gerhard Jagschitz

Vom Standpunkt Kurt v. Schuschniggs, der nach der Ermordung von Engelbert Dollfuß nur sehr zögernd eine neue außenpolitische Richtung einschlug, ergab der Erwerb der *Neuen Freien Presse* vor allem nach zwei Richtungen einen Sinn: „An der Erhaltung der *Neuen Freien Presse* war mir politisch außerordentlich viel gelegen. Dies nicht zuletzt deshalb, weil diese Zeitung das einzige große Wiener Organ war, das auch vor dem Juliabkommen 1936 und dem darin vereinbarten Pressefrieden im Reich tatsächlich zugelassen war. Ich hielt es daher für notwendig, gerade diese Zeitung unbedingt zu erhalten, und für wünschenswert, einen nach außen hin nicht in Erscheinung tretenden Einfluß des Bundespressedienstes gesichert zu wissen."
In einem an Schuschnigg und Ludwig adressierten Memorandum hieß es, „daß die Verbreitung der *Neuen Freien Presse* als alleiniges österreichisches Organ in Deutschland vom österreichischen Standpunkt ... höchst wichtig (sei) ... Selbst die radikalst eingestellten Kreise Deutschlands gehören zu (ihren) ständigen Lesern." Über die Höhe Auflage der *Neuen Freien Presse* im Deutschen Reich gibt es eine einzige Ziffer: Mitte März 1938, also nach dem „Anschluß" Österreichs, ging etwa ein Fünftel der Gesamtauflage (sonntags wie auch werktags) nach Deutschland; es kann jedoch angenommen werden, daß die abgesetzte Stückzahl in politisch „normalen" Zeiten entsprechend geringer war.
Noch unter Ernst Benedikt hatte die Zeitung in den Berichten ihrer Berliner Korrespondenten Paul Goldmann und Max Marcuse über die bewegten ersten Monate des neuen Regimes große Vorsicht in ihrer Berichterstattung walten lassen. Der neue Chefredakteur Stephan von Müller fühlte sich bemüßigt, dem deutschen Botschafter Kurt Rieth im Rahmen einer Antrittsvisite sofort zu versichern, „daß er trotz aller Anfechtungen von jüdischer Seite seine objektive Haltung ohne oder gar gegen Deutschland nicht aufgeben werde". Er halte eine österreichische Politik „ohne oder gar gegen Deutschland für untragbar". Trotz dieser außenpolitischen Vorgabe entging die Zeitung in der zweiten Junihälfte 1934, als der deutsch-österreichische Konflikt nach dem Verbot der NSDAP in Österreich einen ersten Höhepunkt erreichte, nur dank einer Intervention Rieths in Berlin knapp der Vorzensur.
Schon nach Hitlers Schlag gegen die SA am 30. Juni 1934 konnte man in der Zeitung kaum ein Wort der Kritik über das brutale Vorgehen der SS hören. Erst eine Woche später unternahm Paul Goldmann den Versuch, die Motive auf beiden Seiten in einer Analyse auszuleuchten. Nicht einmal der nationalsozialistische Putschversuch vom 25. Juli 1934 in Wien war Anlaß für eine klare Distanzierung von den Methoden der deutschen Außenpolitik; die Zeitung gab sich vielmehr überzeugt, daß „da, wo echter, reiner Nationalismus vorwaltet, ... man ganz gewiß nicht eine Gemeinschaft mit Meuchelmördern aufrechtzuerhalten" vermag.
Hitler hatte nach dem unrühmlichen Ausgang des Putschversuchs beschlossen, den Anschluß Österreichs „auf friedlichem Wege" herbeizuführen. Als erstes Signal in diese Richtung war die Ernennung Franz von Papens als Nachfolger Rieths zu verstehen, die auch von der *Neuen Freien Presse* als Schritt in die richtige Richtung begrüßt

wurde. Propagandaminister Josef Goebbels gab der deutschen Presse die Weisung, ihre Schreibweise gegenüber Wien zu mäßigen: „Alle Betrachtungen, die als Einmischung in die innere österreichische Politik aufgefaßt werden können, sollen unterbleiben." Diese Anweisung galt freilich nur bis auf weiteres: Es müsse „abgewartet werden, wie die österreichische Presse sich zu Deutschland einstellt". Ende Jänner 1935 präzisierte Goebbels, der zur selben Zeit im Propagandaministerium eine „Zentralstelle für österreichische Angelegenheiten" unter der Leitung Karl Megerles schuf, seine Anweisung: „Österreich existiert für die deutsche Presse in nächster Zeit nicht." Diese außenpolitische Linie wurde in einer Besprechung zwischen Hitler, Außenminister Konstantin von Neurath und Wirtschaftsminister Hjalmar Schacht neuerlich bekräftigt.
In einer seiner ersten Begegnungen mit Schuschnigg schlug Papen diesem die „Verbesserung der gegenseitigen Pressebeziehungen" vor. Schuschnigg verwies in seiner Reaktion darauf, daß die österreichische Presse bereits angewiesen worden sei, ihren „Feldzug gegen die Herabsetzung der gegenwärtigen reichsdeutschen Zustände einzustellen". Ende August 1935 veröffentlichten beide Seiten ein formelles Kommuniqué über ein Presseabkommen, an das sich aber die deutsche Seite bereits im Herbst 1935 nicht mehr gebunden fühlte.
Die *Neue Freie Presse* begrüßte die Rückgabe des Saargebietes an Deutschland ebenso wie – wenn auch nicht offen – die Wiedereinführung der allgemeinen Wehrpflicht, die beide im März 1935 erfolgten. Moralisch besonders bedenklich war die Berichterstattung über die von Hitler auf dem Nürnberger Parteitag verkündeten Gesetze zur Diskriminierung der deutschen Juden, die bis auf wenige Ausnahmen in fast allen heimischen Zeitungen ähnlich ausfiel. Die *Neue Freie Presse* bagatellisierte die „Nürnberger Gesetze", die in zahllosen, immer diskriminierenderen Durchführungsverordnungen ihre Umsetzung fanden, verband damit die völlig illusionäre Hoffnung, die Gesetze könnten als „erster konstruktiver Versuch" gewertet werden, um „zu einem erträglichen Verhältnis mit dem jüdischen Volksteil zu gelangen", sie vertröstete ihre Leser mit dem Hinweis, daß für Mischlinge vermutlich Sonderregelungen getroffen werden würden und billigte als eine als „jüdisch"

„Mit einem wahren Hechtsprung stürzte er sich in den Genuß der Allmacht. Ich selber versperrte mir den Rückweg, der durchaus dem dringenden Wunsch der Redaktion entsprang ..."
Ernst Benedikt über seinen Nachfolger Stephan von Müller

„Neue Freie Presse"-Herausgeber Ernst Benedikt mit Ehefrau und seinen vier Töchtern.

Oben und unten: 1934, beim Juliputsch der Nationalsozialisten, wird die RAVAG besetzt, die Polizei setzt zum Sturm an.

geltende Zeitung mit bemerkenswerter Toleranz die sich immer mehr steigernden Verfolgungsmaßnahmen des totalitären Regimes gegen die deutschen Juden.

Als offiziöses Sprachrohr Österreichs mußte die *Neue Freie Presse* auch das Abkommen vom 11. Juli 1936 zwischen Schuschnigg und Hitler als von staatsmännischer Weisheit getragenes Verhandlungsergebnis würdigen. Daß sich Österreich in einem geheimen Zusatzprotokoll entsprechend dem nunmehr gemeinsamen außenpolitischen Kurs „beider deutscher Staaten" auch zur Einstellung feindseliger Presseangriffe gegen Deutschland und zur Wiederzulassung deutscher Zeitungen in Österreich verpflichtet hatte,

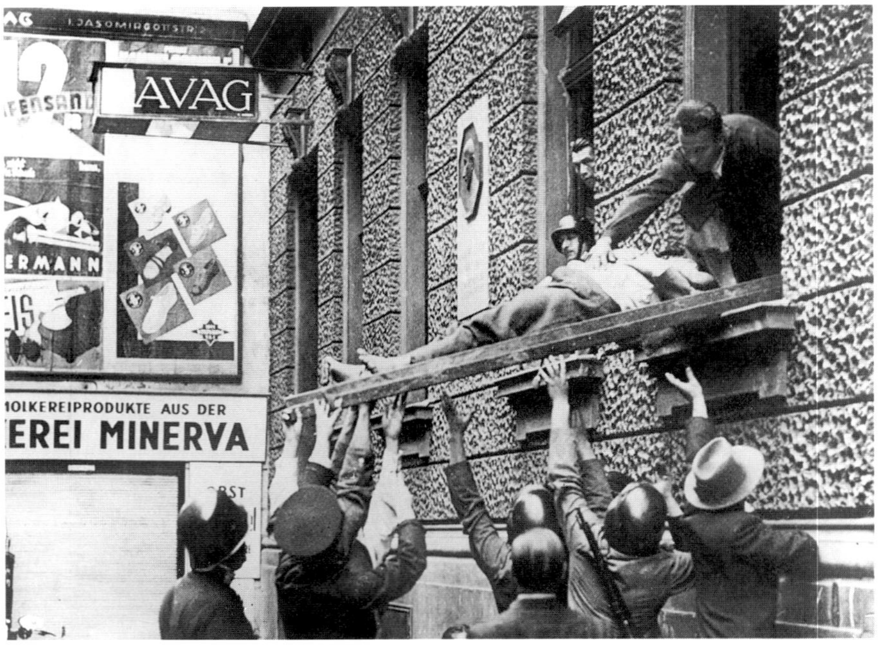

deutete die Zeitung nur dunkel an: „Die Normalisierung wird begreiflicherweise auf beiden Seiten eine gewisse Zurückhaltung zur Pflicht machen."

In dem genannten Zusatzprotokoll war die Zulassung von insgesamt fünf österreichischen Zeitungen im Reich und vice versa die Zulassung deutscher Zeitungen in Österreich vorgesehen. Beinahe wäre die *Neue Freie Presse* sogar ein Opfer dieser Bestimmung geworden; ein bereits ausgesprochenes Verbreitungsverbot im Reich wurde im letzten Augenblick widerrufen.

Der deutsche Presseattaché zog im August 1937 eine befriedigende Bilanz des Juliabkommens: Man könne „feststellen, daß das Presseabkommen, wie auch die Zulassung von ‚Mein Kampf', fast ganz zu Lasten der Systemregierung in Österreich" gehe. Im Gefolge des Presseabkommens verlor die *Neue Freie Presse* mit der Zulassung weiterer Zeitungen in Deutschland einen erheblichen Teil ihrer bisherigen außenpolitischen Aufgabe als „Herold" österreichischer Interessen im Reich, die ihr im eigenen Land schwer geschadet hatte. Ihre versöhnliche Haltung gegenüber dem Dritten Reich und ihr weitgehender Verzicht auf Kritik am NS-Regime hatte einen kaum wiedergutzumachenden Vertrauensverlust in Österreich zur Folge, besonders unter ihren liberalen und jüdischen Lesern.

Die ökonomischen Folgen, die sich daraus ergaben, waren überaus schmerzlich: Die Zeitung mußte in den Jahren 1934 – 36 einen neuerlichen, existenzgefährdenden Verlust an treuen Lesern und Abonnenten hinnehmen. Die Auswirkungen der „neuen Schreibweise" können an Hand interner Daten genau abgelesen werden: Die zu Beginn der dreißiger Jahre erreichte durchschnittliche Auflage von 44.000 Exemplaren an Wochentagen sank innerhalb von zwei Jahren auf knapp unter 30.000 Exemplare, also um nahezu ein Drittel. Zwischen dem Juliabkommen des Jahres 1936 und März 1938 kam es zu einem neuerlichen Leserschwund, der in Summe eine geradezu katastrophale Bilanz ergab. Innerhalb weniger Jahre war die Zahl der Leser des Blattes damit um mehr als die Hälfte gesunken. Ein Großteil dieser Leser wanderte zum *Neuen Wiener Tagblatt*, zum *Neuen Wiener Journal* oder zu anderen Blättern ab, die sich weni-

Die „Neue Freie Presse“ 1938 in einem Frankfurter Zeitungskiosk

ger Hemmungen in ihrer Berichterstattung auferlegen mußten.

Die neue Geschäftsführung unternahm in den Jahren 1935/36 erhebliche Anstrengungen, um die immer weiter auseinanderklaffende Schere zwischen Aufwendungen und Erlösen wieder in den Griff zu bekommen. Durch eine Reihe von Rationalisierungs- und Reorganisationsmaßnahmen wurde seit 1935 versucht, die Erlösrückgänge beim Zeitungsverkauf und Inseratengeschäft durch ausgabenseitige Einsparungs- und Rationalisierungsmaßnahmen z. B. bei den Redaktions-, Druck- und Vertriebskosten aufzufangen. Müller war seit 1934 unentwegt bestrebt, die überhöhten Personalkosten der Zeitung zielstrebig abzubauen: Trotz zahlreicher Pensionierungen in den frühen dreißiger Jahren, die etliche jüdische Redakteure betrafen, verfügte die Zeitung im Herbst 1936 noch immer über 37 fest angestellte Redakteure und eine Anzahl von ständigen Korrespondenten sowie etwa 50 Angestellte im administrativen Bereich und 120 Mitarbeiter in der eigenen Druckerei. Die ausschließlich redaktionellen Aufwendungen etwa mußten im Zeitraum 1932 bis 1935 um ein Drittel zurückgeschraubt werden, wobei die Einsparungen in den einzelnen Ressorts in der Höhe höchst unterschiedlich ausfielen: Überdurchschnittlich betroffen waren mit etwa 70 Prozent die Ressorts Politik und Feuilleton, während der Wirtschaftsteil nahezu konstant blieb. Die Aufwendungen für Löhne und Gehälter sanken um ein Viertel, der betriebliche Aufwand um ein Fünftel, Steuern und Abgaben konnten (besonders infolge der nach 1934 stark gesunkenen Anzeigenabgaben) auf die Hälfte gesenkt werden. Der einzige Kostenfaktor, der auch im Zeitraum 1932 – 36 ansteigende Tendenz aufwies, waren die Pensionen, und zwar aufgrund einer noch aus der Zeit Moriz Benedikts stammenden Regelung, die eine Art Betriebspension nach Erreichung der Altersgrenze vorsah.

Trotz aller Einsparungsbemühungen spitzte sich die finanzielle Krise der *Neuen Freien Presse* seit Ende 1935 zu. Daher ersuchte Stephan von Müller die Bundesregierung um Zuschüsse für das Blatt, um das Flaggschiff des österreichischen Journalismus vor dem Untergang zu retten. Die seitens der Bundesregierung tatsächlich gewährten Subventionen richteten sich anfangs nach den jeweiligen Erfordernissen der Zeitung und mußten daher im Einzelfall entsprechend begründet werden. Aus unregelmäßigen Zuschüssen wurden aber bald regelmäßige Zahlungen, die sich zwischen 15.000 und 20.000 Schilling pro Monat bewegten.

Als der Schuldenstand der Zeitung zu Beginn des Jahres 1936 jedoch eine bedrohliche Höhe erreicht hatte und sogar eine Liefersperre von Zeitungspapier drohte, richtete der Chefredakteur einen dringenden Appell an die Bundesregierung, die monatlichen Subventionen an die Zeitung zu erhöhen. Ob Ludwig dabei wußte, daß Müller im Sommer 1936 auch Fäden zu österreichischen Nationalsozialisten im Dritten Reich knüpfte und als Gegenleistung auch redaktionelle Änderungen anbot, bleibt offen. Der Hilferuf Müllers stellte den Bundespresse-

„Es gab überhaupt keinen Druck. Ich konnte schreiben, was ich wollte. Davon abgesehen, daß ich natürlich nicht schreiben konnte, daß Schuschnigg abserviert gehört, war alles erlaubt."

NFP-Redakteur Louis Barcata über die Situation im Ständestaat

dienst vor erhebliche Probleme, da das Gesamterfordernis mit mehr als einer halben Million Schilling für 1936 beziffert wurde.
Schier und Ludwig erarbeiteten schließlich eine für die Bundesregierung finanziell tragbare Lösung: Die Tilgung der Altschulden erfolgte im Wege eines Kredits der österreichischen Länderbank an die „Journal AG" in Höhe von 200.000 Schilling, der gegen Bundeshaftung gewährt wurde. Gleichzeitig wurden die monatlichen Zuschüsse durch Umleitung der bisher einer Starhemberg-treuen Tageszeitung gewährten Subventionen auf das Doppelte, also 30.000 Schilling monatlich, erhöht. Aufgrund eines Abkommens des Bundespressedienstes mit den auflagenstarken Kleinformaten (*Kronen Zeitung*, *Kleines Blatt* und *Kleine Volkszeitung*) flossen der *Neuen Freien Presse* noch weitere Mittel zu.
Aber schon wenige Monate später mußte von Müller der österreichischen Bundesregierung neuerlich die Unhaltbarkeit der finanziellen Situation eingestehen. Auch diese Intervention war schließlich von Erfolg gekrönt: Die monatliche Subvention wurde auf 45.000 Schilling erhöht. Die Bundesregierung hatte sich, wie sich spätestens seit dem Juliabkommen zeigte, mit ihrem Engagement bei der Zeitung in eine „No-win"-Position begeben, die ihr realistisch gesehen keinen Ausweg mehr ließ. Insgesamt dürften so seit November 1934 mehr als 1,5 Millionen Schilling, nach heutigem Geldwert zwischen 70 und 100 Millionen, aus Mitteln des D-Fonds an die *Neue Freie Presse* geflossen sein.
Der Anschluß Österreichs an das Dritte Reich enthob die politisch Verantwortlichen aller weiteren Entscheidungen. Am 12. Februar 1938 erfolgte der überraschende Besuch Schuschniggs auf dem Berghof bei Berchtesgaden, wo Schuschnigg unter scharfen Drohungen Hitler Zugeständnisse machte (Aufnahme Seyß-Inquarts in das Kabinett usw.), die in ihren Auswirkungen den Anfang vom Ende Österreichs mit sich brachten. Die Einschätzung der Ergebnisse von Berchtesgaden durch die *Neue Freie Presse* war in den ersten Tagen noch vorsichtig optimistisch. Je mehr sich die Nebel lichteten, umso besorgter äußerte sich die Zeitung jedoch über die Zukunft des Staates. Die Redaktion teilte offenbar die Ansicht der *Times*, „daß es sich nur um eine interimistische Lösung handeln kann" und daß der von Hitler ausgeübte Druck „weiter andauern" werde.
Dennoch setzte das Blatt weiter sein Vertrauen in Schuschnigg, daß dieser den eingeschlagenen außenpolitischen Kurs der Wahrung der nationalen Souveränität beibehalten würde – trotz der klaren Erkenntnis, daß Österreich international dabei auf sich allein gestellt war. In mehreren redaktionellen Stellungnahmen über die Ergebnisse der Begegnung vom 12. Februar betonte die Zeitung, daß Hitler das Beharren Österreichs auf Erhaltung seiner Selbständigkeit „als zweiter deutscher Staat in ungestörter Souveränität" begreife und bei aller Harmonisierung der bilateralen Beziehungen ein „Übergreifen" in „weltanschaulichen Fragen" nicht in Frage käme. Genau das jedoch versuchte Hitler in den letzten Stunden vor dem Rücktritt Schuschniggs direkt von Berlin aus mit ins Unerträgliche wachsendem Druck zu erreichen – und hatte damit letztlich auch den gewünschten Erfolg.
In den stürmischen Tagen, die auf die Innsbrucker Rede Schuschniggs folgten, erfüllte die Zeitung treu ihre Pflicht und stellte sich hinter die von Schuschnigg in dieser Rede und in den letzten Tagen vor dem Anschluß ausgegebenen Parolen. Der Rücktritt des Kanzlers am Abend des 11. zum 12. März 1938 traf die Zeitung daher ebenso überraschend wie die gesamte übrige Presse. Die politischen Ereignisse an diesen beiden Schicksalstagen Österreichs sind inzwischen hinreichend bekannt; weniger ausgeleuchtet erscheinen die genauen Vorgänge, die zur Gleichschaltung der österreichischen Presse führten, wie sie bereits in den ersten Tagen nach dem Anschluß erfolgte.
Für die Gleichschaltung der *Neuen Freien Presse* liegt uns der retrospektive Bericht des jüdischen Redakteurs Theodor F. Meysels, vor, der das Schicksal der Zeitung und ihrer Redakteure in Form eines Tagebuchs der Gleichschaltung schildert. Das in der österreichischen Nationalbibliothek aufbewahrte Dokument, 1944 in einem kleinen österreichischen Exilverlag in Palästina in hektographierter Form publiziert, wird hier erstmals seit vielen Jahren auszugsweise wieder veröffentlicht.

Durch die politischen Umwälzungen lagen nun alle Entscheidungen über die ungewisse Zukunft der in nationalen Kreisen seit langem als jüdisch abgestempelten Zeitung in den Händen von Hitlers und Goebbels Paladinen in Wien und Berlin, die im Verlauf des Jahres 1938 die entscheidenden Beschlüsse über die Gleichschaltung der österreichischen Presse und der gesamten übrigen Medienlandschaft trafen.

Unter den als „jüdisch“ geltenden Zeitungen der Bundeshauptstadt, die den Nationalsozialismus vehement bekämpft hatten, wurden insbesondere die unter tschechischem Einfluß stehenden Blätter *Der Wiener Tag*, *Die Stunde* und das Montagsblatt *Der Morgen* mit sofortigem Erscheinungsverbot belegt. Alle übrigen Zeitungen Wiens und der Bundesländer wurden nach dem 12. März 1938 unter kommissarische Verwaltung gestellt, die von absolut zuverlässigen nationalsozialistischen Vertrauenspersonen ausgeübt wurde.

Bei der *Neuen Freien Presse* wurde Rudolf Fischer in dieses Amt berufen. Fischer, ein sudetendeutscher Journalist, war 1933 zunächst der dortigen Henlein-Partei beigetreten und wenig später auf persönliche Empfehlung Henleins bereits im Oktober 1933 in die NSDAP aufgenommen worden. Als langjähriger Redakteur der *Deutschen Arbeit* und der *Politischen Wochenschrift*, Pressereferent der sudetendeutschen Presse in Berlin und Berliner Korrespondent der deutschnationalen *Wiener Neuesten Nachrichten* verfügte er nicht nur über ausgezeichnete Verbindungen in Berlin, besonders zum Auswärtigen Amt, sondern kannte auch alle maßgebenden Funktionäre der österreichischen NSDAP, die nun eine Rolle spielten, wie etwa den ehemaligen WNN-Chefredakteur Walter Petwaidic, einen der nun für die Säuberung der Wiener Redaktionen maßgebenden Funktionäre.

Fischer widmete sich sofort seinen neuen Aufgaben: Gleichschaltung, aber auch Erhaltung des Blattes. Bereits wenige Wochen nach Übernahme seiner neuen Funktion wurde er in der Berliner Wilhelmstraße vorstellig. In einem ausführlichen Exposé versuchte er Vorschläge „für Erhaltung und Ausbau“ der *Neuen Freien Presse*, des „einzige(n) Blattes mit der alten imperialen Reichweite der alten Donaumonarchie“, zu entwickeln: Seiner Vorstellung nach sollte die Zeitung „einen stark offiziösen Charakter“ als „Sprachrohr der deutschen Außenpolitik nach Südosten“ erhalten, da diese Politik des Dritten Reiches in den meisten südosteuropäischen Staaten „starke Furchtwirkungen“ auslöse. Denn der bevölkerungspolitische Kampf in diesem Raum werde „noch lange nicht aufhören“.

Die Überlegungen Fischers, der bis Oktober 1938 als „Kommissar“ agierte, scheinen in Berlin Gefallen gefunden zu haben. Die Reichsstatthalterei wurde angewiesen, nach der Übernahme der Aktien der „Österreichischen Journal AG“, die seit Frühsommer 1938 in einem Depot der Mercurbank hinterlegt waren, die erforderlichen Zuschüsse an die Zeitung solange zu leisten, bis über das Schicksal des einstigen Weltblatts endgültig entschieden sei.

Von Juni 1938 an übernahm jedoch der ehemalige Berliner Bürgermeister Max Winkler die Regie über die Zeitung – nach Goebbels und Max Amann wichtigster Mann in der NS-Pressepolitik. Winkler hatte sich bereits kurz nach dem Anschluß auf der Suche nach „Beutegut“ unter den österreichischen Zei-

Spontane Siegesfeier der Nationalsozialisten in der Nacht des 11. März 1938. Ein Polizist mit Hakenkreuz-Armbinde wird von der Menge hochgehoben.

„Der Begriff ‚Wiener Presse' hat seit vielen Jahren einen schlechten Klang gehabt. Sie war nicht nur die Stütze des volksfremden Systems, sondern auch eine Zentrale antideutschen Geistes."

NS-Funktionär Helmut Sündermann

tungen für die von ihm geführte „Cautio" bzw. den „Eher-Verlag" nach Wien begeben. Nach seiner Rückkehr nach Berlin hatte er bei Finanzminister Schwerin-Krosigk drei Millionen Reichsmark als vorläufigen Finanzbedarf zur Weiterführung bedeutender Wiener Zeitungen angemeldet.

Die Saat Fischers schien aufzugehen, denn in seinen Verhandlungen mit Schwerin-Krosigk wurde nicht nur die Übernahme der Aktien der *Neuen Freien Presse* durch das Reich, sondern auch die Weiterzahlung der Subventionen vereinbart. Mitte Juni wurden dafür zunächst 500.000 Reichsmark fixiert, wobei der Finanzminister zugleich gegenüber Goebbels massive Bedenken gegen diese Finanzierungspraxis äußerte.

Im Sommer 1938 begannen sich dunkle Wolken über dem Wiener Pressehimmel zusammenzuziehen. Anfang August 1938 erhielt Winkler vom Propagandaministerium den Auftrag, eine rasche Entscheidung aller offenen Wiener Zeitungsangelegenheiten herbeizuführen. Mitte September gab der Staatssekretär im Propagandaministerium, Hanke, Hitlers Entscheidung bekannt, daß das Reich künftig „keine Zeitungen weiter subventionieren soll" und die im Reichsbesitz befindlichen Blätter auf Verlage im Machtbereich Max Amanns übergehen sollten. Obwohl Hitler erklärt hatte, die *Neue Freie Presse* „aus außenpolitischen Gründen" vorläufig weiterzuführen, erschien die Zukunft der Zeitung nicht mehr gesichert. Vor allem auch deshalb, weil sich die finanzielle Lage der Zeitung im zweiten Halbjahr 1938 weiter verschlechtert hatte. Über die Ursachen dieser Entwicklung muß wohl nicht lange gerätselt werden. Zum einen verlor das Blatt wegen der Verfolgung und Enteignung der Juden die letzten Reste ihrer einstigen treuen Leserschaft, zum anderen büßte sie nach dem 12. März 1938 auch den Großteil ihrer ausländischen Abonnenten ein: Innerhalb von neun Monaten verlor das gleichgeschaltete einstige Weltblatt vier Fünftel seiner früheren Abonnenten in Europa.

Bis zum Dezember 1938 mußten daher die monatlichen Zuschüsse des Reiches an die Zeitung von 45.000 auf 75.000 Reichsmark erhöht werden, um die laufenden Kosten zu decken. Nach einem Bericht des Finanzministeriums an das Propagandaministerium flossen bis Jahresende 1938 knapp 600.000 Reichsmark an Subventionen an die *Neue Freie Presse*: Das entspricht einem durchschnittlichen Monatsbedarf von

Deutsche und österreichische „Grenzer" heben einen Schlagbaum, der Einmarsch beginnt am 12. März 1938.

60.000 Reichsmark. Weitere Zuschüsse an einzelne Zeitungen aus Reichsmitteln hielt Finanzminister Schwerin-Krosigk „nicht für vertretbar“, wie er Goebbels Ende Dezember 1938 wissen ließ. Eine definitive Entscheidung über das Schicksal sowohl der *Neuen Freien Presse* wie auch des *Neuen Wiener Journals*, bei dem eine ähnliche Entwicklung eingetreten war, wurde also unaufschiebbar.

Die Entscheidung war aber längst gefallen: Am 10. November 1938, dem Tag nach der „Reichskristallnacht“, sprach Amann bei Hitler vor, um eine Lösung der noch offenen Wiener Pressefragen herbeizuführen. Wie er Gauleiter Josef Bürckel nachträglich mitteilte, informierte er Hitler bei dieser Gelegenheit von seinem Willen zur „Einstellung der *Neuen Freien Presse*“. Hitler erklärte, „ich solle handeln, wie ich es für richtig hielte“, so Amann. Der von Hitler gebilligte Beschluß Amanns wurde dem Verlag der Zeitung erst zum Jahresende 1938 mitgeteilt: Das Ende der im 91. Jahrgang erscheinenden traditionsreichen Zeitung wurde mit 31. Jänner 1939 festgelegt.

Alle im letzten Augenblick von Wien aus unternommenen Interventionen (Seyß-Inquart, Bürckel), Amann von diesem Entschluß abzubringen, scheiterten: „Die *Neue Freie Presse* ist genauso tot wie das *Berliner Tageblatt*“, begründete Amann seinen Beschluß Bürckel gegenüber; durch den Zerfall der Monarchie sei die Zeitung längst um ihre Lebensgrundlage gebracht worden. Er habe daher Maßnahmen für „eine leistungsstarke und auslandswirksame Zeitung in Wien neben dem *Völkischen Beobachter* getroffen“, in denen die *Neue Freie Presse* freilich keinen Platz hatte. Amann hatte sich für den Erhalt und Ausbau des von Winklers „Cautio“ im August 1938 erworbenen *Neuen Wiener Tagblatts* entschieden.

Die Verlagsleitung der *Neuen Freien Presse* wurde im Jänner 1939 angewiesen, die Abonnentenlisten an den Verlag des *Tagblatts* auszufolgen. Das Schicksal der *Neuen Freien Presse* war damit besiegelt: Kurz darauf wurde das Konkursverfahren über die „Österreichische Journal AG“ eröffnet. Dabei bestand von allem Anfang an die Absicht, sich aus der sozialpolitischen Verantwortung für die Folgen der Einstellung der Zeitung davonzustehlen und „die Gesellschaft nach Einstellung der Zeitung ihrem Schicksal zu überlassen“. Das Reich stellte zur Befriedigung der Gläubigerforderungen lediglich 100.000 Reichsmark bereit; das Massevermögen des Blattes wurde vom Masseverwalter mit etwa 500.000 Reichsmark angegeben. Dem standen Forderungen in Höhe von etwa 2,5 Millionen Reichsmark gegenüber. Allein die Gehaltsforderungen der 31 aktiven „arischen“ Redakteure und Mitarbeiter, des kaufmännischen und Druckereipersonals sowie der Pensionisten betrugen ein Vielfaches der vom Reich aufgewendeten Mittel; der aus Reichsmitteln bereitgestellte Topf war bereits kurz nach Eröffnung des Konkursverfahrens vollständig geleert. Und dieses Verfahren dauerte länger als Adolf Hitlers Tausendjähriges Reich.

NS-Propaganda für die Volksabstimmung April 1938: Geschmücktes Hitler-Porträt an einem Wiener Vorstadthaus

„Neue Freie Presse"-Redakteur Theodor F. Meysels beschrieb die Stimmungslage der jüdischen Journalisten Wiens in den Tagen nach dem Einmarsch deutscher Truppen.

Die Redaktion der *Neuen Freien Presse* wird gleichgeschaltet

13. März 1938

Der Wetterbericht des 13. März lautet: „Ein in der Freitagnacht erfolgter Kaltlufteinbruch aus dem Norden macht reißende Fortschritte und hat im Osten Österreichs eine schwere Depression hervorgerufen." Wer hätte geahnt, daß die meteorologische Zentralanstalt Sinn für Ironie hat. Immerhin, die kosmische Regie von Österreichs Untergang ist vortrefflich. Gestern strahlender Frühling, heute Graupelschnee. Im Januar das große Nordlicht, „Feuer und Blut am Himmel", wie es nur je in alter Zeit Krieg und Hunger kündete. Im Februar seltsame arktische Regenpfeifer in den Wiener Parks, die im Mittelalter „Pestvögel" hießen und als bitterböse Vorzeichen galten. Kaum sind wir in der Redaktion mit dem Abendblatt fertig, da werden die ersten Suspendierungen verlautbart. Sie treffen allerdings nur Nichtarier, die längst mit dem Chef auf Kriegsfuß leben. Immerhin ist der Nichtarierprozentsatz von 90 Prozent auf 60 Prozent reduziert, wie unser erster Hakenkreuzträger befriedigt errechnet. Es ist, wer hätte das gedacht, jener von der Vaterländischen Front so warm empfohlene und trotz seiner Unfähigkeit uns aufoktroyierte Dr. Kahn, den bisher niemand für einen Arier gehalten hat. Immerhin, wir sind ihm nicht böse. Da der anerkannte Arier des „Inlandes" sich weigert, ein Hakenkreuz anzustecken, wird Dr. Kahn zur ersten Pressekonferenz des neuen Regimes delegiert. Er darf (zum ersten Mal nach jahrelanger Zeilenschinderei) das Blatt offiziell repräsentieren. Abends ist das Redaktionsgebäude von schwerbewaffneten Zivilisten bewacht. Vorsichtshalber rufe ich von einem Automaten an und erfahre, daß es sich nicht um Besetzung, sondern um eine „Schutzwache" handelt …

Zwei fabelhaft uniformierte Herren haben ein Zimmer neben dem Chef bezogen. Sie machen einen Rundgang durch alle noch bewohnten Zimmer und proklamieren, daß der Redaktionsstab unter dem Staatsschutzgesetz steht und jede Nachlässigkeit im Dienste als Sabotage betrachtet wird. Prost Mahlzeit.

Der Chef hingegen ist noch immer gut aufgelegt. Der strikte Auftrag, keine jüdische Notiz dürfe weggelassen werden, setzt die Nachtredaktion in Verblüffung. Der Theaterteil muß sofort noch eine jüdische Notiz einstellen und erfindet irgendeinen Quatsch über das Rosé-Quartett. Es sickert durch, daß Dr. v. Müller hofft, die *Neue Freie Presse* zum privilegierten Judenblatt des Dritten Reiches zu machen. Es ist ein weiter Weg, auf dem der getaufte Sohn des großen Hebraisten D. H. Müller zum Judentum zurückfin-

Ende Jänner 1939 wurde die „Neue Freie Presse" mit dem „Neuen Wiener Tagblatt" und dem „Neuen Wiener Journal" zusammengelegt. Die Zeitung hörte auf, als eigenständiges Blatt zu existieren.

Neues Wiener Tagblatt

vereinigt mit

Neue Freie Presse und Neues Wiener Journal

det (Er wird aber christlich begraben, als er vier Tage später Selbstmord begeht). Die neuen Herren sind unersättlich in offiziellem Jubel. Die amtliche Nachrichtenstelle gibt in dieser Nacht das zehnfache Durchschnittsquantum von sich. Da grundsätzlich alles ins Blatt muß, ist die Arbeit aber sehr einfach. Direkte Auslandsmeldungen gibt es überhaupt nicht mehr. Glaubt man aber Herrn Aichinger (Anm.: Pressechef der neuen Regierung), so hat die ganze Welt Österreichs Besetzung mit vollster Genugtuung zur Kenntnis genommen.

14. März
Das deutsche Heer hat Wien erreicht. Die Stadt ist (unter Polizeikontrolle und Feuerwehrnachhilfe) würdig geschmückt … Mein häusliches Mittagessen wird durch eine Deputation der Hausgenossen unterbrochen, die sich bemüßigt fühlen, der einzigen nichtarischen Partei ihren Standpunkt darzulegen. Kurz und gut, es darf uns nichts geschehen. „Nur über meine Leiche", erklärt der Gemischtwarenhändler, „wie kämpfen nur gegen die Juden als Konkurrenz und nicht gegen die Juden als Kundschaft." Ich bin nicht in der Stimmung, diesen Armen im Geiste die Freude zu verderben.Wortkarge Telephonanrufe informieren darüber, daß die Haussuchungsaktion schon zu kleinen Leuten meiner Art durchgreift. Wie in so vielen Wiener Wohnungen raucht bald der Ofen, voll mit Briefen und Manuskripten. Nach diesem Papierfeuer bleibt von der Arbeit einer halben Dekade nicht viel übrig.

15. März
Nur das nationalbetonte *Montagsblatt* ist erschienen. Neben dem Chefredakteur des *Morgen* hat man auch die beiden Humoristen Farkas und Grünbaum verhaftet, denen hier allwöchentlich eine Seite für ihr nicht besonders witziges „Montagsgespräch" eingeräumt war. Auch die Komiker Morgan und Leopoldi sitzen schon. – Wie wird sich Wien unter einem Regime fühlen, das es so eilig hat, die Hanswurste beim Kragen zu nehmen? Allerdings kommt jetzt heraus, daß der Barklavierspieler Leopoldi der Komponist der Dollfußhymne war. Das gibt einen faden Geschmack auf der Zunge. Immerhin, diese Hymne der österreichischen Diktatur war wenigstens eine Ori-

Straßenwaschende Juden in Wien. In den ersten drei Tagen des neuen Regimes gab es 187 Selbstmorde – die Spalten der „Neuen Freien Presse" waren voll von Todesanzeigen …

Fünf Tage nach der Okkupation Österreichs erschien in der gleichgeschalteten „Neuen Freien Presse“ dieses Inserat.

ginalkomposition, wenn auch aus der Heurigensphäre, und kein so ödes Plagiat wie das Horst-Wessel-Lied oder die „Giovenezza“.

In der Redaktion wieder neue Lücken. Der arme Dr. S. hat Selbstmord begangen, als er die S.A.-Wache vor dem Haus sah. Auernheimer und Hirschfeld sind schon verhaftet. Insgesamt haben in den ersten drei Tagen des Regimes 187 Leute Selbstmord begangen. Das darf natürlich nicht gemeldet werden – im redaktionellen Teil. Wer es sich leisten kann, mag das „jähe Abscheiden“ seiner Angehörigen aber in einer Parte in der *Neuen Freien Presse* bekanntgeben, informiert man uns …

Einmal haben wir an diesem Abend doch gelacht. Während der Umbruch besprochen wird, geht das Telefon. Nach ein paar Worten gibt mir der Kollege grinsend den zweiten Hörer. Am Apparat Pg. Sündermann, Chef der NSDAP-Korrespondenz. In voller Würdigung des Umstandes, daß die *Neue Freie Presse* noch ein Judenblatt ist, ersucht er höflich, doch keinen so typischen kleinen Juden wie Dr. Kahn zu den Pressekonferenzen zu schicken. Vor allem erregt Anstoß, daß er das Hakenkreuz trägt. Zu allseitigem Vergnügen wird unser selbsternannter Paradegoi sofort hinausgeworfen. Unter Berufung auf die gebotene Kollegialität wird der echt arische Reporter zur Anlegung des Hakenkreuzes veranlaßt.

Eine halbe Stunde später kommt von oben, wo die Braunen in den schönen Uniformen residieren, die Anweisung, daß die Belegschaft der Druckerei sofort das Hakenkreuz anzulegen habe, sonst fristlose Entlassung.

Das ist nicht so einfach. Die Leute, Setzer wie Drucker, ausnahmslos alte Gewerkschaftler, weigern sich kategorisch. Wir reden ihnen zu wie kranken Rössern, appellieren an ihren Familiensinn. Es hilft nichts. Morgen werden alle diese braven alten Burschen hoffnungslos auf der Straße liegen.

Unverhofft kommt die Lösung. Metteur Porges, der als unverfälschter Nichtarier an der Besprechung nicht teilgenommen hat, erscheint mit einer Zigarettenschachtel in der Hand. „Ruhe, Genossen“, unterbricht er die Debatte mit der Routine des alten Versammlungsredners, „während Ihr Euch da herumstreitet, habe ich in der Mechanik schöne Hakenkreuze für Euch gestanzt. Diese echt jüdischen Hakenkreuze werde ich jetzt zu Gunsten der Roten Hilfe um fünfzig Groschen das Stück verkaufen.“ Allgemeines Gelächter. Die Belegschaft der *Neuen Freien Presse* ist gleichgeschaltet. Sechzig Familien werden weiter zu essen haben.

Heute Nacht kommt Dr. Sternberg zum ersten Mal nicht um halb eins herunter, die Abzüge anschauen. Zum ersten Mal seit fünfunddreißig Jahren. Er hat am Abend erfahren, daß er nicht mehr als verantwortlicher Redakteur zeichnen darf, und sofort das Haus für immer verlassen. An seiner Stelle amtiert ein frisch eingetroffener Mann vom *Saarbrückener Anzeiger*, Spezialist für Abstimmungsbegeisterung, der sich in der ersten halben Stunde schon so hoffnungslos blamiert, daß sich die Setzer überhaupt nicht um ihn kümmern.

Punkt halb eins stockt für einen Augenblick die Arbeit. Es ist, als ginge ein Geist durch die Nachtredaktion.

Hier sei kurz jener Journalisten gedacht, die entweder durch ihre Abstammung oder Einstellung nach der Annexion Österreichs 1938 Opfer der Säuberungen wurden:

ERNST BENEDIKT, der die Zeitung nach dem Tod seines Vaters 1920 übernommen hatte, verlor, wie auch die meisten anderen, praktisch seine gesamte Habe, konnte aber nach Schweden entkommen, wo er die dunklen Jahre verbrachte.

STEPHAN VON MÜLLER, der das Blatt bereits vor 1938 auf nationalen Kurs zu bringen versucht hatte, wurde für seine Bemühungen nicht bedankt und nahm sich Ende Mai 1938 nach mehreren Gestapoverhören das Leben.

PAUL KISCH, der Bruder des „rasenden Reporters" Egon Erwin Kisch, verbrachte den Großteil seines weiteren Lebens in verschiedenen Konzentrationslagern und wurde im November 1944 in Auschwitz ermordet.

KURT SONNENFELD, ein begabter Feuilletonist, nahm sich aus Angst vor Verfolgung im Mai 1938 das Leben.

RICHARD CHARMATZ, Historiker und Leitartikler, überlebte dank seiner Ehefrau als U-Boot das Dritte Reich.

JULIAN STERNBERG, der älteste unter den aktiven Redakteuren, emigrierte nach Kuba, wo sich seine Spur verlor.

ERNST MOLDEN konnte als Halbjude dank seiner Frau Paula von Preradovic überleben und in seinen früheren Beruf zurückkehren; als Herausgeber und Chefredakteur verhalf er 1946 der *Presse* zu einem neuen Start.

Den Feuilletonisten und Kritikern FELIX SALTEN, ERNST LOTHAR und RAOUL AUERNHEIMER gelang es, in den Vereinigten Staaten Exil zu erlangen, wo Auernheimer und Lothar ihre Erlebnisse in Buchform veröffentlichten. Auernheimer und Salten starben im Exil, nur Lothar kehrte nach Wien zurück, wo ihm die Säuberung der Wiener Theaterszene anvertraut wurde.

THEODOR BRÜLL, Umbruch- und Nachtredakteur der NFP, stand den Sozialdemokraten nahe und emigrierte nach Argentinien. *Die Presse* stellte ihn nach 1946 als Korrespondent in Buenos Aires an.

Der Wirtschaftsredakteur OTTO DEUTSCH begann nach 1938 in London eine erfolgreiche Journalistenkarriere, nach dem Krieg war er England-Korrespondent zahlreicher österreichischer Zeitungen, auch des ORF.

THEODOR F. MEYSELS gelang die Flucht nach Palästina, von wo aus er 1945 in seine Heimat zurückkehrte.

ELISABETH JANSTEIN emigrierte 1940 nach Großbritannien. Sie erkrankte schwer und starb 1944.

HARRY PETER SMOLKA, der junge England-Korrespondent, blieb in London, kehrte im September 1945 als Korrespondent des *Daily Express* nach Wien zurück. Bald darauf übernahm er die außenpolitische Redaktion des *Neuen Österreich*.

III

Unter dem Strich

Das Feuilleton der „Neuen Freien Presse“

Des Zeitungskäufers treue Ehehälfte, der Staatssachen gleichgültig sind, will für das von dem Mann ausgegebene Geld doch auch etwas genießen, und um ihren Geschmack zu befriedigen, tischten die Herausgeber unter dem Strich Unterhaltendes und Zerstreuendes, kurze Erzählungen, selbst Romane in Brocken auf."

Nun soll es zwar eine bewährte Tradition im Verlagswesen gewesen sein, einlaufende Romane von weiblichen Testlesern prüfen zu lassen, aber sollen wir es unserem Gewährsmann von 1875 durchgehen lassen, die Einführung des Kulturteils der Zeitung allein als Konzession an die weibliche Leserschaft zu sehen?

Keine der unzähligen Analysen über die Wurzeln des Feuilletons kommt vorbei an dem 1789 in Paris gegründeten *Journal des Débats* des Abbé de Julien Louis de Geoffroy, der als erster den Tradition gewordenen „Strich" in seinem Anzeigenblatt zog und den darunter freibleibenden Platz mit allerlei Kuriositäten des Tages und Merkwürdigkeiten aus aller Welt füllte: „Ein kleiner bunter Jahrmarkt, auf dem sich das verehrte Publikum ein klein wenig erlustigen konnte." Mögen sich diese „Blättchen" („Feuilletons") auch oft in Nebensächlichkeiten verloren haben: Die Pariser waren gefesselt, eine Gattung war geboren, ein Stil gefunden. Mehr oder minder geistvolle Plaudereien, Gesellschaftstratsch, bald auch locker geschriebene populärwissenschaftliche Artikel, Theater- und Musikrezensionen erschienen in der Folge als Feuilletons. Bald rückten sie auch an die erste Seite der Zeitungen, freilich von den großen „Haupt- und Staatsaktionen" durch einen dicken Strich getrennt.

Wir wollen darauf verzichten, die Blüte des Wiener Feuilletons in der angeblichen Wiener Mentalität zu suchen: Die „Phäaken an der Donau", dem leichten Amüsement zugeneigt, sollen stets eine prickelnde Causerie mehr goutiert haben als einen nüchternen, sachlich gehaltenen Artikel. Eher aber lenkten die strengen Zensurbestimmungen des Vormärz die Aufmerksamkeit der Zeitungen zwangsläufig politisch harmlosen Dingen zu. Versteckte politische Kritik konnte über Theaterrezensionen in den Unterhaltungs-

teil unter dem Strich einfließen: Der „ungefährliche" Feuilletonbereich erwarb sich eine gewisse Narrenfreiheit.
Die *Wiener Zeitung* zog am 1. Jänner 1848 als erste den entscheidenden „Strich". Ein halbes Jahr später erschien zum ersten Mal *Die Presse*, die Mutter des Wiener Feuilletonismus. Ihr Gründer, der denkbar amusische, rein am Ökonomischen orientierte August Zang, hatte das richtige Gespür für das starke Bedürfnis des Wiener Bürgertums nach gepflegter Unterhaltungslektüre. Er engagierte Karl Eduard Bauernschmid, Betty Paoli, Ferdinand Kürnberger, Friedrich Uhl, Eduard Hanslick und Hieronymus Lorm. Das Niveau begann zu steigen, die *Neue Freie Presse* begründete dann endgültig die Blütezeit der Gattung: Das Feuilleton wurde zusehends zu einem Spiegel des gesellschaftlichen, kulturellen und politischen Lebens.
Flott-burschikos geschriebene Reisefeuilletons wurden populär: Sie enthielten oft nur die vom Waggonfenster aus genossene Aussicht, ergänzt durch Zitate aus Reiseführern. Rezensionen waren Anlaß für eigene, höchst subjektive Reflexionen, die weit von den Büchern, über die sie eigentlich sprechen sollten, wegführten. Ein Atout für die *Neue Freie Presse* waren ihre Fortsetzungsromane: Das Zeitungsabonnement für die Dauer eines Romans war schließlich billiger als der Band im Buchhandel!
Wenn Moriz Benedikt einen Autor für seine Literaturbeilage haben wollte, zahlte er die höchsten Honorare. Bei langen Spaziergängen im Semmeringgebiet bot er Arthur Schnitzler mehrmals die Stelle eines Feuilletonredakteurs an: vergeblich, wie man weiß. Unendliche Geduld zeigte er gegenüber Theodor Herzl: Dessen Genreszenen aus dem Wiener Leben wurden von den Lesern so geliebt, daß ihm Benedikt wohl oder übel seine Zionismuspläne durchgehen ließ. Hauptmann, Ibsen, Zola, Strindberg und Shaw wurden abgedruckt, von den ganz Jungen Hugo von Hofmannsthal. Wer auf der ersten Feuilletonseite schreiben durfte, „hatte seinen Namen für Wien in Marmor gegraben" (Stefan Zweig).
Unerbittlich verlangten die Leser den „leichten", heiteren Ton, nicht immer zum Wohlgefallen der Journalisten: „Man soll freundlich sein, allen Dingen die komische Seite abgewinnen, leicht beflügelt, leicht beschwingt flattern und hüpfen, immer sorglos, immer unbekümmert in den Tag hinein leben und über die sieben verflossenen Tage kichernd Rückschau halten", beklagt sich Friedrich Uhl 1866 über die Amüsierlust der Wiener Zeitungsleser. Nicht allen Feuilletonisten gelang es, sich dieser gefährlichen Abhängigkeit zu entziehen. Waren sie aber Stars geworden, brauchten sie nicht nur keine Konzessionen an den Publikumsgeschmack zu machen, sondern konnten den Spieß umdrehen und in diktatorischer Art die öffentliche Meinung beeinflussen.
„In keiner Stadt wird ein Feuilleton so sehr beachtet und besprochen, dessen Verfasser so bewundert, ja verwöhnt wie in Wien", berichtet ein erstaunter Wienbesucher 1888. In den Theaterkritiken Ludwig Speidels fand der Zeitungsleser endlich, was er bisher hatte entbehren müssen: ein fertiges Urteil über das, was er am Abend zuvor auf der Bühne gesehen hatte. Wer im Kaffeehaus am Kohlmarkt oder beim Tee in einem der Wiener Salons nicht über die „Spaziergänge" von Daniel Spitzer Bescheid wußte, durfte nicht den Anspruch erheben, zu den Gebildeten zu zählen. Durch sein mächtiges Wort entschied „Musikpapst" Eduard Hanslick über die Programmgestaltung von Konzert- und Opernhäusern, Sängerkarrieren waren mit wenigen Zeilen vernichtet.
Wo das Feuilleton blüht, sind seine Kritiker nicht weit: Für den schärfsten unter ihnen, Karl Kraus, war es die Apotheose der Schlamperei in der Literatur – die Kunst, „auf einer Glatze Locken zu drehen", halb Poesie und halb Lüge. Alfred Polgar kritisierte die Eigenart des Feuilletons, alles zu zerplauschen, Joseph Roth huldigte ihm in einem Bekenntnis zur literarischen Seifenblase, wider alle „Vollbartmänner, Ernstlinge und Würderiche", die es geringschätzen – und alle, alle, Kritiker und Apologeten, gerieten immer wieder unweigerlich hinein in den feuilletonistischen Tonfall, den sie eigentlich zu analysieren angetreten waren. Vielleicht stimmt das Bonmot: Die einzige Möglichkeit, das Feuilleton zu beschreiben ist – ein Feuilleton zu schreiben.

Günther Haller

WALTER OBERMAIER

Mit Spitzers Feder

Daniel Spitzers „Wiener Spaziergänge"

Der Leser, der am 11. November 1873 die *Neue Freie Presse* aufschlug, fand neben einem Leitartikel aus Anlaß der Enthüllung eines Cavourdenkmals in Turin einen Beitrag über die Wahl des Präsidiums des Österreichischen Reichsrates, aber auch die Beschreibung der Irrfahrt eines Stellwagens mit betrunkenem Kutscher und die Falschmeldung über das Leichenbegängnis der Schauspielerin Clara Ziegler in München – diese erfreute sich nämlich bester Gesundheit.

Zwischen all dem entdeckte er das erste Feuilleton, das Daniel Spitzer für diese Zeitung geschrieben hatte. Im Zuge der Wiener Weltausstellung frischgeadelte Barone erinnern Spitzer an die „Ballettänzerinnen, deren doch jede einen Schoßhund und einen Baron hat, von welchen der Erstere in ihrem Schoß ruht, während der Letztere hinter ihr herläuft".

Schon am darauffolgenden Samstag präsentierte der neue Mitarbeiter des Blattes eine Auswahl jener Themen, die ihm in seinen Wiener Spaziergängen beachtens- und belachenswert erschienen: der angebliche Tod der Ziegler („Der Tod der berühmten Tragödin Clara Ziegler hat doch einiges Leben in die Zeitungen gebracht"), der Finanzminister, der Erzbischof von Wien und der Papst.

Spitzer war zu diesem Zeitpunkt kein Unbekannter mehr. Seine bereits seit mehreren Jahren nahezu allwöchentlich erscheinenden Wiener Spaziergänge wurden von den Lesern ebenso herbeigesehnt, wie sie bei den Opfern seiner Satire gefürchtet waren. Und deren gab es viele. „Ich mache mich", schrieb er, „über Jeden lustig, der es verdient, ob er nun Katholik, Protestant, Jude oder Anbeter der unsichtbaren Sarah Bernhardt, ob er Minister oder Czeche ohne Portefeuille sei, ob er von einem Feudal-Affen abstamme oder Ritter des goldenen Kalbordens dritter Classe, ob er Wagnerianer oder Mitglied der ausgebreiteten Selbstcultusgemeinde sei."

Daniel Spitzer, am 3. Juli 1835 als Sohn eines mährischen Kleinindustriellen in Wien geboren, besuchte von 1845 bis 1853 das Akademische Gymnasium und wurde in seiner Schulzeit Zeuge der Revolution des Jahres 1848. „Eines Tages, es war der dreizehnte März, saßen wir auf der Schulbank und waren in sehr großer Aufregung, da in jedem Augenblick Einen aus unserer Mitte das Los treffen konnte, ein griechisches Zeitwort abzuwandeln, als wir plötzlich entlassen und nach Hause geschickt wurden. Es war nämlich während des Plusquamperfectums die Revolution ausgebrochen, welche die Erwachsenen vom Chinesischen und uns vom Griechischen befreite."

Von 1853 bis 1860 widmete er sich an der Universität Wien vor allem juristischen Studien. Nach Ablegung des dritten Rigorosums trat Spitzer in die niederöster-

Links: Spitzers Geburtshaus (Ruprechtsstiege 1) wurde Anfang unseres Jahrhunderts demoliert Linke Seite: Daniel Spitzer, der „elegante Würgeengel“, Jahrzehnte hindurch der beliebteste und gefürchtetste Satiriker der Wiener Presse

reichische Handels- und Gewerbekammer ein, in der er acht Jahre als Beamter verblieb. Vielleicht mag ihm auch dieser Aspekt seiner eigenen Beamtenzeit in den Sinn gekommen sein, als er im Neujahrsfeuilleton 1881 feststellte: „Es ist interessant, daß die meisten österreichischen Dichter früher Beamte waren – ja, Müßiggang ist aller Laster Anfang!“

Als 1857 der *Wiener Figaro* gegründet wurde, gehörte Spitzer zu den ersten regelmäßigen Mitarbeitern dieser humoristisch-satirischen Zeitschrift. Von 1862 bis 1870 ließ er hier den Räsoneur Itzig Kneipeles aus Nikolsburg Briefe im jüdischen Jargon an einen imaginären Freund in Tarnow schreiben. Zu seinem ureigensten Gebiet fand Spitzer aber schließlich am 25. Juni 1865, dem Tag, an welchem sein erstes satirisches Wochenfeuilleton unter dem Titel „Wiener Spaziergänge“ im Lokalanzeiger der *Presse* erschien. Bereits ein Jahr später übersiedelte Spitzer in den Feuilletonteil des Hauptblattes und damit auf die Titelseite. In kürzester Zeit war er eine journalistische Instanz erster Ordnung geworden.

Durch fast dreißig Jahre las nun ganz Wien nahezu jeden Sonntag die zeitkritischen Betrachtungen des Wiener Spaziergängers, die bald als konkurrenzlos galten, was Treffsicherheit, Prägnanz und hellsichtiger Ironisierung verschiedenster Themen betrifft. „Ein Mensch, der Sonntags um 12 Uhr noch nicht das Feuilleton des ‚Wiener Spaziergängers‘ gelesen und darüber in Entzücken geraten wäre, würde es nicht wagen, sich in einer anständigen Gesellschaft zu zeigen“, mußte – wenn auch nicht ohne Ironie – ein Spitzer durchaus nicht wohlgesonnener Schriftstellerkollege zugeben.

„Es ist interessant, daß die meisten österreichischen Dichter früher Beamte waren – ja, Müßiggang ist aller Laster Anfang!“

Daniel Spitzer, nach dem Studium zunächst Gewerbekammer-Konzipist

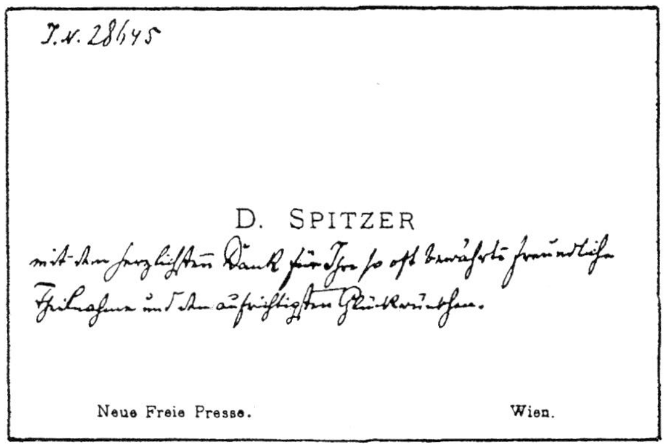

Daniel Spitzer, vom Kritikerkollegen Speidel als „innerlich schüchterne, scheue, schamhafte Natur" charakterisiert, führte ein verschlossenes Junggesellenleben.

„Nach Ansicht der einen soll der Mann viel verdient und sich dabei etwas zurückgelegt haben, nach anderen wieder soll sich die Frau etwas zurückgelegt und dabei viel verdient haben."
Spitzer, pikant

Ende 1871 verließ Spitzer die *Presse*, um in den nächsten beiden Jahren in der neu gegründeten *Deutschen Zeitung* seine Spaziergänge erscheinen zu lassen, bis diese schließlich von November 1873 an für zwei Dezennien ein nicht mehr wegzudenkender Bestandteil der *Neuen Freien Presse* wurden. Als Spitzer 1890 an Gesichtskrebs erkrankte, blieb er – von der Krankheit bereits schwer gezeichnet – seinem Rufe treu. Zu Johannes Brahms, der ihn im Spital besucht hatte, deutete er auf seinen verbundenen Mund und meinte: „Die Satire mit dem Maulkorbe. Ich werde niemand mehr beißen."

Am 3. April 1892 brachte die *Neue Freie Presse* Spitzers letztes Feuilleton, das er aus Meran geschickt hatte, wohin er sich in der Hoffnung auf Linderung seiner Krankheit zurückgezogen hatte: „Es ist ganz unglaublich, wie viele kostbare Zeit man mit dem Kranksein vertrödelt. Man beschäftigt sich nur damit, die Zeit todtzuschlagen, das heißt, wir glauben sie todtzuschlagen, indessen schlägt sie uns todt ..." In Meran starb Spitzer am 11. Jänner 1893.

Der Erfolg seiner Wiener Spaziergänge war so groß, daß bereits 1869 eine erste Sammlung in Buchform veröffentlicht wurde. Das Unternehmen wuchs bis 1886 zu insgesamt sechs Bänden an, von denen einige mehrere Auflagen erlebten, und nach Spitzers Tod ließ Max Kalbeck 1894 einen siebenten Band mit einer Auswahl der Feuilletons der letzten Jahre erscheinen. Spitzer feilte sprachlich sehr an diesen Buchausgaben und nahm auch „Spaziergänge" auf, die vereinzelt außerhalb seines jeweiligen journalistischen Wirkungsbereiches erschienen waren.

Viele der handelnden Personen, denen Spitzers Angriff galt, sind uns heute nicht mehr geläufig. Doch abgelöst vom historischen Kontext erweisen sich die Fakten, um die es geht, als zeitlos und mit ihnen auch die darauf abzielende Satire: Korruption und Eitelkeit, Börsenspekulation, Ministerwechsel, Politik und staatliche Repression, Militarismus, die Aufsteiger mit ihrem fragwürdigen Benehmen und ihrem fragwürdigen Vermögen, Engstirnigkeit und Vorurteil, übersteigerter Nationalismus, Klerikalismus, Antisemitismus und was es an solchen Ismen noch gab und gibt. Gerade den Nationalismus griff Spitzer nicht nur bevorzugt bei den slawischen Völkern der Donaumonarchie an, sondern auch bei deren deutschen Bewohnern.

Und wenn Spitzer auch fallweise die einfache orthodoxe jüdische Bevölkerung, die aus den Dörfern Galiziens nach Wien gekommen war, ebenso ironisierte wie Angehörige des Finanz- und Wirtschaftslebens,

Todes-Anzeige.

Vom tiefsten Schmerze erfüllt, theilen wir unseren Verwandten und Freunden mit, dass unser geliebter Bruder, resp. Schwager, Herr

Daniel Spitzer,

Mitarbeiter der „Neuen Freien Presse",

nach langem schmerzlichen Leiden im Alter von 58 Jahren in Meran gestorben ist und daselbst zur ewigen Ruhe gebracht wird.

Ruhe seiner Asche.

Bernhard Spitzer, als Bruder. 747
Amalia Spitzer, als Schwester.
Ida Spitzer geb. Turnowsky, als Schwägerin.

Todesanzeige in der NFP 13. Jänner 1893 „Es ist ganz unglaublich, wie viele kostbare Zeit man mit dem Kranksein vertrödelt. Man beschäftigt sich nur damit, die Zeit todtzuschlagen, indessen schlägt sie uns todt" hatte Spitzer im Jahr davor geschrieben.

so wandte er sich doch entschieden gegen den anwachsenden Antisemitismus der „Semitophagen“. Als die diesbezüglich belastete *Kirchenzeitung* 1874 eingestellt werden mußte, nannte Spitzer sie „ein Organ, welches sich die Erheiterung geselliger israelitischer Kreise zur Aufgabe gestellt hatte“, das aber „aus Mangel an Theilnahme eingegangen“ sei.

Gegen die Absicht, die Juden in Palästina anzusiedeln, wandte er sarkastisch ein: „Die Mehrzahl der Menschen braucht immer eine Minderzahl, die sie von Zeit zu Zeit ihren Unmuth fühlen lassen kann. Wenn die Juden wirklich sich in Palästina niederließen, so würden sich die übrigen Völker, sobald es ihnen nur irgendwie schlecht ginge, nach ihnen sehnen und zerknirscht ausrufen: Ach Gott, hätten wir nur wieder unsere Juden, daß wir sagen könnten, sie seien an Allem schuld!“

1872 schreibt Spitzer: „Seit einiger Zeit spricht man von der ‚Corruption in Oesterreich‘, wie man von dem Typhus, den Blattern oder der Cholera spricht, so daß es scheint, man habe es nicht mehr mit sporadischen Fällen von Corruption zu thun, sondern mit einer Epidemie … Aber die Corruption hat nichts Widerwärtiges an sich, sie tritt in einer sehr gefälligen Form auf, und die Leute, welche schon längere Zeit mit ihr behaftet sind, haben schöne Frauen, große

Im 3. Stock dieses heute nicht mehr bestehenden Hauses in der Bäckerstraße wohnte Spitzer in den sechziger Jahren.

Diese Zeichnung eines Zeitungslesers von 1874 (von Karl Klic) soll nach dem Urteil von Zeitgenossen ein Porträt Spitzers sein und ist ihm tatsächlich sehr ähnlich.

Neureicher im Ringstraßenpalais: „Die Corruption hat nichts Widerwärtiges an sich, sie tritt in einer sehr gefälligen Form auf, und die Leute, welche schon längere Zeit mit ihr behaftet sind, haben schöne Frauen, große Häuser, lackirte Equipagen …" (Daniel Spitzer, 1872)

„Die Freude an seinen Feuilletons begann schon in der Setzerei ... während gesetzt wurde, flog manchmal hinter dem Setzkasten ein Gelächter auf. Das Gelächter folgte den anderen Tag durch die ganze Stadt."

Kritikerkollege Ludwig Speidel über Daniel Spitzer

Häuser, lackirte Equipagen und werden nicht selten geadelt …"
Spitzers Skepsis der realen Politik gegenüber läßt sich an den Kommentaren zu den in Österreich nicht eben seltenen Ministerwechseln ablesen: „Kein Mensch ist vor seinem Tode glücklich zu preisen, daß er nicht Österreichischer Minister war." Und anläßlich eines Todesfalls konstatiert er, daß der Verstorbene „wie die meisten anderen Sterblichen … einmal Minister gewesen (sei), ein unangenehmes Amt, dem sich Alle unterziehen müssen, die eine Pension von viertausend Gulden zu ihrem Lebensberufe gewählt haben, das man jedoch, wenn man nicht das Unglück hat, unentbehrlich zu sein, in unserm Staate nur ganz kurze Zeit bekleidet."
Was dann die Entlassungsgründe betrifft, macht er auf eine österreichische Eigentümlichkeit aufmerksam: „Während nämlich in den gelobten Ländern des Constitutionalismus ein Minister gezwungen ist, sein Portefeuille niederzulegen, wenn seine Vorlagen vom Parlament als verfehlt bezeichnet und Beschwerden dagegen erhoben werden, so wird hiedurch in Oesterreich die Stellung eines Ministers nicht im mindesten erschüttert. Dagegen aber darf sich bei uns … ein Minister keinen Diätfehler zu Schulden kommen lassen, und er kann sich auch bei den geringsten Verdauungsbeschwerden nicht länger auf seinem Posten erhalten. Denn man wird immer finden, daß die österreichischen Minister aus Gesundheitsrücksichten entlassen werden."
Im Fall der Demission des Kriegsministers Kuhn 1874 kommt dazu noch Spitzers Ablehnung des Militarismus zum Tragen. „Gestern weilte er noch als Kriegsminister unter

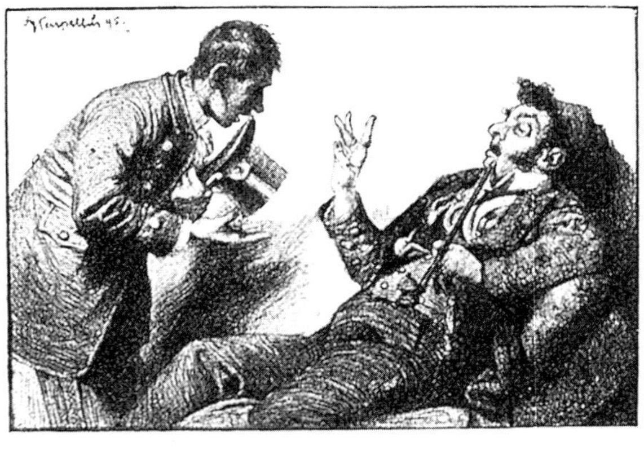

„Der Protz". Neugeadelter Bankier: „Holen Sie mir aus der Apotheke einen Blutreinigungs-Thee, aber sagen Sie für blaues Blut!"

uns“, beginnt er sein Feuilleton, das im Tone eines Nekrologs geschrieben ist, „und heute ruht er schon im kühlen Graz. Er war roth und stramm, aber plötzlich hieß es in der *Wiener Zeitung*: ‚Mein lieber Freiherr v. Kuhn!‘ und so ist er denn, versehen mit den Tröstungen des Feldzeugmeisters Maroicic, der im Namen der Armee von ihm Abschied nahm, in die schattenreiche Murstadt hinabgestiegen, und nur ein Großkreuz des Stefans-Orden, das man auf seine gewölbte Brust gepflanzt, erzählt dem Wanderer, wer er gewesen.“

Dann widmete Spitzer sich ironisch dem permanenten Geldbedarf der Armee sowie deren Reformbemühungen, „nachdem unsere neueren Feldherren durch ihre angestrengten strategischen Bemühungen die gegenwärtige Abrundung der Monarchie erreicht hatten“. Noch nach dem Tode des Siegers von Lissa hatte Spitzer 1871 süffisant festgestellt: „Es steht uns jetzt, nachdem Tegetthoff gestorben ist, kein Hinderniß mehr im Wege, auch zur See tüchtig geschlagen zu werden.“

Die im November 1868 eingeführte allgemeine Wehrpflicht wiederum war ihm „ein schöner Gedanke: Jeder soll für die Steuern, die er bezahlt, auch mit seinem Blute einstehen, jeder Oesterreicher wird auf dem Exercirplatze für den Tod für seine Vaterländer eingeübt werden, und bei den Menage-Knödeln wird eine spartanische Generation heranwachsen, welcher die feindlichen Bleikugeln ein Spaß sein werden.“

Spitzers Satire galt aber auch der baulichen Neugestaltung und Ausschmückung der Stadt Wien, wobei manchesmal ein Ton leiser Wehmut mitschwingt. Als man sich nach längerer Diskussion 1869 darauf geeinigt hatte, Wiens neues Rathaus im neugotischen Stil zu errichten, meinte Spitzer dazu: „Was mich betrifft, so ist es mir, da man einmal entschlossen ist, den sechs Millionen Oesterreichischer Währung unter Anwendung architektonischer Hülfsmittel ein Ende zu machen, einerlei, ob dies im gothischen, im Renaissance-, im byzantinischen oder im Pyramiden-Geschmacke geschieht ...“

Schließlich gibt Spitzer angesichts der hohen Kosten den „armen Kleinen, die in unseren fast durchgehends ungesunden Schulstuben zu Märtyrern des ABC gemacht werden“, ironisch zu bedenken, „daß unser Streben vor Allem dahin gerichtet sein muß, den Vätern der Stadt Wien einen bequem eingerichteten Festsaal zu bauen, in welchem sie ohne Nachtheil für ihre Gesundheit Bankette abhalten und vorkommendenfalls Polka-Mazur tanzen können.“

Und natürlich schonte Spitzer auch nicht die Vorliebe seiner Zeitgenossen für Denkmäler. Schon in den Entwürfen für ein Schubert-Denkmal erkennt er „falsche Prätendenten, welche darauf Anspruch machen, auf das Postament hingestellt zu werden, das für den echten Schubert in Bereitschaft steht“, und ähnlich urteilt er 20 Jahre später über die Konkurrenz für das Mozart-Denkmal.

Die Satire traf oft die schwerfällige Bürokratie, hier mit Zopf und Paragraphen-Bart.

„Jetzt wo der Krieg vor der Thür steht, muß man noch mehr als gewöhnlich darauf sehen, daß die Montur ordentlich sitzt.“

Ein Reserveoffizier bei Spitzer

„Muß mir mal wegen Schulden Kugel in den Kopf jagen, bin neugierig, wie mir die sitzen wird!“

Spitzer im Angriff auf den in Samt und Seide gehüllten Richard Wagner

„Dort, wo ungestraft jeder Lumpenhund über einen Mann wie mich herfallen und seine Jauche über mich ergießen kann …"

Wagner über das Wiener Kritiker-„Gesindel"

Während bei Spitzer Person und Werk Grillparzers unangetastet bleiben, läßt er sich keine Gelegenheit entgehen, vor allem die vielgespielten zeitgenössischen Autoren Josef Weilen und Salomon Hermann Mosenthal zum Ziel seiner Satire zu machen. Mosenthal war Beamter im Unterrichtsministerium und Weilen „ein Beamter des Versorgungshauses für verunglückte vaterländische Dichter, … der Hofbibliothek". „Da Herr von Mosenthal schon wiederholt das Unglück hatte, daß das Publicum durch seine Trauerspiele erheitert und durch seine Lustspiele verstimmt wurde, hat er diesem gegenwärtig einen Possen gespielt und seine jüngste Dichtung eine ‚Komödie' genannt, ein dramatischer Zwitter, bei dem man nicht recht weiß, ob man lachen oder weinen soll", spottet Spitzer über dessen „Sirene".

Und als sich der Dichter gar in seiner Beamtenuniform mit Orden photographieren und am Kohlmarkt ausstellen ließ, so daß man glauben mochte, „einen General, und nicht einen unbedeutenden Poeten, der nur harmlose Besucher des Burgtheaters in die Flucht geschlagen, vor sich zu sehen", war dies Spitzer gleich zwei Feuilletons wert.

Ganz besonders hatte Spitzer aber Richard Wagner zum Objekt des Spottes erkoren. „Der amphitrealisch gebaute Zuhörerraum" des Festspielhauses in Bayreuth machte auf Spitzer (zur Zeit des 1. Vatikanischen Konzils) „den unangenehmen Eindruck eines Concilssaales, in welchem die Vertreter der verschiedenen Wagner-Diöcesen saßen, um die Unfehlbarkeit des Meisters zu beschließen". Nach einer Aufführung der „Walküre" konstatierte er trocken: „Die Wagnerianer waren ganz weg vor Entzücken, und ich war auch ganz entzückt, als ich weg war." In „Rheingold" haben es ihm „die zu großer Berühmtheit gelangten, vom Meister ersonnenen Naturlaute Weia! Waga! Wagalaweia! Wallala weiala weia!" angetan, „von denen uns allerdings, da sie bisher noch nicht in Verwendung standen, unbekannt ist, welcher Gemüthsstimmung sie eigentlich Ausdruck geben sollen. Der Ausruf Weia! scheint eine sehr unbehagliche, der Ausruf Wallala! dagegen eine besonders behagliche Stimmung anzudeuten, und so dürfte wohl beabsichtigt sein, das zwischen Behagen und Unbehagen wechselnde Gefühl, das man anfangs in einem kalten Bade empfindet, zu bezeichnen."

Als ihm Briefe Wagners an eine Wiener Putzmacherin in die Hände fielen, publizierte er sie und gab in seinem Kommentar des Meisters Vorliebe für rosa und weiße Atlashöschen dem Gelächter seiner Leser preis. Anläßlich des Todes von Richard Wagner zieht er dann Resümee: „Er stritt gegen die musikalischen Juden und das unmusikalische neue deutsche Reich, gegen Mendelssohn und Bismarck, gegen Componisten, Sänger und Schriftsteller, und als er zuletzt alle seine Feinde geschunden und abgeschlachtet hatte, bekämpfte er die Vivisection und die Fleischkost … Er schaltete wie ein Sultan im Reiche der Tonkunst …, und wenn er sogar der Satire nicht entgehen konnte, so darf man nicht vergessen, daß nicht den Kleinen und Schwachen, sondern

nur den Hervorragenden und Starken dieses furchtbarste Gift der literarischen Apotheke credenzt wird.“
Spitzer zählt – auch wenn er heute nur mehr Kennern geläufig ist – zu den wichtigsten Feuilletonisten des 19. Jahrhunderts, und kein Geringerer als Karl Kraus, der *Neuen Freien Presse* nicht eben in Liebe zugetan, nannte ihn jenen österreichischen Satiriker, dem er „nach Nestroy, im Gebiete der Sprachsatire und lyrischen Prosa keinen Größeren und Stärkeren anzureihen“ wüßte, und würdigte ihn als den „neben Kürnberger und Speidel bedeutendsten Schriftsteller der Wiener Tagespresse“. Daniel Spitzer verstand sich als Satiriker, der die Dummheit bloßlegen wollte, auch wenn er Skeptiker und Realist genug war, daß er sich davon weder Besserung noch Heilung gesellschaftlicher Übel versprach. Und er wollte auch unterhalten. Seine Satire ist mit heiteren Anekdoten und anspruchsvoller Plauderei gemischt, die er selbst „anspruchslos“ und „leichtverdaulich“ nannte. Es ging ihm um die Wahrheit, seine Wahrheit, und so hat er seine Leser auch gewarnt: „Meine Darstellung ist überhaupt immer höchst einseitig und mit Vorsicht aufzunehmen, denn ich trachte, so weit ich kann und darf, die Wahrheit zu schreiben.“

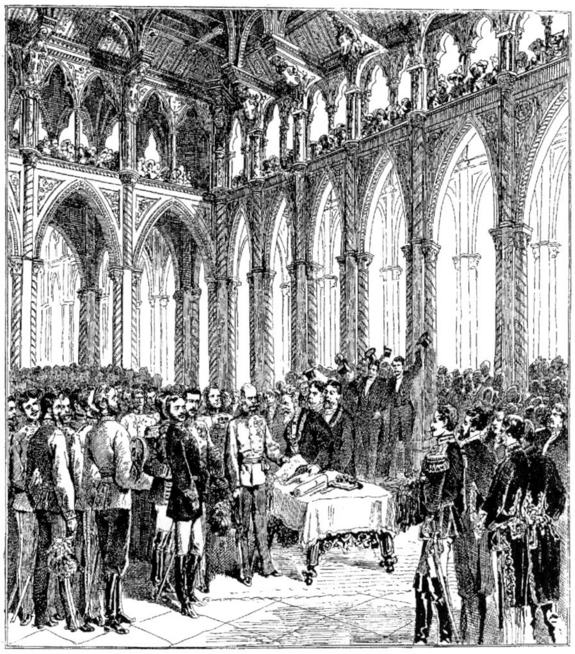

Eröffnung des Rathauses durch Kaiser Franz Joseph 1883: „Dadurch wird niemand eine billige Wohnung erhalten, als der jeweilige Herr Bürgermeister der Stadt Wien.“

MEINE ÜBERSIEDLUNG AUS DEM „LOCAL-ANZEIGER“ DER „PRESSE“ IN DAS HAUPTBLATT

Es sind nun über vierzehn Monate her, daß ich das kleine Zimmer „für einen soliden Herrn“ im Parterre des „Local-Anzeiger“ der *Presse* bezog. Das Zimmer war freundlich, wenn auch klein, es war ein Hofzimmer, hatte aber einen separirten Eingang, und ich hätte somit alle Veranlassung gehabt, mich daselbst glücklich und zufrieden zu fühlen. Der Hausherr machte keine strengen Anforderungen, er gab sich zufrieden, wenn ich pünktlich „spazieren ging“, und erkundigte sich nicht einmal, ob ich Kinder, Hunde oder Canarienvögel besitze. Nur berührte es mich sonderbar, daß er mich gleich beim Einziehen mit einem bedeutsamen Lächeln fragte, ob ich nervos sei? Bald sollte ich den Grund dieser Frage kennen lernen. Obwohl ich nämlich eine an Erfahrungen ziemlich reiche Afterpartei bin, und obwohl ich den Kelch des Zimmerherrn bis auf die Neige geleert habe, muß ich doch gestehen, daß ich noch nie eine unruhigere Nachbarschaft kennen gelernt habe, als gerade in der Parterrewohnung des „Local-Anzeiger“. Gleich am ersten Tage, da ich mich zu einem „Spaziergange“ entschlossen hatte, stürzte aus dem vierten Stockwerke ein Stubenmädchen, welches gerade die Fenster putzte; ein leichtsinniges vierjähriges Kind verunglückte, indem es Phosphorzündhölzchen naschte; ein vacirender Kellner machte den Versuch, einem Herrn in die hintere Rocktasche zu greifen und wurde dabei ertappt; ein Ochs wurde über die politische Lage wüthend und ging durch, und zwei Betrunkene arrangirten einen Exceß, beim dem schließlich die Polizei interveniren mußte.

Vierzehn Monate verlebte ich in solcher Weise. Ich ging mit orkanähnlichen Stürmen schlafen und stand mit wüthenden Hunden auf, ich frühstückte Cyankali und speiste mit Selbstmördern zu Nacht, die, der feinen Wäsche nach zu schließen, den besseren Ständen angehörten. Ich sah Feuersbrünste, bei denen glücklicherweise kein Menschenleben zu beklagen war, und erlebte unzeitige Spässe, die bald einen traurigen Ausgang genommen hätten. Ich begleitete Turner auf ihre Dauerläufe nach Hütteldorf, ich war dabei, wenn unbekannte Frauenspersonen aus der Donau gezogen wurden, und wenn ich mich erholen wollte, mußte ich Drillingsgeburten excentrischer Hannakinnen durchmachen. Ich erlebte seltene Beispiele von Kaltblütigkeit, Kindesliebe, Appetit, Aufopferungsfähigkeit, raffinirter Gaunerei, von schrecklichen Folgen des Genusses unzeitigen Obstes, von Scharfsinn und ungewöhnlicher Dummheit. Gewehre, die man nicht geladen vermuthet hatte, gingen unaufhörlich los, Laugen-Essenz wurde eimerweise getrunken, und die verwegenen Einbruchsdiebstähle hörten nicht auf.

Ich wurde zuletzt melancholisch, ich griff in der Zerstreutheit oft nach lyrischen Gedichten, um sie zu lesen, und einer meiner Freunde, ein Maler, erbat sich als Gunst von mir, ihm als „stiller Dulder“ zu „sitzen“. Wenn ich Abends allein war, seufzte ich: Jetzt wird gewiß ein Koch in einer abgelegenen Gasse von einem Strolch überfallen werden; an dem Arme meiner Bekannten wurde ich oft nachdenklich, und wenn diese mich fragte: Was haben Sie, worüber sinnen Sie? Antwortete ich wol: Ich denke, ob nicht eben eine Köchin einem Gefreiten, der ihr untreu wurde, Vitriol ins Gesicht schüttet!

Sie brauchen Luftveränderung, sagte mein Arzt, die Aufregung im „Local-Anzeiger“ taugt nicht für Sie. Sie bedürfen daher vor allem der Ruhe und einer harmlosen Umgebung; trachten Sie, daß Sie unter einem Leitartikel zu wohnen kommen, wenigstens so lange, als noch der Belagerungszustand währt; nehmen Sie sich ein Zimmer mit der Aussicht auf die Lösung der ungarischen Frage. Vielleicht gibt Ihnen der Hausherr das schöne Gassenzimmer auf der ersten Seite? Ueber Ihnen wird gerade ein Ministercabinet leer, und die Volkswirthschaft ist so stille geworden, daß Sie ganz ungestört sein werden. Auch der Staatshaushalt wird Sie nicht geniren, Sie hören da keinen Silberzwanziger fallen. Wollen Sie sich einmal zerstreuen, so betrachten Sie sich das böhmische Gruppensystem, zünden Sie sich Ihren Tschibuk an, – und schauen Sie den Ruthenen zu, wie sie russisch werden.

So bin ich denn aus dem „Local-Anzeiger“ in das Hauptblatt übersiedelt, aus dem kleinen Hinterstübchen in die Beletage. Ich wohne gesünder, aber ich laufe Gefahr, daß mir jetzt vornehme Leute in meine Wirthschaft sehen, über die Einfachheit derselben die Achsel zucken und erklären: für einen Feuilletonisten mit der Aussicht auf die Gasse ist dieser Herr sehr modest möblirt. Aber, wie der Leser aus dem Vorhergehenden erfahren hat, bin ich von dem Arzte der *Presse* hieher „commandirt“ worden, und dem Commando gegenüber müssen alle anderen Rücksichten schweigen. Hat doch der Soldat im Jahre 1848, als er gefragt wurde, ob er auf das Volk schießen werde, erklärt, er könnte unter keiner Bedingung auf seine Brüder Feuer geben, „außer es würd' commandirt“.

Titelblatt aus der Jubiläumsbroschüre zum 50. Geburtstag der „Neuen Freien Presse“

DIETMAR GRIESER

Von der Unsterblichkeit eines Tages

Der Kritiker Ludwig Speidel

Der 12. Oktober 1888, am Michaelerplatz geht zum letzten Mal der Bühnenvorhang auf. Charlotte Wolter spielt die Iphigenie, Adolf von Sonnenthal spricht den Epilog: Wien nimmt Abschied vom alten Burgtheater.

Nicht alle Habitués teilen die Freude über den pompösen Neubau, den das Architektenteam Semper-Hasenauer an der Ringstraße errichtet hat – entgegen dem ursprünglichen Plan eines Appendix an die Hofburg. Die von vielen monierte Enge des 147 Jahre davor von Maria Theresia gegründeten „Königlichen Theaters nächst der Burg" hat auch ihre Vorteile: Da es an Platz für Künstlerzimmer fehlt, kann das Publikum seine Lieblinge umso ungehinderter vor dem Bühnentürl beobachten.

Mit dieser Art von Intimität ist es nun vorbei. Wer rasch zugreift, sichert sich also wenigstens ein Erinnerungsstück; beim Abbruch des einstigen Hofballhauses fällt so manches Souvenir an. Eines der schönsten ergattert ein Mann, dem das Burgtheater seit zwei Jahrzehnten zur Lebensmitte geworden ist: Ludwig Speidel, als „erste Feuilletonkraft" der *Neuen Freien Presse* zugleich deren Chefkritiker. Der Glückliche darf seinen Stammplatz aus dem alten Burgtheater – die beiden Klappsitze für ihn und seine Begleitung – mit nach Hause nehmen.

Als 1947, vier Jahrzehnte nach seinem Tod, sein Mobiliar in den Besitz des Historischen Museums der Stadt Wien übergeht, sind auch die beiden Theatersessel unter dem Erinnerungsgut. Und im Rathaus, wo die Städtischen Sammlungen ihre provisorische Nachkriegsbleibe gefunden haben, wird Ludwig Speidel zu Ehren sogar ein eigenes Gedenkzimmer eingerichtet.

Hielte die heutige Kritikergeneration nach einer Leitfigur Ausschau, wäre sie mit keinem besser bedient als mit diesem Ludwig Speidel, der in den 46 Jahren seiner Berufsausübung nur ein einziges Mal irren sollte – als er bei einem Festbankett, mit dem ihm die Redaktion zum 70. Geburtstag huldigt, seine Dankesworte in den einen, kurzen Satz faßt: „Das Feuilleton ist die Unsterblichkeit eines Tages."

Eben nicht. Wenn es mit solcher Kompetenz, mit so viel Liebe zum Gegenstand und auch mit so viel Sprachschönheit ausgestattet ist wie im Fall Speidel, bleibt ihm Dauer beschieden weit über den Tag hinaus. Wie sonst wäre es möglich, daß seine Zeitungsbeiträge posthum, auf vier Bände aufgeteilt, ihr Buch-Comeback erleben? 1989 wird ihm in der Reihe „Österreichische Bibliothek" neben Klassikern wie Marie von Ebner-Eschenbach, Gustav Meyrink und Ferdinand von Saar ein 526 Seiten starker Auswahlband gewidmet. Ganz zu schweigen vom anhaltenden Quellenwert seiner zwischen 1860 und 1898 veröffentlichten Texte: Wann immer ich zu einem Wien-Thema aus der zweiten Hälfte des vorigen

Jahrhunderts recherchiere, greife ich als erstes zu meinen Speidel-Bänden – und sehe mich fast nie enttäuscht.
Sogar Karl Kraus läßt ihn gelten, nimmt den um 44 Jahre Älteren bei seinem notorischen Rundumschlag gegen die „Schreihälse der *Neuen Freien Presse*" ausdrücklich aus: „Nur einmal trat in diese Entwicklung eine Pause – die hieß Ludwig Speidel."
„Meister": Da denkt man an einen Handwerksburschen, der in die Welt hinauszieht und auf der „Walz" Erfahrungen sammelt, ehe er seine Prüfung ablegt und sich an einem Ort seiner Wahl niederläßt. Auf keinen trifft dieses Berufsbild exakter zu als auf den gebürtigen Schwaben Ludwig Speidel, der in Wien den „Meisterbrief" erhält und dessen Werkstatt die *Neue Freie Presse* ist.
Sein Vater ist Musiklehrer und Chordirigent in Ulm. Hier besucht der am 11. April 1830 Geborene das Gymnasium. Beethoven, Mozart und Haydn sind die musikalischen, Schiller, Mörike und Uhland die literarischen Hausgötter der Familie. Im Elternhaus ist Geld knapp, es reicht nicht für das Hochschulstudium zweier Söhne. Bruder Wilhelm, der Ältere, sollte später Komponist und Musikdirektor in Stuttgart werden. Ludwig, mit 22 nach München übersiedelt, muß sich also mit autodidaktischer Fortbildung begnügen, an der Uni sieht man ihn als gelegentlichen Gasthörer.
Da wird bei der *Augsburger Allgemeinen Zeitung* das Ressort Musikkritik frei – in der heftig wogenden Diskussion um die „Zukunftsmusik" Richard Wagners läßt sich der junge Speidel auf seine ersten Waffengänge ein. Im Jahr darauf schickt ihn seine Redaktion als Kulturkorrespondenten nach Wien – und damit ist sein weiterer Lebensweg vorgezeichnet: Er bleibt in der k. k. Reichshaupt- und Residenzstadt, arbeitet nebenher für Blätter wie *Lloyd*, *Die Donau*, *Das Vaterland*, *Die Glocke* und das *Fremdenblatt*. Und tritt schließlich 1864 in die Redaktion der *Neuen Freien Presse* ein.
Er schreibt über Literatur, Bildende Kunst, Theater und Musik, mitunter wird ihm auch der Leitartikel eingeräumt. Wie gewinnreich ist noch heute, etwa nachzulesen, wie er ein Phänomen wie den Wiener Walzer ganz aus dessen Entstehungszeit heraus erklärt:
„Diese Neuerung fällt zusammen mit dem Sturm und Drang in unserer Literatur, als die Zöpfe aufgelöst, die Krawatten gelockert wurden und überhaupt gesunde Empfindung und Leidenschaft die unerträglich gewordenen Fesseln des Konventionellen zerbrach und abschüttelte."
Wie es um die sonntägliche Freizeitkultur der Wiener um 1860 bestellt ist, erfahren wir aus Speidels Reportage „Wien im Freien", und welch hohe Ansprüche er an Originalität und Wahrhaftigkeit des bildenden Künstlers stellt, geht aus seiner Kritik am ge-

Speidel erhält nach dem Abbruch des altes Hoftheaters seine Stammsitze im Parkett als Geschenk.
Linke Seite: Ludwig Speidel, Wiens „Lord Oberrichter in Dingen des Geschmacks"
Unten: Die theatersüchtigen Wiener: Einlaß ins Burgtheater

„Niederreißen!"
Kommentar von Speidels Kritikerkollegen Hugo Wittmann über das neue Burgtheater

Julias Balkon, Bühnenbild aus dem alten Hofburgtheater

rade enthüllten Denkmal des Burgtheaterdirektors Heinrich Laube hervor: „Nach unserem Gefühl ist Laube kein Mann, den man sitzend darstellt. In allem ist Laube die Bewegung, die Beweglichkeit selbst – bis auf seine Sprache herab, wo er das Zeitwort, das tätige Element des Satzes, das im Deutschen nachgeschleppt zu werden pflegt, so weit wie möglich voranzustellen bestrebt ist."

Auf „Reisebriefe" läßt sich unser Autor nur in seinen Anfängerjahren ein: Das ambulante Metier des ruhelos von Stadt zu Stadt eilenden Berichterstatters ist auf die Dauer nichts für einen so sehr zur Seßhaftigkeit neigenden Menschen wie ihn. „Ich bin eine viel zu beschauliche Natur, als daß ich mich jeden Augenblick durch die Außenwelt möchte aufschrecken lassen", schreibt er von einem Italien-Aufenthalt nach Hause.

Beim „Winter", einem florierenden Wirtshaus zwischen Tuchlauben und Wildpretmarkt, trifft sich Speidel mit seiner Stammtischrunde: Ein Historiker, der als begnadeter Urkundenleser gilt; ein Architekt; ein Professor der Ästhetik; ein Kinderarzt; auch ein Geistlicher, zwei Staatsanwälte, ein weitgereister Schiffsleutnant und ein Orchestermusiker gehören dazu und vor allem der Bildhauer Heinrich Natter, Speidels engster Freund. Mit ihnen feiert der 73jährige 1903 ein Jubiläum, das ihm viel bedeutet: seine 50jährige Zugehörigkeit zur Wienerstadt.

Nur ein einziges Mal in dieser langen Zeit wird ihm seine Wahlheimat streitig gemacht. 1878, als er in der *Neuen Freien Presse* über die Makart-Ausstellung „Der Einzug Karls V. in Antwerpen" referiert und sich bei dieser Gelegenheit über die spezifische Schönheit der Wienerin verbreitet. „Nur ein Ausländer kann so über Wien urteilen", meldet sich ein anonymer Leserbriefschreiber zu Wort. Souverän pariert der Attackierte den fremdenfeindlichen Rülpser: „Wenn man 25 Jahre die Wiener Luft geatmet hat, ist man wohl nicht ein echter Ausländer. ‚Die Luft macht eigen', sagt ein altes Wort. Am Ende nennt der ‚echte Österreicher' die Habsburger Ausländer, weil sie aus der Schweiz stammen und ihnen aus Lothringen eine neubelebende Blutwelle zugeflossen ist."

Daß der Schwabe Speidel sich so problemlos in Wien einlebt, hat nichts mit Anpasserei zu tun: Die Affinität zur besonderen Geistigkeit dieser Stadt ist Teil seines Wesens. Lebensfreude und Kunstsinn gehen in ihm eine ausnehmend glückliche Verbindung ein. Und so sieht er Wien mit den Augen der von ihm verehrten Künstler: „Beethoven in Heiligenstadt" oder „Franz Schubert in der Höldrichsmühle" lauten Titel seiner Feiertagsfeuilletons. Und ein im Prater ausgestellter Ballettschuh der Tänzerin Fanny Elßler regt ihn zu einer Studie an, über deren Lektüre Hugo von Hofmannsthal noch 1925

„Die Damen und Herren der gehobenen Gesellschaftsschicht pflegten am Morgen nach der Premiere gewissenhaft bei Speidel nachzulesen, wie es ihnen denn gestern gefallen habe."

Kommentar eines Zeitgenossen

Wiens Mimen übersiedeln vom alten in das neue Burgtheater

ins Schwärmen geraten wird: „Aus dem Schwung eines Augenbogens, aus der Linie einer Schulter, aus dem beweglichen Glied des Fußes erschloß sich ihm ein ganzes Menschenwesen, ein ganzes Dasein."
Herausragende Frauengestalten zählen überhaupt zu Speidels Lieblingsthemen. Seinen Nachruf auf die Schauspielerin und Philantropin Celeste Bösendorfer leitet er mit dem Satz ein: „Das Beste, was die Wiener besitzen, sind ihre Frauen." Er denkt dabei nicht an vordergründige Reize, sondern an „jenen Typus der Wiener Weiblichkeit", der „mit der durchwaltenden Anmut des Wesens die Festigkeit des Charakters verbindet". Und allem Großsprecherischen abhold, steckt Speidel auch sogleich die Dimensionen ab, die für sein Porträt bestimmend sein sollen: „Wir wollen von ihr ein Bildchen entwerfen – nicht größer, als es die Frauen am Halse zu tragen pflegen, und das ihrer Bescheidenheit und unserer Kraft entspricht."
„Ein Bildchen" – ein typisches Understatement dieses Giganten der Porträtierkunst, der sich für fast alle seine Aufsätze mit dem Kürzel „L. Sp." begnügt. Noch scheuer ist er, wenn es um leibhaftige Auftritte geht. Speidels Platz ist nicht das Vortragspult, sondern der Schreibtisch. Als im März 1891 die Entscheidung über das Wiener Mozartdenkmal ansteht, greift er zur Feder: „Dem Verfasser der obigen Zeilen, einem Mitgliede des Mozart-Denkmalkomitees, ist die Gabe der freien Rede versagt, und so hat er sich entschlossen, seiner Ansicht auf diesem Wege Ausdruck zu leihen."
Daß er einmal selbst in einem seiner Texte in Erscheinung tritt, bleibt die große Ausnahme: Als er den Maler Wilhelm Leibl in dessen Sommerfrische aufsucht, um ihm bei der Arbeit über die Schulter zu schauen, verrät er, was die eigene Person betrifft, seine Vorliebe für schäumendes Bier, scharf gebratenes Huhn, schwarzen Kaffee und eine Virginia.
Es wird Zeit, den Blick auf den Theaterkritiker Ludwig Speidel zu lenken. Nahezu 40 Jahre lang beobachtet und kommentiert er das Geschehen an der kaiserlichen Hofbühne, überlebt nicht weniger als fünf Burgtheaterdirektionen (Laube, Dingelstedt, Wilbrandt, Burckhard und Schlenther), und als ihm 1887 selber die Leitung des berühmten Hauses angetragen wird, verzichtet er weise, auf „die andere Seite" überzuwechseln. Er will nicht Lenker sein, nur Helfer.
Und wie behutsam geht Speidel mit seinen Lesern um! Bei aller Schärfe der Analyse von Stück und Aufführung achtet er sorgfältig darauf, sie mit keinerlei Zuviel an Bildungs-

„Seine bloße Gegenwart ist ein Protest gegen das Alte" (Speidel über Josef Kainz, hier in der Rolle von Grillparzers Leon).

„Unter seinen Händen wurde das Zeitungsdeutsch, bis dahin ein dürftiger Mitteilungsbehelf ohne Bildlichkeit, wieder zur eigentlichen Sprache"
Über Ludwig Speidel

„Kulissenmaler und Arrangeur": Speidel über Hans Makart (hier im Bild), dem damals ganz Wien zu Füßen lag

Links: Sarah Bernhardt als „Kameliendame": Der „aufgezehrte" Kritiker empfiehlt dem Publikum nach der Vorstellung eine „Ruhepause". Rechts: Charlotte Wolter, berühmt für ihre Heroinenrollen, als Jungfrau von Orleans

„Den Werth mitlebender Künstler genau abzuschätzen und die geschichtliche Bedeutung und Dauer ihrer Werke bestimmen zu wollen, ist zu allen Zeiten ein undankbares Geschäft gewesen. Ja, es ist im Grunde ein Unmögliches."

Ludwig Speidel

ballast zu malträtieren. Er geht die Sache mehr vom Gemüt her an, gibt auch dem Sinnlichen und Kulinarischen Raum, zeigt sich beispielsweise von Sarah Bernhardts Wiener Debüt als „Kameliendame" dermaßen „aufgezehrt", daß er dem Publikum für den folgenden Tag eine „Ruhepause" verordnet. Stellt er einen neuen Wallenstein oder Lear vor, so läßt er zugleich alle früheren Revue passieren: Der große Überblick, der souveräne Vergleich sind seine Stärken. Indem er für ausgewogene Spielpläne plädiert, macht sich der nur scheinbar Konservative zum überzeugten Vorkämpfer der Moderne: Speidels Uraufführungskritik von Ibsens „Gespenstern" stünde nach wie vor in jedem Handbuch des Kulturjournalismus ein Ehrenplatz zu. Für die Autoren des Vormärz tritt er ebenso ein wie für Freigeister à la Börne und Heine, für Gerhart Hauptmann wirbt er um Verständnis.

Im Wissen um den Kult, den das Wiener Theaterpublikum mit seinen Lieblingsmimen treibt, hält er nachdrücklich fest: „Das erste Wort müßte die Dichtung haben, die Dichtung der Gegenwart, ohne welche die Schauspielkunst dahinsiecht." Geschieht es aber, daß er selber der Faszination eines Darstellers erliegt, so spart er nicht mit kräftigen Farben: Seine Porträts von Friedrich Mitterwurzer, Joseph Kainz, Josephine Gallmeyer, Adele Sandrock oder Stella Hohenfels setzen Maßstäbe.

Brillanter Causeur, verschmäht er auch die Anekdote nicht: Bei der Beschreibung von Adolf Sonnenthals Burgtheater-Debüt lenkt „L. Sp." mit Bedacht den Blick auf den berühmten Shakespeare-Darsteller Bogumil Dawison, der den um 16 Jahre Jüngeren

Speidel, der hier gerade „Herrn Director Burckhard mit Haut und Haaren am Kraut" verzehrt, überlebte fünf Burgtheaterdirektoren.

Schillers Karl-Moor-Monolog „O Menschen, Menschen" vorsprechen läßt und angesichts des ekstatischen Temperamentsausbruchs (ein Sessel geht in Trümmer) mit den Worten zur Ordnung ruft: „Jawohl, Sie haben Talent, junger Mann – aber ruinieren Sie mir meine Möbel nicht!"

Mit 28 hatte Speidel die Wienerin Leontine Ziegelmayer geheiratet. Aus der glücklichen Ehe, der 45 Jahre beschieden sind – Leontine stirbt drei Jahre vor ihrem Mann –, gehen zwei Töchter hervor. Auf dem Sieveringer Friedhof erhält Ludwig Speidel ein Ehrengrab der Stadt.

„Das Stück ließ einen Stachel zurück, der im Fleisch zu schwären begann."

Speidel über Ibsens „Wildente" 1891

„Es muß im heutigen Opernpublikum ein leidenschaftlicher Hang, sich zu langweilen, vorhanden sein, anders ist die Vorliebe für Wagners Musik nicht zu erklären."

„Fräulein Wetzel, das spätreife Talent, gehört gleichfalls zu den betriebsamsten Störenfrieden eines behaglichen ästhetischen Genusses ... Eine Schauspielerin, welche an den derben Brüsten der Wiener Volksmusen aufgesäugt und von den Grazien der Vorstadt in die zartesten Geheimnisse der Lerchenfelder Mundart eingeweiht wurde."

„Nachgerade wird zur Pein und Marter, über die Trauer- und Schauspiele, welche in letzter Zeit die Bretter des Burgtheaters verunzieren, ausführliche Berichte zu schreiben."

„Raimunds Zukunft blüht nicht in der inneren Stadt ... Seine Schauspiele sind Kinder der Vorstadt, haften an der Mundart; darum sollte man sie nicht ohne Not auf vornehmere Bühnen verpflanzen."

„Nun ist es freilich kein Spaß, sich dem Eindruck der ‚Wildente' mit voller Seele hinzugeben; wir haben nach der Aufführung des Stückes Zuschauer gesprochen, die sich wund und krank fühlten. Sie gingen aus dem Theater – nicht als ob sie etwas angeschaut, sondern etwas erlebt hätten. Etwas Wirkliches, Trauriges, Niederschlagendes."

„Eine deutsche Bühne, auf der ‚Nathan der Weise' nicht lebt, ist nur halb eine deutsche Bühne. Ihr fehlt der geistige Adelsbrief."

„Wir haben am Burgtheater ohnehin schon einige unechte Kräfte, die man zu unserem Leidwesen auf längere, lange oder längste Zeit an dieses Institut gefesselt oder an die man eigentlich uns gefesselt hat; es ist eine Aufgabe der Kritik, diesen Eindringlingen das Leben am Burgtheater sauer zu machen, sie wegzuschieben, um für bessere Kräfte Raum zu schaffen. Man muß den Genius des Burgtheaters ehren."

(Zitate aus den Kritiken Ludwig Speidels)

WILHELM SINKOVICZ

Das Blatt der bösen, subjektiven Kritiker

Zur Geschichte der österreichischen Musikkritik

Bleiben Sie objektiv", fordert man den Musikkritiker auf. „Wie stellen Sie sich das vor?", gibt dieser zur Antwort. Seit es Kritik gibt, ist sie subjektiv. Das liegt in ihrem Wesen.

Musikkritik im besonderen entzweit die Geister gern. Es gibt sie in Wahrheit, seit es Musik gibt. Denn irgendjemand überlegt sich, warum er wann welche Klänge hören – oder von sich geben – möchte. Er übt also eine kritische Tätigkeit aus. In der uns bekannten, bis heute mit kleinen kosmetischen Änderungen praktizierten Form finden wir die Musikkritik seit dem vorigen Jahrhundert. Und es war *Die Presse*, die dem Genre seit jeher einen besonders hohen Stellenwert eingeräumt hat. Kein Zufall, daß ausgerechnet der langjährige Chefrezensent dieses Blattes zum „Kritikerpapst" wurde. Eduard Hanslick, den Verdi einen „Bismarck der Musikkritik" nannte, beherrschte die Kunst des musikalischen Feuilletons so perfekt, daß er sogar die höchsten Tempelweihen der Musikgeschichte erhalten hat: Richard Wagner, den er konsequent zerzauste, hat sich über ihn nicht nur fortwährend geärgert, sondern ihn sogar porträtiert. Der Beckmesser, das Urbild des beißenden Musikkritikers, ist eine Karikatur unseres Kollegen – und hat ihn unsterblich gemacht.

Wagner wollte den vermaledeiten Gegenspieler seiner Helden Hans Sachs & Walther von Stolzing sogar „Hans Lick" nennen. Daß er davon letztendlich Abstand genommen hat, rettete ihn nicht vor dem Zorn des dieserart „Erhobenen". Hanslick, der bei einer Autorenlesung Wagners – die „Meistersinger" sind zum Teil in Wien entstanden – anwesend war, hatte schon verstanden und sich gleich nach Beendigung des Vortrags mit säuerlicher Miene von der versammelten Gesellschaft verabschiedet.

Die kunstvoll-amüsante Auseinandersetzung mit dem Thema Musikkritik, die wir in den „Meistersingern" erleben, hat also über Umwege auch mit der *Presse* zu tun. Und wir dürfen durchaus darauf stolz sein. Denn es verhält sich mit den vielgescholtenen Rezensenten – denen auch Hugo Wolf ein bitterböses Liedlein gewidmet hat – wie mit dem Beckmesser in der Oper: Nicht auszudenken, würde diese Figur in Wagners Personenregister fehlen. Der Dreiklangseligkeit des „Preisliedes" wäre kein Ende. Es mangelte ihr wahrhaftig an der nötigen Würze durch Beckmessers schrullig-bösartige Quarten-Kaskaden.

Musik ohne die ihr adäquate, hintergründige Auseinandersetzung ist, seit sich die Europäer der Neuzeit dazu entschlossen haben, sie auch als intellektuelles Vergnügen zu betrachten, nicht denkbar. Wie überhaupt das Kulturleben ohne entsprechende Reflexion zusammenbräche. Die Kritik hat sich in jener Sekunde zum Bestandteil jeglicher umfassenden Zeitungsberichterstat-

Links: Eduard Hanslick (hier als Brahmsverehrer karikiert) sah in der Musik der Klassik und Neoklassik den Höhepunkt der Musikentwicklung.

tung gemausert, in der das bürgerliche Musikleben sich etabliert hat. Bis heute ist dieses in seinen Strukturen unverändert. In Wien zumal, wo international anerkanntermaßen die Hochburg dieses perfekt durchorganisierten „Kulturkonsums" zu finden ist. Immer noch spielen Tag für Tag zwei Opernhäuser und bespielen von Oktober bis Juni zwei große Konzertveranstalter mehrere Säle gleichzeitig. Und es herrscht kein Mangel an Besuchern.

Entsprechend wichtig haben Zeitungsherausgeber denn auch die Besetzung ihrer Kulturressorts genommen, die dieses theatralische und musikalische Leben so aufmerksam begleiten sollten wie die Wirtschaftsjournalisten das Börsengeschehen. Der Vergleich hinkt weniger stark, als es den Anschein haben könnte. Kultur, Musik vor allem, ist und bleibt immerhin Österreichs wichtigster und imageträchtigster „Exportartikel".

Wenn das alles so selbstverständlich und festgefügt nebeneinander herzugehen pflegt, wird man sich nun fragen, warum hat sich dann Wagner über seinen Beckmesser so ärgern müssen, warum ärgern wir uns immer wieder über bestimmte Urteile, die von Rezensenten über Ereignisse gefällt werden, die wir doch selbst ganz anders empfunden haben?

Und vor allem: Wie verhält es sich mit den legendären Fehlurteilen? Sind nicht die berühmtesten Kritiker auch berüchtigten Irrtümern aufgesessen? Sie sind.

Freilich fragt sich: Was ist in der Kunst ein Irrtum? Daß die Generation seiner Söhne den alten Bach für rettungslos verstaubt hielt? In diesem Sinne waren Carl Philipp Emanuel und Johann Christian die schärfsten Kritiker des Johann Sebastian. In diesem Sinn hat sich ein Hugo Wolf unflätig über die Symphonik seines älteren Zeitgenossen Johannes Brahms geäußert. Die Zeilen: „In einem Beckenschlag von Franz Liszt steckt mehr Musik als in allen Brahmsschen Symphonien und Serenaden zusammengenommen", stammen tatsächlich nicht von einem geistig minderbemittelten Jugendlichen, sondern von einem der größten Komponisten der Spätromantik, der sich nicht damit abfinden konnte, daß es neben der von ihm verehrten Ästhetik Richard Wagners noch andere Wege zum musikalischen Heil geben konnte.

Welch unschätzbare Dokumente solche – und weniger gehässig vorgetragene – kritischen Äußerungen für die heutige Wissenschaft darstellen, läßt sich erklären: Woraus, wenn nicht aus solchen Aussagen, seien sie auch noch so überzeichnet, sollten sich schlüssige Erkenntnisse über die Wandlungen der Ästhetik gewinnen lassen? Über den Geist einer Ära und die unterschiedlichen künstlerischen als auch inhaltlichen Strömungen, die in ihr wirken, erfahren wir nur dank kritischer Auseinandersetzung von Zeitgenossen mit Zeitgenössischem. Der bloße Zeitungsbericht, es sei am Vortag eine neue Oper uraufgeführt worden, hülfe uns nicht weiter. Je intensiver, je persönlicher

„Von der *Neuen Freien Presse* scheidet man um keinen Preis!"
Eduard Hanslick, als man ihn zu einem Blattwechsel bewegen wollte

„Tadeln mit Verstand, das ist doch das leichte Ding nicht, wofür man es gemeinhin ausgibt."
Kritiker Ludwig Speidel

Einzelschönheiten schleichen sich nur hinter dem Rücken des musikalischen Systems ein: Hanslick tadelt Wagners „Ring". Linke Seite: Porträt Eduard Hanslicks

Blick vom Zuschauerraum auf die Bühne des neuerbauten kaiserlich-königlichen Opernhauses in Wien (1869)

„Himmi, Herrgott, Sagarament! Mir g'fallts!"

Hugo Wolf, als Kritiker bei der Uraufführung eines Brahms-Werkes

„Man denke sich ‚Lumpazivagabundus' auf der Bühne, während das Orchester dazu die ‚Eroica' aufspielt."

Daniel Spitzer über Wagners „Meistersinger"

der kritische Diskurs geführt wird, desto aussagekräftiger ist er für Dritte – am Tage selbst, und, angenehmer Nebeneffekt, für die Nachwelt.

Was wir heute als „Fehlurteile" qualifizieren, weil etwa der Nachruhm eines Werkes wider alle zeitgenössischen Erwartungen bis heute anhält, mag schon der Leser der Tageszeitung damals als solches empfunden haben. Und wenn auch nicht: Das inkriminierte Feuilleton war ihm Zündstoff für geistige Auseinandersetzung mit Kunst.

Im übrigen: Einige der berühmtesten falschen Aussagen von Kritikern entwickeln als Zitate ohne jeglichen Zusammenhang ein fatales Eigenleben. Als das Violinkonzert von Peter Iljitsch Tschaikowsky in Wien uraufgeführt wurde, urteilte doch Hanslick mit der berühmten Phrase von der Musik, „die man stinken hören" könne. Das ist zwar Wort für Wort in der *Neuen Freien Presse* nachzulesen, allein, es handelt sich um ein modifiziertes Zitat, das Hanslick benützt, um seine Thesen zu untermauern. Es lohnt sich, den gesamten Absatz nachzulesen, um zu sehen, wie das für ihn Sinn haben konnte: Hanslick schreibt von einem „Finale, das uns in die brutale, traurige Lustigkeit eines russischen Kirchweihfestes versetzt. Wir sehen lauter wüste, gemeine Gesichter, hören rohe Flüche und riechen den Fusel. Friedrich Vischer behauptet einmal bei Besprechung lasziver Schildereien, es gebe Bilder, ‚die man stinken sieht'. Tschaikowskys Violinkonzert bringt uns zum erstenmal auf die schauerliche Idee, ob es nicht auch Musikstücke geben könnte, die man stinken hört."

Das ist nun nicht weniger drastisch, aber in einem Zusammenhang, der vieles erklärt und verstehen hilft. Hanslick nämlich vertrat, was seine Leser selbstredend wußten, eine ganz bestimmte ästhetische Position, innerhalb derer Musik wie diese, die ganz offenkundig auf ausdrucksstarker Einbindung folkloristischer Elemente beruhte, keinen Platz hatte. In diesem einmal gewählten und für richtig erkannten „Koordinatensystem" ließ sich schlüssig argumentieren – und ebenso schlüssig widersprechen. Nur dort, wo hohle Phrasen gedroschen werden, unterbleibt vielleicht die krasse „Anschuldigung", es unterbleibt aber auch die Möglichkeit zur produktiven Auseinandersetzung mit der Kunst. Daß Kritik des öfteren zum Widerspruch reizt, ist nicht ihr Fehler, sondern im Gegenteil ihre vornehmste Aufgabe.

Was den Tonfall betrifft, ist in unserer Gesellschaft weder Hanslicks Zynismus noch der brutale Zugriff eines Hugo Wolf noch denkbar. Man ist anscheinend höflicher geworden; und unverbindlich. Nicht ausschließlich zum Vorteil der Kritik und der Kunst, die mehr und mehr zur Berieselungskonsumation genutzt wird, ein Übel, gegen welches ein Mehr an Konfrontation nicht schaden könnte.

Was von Rezensenten vom Schlage Hanslicks und seines Nachfolgers Julius Korngold – der übrigens den „Rosenkavalier" für Katzenmusik hielt – zu lernen wäre: Das Amt des Musikkritikers ist, wenn es Sinn haben soll, durchaus polemisch zu führen. Es muß auch von Menschen ausgeübt werden, deren Lust an der Formulierkunst spürbar ist. Damit diese Lust in die richtigen Bahnen gelenkt wird, die Urteilsfähigkeit der Feuilletonisten also sichergestellt ist, braucht sie aber jedenfalls das Fundament einer grundlegenden musikalischen Bildung. Nicht die Härte einer Aussage kann nämlich zum Problem werden, sondern mangelnde Kenntnis der Materie. Ein solcher Mangel kann für den Leser auch milde Urteile schmerzhaft werden lassen, weil sie nicht fundiert, sondern einfach dumm sind.

Wo aber Aussagen in solidem Fachwissen wurzeln, haben auch kontroversielle, scheinbar widersprüchliche Meinungen ihren Wert. In diesem Fall kann Kritik, die so gern als „destruktiv" bezeichnet wird, auch zur produktiven Kraft werden. Jüngstes Beispiel: der russische Dirigent Wladimir Fedosejew, der von der *Presse* regelrecht für Wien entdeckt wurde, zum Publikumsliebling und dann sogar zum Chefdirigenten der Wiener Symphoniker avancierte.

Sicher ist: Heutige Rezensenten müssen schneller zu ihren Aussagen finden als die Altvordern. Eduard Hanslick, er war damals längst zum Ästhetikprofessor der Wiener Universität geworden, zog sich noch einige Tage auf seinen Landsitz nach Baden zurück, um über eine neue Operette von Johann Strauß zu schreiben. Eine solche Sommerfrische zeitigte entsprechend reiche Früchte: Feuilletons in der *Neuen Freien Presse* begannen in der Regel unterm Strich auf Seite eins und zogen sich über die folgenden vier oder fünf Seiten. Die kurze Tagesmeldung im Morgenblatt nach der Uraufführung besorgte inzwischen ein jüngerer Kollege.

Da haben sich die Zeiten in jeder Hinsicht gründlich geändert, nicht nur im Hinblick auf den Platz, der für eine Kritik zur Verfügung steht: Die meisten Novitäten des 20. Jahrhunderts wären ja schon nach Beendigung einer solchen Kritiker-Klausur längst vergessen und jedenfalls kein Thema mehr …

„Pst! Wer murrt, zischt, pfeift, schreit, Bauchweh kriegt, oder gar in Ohnmacht fällt, wird arretiert!"

Skandalkonzert 31. März 1913: Schönbergs „befremdliche Klangexperimente" (NFP-Bericht) führten zu Aufruhr und zur Androhung, den Saal gewaltsam zu räumen.

1876, Karikatur (in Postkartenform) auf Wagner, seine Familie, Ludwig II. und das neu eingeweihte Bayreuther Festspielhaus

WENDELIN SCHMIDT-DENGLER

„Die Entdeckung des Geringen“

Georg Büchners „Woyzeck“ in der „Neuen Freien Presse“

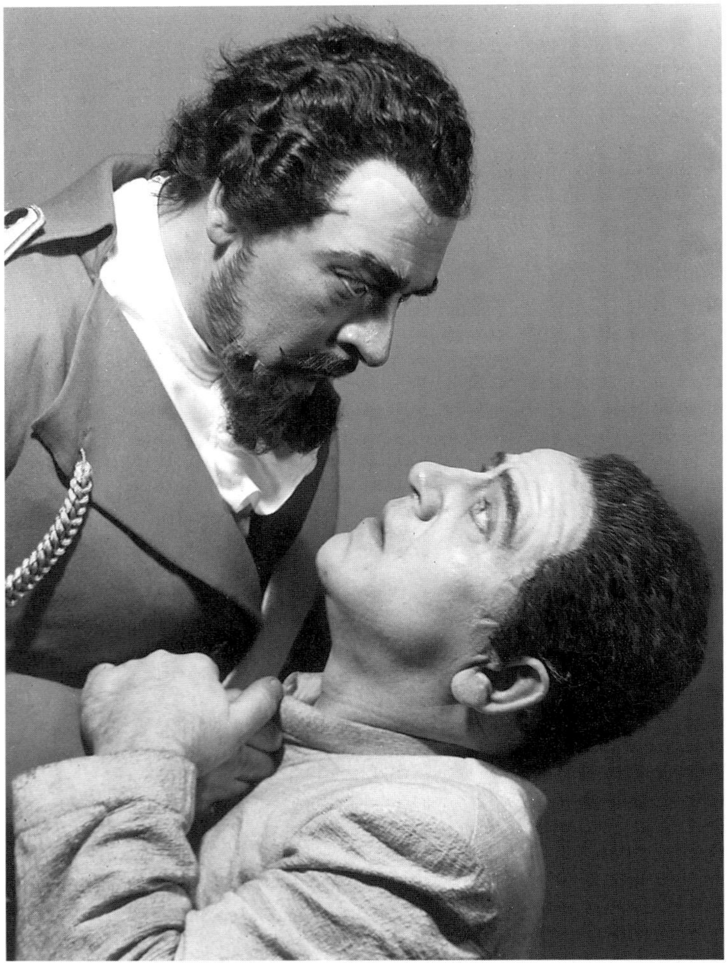

Wie kein anderes Drama aus dem 19. Jahrhundert gilt heute Georg Büchners „Woyzeck“ als Inbegriff der Modernität, und das trifft in formaler wie in inhaltlicher Hinsicht zu. Doch es dauerte geraume Zeit, bis die Literaturkritiker, die Regisseure und Dramaturgen und zuletzt das Publikum den Rang dieses Stückes erkannten und darin mehr sehen wollten und auch konnten als die fragmentarische Dramatisierung eines Kriminalfalles, die dazu angetan sein sollte, das Mitleid mit den unteren Ständen zu wecken: Das Schicksal des Füsiliers Franz Woyzeck schien der Dimension des Tragischen zu ermangeln, wie denn auch seiner Geliebten Marie – der Mutter seines Kindes, die schließlich das Opfer seiner Eifersucht wird – die Dignität einer tragischen Heroine kaum zugesprochen werden konnte.

Aus der Geschichte der Edition sowie der Wirkung dieses Stückes können wichtige Indizien abgelesen werden, die nicht nur sozial- oder literaturgeschichtliche Aspekte, sondern auch den Wandel des Menschenbildes betreffen. Die Ausgaben der *Neuen Freien Presse* vom 9. und 23. November des Jahres 1875 markieren eine entscheidende Etappe in dieser Entwicklung: Da wurde zum ersten Mal der Text dieses Fragments in Auswahl einer größeren Öffentlichkeit im Druck vorgestellt – eine Tatsache, die derzeit so gut wie vergessen ist.

Daß es zu dieser so bedeutsamen Veröffentlichung in einem Organ der Donaumonarchie kam, ist das Verdienst eines Mannes, dessen Leistung als Schriftsteller und Feuilletonist bis in unsere Tage hinein Beachtung und Achtung verdient: Karl Emil Franzos (1848–1904) hatte bereits, nach eigener Aussage, im Gymnasium in Czernowitz 1867 Kunde vom Werk Georg Büchners erhalten und dessen „Dantons Tod“ in der 1850 erschienenen und von Ludwig Büchner, dem Bruder des Dichters, besorgten Ausgabe gelesen. Ausführlich hat Franzos von seinem Engagement für Büchner berichtet; 1901 erinnert er sich: „Wie vereinzelt ich damals zuerst in Graz, dann von 1873 ab in Wien mit meiner Liebe für Büchner stand, mag die Thatsache beweisen, daß mir ein Vertreter der deutschen Litteratur-Geschichte auf meine Frage, ob er mir nicht die ‚Nachgelassenen Schriften‘ leihen könne, erwiderte: ‚Sie meinen wohl Ludwig Büchners Kraft und Stoff? Einen Georg Büchner giebt es nicht!‘ Auch bedurfte es 1874 langen Suchens in Katalogen, bis mein Buchhändler, der alte Wilhelm Braumüller am Wiener Graben, den Verlag der ‚Nachgelassenen Schriften‘ ausfindig machen und sie für mich beziehen konnte. ‚Das ist meines Wissens‘, sagte mir der alte Herr lächelnd, als er mir das Buch endlich übergab, ‚doch wohl der unbekannteste deutsche Dichter. Man soll zwar in dieser Beziehung nie einen Superlativ gebrauchen, aber ich glaube: der ist's‘.“

Links: Woyzecks Ende? Behandlung eines Geisteskranken zur Zeit Büchners

Diese Anekdote wirft ein Schlaglicht auf die Situation, in der die Publikation des „Woyzeck“ in der *Neuen Freien Presse* zu sehen ist. Daß dieser Text von der Redaktion angenommen wurde, war nicht zuletzt dem Umstand zu danken, daß der damals noch junge Karl Emil Franzos einen sehr guten Zugang zur Redaktion hatte und in direktem Kontakt mit dem Herausgeber und Chefredakteur Michael Etienne stand. Seit 1872 sind Artikel aus Franzos' Feder in der *Neuen Freien Presse* belegt; er war – trotz gelegentlicher längerer Unterbrechungen – bis zwei Monate vor seinem Tod in Berlin Anfang 1904 ein profilierter Mitarbeiter dieses Blattes. In der Zeit von 1874 bis 1879 – also in der Epoche, da er sich besonders der Werke Büchners annahm – veröffentlichte er „Reise- und Kulturbilder“, die sich vor allem mit den östlichen Teilen der Monarchie befaßten und die später als Sammelbände unter den Titeln „Aus Halb-Asien“ (1876), „Vom Don zu Donau“ (1878) und „Aus der großen Ebene“ (1888) erschienen.

Der Name des Autors wird bis heute am ehesten mit diesen Werken sowie mit einigen Erzählungen verbunden, die ihn auf-grund seiner in diesen Jahren intensiven Beschäftigung mit dem Ostjudentum nicht zu Unrecht als einen Vorläufer Joseph Roths erscheinen lassen. Allerdings verhielt sich die Redaktion der *Neuen Freien Presse* gegenüber Beiträgen mit jüdischer Thematik eher reserviert.

Noch 1899 bemühte sich Franzos – allem Anschein nach erfolglos – um die Anstellung als Berliner Korrespondent für die *Neue Freie Presse* und empfahl sich dabei als Kenner der Berliner Theaterszene, deren wichtigste Ereignisse (etwa Uraufführungen von Werken Gerhart Hauptmanns) er ausführlich in der von ihm herausgegebenen Zeitschrift *Deutsche Dichtung* kommentiert hat.

Über sein Verhältnis zur *Neuen Freien Presse* läßt er sich wie folgt vernehmen: „Über meine Pflichttreue brauche ich nicht erst zu sprechen, da ich das Blatt nie im Stich ließe, daß auf mich Verlaß ist, das glaub' ich, würden mir selbst Jene nicht abstreiten, die mir nicht hold gesinnt sind.“

Doch zurück zum Herausgeber Franzos und zu seinem Engagement für Georg Büchner. Die Edition von 1850 hatte zwar einiges Aufsehen erregt, doch war die Wirkung kaum eine nachhaltige. Der unmittelbare Anlaß für eine neuerliche Auseinandersetzung mit

„Er hätte ein Stern am Himmel unserer Literatur werden können und ward nur ein prächtiger Meteor. Aber er leuchtet in unsere Tage hinein …“

Karl Emil Franzos über Georg Büchner, 4. Juli 1875

Zeitgenössisches Porträt des 1824 in Leipzig hingerichteten Johann Christian Woyzeck, Büchners historischer Vorlage

Linke Seite: Josef Herrmann (Wozzeck) und László Szemere (Tambourmajor) in Alban Bergs „Wozzeck“, Staatsoper 1952

Albert Steinrück als Woyzeck in der Münchner Uraufführung des Stücks 1913 (Zeichnung von Julius Graumann)

„Und wenn Sie sich die Finger krumm schreiben, es hilft nichts!"

NFP-Chef Michael Etienne an Karl Emil Franzos: Georg Büchner werde nie populär.

Büchner ergab sich durch die Enthüllung einer Büchner-Büste in Zürich am 4. Juli 1875; Franzos veröffentlichte an diesem Tag ein Gedenkblatt für den so früh Verstorbenen, und dies war der Beginn einer Beschäftigung, die Franzos fast sein ganzes weiteres Leben begleitete: „Die Skizze erwarb mir, sicherlich nicht durch das, was ich darin geleistet, sondern wohl durch ihre ehrliche Begeisterung für den genialen Dramatiker, das gütige Vertrauen der Familie. Herr Dr. Ludwig Büchner übersendete mir den gesammten Nachlaß, so weit er in Händen der Familie, zur Sichtung und Veröffentlichung."

So ließ sich Franzos am 3. November 1875 in dem Feuilleton, mit dem er dann den Abdruck des „Woyzeck"-Fragments einleitete, in der *Neuen Freien Presse* vernehmen, und es sei bereits hier erwähnt, daß sich die Tonart, mit der an dieser Stelle über die Familie Büchner die Rede ist, später radikal änderte. Er ist über das Vertrauen gerührt, das ihm der „berühmte Naturforscher" Ludwig Büchner entgegenbringt, und von der Fülle des Materials – von zweitausend Seiten ist die Rede – überwältigt.

Ein Text fasziniert ihn vor allem: das Fragment des „Trauerspiels" namens „Woyzeck", oder, wie Franzos (unrichtig) las, „Wozzeck" – die Namensform, die lange und vor allem auch für Alban Bergs Libretto (Uraufführung 1925) maßgeblich blieb. Der Text hätte schon früher veröffentlicht werden sollen, doch der Zustand des Manuskripts hatte Ludwig Büchner und einen Mitarbeiter abgeschreckt.

„Wozzeck"-Komponist Alban Berg mit Protagonisten einer Staatsopernaufführung von 1930

Franzos hat seine Schwierigkeiten mit dem Konvolut im Oktober 1875, also knapp vor der Veröffentlichung, sehr anschaulich geschildert: „Ich hatte Anfangs auch nicht die leiseste Hoffnung, es entziffern zu können. Vor mir lagen vier Bogen dunkelgrauen, mürbe gewordenen Papiers, kreuz und quer mit langen Linien sehr feiner, sehr blasser gelblicher Strichelchen beschrieben. Da war absolut keine Silbe lesbar. Ferner einige Blättchen weißen Papiers, mit ähnlichen Strichelchen bedeckt. Da hier die Zeichen größer waren, der Hintergrund heller, so war da stellenweise ein Wort zu entziffern, aber nirgendwo auch nur ein ganzer Satz. Rathlos wendete ich die Blätter hin und her. Da führte mir der Zufall das chemische Rezept zu, welches im Nürnberger ‚Germanischen Museum' zur Auffrischung von Urkunden benützt wird. Man bestreicht die betreffende Stelle zuerst mit destillirtem Wasser, dann mit Schwefel-Ammoniak. Das Mittel erwies sich als wirksam, die verblassten

Karl Emil Franzos, NFP-Mitarbeiter und Büchner-Herausgeber

Strichelchen traten auf kurze Zeit wieder kohlschwarz hervor, selbst an solchen Stellen, wo mit freiem Auge kaum mehr die Spuren einer Schrift zu erspähen waren. Aber da wies sich eine neue Schwierigkeit: die Schriftzüge waren mikroskopisch klein; oft mehr als dreißig Worte auf die gewöhnliche Zeile.“

Also mußte Franzos zur Lupe greifen. „Aber was ich entzifferte, war geeignet, mir immer wieder den Muth zu stählen. So copirte ich Zeile für Zeile, zuerst die grauen Bogen, dann die weißen Blättchen.“ Doch damit waren für Franzos die Schwierigkeiten beileibe nicht behoben: Ludwig Büchner erhielt Franzos' Transkription und sandte sie bald wieder nach Wien zurück, hatte sich aber erlaubt, daran „einige kleine Buchstaben- und Ausdrucksfehler zu korrigieren“. Zugleich monierte er, daß das Fragment „viel Triviales, von den Cynismen ganz abgesehen“, enthalte.

Bald mußte Franzos erkennen, daß Ludwig Büchner nicht nur kleine Versehen getilgt, sondern ganz entschieden die derbe Drastik des Textes zu mildern versucht hatte, indem „die Cynismen im bösartigsten Sinne des Worts ‚veranständigt‘ oder ganz unterdrückt“ – schlichtweg getilgt – worden waren.

Verärgert wollte Franzos aufgeben, doch durch Etiennes Zuspruch kam die Publikation dann doch zustande. Er beharrte auf dem Prinzip der Authentizität und befand mit Recht: „Büchner … schrieb jene Cynismen nieder, weil dies seinem Kunstprinzip entsprach: Naturwahrheit bis in's Kleinste und bis zum Äußersten.“ Schließlich konnte Franzos die ausgewählten Szenen in der *Neuen Freien Presse* so veröffentlichen, wie es seiner Vorstellung entsprach und, wie er zumindest mitteilte, ohne Eingriffe oder Veränderungen.

Bei der Fortführung seiner Arbeit allerdings stieß er immer wieder auf den Widerstand der Familie des Dichters und auch des Frankfurter Verlegers Remy Sauerlaender: Es wurde nicht nur befürchtet, daß die obszöne Sprache dem Ansehen Georg Büchners (und auch dem der berühmten Familie) schaden würde, sondern auch geltend gemacht, daß ein Text wie der Hessische Landbote nun (1877!) konfisziert werden könnte. Es kam zu einem Kompromiß, den Franzos nicht verantworten wollte; Franzos hat später die leidige Affäre aus seiner Sicht ausführlich dargestellt: Er habe das Imprimatur für den fraglichen Teil verweigern wollen, die Familie aber, so die Vermutung des sich

„Haben die Fragmente in der NFP Beifall gefunden? Ich fürchte fast: Nein!“

Ein skeptischer Ludwig Büchner, Bruder des Dichters

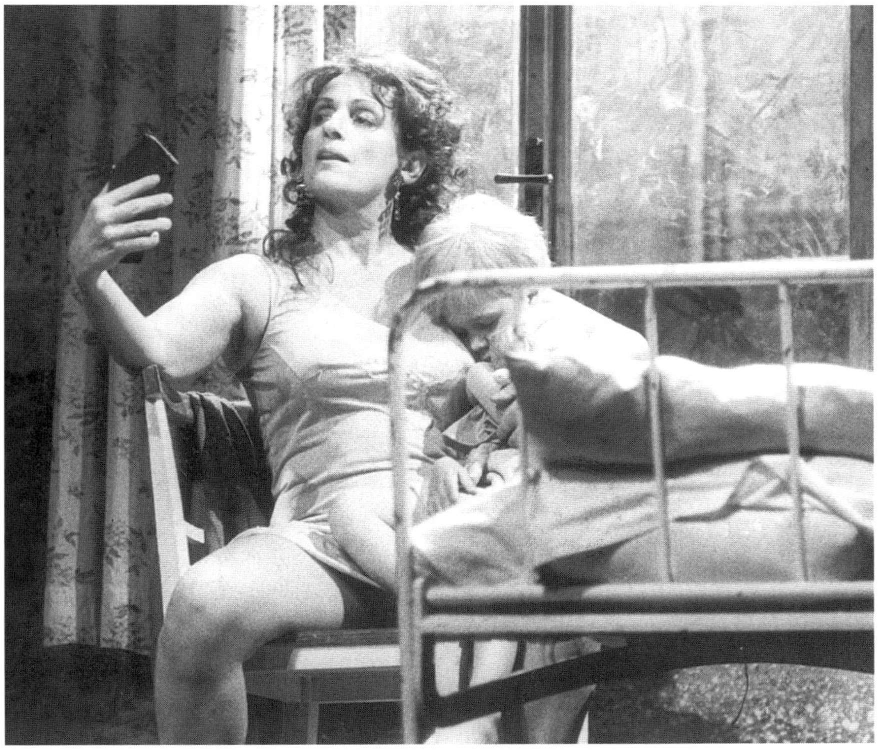

Hildegard Behrens als Marie in Bergs „Wozzeck“ (Wiener Staatsoper)

Verfilmung des Woyzeck-Stoffes durch Werner Herzog, mit Klaus Kinski und Eva Mattes (1978)

enorme Fortschritte erzielt worden, doch die Kontroversen gerade in bezug auf die Edition des „Woyzeck" sind keineswegs abgeschlossen. Ein solcher Befund läßt auch alle Irrtümer von Franzos in einem milderen Licht erscheinen. Fest steht, daß er gegen seine Versicherung, er habe den „Wortlaut des Manuscripts mit buchstäblicher Treue wiedergegeben", den Text vergröbert stilisierte, manches strich, manches hinzufügte, Entstehungsstufen vermengte und darauf aus war, einen brauchbaren und möglicherweise auch spielbaren Zusammenhang herzustellen.

Zu einem ähnlichen Vorgehen sehen sich übrigens nahezu alle Herausgeber veranlaßt, da sie immer wieder eine Bühnenfassung oder eine „kombinierte Werkfassung" zu erstellen bemüht sind. Ein bemerkenswertes Zeugnis für die Schwierigkeiten im Umgang mit dieser widerspenstigen Textmaterie ist die von Gerhard Schmid in der DDR 1981 besorgte Faksimile-Ausgabe, die eine Transkription enthält, aber auf jede Textkonstitution verzichtet: eine verständliche Form der Resignation editorischer Bemühungen, die einem Karl Emil Franzos freilich nicht hätte zugestanden werden dürfen. Seinem resoluten Zugriff verdankt die Forschung, die ihn kritisiert, eben den Stoff, an dem sie ihre Kritik entfalten kann.

Daß Franzos das Manuskript einer „rabiaten Chemotherapie" unterzog, wurde ihm auch vorgehalten, allerdings sind die Folgen

düpiert fühlenden Franzos, habe seine Unterschrift unter das gesamte Werk gesetzt. Franzos' Ausgabe, die mit dem Datum 1879 zu Beginn des Jahres 1880 erschien, galt über vier Dezennien hindurch als verbindlich. Als 1918 durch Anton Kippenberg der Nachlaß aus dem Familienbesitz für den Insel-Verlag erworben wurde, setzte mit der kritischen Revision der Franzos'schen Ausgabe eine Debatte um den „Woyzeck"-Text ein, die bis heute nicht zur Ruhe gekommen ist. Manche von Franzos begangenen Fehler wurden bis in die jüngere Vergangenheit mitgeschleppt; viele Stellen unterliegen bis heute kontroversen Lesungen, die Szenenfolge als solche ist noch nicht gesichert, und auch über die Identität bzw. Nicht-Identität einiger Figuren besteht bis heute Unklarheit. Gewiß sind in der Büchner-Philologie

Das „Aktionstheater Ensemble" inszenierte 1995 „Woyzecks Love Story" (mit Alexander Mitterer und Vanessa Payer).

keineswegs so verheerend, daß sie den Textbestand entschieden gefährdet hätten. Mit seinem Eintreten für diesen Text bewies Karl Emil Franzos mehr Kunstverstand als die meisten zeitgenössischen Literaturkritiker und -historiker. Büchners von Franzos zum ersten Mal in der *Neuen Freien Presse* der Öffentlichkeit vorgestellter Text reicht in seiner Wirkung weit über den literarischen Bereich im engeren Sinne hinaus, und die Initialzündung für diesen Prozeß erfolgte im Feuilletonteil einer Tageszeitung. Das sollte auch ein Aviso für den Umgang mit dem Feuilleton sein: Was da „unterm Strich" zu lesen war, würde es verdienen, geborgen, gesichtet und in seiner Zusammensetzung analysiert zu werden, selbst wenn der Feingehalt an Edelmetallen nur in den wenigsten Fällen sich mit dem Text Büchners und seiner Präsentation durch Franzos vergleichen läßt.

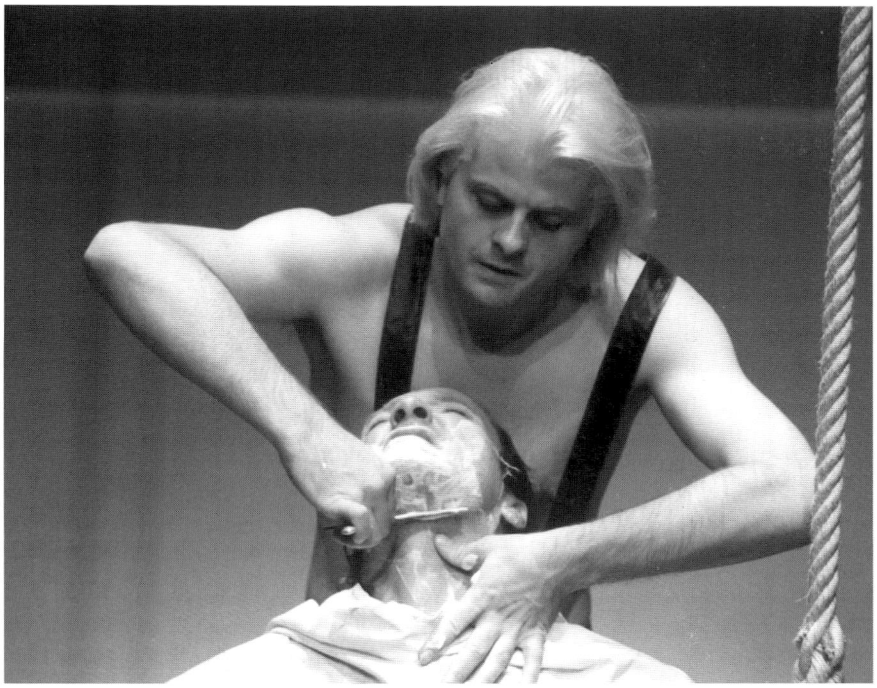

„Woyzecks Love Story", inszeniert vom jungen österreichischen Regietalent Martin Gruber

STEFAN ZWEIG ÜBER DAS FEUILLETON DER „NEUEN FREIEN PRESSE"

Die NFP-Feiertagsnummern zu Weihnachten und Neujahr stellten mit ihren literarischen Beilagen ganze Bände mit den größten Namen der Zeit dar: Anatol France, Gerhart Hauptmann, Ibsen, Zola, Strindberg und Shaw fanden sich bei dieser Gelegenheit zusammen in diesem Blatte, das für die literarische Orientierung der ganzen Stadt, des ganzen Landes unermeßlich viel getan hat. Selbstverständlich „fortschrittlich" und liberal in seiner Weltanschauung, solid und vorsichtig in seiner Haltung, repräsentierte dieses Blatt in vorbildlicher Art den hohen kulturellen Standard des alten Österreich.

Dieser Tempel des Fortschritts barg nun noch ein besonderes Heiligtum, das sogenannte „Feuilleton", das wie die großen Pariser Tageszeitungen die gediegensten und vollendetsten Aufsätze über Dichtung, Theater, Musik und Kunst, unter dem Strich in deutlicher Sonderung von dem Ephemeren der Politik und des Tages publizierte. Hier durften nur die Autoritäten, die schon lang Bewährten, zu Wort kommen. Einzig die Gediegenheit des Urteils, vergleichende Erfahrung vieler Jahre und vollendete Kunstform konnten einen Autor nach Jahren der Erprobtheit an diese heilige Stelle berufen. Ludwig Speidel, ein Meister der Kleinkunst, Eduard Hanslick hatten für Theater und Musik dort die gleiche päpstliche Autorität wie Sainte-Beuve in Paris in seinen „Lundis"; ihr Ja oder Nein entschied für Wien den Erfolg eines Werks, eines Theaterstücks, eines Buches und damit oft eines Menschen. Jeder dieser Aufsätze war das jeweilige Tagesgespräch der gebildeten Kreise, sie wurden diskutiert, kritisiert, bewundert oder befeindet, und wenn einmal ein neuer Name inmitten der längst respektvoll anerkannten Feuilletonisten auftauchte, bedeutete dies ein Ereignis. Von der jüngeren Generation hatte einzig Hofmannsthal mit einigen seiner herrlichen Aufsätze dort gelegentlich Eingang gefunden; sonst mußten jüngere Autoren sich beschränken, rückwärts im Literaturblatt versteckt, sich einzuschmuggeln. Wer auf der ersten Seite schrieb, hatte seinen Namen für Wien in Marmor gegraben.

(aus: „Die Welt von Gestern")

GÜNTHER HALLER

„Niemals meine Feinde und niemals meine Freunde"

Arthur Schnitzler und die „Neue Freie Presse"

Akademische Karriere, Assimilation und gesellschaftliche Akzeptanz: Das jüdische Bürgertum Wiens, dem Arthur Schnitzlers Vater angehörte, war Nutznießer der liberalen Errungenschaften der 1860er Jahre. Kein Wunder, daß die Lektüre der *Neuen Freien Presse* für Leute wie Johann Schnitzler zur täglichen Gewohnheit gehörte: Die Zeitung vertrat eben jene liberalen Ansichten, die er schätzte. Selbstverständlich war für Stammleser wie den Herrn Professor Schnitzler auch stets ein kleines Plätzchen in den Rubriken des Blatts frei: Am 7. Jänner 1886 wird in der „Kleinen Chronik" auf der ersten Seite des Morgenblatts das 25jährige Doktoratsjubiläum des angesehenen Laryngologen gewürdigt. Der Sohn erinnert sich in seinem autobiographischen Rückblick „Jugend in Wien": „Zur Lektüre belletristischer Werke fand mein Vater bei seiner ausgebreiteten Tätigkeit nicht viel Zeit, und seine Urteile deckten sich im ganzen mit denen der kompakten Majorität, als deren Organ auch damals schon die *Neue Freie Presse* gelten konnte und die durchaus nicht immer die falschesten waren."

Dieser Satz ist schon auf den ersten Blick kein reines Kompliment für die Zeitung, und schon gar nicht auf den zweiten Blick: Schließlich müssen wir annehmen, daß dem Ibsenkenner Schnitzler das Zitat von der „kompakten Majorität" nicht rein zufällig in die Feder geflossen war. „Ich habe die kompakte Majorität hinter mir!", triumphiert in Ibsens „Volksfeind" der Altliberale Doktor Stockmann, worauf ihm seine Frau repliziert: „Ja, das ist eben dein Unglück, daß du so was Scheußliches hinter dir hast."

Die Spuren der Distanz zur Zeitung, die Schnitzlers Zitat ohne Zweifel enthält, erscheinen symptomatisch für die Einstellung der Söhnegeneration der assimilierten Juden: Bei dem 1862 geborenen Sohn war die durch Anpassung erworbene Vertrautheit mit den bestehenden bürgerlichen Verhältnissen bereits einer kritischen Sichtweise gewichen. Die *Neue Freie Presse* war bekannt dafür, daß sie ihr unangenehme Themen nicht einmal erwähnte, durch Ignorieren abtun zu können glaubte. Der Satz, für den der junge Schnitzler seinen Vater verachtete, war: „Man tut es ab."

1915 hat Arthur Schnitzler den zitierten Satz über die *Neue Freie Presse* in seiner Autobiographie niedergeschrieben, bis zu diesem Zeitpunkt und noch darüber hinaus gibt es viel, was den Autor mit der Zeitung verbindet, Höhepunkte und schmerzliche Mißverständnisse, Freundschaft und Distanz.

Sehr zum Mißvergnügen des Vaters schlittert Arthur Schnitzler Ende der achtziger Jahre nach lustlos absolviertem Medizinstudium immer mehr in die Literaturszene hinein. Das Literaturblatt *An der schönen Donau* – übrigens eine Beilage der 1848 von August Zang gegründeten *Presse*, die gerade in den letzten Zügen lag, bevor sie 1896 endgültig eingestellt wurde – veröffentlichte einige Prosaskizzen, im Literatenkreis des Café Griensteidl bekam der junge Dichter, der sich seiner Berufung immer sicherer wurde, Kontakt mit jenen Autoren-Journalisten, die nur eines im Kopf hatten: zu schreiben. Wann immer später das Presse- und Journalistenmilieu in Schnitzlers Werk auftauchte: Hier, in seiner Kaffeehaus-Periode, liegen die Wurzeln, hier lernt er Felix Salten, Karl Kraus und Paul Goldmann kennen, in diesem Milieu, das Olga Schnitzler retrospektiv als „abwechselnd polemisierend und protestierend, doch bei aller Anziehung und Abstoßung auf einander wirkend“ beschreibt, werden lebenslange Freund- und Feindschaften begründet.

Im Gegensatz zu Hermann Bahr, Karl Kraus und vielen anderen verdiente sich Schnitzler sein Brot nie als Journalist. Ja, in der Ärztezeitschrift seines Vaters, der *Internationalen Klinischen Rundschau*, hatte der Sohn einen Redakteursposten, aber für die Literatur- und Theaterkritiker in den großen Wiener Zeitungen hatte er schon sehr früh eine ausgeprägte Geringschätzung entwickelt. Er teilte die Ansichten von Karl Kraus über den „Seelenzustand Feuilletonismus“, der eine „Atmosphäre der Unsachlichkeit, der Unwahrhaftigkeit und des Snobismus“ schaffe. Schnitzler unterstellt den Kritikern, nicht an der Sache, dem Thema, dem zu besprechenden Stück interessiert zu sein, sondern einzig am spielerisch-manipulativen Umgang mit der Sprache. Selbstbespiegelung, Selbstzweck, bloße Darstellung von Sprachbrillanz waren für ihn die Erzübel des Zeitungsfeuilletons und ein ständiges Ärgernis.

„‚Anatol‘ deckt eine Welt auf, die jedem Manne, dem nichts Menschliches fremd geblieben, vertraut ist, die aber vor der anständigen Familie, vor der ehrbaren Frau verschwiegen oder möglichst dicht verschleiert wird. Diese Welt vor aller Augen bloßzulegen, sie gar mit künstlerischem Antheil zu gestalten, setzt in dem Schriftsteller, der es unternimmt, eine tapfere Gesinnung, eine starke Unbekümmertheit um die öffentliche Meinung voraus.“ Kaum zu glauben, daß hier ein Kritiker der älteren Generation, einer, dem man einen konservativen Kunstgeschmack nachsagt, nämlich Ludwig Speidel, in der NFP vom 13. Oktober 1895 solch lobende Worte findet. Schließlich war die Akzeptanz von Schnitzlers Stücken 1895 in bürgerlichen Kreisen nicht immer gegeben: „Wenn ein junges Mädchen bei einem Schnitzler-Stück gesehen wird, bekommt es einen schlechten Ruf und kriegt nie einen Mann“, wurde die junge Olga Gussmann, die spätere Frau Schnitzler, von ihrer Mutter ermahnt. Als Buchausgabe war „Anatol“ ein Mißerfolg: Raoul Auernheimer erinnert sich 18 Jahre später in der NFP, daß die Mehrheit mit der „krassen Modernität“ der dramatischen Skizzen nicht zurechtkam und das Buch als „Weibergeschichten“ abqualifizierte: „Sie lasen es zwar nicht, aber sie mißbilligten es von Grund aus.“ (NFP, 6. Dezember 1910).

Oben: Arthur Schnitzler mit seiner Frau Olga und den Kindern Heinrich und Lily, 1910
Linke Seite: Alexander Waechter als Leutnant Gustl (Theater in der Josefstadt, 1978)

„Sie lasen es zwar nicht, aber sie mißbilligten es von Grund aus."

Reaktion des Publikums auf die Buchausgabe von „Anatol" laut NFP

Die Feuilletonredaktion der *Neuen Freien Presse* ging nicht immer freundlich mit den Griensteidl-Literaten um Hermann Bahr um, der Gruppe „Jung Wien", damals „Jung-Österreich" genannt. Theodor Herzl spart in seinem Essay in der NFP vom 7. März 1897 nicht mit geringschätzigen Bemerkungen, schreibt von „geistiger Zusammenhanglosigkeit" und überträgt die Spottverse über die Ringstraßenarchitektur („Griechisch, gothisch, Renaissance, Denen ist das Alles ans") auf die Literaten, freilich ohne Schnitzler namentlich zu erwähnen. Schnitzler reagiert aber noch am selben Tag, in seinem Tagebuch beklagt er sich über „freche und beinahe perfide" Angriffe auf seine Person. Schnitzlers Gereiztheit hat eine lange Vorgeschichte:

Er und Herzl kannten einander schon aus Studientagen. Als Herzl 1891 den Posten des Pariskorrespondenten der NFP erhielt, entspann sich ein reger und freundschaftlicher Briefwechsel. „Wenn ich so ein Talent wie Ihres aufblühen sehe, freue ich mich, wie über die Nelken da unten im Garten, die erwachen", schreibt Herzl, und Schnitzler wieder erinnert an eine denkwürdige Episode aus ihrer frühen Bekanntschaft: „Das neue Burgtheater war noch im Bau, wir spazierten an einem Spätherbstabend vor dem Bretterzaun auf und ab. Da sagten Sie mit einem bescheidenen, erobernden Blick, der auf den emporsteigenden Mauern ruhen blieb: ‚Da komme ich einmal hinein!'" Herzl arbeitet in Paris bereits an der Antisemitismus- und Judenfrage, mit der Niederschrift des Theaterstücks „Das neue Ghetto" hat er sich „eine Eruption vom Herzen geladen" und bittet nun Schnitzler brieflich, einen sachverständigen Kommentar zu dem Stück abzugeben und in Wien ein Theater dafür ausfindig zu machen. Schnitzler bemüht sich wirklich, findet aber keinen Aufführungsort, in einem Antwortbrief diskutiert er gewissenhaft die Vorzüge und Schwächen des Stücks und macht freundlich und offen Verbesserungsvorschläge: eine beispielhaft durchexerzierte Theaterkritik, wie er sie sich oft gewünscht haben mag. Freilich passiert dem Rezensenten hier das, was er am eigenen Leibe schon erfahren hat: Sein Gegenüber ist tief verletzt, zumal Schnitzler selbst mit „Liebelei" in Wien gerade einen Triumph feiert, und der Briefwechsel zwischen den beiden bricht recht abrupt ab.

1895 übersiedelt Herzl von Paris zurück in die Wiener Redaktion der NFP, nun hat er Gelegenheit, als Theaterkritiker Schnitzler-Stücke zu besprechen: „Vom Leben sieht

„Wenn ein junges Mädchen bei einem Schnitzler-Stück gesehen wird, bekommt es einen schlechten Ruf und kriegt nie einen Mann"

Warnung an die junge Olga Gussmann, die spätere Ehefrau Arthur Schnitzlers

„Anatol"-Aufführung des Akademietheaters von 1932, mit Emmerich Reimers, Alma Seidler, Raoul Aslan und Richard Eybner

und behandelt er nur die Lebewelt, ein bißchen Rausch und Jammer. Daß es noch größere Fragen gebe, als ob die Mitzi mit dem Rudi gehe oder die Poldi vom Ferdl plötzlich verlassen worden sei, scheint er in seinen Werken nicht zu wissen. Ja, selbst wenn ihm eine größere Frage über den Weg läuft, wie eben in ‚Freiwild‘, macht er sie sich sofort für seine Bedürfnisse zierlicher zurecht.“ (NFP, 13. Februar 1898) Schnitzler ist – Zitat aus dem Tagebuch – „fest überzeugt, er hätte anders geschrieben, wenn ich seine Eitelkeit nicht verletzt“.

Als am 4. Juli 1904 die Nachricht von Herzls Tod kommt, zeigt sich Schnitzler tief erschüttert. Zwei Jahre später schreibt er in seinem Tagebuch: „Ich erinnere mich auch Herzls, der mich nicht leiden konnte (in den letzten Jahren) sich wirklich dumm gegen mich benahm – und nie erfahren hat, wie sehr ich ihn respektirt, ja bewunderte.“ Mit der von Herzl propagierten Rückkehr der Juden ins Land der Väter konnte Schnitzler allerdings nicht viel anfangen: Konsequenterweise läßt er seinen Heinrich Bermann im „Weg ins Freie“ sagen: „Die Idee einer Errichtung des Judenstaates auf nationaler Grundlage erscheine ihm wie eine unsinnige Auflehnung gegen den Geist aller geschichtlichen Entwicklung.“

Juden, die anderen Juden gegenüber prinzipiell eine abschätzig-despektierliche Haltung an den Tag legen, findet Schnitzler in den Redaktionen der jüdisch-liberalen Presse, allen voran der *Neuen Freien Presse*. Bücher, die sich mit der Judenproblematik beschäftigen, wie „Der Weg ins Freie“ und „Professor Bernhardi“, werden von der jüdisch-liberalen Presse ungnädig aufgenommen. Man möchte den Anschein des jüdischen Cliquentums vermeiden, dem anwachsenden Antisemitismus durch eine wenn schon nicht antijüdische, so doch ajüdische Haltung den Wind aus den Segeln nehmen. Schnitzler ist verbittert über diese Anpassungsversuche an das deutsch-nationale, antisemitische Umfeld, er ärgert sich über „die Feigheit der Judenblätter“ und vermeidet es in der Folge, den Herausgeber der *Neuen Freien Presse* in Verlegenheit zu bringen: Er läßt Moriz Benedikt durch seinen Freund und Kontaktmann Raoul Auernheimer ausrichten, daß seine Zeitung und ein Roman wie „Der Weg ins Freie“ nicht zusammenpassen. Eine Zeitung, die die bahnbrechenden zionistischen Ideen ihres eigenen Redakteurs totschweigt, druckt auch keine Romane ab, die das Judenproblem behandeln, da schwärmt man schon eher davon, daß Paula Groggers „Grimmingtor“ „den Ruf des steirischen Landes hinaus durch die deutschen Gaue trug“ (NFP, 23. März 1928), oder erfreut sich an Ottokar Kernstocks „lauterem Quell deutschen Lieds“ (NFP, 6. November 1928). Auch Schnitzler schaut sich Karl Schönherrs Theaterstück „Volk in Not“ an und hätte auch keine Einwände, „wenn nicht die in Verehrung ersterbende Judenclique wäre“.

Privat hat Schnitzler zu Moriz Benedikt, dem Eigentümer, Herausgeber und Chefredakteur der *Neuen Freien Presse*, glaubt man den Tagebüchern, stets ein korrektes Verhältnis. Man trifft sich zum Tee in Benedikts Wohnung in der Wohllebengasse, im Sommer, in der Semmeringer Sommerfrische, ergibt sich immer wieder Gelegenheit zum Gedankenaustausch. Der Zeitungszar will den berühmten Autor in ein festes Verhältnis zur *Neuen Freien Presse* bringen, 400 Kronen bietet er ihm für zwei monatliche Feuilletons, „findet, dass Wien an mir einen bedeutenden Publizisten verliere“ (Tagebuch, 1. Dezember 1904). Doch Schnitzler läßt sich nicht einfangen, nur zu den hohen Festtagen, zu Ostern, Pfingsten und Weihnachten erhält die Zeitung in ihrer Literaturbeilage das Vorabdrucksrecht für Erzählungen: ein

Schnitzlers „Liebelei“ im Theater in der Josefstadt (Petra von Morzé, Bernhard Schir, Fritz Hammel), 1993

„Daß es noch größere Fragen gebe, als ob die Mitzi mit dem Rudi gehe oder die Poldi vom Ferdl plötzlich verlassen worden sei, scheint er in seinen Werken nicht zu wissen“

Theodor Herzl über Arthur Schnitzler

„Neue Freie Presse"-Chef Moriz Benedikt (im Bild) findet, daß Wien an Arthur Schnitzler „einen bedeutenden Publizisten" verliere. Doch Schnitzler läßt sich nicht einfangen.

übliches Verfahren vor der Buchausgabe – die Autoren waren auf das Zeitungshonorar angewiesen. (Es erschienen „Um eine Stunde", 1899, „Die Fremde", 1902, „Die Weissagung", 1905, „Der tote Gabriel", 1907, „Der Mörder", 1911). Der Höhepunkt dieser Zusammenarbeit ist der Vorabdruck der Novelle „Leutnant Gustl" in der Weihnachtsbeilage des Jahres 1900. Beim Abdruck war der Redaktion ein peinliches Mißgeschick passiert: Im Großteil der Auflage fehlten die drei letzten Spalten.

Die Novelle, die wenige Stunden aus dem Leben eines borniert-arroganten Leutnants erzählt, der von einem „satisfaktionsunfähigen" Bäckermeister beleidigt wird, seine Ehre nur durch Selbstmord reinwaschen zu können glaubt und zuletzt erleichtert erfährt, daß sein Beleidiger einem Schlaganfall erlegen und damit die Schmach getilgt ist, wurde einer der größten Erfolge des Autors. Die Reaktion von Teilen der Öffentlichkeit mutet wie die Fortsetzung der Satire an. Offiziere sitzen in den Ringstraßencafés und streichen die anstößigen Stellen mit Rotstift an, Ende des Monats reagiert die konservative „Reichswehr" mit einem Pamphlet. Mit Schreiben vom 3. Jänner 1901 fordert das für Schnitzler als „k.u.k. Oberarzt" zuständige Landwehrergänzungsbezirkskommando ihn auf, bekanntzugeben, ob er der Verfasser des Feuilletons „Leutnant Gustl" in der NFP sei. Schnitzler bejaht schriftlich, kümmert sich ansonsten nicht viel um die Sache und wird von der Einleitung eines ehrenrätlichen Verfahrens verständigt. Der Ton, den das militärische Gericht in der Folge anschlägt, wird, da der Autor ihm keinerlei Urteil über seine literarische Produktion zugesteht, immer gereizter. Am 21. April 1901 muß Schnitzler, der sich gerade in Salzburg aufhält, in der NFP lesen, daß er laut Beschluß des Ehrenrates die Standesehre verletzt habe und seines „Offizierscharakters für verlustig erklärt" worden sei. Ehre und Ansehen der k. u. k. Armee seien von ihm geschädigt worden, außerdem habe er auf persönliche Angriffe der Zeitung *Reichswehr* nicht angemessen reagiert: Skurillerweise hat man von einem Schriftsteller, dessen kritische Einstellung zum Duell schon in mehreren Werken bezeugt ist, erwartet, daß er sich mit dem Chefredakteur der *Reichswehr* schlagen werde.

Damit ist für Schnitzler die Affäre um die Novelle bereinigt, bei den antisemitischen und konservativen Blättern hat er einen weiteren Minuspunkt, die sozialdemokratischen und liberalen Blätter halten zu ihm – mit durchaus erwähnenswerten Nuancen, was die *Neue Freie Presse*, die Verursacherin des ganzen Wirbels, betrifft.

Starjournalisten und Schnitzler-Freunde: Raoul Auernheimer und Felix Salten, gezeichnet um 1900

Am 21. Juni 1901 widmete sie der Affäre einen Leitartikel, in dem sie von der „großen Schule des Charakters spricht, die die österreichische Armee und das österreichische Offizierskorps stets waren und nie aufhören werden zu sein“. Pflichteifer, Bescheidenheit und liebenswürdige Umgangsformen seien hervorragende Eigenschaften des österreichischen Offizierskorps. Und ob die Deutung der Novelle, die der Leitartikler im Anschluß liefert, die Intentionen des Autors widerspiegelt, ist mehr als fraglich: „Nur ein Lieutenant mit seinem strengen militärischen Ehrbegriff, mit den besonderen Anschauungen des Standes konnte in die Lage gebracht werden, daß ein schauerlicher Vorfall, die nicht mehr zu rächende Gewalttat eines vom Fieber der Apoplexie ergriffenen Bäckers, ihn zum Entschluß des Selbstmordes trieb.“ Die Zeitung setzt sich am Beispiel Schnitzlers für die Freiheit des künstlerischen Schaffens ein, will aber offensichtlich auf keinen Fall in den Geruch kommen, einem Beleidiger des Offiziersstandes Unterschlupf gegeben zu haben, und liefert so den linken Konkurrenzblättern willkommenen Stoff für Spott und Hohn: „Sie (die NFP) bewundert einen Zola, wenn er in Frankreich dem Militarismus sein ‚J'accuse', ‚Ich klage an', zudonnert. Aber wenn sie dem österreichischen Militarismus unversehens auf die Zehe getreten ist, winselt sie kläglich ein ‚Je m'excuse', ‚Ich entschuldige mich.'“ (*Arbeiter-Zeitung* vom nächsten Tag).

In der Osterbeilage des Jahres 1904 erscheint der Vorabdruck von Schnitzlers Komödie „Komtesse Mizzi oder der Familientag“, ein weiteres ironisches Porträt von Konventionen und Bewußtseinslagen der Wiener Oberschicht des Fin de siècle. Moriz Benedikt ist entzückt, Schnitzlers Honorarforderungen sind ihm aber zu hoch, und er versucht im nachhinein eine Reduzierung von 1500 auf 1000 Kronen. Schnitzler reagierte verärgert („Wenn ich das gewußt, hätt ich einer Revue gesandt“) und bat, in künftigen Fällen das Manuskript ungelesen zurückzuschicken, wenn die Honorarforderung zu hoch sei. Auch das Verhältnis zu Mitarbeitern der *Neuen Freien Presse*, mit denen er seit seiner Jugend befreundet ist, beginnt sich nunmehr sichtlich zu verschlechtern.

Seit den Griensteidltagen war Schnitzler mit Paul Goldmann, der zu der Zeit als Berlinkorrespondent für die NFP arbeitet, befreundet, doch als Theaterkritiker deckt Goldmann schonungslos alle Schwächen von Stücken Schnitzlers wie „Der Schleier der Beatrice“ oder „Lebendige Stunden“ auf. Schnitzler machen „perfide“ Feuilletons dieser Art buchstäblich Kopfschmerzen: „Wenn der beste Freund so schreibt ...“ (Tagebuch 10. März 1903): Was müsse die Leserschaft der NFP dann von der Qualität seiner Stücke halten? Auch das Verhältnis zu Felix Salten trübt sich zunehmend ein. Schnitzler nahm ihm ein „Reigen“-Feuilleton, die Besprechung von „Das weite Land“

Duell um 1900

Sie wollte die „große Schule des Charakters, die die österreichische Armee und das österreichische Offizierskorps stets waren“, nicht verunglimpfen.

Die NFP über den „Leutnant Gustl“-Abdruck

Dragoner im Prater, um 1908

„Komtesse Mizzi“ (hier mit Nicolin Kunz und Sieghardt Rupp im Theater in der Josefstadt, 1995) wurde 1904 in der NFP abgedruckt. Schnitzler und Benedikt stritten um das Honorar.

„Empfindung, daß es ein Meisterwerk“, notierte der als selbstkritisch bekannte Schnitzler im Juni 1900, als er in nur fünf Tagen seinen „Leutnant Gustl“ verfaßt hatte.

und einen Artikel zum 50. Geburtstag übel, der alle Klischees des „Liebelei“-Dichters, die Schnitzler überwinden wollte, wieder aufwärmte. Anläßlich des „Professor Bernhardi“ urteilt der gekränkte Autor pauschal über die Kritiker: „Die Mehrzahl übertrifft an Idiotie das erwartete“ (Tagebuch, 16. Oktober 1911).

Journalisten wie Goldmann, Salten, Auernheimer hatten zwar alle schriftstellerische Ambitionen, waren aber beim Journalismus gelandet, weil sie sich ihren Lebensunterhalt verdienen mußten. Sie verkehrten weiterhin mit dem berühmt gewordenen Autor und Freund aus Jugendtagen, dem Arztpraxis und väterliches Vermögen die Unabhängigkeit sicherten, die Entfremdung zwischen ihnen war aber merkbar: Schnitzler bescheinigte ihnen Talent, doch „das geheimnisvolle, das einen Organismus durchdringen muss, um den wirklichen Künstler zu ermöglichen“, fehle ihnen (Schnitzler über Salten, Tagebuch 1904). Das ist für Schnitzler eine Warnung, seine Substanz nicht an journalistische Tätigkeiten zu verschwenden. Die Freunde wiederum, in der festen Überzeugung (oder besser Lebenslüge?), dieselbe Gestaltungskraft wie jeder andere Schriftsteller zu besitzen, waren nicht frei von Verbitterung und Neid gegenüber dem anerkannten und gefeierten Autor.

Ein satirisches Theaterstück über Journalisten zu schreiben, lag daher für keinen so nahe wie für Arthur Schnitzler. Erste Ideen dazu hatte er bereits 1901. Ein Sohn von Moriz Benedikt, den er persönlich nie kennengelernt hat, schwebt ihm als Hauptgestalt vor (dieser ältere Sohn des Zeitungsherausgebers war übrigens früh gestorben, sodaß die Nachfolge auf den jüngeren, Ernst, überging). Mehrere Anläufe sind für das Stück nötig, bis es 1917 unter dem Titel „Fink und Fliederbusch“ veröffentlicht und uraufgeführt wird, vorher nennt der Autor es stets „das Journalistenstück“ – eine Pressesatire, die an Schärfe ihresgleichen sucht.

Das „Schmock-Prinzip“ („Ich habe geschrieben links, und wieder rechts. Ich kann schreiben nach jeder Richtung“ aus Gustav Freytags Journalistenstück von 1852) wird mit Schnitzlers Titelfigur auf die Spitze getrieben: Fink und Fliederbusch sind ein und dieselbe Figur, ein Journalist, der als Fink für das liberale Blatt „Gegenwart“ und als Fliederbusch für das Klatschblatt „Elegante Welt“ arbeitet. In beiden Zeitungen schreibt er, der jeweiligen, völlig konträren Blattlinie entsprechend, über die Niederschlagung

„Anatol“ im Theater in der Josefstadt mit Christine Ostermayer und Otto David, 1979

eines Bergarbeiterstreiks. Im Zuge einer sich daraus ergebenden Auseinandersetzung wird Fink in ein Duell mit – Fliederbusch verwickelt.

Die Literaturzeitschrift *Die Gegenwart* hat es zu Schnitzlers Lebzeiten wirklich gegeben, man ist aber natürlich versucht, im redaktionellen Treiben einer angesehenen, liberalen, von Juden dominierten Tageszeitung satirische Querverweise auf die *Neue Freie Presse* zu suchen – und wird fündig. An der Spitze der Zeitungsredaktion, in der Sarkasmus und Zynismus dominieren, steht Chefredakteur Leuchter, der sein Verhältnis zur Wirklichkeit auf folgende Weise formuliert: „Was von uns nicht genannt wird, existiert nicht." Wer denkt da nicht an die von der NFP jahrzehntelang durchgehaltene Strategie des Totschweigens von Mißliebigem, sei es der Sozialismus oder der Zionismus? Denn die Zeitung, formuliert Leuchter, ist „nicht dazu da, die Gegensätze zu verschärfen, wir sind dazu da, die Gegensätze auszugleichen" bzw., wenige Zeilen weiter, die Gegensätze manchmal dann doch wieder zu betonen: „Es kommt immer auf die Form an." Nun, daß Moriz Benedikts Leitartikel – nicht nur an kritischen Tagen wie zu Beginn des Ersten Weltkriegs – oft taktische Meisterleistungen in der Kunst des Noch-nicht-Festlegens waren, wird keiner bestreiten: „Schreiben Sie mir einen schönen albanischen Artikel. Aber tun Sie dem Halbmond nicht weh. Man kann nie wissen", dekretiert Leuchter. Auch das autokratische Gehabe läßt an den NFP-Chef denken: Ein Kritiker beklagt, daß er „morgen betteln gehen" könne, wenn die Theaterpremiere nicht in der gewünschten Weise gefeiert werde.

Seine Enttäuschung über den Jugendfreund Paul Goldmann hat sich Schnitzler mit der Figur des Kritikers Abendstern von der Seele geschrieben: Er ist neben Fink/Fliederbusch die zweite „Schmock"-Figur in dem Stück, das Paradigma des bezahlten, abhängigen Wendehalses, der ein Theaterstück gerade noch als „jämmerlichen Dreck" verreißen will, durch ein paar Sätze des Chefredakteurs aber mühelos die Kurve zu einer Hymne über den Autor nimmt. Sein Denken ist gänzlich von dem Bedürfnis bestimmt, seinen Lebensunterhalt nicht zu verlieren.

Doch hören wir schon die Mahnung des Autors: Wohin kommen wir, wenn jeder „das Recht hätte oder sich herausnähme, in jedem einzelnen Fall in irgend einer dichterischen Figur ganz nach Geschmack und Ungeschmack ein Urbild zu erkennen"? (Brief vom 24. Dezember 1917 an Rudolph Lothar, der in der Figur des Literaten Kajetan ein „mörderisches Porträt" von sich selbst erkennt). Jedenfalls zog sich der Kritiker der NFP (es war Raoul Auernheimer) nach der Uraufführung auf diplomatisch-kluge Weise aus der Affäre: „Der Journalist, der als der berufene, oft einzig berufene Advokat der Ideen den Prozeß der Entwicklung gewinnen hilft, kann der Verherrlichung entbehren, die er den anderen oft großmütig im reichsten Maße zuteil werden läßt. Die besten Journalisten werden auch die besten Lacher bei Schnitzlers kecker Komödie sein."

Schnitzler, Raoul Auernheimer und eine Schauspielerin der Comédie francaise

„An die Unbekannten, die niemals meine Feinde und niemals meine Freunde waren und daher in jedem Falle von Vorurteilen gegen mich frei sein werden."

Der Satz reflektiert die Enttäuschung des Autors über seine Kritiker.

„So oft sie dir auch Lorbeerkränze binden, / Das Wort vom ‚süßen Mädel' bleibt nicht aus ... / Leicht kann man einen Fehschlag überwinden, / doch wächst man schwer aus einem Ruhm heraus."

Aus der NFP über Schnitzler (5. Juli 1908)

IV

Neubeginn und Gegenwart

„Die Presse“ in der Zweiten Republik

Der letzte Leitartikel der *Neuen Freien Presse* Ende Jänner 1939 war unterzeichnet mit E. M. Fast auf den Tag genau sieben Jahre später stand diese Chiffre in der ersten Ausgabe der neugegründeten *Presse*: Es ist ein und derselbe, der die NFP als stellvertretender Chefredakteur auch in den letzten schlimmen Tagen begleitet hat und nun, nach dem Krieg, zu den wenigen übriggebliebenen Zeitungsbesessenen gehört, die entschlossen sind, die Grundsteine für eine neue Publizistik zu legen: Ernst Molden.

Er kann und will an die Tradition anknüpfen, doch seine Startbedingungen sind ungleich schwieriger: 1848 fand ein smarter Geschäftsmann in einer Gründerwelle ohnegleichen ideale Bedingungen vor, 1864 konnte die NFP auf eine wohlbestückte Abonnentenkartei aufbauen, doch 1945/46 in Wien? Die alte Garde der Wiener Journalisten ist in alle Winde zerstreut, die Dezimierung der geistigen Elite Österreichs durch Krieg und NS-Rassenpolitik hatte in besonderem Maß die einstige literarische Großmacht Presse getroffen.

Sicherlich: Das Publikum war nach der publizistischen Dürreperiode ausgehungert nach Zeitungen, doch wie sollte man sich durchsetzen in einem vierfach besetzten Land, dessen Besatzungsmächte andere als ihre eigenen Zeitungen argwöhnisch beobachteten und das Machtmittel der Lizenzerteilung einzusetzen verstanden, und in einem Dreiparteienstaat, der entschieden auf Lagerzugehörigkeit achtete? Gegen Unabhängige, Liberale, wußte man sich sehr gut zu wehren, die geringen Papiervorräte sollten den eigenen Parteizeitungen zugute kommen, und für andere war eben kein Papier da. Zeitungen wurden in Österreich als Sprachrohre verstanden – nicht nur in der Besatzungszeit, noch viele Jahre danach –, und sie sollten den Besatzern und den Parteien dienen.

So dauerte es bis zum 26. Jänner 1946, bis es Ernst Molden gelang, seinen Traum, den er schon während des Krieges verfolgt hatte, zu verwirklichen. Die guten Kontakte seines Sohnes Fritz zu den Amerikanern halfen, die Probleme der Lizenzerteilung zu lösen, die österreichischen

Vier Chefredakteure in vier Jahrzehnten:
Otto Schulmeister, Milan Dubrovic, Fritz P. Molden und Thomas Chorherr (von links)

Parteien hielten aber nichts von einer unabhängigen Zeitung: Das Papier reichte bis zum Oktober 1948 nur für ein wöchentliches Erscheinen.
Ernst Molden nennt seine Zeitung in Anknüpfung an 1848 *Die Presse*, sie sieht sich in der Tradition der *Neuen Freien Presse*, wagt es aber aus rechtlich-taktischen Gründen nicht, im Titel direkt anzuschließen. Er muß fürchten, daß der Titel *Neue Freie Presse* als „deutsches Eigentum" gilt, denn sie existierte nach dem Anschluß Österreichs ans Dritte Reich ja noch einige Monate weiter. Auf deutsches Eigentum aber erheben die Alliierten Anspruch.
Die Zusammensetzung der Redaktion hat er bereits in den letzten Kriegsjahren vorbereitet, persönliche Abmachungen und gegenseitiges Vertrauen bildeten die gemeinsame Basis zwischen Molden, Richard Charmatz, Eugen Kahn (alle noch aus der *Neuen Freien Presse*), Milan Dubrovic, Heinz Marchhart, Heinrich Kralik, Emanuel Häussler (alle vom *Neuen Wiener Tagblatt*), Hans Mauthe, Arnold Wasserbauer, Oskar Stanglauer, Walther Urbanek, Rudolf Holzer, Rudolf Weys, Erwin Mittag, Josef Lamprecht, Benno Fleischmann, Otto Schulmeister, Kurt Jeschko und Fritz Molden.
Was will die Zeitung? Das Programm ist knapp gehalten: Zum Nutzen von Volk und Staat ein Wiener, ein österreichisches, ein europäisches Blatt sein, niemandem als dieser Verpflichtung unterworfen. Die Menschen sind mit dem täglichen Überlebenskampf beschäftigt, fast trotzig setzt *Die Presse* ihre internationale Perspektive im Blatt durch, die Wirtschaft liegt danieder, doch dem Economist wird breiter Raum gewidmet, das liberale Bürgertum im Land muß sich erst

Stammsitz seit Herbst 1985 ist das „Marriott"-Gebäude am Wiener Parkring, in der Nähe der alten Adresse Fichtegasse

regenerieren, doch die Zeitung bietet wieder wie einst ein Feuilleton an, die Parteien beginnen, sich das Land aufzuteilen, doch die Zeitung wahrt ihre Unabhängigkeit.

Als *Die Presse* finanziell ins Schleudern gerät, springt Ernst Moldens Sohn Fritz ein. Er versteht es, Geld aufzutreiben, die Eigentümer danken es ihm: Nach dem schmerzlich frühen Tod seines Vaters 1953 übernimmt der erst 29jährige den Verlag und zeigt eine gute Hand: Milan Dubrovic und Otto Schulmeister leiten die Redaktion, Gustav Peichl und Friedrich Torberg beginnen, für die Zeitung zu arbeiten. Ehemalige Journalisten der *Neuen Freien Presse*, die emigriert waren, wie Ernst Benedikt, Fritz Kessler, Louis Barcata, Theodor F. Meysels und Ferdinand von Cles, werden eingeladen, aus dem Exil zurückzukehren (insgesamt sind es blamabel wenige) und wieder journalistisch zu arbeiten.

Ständig gibt es Geldprobleme, doch keiner von denen, die Ernst Molden für sein Projekt gewonnen hat, schert aus. Für alle ist es eine Ehre, bei der *Presse* zu arbeiten – und sei es auf engstem Raum in der Wollzeile.

1948, am 19. Oktober, kann *Die Presse* – endlich! – den tragikomischen Zustand beenden, daß ein als Tageszeitung konzipiertes Produkt nur einmal in der Woche erscheinen darf.

Als Fritz Molden mit seinem Verlag ins legendäre Druck- und Verlagsgebäude des ehemaligen *Neuen Wiener Tagblatts* am Fleischmarkt übersiedelte, konnte die Redaktion aufatmen. Zehn Jahre lang hatten die russischen Besatzer und ihre österreichischen Schützlinge von hier aus versucht, die Propagandaschlacht um Österreich zu gewinnen. 1956 war der Spuk vorbei, zum ersten Mal lernten die *Presse*-Redakteure nach getaner Arbeit an ihren Schreibtischen das unvergeßliche Gefühl kennen, wenn die Rotationsmaschinen der hauseigenen Druckerei im Souterrain anliefen und ein leises Beben durch alle Räume des Hauses ging.

Das Mißtrauen der Regierenden gegen die unabhängigen Bürgerlichen, die sich so gar nicht als Sprachrohre einsetzen lassen, ist unverändert. Doch Fritz Molden segelt auf Erfolgskurs: Er übersteht auch Ende der fünfziger Jahre den sogenannten „Zeitungskrieg", er übernimmt die Gesellschaftsanteile des Verlags, der neben der *Presse* auch die *Wochenpresse* herausgibt, seine Druckerei ist ausgelastet. Molden baut in Heiligenstadt ein neues fünfzehnstöckiges Pressehaus, das alle vier Zeitungen, die er mittlerweile herausgibt, beherbergen und die Macht der unabhängigen Journalistik Österreichs weithin sichtbar dokumentieren soll.

Diesen finanziellen Balanceakt schafft Wiens junger Presselord nicht, und er muß sich von seinen Zeitungen trennen: Eine Ära österreichischer Zeitungsgeschichte ist beendet. Auf dem Höhepunkt seiner Karriere hat Molden 20 Prozent des österreichischen Zeitungsmarktes beherrscht und dem Erbstück seines Vaters, der *Presse*, verbissen im parteiproporzverseuchten Österreich die Unabhängigkeit erhalten.

Fred Ungart, ein der ÖVP Julius Raabs verbundener Werbeunternehmer, erwirbt die Verlags- und Herausgeberrechte. Die publizistischen Gegner jubeln, doch der Käufer übernimmt die gesamte Redaktion, und an der grundsätzlich bürgerlich-liberalen Richtung des Blattes wird auch im Kaufvertrag nicht gerüttelt. Doch möglicherweise wäre das alles das Papier nicht wert gewesen, auf dem es stand, wäre nicht Otto Schulmeister an die Spitze der Redaktion gerückt. Er kann die Unabhängigkeit der Zeitung behaupten, und er wird – nicht zuletzt auch durch seine eindrucksvollen Auftritte im neuen Medium Fernsehen – eine jener Persönlichkeiten, an die der Österreicher denkt, wenn er mit dem Wort „Journalist" konfrontiert wird: Mit oft schneidender Ironie versteht es Schulmeister, alle, die sich mit dem österreichischen Proporzstaat als bequemer Dauerlösung abgefunden haben, aus dem politischen Dornröschenschlaf zu reißen. Und mit den schier grenzenlosen rhetorischen und theatralischen Fähigkeiten, die ihm zur Verfügung stehen, hämmert er seinen Redakteuren ein, die Unabhängigkeit nicht nur als Lippenbekenntnis im Mund zu führen, sondern sie „hinauszuschreien", sich nicht zu „Rauchfaßlschwingern", „Schleppenträgern" und „Alleinunterhaltern" degradieren zu lassen.

Als 1965 ein Wiener Rechtsanwalt im Auftrag der Bundeswirtschaftskammer 80 Prozent der Anteile der „Presse Verlagsgesellschaft m.b.H." erwirbt, wird die materielle Basis des Blatts wieder gesichert. Mag es auch Bestrebungen in der Bundeswirtschaftskammer und der ÖVP gegeben haben, lieber heute als morgen Schulmeister durch eine servile Figur zu ersetzen – die Redaktion jedenfalls forderte die Bestätigung ihrer journalistischen Freiheiten, und Schulmeister brachte die Probleme auf den Punkt: „Die Redakteure der

ORF-Legende Gerd Bacher (links) war 1989/90 Herausgeber der „Presse",
daneben Kurzzeitchefredakteur Michael Maier (1995)

Die „Styria" entsandte Julius Kainz als Geschäftsführer zur „Presse", hier im Bild mit Verlagschef Franz Ivan.

Presse sind nicht in der Lage, selbst das Geld für die Zeitung aufzubringen, die sie machen. Sie danken ihren Besitzern, wenn sie das respektieren, was seit Wiedererscheinen der *Presse* ihre innere Rechtfertigung gibt – sich unabhängig zu halten, ohne die Gesinnung zu verleugnen, der sie die Herkunft dankt. Wir machen Fehler in diesem Blatt, wir haben unsere Schwächen, aber eines haben wir nicht: Lakaien- oder Apparatschikmentalität."

Schulmeisters Verdienst in den sechziger Jahren war es, inmitten eines nervtötenden Auf und Ab in der *Presse* ein Reservat unabhängigen Denkens bewahrt zu haben, zum Mißvergnügen harter Interessensvertreter der Wirtschaft, doch mit einem überragend hohen Prozentsatz von Opinion leaders in der Leserschaft im Rücken.

Im Rückblick erscheint das lustvoll betriebene „Wer kauft die *Presse*-Spiel" bedeutungslos, Anfang der siebziger Jahre hat die Zeitung sich endgültig freigespielt, die Konkurrenz strapaziert zwar noch gerne das Klischeebild vom „Unternehmerblatt" und „alten Schlachtschiff *Presse*", der Zeitung der „Abendlandretter" – doch ein Viertel der Leser ist 1971 unter dreißig Jahre, und das Durchschnittsalter der Redakteure wird immer geringer. Ilse Leitenberger ist als stellvertretende Chefredakteurin die erste Frau in der Chef-Etage einer österreichischen Tageszeitung (ihr sollte Pia Maria Plechl folgen). Die geballte Ladung von Zähigkeit, Dynamik, Sturheit und intellektueller Brillanz, die Schulmeister verkörpert, hat der *Presse* das Überleben gesichert.

Als Schulmeister nach 15 Jahren vom Amt des Chefredakteurs abtritt und auf den Herausgeberposten wechselt, hat *Die Presse* ein Redaktionsstatut, ausgehandelt zwischen dem „Verein zur Förderung der bürgerlichen Presse in Österreich" als Eigentümer und Verleger und der Redaktionsmannschaft. Die grundsätzliche Haltung des Blattes, „in Unabhängigkeit von den politischen Parteien bürgerlich-liberale Auffassungen auf gehobenem Niveau" zu vertreten, wurde hier im November 1974 fixiert, kein Redakteur darf gezwungen werden, den Standespflichten, seinem Gewissen oder den Grundsätzen seiner Zeitung zuwiderzuhandeln. Zum ersten Mal wird jetzt, 1976, ein Chefredakteur in geheimer Wahl gewählt, nicht ernannt, und es ist kein Neuling – Thomas Chorherr, der 1955 bei der *Presse* als Lokalreporter begonnen hat, steht für Kontinuität. Viel hat er mit Schulmeister gemeinsam: Die Liebe zum humanistischen Bildungsgut, die gerne zur Schau gestellt wird, das Bekenntnis zum Bürgerlichen als einer bewußten Lebensauffassung und die Verzweiflung darüber, wieviel davon vom Zeitgeist hinweggefegt wurde, die Abneigung gegen bequemen Opportunismus, da gilt man lieber als „strammer Konservativer". Cholerische Anfälle im Umgang mit den Mitarbeitern kennt auch er, doch Chorherr hat Eigenschaften, die seinem Vorgänger abgingen: einen unverwüstlichen Optimismus als Antrieb, die Situation auf dem enger werdenden Qualitätssegment im österreichischen Zeitungsmarkt zu bewältigen, Konzilianz im Umgang mit Menschen. Und: Es wird weniger gedonnert und mehr gelacht in der Redaktion.

Unter Chorherr, dem Liebhaber griechisch-lateinischer Literatur, dem Bildungsbürger par excellence, vollzieht *Die Presse* – vor allen anderen mitteleuropäischen Zeitungen – die größte technische Umwälzung ihrer Geschichte: Geschäftsführer Johann P. Fritz wagt den Sprung ins elektronische Zeitalter. Den Umstieg vom Bleisatz auf

Lichtsatz hat sie schon hinter sich, nun, 1985, baut sie ein Redaktionssystem auf, in dem vom Schreiben und Redigieren bis zum Umbruch der kompletten Seite alles auf dem Computerbildschirm geschieht. Der Ganzseitenumbruch bringt dem einzelnen Journalisten größere Aktualität und Flexibilität, aber auch mehr Verantwortung: Der Kontakt mit dem Korrektor und dem Setzer entfällt, es empfiehlt sich, den Duden griffbereit neben der Tastatur liegen zu haben.

So wurden unter Chorherr, dessen Arbeitseinsatz stets primär der Zeitung von morgen galt und der die Sorge um Verwaltung und Organisation immer als zusätzliche Belastung empfand, die Weichen für die Entwicklung der *Presse* in die Zukunft gestellt, nicht nur in technischer Hinsicht, sondern auch in der Rechtsform und Eigentümerstruktur der Zeitung. Trotz des zunehmenden Einsatzes von deutschem Kapital im österreichischen Medienmarkt gelingt eine österreichische Lösung: 1991 übernimmt der Grazer Styria-Verlag 51 Prozent Anteile der Presse Verlagsgesellschaft m.b.H., 49 Prozent bleiben bei den bisherigen Eigentümern. Mit Julius Kainz stellen die neuen Eigentümer einen Geschäftsführer, der sich ehrgeizige Ziele setzt: Ein „Relaunch", eine Blattreform mit Formatänderung und Einsatz von Farbphotos, soll durchgezogen, bis 1998 soll *Die Presse* ökonomisch saniert werden. Es wird Aufgabe von Chefredakteur Andreas Unterberger, die Spitzenposition unter den österreichischen Qualitätszeitungen auszubauen und für neue junge Leser attraktiv zu werden.

Andreas Unterberger kam 1973 zur „Presse", seit Dezember 1995 ist er ihr Chefredakteur.

1998 – *Die Presse* feiert das 150. Jahr nach ihrer Gründung – hat die *Presse*-Führung ihr Ziel erreicht.

Günther Haller

Unabhängig – und am Rande der Krida

Interview mit Fritz Molden

Herr Molden, was sind Ihre ersten Erinnerungen an die „Neue Freie Presse"?

Mein Vater hat mich als kleinen Buben ein paarmal mitgenommen. Mich hat natürlich am meisten die Druckerei interessiert. Das war alles in der Fichtegasse untergebracht. Für mich war das großartig und überwältigend. Heute weiß ich, daß das extrem altmodisch war, die Maschinen stammten alle aus der Jahrhundertwende.

Auch der Tagesrhythmus von Druckerei und Redaktion war etwas anders als heute …

Mein Vater fuhr als Chefredakteur um zehn in die Redaktion, mit dem G 2, Auto hatte er keines. Es gab einen Dienstwagen, den nahm er aber morgens nicht in Anspruch. Um zwei Uhr wurde das Abendblatt angedruckt. Das erste Exemplar hat er noch abgewartet, dann kam er mit dem Dienstwagen nach Hause. Dann haben wir zu Mittag gegessen, denn unser Leben richtete sich nach der Zeitung. Bis zum Tee hatten die Eltern dann Zeit für sich, wir Buben haben Aufgaben gemacht. Um halb sechs ist er wieder in die Redaktion geholt worden (mit Ausnahme des einen freien Abends pro Woche), und dort war er bis ungefähr dreiviertel zwölf. Dann ist das Morgenblatt angedruckt worden. Für gewöhnlich ging Vater sodann ins Café Europe, wo sich die leitenden Journalisten Wiens getroffen haben. Das war am Stephansplatz. Dort sind die Herren gesessen bis genau halb zwei. Denn da fuhr der direkte Autobus vom Stephansplatz nach Döbling. Das war der Rhythmus. Von allen Redakteuren. Eine kleine Mannschaft, ein Setzer, ein Metteur, jemand in der Stereotypie und der Nachtredakteur sind noch bis zwei Uhr geblieben.

Die Einrichtung der Redaktion …

… war bemerkenswert. Bis auf den Chefredakteur hatte jeder Redakteur nur ein schmales hohes Zimmer, alle waren gleich möbliert: Dunkler Schreibtisch, ein runder Tisch mit grünem Tuch bespannt, zwei schwarze Lederfauteuils und ein Ledersofa. Das diente dazu, daß sich die Redakteure zwischen Abendblatt und Morgenblatt eine Stunde hinlegen konnten. Es wird berichtet, daß man sich auf diesen Sofas nicht nur der Ruhe hingab. Die Herren haben gelebt, gedacht, gefühlt wie einst die Redakteure vom *Prager Tagblatt*. Es waren fast lauter Juden. Bis Ende März 1938 haben wir Söhne nicht gewußt, daß unser Vater nach den Nürnberger Rassengesetzen Mischling 2. Grades war. Da wir schon drei Generationen Christen waren, wurde über solche Dinge nicht gesprochen.

Gab es in der Zeit des Ständestaates Restriktionen, als die „Neue Freie Presse" im Besitz der Bundesregierung stand?

Mein Vater hat mir während des Krieges einiges darüber erzählt. Er hat oft interveniert beim Minister Ludwig im Bundeskanzleramt, zuständig für das Pressewesen, und

Zeitungsverkäuferin in der Besatzungszeit, photographiert von Erich Lessing

auch bei den Bundeskanzlern Dollfuß und Schuschnigg, weil er sich eingeengt fühlte. Er hielt daneben einmal monatlich einen Radiovortrag: „Ein Monat Weltgeschehen". Und das wurde natürlich in Deutschland genau verfolgt. Die Nazis haben sich grün geärgert, weil sich mein Vater dort kein Blatt vor den Mund genommen hat. Daraufhin hat Herr von Papen, der deutsche Botschafter in Wien, bei der Regierung interveniert. Aber Schuschnigg blieb hart. Das muß etwa 1936 gewesen sein, da leistete der Kanzler ja noch Widerstand.

Die NFP sollte vor 1938 im Sinne der Beschwichtigung nicht allzu lautstark gegen Hitler auftreten.

Richtig ist, daß sie in Deutschland erlaubt war. So wie die *Neue Zürcher Zeitung*. Auch das *Prager Tagblatt*. Der *Pester Lloyd* sogar bis ins Jahr 1941.

Ernst Molden mußte dann 1938 ausscheiden …

Nein, mein Vater wurde zuerst verhaftet wegen des Radio-Kommentars. Erst beim Zusammenstellen des Ariernachweises stellte er fest, daß offenbar sein Vater – Berthold – Jude war. Wir wußten immer nur, daß die Familie 1820 den Namen von Moldauer auf Molden geändert hatte.

Was machte er nach dem Ende der NFP?

Zuerst hat mein Vater noch für das *Südost-Echo* des Reichswirtschaftsministers Funk geschrieben. Er durfte nicht mit Namen aufscheinen. Mein Großvater hat sich mit 92 aus dem Fenster gestürzt, um uns nicht zu schaden. Erst 1944 stellte sich heraus, daß die Mutter meines Großvaters gar keine Jüdin war, daß Ernst Molden also „nur" Mischling 2. Grades war.

Nach 1945 haben an der Wiedergründung der „Presse" Leute aus dem Widerstand und ehemals bekennende Nationalsozialisten mitgearbeitet.

Es gab einige Schüler meines Vaters, darunter Louis Barcata, der war immer ein Antinazi, auch Ferdinand Cles. Schulmeister und Wandruszka hatten sich schon 1939 innerlich vom Nationalsozialismus abgewandt. Erst nach dem Krieg habe ich Schulmeister in der *Presse*-Redaktion kennengelernt.

Mit welchem Geld hat Ernst Molden die „Presse" als Wochenzeitung wiedergegründet?

Mit dem Geld, das die Herren Friedrich von Maurig, Gesellschafter des Bankhauses Schoeller, und Doktor Giessriegl, ebenfalls vom Bankhaus Schoeller, aufgetrieben hatten. Das waren die beiden Nicht-Nazis in der dortigen Bank. Maurig war ein guter Bekannter meines Vaters. Schon während des Krieges hatten wir mit ihm über die Wiedergründung gesprochen. Und mit Mayer-Gunthof, dem Generaldirektor der Vöslauer

„Lediglich die Parteien und die Besatzungsmächte sollten Sprachrohre in Form von Zeitungen haben und sonst niemand."
Karl Renner

Links: Fritz Molden, geboren 1924 in Wien, hier als junger Journalist in Moskau.
Linke Seite: Ernst Molden, Diplomat, Historiker, Journalist, verheiratet mit der Dichterin Paula von Preradovic, Vater von Fritz Molden

Schwierige Zeiten für die „Presse" in der Besatzungszeit: Es gab Trafiken in der russischen Zone, die sich nicht trauten, die „Presse" zu verkaufen.

Kammgarnfabrik, ist mein Vater im Gefängnis gesessen. Beide sollten vors Volksgericht kommen. Dort hat er den Mayer-Gunthof angeworben. Dann stieß noch dazu ein Vertreter der Warentreuhand dazu, eine Tochter der Creditanstalt. Und der alte Lauda, Generaldirektor der Veitscher Magnesit. Ein großer Industrieboß. Das war die erste Gruppe, zu der dann noch der alte Julius Meinl kam.

Der SPÖ-Innenminister Helmer war zuständig für die Papierzuteilung.

„Des Judenblattl brauch' ma net."

Kolportierter Ausspruch zur „Presse"-Gründung von Edmund Weber. Er war ehemaliger austrofaschistischer Pressegewaltiger und nach 1945 Regierungsbeamter

Mein Vater war zweimal bei ihm, beim zweiten Mal ging ich mit. Beim ersten Treffen hat Helmer gesagt, „Herr Doktor, i' kann zwar auf Dauer wahrscheinlich net verhindern, daß Ihr liberales Blattl da erscheint, aber verzögern kann ich's sicher." Beim zweiten Mal – ich kannte Helmer, weil ich als Sekretär des Außenministers bei allen Ministerratsvorbesprechungen war – da hat er gelacht: „Aha, Sie haben sich junge Verstärkung mitgebracht. Aber leider, mir haben nur für demokratische Parteien a Papier."

Woher kam die negative Einstellung der Parteien zur unabhängigen „Presse"?

Ganz leicht erklärlich. 1945 sind die Funktionäre der Parteien in jene Positionen zurückgekrochen, aus denen sie 1938 oder 1934 – je nachdem – hinausgeflogen waren. In der Zwischenzeit waren sie zum Teil in Dachau, oder auch nur Baumeister in St. Pölten oder Hofräte und Strafverteidiger wie der Schärf oder pensionierte Staatskanzler in Gloggnitz. Im KZ saß die Minderzahl. Wer immer heimkam, aus dem KZ, aus der Sommerfrische oder aus Sankt Pölten, der wollte wieder dort anfangen, wo er aufgehört hatte. Das einzige, was man gelernt hat: Wir dürfen uns nie mehr wieder so streiten, denn das führt nur zu Katastrophen. Aber keinerlei Toleranz Dritten gegenüber! Für den Raab waren wir widerliche Wanzen. Er hat uns gesagt: Vor dem Oscar Pollak oder dem Schärf ziag' i' mein Huat, weil dös is' der politische Gegner. Aber vor Euch? Liberale seid's? Bürgerliche seid's – gewesen! Er hat uns eigentlich als Verräter betrachtet. Im Grunde hat die ÖVP die liberale Presse als unnötige Erschwernis ihrer Tätigkeit betrachtet. Wir haben z. B. geschrieben, daß der Polcar zwar ein großartiger demagogischer Politiker ist, aber leider auch stiehlt. Und das hat die ÖVP nicht so gern gehört. Der Raab wollte dem *Bildtelegraf* und der *Presse* untersagen, daß die das schreiben. Er hat noch in dieser Welt gelebt. Wir haben geglaubt, wir bringen die neue Form der angelsächsischen Demokratie in dieses Land, haben frei geschrieben – das hat denen nicht gepaßt.

Ende 1949, nachdem sie Tageszeitung wurde, war „Die Presse" pleite. Warum eigentlich, als Wochenzeitung machte sie doch Gewinne?

„Presse"-Gewinnspiel. 1957 kostete die Zeitung 1,50, im Monatsabo 33 Schilling. Sie hatte täglich mindestens 10, am Sonntag 32 Seiten.

Fritz Molden (in der Mitte sitzend), in jungen Jahren Herausgeber, Verleger und Eigentümer der „Presse" und „Wochenpresse", 1961 war er dazu noch „Presse"- Chefredakteur. Hier (von l.) mit Adam Wandruszka, Milan Dubrovic, Hans Mauthe, Fritz Chorinsky, Walther Urbanek, Arnold Wasserbauer, Ludwig Derka, Piero Rismondo und Otto Schulmeister

Als Wochenzeitung hatte sie keinerlei Konkurrenz. Sie war immer ausverkauft. Im Oktober 1948 kam sie als Tageszeitung. Gleichzeitig wurde aber die Wochenausgabe beibehalten. Wir berichteten natürlich auch über die Übergriffe der russischen Besatzungsmacht. Da gab es Trafiken in der Wiener russischen Zone, die sich nicht mehr trauten, *Die Presse* zu verkaufen. Die Wochenzeitung war fast ausschließlich eine Abonnementzeitung und wurde von der KPÖ nicht so ernstgenommen. Alle haben Angst gehabt, daß da auch wirtschaftlich eine Konkurrenz erwächst. Jedenfalls, mehr als 13.00 – 14.000 Stück haben wir nicht erreicht bis zum Ende 1949. Und das Kapital – weniger als eine Million – war aufgebraucht. Worauf die Financiers zusperren wollten, denn bei aller Liebe, mehr Geld war nicht da. Darauf habe ich mir von amerikanischen Freunden Geld geborgt, das kam über die Schweiz herein. Der Schwarzmarktkurs war damals 1:48. Das waren 1,2 Millionen Schilling – viel Geld in Österreich, lächerlich wenig in Dollar. Fünf Leute waren das, auf jeden kamen 10.000 Dollar. Einer davon war mein damaliger Schwiegervater Allan Dulles. Das Gesellschaftskapital wurde erhöht, mein Vater ist von zwanzig auf fünf Prozent in seinem Anteil heruntergegangen und die anderen sind von 80 auf 50 Prozent gegangen, ich habe 45 Prozent bekommen.

War das Geld à fonds perdu gegeben?

Eigentlich schon. Aber sie haben alles innerhalb von vier Jahren auf den letzten Heller mit fünf Prozent Verzinsung zurückgekriegt.

Es waren keine US-Regierungsgelder dabei?

Nein, ich hätte gar nicht gewußt, an welche Regierungsstelle ich mich hätte wenden sollen. Die CIA war erst in Gründung.

Mit diesem Geld begann der Wiederaufschwung?

Am 1. Jänner 1950 habe ich die Verlagsleitung übernommen. Innerhalb weniger Jahre haben wir uns erfangen. 1954 konnte ich die erste positive Bilanz legen. Damals hat das Bankhaus Schoeller ein Abendessen gegeben, so perplex war unsere Hausbank.

Der Aufschwung hielt an?

1958 sind wir auf den Fleischmarkt übersiedelt. Da verkauften wir täglich 64.000 Stück. Die Wochenpresse wurde umgewandelt in ein Nachrichtenmagazin. Und dazu hab' ich die Druckerei gehabt, so konnte ich aus dem Druck auch anderer Zeitungen ganz gut verdienen. Es ging uns bis zum Zeitungskrieg ausgezeichnet. 1962 bin ich dann aus der Redaktion ausgeschieden.

Das Interview wurde geführt von Günther Haller, Hans Werner Scheidl und Andreas Unterberger

„Ich residierte auf einmal, ganz auf mich gestellt, von meinen Miteigentümern als alleiniger Herausgeber und Verleger bestätigt, in der Universitätsstraße und sollte im stolzen Alter von 29 Jahren das Werk meines Vaters fortsetzen."

Fritz Molden

HUGO PORTISCH

Die Presse jubelte nicht

Die Neutralität – wie sie wurde und was sie ist

Am 26. Oktober 1955 beschließt der Nationalrat die Neutralität Österreichs. Aber nicht jedem Abgeordneten und schon gar nicht allen Österreichern ist zu dieser Zeit die Vorgeschichte dieses Beschlusses bekannt: Die Verpflichtung zur Neutralität ist der Preis, den Österreich der Sowjetunion zu zahlen hat, die dafür bereit ist, ihre Truppen nach zehnjähriger Besetzung aus Österreich abzuziehen.

Die Westmächte sind dabei, die Bundesrepublik Deutschland in die Nato einzugliedern. Ein neutrales Österreich würde die Front der Nato spalten. Und die deutsche Opposition, vor allem die Sozialdemokratische Partei, lehnt die Wiederbewaffnung Deutschlands vehement ab. Eine Neutralisierung Österreichs als Preis für einen Abzug der Sowjets könnte diesen Widerstand erheblich stärken. Der Abzug der Westmächte aus Österreich würde einen Keil in die Front der Nato treiben. Als die Sowjets eine solche Neutralitätserklärung Österreichs erstmals vorschlugen – im April 1955 bei den Verhandlungen in Moskau –, hatten die Österreicher große Vorbehalte. Der damalige Vizekanzler und SPÖ-Vorsitzende Schärf befürchtete, die Neutralität würde Österreich von dessen westlichen Freunden trennen, das Land isolieren, und so könnte es eines Tages schutzlos dem Druck der ach so nahen Sowjetunion erliegen. Das Wort Neutralität an sich schien schon gefährlich: Eine Verletzung der Neutralität ist bald zu behaupten, ein Vorwand rasch zu finden, um aus dem benachbarten Ungarn wieder in Österreich einzumarschieren. Doch die viel präzisere Formel – kein Beitritt zu Militärbündnissen, keine fremden Truppen und Stützpunkte auf Österreichs Boden – ist den Sowjets zu wenig. Sie bestehen auf dem Wort Neutralität. Und was hatte der Westen dazu zu sagen?

Der amerikanische Außenminister Dulles hält sich an den Ausspruch des französischen Dichters und Denkers Charles Péguy: „Der Neutrale ist der Komplize des Feindes." Wer sich zu Freiheit und Demokratie bekenne, wer der westlichen Wertegemeinschaft angehören wolle, der habe auch zu ihr zu stehen. Es ist der amerikanische Präsident Eisenhower, ein General, der Dulles widerspricht: Wer bereit ist, seine Freiheit mit allen ihm zur Verfügung stehenden Kräften selbst zu verteidigen, der kann auch neutral sein, im Kriegsfall ist auf ihn Verlaß. Und die Österreicher hatten in den zehn Jahren der Besetzung vielfach bewiesen, daß sie einer neuerlichen Bedrohung ihrer Freiheit Widerstand zu leisten bereit sind – in der Sowjetzone 1950 beim kommunistisch geführten Generalstreik, in den Westzonen durch die Aufstellung der B-Gendarmerie und vor allem in ihrer eindeutigen und in mehreren Wahlen bestätigten antikommunistischen Haltung. Eisenhower gibt grünes Licht für die Neutralität Österreichs.

Das wieder wissen die Österreicher nicht, sie sind sich nicht sicher, wie die Westmächte auf eine in Moskau abgegebene Verpflichtung zur Neutralität reagieren würden. Es ist der sowjetische Außenminister Molotow, der sie beruhigt: „Ihre amerikanischen Freunde sind damit einverstanden." So gibt man schließlich die Zusage – mit großen inneren Vorbehalten –, Österreich nach dem Muster der Schweiz neutral zu erklären. Am 15. Mai 1955 wird der Staatsvertrag im Wiener Schloß Belvedere unterzeichnet, im Park vor dem Schloß jubeln die Menschen. Bis Oktober soll der letzte Besatzungssoldat Österreich verlassen haben. Erst danach – um jeden Anschein von Druck zu vermeiden – wird das österreichische Parlament die Verpflichtung zur immerwährenden Neutralität in die Verfassung aufnehmen.

Was das bedeutet? Am 7. August 1955 erscheint in der *Presse* ein Beitrag besonderer Art: „Neutralität noch keine Garantie für Sicherheit". Kein Autor wird genannt, „von diplomatischer Seite" heißt es diskret. Eine Analyse dessen, was die künftige Neutralität an Chancen und an Risken birgt. Neutralität sei keine Garantie für Sicherheit – der Titel ist schon die Quintessenz des Artikels. Es wäre eine Illusion, wollte man glauben, mit der Erklärung der Neutralität hätten uns „Feenhände in ein Reich des Friedens entrückt". Neutralität an sich sei kein Schutz vor Krieg und Besetzung – siehe das Schicksal Belgiens im Ersten Weltkrieg (hinzuzufügen wäre wohl auch das Schicksal der Neutralen Holland, Luxemburg, Dänemark

Kanzler Julius Raab und ein kurzsichtiger Molotow (Ironimus, November 1954)

Linke Seite: Ankunft der österreichischen Delegation (Julius Raab, Adolf Schärf, Leopold Figl) auf dem Moskauer Flughafen, 11. April 1955
Unten: Leopold Figl verkündet am 15. Mai 1955 „Österreich ist frei!"

15. Mai 1955, in Wien läutet die Pummerin, die Menschen auf der Straße bleiben stehen, sind sich der Bedeutung des Augenblicks bewußt.

„Die Österreicher, die Versprechungen auf die Zukunft vorsichtig gegenüberstehen, legten für einen Tag ihren, in vielen Enttäuschungen und harten Erfahrungen erworbenen Skeptizismus ab, sie wollten an diesem Tag glauben, daß jetzt das Provisorium ihrer staatlichen Existenz endlich durch ein Definitivum abgelöst wird."

„Die Presse", 17. Mai 1955

und Norwegen sowie Belgien im Zweiten Weltkrieg). Ob ein Neutraler ungeschoren bleibt, hänge davon ab, ob die Großmächte den Konflikt untereinander vermeiden können. Dann heißt es: „Die Neutralitätserklärung ist aber nicht nur als Kaufpreis (für den Abzug der sowjetischen Besetzungstruppen, Anmerkung des Verfassers) zu werten, sondern sie ist vom diplomatischen Gesichtspunkt vor allem und in geradezu überragender Bedeutung als Werkzeug zu erkennen, das die russische Diplomatie gewählt hat, um es als Hebel zur Lockerung der Front der Westmächte zu benützen." Aus dieser Erkenntnis seien Konsequenzen abzuleiten, wörtlich: „Denn es wäre gefährlich, sich auch nur einen Tag von einer angeblichen Ähnlichkeit unserer Neutralität mit jener der Schweiz in ein Gefühl der Sicherheit wiegen zu lassen. Diese Ähnlichkeit ist ein – allerdings sehr begreiflicher – Wunschtraum, dem die militärische Analogie noch für lange und die völkerrechtliche von Anbeginn an fehlt." Und weiter: „Österreich schwebt eben nicht in einem rosigen neutralen Raum; es ist und bleibt auch heute ein Stückchen im Mosaik des heutigen Europa, umschlossen von einer Mehrzahl nicht neutraler Staaten, fest eingefügt in ein größeres Ganzes und dessen historischer Entwicklung und politischen Strömungen unterworfen."

Eine erste Analyse zum Stellenwert der künftigen Neutralität. Heute wieder ein interessanter Beitrag zur Diskussion über den Wert von Österreichs Neutralität, da es die Sowjetunion nicht mehr gibt und auch nicht mehr die bipolare Welt, in der es verlockend und durchaus auch von Nutzen war, sich eine neutrale Nische zu sichern.

Wie auch die weiteren Wortmeldungen der *Presse* zum Thema Neutralität geeignet wären, diese Diskussion der historischen Wahrheit näher zu bringen. Am 27. Oktober 1955, dem Tag, da der Nationalrat das Neutralitätsgesetz beschließt, greift der hochrespektierte Innenpolitiker der *Presse*, Hans Mauthe, zur Feder: „Österreich ist ab heute neutral. Wir sind keine Illusionisten und wissen, daß diese Neutralität in Gefahr gerät, wenn das jetzt erreichte weltpolitische Gleichgewicht gestört wird. Daß dieses und mit ihm der Friede erhalten bleiben, dazu kann eine behutsam geführte österreichische Außenpolitik einen bescheidenen Beitrag leisten. Österreich steht vor einer neuen Erprobung. Es wird diese Prüfung gut überstehen, wenn es nie vergißt, daß es ein Herzstück der abendländischen Welt und damit der menschlichen Freiheit ist."

Es dauert nicht lange, da mahnen unsere westlichen Nachbarn die Erfüllung jener Verpflichtung Österreichs ein, die auf der westlichen Seite Voraussetzung zur Akzeptanz der Neutralität war: Die Fähigkeit Österreichs, seine Neutralität im Kriegsfall auch zu verteidigen. Und dem stimmt der angesehene Wehrexperte der *Presse*, Walther Urbanek, zu. Zunächst verweist Urbanek auf die Wehrbereitschaft der anderen Neutralen in Europa, der Schweiz und Schwedens, und schreibt am 27. April 1960: „Anders in Österreich. Die Versicherungsprämie für seine Neutralität und Unabhängigkeit wurde in diesem Jahr weiter reduziert, und es fanden sich leider nur herzlich wenig Stimmen unter den Politikern, die den Mut gehabt hätten, die entsprechenden Mittel für ein echtes Einsatzheer zu fordern. Von Neutralität aber war viel die Rede. Das kostet auch nichts."

Auch das klingt, als wäre es erst vor kurzem geschrieben worden. Und wenn neuerdings argumentiert wird, Österreich könne seine Verpflichtungen gegenüber der Staatengemeinschaft auch anders erfüllen als mit einem Beitritt zur Nato, so war diese Überlegung schon vor fast vierzig Jahren Kern eines Leitartikels von Otto Schulmeister mit dem punktgenauen Titel „Freiheit auf Anzahlung". Schulmeister fordert die Aufstellung eines eigenen UN-Kontingents an Friedenssoldaten innerhalb des Bundesheeres und schreibt: „Ein solcher Solidaritätsbeitrag Österreichs würde das Land finanziell weit weniger kosten, als es durch sein Abseitsstehen auf die Dauer moralisch an Verlusten hinnehmen müßte. Oder glaubt man, wir könnten mit internationaler Solidarität in einer Stunde der Gefahr rechnen, wenn es uns selbst zu teuer und anstrengend ist, anderen nach Kräften beizustehen?" Und Schulmeister mahnt: „Wenn die Neutralität uns nicht zur Falle werden soll, dann müssen wir sie durch eine aktive Politik überall dort befestigen, wo unser Staat mit Freunden rechnen kann: in der europäischen Gemeinschaft, im Lager der Demokratien und in der Weltorganisation der UN."

Diese Zeilen lassen jene Zweifel erkennen, die lange Zeit das vorherrschende Gefühl in Österreich waren, nachdem man sich erstmals allein auf den unerprobten Weg der Neutralität begeben hatte. Wer wird uns beistehen, wenn wir Beistand benötigen? Wer garantiert unsere Sicherheit, da wir sie doch eindeutig selbst nicht garantieren konnten? Und die Forderung an uns selbst: Wenn schon militärisch neutral, so doch solidarisch mit jenen, zu denen wir uns bislang zählten und mit denen uns das gemeinsame Bekenntnis zu Demokratie, Freiheit und Menschenrechten nach wie vor verband.

Fritz Molden macht dies zum Credo der *Presse*: „Gerade der Status unserer militärischen Neutralität muß ein Grund für uns sein, mit größter Wachsamkeit darauf zu achten, daß wir uns nicht plötzlich und unvermutet auf der verhängnisvollen Straße des politischen Neutralismus befinden. Das Volk von Österreich hat in den zehn Jahren der alliierten Besetzung, und sodann noch einmal nach dem Staatsvertrag in den kritischen Wochen der ungarischen Revolution, eindeutig, unmißverständlich und unbeschadet der strikten militärischen Neutralität des Landes, kundgetan, daß sein Standort im Lager der Freiheit ist."

Und Milan Dubrovic rechnet mit anfänglichen Tendenzen ab, sich dem Druck kommunistischer Argumentationen zu beugen. Diese versuchen nämlich, jede Kritik an der Sowjetunion beziehungsweise an deren Politik als „neutralitätsgefährdend" oder gar schon als eine Verletzung des Staatsvertrages hinzustellen. Eindeutig mit dem Ziel, Österreich auf einen Weg des Neutralismus

Zeitungsstand am 15. Mai 1955

„Der Neutrale ist der Komplize des Feindes."
Charles Péguy

Die Vier im Jeep werden abgelöst (Ironimus 1955).

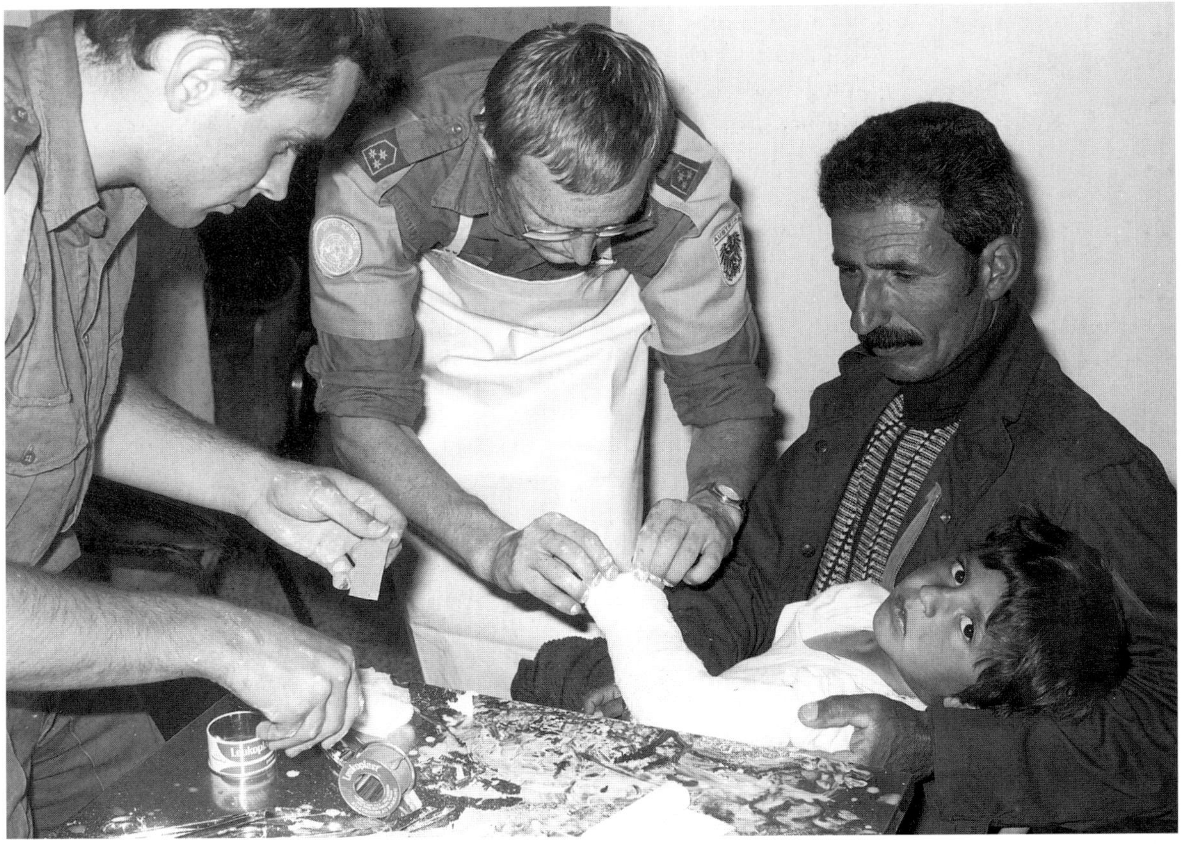

Österreichische UN-Soldaten auf dem Golan: „Ein solcher Solidaritätsbeitrag würde das Land finanziell weit weniger kosten, als es durch sein Abseitsstehen auf die Dauer moralisch an Verlusten hinnehmen müßte." (Leitartikel von Otto Schulmeister)

„Wenn die Neutralität uns nicht zur Falle werden soll, dann müssen wir sie durch eine aktive Politik überall befestigen, wo unser Staat mit Freunden rechnen kann."
Otto Schulmeister

zu drängen, also aus der Wertegemeinschaft der westlichen Demokratien herauszulösen. In der Tat warnen einzelne Politiker die Journalisten davor, die Sowjetunion „nicht zu reizen", und im Österreichischen Rundfunk gibt es noch immer so etwas wie große Vorsicht im Umgang mit dem Großen Bruder. Dubrovic schreibt: „Keine Einschüchterungsversuche von außen, aber auch keine übertriebene Ängstlichkeit von innen her soll uns daran hindern, ideologisch den Kampf ebenso entschlossen weiterzuführen wie in den langen Jahren der Unfreiheit. Wollen wir nun, da wir endlich frei geworden sind, den guten Ruf, den wir bei unseren Freunden genießen, aufs Spiel setzen? Nein, halten wir uns an das Vermächtnis jenes guten Österreichers Dr. Ernst Molden, der dieses freiheitliche Blatt nach den Jahren der Unfreiheit zu einer Stimme Österreichs wiedererstehen ließ und in seinem letzten Leitartikel schrieb: ‚Neutralismus? Nein! Weder für heute noch für die Zukunft!'"
Leitlinien, an die sich die österreichische Politik auch gehalten hat. Doch im Abstand von vierzig Jahren wird oft schon übersehen, daß sich die Väter des Staatsvertrages und damit nolens volens auch der Neutralität durchaus zur westlichen Wertegemeinschaft bekannten, ja sich mit dieser weiterhin solidarisch verbunden fühlten.
Das wurde schon im ersten Jahr nach Staatsvertrag und Neutralitätserklärung, im Herbst 1956 beim Volksaufstand in Ungarn, ganz deutlich. Während viele den Atem anhielten, zögerte die österreichische Regierung nicht, die Sowjetunion aufzufordern, das Blutvergießen in Ungarn einzustellen, ja Bundeskanzler Raab empfahl Moskau sogar, die Ungarn aus dem Sowjetblock zu entlassen und auch ihnen den Status der Neutralität zuzubilligen. Mutige Worte für einen Neutralen, die aber auch klarstellen, daß man die eigene Position als demokratisch-freiheitliche Republik zu behaupten weiß.
Die Schweizer rieten uns, so wie sie während des Zweiten Weltkriegs doch die Grenzen zu sperren, keine Flüchtlinge aus Ungarn zuzulassen, wollten wir nicht den Zorn der Sowjets riskieren und damit vielleicht eine Wiederbesetzung Ost-Österreichs. Doch da gab es auf dem Ballhausplatz keine lange Überlegung. Österreich öffnete seine Grenze zu Ungarn, markierte sie mit rot-weiß-roten Fahnen und in der Nacht mit Leuchtfeuern, um den Flüchtenden den Weg zu weisen – den Weg in die Freiheit. Österreichs Bekenntnis zum freien

Westen durch die Tat. Danach hat keiner mehr daran gezweifelt, daß Österreich dem Druck aus dem Osten werde standhalten können. Es legte weitere Proben dieser Art ab. 1968, als Warschauerpakt-Truppen die Tschechoslowakei besetzten und Österreichs Gesandter in Prag, Rudolf Kirchschläger, österreichische Einreisevisa zu Tausenden ausstellte und seine Schweizer und deutschen Kollegen anhielt, Gleiches zu tun. Ähnliches wiederholte sich in den achtziger Jahren, als Tausende Polen vor dem Militärregime Jaruzelskis nach Österreich flohen. Und für Hunderttausende jüdische Bürger im Osten war Österreich jahrelang das Tor, durch das man nach Israel und in die USA gelangte.

Die Presse hat all diese Entwicklungen stets mutig kommentiert, hat die rund um Staatsvertrag und Neutralitätserklärung aufgestellten Grundsätze unablässig in Erinnerung gerufen. Was nachzulesen ist. Aber liest man nach, so kann man sich heutzutage oft nur wundern, wie wenig dieser stete Kampf österreichischer Bundesregierungen gegen das Abrutschen in den Neutralismus, gegen das Auseinanderdividieren Österreichs vom westlichen Europa und um die Zugehörigkeit zu dieser Wertegemeinschaft heute noch im Bewußtsein so mancher Österreicher verankert ist. So als hätte Österreich sein hohes Ansehen und seine weitgehende Handlungsfreiheit einer Politik der Äquidistanz zu Ost und West zu verdanken und nicht seinem Mut, zu dem zu stehen, womit wir den Sowjets den Staatsvertrag letztlich abgerungen haben: Durch unser eindeutiges, nicht zu erschütterndes Bekenntnis zum Westen, zu Freiheit und Demokratie. Sonst wäre die Neutralitätserklärung ja gar kein Preis gewesen, für den die Sowjetunion schließlich bereit war, ihre Truppen abzuziehen. Ein Blick zurück in die Kommentare der *Presse* würde helfen, unseren heutigen und auch künftigen Standort in Europa zu erkennen.

„Gerade der Status unserer militärischen Neutralität muß ein Grund für uns sein, mit größter Wachsamkeit darauf zu achten, daß wir uns nicht plötzlich und unvermutet auf der verhängnisvollen Straße des politischen Neutralismus befinden."

Fritz Molden

1956 öffnete Österreich flüchtenden Ungarn den Weg in die Freiheit – Bewährung für Österreichs Neutralität.

JOHANNES EIDLITZ

Der Grandseigneur aus dem Herrenhof

Über Milan Dubrovic

Der Mann war ein Produkt der k. u. k.-Monarchie und wurde eher durch Zufall Journalist. Und zwar ein berühmter: Milan Dubrovic, geboren 1903 als Sohn eines Staatsbeamten, der aus dem kroatischen Dalmatien stammte, und einer niederösterreichischen Mutter. Ein gutes Beispiel für das Vielvölkergefüge der alten Donaumonarchie, wie er immer wieder mit besonderem Vergnügen betonte.

Der erste große journalistische Wurf fiel dem 22jährigen Wiener Studenten der Soziologie und Kulturgeschichte in den Schoß. Es war sein erstes Feuilleton, das die *Frankfurter Allgemeine Zeitung* abdruckte, und die Geschichte hat er uns – seinen Bewunderern – gerne erzählt: 1925 – nach dem Sturz der Monarchie, nach der Abschaffung der Kronenwährung und der Einführung des Schillings – wurden noch immer von der Nationalbank Kronen-Banknoten gedruckt, und zwar um die Verpflichtungen gegenüber Inhabern von Kriegsanleihe-Aktien erfüllen zu können – obgleich diese Kronennoten so gut wie wertlos waren: Man tauschte eine Million Kronen gegen 100 Schilling.

Dieses Feuilleton war der auslösende Faktor dafür, das Studium aufzugeben und sich ganz dem Schreiben zu widmen. Eberhard Strohal, einer seiner Nachfolger in der *Wochenpresse*, berichtet, daß Milan ihm erzählt habe: „Ich wollte Journalist werden, weil ich von einer riesigen Lebensneugier gepackt war, besessen von der Freude an der sich täglich anders darstellenden Wirklichkeit." Und mit der ihm eigenen leisen Koketterie hat er hinzugefügt: „Ich hab das so wahnsinnig gern betrieben, daß ich mich heute noch wundere, wenn ich dafür auch noch bezahlt werde."

Nun, der junge Dubrovic arbeitet zunächst für drei oder vier Wiener Blätter, wie etwa die *Wiener Allgemeine*, das *Extrablatt*, den *Wiener Mittag*. Und es gab fast kein Ressort, für das er nicht geschrieben hätte. Freilich gehörte seine besondere Liebe der Kultur, Literatur, dem Theater. Nach ein paar Jahren als freier Mitarbeiter kam er in das feste Gefüge eines anerkannten Blattes – des *Wiener Tagblattes*. Als Lokalredakteur, aber auch in der Kulturredaktion.

Oft hat er uns jüngeren Redakteuren von dieser seiner Anfangszeit erzählt. Das geschah meist, wenn wir mit ihm durch die verwinkelten Gänge und Treppen, die vom Haus der *Presse* am Fleischmarkt in das dahintergelegene Gebäude eines uralten einstigen Nonnenklosters führten, zu den täglichen Fleischtöpfen in der Kantine wandelten. Wenn er von der harten Zeit damals, von Arbeitslosigkeit, Geldmangel und harter Konkurrenz sprach, so keineswegs um uns Jüngere anzueifern – oder wenn es doch in seiner Absicht gelegen sein sollte, so geschah das auf eine höchst liebenswürdige und amüsante Weise.

Kaffeehausrunde Alexander Lernet-Holenia, Milan Dubrovic, Friedrich Torberg (1961): Torberg widmete seine „Tante Jolesch" dem Freund Dubrovic.

Im *Tagblatt* machte Dubrovic durchaus Karriere. Er wurde stellvertretender Chefredakteur für die Mittagsausgabe. Wo er seine stärksten Eindrücke empfing? Wohl im Kaffeehaus. Im Café Zentral, im Café Herrenhof. Dort fanden sich die Literaten, die Künstler und natürlich die Journalisten zusammen. Dort wurde diskutiert und ein intellektueller Standard erreicht, der anderwärts nicht allzu oft bestand. Kein Wunder, daß die „Caféhauspositur" von Denkern oder Dichtern anderer Couleur – wie etwa Josef Weinheber oder Max Mell – bespöttelt wurde. Natürlich wimmelte es in den „guten Cafés" auch von „Adabeis" und Wichtigmachern, die sich durch das Dabeisein im Glanz der großen Geister sonnen wollten. Da muß man nur Karl Kraus lesen oder seinen Erzfeind Franz Werfel, die diese Kaffeehaustypen mit Hohn übergossen. Für geistig regsame, tolerante und liberale Menschen jedoch konnte das Kaffeehaus zu einem guten Nährboden für Ideen werden, zu einem Ort des Gedankenaustausches, wohl auch zu einem Fechtboden, auf dem intellektuelle Duelle ausgetragen wurden. Nahezu alles, was in den zwanziger Jahren in der literarischen Szene Rang und Namen besaß, tauchte im „Herrenhof" auf. Dazu gehörten freilich das nationale und das katholische Element nicht.

Diese schöne Zeit der Literatur im Café dauerte gar nicht lang. Schon Ende der zwanziger Jahre änderte sich das Bild grundlegend. Man hat manchmal gemeint, diese gute Zeit sei ohnehin nur ein Nachklang gewesen, ein Nachklang jener „goldenen Zeit" rund um die Jahrhundertwende, als in Wien das Denken und Schaffen aus den 13 Völkern der Monarchie zusammenströmte.

„Das Café war ein Ort, um das Denkhandwerk zu erlernen": Das „Herrenhof", gezeichnet von Carry Hauser.

So wunderbar Milan Dubrovic auch von dieser Zeit zu berichten verstand, es änderte nichts, daß eben schon bald ein anderer Geist die Straßen beherrschte. Es war eine Zeit, die dem Intellektualismus wenig günstig war, eine Zeit der handgreiflichen Auseinandersetzungen, der Aufmärsche, der Uniformen, der Parteiarmeen und schließlich des Blutvergießens in zwei Bürgerkriegen. Und dann folgte die Terrorherrschaft des Nationalsozialismus, der Bücher verbrannte, dann Menschen vergaste und den Weltkrieg heraufbeschwor.

Dubrovic, zu dessen engstem Freundeskreis besonders viele Juden zählten, geriet selbst zwischen die Mühlsteine. Er, der Judenfreund und Erzliberale (mit Dollfuß und Schuschnigg hatte er seinen Frieden gemacht, weil sie, wie er betonte, ja den Kampf gegen Hitler führten), er hat 1939 sogar um die Mitgliedschaft in der NSDAP angesucht. Man muß gleich hinzufügen, daß er wegen antinationalsozialistischer Haltung 1944 wieder ausgeschlossen wurde. Aber er berichtete, daß nach der Machtübernahme durch die Nationalsozialisten – von deren Totalität man sich heute keine Vorstellung mehr machen kann – die Führung des *Tagblatts* darauf hingewiesen wurde, wenigstens einer der führenden Redakteure müsse der NSDAP angehören. Das Los fiel auf Dubrovic, er stand auch als Verantwortlicher im Impressum. Er weigerte sich. Aber dann kamen die Vertreter der Druckerei-

Das legendäre Druck- und Verlagsgebäude des „Neuen Wiener Tagblatts" am Fleischmarkt (im Bild die Motorradflotte zur Zeitungszustellung)

Das Café „Herrenhof" in der Herrengasse löste nach 1918 das „Central" als Treffpunkt der intellektuellen Avantgarde ab (Aufnahme 1937).

Arbeiter und redeten ihm zu, er solle doch – um das Blatt und die Arbeitsplätze zu retten – in den braunen Apfel beißen. Dubrovic tat es schließlich.

Nach Kriegsdienst bei der Luftwaffe kam er zur *Presse*, Fritz Molden bestellte ihn später zum Chefredakteur (Otto Schulmeister wurde Stellvertreter). Er war wohl einer der liebenswertesten und charmantesten Herren im Pressebereich. Neben vielen ehrenden Artikeln – etwa von Torberg oder Strohal – gibt es eine Vielzahl von Erinnerungsartikeln an ihn. Es schien, als ob gar nicht genug des Lobes über diesen Dubrovic gesagt werden konnte. Als Chef war er ein sehr zurückhaltender Lenker der Redaktionsgeschicke. Ich habe ihn kaum jemals laut gehört, seine Weisungen waren desto nachdrücklicher, weil stets durchdacht und zielgerecht. Seine Ermahnungen oder Verweise waren treffend – manchmal satirisch, aber nie wirklich kränkend. Er liebte Scherze und er liebte die Frauen.

In seiner Ära baute *Die Presse* das Netz ihrer Auslandskorrespondenten stark aus. Es war schon ein Merkmal der *Neuen Freien Presse* gewesen, an allen wichtigen Orten eigene Berichterstatter zu halten. Nun wurde dies in steigendem Maß auch bei der *Presse* betrieben, obwohl natürlich die modernen Nachrichtenmittel mit Agentur-Fernschreiben aus aller Welt die Voraussetzungen sehr verändert hatten.

Viele der neuen *Presse*-Korrespondenten hatten schon in ihrer Redaktion gearbeitet oder kamen aus dem Stamm der NFP, wie etwa Louis Barcata in Rom – er wurde später der „Roving Correspondent", also der die Welt bereisende und über sie berichtende Korrespondent, der nicht nur mit seinen Artikeln weit über Österreich hinaus bekannt wurde, sondern auch eine Anzahl politischer Sachbücher verfaßte. Sein Nachfolger in der Ewigen Stadt war Hans Bauer. Aus London berichtete Fritz Kessler, Alfred Lang aus Paris, Ernst Benedikt, einst Herausgeber und Chef der NFP, schrieb aus Stockholm. Ekkehart Tertsch arbeitete in Madrid, in späteren Jahren Klaus Emmerich in Bonn.

Eine ganz besondere Rolle spielte Marlene Manthey als Berichterstatterin aus New York, nicht nur weil die USA für Österreich und die Welt von hervorragender Bedeutung geworden waren, sondern auch weil Manthey eine außerordentlich gute und verläßliche Journalistin war. Theodor F. Mey-

„Die bekennerhaft-notorischen Besucher des ‚Herrenhof', bei denen das Stammgastdasein innerer Notwendigkeit entsprach, waren weltanschaulich schwer bestimmbar, sofern man nicht dem vegetativen Zustand der dem Geist des ‚Herrenhof' Verfallenen den Rang einer Weltanschauung zuerkannte."
Milan Dubrovic

„Bald nach seinem Abgang aus Wien hat das Café Herrenhof zu existieren aufgehört, und ich kann nicht umhin, hier einen Kausalnexus zu erblicken. Das ist das einzige, was ich ihm übelnehme. Für eine vierzigjährige Freundschaft wenig genug."

Friedrich Torberg 1968 über Milan Dubrovic

sels, ein alter Freund und Kollege Milan Dubrovics, hatte sich in Jerusalem eine zweite Heimat geschaffen.

Ein Archiv wurde aufgebaut – das alte der NFP war von den Nationalsozialisten vernichtet worden. Fritz Petrowsky schuf dort die Grundlagen für eines der heute besten Zeitungsarchive Wiens. Ihn unterstützten Helga Haupt, die spätere Gattin von Adam Wandruszka, sowie Aglae Heiterer-Schaller. Ja, und schließlich die Photos. Für diese sorgten Barbara Pflaum, Emil Zalesak, Fritz Klinsky, Heinz Hosch, Ernst Kloss, Friedrich Mottl. Da gehörten die hinreißenden „Ironimus"-Karikaturen von Gustav Peichl bereits zum festen Bestandteil des Blattes.

Der Unfalltod seiner langjährigen Gefährtin und Ehefrau Erika traf Milan Dubrovic furchtbar. Nun war er in seiner schönen Wohnung allein, deren Fenster auf den Minoritenplatz blickten, aufs Palais Starhemberg, heute Unterrichtsministerium. Die allerletzten Jahre hat er in einem Seniorenheim in Döbling verbracht. Er starb 1994.

Es ist gesagt, daß er ein Liberaler war. Er verstand es aber, mit so gegensätzlichen Charakteren wie Julius Raab und Bruno Kreisky in einem guten Verhältnis zu stehen. Daß ihn intellektuell gesehen mehr mit dem sozialdemokratischen Politiker verband, wird nicht verwundern. Und doch war es Raab, der im Zusammenwirken mit dem Außenminister Kreisky die Entsendung von Dubrovic als Presse- und Kulturattaché nach Bonn bewirkte.

Die „Ära Dubrovic" in der *Presse* war gelegentlich – ganz im Gegensatz zu seinem Charakter – eine recht bewegte Zeit. Grund dafür war die Herausgeberschaft von Fritz Molden, der zwar das Blattmachen und die Führung der Redaktion im großen und ganzen dem Chefredakteur überließ, aber alle wirtschaftlichen und vor allem alle politischen Belange selbst wahrnahm – und das in einem zunehmend kämpferischen Stil. Ging es Molden auf der einen Seite darum, von den ursprünglichen österreichischen Financiers – vor allem den Banken – unabhängig zu bleiben, weil hinter ihnen zumeist die Volkspartei stand, so ging es anderseits darum, ebenso unabhängig zu bleiben, was die Druckerei betraf. Und die war nur gepachtet und gehörte einer Gesellschaft, die der SPÖ nahestand. Darum bemühte sich Molden, Druckverträge mit anderen Zeitungen abzuschließen. Aber am Ende waren doch jeweils die finanziellen Hintermänner Strohmänner einer Partei. Als letzten Ausweg sah er dann die Errichtung einer eigenen Druckerei – jener am Donaukanal in der Muthgasse. Doch mußte er alsbald angesichts der gewaltigen Baukosten sogar seine *Presse* verkaufen und sich auf einen Buchverlag zurückziehen.

Einer der ersten Konflikte, in die *Die Presse* wie in einen Mahlstrom hineingeriet, betraf den Eklat zwischen Außenminister Karl Gruber und Kanzler Julius Raab. Grund war, daß Gruber Memoiren schrieb und darin aufdeckte, daß es engere Kontakte zwischen Leopold Figl und dem Kommunistenführer Ernst Fischer gegeben hatte. Der Anlaß: Die Verhandlungen über den Staatsvertrag und damit über den Abzug der Alliierten aus Österreich stockten wieder einmal durch das „Njet" der Sowjets. Nun wollten Kreise der ÖVP den russischen Bären freundlicher stimmen, indem man mit der KPÖ über eine mögliche Wiederbeteiligung an einem großen Koalitionskabinett sprach. Herausgekommen ist zwar nichts, aber die politischen Gegner taten alles, um die „Figl-Fischerei" anzuprangern – bekannt geworden durch Grubers Memoiren, abgedruckt just in der *Presse* durch Grubers Freund Molden. Gruber wurde nun ver-

Zeitungskiosk im Votivpark 1953: Die Zeitungsnot der unmittelbaren Nachkriegszeit war zu Ende.

Journalisten, die heute schon Legende sind: Ilse Leitenberger, Gerd Bacher, Otto Schulmeister und Fritz P. Molden reisen nach China.

dächtigt – und mit ihm Molden –, eine Annäherung an die Sowjets zu konterkarieren. Andererseits traf Gruber der Vorwurf, eine einseitig proamerikanische Politik zu betreiben. Dabei hatte er schon Fühler via New Delhi nach Moskau ausgestreckt, was man denn dort zu einem neutralen Österreich sagen würde. Doch das Ende vom Lied war Grubers Sturz als Außenminister, und Figl wurde sein Nachfolger.

Andere Konflikte betrafen das Zeitungswesen. 1945 hatten zuerst die Russen eine eigene Zeitung gegründet und sodann das *Neue Österreich*, das von den drei Parteien gemeinsam geführt wurde, anfänglich freilich unter der Chefredaktion von Ernst Fischer. Dann gründeten die Amerikaner den *Kurier*, die Engländer die *Weltpresse* und die Franzosen eine Montagszeitung.

Mit dem Abzug der Alliierten 1955 begann der Kampf, wer denn nun diese Zeitungen erben sollte oder welche neuen Blätter nun entstehen würden. Während der *Kurier* auf Dauer in die Hände des Industriellen Ludwig Polsterer kam und gedieh, g'frettete die *Weltpresse* ihr Leben eher kümmerlich dahin. Dann gründete der Chef der *Salzburger Nachrichten*, Gustav A. Canaval, den *Bildtelegraf* mit Gerd Bacher als Chef. In langen erbitterten Kämpfen, bei denen die Namen des Blattes mehrfach geändert wurden, entstand schließlich der *Expreß*. *Die Presse* war insofern an den Kriegen beteiligt, als es jeweils auch um die Druckaufträge für das Haus Molden ging. Milan Dubrovic stand in dieser Zeit wie stets loyal an der Seite seines Herausgebers und Eigentümers Fritz Molden. Aber er verhehlte Freunden nicht, daß er von tiefer Sorge erfüllt war und fürchtete, daß die Macht der Banken und Parteien der *Presse* das Leben schwer machen oder gar ihr Licht ausblasen könnte.

Schließlich endeten diese Kämpfe wie das Hornberger Schießen. Lachender Dritter war die *Krone* unter Hans Dichand und Kurt Falk, die an diesem Krieg eigentlich nur indirekt beteiligt gewesen waren. Dubrovic wurde noch Augenzeuge, wie die *Krone* auf den Fleischmarkt übersiedelte. Er glaubte nicht so recht daran, daß sie ein großer Erfolg sein werde. Dieser Zeitungstyp sei mit dem Zweiten Weltkrieg untergegangen, meinte er einmal. Eine Fehleinschätzung, wie wir heute wissen.

„Zeitungmachen ist ein dienendes Gewerbe, es soll die Denkfähigkeit der Menschen trainieren.“

Milan Dubrovic 1988

Die Presse geht nicht unter

Interview mit Otto Schulmeister

Wie oft mußten Sie im Laufe Ihres Journalistenlebens um die „Presse" bangen?

In den ersten Jahrzehnten sollte sich diese Beklemmung wiederholen. Doch zunächst einmal ist Ernst Molden dagewesen, der uns jüngeren Kollegen das Gefühl gegeben hat, wir gehen schon nicht unter. Von ihm habe ich gelernt, was ich später weitergeben konnte – *Die Presse* geht nicht unter. Je länger wir auf dem Markt waren, desto begründeter sollte diese Überzeugung werden: Wenn dieser Zweiten Republik nichts Arges passiert, sind wir auf Österreichs publizistischem Feld ein wiedergeborener und dauernder Faktor.

War Ernst Molden für Sie „das" Vorbild?

Ich war mit ihm in Holland. Er war damals quasi exiliert. Seyss-Inquart hatte ihm nahegelegt, Wien zu verlassen. Das gehört ja auch zur wahren Geschichte der Ersten Republik, daß spätere ungewollte Kontrahenten einst selbst Mitglieder des „Deutschen Klubs" gewesen waren. So hatte ich das große Glück meines Lebens, und auch meine Frau, daß wir mit Molden und seiner Frau, Paula von Preradovic, nach Amsterdam gehen konnten, als das *Europakabel* von Berlin aus gegründet werden sollte.

Wie haben Sie ihn kennengelernt?

Im Rückblick glaubt man, irgendeiner habe da die Fäden gezogen. Ich war in meiner Jugend ein eher problematischer Charakter. Mehrmals bin ich in der Schule durchgeflogen, nur mit Hilfe meines lammfrommgeduldigen Vaters – ich war der einzige Sohn – bin ich durchgeboxt worden, erst nach der Matura habe ich mich freigeschwommen. 1936/37 konnte ich auf der Suche nach Höherem – denn daß Klein-Otto zu Höherem berufen sei, das glaubte dieser schon – Beziehungen herstellen, die über „Neuland" liefen. Die Söhne des Ernst Molden und seiner Frau, der Fritz und der Otto, gingen in die Neulandschule, auch sie hatten Kontakt zum „Bund Neuland". Ich selbst habe diesem viel zu verdanken. So fand ich zu den Moldens. Und nach langwierigem „Studium" am RG XVII war ich einmal bei ihnen in die Osterleitengasse eingeladen. Ich sehe sie noch, die Paula und den eindrucksvoll gravitätischen Ernst Molden, vor mir, als wäre es eben gewesen. Zum ersten Mal war ich beeindruckt, wie es in einem bürgerlich-liberalen Haushalt zugeht. Ich fühlte mich in dieser Bekanntschaft „adoptiert", selbst aus kleinen Verhältnissen.

Im Bund Neuland waren Hans Lechner, Hanns Koren, Lois Weinberger, Franz König, aber auch Felix Hurdes. Was war das Band, das später so verschiedene Persönlichkeiten vereinte?

Viele waren der Meinung – und zwar in allen Parteien der Ersten Republik – was bleibe Rest-Österreich übrig,

Otto Schulmeister im Gespräch mit Andreas Unterberger und Hans Werner Scheidl

als bei „Mutter Germania" unterzuschlüpfen? Bis auf die Kommunisten und die Monarchisten. Es fanden sich auch Juden im „Neuland". Auch Linke, etwa ein August Zechmeister. Die alte, die katholische Reichsidee, die Hoffnung, daß Österreich nicht bloß ein Rest der Geschichte sei, sondern das „Reich" im Namen Österreich konstitutiv bleibe, erfüllte uns.

Auch Sie haben den „Anschluß" begrüßt. Wann kam die Enttäuschung?

Mein Vater hatte einen guten jüdischen Freund, der zufällig wirklich Dr. Freund hieß. Und der hat mich im Café Josefstadt 1934 gefragt: Bist du ein Nazi? Antwort: Ich bin kein Nazi, aber ich gebe auch diesem Ständestaat keine Zukunft. Der sei mir zu beengt. Damals werde ich das wohl anders ausgedrückt haben. Ich sehe das noch alles vor mir. Heute befindet sich dort statt des Cafés eine Wäscherei. Dort gab es neben den Zeitungen einen freundlichen Ober, sogar ein Konversationslexikon, auch sonst alles, was man benötigte, um auf billige Weise glücklich und bedeutend zu wirken. Der Doktor hat überlebt als Arzt im Rothschildspital. Krach hatte ich oft mit meinem Vater: Für mich war Österreich in dieser Form nur mehr Rest, ja Überrest. Für uns Junge schien Großdeutschland eine Hoffnung. Der Bund Neuland stand deswegen auch lange im Verdacht, auch kirchlich war er als „reformfreudig" eine Zeitlang nicht geduldet.

Einem Hitler haben Sie schon damals nicht zugestimmt?

Nicht die braunen Parolen waren es! Über die Reichsidee hat man das als Österreicher akzeptiert, das hat sich dann rasch geändert. Ich erinnere mich an hitzige Debatten, Wien werde natürlich die zweite Reichshauptstadt werden usw. Ich sehe ihn vor mir: Hitler auf dem Heldenplatz. Ich war natürlich auch unter den 300.000 da unten auf dem Platz. Die Realität habe ich erst im Krieg erfahren: Wie Politik ist, wie man Menschen auch betäuben, verführen kann. Ich habe gewiß nicht viel mitbekommen, was den jüdischen Mitbürgern geschehen ist. Später habe ich schon mehr erfaßt: In Polen auf den Vormarschstraßen des Generals Felmy, da hielt der Zug, und darüber brauste das Flugzeug des Generals. Da sahen wir eine Menge Leute auf dem Kartoffelacker, und ein Wachsoldat sagte uns: Naja, die müssen ausgraben, und dann werden sie erschossen! Eigentlich hätte ich Konsequenzen ziehen müssen, wenn ich ein lebendiges Gewissen gehabt hätte, aber wir waren erfüllt vom Glauben, wir müßten erst den Bolschewismus niederringen. Zu Ende des Krieges bin ich zu dem geworden, was ich dann auch als politischer Journalist werden sollte: Skeptisch, mißtrauisch auch gegen sich, weil man sich oft selbst betrügt. Man belog sich, wo man hoble, dort fielen eben Späne etc. Nun, damit kann man sich eine Zeitlang schon beruhigen.

Sie waren bei einer Propaganda-Truppe, die Durchhalte-Artikel schrieb. Was war Ihr Dienst in der Wehrmacht?

Da war der Plan des Reichswirtschaftsministers Funk, in allen besetzten Gebieten große Wirtschaftsblätter zu gründen. Nach Amsterdam sollte Ernst Molden abgeschoben werden, also aus dem „Reich". Und ich hatte die Chance, nachdem schon vorher hier das *Südost-Echo* gegründet worden war, in diesem neuen Blatt *Europa-Kabel* mir erste Sporen zu verdienen. 1943 wurde ich einberufen. Mit einer Spezialtruppe des Generals der Flieger Felmy sollten wir nach Persien über den Kaukasus ziehen. Ich war als Kriegsberichter eingesetzt, auch vor Stalingrad, nie aber in exponierter Position, dennoch in den Entscheidungsräumen. Unsere Artikel und Kommentare gingen nach Berlin, wir waren Hunderte Journalisten, von dort wurde das Material über das besetzte Europa verteilt.

Waren Sie Parteimitglied?

Ich war nie Parteimitglied, wurde auch nicht umworben, wohl weil durch die katholische Jugendbewegung abgestempelt. Mein Vater war ein richtiger Christlichsozialer und Anhänger des Ständestaates, während ich der Meinung war, da werde nichts Zukunftsträchtiges daraus. „Werdende Großraumwirtschaft" hieß meine Doktorarbeit, später ein Buch, das manches vorausahnte – unter verändertem Vorzeichen sollte es eintreten.

„Nie noch waren wir einem Menschen begegnet, der so wie vor der Fernsehkamera auch in seinem eigenen kleinen Büro alle Register der Schauspielkunst ziehen konnte."

Andreas Unterberger über seinen Vorgänger Otto Schulmeister

1945 war für Sie das Ende? Oder erst die Befreiung?

Von Durchhaltewillen war keine Rede mehr. Ich sagte meiner Frau ein paar Wochen vor Kriegsende, vom Balkan auf Kurzurlaub und entsprechend düster: Du, alles ist verloren! Und bin in Schluchzen ausgebrochen. Es war der neue Zusammenbruch Mitteleuropas und wieder mit ihm unseres Vaterlandes Österreich, der einen packte.

Aus dem Gefangenenlager Kellerberg (Kärnten) hat Sie Ernst Molden bei der Neugründung der „Presse" geholt.

Er war mein Lehrer gewesen. An ihm hatte ich mir eine Vorstellung vom Journalisten geschaffen, wie ich ihn später nicht mehr so häufig angetroffen habe. Man vergaß ja auch nicht, Molden hatte nach dem Ende der Monarchie einen Ruf an die Universität von Peking erhalten, er war noch ein Österreicher von alter Bildung.

Der Zeitungstitel „Neue Freie Presse" befand sich 1946 im Eigentum der Alliierten, weil 1938 vom NS-Parteiverlag sequestriert. War das schmerzlich?

Eigentlich nicht, weil wir froh waren, überhaupt da zu sein. Natürlich war es bedauerlich, aber irgendwie wird sich das schon ergeben. Wir hatten nichts. Ob es am 1. Geld gibt, oder am 10. – das wußte man nicht. Fritz von Maurig von der Industriellenvereinigung und seine Frau Lela, die haben uns dann in der Universitätsstraße und später mit alten Freunden des Blattes weitergeholfen. Zehn Redakteure waren wir.

Man wollte das Blatt nicht. Der alte Ernst Molden hat Julius Raab nie vergessen, daß der ihm einmal sagte: Was tun denn Sie hier? Aber für uns war es eine gute, harte Erziehung: Durchhalten, durchhalten, auch nein sagen können. Und wenn man uns erpressen will, dann die Öffentlichkeit zur Hilfe! Man wollte uns vergewaltigen, daß wir nach ihrer Pfeife tanzen. Ich glaube, da war auch ich schon ein Einpeitscher, daß wir uns das nicht gefallen ließen: Wir bleiben eine Zeitung, die nicht bloß schreibt, was ein paar Leute von ihr wollen. Und das war unser Erfolg. Gewiß auch, weil wir Glück hatten.

Wohl auch, weil „Die Presse" an Tradition und Ruf der NFP anschließen konnte.

Sicher – schon dieser Titel seit 1848! Davon haben wir profitiert. Etwa im Kulturbereich, da war der Schoß noch fruchtbar. Fontana war ein Name noch aus der letzten Monarchiezeit, detto Kralik. Und vieles haben wir gottlob zu einem erheblichen Teil fast genetisch mitbekommen.

Als Fritz Molden nach dem Tod seines Vaters das Erbe übernahm, bedeutete das eine Zäsur in der Entwicklung? Und wenn – in welchem Sinne? Hat er sich dabei übernommen?

Das hat er. Er war ein risikofreudiger Typ, nicht umsonst kannte er Amerika. Was der Vater dem Fritz hinterließ, sollte mehr sein als ein bürgerlich-liberaler Rest-Titel. Ohne Fritz Molden und später auch ohne Fred Ungart hätte indes diese Zeitung das feste Ufer der Zweiten Republik und so auch

Otto Schulmeister, 1961 bis 1976 Chefredakteur, dann bis 1989 Herausgeber der „Presse“, hier zusammen mit Bruno Kreisky und Hermann Withalm (1973)

nicht ihre heutige Position unter den Printmedien erreicht. Bis sich die Zeitung aus den sozioökonomischen Fesseln der ersten Jahrzehnte freispielen konnte, mußte sich erst die Zementierung im Lagerdenken lockern, das Parteienmonopol einer Liberalisierung weichen.

Dem Altkanzler Raab mußte ich noch sagen, ich sei nicht geneigt, „sein Blatt“, wohl aber eine parteiunabhängige *Presse* zu machen. Es sollte noch viele Auseinandersetzungen geben, um mit der Eigenständigkeit auch die Zukunft einer Zeitung solcher Herkunft durchzusetzen. Ohne das Erbe zu wahren, verlor es ja Sinn, es überhaupt anzutreten.

Ungart hat sein ganzes Vermögen der „Presse“ geopfert …

Der Wahnsinn war eher, daß man ihm – oder er sich – außer der *Presse* auch noch das marode *Neue Österreich* zumutete. Am Schluß war er verarmt, das stimmt. Im Grunde wäre Ungart gern selbst Journalist gewesen. *Die Presse* hatte mit ihm Glück, später auch mit Sallinger, bis sie ein festes Fundament fand.

„Kronen-Zeitung“-Besitzer Hans Dichand umwarb ja einst auch die „Presse“.

Er hatte wohl gemeint, er habe ein Massenblatt, und *Die Presse* als Nobelblatt könnte daraus Geld genug bekommen. Aber außer einigen Gesprächen zwischen Dichand und Sallinger war da am Ende nichts.

Hat es nicht auch böse Geister in der Redaktion gegeben?

Natürlich. Eine Redaktion ohne Intrigen ist wie ein Theater ohne Schauspieler.

Es wird Ihnen nachgesagt, daß Sie Lustgewinn aus dem Streit, aus Kontroverse und Diskurs hatten.

Schon möglich, eine politische Kultur lebt davon, daß man mit Temperament, Intelligenz und Erfahrung einem anderen widerspricht. Ohne diese Elemente wäre auch eine Zeitung bald zum Einschlafen.

Sie gingen schließlich als Chefredakteur von der Kommandobrücke und wurden Herausgeber der Zeitung. Freiwillig?

Wie war das eigentlich? Nun, ich habe mich durchaus auch als Herausgeber in Belange der Redaktion eingemischt ...

... das können wir bestätigen ...

... aber wie das wirklich war? Natürlich hat es da Stimmen bis Verdacht gegeben, daß hier einer die Redaktion gegen die Eigentümer ausspiele. Aber wie sollte das anders sein, selbst wenn einer nur sein Rollenspiel wahrnimmt?

Ist die alte liberale Meinungspresse tot?

Als historischer Begriff schon. Wenn Sie aber darunter alle jene Kräfte im Lande verstehen, die sich weder von einer Partei noch einem Inserenten ihre Meinung vorsagen lassen – nein. Dann ist sie selbst als „schweigende Mehrheit" präsent, also im Spiel – passiv, reaktiv, mobilisierbar.

OTTO SCHULMEISTER

Mehr als Zeilenschreiberei

Ein Rückblick

Seit der Weltkrieg II dieses Jahrhunderts zu Ende gegangen war und sich Österreich wieder Herr im eigenen Haus fühlen konnte, sollte immer noch ein ganzes Jahrzehnt dahingehen. Entsprechend mühsam und heikel vollzog sich auch das Wiederaufleben eines seit 1848 bekannten liberalen Zeitungstitels, der unter Intelligenz und Bürgertum wie international Geltung gehabt hatte. Denn in dem Umsturz aller Dinge hatte auch die NFP, die *Neue Freie Presse*, ihr bisheriges politisches und soziales Einzugsfeld verloren. Wien blieb immer noch Wien, doch „Österreich" reduzierte sich – wie nach einem Amputationsfall – auf das Territorium einer schmalen Donau-Alpen-Republik.

Aus den sozialen Verwerfungen, Einebnungen und Ausgrenzungen vermochte sich die Zeitung, nicht selten in existenzbedrohenden Krisen, erst seit den siebziger Jahren in der neuen politischen und sozialen Realität festmachen. Die Leserschaft hatte sich drastisch verändert, erst recht setzten die neuen Medien einer Tageszeitung, die den Blick über den Tellerrand des Lokalen oder regional Interessanten hinaus richtete, neue, andere, und nicht immer vertiefende Aufgaben.

Demokratie und Pluralismus bedeuteten nun nicht bloß hektische Konkurrenz im Angebot von Information bzw. Kommentar, sondern auch die ständige Einladung, sich gefälligst selbst ohne bloße Parteinahme eine eigene Meinung zu bilden, statt jeweils der Sensation des Tages oder der Bequemlichkeit eines eingelernten Klischees unterworfen zu bleiben.

Als ich 1937 an die Universität ging, war es schon mein Ziel, Journalist zu werden, eben sich mit der Hand am Puls der Zeit – und es war eine bedrohend-aufregende – zu wissen. Politik, Staat, Zukunft, Nation, Reich – das waren uns damals nicht bloß akademische Themen, zu denen man im Studium später geprüft wurde. Hitlers Aufstieg und die innere Zerstrittenheit, ja Spaltung im eigenen Land, die Suche nach einem Österreich, das etwas mehr als die Summe seiner Quadratkilometer oder Bewohner sein sollte, hat damals viele der Kommilitonen links wie rechts ergriffen.

So wurde ich Journalist, Ernst Molden war mir dabei Helfer und Vorbild, später auch Milan Dubrovic, um bei diesem zu erfahren, was die dreißiger, vierziger Jahre einem Mann an Lebenswissen und Witz mitgegeben hatten. Nicht durch Zeilenschreiberei, mit Geltung oder Einfluß sollte das honoriert werden, vielmehr durch Anteilnahme im Ringen um ein neues, gemeinsames Selbstverständnis. Wo lag da die so oft beschworene „Höhe der Zeit" für unsere Jahrgänge?

Heute erst meine ich zu wissen, was auf dieser Höhe zu erringen, was dazu aber auch an Täuschung oder Verfehlung unweigerlich mit einzubringen war. Es ist vielen anderen Generationsgenossen wohl nicht anders ergangen. Viele sollten dem zum Opfer fallen, unter die Räder dessen geraten, was so abstrakt als „Weltgeschichte" mitläuft. Daß diese Erfahrung einen trotzdem nicht reuen würde, verdanke ich, wie ich es heute im Rückblick sehe, der Herkunft aus der Jugendbewegung.

Einst war diese vom Hohen Meissner ausgegangen und hatte ihre späten Ausläufer in bündischen Gruppen der Zwischenkriegszeit. „Neuland" hieß dieser Bund bei uns, in Deutschland „Quickborn". Hier fand man Halt, mehr noch, eine geistige, sittliche Lebensgemeinschaft, an der sich äußerlich selbst heute noch Alte ohne „Abzeichen" erkennen. Auch Ernst Molden und seine Frau Paula von Preradovic hatten durch ihre zwei Kinder, Otto und Fritz, mit diesen Kreisen Kontakt.

Es sollte das Glück einer solchen Vor- und Nachgeschichte ausmachen, weit mehr als was unter dem Pseudoglanz eines Medienberufes darunter verstanden wird. Wie konnte man hautnäher und Tag um Tag erkennen, fassen, berichten, was der Mensch, du, ich, jeder in seiner „Generationskohorte"für den anderen gilt? Nicht Zynismus, müder Relativismus sind dann das Resultat solchen Lebenswissens, vielmehr, daß jeder von uns in dieser „Politeia" mitverantwortlich ist. Er muß seine Rolle wahrnehmen, und selbst wenn er ihr davonlaufen möchte, stolpert er erst recht in deren Fangstricken.

Bei solcher „Mikroskopie" unseres Lebens im Alltag wird einem das eigene Österreich nicht bedeutungsloser, nein, es bleibt einem weiterhin Unruhe und Antrieb. Ob nur zwei Jahre vor dem Jahr 2000 oder wie zu Anfang, 1916, als man eben im Weltkrieg der späten Monarchie hier geboren werden sollte. Die Spannung im Blick, worauf das alles hinauslaufen wird, spüren wir immer noch.

HEINZ MÜLLER

Mit Rattengift und Küchenmesser

Vom Tatort zum Gerichtssaal

O schwarzer Tag! Der Meuchlerstahl fällt nieder
Auf ein geweiht' und gottbegnadet' Haupt;
Da regen Cherubime ihr Gefieder,
Dem schnöden Dolch ist seine Kraft geraubt!
Nicht Menschenwerk war diese Rettungsthat –
Die Vorsicht selbst war's, die in's Mittel trat!"

Man schreibt den 24. Februar 1853, als diese Zeilen in der *Presse* erscheinen: Sechs Tage zuvor war Kaiser Franz Joseph I. nur knapp einem Anschlag entronnen – der erste Mordversuch, der in der Berichterstattung der noch jungen Zeitung breiten Raum einnimmt.

Der Kaiser befindet sich an diesem Tag, dem 18. Februar, auf einem Spaziergang auf der Bastei: „In diesem Augenblicke, es war zwischen $^1/_2$ und $^3/_4$ auf 1 Uhr, stürzte der Meuchelmörder herbei und stieß mit einem langen Küchenmesser Se. Majestät in die Gegend des Hinterhauptes. Die Messerspitze, welche durch den Uniformkragen und die Cravatte gedrungen war, prallte aber durch die gnadenreiche Fügung des Allmächtigen an der Cravattenschnalle ab und konnte glücklicherweise nur ganz unbedeutend und zwar in schiefer Richtung in die Halshaut eindringen."

Umstehende überwältigen den Täter, der später als der 21jährige Ungar Janos Libeny identifiziert wird. Der Kaiser preßt, so die Zeitung am Tag nach dem Attentat, „sein Schnupftuch auf die Wunde" und geht „mit bewunderungswürdiger Fassung und Ruhe bis in das nahe Palais Sr. k. k. Hoheit des Hrn. Erzherzogs Albrecht, wo sogleich der erste Verband angelegt" wird. Den Täter beschreibt *Die Presse* als „kleine, unbedeutende, kränklich aussehende Figur mit langen Haaren, einem niedrigen ungarischen Hute und ziemlich ordentlich gekleidet" – wohl niemand hätte in der Gestalt den Meuchelmörder vermutet.

Es sind aber natürlich nicht nur politisch motivierte Mordanschläge, über die das Blatt in diesen Jahren berichtet. So liest man in der Ausgabe vom 30. Mai 1868 in großer Aufmachung über die letzte öffentliche Hinrichtung in Wien – tags zuvor war der Raubmörder Georg Ratkay gehenkt worden: Die letzten Tage des Mörders werden beschrieben, die Henkersmahlzeit, die Verabschiedung von Freunden, die Gespräche mit dem Priester und der Weg zum Galgen – bis hin zum letzten Akt: „Die Knechte drehten das Rad, der Scharfrichter bestieg den Schemel, legte dem in die Höhe gezogenen Delinquenten die Schlinge um den Hals, befestigte dieselbe an dem rückwärts des Galgens angebrachten Haken, hob leicht den Unterkiefer des Delinquenten in die Höhe und Ratkay war todt. Die ganze Operation war das Werk einer Minute."

Der Mörder habe nichts mehr empfunden, als die Exekution vollzogen wurde, schreibt der Autor – er sei be-

„O schwarzer Tag!" Attentat auf Kaiser Franz Joseph I. (Ölgemälde von Johann Josef Reiner, 1853)

„Raubmord, Entleibung. Crida, kein Geld, aufgefundene Leichname, schnelles Fahren, täglich zwei Dutzende Gerichtsverhandlungen, schlechte Geschäfte, überhandnehmendes Bettelunwesen und ähnlicher Graus! So schaut jetzt in Wien die Gemütlichkeit aus."

Klage über die Zustände im Wien von 1865

wußtlos gewesen: „Doch die Menge johlte und jubelte beim Anfahren des Delinquenten, als er aus dem Wagen gehoben wurde und als das Urtheil an ihm vollstreckt war, in wahrhaft empörender Weise, als ob es sich um eine Festvorstellung handeln würde." Die ersten Zuschauer hätten sich schon um zwei Uhr nachts am Richtplatz eingefunden, die Besitzer der nächstgelegenen Häuser und der eilig aufgestellten Tribünen hätten 30 Kreuzer für einen Sitz- oder Stehplatz auf den Dächern gefordert.

„Die anwesende Menge, zu welcher der ältere Theil des schwachen Geschlechtes, sowie die niedere Demi-monde ihr stärkstes Contingent gestellt hatte, conversirte meist über die bevorstehende Execution und die Zahlenlotterie." Kein Wunder, daß die Zeitung in einem Kommentar gegen die Tötung von Menschen und im besonderen gegen die Todesstrafe wettert: „Sie widerstrebt der fortschreitenden Gesittung, sie erweckt Grauen, und wenn sie nicht als unverkennbare Nothwehr sich unzweifelhaft kennzeichnet, wendet sich die Bestrebung der Humanität gegen ihre Fortdauer." In der Folge wird die Todesstrafe zwar nicht abgeschafft, die Hinrichtungen werden ab diesem Zeitpunkt aber nicht mehr öffentlich vollzogen.

Am 11. September 1898 berichtet die *Neue Freie Presse*, wie das Blatt mittlerweile heißt, auf vier eng bedruckten Seiten über ein neuerliches Attentat auf ein Mitglied des Kaiserhauses – die Ermordung von Kaiserin Elisabeth in Genf: „Von allen scheußlichen Verbrechen, welche die unter dem Namen des Anarchismus wissenschaftlich drapirte Bestialität schon erzeugt hat, ist das gräßlichste und empörendste heute in Genf verübt worden. Dort, an den blühenden, rebenumrankten Ufern des Leman hatte unsere Kaiserin Genesung von einem schweren Leiden gesucht, und dort ist die edelsinnige, gütige Monarchin dem Dolche eines verthierten Mörders zum Opfer gefallen."

Linke Seite: Mord im Kaffeehaus. Für den Kriminalhistoriker sind die Zeitungen oft die einzige erhaltene Quelle.

Die letzte öffentliche Hinrichtung am 28. Mai 1868 in Wien

Das Blatt listet eine Folge von Depeschen aus Genf auf, in denen das Unglück geschildert wird – eine von ihnen besteht nur aus dem prägnanten Satz: „Als die Kaiserin ins Hotel gebracht wurde, war sie bereits eine Leiche." Besonders verwerflich findet der Schreiber, daß es sich beim Mordopfer um eine Frau handelt: „Eine Frau, welche, der Heiligen gleich, deren Namen sie trug, nur durch Werke der Güte und Barmherzigkeit mit der Welt in Berührung trat und von der kein lebendes Wesen sagen kann, daß es um ihretwillen nur einen Augenblick des Leids oder des Kummers erduldet habe."
Und die Zeitung kommt zu dem Schluß: „Daß ein Meuchelmörder sich finden konnte, der ein solches durch Güte, Edelsinn und das Martyrium der Mutter dreifach geheiligtes Herz zu treffen vermochte, das ist eine Schmach für Alles, was Menschenantlitz trägt, eine Satire auf eine gepriesene Civilisation, davor verhüllt der Genius der Menschheit trauernd das Haupt."

Kaiserin Elisabeth wird in Genf 1898 von dem italienischen Anarchisten Luigi Lucheni ermordet

Nur wenige Wochen später erschüttert ein ganz anderes Verbrechen die Stadt: Am Stephanitag des Jahres 1898 findet man in der Haymerlegasse in Ottakring die Leiche der Hilfsarbeiterin Francisca Hofer. Es ist vor allem die Art und Weise, wie die junge Frau ermordet wurde, die aufhorchen läßt. Die *Neue Freie Presse* berichtet von furchtbaren Verstümmelungen, „die an die Schreckensthaten des geheimnisvollen Mörders von Whitechapel, Jack the Ripper, erinnern." Hat jetzt also nicht nur London, sondern auch die Stadt an der Donau einen Serienmörder? „Nach Ansicht maßgebender Personen ist der Verbrecher ein Fleischhauer oder ein Mediciner gewesen. Der Schnitt ist nämlich kunstgerecht geführt, als rührte er von der Hand Jemandes her, der schon wiederholt Cadaver zerlegt und ausgeweidet hat."
Daß ein Serienmörder am Werk sein könnte, schließt die Untersuchungskommission aus der Tatsache, daß am Tatort nicht nur die herausgeschnittene Leber der Ermordeten, sondern noch eine weitere gefunden wird. Erst später stellt sich heraus, daß es sich um die eines Rindes handelt, die, „wie Fachmänner wissen, von dem gleichen Körpertheile eines Menschen nicht leicht zu unterscheiden" ist.

Sisi-Mörder Luigi Lucheni nach der Verhaftung

Tags darauf berichtet die Zeitung über einen mutmaßlichen Täter – einen Mann, der Francisca Hofer nach Hause begleitet haben soll: „Dieser Mann ist demnach der Letzte, in dessen Begleitung die Hofer gesehen worden ist, und deshalb lastet auf ihm der dringende Verdacht, die Unglückliche hingeschlachtet zu haben." Schon wenig später glaubt man, den Mörder gefunden zu haben: Doch der Verdächtige, ein „Stallknecht und Wasserer" namens Georg Eibl, scheidet als Täter aus.

Am Silvestertag berichtet die Zeitung schließlich über die Erzählung einer Prostituierten, die wenige Wochen vor der Tat in einem Kaffeehaus in der Leopoldstadt einen Mann kennengelernt haben will, „der mit ihr im Berliner Dialekt sprach" und „nur vom Würgen, Bauchaufschlitzen und anderen Ungeheuerlichkeiten" erzählt habe. Doch auch die Suche nach diesem Verdächtigen bleibt erfolglos – der „Aufschlitzer von Wien" wird ebenso wie sein berühmtes Vorbild aus London nie gefaßt.

Den unaufhaltsamen Aufstieg des Automobils dokumentiert ein anderes Verbrechen, das sich im August 1907 in Mariabrunn im Westen der Residenzstadt ereignet: Zwei vorerst unbekannte Männer geben vor, ein Auto kaufen zu wollen, und schießen während der Probefahrt auf den Automobilhändler Heinrich Kraus. Der Raubversuch scheitert, weil der mitgefahrene Mechaniker den Wagen stoppt und laut um Hilfe ruft – das Opfer überlebt schwerverletzt.

Der Bericht über die Tat füllt tags darauf fast zwei Seiten der Zeitung, alle Einzelheiten werden detailreich geschildert. Das Verbrechen, so die *Neue Freie Presse*, mute in mehrfacher Beziehung neuartig an: „Das Automobil haben sich die Täter zum Schauplatze des Verbrechens gewählt, das Automobil sollte ihnen nach vollbrachter Tat es ermöglichen, sich in Sicherheit zu bringen, bevor noch die Polizei von dem Verbrechen Kenntnis erlangt habe, und das Automobil, der Besitz der wertvollen Maschine, scheint auch den Preis der Verbrecher gebildet zu haben, dem zuliebe sie nicht davor zurückschreckten, zwei Menschenleben dem Untergang zu weihen."

Die Zeitung stellt allerdings die Frage, wie die Täter – wäre das Verbrechen geglückt – das Auto verkauft hätten: „Es liegt auf der Hand, daß ein Automobil nicht so ohneweiters von heute auf morgen verkauft werden kann, wie ein beliebiger anderer Gebrauchsgegenstand."

Tagelang füllen die Berichte über den Fortgang der Ermittlungen die Spalten, bis die Täter endlich gefaßt werden: „Hermann Herzka und Theodor Prosch sind jedenfalls keine Dutzendverbrecher", schreibt die Zeitung. Sie seien gebildet, technisch versiert und sprachenkundig – Herzka habe sogar an der Universität studiert.

Das verbindet ihn mit jenem Mann, der am 21. Oktober 1916 in die Kriminalgeschichte eingeht: Friedrich Adler, Sohn des Sozial-

Schaulustige drängen ins Wiener Landesgericht, unter ihnen Reporter und Gerichtssaalzeichner. Einer der berühmtesten war Ladislaus Tuszynski von der „Kronen Zeitung".

„Ich bin mit dem Herrn Staatsanwalt ganz einverstanden, daß in einem geordneten Staatswesen wirklich der Mord kein politisches Kampfmittel sein kann. Die Voraussetzung aber, die hier zu prüfen ist, ist die Frage, ob wir in einem geordneten Staatswesen leben."

Friedrich Adler vor Gericht

demokraten Viktor Adler, erschießt an diesem Tag im Hotel „Meißl und Schadn" in Wien den Ministerpräsidenten, Karl Graf Stürgkh.

„Dieser Mord hat seine tiefste Wurzel in einer gewissen Anmaßung, in dem bei zerrissenen Naturen sich nicht selten zeigenden Triebe zur Ueberhebung und zum Bewußtsein eines Apostolats, das die eigene Person erfüllt und Widerspruch für eine Sünde hält. Wenn solche Ueberwertung sich zur Schwärmerei steigert und ein wildes Temperament sich um jeden Preis durchsetzen möchte, Eitelkeit und Selbstgefälligkeit den Schein von Hingabe und Opfermut annehmen, dann kommt zuweilen der sinnlose, unbegreifliche, willkürliche Schuß, dessen Verstandesmäßigkeit niemand herausgrübeln kann", folgert die *Neue Freie Presse* am 22. Oktober 1916.

Hatte sich Friedrich Adler ein bekanntes Hotel für seine Tat ausgesucht, so wählt der Rittmeister a. D. Felix Gartner am 3. November 1928 ein noch berühmteres Haus für den Mord an seiner ehemaligen Geliebten: den großen Saal des Wiener Konzerthauses. Am Ende der Pause eines Konzerts des Geigenvirtuosen Vasa Prihoda erschießt Gartner die ägyptische Prinzessin Ziz Waguiha Mouheb Pascha.

„Es muß als Glück bezeichnet werden, daß der schreckliche Vorfall im überfüllten Saale zu keiner Panik mit nicht absehbaren Folgen geführt hat", schreibt die NFP: Das Publikum sei vom Podium herab verständigt worden, daß sich „ein Attentat ohne größere Folgen ereignet habe", worauf sich die Zuhörer beruhigt hätten „und mit Klatschen den Wiederbeginn der Violinvorträge forderten". Der Täter wird noch im Konzerthaus gestellt.

Das größte Aufsehen in der Kriminalgeschichte der zwanziger und dreißiger Jahre erregt nicht Johann Nellböck, der am 21. Juni 1936 den Philosophie-Professor Moritz Schlick an der Wiener Universität erschießt, sondern eine Frau: Martha Marek. Sie steht im April 1927 erstmals mit ihrem Ehemann Emil vor Gericht: Dieser, ein Erfinder, hat sich ein Bein abgehackt, um von der Anglo Danubian Lloyd Versicherung Geld wegen dauernder Invalidität zu kassieren. Der Betrug wird bekannt, doch das Ehepaar wird freigesprochen.

„Ein anderes Urteil als der Freispruch konnte nicht gefällt werden!", schreibt die *Neue Freie Presse* am 10. April 1927 unter dem Titel „Ein Urteil aus Menschlichkeit". Schließlich sei der „Angeklagte zugleich der Geschädigte".

Einige Jahre später ändert sich freilich die Stimmung gegenüber Martha Marek: Schuld ist die Häufung ungeklärter Todesfälle im Umfeld der hübschen Frau. Emil Marek stirbt ebenso wie die Tochter des Ehepaares; wenig später wird auch eine entfernte Verwandte, die Martha Marek als Universalerbin eingesetzt hatte, begraben. Als auch eine Untermieterin stirbt und Martha Marek deren Lebensversicherung kassiert, werden Untersuchungen eingeleitet.

Erschreckendes Ergebnis: Martha Marek hat sowohl ihren Mann als auch ihre Tochter, die Verwandte und die Untermieterin mit Rattengift – der sogenannten „Zelio-Paste" – vergiftet. Diesmal kommt Martha Marek aber nicht so billig davon: Als sie im Frühjahr 1938 vor Gericht steht, sind schon die Nationalsozialisten an der Macht. Die Giftmörderin ist die erste Frau seit 1900, deren Todesurteil nicht in lebenslange Haft umgewandelt wird. Der zierlichen Frau Leben endet am 6. Dezember 1938 unter der Guillotine.

Was in den Jahren vor dem Krieg Martha Marek war, ist in der Nachkriegszeit Max

Wien: 5 Heller.
Wien: Monatlich K 1.50 mit Zustellung ins Haus.

Illustrierte Kronen Zeitung

Provinz: 6 Heller.
17. Jahrgang. Nr. 6040.

Wien, Sonntag den 22. Oktober 1916.

Provinz-Abonnement vierteljährlich Kronen.

Siegreiche Kämpfe in der Dobrudscha. – Unsere Verbündeten in die feindliche Hauptstellung eingedrungen. – 3000 Russen gefangen.

Ermordung des Ministerpräsidenten Grafen Stürgkh.

Beim Mittagessen im Hotel „Meißl & Schadn" erschossen.

Der Attentäter – Dr. Friedr. Adler.

Titelseite zum Attentat auf Graf Stürgkh (1916)

Gufler, der „Blaubart von St. Pölten". Als er am 10. April 1961 in Wien vor das Schwurgericht gestellt wird, ist ihm, dem mehrere Morde vorgeworfen werden, die Aufmerksamkeit der Öffentlichkeit gewiß: „Welch ein Gegensatz", schreibt *Die Presse*: „Dieser biedere Kleinbürger auf der Anklagebank und dazu die Anklageschrift, die sich 66 Seiten lang als eine wahre Phänomenologie des Bösen liest."

Was war geschehen? Als Dieb, Betrüger und Einbrecher hatte Gufler Mitte der dreißiger Jahre begonnen, seine „Karriere" später als Heiratsschwindler fortgesetzt. 1951 folgt das erste Blutverbrechen, das Attentat auf einen Wiener Juwelier, der wie durch ein Wunder überlebt. Eine alternde Prostituierte ist 1952 das nächste Opfer Guflers: Mit Alkohol, der mit dem Schlafmittel Somnifen versetzt ist, betäubt er die Frau und erdrosselt sie. „Und dann passiert fünf Jahre nichts – zumindest nichts, was jemals zu Ohren der Polizei gekommen wäre außer ein paar geglückten Versuchen, Frauen ihr Geld abzunehmen", schreibt die *Die Presse*.

1957 überlebt ein Handelsvertreter einen Mordanschlag Guflers, doch 1958 passieren binnen vier Monaten drei Frauenmorde. „Immer die gleiche Praxis: Das Opfer wird betäubt, wie üblich mit Somnifen im Schnaps, dann wird es ins Wasser geworfen, wo die bewußtlosen Frauen ertrinken. Und dann geht Gufler hin, raubt ihre Wohnungen aus, plündert ihre Sparbücher und stapelt in seinem Untermietzimmer in Sankt Pölten ein gigantisches Warenlager auf."

Letztlich wird Gufler aber doch geschnappt, der Sensationsprozeß dauert vier Wochen – am 5. Mai 1961 wird das Urteil gefällt: „Lebenslänglich für Max Gufler", titelt *Die Presse* am Tag danach. Das zehnmalige einstimmige „Schuldig" der Geschworenen sei nicht einmal für den Angeklagten selbst überraschend gekommen. Das Urteil wird „verschärft durch ein hartes Lager halbjährig und Dunkelhaft an den Jahrestagen jedes der vier Frauenmorde".

Nicht der große Saal des Konzerthauses wie im Jahr 1928, sondern eine Dusche der Wiener Staatsoper ist am 12. März 1963 Schauplatz eines der abscheulichsten Verbrechen der Nachkriegszeit: Als eine Friseuse gegen 16.45 Uhr die Dusche betritt, findet sie die Leiche der zwölf Jahre alten Balletelevin

Mörderin Martha Marek vor Gericht

Dagmar Fuhrich. „Während Wotans Abschied erklang, amtierte hinter den Kulissen die Mordkommission", schreibt *Die Presse*. Die Leute in der Oper seien überzeugt, daß sich der Mörder im Haus auskennen muß, liest man in einer Reportage: „Denn er ist vom Trakt, der an der Operngasse liegt, hinübergelaufen zur Seite der Kärntner Straße. Vielleicht, so meinen die Leute, wollte er nicht bei dem näherliegenden Ausgang das Haus verlassen, wo ihn vielleicht jemand gesehen und erkannt hätte und er damit das Risiko eingegangen wäre, daß man sich an ihn erinnert."

Und genau die Kenntnis der verwinkelten Gänge in der Staatsoper ist es, die dem Täter später zum Verhängnis wird: Zuvor wird

Die Geschworenenbank im Gufler-Prozeß

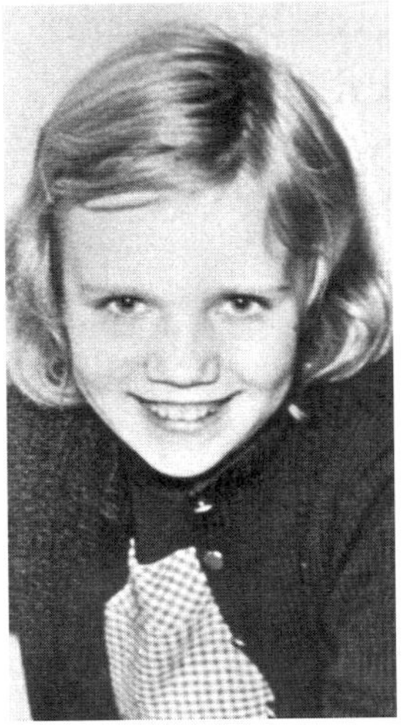

Oben: Das Opfer, Ballettelevin Dagmar Fuhrich
Unten: Lebenslanger Kerker für den Opernmörder Josef Weinwurm: Er hatte damit gerechnet, in eine Heilanstalt eingewiesen zu werden.

die Öffentlichkeit aber noch monatelang auf die Folter gespannt, monatelang gibt es keine Spur zum Täter – bis nach einer Serie von Messerattentaten ein Mann namens Josef Weinwurm festgenommen wird. Der 33jährige Verkäufer leugnet zwar anfänglich, wird jedoch von einigen Opfern identifiziert – und gibt zu, einige Einschleichdiebstähle in Theatergarderoben begangen zu haben, unter anderem in der Oper.

Nach wochenlangem Leugnen gesteht Weinwurm am 27. August 1963 den Mord an der Ballettelevin: „Kurze Zeit später veranstalten die Polizeireporter Wettrennen zu den nächsten Telephonen, und in den Redaktionen rattern Vorrangmeldungen auf den Fernschreibern: Weinwurm hatte kapituliert." Das Urteil, einige Monate später gefällt: lebenslanger, verschärfter, schwerer Kerker.

Nicht ein Mord ist es, der Österreich kurz nach Allerheiligen des Jahres 1971 erschüttert, sondern die Flucht dreier Häftlinge aus der Strafanstalt Stein an der Donau: Alfred Nejedly, Walter Schubirsch und Adolf Schandl halten vor allem die Bevölkerung in Wien und Niederösterreich tagelang in Atem: „Stunden der Todesangst für die Geiseln, aufgeregte Verhandlungen auf beiden Seiten und schließlich ein vollständiges Nachgeben der Behörden – das war das Fazit der ersten Sträflingsrevolte in Österreich", schreibt *Die Presse* am Tag nach der spektakulären Flucht der Ausbrecher nach Wien.

Hier kapern sie einen Streifenwagen der Polizei, nehmen neue Geiseln und stellen neue Forderungen: „50.000 Schilling in bar und absolute Straffreiheit, widrigenfalls die beiden Geiseln die Folgen zu tragen haben würden." Erst am 8. November kann *Die Presse* zumindest teilweise Entwarnung geben.

„Die Show ist aus, die Jagd geht weiter": Zwei der Gejagten – Nejedly und Schubirsch – haben nach stundenlangen Verhandlungen aufgegeben: „Als plötzlich die Scheinwerfer aufflammten, als man abermals über das Megaphon Schubirsch auf die Hoffnungslosigkeit der Lage aufmerksam machte, taumelte der Verbrecher plötzlich mit hoch erhobenen Händen aus der Tür, in jeder Hand eine Pistole haltend", schreibt *Die Presse* – und zitiert den legendären Satz von Polizeipräsident Josef Holaubek: „Kumm her, Walter, ich bin's, dei' Präsident." Erst Tage später wird auch der dritte Ausbrecher, Adolf Schandl, gefaßt.

Morde, Attentate, Gefängnisausbrüche – alles hatte es schon gegeben, aber noch keine Entführung eines Prominenten: Doch am 11. November 1977 titelt *Die Presse*: „Palmers-Entführer fordern 50 Millionen S". Walter Michael Palmers, 74jähriger Senior-Chef des Modehauses, befindet sich zu diesem Zeitpunkt schon länger als 24 Stunden in der Hand seiner Entführer: „Die Polizei vermutet hinter der Entführung keinen Terrorakt, sondern die Nachahmungstat eines Kriminellen, der sich an der Verschleppung des holländischen Multimillionärs Maurits Caransa orientiert haben dürfte."

Vier Tage nach der Entführung von Palmers vor dessen Villa in der Hockegasse 78 in Wien-Währing wird der Herr Kommerzialrat freigelassen – nachdem die Familie die Polizei ausgeschaltet und das Lösegeld bezahlt hatte. *Die Presse* kritisiert die Vorgangsweise der Familie scharf: „Es widerspricht zwar allen liberalen Grundsätzen, nun zu fordern, einem in vielen Bereichen schon überaus potenten Staat noch mehr Rechte einzuräumen. Die Forderung ist jedoch legitim, wird sie zu einem Zeitpunkt gestellt, da allenthalben subversive Elemente ihre eigenen Gesetze aufstellen, einen Staat im Staate bilden, um nach der in ihren Händen verheerend wirkenden Macht zu greifen."

Zwei Wochen später klicken für die beiden Haupttäter – den 22jährigen Thomas Gratt und den 21jährigen Othmar Keplinger – in der Schweiz die Handschellen. Keplinger ist den Wiener Behörden als Sympathisant der Baader-Meinhof-Bande bekannt.

Ende der achtziger Jahre sind es die „Mädchenmorde von Favoriten", die in der Berichterstattung der Zeitung breiten Raum einnehmen: „Sie waren jung allesamt und fröhlich und lebenslustig", liest man in der *Presse* vom 27. Oktober 1988. „Anständige Jugendliche, die arbeiten oder zur Schule gehen oder studieren und ihre Freizeit gerne in Diskotheken und Tanzlokalen, auf Sportplätzen und auf dem Eislaufplatz verbringen." Tags zuvor hatte man die Leiche der 20jährigen Alexandra Schriefl in der Himberger Straße gefunden: Die junge Frau war vergewaltigt und erdrosselt worden.

Drei Monate später, am 3. Februar 1989, gibt es wieder Alarm – diesmal ist die Tote zehn Jahre alt: Christina Beranek. „Entweder ist das ein kranker Mensch oder ein total Wahnsinniger", zitiert *Die Presse* einen Kriminalbeamten: „Wenn wir ihn nicht bald finden, bringt er noch eine Dritte um."

Wie wahr – und die Opfer werden immer jünger: Zwei Tage vor dem Heiligen Abend des Jahres 1990 wird die achtjährige Nicole Strau mißbraucht und mit einem Ast erschlagen. In allen drei Fällen liegen die Tatorte nur wenige hundert Meter voneinander entfernt.

„Eine kalte Brise weht über den Hof der städtischen Wohnhausanlage Florian-Geyer-Gasse 6–8. Hier, auf der Stiege 6, hat Nicole gewohnt. Nun ist der Hof leer: Die Kinder müssen – so sie nicht auf Weihnachtsurlaub sind – in den Ferien in den Wohnungen spielen. Eingesperrt, aus Angst vor dem Mörder", schreibt *Die Presse*.

Dem Reporter schlägt Mißtrauen entgegen: „Hier heraußen, am Rande der Großstadt, kennt man einander noch, weiß, wer zu welchem Haus und zu welcher Wohnung gehört. Fremde sind verdächtig in Zeiten wie diesen, vor allem junge Männer."

Die Presse zieht eine Parallele zum Mord an der Ballettschülerin Dagmar Fuhrich im März 1963: „Doch damals war der Mörder einschlägig vorbestraft. Heute deutet vieles darauf hin, daß es sich um einen Täter handelt, der ein Doppelleben führt: ein biederer Familienvater vielleicht, der seine Geisteskrankheit geschickt zu verstecken weiß. Wiens Polizei jagt einen ‚Wolf im Schafspelz'."

In den neunziger Jahren sind es vor allem Frauen, die in Österreich Kriminalgeschichte schreiben: Es beginnt im April 1990 mit den „Mordschwestern" von Lainz. „Schicken Sie Ihre besten Kriminalbeamten nach Lainz, um die Angelegenheit rasch zu klären", appelliert Gesundheitsstadtrat Alois Stacher an Polizeipräsident Günther Bögl, als er von den „unnatürlichen Todesfällen" erfährt: „Krankenschwestern wurden zu Todesschwestern", schreibt *Die Presse* am Tag nach der Aufdeckung der Todesserie.

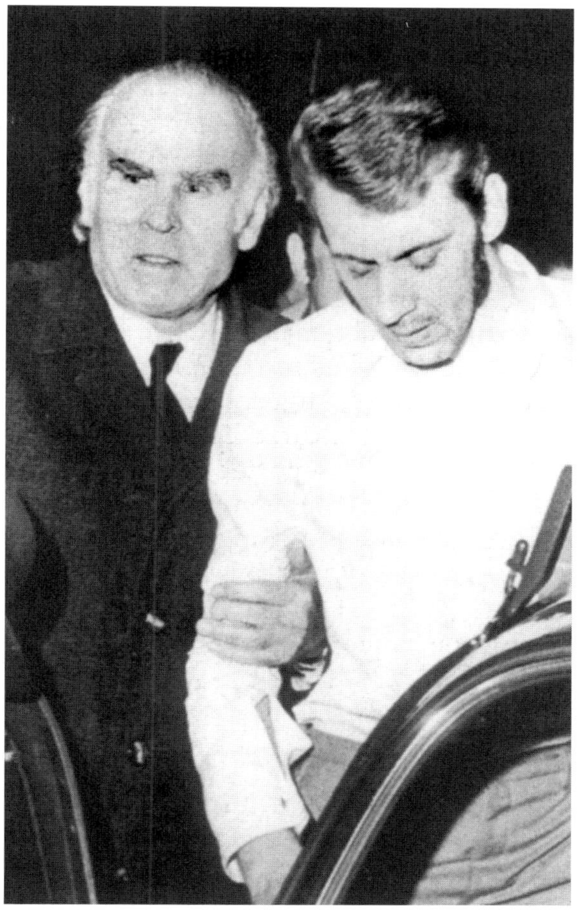

„Ich bin's, dein Präsident"

Der Satz des Polizeipräsidenten Josef Holaubek bei der Verhaftung des Stein-Ausbrechers Walter Schubirsch ging in die Anekdotengeschichte ein. Oder hat er vielleicht doch gesagt:

„Ich bin's, der Präsident"?

„Schaun S', i bin der felsenfesten Überzeugung: Einen Dieb zum Sängerknaben umerziehen, ist erstens unmöglich. Und zweitens hot die Gesellschaft nix davon. Aber einen Mörder zu einem Dieb zu machen, des is wos. Und genau das versuche ich zu erreichen."

Der legendäre Stein-Direktor Karl Schreiner

Justizanstalt Stein (photographiert in den sechziger Jahren)

Drei Krankenschwestern werden vorerst verhaftet, Polizeipräsident Bögl berichtet von 44 gestandenen Morden und zwei versuchten Tötungen: „Jedenfalls handelt es sich um die größte Mordserie, die es in Europa, wenn nicht weltweit, jemals gegeben hat", meint Bögl im Gespräch mit der *Presse*.
„Aufgeflogen ist die Mordserie eigentlich beim Heurigen. In einem Gespräch mit einem Arzt hat eine der Schwestern andeutungsweise einige Worte fallen lassen. Der Arzt reagierte sofort und meldete den Vorfall. Darauf wurden verstärkte Kontrollen durch die Ärzte angeordnet", schreibt die Zeitung: „Bald danach traten stets bei den Nachtdiensten der selben Schwestern auffällig viele Todesfälle auf."
Zwei der Krankenschwestern erhalten „lebenslang", eine weitere wird zu 20, eine vierte zu 15 Jahren Haft verurteilt.
Bei der „Pflege" älterer Menschen kommt im Jänner 1996 auch eine weitere Frau mit dem Gesetz in Konflikt: Elfriede Blauensteiner. „‚Einfach' sollten sie sein, die Männer, ‚unkompliziert' – und nach Möglichkeit wohlhabend. Nicht zu vergessen: alleinstehend und ohne Erben. Wer in dieses Schema fiel, paßte in die Welt der Elfriede Blauensteiner", schreibt *Die Presse* am 12. Jänner.
Tagelang beherrschen die Tötungen älterer Männer die Zeitungsspalten, tagelang ist nur von den Medikamenten die Rede, die Blauensteiner ihren Opfern verabreicht haben soll. Nach einigen Tagen des Schweigens beginnt die Pensionistin plötzlich zu „plaudern", wie sie es nennt. „In der Nacht auf Montag kamen die Geständnisse reihenweise", schreibt die Zeitung – nicht ahnend, daß Blauensteiner ihre Aussagen später widerrufen wird.
Vom „Prozeß des Jahres" ist die Rede, als Blauensteiner im Frühjahr 1997 in Krems vor den Richter tritt: Dort wird ihr aber nur ein einziger Mord, jener am Pensionisten

Alois Pichler, zur Last gelegt. Ein voller Verhandlungssaal ist ihr ebenso gewiß wie seitenlange Berichte in den Medien.
Nach mehreren Wochen Verhandlungsdauer ziehen sich die Geschworenen am Nachmittag des 6. März zur Beratung zurück: „Das Publikumsinteresse grenzt schon an Fanatismus. Keiner geht. Alle harren aus. Die Nacht wird immer länger und länger." Endlich, um halb drei Uhr früh, kommt Bewegung in die Menge: „Der Verhandlungssaal wird geöffnet und gestürmt." Hat Frau Blauensteiner den Pensionisten Alois Pichler durch die Verabreichung von Anafranil vorsätzlich getötet? „Es herrscht Einstimmigkeit. Die Frage wird mit 8 : 0 Stimmen mit ‚Ja' beantwortet. Elfriede Blauensteiner beginnt leicht mit dem Kopf zu nicken, zeigt sonst keine nennenswerte Regung."
Das Urteil: „lebenslang". Der Anwalt meldet Nichtigkeit und Berufung an. Doch am 30. September 1997 bestätigt der Oberste Gerichtshof die Verurteilung.
Blauensteiner ist auch die erste, die im Gefängnis ihre Memoiren schreibt: „Das erste Frühjahr, das ich im Gefängnis verbrachte, war traumhaft." Sie wird noch viele Frühjahre im Gefängnis verbringen müssen.

„Das Publikumsinteresse grenzt schon an Fanatismus. Keiner geht. Alle harren aus. Die Nacht wird immer länger und länger."

Aus einer Reportage über den Prozeß gegen Elfriede Blauensteiner

GEFIEDERTE BRIEFSCHREIBER

Unter höchster Strafe bei einer Zeitung steht, wenn ihre Redakteure getürkte Leserbriefe ans eigene Blatt verfassen (daß sich eine Zeitung ihre zustimmenden Leserbriefe selbst schreibt, ist ja ohnedies eine Mär). Aber manchmal juckt's halt. Als auf der Wissenschaftsseite der *Presse* eine mehr als halbseitige hochseriöse Abhandlung darüber erscheint, daß auch Vögel ein Sonnenbad nehmen, gibt's für einen Wagemutigen kein Halten mehr: Er habe, schreibt der „Hobby-Ornithologe Kurt D. Rossel", dieses Phänomen auch schon beobachtet und daher besagten Artikel sehr interessiert gelesen. Offengeblieben sei aber die Frage, so D. Rossel weiter, ob nicht auch Vögel einen Sonnenbrand davontragen oder zumindest an Sonnenpusteln unter den Federn leiden können? Bei der diensttuenden Leserbrief-Redigierenden erregt das Schreiben keinerlei Argwohn, und zum Gaudium des D. Rossel-Autors erscheint der Brief ungekürzt.

Jahre später – der Sünder hatte den gefiederten Leserbriefschreiber eigentlich für alle Zeit ruhen lassen wollen – widmete sich die Wissenschaftsseite wieder einem animalischen Thema: Tiere könnten, so wurde nachgewiesen, anhand des Lebensrhythmus von ihnen nahen Menschen Wochentage voneinander unterscheiden. Das ließ Kurt D. Rossel denn doch wieder zur Feder greifen: Er habe dieses Phänomen auch schon bemerkt, dankte der „Hobby-Ornithologe" der *Presse* für das Aufgreifen des Themas, und zwar bei den Vögeln in seinem Garten, die montags, wenn er berufsbedingt nicht zum Auslegen von Futter komme, einfach nicht mehr kämen, alle anderen Tage jedoch fröhlich anflögen. Der Brief flatterte ungebremst auf die Leserbriefseite, und erst als die druckfrische Ausgabe erschien, witterte die Leserbrief-Bearbeiterin den Verrat. Sie soll lange (und erfolglos) nach den Hintermännern des gefiederten Spaßes gesucht haben.

Junge Innenpolitiker mußten unter Schulmeister noch so nebenbei die Leserbriefseite betreuen und gestalten. Reinhard Hampel sitzt im August 1972 verzweifelt vor der verteufelt leeren – und so großen – *Presse*-Seite: „Herr Doktor Schulmeister, i' hab' keine Briefe, die Seite wird net voll." – „Hampel, Sie wissen, was Sie zu tun haben!" – Die Redakteure verstehen: Blindlings hämmern sie in die Schreibmaschinen und verfassen die absonderlichsten Briefe: „Genial, Ihr Chefredakteur. Seit siebzig Jahren nichts so Tiefsinniges gelesen." Oder: „Ihr intellektueller Hochmut kommt vor dem Fall. Es ballt sich die Faust im Sack." Am Freitag begutachtet Schulmeister die fertige Leserbriefseite. „Sehen Sie, Hampel: Sie können ja, wenn Sie wollen." Heute kommen ungefähr zehnmal so viele Briefe, als abgedruckt werden können. Echte ...

Hans Werner Scheidl, Andreas Schwarz

FRIEDRICH ACHLEITNER

Die Presse als Briefkasten

Zur Architekturkritik der Nachkriegszeit

Irgendwie bin ich in die *Presse* hineingeschlittert und ohne sichtbaren Anlaß daraus wieder verschwunden. *Die Presse* war für mich kein emotionaler „biographischer Ort", ich hatte auch nie das Gefühl, „drinnen" zu sein, *Die Presse* war und blieb so etwas wie ein Briefkasten. Es wäre daher auch verwegen, Architekturkritik in der *Presse* als einen Bestandteil der Kulturredaktion zu konstruieren. Allerdings fand Architekturkritik statt – und für mich unter den günstigsten und freiesten Arbeitsbedingungen.

Da es vorher keine Architekturkritik in Wien gab, schon gar nicht in einer Tageszeitung, hatten die regelmäßigen Beiträge zum Architekturgeschehen zumindest einen Neuigkeitswert in der Wiener Zeitungslandschaft. Bauliche Fragen hatten plötzlich einen festen Platz auf einer Kulturseite, und andere Zeitungen, wie etwa *Die Furche* (Hermann Czech) oder *Neues Österreich* (Günther Feuerstein), zogen nach. Es gab damals zwar eine Architekturdiskussion, allerdings fand diese unter Ausschluß der Öffentlichkeit in einigen Fachzeitschriften (vor allem in *der aufbau*) statt. Heute, im Rückblick betrachtet, eine sehr lebendige Diskussion mit oft hohem Niveau und großem Engagement. Am Beginn der sechziger Jahre war es also an der Zeit, planerische oder architektonische Auseinandersetzungen in die Öffentlichkeit zu tragen. Man konnte, einige Jahre nach dem Staatsvertrag, nicht mehr alles auf „die Besatzungsmächte" schieben, außerdem zeigte die österreichische und Wiener Architektur bereits einige kräftige Lebenszeichen.

Die Presse hatte offenbar diesen Trend erkannt, vermutlich war es nur Otto Schulmeister. Und es war, auch dies sollte man in Erinnerung an Friedrich Heer oder Otto Mauer einmal festhalten, ein konservativ-liberaler Geist, der im Kulturellen und Künstlerischen „konspirative Beziehungen" zum „Progressiven" pflegte, so bescheiden es sich auch in Wien zeigen mochte.

Selbstverständlich gibt es eine Vorgeschichte – und es ist hier vielleicht der Ort, diese einmal kurz zu skizzieren. Der „Vorlauf" zu einer Wiener Architekturkritik fand eigentlich in der *Furche* statt, und dies wiederum nur, weil im Stammcafé der „Arbeitsgruppe 4" in der Neubaugasse einige Jungtürken der Szene beim legendären Herrn Schmid ihren Mittagstisch hatten und im hinteren Zimmer neben dem Architektenstammtisch auch der „Furche-Tisch" stand. Da nur diese beiden Tische vorhanden waren, entwickelten sich über den kleinen Zwischenraum hinweg Gespräche. Und die handelten vorwiegend von einer fehlenden Architekturkritik in der Stadt oder von der publizistischen Nichtexistenz der Architektur.

Kurt Skalnik, Wieland Schmied, Ladislaus Rosdy oder Helmut Fiechtner (der offenbar in der Redaktion lebte) waren gerne bereit, für manchen Ausfall ihr seriöses Blatt zur Verfügung zu stellen. So erschienen meine er-

Auf der Lokalseite war man für den Abbruch, die „Kultur" schrieb dagegen. Als ich erfuhr, daß ein Lokalredakteur Anwärter auf eine Wohnung war, kündigte ich – was allerdings der Chefredakteur als beabsichtigten Wechsel zu einem „besseren Verein" auslegte. Daß der Verein *Die Presse* war, konnte ich damals noch nicht ahnen.

Das einzige Gespräch mit meinem späteren Chefredakteur war ein kurzes Vorstellungsgespräch, das allerdings von Otto Schulmeister allein bestritten wurde. Ich erinnere mich noch an einen Satz: „Ich brauche keine Leut', die Zeitungswissenschaft studiert haben, sondern solche, die von einem Fach etwas verstehen und schreiben können." Damit wurde ich in eine Freiheit entlassen, die mir fast unheimlich schien. Ich war nie bei irgendeiner Sitzung; Themen wurden mir nur selten, und wenn, en passant vorgeschlagen, etwa beim Abliefern des Manuskripts, was ich aber als Hilfe empfand, denn die Donnerstage folgten nie so schnell aufeinander wie in dieser Zeit.

Die Probleme mit einer Kritik völlig entwöhnten Öffentlichkeit (Wirtschaft, Bürger-

Links: Hochhaus auf dem Matzleinsdorfer Platz, photographiert von Barbara Pflaum
Linke Seite: „Irgendwie bin ich in die ‚Presse' hineingeschlittert" – Friedrich Achleitner, 1959
Unten: Alterdberger Häuser, die der Stadtassanierung weichen mußten, photographiert von Barbara Pflaum.

sten Artikel, die ja auch eine Art von Gemeinschaftsarbeit mit der „Arbeitsgruppe 4" (Holzbauer, Kurrent, Spalt) waren, zunächst unter „Arbeitsgruppe 4". Später kam Hermann Czech dazu, der dann ab 1963 seine grundlegenden Aufsätze in der *Furche* schrieb.

Der Auftakt zu einer regelmäßigen Architekturkritik geschah aber in der *Abendzeitung*. Ein Boulevardblatt zweifelhaften Rufes, in dem alle (vor allem im Kulturteil) unter einem Pseudonym schrieben. Die Chefin der „Kultur" war Erika Hanel, die immer häufiger Dorothea Zeemann auch Artikel über Architektur abnötigte. Da es für Dora zu umständlich wurde, sich immer wieder Rat bei den Architekten zu holen, schlug sie mir vor, doch diesen Part zu übernehmen. Damit wurde eine Rubrik „bausünden" installiert (die ein Jahr lang, fast bis zum Lebensende des Blattes, existierte) und die ein gewisser „christon" (Mädchenname meiner Mutter) zeichnete. Nach 33 Beiträgen kam es zum Abbruchskandal um die „Sterngassenhäuser", wobei ein Teil der Renaissancehäuser in der Sterngasse einem spekulativen Wohnbau geopfert wurden.

Abbruchskandal um die Sterngassenhäuser 1962: Die Lokalseite der „Abendzeitung" schrieb für den Abbruch, die „Kultur" dagegen.

„Ich kann mir keinen besseren Autor für diese wichtige kritische Arbeit vorstellen ..."

Ein begeisterter Viktor Matejka in einem Leserbrief an die „Presse"

meister, Baubeamte, Architektenkammer samt allen „Platzhirschen") müssen für Chefredakteur und Herausgeber ziemlich unangenehm gewesen sein.

So hat der damalige Innsbrucker Bürgermeister nach einer Kritik am Olympischen Dorf alle Inserate in der *Presse* eingestellt. Was später zur einzigen vorauseilenden inhaltlichen Korrektur eines Titels durch den Kulturchef führte: Die Kritik des Neubaus der Innsbrucker „Technik" wurde kurzerhand von „Im Prinzip mißlungen" in „Im Prinzip gelungen" umgewandelt. Da aber am Verriß kein Wort geändert wurde, war das Gerede darüber noch stärker.

Auf das Glücksspiel mit den Titeln möchte ich nicht näher eingehen, es gehört ja zum Alltag aller Zeitungsmenschen. Ein Beispiel aber doch: Ich hatte mir einmal im Vertrauen darauf, auf einer bildungsbürgerlichen Kulturseite zu schreiben, den Romantitel „Die andere Seite" ausgeborgt. Der Sprung vom Drei- zum Vierspalter machte daraus „Die unschöne andere Seite". Das sind natürlich Erinnerungen, die nur bestätigen, daß sie im Alltag der *Presse* Seltenheitswert hatten.

Obwohl ich von allen redaktionsinternen Zores abgeschirmt war, mußte ich aufgrund gelegentlicher Zuflüsterungen annehmen, daß Otto Schulmeister von der Notwendigkeit einer Architekturkritik überzeugt war. Aus den „bausünden" in der Abendzeitung wurde „Neues Bauen, kritisch betrachtet" – eine zwar sanftere Rubrik, aber der Kern blieb doch Architekturkritik, die ich (bei aller jugendlich-naiven Kompromißlosigkeit und Härte) immer mehr als Problemdarstellung, Anregung oder Diskussionsbeitrag auszubauen versuchte. Kritik blieb aber Kritik, und die Zunft mußte sich daran gewöhnen.

Über Mangel an Reaktionen aus dem Leserkreis konnte man nicht klagen, als allerdings ein begeisterter Leserbrief von einem gewissen Viktor Matejka die Kulturredaktion erschreckte, sagte mir ein besorgter Kollege: „Du wirst es in Wien nie zu etwas bringen." Daß es durch die wehrhafte Zunft der „Geschäftsarchitekten" zu keinen Klagen wegen „Geschäftsstörung" kam, war offenbar nur dem Umstand zu verdanken, daß solche Klagen nur bestätigt hätten, daß für bestimmte Architekten Architektur nur ein Geschäft sei.

Wenn die publizistische Wirkung dieser Kritik relativ groß war, so ist dies vielleicht einigen besonderen Umständen (die man wieder bedenken könnte) zu verdanken. Zunächst war sie neu und vor allem regelmäßig. Die Themen waren, auch im Sinne der Berichterstattung, sehr gemischt, es gab nicht nur aktuelle Baukritik, sondern auch Wettbewerbs- und Buchbesprechungen, Berichte über Ausstellungen, Vorträge, Architekturveranstaltungen, ja sogar Geburtstage und Todesfälle von Architekten wurden registriert. Ich hatte die vielleicht übertriebene Vorstellung, eine Architekturkritik müsse permanent eine ganze Szene, ein bestehendes Klima kommentieren, also jeder kleinste Artikel als Teil einer „Gesamtstrategie" gesehen werden.

Die bemerkenswerten architektonischen Ereignisse waren allerdings, im Verhältnis zu

Ein Gentleman's Agreement mit der Anker-Versicherung verhinderte den Abbruch des Glausaufbaus am Wagnerschen Anker-Haus am Graben. Heute logiert dort Friedensreich Hundertwasser.

heute, relativ selten, konnten einigermaßen überblickt und auch wahrgenommen werden. Heute müßte man, wollte man allein die stattfindenden Architekturvorträge kommentieren, dafür eine eigene Rubrik einführen. Allgemein befand sich die Architektur in einer Auf- und Umbruchsstimmung, es überwogen Bausünden, kommunale Fehlentscheidungen, Abbruchskandale (auch an Bauten Otto Wagners) bei weitem die spärlichen positiven Beispiele. Öffentliche Impulse kamen damals vor allem von Ausstellungen im „Österreichischen Bauzentrum" im Palais Liechtenstein und von der neu gegründeten „Österreichischen Gesellschaft für Architektur". Architekturkritik hatte also ein anregendes Umfeld, obwohl sie auch damals schon meist zu spät kam.

Von den rund fünfhundert Artikeln ist nur ein einziger nicht erschienen. Und das war vermutlich auch der einzige, der etwas bewirkte: Hermann Czech hatte in Erfahrung gebracht, daß der schöne Glasaufbau vom Wagnerschen Anker-Haus am Graben abgebrochen werden sollte. Daraufhin gingen wir gemeinsam zum Generaldirektor der Anker-Versicherung. Aus dieser Drohung erwuchs ein Gentleman's Agreement: Der schon geschriebene Artikel sollte nur im Falle eine Abbruchs erscheinen. Es wurde nicht abgebrochen – und als Mieter zog Friedensreich Hundertwasser ein.

Man könnte die Frage aufwerfen, wieso es in den sechziger Jahren noch möglich war, Architekturkritik zu betreiben. Zunächst, es war sicher einfacher. Es war nicht nur der „Stand der Technik" (und der Architektur) überschaubarer, es war das Baugeschehen noch personalisierter, angreifbarer (im doppelten Sinn des Wortes), es waren Naivität und die damit verbundene moralische Entrüstung noch gesellschaftsfähig. Und es gab auch Sympathien und Recherchebeistand in der Redaktion. So war etwa Günther Templ vom Lokalteil ein verläßlicher Mitstreiter.

Trotzdem wollte ich die Architekturkritik vom notwendigen Ceterum censeo wegbringen und sinnierte schon 1963 in eigener Sache: „Es geht bei den Kritiken nicht in erster Linie um eine Wertung, wobei von einem hohen Postament herab Noten verteilt werden, sondern um die polemische Darstellung der Fragen des Bauens. Der Kritiker vertritt dabei einen Standpunkt, der fachlich gerechtfertigt sein muß, geht aber jederzeit gern das Risiko ein, auch unrecht zu haben. … Unserer Architektur kann aber nicht besser gedient werden, als sie einer scharfen Kritik auszusetzen. Und es wäre ein Ziel dieser Kritiken, daß sie mit der Zeit unnötig werden."

Haas-Haus am Wiener Stephansplatz von Architekt Hans Hollein

„Wir Architekten haben uns an die Art des Herrn Friedrich Achleitner schon gewöhnt und nehmen dies nicht mehr allzu tragisch."

Architekt Herbert Müller-Hartburg in einem Leserbrief an die „Presse"

Architekt und Karikaturist Gustav Peichl zeichnete den „Architekturschreiber".

HANS WERNER SCHEIDL

Der gestrichelte Leitartikel

„Ironimus“-Karikaturen

Gestrichelte Leitartikel“ hat er seine Kunstwerke einmal genannt. Der *Presse*-Zeichner „Ironimus“ hat es besser als seine schreibenden Kollegen. Manche seiner Karikaturen haften im Gedächtnis, überdauern die Generationen – während das Geschriebene schon längst vergessen sein mag. Eine Ungerechtigkeit, die schon so mancher Kollege an seinem Schreibcomputer verflucht hat.

Etwa gegen zehn Uhr – tagein, tagaus – kann der *Presse*-Bote die fertige Zeichnung aus dem Atelier Peichl am Opernring abholen. Da mögen noch so dringliche Architekturbesprechungen auf dem Programm stehen, Lehrverpflichtungen, Auslandsreisen, Repräsentationsaufgaben – Gustav Peichl ist nicht nur als Star-Architekt diszipliniert, akkurat, pünktlich.

Eigenschaften, die man den Sudetendeutschen ja heute noch lobend nachsagt. Es muß wohl auch diese Eigenschaft sein – oft spricht man sie gerade den Kreativen ab –, daß „Ironimus“ das dienstälteste Redaktionsmitglied der *Presse* ist. Ein „Überlebender“ aus den Anfangszeiten, ein humorvoller Darsteller der Nachkriegszeit, ein scharfer Beobachter seiner Kollegen in der Zeitung – oft auch ein Mahner wider den „Zeitgeist“, der da durch die Redaktionsstuben fleucht. Wie oft kam der Anruf des „Professors“, um eine Stilblüte zu kritisieren oder die Blattlinie einzumahnen? Und da er inzwischen über die Weisheit des Alters verfügt – fast immer hat er recht.

Ein eitler Mensch mit barockem Lebensgefühl? Durchaus. Gustav Peichl ist ein „bekennender Eitler“, er gibt das oft und gern zu. Öffentliche Anerkennung als führender Architekt ist ihm Lebenselixier, wie er bei Ordensverleihungen humorvoll anmerkt. Oder, einfacher ausgedrückt: „Man kann gar net genug gelobt werden.“ Und da er in Wien Gott und die Welt kennt, kann er sich nicht wirklich darüber beklagen.

Natürlich fordert ein gezeichneter Kommentar auch zum Widerspruch heraus. Einen Ehrenbeleidigungsprozeß hatte „Ironimus“ aber nur einmal – 1961 – am Hals. „Kasperls Klubzwang“ hieß die Zeichnung in der *Wochenpresse*, die die Abgeordneten als Handpuppen karikierte. Der Zweite Nationalratspräsident Franz Olah glaubte, das Hohe Haus vor der Lächerlichmachung schützen zu müssen. Der verantwortliche Redakteur Alexander Vodopivec wurde zu tausend Schilling verurteilt. Daraufhin trat Herausgeber Fritz Molden zur Ehrenrettung des – im Kasperltheater obligaten – Krokodils an: „Denn vielleicht hat ein Krokodil in seinen Mußestunden Humor, und das kann Franz Olah sicher nicht einmal von seinen ärgsten Feinden nachgesagt werden …“

Immer wieder kamen Karikaturenbände auf den Markt. Ein besonders hübscher war mit Originalzitaten der führenden Politiker unterfüttert. Und deren Aussagen haben bis heute nichts an ihrer Aktualität verloren. Leider. So definierte Bundeskanzler Alfons Gorbach die große Koalition so: „Das ist wie eine Firma, deren Bücher nicht stimmen, weil die Kompagnons die Verluste ihrer Teilhaber jeweils als ihren Gewinn buchen.“ Vizekanzler Bruno Pittermann, auch ein großer Schmunzler: „Koalition ist eine Ehe, in der man sich übers Wirtschaftsgeld einigt, aber ums Körberlgeld streitet.“ Und der grimmige Altkanzler Julius Raab raunzte: „A Koalition is' a notwendiges Übel.“

Dem Zeichner Peichl wird es in seiner Redaktion gar nicht so leicht gemacht, wie man glauben könnte. Ja, früher, als noch der Bleisatz die Zeitungswelt prägte, da haben sich die Blattgestalter auf seine stets wechselnden Formate eingestellt und die Seite rundherum komponiert. Der Zeitdruck ist höher geworden, die Karikatur auf Seite 2 wurde in ein festes Korsett geschnürt, aus dem es kein Entkommen gibt und unter dem der Freigeist „Ironimus“ anfangs stöhnte: Oben drauf sitzt der Leitartikel, von unten drücken die Leserbriefe, seitlich setzen Gastkommentar und Pressestimmen ihre Zwingen an. Doch die drei Spalten – 19.6 cicero hoch – gehören dem Glanzstück der Seite, ja der Zeitung. Dort spießt Peichl mit Lust die Tagespolitik auf die Feder.

Ein Rundgang durch die Menagerie des „Ironimus“ ist nicht nur eine Reise durch die Zeitgeschichte, man kann dabei auch die politischen Wandlungen beobachten, die mit der Strichführung parallel liefen. So gab es in den fünfziger, sechziger, sogar noch in den siebziger Jahren den ganz typischen „Sozi“ und seinen Widerpart, den „VPler“. Ersterer war ein schmächtiges Männchen mit spitzer Nase und Schirmkappe, letzterer

Die Österreicher nehmen Abschied von den vier Besatzungsmächten. Die Karikatur erschien in der „Presse“ und in der Londoner „Times“ vom 16. September 1955.

Linke Seite: „Wovon kann der Kanzler schon träumen?“ („Die Presse“ am 1. Jänner 1955)
Links: Bruno Kreisky wurde im Lauf der Jahre zu einem der „Lieblinge“ des Karikaturisten Gustav Peichl.

Vranitzky und Busek – brauchbare Objekte für den Zeichenstift („Die Presse" 1991)

ein eher feister Agronom im Trachtenanzug mit Steirerhut. Diese Typisierung ist längst vorbei. „Ironimus" verwendet sie bewußt nicht mehr, die Öffnung, die Beliebigkeit der Großparteien hat ihm da einen Strich durch die Karikatur gemacht. Politik wird immer personenbezogener, heute bevölkern fast durchwegs die jeweiligen Spitzenpolitiker Gustav Peichls Zeichenblätter (Format DIN A 3, wohlgemerkt).
Manche liebt er, „weil s' a G'sicht haben", mit manchen weiß er wenig anzufangen.

Daß „Ironimus" seine Anregungen als Architekt im Legoland bezieht, ist ein böswilliges Gerücht.

Raab und Figl, Pittermann und Schleinzer, Klaus und Withalm, Bacher und Sinowatz – das waren für ihn markante Figuren. Kreisky liebte er über die Maßen: „Für den müßte man die Karikatur erfinden." Und tatsächlich: Je älter Kreisky wurde, desto mehr näherte er sich dem, was „Ironimus" da strichelte. Als das Ende der politischen Ära Kreisky nahte, zeichnete ihn Peichl plötzlich stets mit einem Krückstock. Der Kanzler war persönlich gekränkt, solche intimen Einmischungen liebte er nicht. Peichl gab nach – und die *Presse*-Leser bekamen eine Zeichnung, auf der ein fideler Kreisky seinen Stock zerbricht und von sich wirft. Der Bundeskanzler war versöhnt mit seiner *Presse*.
Als der kummervolle Fred Sinowatz die Nachfolge antrat, stellte ihm der boshafte Zeichner stets ein kleines Weinglas irgendwo im Eck dazu. Sinowatz beschwerte sich, wollte nicht als Säufer dargestellt werden, bis ihn sein Kabinettschef Hans Pusch davon überzeugen konnte, daß jeder Prominente ein Markenzeichen benötige – und was liegt näher beim Burgenländer? Sinowatz war später stolz darauf. Aber lang dauerte das Glück ja nicht.
Franz Vranitzky war da schon schwerer zu zeichnen. Zum Glück hatte ihn der Schöpfer mit einem „Froschgoscherl" bedacht, das kam Peichl sehr zupaß. Und die Attitüde mit der Halbbrille ließ den Karikaturisten jauchzen. Ob Vranitzky in den zehn Jahren seiner Kanzlerschaft je über eine Karikatur lauthals gelacht hat? Das darf bezweifelt werden. „Wir müssen wieder lachen lernen", hatte einmal ein großer Bundeskanzler gemeint. Aber der hieß Helmut Kohl, und das war in Bonn. Daß er zu den engsten Freunden des Österreichers Peichl zählt, ist kein Zufall.
„Ironimus" hat sie alle gut gekannt, die Großen der Politik. Und er hat sie in ihrer Eitelkeit durchschaut: „Für viele ist es unangenehm, karikiert zu werden. Noch unangenehmer ist es aber den meisten, nicht karikiert zu werden."
Lob hat Peichl in Überfülle eingeheimst, nicht nur als Zeichner. Bei Clemens Holzmeister lernte er das Architektenhandwerk, dann arbeitete er im Atelier von Roland Rainer, bevor er sich 1954 selbständig machte. Einen Namen machte er sich, als er den

Der Zeichner gratuliert „seiner“ Zeitung zum 125. Geburtstag (1973).

Der „ÖVPler“ und sein Widerpart, der „Sozi“

Wettbewerb über die Gestaltung des Österreich-Pavillons bei der Weltausstellung 1964 in New York gewann. Den Durchbruch schaffte Peichl – seit 1973 ordentlicher Professor an der Akademie der bildenden Künste und damit derzeit das einzige Redaktionsmitglied mit dem Titel eines Universitätsprofessors – mit der Gestaltung der ORF-Landesstudios. Während die *New York Times* ihre Leser eigens auf diese originelle österreichische Architektur hinwies, stieg hierzulande beim „Staberl“ der *Kronen Zeitung* der Adrenalinspiegel beängstigend: „Das ist einer aus der Bacher-Clique. Einer aus der Patenrunde des Generals. Für unermeßlich viel Geld durfte er dem Bacher die unermeßlich grauslichen, schlachtschiffartigen ORF-Studios bauen!“

Zu diesem Freundes-Dreieck mit Gerd Bacher und Helmut Kohl hat er sich stets bekannt. So wurde denn auch die Bonner Kunsthalle zu einem Höhepunkt des architektonischen Schaffens, mit deren Bau just 1989 begonnen wurde. Mit elf Säulen versuchte der Künstler, die elf deutschen Bundesländer zu symbolisieren. Weder er noch Freund Kohl konnten ahnen, daß wenige Monate später fünf neue „Säulen“ dazu kommen sollten.

Schulen, lustige blau-weiß gestreifte Museen, Bürohäuser, der unübersehbare Wolkenkratzer an der Alten Donau – all das trägt die Handschrift Gustav Peichls. Und dennoch ist er auf ein unscheinbares Kreuz am meisten stolz. Es steht auf dem Heldenplatz im Schatten des Äußeren Burgtores. Und es erinnert daran, daß Peichl die Bühne auf dem Heldenplatz beim Papstbesuch 1984 gestalten durfte. „Das bleibt von mir, wenn man über den Heldenplatz geht“, sagt er, der vielfach Dekorierte. Wer sonst kann das von sich behaupten?

ENGELBERT WASHIETL

Hier haben wir gelernt

„Die Presse" als Journalistenschule

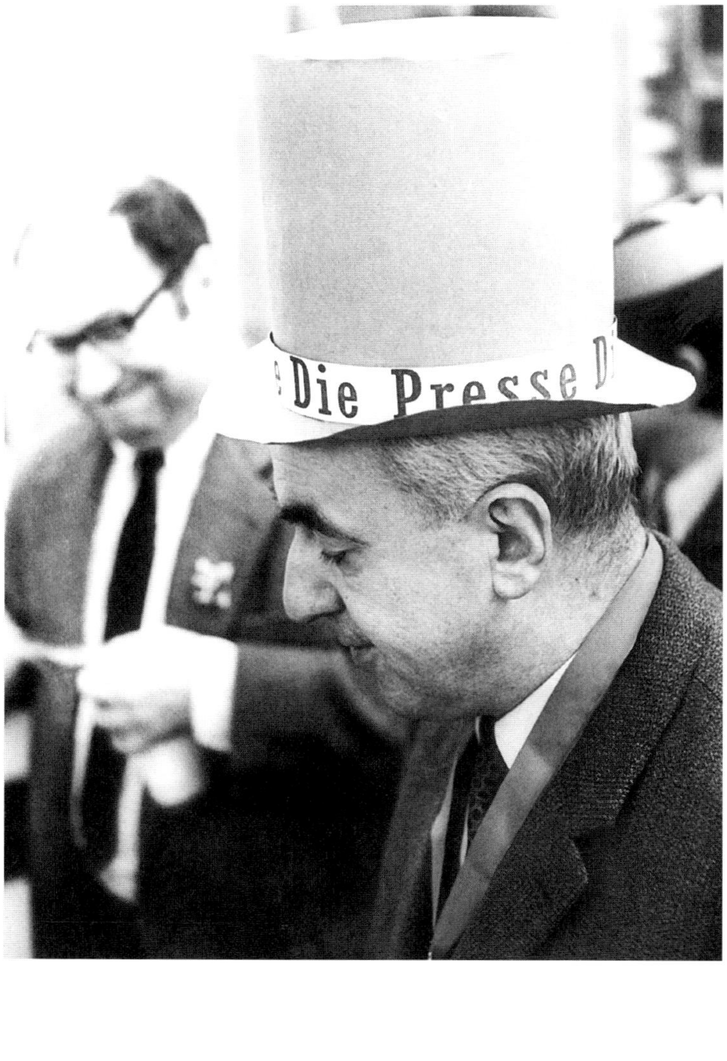

Ich muß gestehen, daß ich zuerst den Eindruck hatte, unter Verrückte gefallen zu sein." So schildert Max Brod seinen in den dreißiger Jahren erfolgten Eintritt in das *Prager Tagblatt*. Damit hatte er mit wenigen Worten etwas über die journalistische Rudelwelt zu Papier gebracht, das den Tag und sogar den betreffenden Zeitungstitel überlebte, und das will in der kurzlebigen Branche viel heißen.

Bei der *Presse* in Wien, die nach dem Krieg wiedererstanden war, ging es nicht mehr ganz so verrückt zu und auch nicht immer so lustig, wie Max Brod es darstellte. Aber es gab Sternstunden, in denen der täglich vergebliche und dennoch täglich erneut angestellte Versuch redaktioneller Vollkommenheit in klassische Sätze gegossen wurde.

Das gelang etwa dem 1987 verstorbenen Schriftsteller Stephan Vajda. Er war etliche Jahre vor seinem Tod von Chefredakteur Otto Schulmeister völlig zu Recht als intelligent, gebildet, kurzum als Bereicherung in die Redaktion aufgenommen worden, freilich ohne die aus der typischen Sicht Schulmeisters nebensächliche Rückversicherung, daß der gebildete Mensch auch mit der täglichen Tücke des Layouts fertig würde. Vajda wurde es nicht, er hatte überhaupt noch nie in seinem Leben eine Redaktion von innen gesehen oder gehört, daß ein Photo „eingerichtet" werden muß. Er wurde aus der Geisteswelt in unser außenpolitisches Ressort hineingesetzt wie ein Rhododendron in den Topf und litt täglich unter seinem Scheitern bei Redaktionsschluß seiner Seite 3. Eines Tages, zwei Stunden vor dem errechenbaren Desaster, ließ er das Zeilenlineal fallen, drehte sich in seinem Sessel uns zu und sagte mit dem traurigen Lächeln des Wissenden und ungarischem Akzent: „Heit geh ich wieder bodn mit Blott!" Niemand widersprach.

Vajda hatte es nicht nötig, Journalist zu werden. Aber wie wird ein Journalist Journalist? In allen bekannten Lehrbüchern steht, daß es keine geregelte Ausbildung gibt, und das stimmt. Ehe nun die einen darüber rituell wehklagen und die anderen rituell „Preis der Pressefreiheit" rufen, begeben wir uns lieber in die Niederungen der Realität.

In meinem Fall bedeutete dies den Weg von der im 14. Stockwerk des Pressehauses in der Muthgasse gelegenen Redaktion hinunter ins Parterre, wo neben der Portierloge ein Postkasten hing. Dort warf ich am 12. Dezember 1966, nachdem ich einige Monate für die Pauschale von 1500 Schilling als freier Mitarbeiter in der Redaktion zugebracht hatte, von der Chefsekretärin aber tagelang nicht zu Schulmeister vorgelassen worden war, einen frankierten Brief ein. Der Briefträger stellte ihn am nächsten Tag ordnungsgemäß oben im 14. Stockwerk zu. Kernaussage: Länger laß' ich mich nicht hinhalten, also geh' ich.

Otto Schulmeister und Hugo Portisch werben für das Rundfunkvolksbegehren (1965) – der Beginn eines medialen Umschwungs. Linke Seite: Chefredakteur Otto Schulmeister beim „Presse“-Gschnas

Ich war darauf gefaßt, mit allerhöchster Mißachtung gestraft zu werden, aber Schulmeister rief mich, zog die Augenbrauen hoch und stellte mich an. So also wurde ich damals bei der *Presse* Journalist. Im Alter von 25 gehörte ich mit etlichen meiner Kolleginnen und Kollegen bereits zu einer neuen jungen Generation, die den heroischen Aufbruch von 1946 mit Ernst und Fritz Molden nicht erlebt hatte, wenig davon wußte und sich weiter nicht darum kümmerte. Schlüsselwörter, die die Älteren gebrauchten, deuteten in diese legendäre Zeit zurück. Etwa: „Damals am Fleischmarkt ...“ – wo *Die Presse* zwischen 1956 und 1963 gedruckt wurde. Oder: „Wenn das beim alten Molden passiert wäre!“

Während eines Deutschland-Besuches traf ich viele Jahre später den österreichischen Presseattaché in Bonn, Milan Dubrovic. Bis lang nach Mitternacht erzählte er, der einstige Chefredakteur, aus dem bunten österreichischen Journalistenleben der Nachkriegsjahre, und für uns Besucher erschlossen sich erstmals die Anfänge der vierziger und fünfziger Jahre.

In den auf die Anstellung folgenden 22 *Presse*-Jahren machte die Redaktion viele Veränderungen durch. Teils unmerkliche, unbestimmbare, weil Personen ausgetauscht wurden und sich in dem Unbeschreiblichen, das den Charakter einer Zeitung ausmacht, neuartige Kristallgitter ausbildeten. Manchmal kam ein Umschwung eruptiv, etwa weil ein Ressort zusammenbrach oder weil eine kleine Palastrevolte den Exodus mehrerer Kollegen bewirkte.

Wir lernten. Mehrere Generationen von Journalisten wurden durch die *Presse* so sehr geprägt, daß sie gewisse Grundeinstellungen auch dann nicht aufgaben, als sie längst nicht mehr bei dieser Zeitung waren. Einige Besonderheiten des Arbeitsplatzes *Presse*-Redaktion lassen sich leicht aufzählen. Zu dieser Zeit – 1965 war mit dem Rundfunk-Volksbegehren der Beginn eines medialen Umschwungs eingeleitet worden – hatte die bereits in der Muthgasse gedruckte Zeitung bestechende Vorzüge. Auch wenn sie unter knappen ökonomischen Bedingungen zustandekam, leistete sie sich im Vergleich zu Konkurrenzzeitungen eine relativ starke Kulturberichterstattung, ein für die damalige Zeit keineswegs selbstverständliches großes Wirtschaftsressort. Ihre Außenpolitik wurde gespeist aus einem in der Qualität recht unterschiedlichen, in der Wirkung aber erfrischenden Korrespondentennetz. Die Amerika-Korrespondentin Marlene Manthey empfing in ihrem Haus in Georgetown durchaus nicht jeden, der von der *Presse* in Washington abstieg, aber wen sie einlud, dem stellte sie das beste Steak der Welt auf den Tisch und erläuterte einen Abend lang, warum der Kennedy-Clan das Verderben Amerikas sei.

„Ich muß gestehen, daß ich zuerst den Eindruck hatte, unter Verrückte gefallen zu sein.“

Max Brod über den Beginn seiner journalistischen Karriere

„Ein Journalist, der 30 Jahre lang seitwärts des Webstuhls der Weltgeschichte Notizen auf seinen Block kritzelt, erschreibt sich wenigstens eines: ein ausgeprägtes Verhältnis zur Wahrheit.“

Engelbert Washietl in der „Presse“ vom 15. März 1997

Es gab hervorragende Journalisten, die nie zur *Presse* gehörten. Hugo Portisch oder Fritz Csoklich (der allerdings zeitweise aus der Steiermark „korrespondierte“) sind gute Beispiele dafür. Es gibt Journalisten, die ihr Handwerkszeug ganz woanders erworben hatten, später aber bei der *Presse* erfolgreich Fuß faßten, wie Dieter Lenhardt. Und es gibt bis heute eine auf zahlreiche Medienprodukte verteilte Schar einstiger *Presse*-Journalisten, deren Know-how in Konkurrenzmedien recht gut gebraucht wurde.

Selbst bei der technischen Innovation, die mittlerweile alle Printmedien hinter sich haben, lag *Die Presse* 1985 mit der Einführung des Hastech-Computer-Systems zeitlich vorne. Das schließt nicht aus, daß Hastech noch heute manchem der Kollegen, die die Kinderjahre eines Redaktionscomputers begleiten mußten, als Alp im Traum erscheint: täglich pünktlich ein Systemabsturz knapp vor Redaktionsschluß. Rolf Rothmayer, der nach 1968 von der kommunistischen *Volksstimme* zur *Presse* gestoßen war – was die für die *Presse* eigentümliche, partiell nachweisbare Spannweite im ideologischen Bereich kennzeichnete –, ist an diesem System zugrunde gegangen. Er hatte sich, nachdem er wegen seiner computertechnischen Fähigkeiten zum „Systemchef“ ernannt worden war, mit dem Objekt identifiziert. Ihm zu sagen, daß er Meister eines Blechtrottels sei, empfand er als persönliche Beleidigung.

„Presse“-Fasching 1976, gutgelaunt Otto Schulmeister, Stephan Koren und Thomas Chorherr

Sein Blutdruck und sein Zigarettenkonsum stiegen mit der Zahl der Systemabstürze und wegen der seiner Meinung nach bösartigen Fehlerhaftigkeit der menschlichen Benutzer. Am Ende setzte seine eigene Festplatte aus.

Nun muß ein Journalist, auch das war täglich zu erlernen, mit chronischen Mangelerscheinungen leben und mit fehlerhaften Menschen rechnen. Ernst Werner Nußbaum, stellvertretender Chefredakteur, pflegte zehnmal pro Tag zu sagen: „Herrschaften so geht das nicht!“ Er sagte das immer ohne Beistrich, hatte immer recht, allerdings mit der einen Einschränkung, daß es trotzdem immer irgendwie ging. Die Not- und Reserveseiten, die wir in der Zeit der Computerabstürze für alle Fälle vorbereitet hatten, wurden meines Wissens nur ein einziges Mal tatsächlich gebraucht. Diese fertig umbrochenen Seiten bestanden aus ewiggültigen Texten, aus geronnener Journalistenmilch und aus Leserbriefen, die keinen unmittelbar aktuellen Bezug hatten. Sorgfältig hatten wir aus den Artikeln alles entfernt, was eine Zeitung ausmacht. Es waren ja nur Füllseiten – für alle Fälle.

Einbrecher und Journalisten machen jedoch immer einen Fehler. Als 1989 eine dieser Seiten tatsächlich in letzter Minute zum Druck befördert werden mußte, fand sich auf dieser ein Leserbrief des Sozialministers Alfred Dallinger. Wir hatten auch diesen Text sorgfältig von jeglichem Tagesbezug entkernt. Was wir aber im Alarmfall übersahen, war, daß der Schreiber zu dem Zeitpunkt schon tot war, am 23. Februar 1989 in einem kleinen Flugzeug über dem Bodensee abgestürzt. Die Leser, die die erste Ausgabe dieser Zeitung erhalten haben, erfuhren nie, auf welchem Postamt Dallinger seinen letzten Leserbrief aufgegeben hatte.

Die prägende Persönlichkeit der eineinhalb Jahrzehnte von 1961 bis 1976 war Chefredakteur Otto Schulmeister. Während der sparsame Geschäftsführer Erwin Kuhn uns anläßlich einer fruchtlosen Debatte über den Ankauf neuer Redaktionssessel explizierte, daß ein Journalist prinzipiell nur einen Bleistift, einen Zettel und eine Kiste zum Sitzen brauche, machte Schulmeister täglich ein Weltblatt. Er war in seiner Funktion als Chefredakteur das lebende Beispiel eines über Fakten hinausgewachsenen An-

Rolf Rothmayer, hier als Marx-Double, war 1968 von der kommunistischen „Volksstimme“ zur „Presse“ gestoßen.

spruchs. *Die Presse* kam wegen des notorisch schlechten Vertriebssystems, unter dem Zeitungen teilweise bis heute leiden, oft schon in Rekawinkel um einen Tag zu spät an oder war um neun Uhr vormittag ausverkauft, mit Schulmeister aber machten wir eine Zeitung, die in Zürich, Rom und New York Eindruck machen sollte. Deshalb ärgerte er sich doppelt, wenn er die Zeitung während einer Flugreise schon in Zürich/Kloten nicht erhielt. Das ist übrigens auch heute noch schwierig.

Ohne Schulmeisters Anspruch wäre *Die Presse* nicht das geworden, was sie ist. Er zog sie in schwindelnde, manchmal für uns auch unbegreifliche Höhen, riß sie über Abgründe und zog sie durch elendigliche Durststrecken, die zum Beispiel darin bestanden, daß die Zeitung aufgrund des gerade neuesten Sparkonzeptes an Montagen nur acht Seiten dünn sein durfte.

Schulmeister war für alle, die mit ihm arbeiteten, eine tägliche Herausforderung, die sich ab und zu über mehrere Stockwerke akustisch ausprägte. „Washietl, zurück nach Stockerau!“, war einer der lauten Merksätze für einen geborenen Stockerauer. In dieser Zeit reifte bei manchen jungen Journalisten die Erkenntnis, daß die Welt eine zu gestaltende ist, daß Verteidigung des eigenen Standpunktes auch auf scheinbar verlorenem Posten Sinn macht, daß der Mensch ein Zoon politikon ist (wir sprachen dank Schulmeister, der diese Sprache auch nicht beherrschte, gewissermaßen sogar Altgriechisch; *Die Presse* überbrückte alle Zeiten). Und wir kamen zu der wichtigen Überzeugung, daß die Journalisterei kein Handel mit beliebigen Nachrichten ist, sondern eine Aufgabe, eine Berufung. Das ist möglicherweise der Punkt, an dem man heutzutage unmodern wird, allerdings hätte das nach Schulmeisterschem Verständnis auch Sinn, Zweck und Segen.

„Wir“, das waren zunächst einmal die über die ganze Redaktion verteilten Journalisten, die nicht mehr der Gründerzeit entstammten und immer unverblümter darauf aufmerksam machten, daß *Die Presse* nicht ausschließlich aus ihrer 130jährigen Tradition leben könne, sondern die Gegenwart zu bewältigen habe. Begeisterung erregten solche Sprüche in den oberen Rängen der Hierarchie nicht, aber andererseits: Der Zahn der Zeit nagte auch an dieser, es wurden neue Kräfte gebraucht.

Gleich mit der Rundfunkreform 1966 verabschiedeten sich beispielsweise Alfons Dalma, Ernst-Werner Nußbaum, der Sport-

Otto Schulmeister, gezeichnet von Ironimus (1989)

chef Kurt Jeschko und einige andere höhere Redaktionsmitglieder Richtung Küniglberg. So war es nur natürlich, daß mich irgendwann Johannes Eidlitz, damals stellvertretender Chefredakteur, in sein mit vielen Photos von Rüsseltieren behängtes Zimmer rief, ein leeres Spiegelpapier vor mir ausbreitete und mit seiner sanften Stimme feierlich sagte: „Stellen Sie sich dieses Blatt als Seite 3 vor. Und jetzt messen Sie von da oben einmal 70 Zeilen herunter." Ich tat es und war damit für die Artikelseite 3 zuständig, die ich später immer wieder jemandem anderen übergab und die immer wieder wie ein Jo-Jo zu mir zurückkehrte, sogar dann noch, als ich bei einer anderen Zeitung war.

Schulmeister zog die Zeitung in schwindelnde, manchmal für uns unbegreifliche Höhen, riß sie über Abgründe und zog sie durch elendigliche Durststrecken.

Das „Learning by doing", das praktisch in allen Redaktionen die wesentliche Methode journalistischer Ausbildung ist, formte eine lange Reihe von jungen Leuten zu Journalisten, und viele sind es heute noch. Zu denen, die ungefähr zu meiner Zeit mit oder ohne Zuhilfenahme eines Briefträgers zur *Presse* gestoßen waren, gehörten Sigrid Löffler und Werner A. Perger, die nach manchen Umwegen bei der Hamburger *Zeit* landeten; Malte Olschewski brachte den Hauch der 68er-Revolution in die Redaktionsräume. Er war überzeugt, daß Schulmeister ein präkapitalistisches Weltbild habe und diskutierte gern und oft mit ihm darüber.

Schulmeister war für alle, die mit ihm arbeiteten, eine tägliche Herausforderung, die sich ab und zu über mehrere Stockwerke akustisch ausprägte.

Die einen gingen, noch Jüngere kamen. Auf der Redaktionsliste des Jahres 1973 finden sich bereits die Namen von Josef Metzger und Erich Hoorn, Peter Martos und Hans Werner Scheidl, Andreas Unterberger, die noch immer dabei sind, und zahlreicher anderer wie Karl Danninger, Kurt Horwitz, Franz Endler, Gerhard Zimmer, Karin Kathrein, Hans Huber, Erich Leitenberger, Georg Possanner und Walter Schwarz, die sich irgendwann verabschiedeten. Auch Berufspendler wie Erich Witzmann gehörten dazu – er ist nach einem mehrjährigen Ausflug in den Schoß der *Presse* zurückgekehrt.

Die Außenpolitik, der ich zunächst unter Claus Gatterer mit einigen der Genannten angehörte und zu der später Ewald König und Karl-Peter Schwarz stießen, hatte zu Schulmeisters Zeiten einen besonders hohen Stellenwert, was Vor- und Nachteile mit sich brachte. Der Vorteil war die besondere Schulmeisterliche Zuwendung. Der Nachteil auch. Wir waren diskutierfreudig, wurden aber in regelmäßigen Abständen zurück in das Gatter der Blattlinie getrieben. Über allem wachte sehr bald wie ein Gärtner der verehrungswürdige Ressortleiter Lajos Marton. Manchmal wird er sich gewundert haben, welche Gewächse da in der Sonne seiner grenzenlosen Güte heranwuchsen, aber er erwies sich als Mann von Welt und wußte uns einzuordnen, ohne aus uns journalistische Bonsais zu machen.

Immer dann, wenn das redaktionelle Leben zu erstarren drohte, erfand Schulmeister eine Jugendrevolution. Er selbst änderte sich nie, sondern zeigte lediglich, wie es geht, und bald darauf auch, daß es zu weit geht. Einmal war es ein „Jugendforum" in der Zeitung, das andere Mal eine Diskussionsveranstaltung, dann plötzlich die erste „Lehrredaktion". Lehrredaktionen wurden fast zu einer ständigen Einrichtung. Wir schleusten im Laufe der Jahre viele Dutzend junge, ambitionierte Leute durch die Redaktion, zeigten ihnen den journalistischen Alltag, frustrierten vermutlich auch etliche von ihnen.

Diejenigen unserer Kollegen, die sich der jungen Volontäre annahmen, sie einem journalistischen Crash-Kurs unterwarfen und sogar prüften, schlüpften in die Rolle des Lehrers. Aus allen Kursen blieben einige junge Leute in der Redaktion hängen, manche bis zum heutigen Tag wie Benedikt Kommenda, Peter Krotky und Barbara Petsch. Viele andere zogen lediglich durch und verschwanden wieder. Uns ging es in unserer Lehrfunktion nicht viel anders als den meisten Pädagogen: Sie wissen nicht genau, was aus ihrem „Menschenmaterial" geworden ist, freuen sich aber, völlig überraschend jemanden zu treffen, der sagt: „Sie waren damals mein Lehrer."

In der technischen Bleizeit der Zeitung, die bei der *Presse* mit der Einführung des Computers 1985 endete, hatten die Redakteure fast täglich Kontakt mit der Setzerei. Dort landeten ihre Manuskripte, wenn die Rohrpost sie nicht verschluckte, dort mußten die letzten Handgriffe im journalistischen Sinn erledigt werden. Zu den Metteuren, die unter der Führung Fritz Loibls wieselflink die schweren Seiten zusammenbauten, hatten wir ein ausgezeichnetes Verhältnis. Sie retteten die Andruckzeit, wenn Schulmeister bei seinem Samstag-Leitartikel endlos überlegte, ob der Titel „Marasmus überall" lauten sollte oder doch besser „Melpomenes Menetekel". Sie ersparten uns manchen gedruckten Blödsinn. Sie wurden ärgerlich, wenn wir mit den Fingern in ihre geordnete Bleiwelt hineingriffen und warnten uns vor der dadurch drohenden Impotenz. Sie waren menschlich und machten folglich selber Fehler.

Titel wurden damals mit der Hand aus dem Setzkasten gesetzt. Für das fehlende E im Aufmachertitel über „Nordkora" wurde unsere junge Kollegin, die während des Abenddienstes den fettgedruckten Lapsus übersah, heulend von der Außenpolitik in die Chronik strafversetzt. Als ob Lokalchronik an sich eine Strafe wäre.

Das Lehrhafte des abendlichen Setzereibetriebes bestand unter anderem darin, daß sich an der Schnittstelle zwischen Geist und Technik kreative Kommunikation entfaltete. So passierte es eines Abends Thomas Chorherr. Er stand in der Setzerei und korrigierte den Bürstenabzug seines Leitartikels mit dem Titel „Wie die Lemminge". Wie jeder Leser weiß, sind Lemminge schwer aus *Presse*-Leitartikeln wegzudenken. Sie gehören dorthin wie der Elefant zu den amerikanischen Republikanern und der Esel zu den Demokraten. Der Vergleich „Wie die Lemminge" paßt für alle, die nach Meinung der *Presse* hintereinander ins Unglück rennen: für verweichlichte Wohlfahrtsmenschen, für Sozialromantiker, für den Arbeitnehmerflügel der ÖVP, die Politiker schlechthin, für linke Pfarrer und verblendete Friedensdemonstranten. Thomas Chorherr, Nachfolger Schulmeisters als Chefredakteur, ausgestattet mit einem untrüglichen journalistischen Spürsinn und einer Fähigkeit zu bildhafter Überzeichnung, hatte im Laufe seines journalistischen Lebens schon mehrere Lemming-Züge über die Klippen springen lassen, bis ihn ein Metteur unverhofft fragte: „Sag'n S', Herr Doktor, wie schaut denn so a Lemming eigentlich aus?" Chorherr blickte ihn entgeistert an und erwiderte: „Na – so wie ein kleines Reh halt." Die Kunde, daß Lemminge kleine Rehe sind, verbreitete sich in Windeseile, bis ein alter Setzer, der gern im schweinsledernen „Brehm's Tierleben" stöberte, Chorherrs Fauna überarbeitete. Worauf der Metteur enttäuscht vor sich hin murmelte: „Sowas, da sagt mir der Chef-

In der technischen Bleizeit der Zeitung, die bei der „Presse" mit der Einführung des Computers 1985 endete, hatten die Redakteure fast täglich Kontakt mit der Setzerei.

„Die Metteure ersparten uns manchen gedruckten Blödsinn, sie wurden ärgerlich, wenn wir mit den Fingern in ihre geordnete Bleiwelt hineingriffen."

Stereotypie, Satz und Druck im „Pressehaus" in Wien-Heiligenstadt

Wer sich heute noch daran erinnern kann, wie man das Farbband einer Schreibmaschine wechselt, ist in den Augen der überwiegenden Mehrheit der im Mediengeschäft Tätigen ein Fossil.

Wer zufällig Ende der sechziger Jahre in den Journalistenberuf einstieg, erlebte ein ganzes Jahrhundert Medientechnik.

redakteur, a Lemming is a kleines Reh, dabei is er nur a größerer Ratz."
Auch die jüngsten Kolleginnen und Kollegen und selbst Volontäre wurden am Abend in die Setzerei geschickt und erlebten dort die halbe Stunde, in der der Strom der Tagesarbeit ins publizistische Meer mündet. Was Chaos war und Kreativität, erhielt die abschließende Form – wenige Stunden später überprüfbar durch Tausende von Lesern. Kein Fehler läßt sich von dem Augenblick an so vertuschen, wie man beispielsweise in einem Amt einen mißglückten Akt verschwinden lassen könnte.
Eine Zeitung, die 150 Jahre alt ist, wird nicht erwarten, daß ihre derzeitigen und einstigen Mitarbeiter zum Geburtstag nur Wohlgefälliges über sie sagen. Nun schien es zweifellos so zu sein, daß die, die dort arbeiteten, eine Befriedigung empfanden. Wir nannten das den *Presse*-Bonus und hatten den Verdacht, daß er uns vom Gehalt abgezogen würde. Eine vom Institut „ifra" 1985 anläßlich der Computerisierung durchgeführte Umfrage unter den Redaktionsmitgliedern ergab unter anderem: „Die meisten Mitarbeiter, um nicht zu sagen alle, sind stolz, bei der Zeitung *Die Presse* arbeiten zu können, und sind auch der Meinung, daß sie die beste österreichische Zeitung machen."

Bei manchen, die die *Presse* im Groll oder auch nur einfach so verließen, klang es dann freilich anders. Sie brachten scharfe Kritik zu Papier wie Sigrid Löffler im *profil*, oder schossen, wie Georg Nowotny 1973 in der *Kronen Zeitung*, eine regelrechte Breitseite gegen die Zeitung ab: „Doch die Faszination des großen Meisters (Schulmeister) ist nicht mehr unversehrt, und auch sein Werk, die ‚Unabhängige Zeitung für Österreich', steht im Zwielicht …"
Es gab immer wieder auch düstere Phasen, verhängte Zeiten eben, die von den einzelnen subjektiv unterschiedlich erlebt und verkraftet wurden. Auch Richtungsfragen mußten in den Jahren, in denen der Vietnam-Krieg tobte und an einigen Stellen der Welt Rechtsdiktaturen herrschten wie in Chile und Griechenland, aufbrechen. Es war ein gelinder Trost, daß in das 1974 zustandegekommene Redaktionsstatut der Satz aufgenommen wurde: „*Die Presse* verteidigt die Grundfreiheiten und Menschenrechte und bekämpft alle Bestrebungen, die geeignet sind, diese Freiheiten und Rechte oder die demokratische rechtsstaatliche Gesellschaftsordnung zu gefährden." Der Konsens darüber, daß ein Mißstand geändert werden müsse, ließ sich unter den engagierten Redaktionsmitgliedern zumeist rasch herstellen, aber wie ändern? Es kamen, von verschiedenen Personen zu verschiedensten Zeiten angefertigte, „Reformvorschläge", ein buntes Papierpackerl in der Sammlung von 1966 bis 1988. Sie betrafen die Organisation, die Blattlinie, Ressortangelegenheiten – und hatten in den seltensten Fällen sichere Wirkung. Ein paar unverzeihliche Gemeinheiten, die sicher auch bei der *Presse* passierten, kommen in diesen Papieren nicht vor, sondern schlugen sich bestenfalls parallel dazu in erregten Briefwechseln nieder.
Alle, die länger dabei sind oder waren, haben in dem mit Aufträgen und Anforderungen vollgestopften Alltag doch wenigstens versucht, hinter die kurzen Zeiträume des Metiers zu schauen und Entwicklungen – gute wie schlechte – schärfer zu analysieren, als es bei bloßer journalistischer Wegelagerei gelingen könnte. Zu den schlechten gehört, daß im modernen, weltweit vernetzten Mediensystem jegliche Substanz zu verschwinden droht. In meiner Nach-*Presse*-Zeit begegnete ich einem Werbewirt-

Die Tradition der „Presse“ als Journalistenschule lebt: Die Lehrredaktion von 1997.

schaftler, der uns Journalisten davon überzeugen wollte, daß auch bei Zeitungen ausschließlich die Verpackung entscheide; einen Unterschied zwischen Zeitungskolportage und dem Verkauf von Gummibärchen könne er nicht erkennen. Wenn der Absatz nicht mehr stimme, müsse man die Verpackung ändern, also beispielsweise Layout oder Format.

Mir fiel bei dieser Gelegenheit spontan die *Presse*-Kollegin Pia Maria Plechl ein. Sie war Substanz schlechthin, es war ihr egal, was die breite Öffentlichkeit über ihre Artikel dachte, und irgendwie drückte sie das auch persönlich aus. Sie war hervorragend gekleidet, doch widerstrebte ihr alles, was die Wiener „Pflanz“ nennen würden – sie weigerte sich, nachzuhelfen, herumzuretuschieren. Einmal wagten wir, boshaft wie Redaktionskollegen schon sind, ihr vorsichtig nahezulegen, vielleicht einmal durch Make-up auf gezielte Außenwirkung hinzuarbeiten, worauf sie trocken antwortete: „Für euch werd' ich mich a no schminken!“

Zwischen zwei Extremen steht die völlig unbeantwortete Frage, was Journalisten heute (und nicht vor zwanzig Jahren) können, dürfen, sollen. Was lernen sie, was sollen sie diejenigen, die neu dazustoßen, lehren? Ein atomisiertes, der Relativitätstheorie anheimgefallenes Berufsbild gestattet keine einfachen Antworten mehr und läßt dennoch diejenigen nicht frei, die gelernt haben, daß es Verantwortung gibt. Heute heißt das, ergänzt der Kommunikationswissenschaftler: Verantwortung der Journalisten auch für die von ihnen medial erzeugte Wirklichkeit. Aus der Überfülle der Information, mit der gehandelt wird, ziehen sich viele Menschen in biedermeierliche Vereinzelung zurück – ins Privatkino dank Videobändern, auf bevorzugte Programmschienen dank digitaler Wahlmöglichkeiten, auf Printprodukte persönlichen Zuschnitts dank unzähliger, auf Zielgruppen hingetrimmter Blätter, kurzum: in die zu keinerlei gesellschaftlicher Überlegung oder gar Handlung zwingende private Ang'speistheit.

Da Zeitungen, Medien insgesamt, selten über den Zeitgeist erhaben sind, sondern ihn bestens spiegeln, sind weltweit Medienprodukte im Vormarsch, mit denen sich viel Profit machen läßt und die manchmal sehr modern und zeitgeistig wirken – sich aber in Wahrheit abgemeldet haben von jeglichem politischen Gestaltungswillen. Ihre Redaktionen sind bevölkert von journalistischen Biedermeiern, die sich täglich dadurch bestätigt fühlen, daß ihre Zielgruppe mit Schnapp-Reflex nach den gestylten Informations- und Unterhaltungshappen faßt, die sie ihr zuwerfen.

Sollte das die neue Medienzeit sein, dann würde *Die Presse* – sofern sie sich ernst nimmt wie bisher auch – wieder einmal nicht ganz in die Zeit passen. Das ist als Kompliment gemeint und ein aufmunternder Zuruf an die, die heute bei ihr lernen.

Die meisten Mitarbeiter, um nicht zu sagen alle, sind stolz, bei der Zeitung *Die Presse* arbeiten zu könen, und sind auch der Meinung, daß sie die beste österreichische Zeitung machen.

DIETER LENHARDT

Bombenschüsse – vom Stapel gelassen

Anmerkungen zur Sportberichterstattung

Als *Die Presse* ins Leben trat und in der zweiten Hälfte des 19. Jahrhunderts als *Neue Freie Presse* ihre erste wundersame Blütezeit erlebte, existierte bereits fast alles, was eine Tageszeitung an Themenkreisen braucht: Außen- und Innenpolitik, Wirtschaft, Chronik, Wissenschaft, Kultur, Hofberichterstattung, Feuilleton, auch der Kommentar. Nur eines gab es nicht, noch lange nicht, nämlich den Sport.

Nun läßt sich, was es nicht gibt, auch nicht recht beschreiben. Wir nennen ja das, was bereits die alten Griechen kannten, rückblickend gern, aber eher falsch „Sport". Ein solcher Sport nähme sich in der modernen Sportberichterstattung, ob 1896 oder 1998, seltsam aus. Die körperliche Betätigung, einst aus Kult, Kampf und Krieg geboren, hat wenig Ähnlichkeit mit „unserem" Sport, der im vorigen Jahrhundert synchron mit der Industriegesellschaft heraufkam: ein Phänomen, das die Grundzüge dieser neuen Gesellschaft – das Leistungs-, Konkurrenz- und Gleichheitsprinzip – deutlich widerspiegelt.

Was in England schon Jahrzehnte früher auf Touren kam, wurde im mittleren Europa viel langsamer heimisch. Thomas Nipperdey, der deutsche Kulturhistoriker, ortet drei Wurzeln des modernen Sports: die pädagogische Leibesübung, das vereinsmäßige Turnen und eben den britischen (Wettkampf-)Sport. „Sportliche Betätigungen und Unternehmen … werden eine Macht (und brauchen deshalb in der Zeitung, wie Wirtschaft und Kultur, ihren eigenen Teil)." Beim Durchforsten der *Neuen Freien Presse* aber sucht man noch lange vergeblich den „Sport".

Obwohl Victor Silberer, „der erste Sportjournalist Österreichs", schon 1880 in Wien die *Allgemeine Sport-Zeitung* gegründet hatte, sickerten Sportberichte nur zögernd, nur als Sensationsmeldungen und nur in den knalligeren Tagespressetyp ein. So etwa ins *Illustrierte Wiener Extrablatt*, wenn sich Wilhelm Türk aus Wien in Duisburg als „stärkster Mann der Welt" erwies, indem er die internationale Konkurrenz in Grund und Boden stemmte.

Noch immer nichts in der *Neuen Freien Presse*! Bloß Kurzberichte von Pferderennen, die vorwiegend als Gesellschaftsereignisse verstanden wurden, sich also folgerichtig in der „Chronik" finden. Diese Unterordnung jeglichen Sports unter die Chronik bleibt in unserem Blatt bis zur Jahrhundertwende aufrecht. Selbst Meldungen über die ersten „modernen" olympischen Spiele 1896 verlieren sich irgendwo in den endlosen Chronik-Spalten.

Spätestens mit diesem Großereignis aber hat der Sport auch in der *Neuen Freien Presse* Einzug gehalten, selbst wenn er fürs erste quasi in Untermiete logiert. Anders gesagt: 150 Jahre *Presse* sind, was den Sport betrifft, nicht

mehr als 100 Jahre. Ben Akiba („Alles schon dagewesen!") gilt somit als falsifiziert.
Ein zeitraffender Überblick der wachsenden und sich wandelnden Berichterstattung über den Leistungs- und Spitzensport in der *Neuen Freien Presse* und später in der *Presse* fordert auf knappem Raum eine unorthodoxe Methode. Wir musterten daher unsere Zeitung ab dem Olympiajahr 1896 im Zehnjahresrhythmus durch – und vermerken hier nun Auffälliges, Änderungen, Entwicklungen. So läßt sich in den dekadischen Sprüngen sehr schön die Bedeutungsexplosion des Sports ablesen. Der wird ja nur allmählich zum Publikums- und Massensport, zuletzt zum Knotzereignis für fernsehende Millionen. Tageszeitungen und ihre den Sport meist distanziert betrachtenden Chefs mußten und müssen darauf reagieren.
Am 12. April 1896 findet sich in der *Neuen Freien Presse* nach der Notiz „Ein Solo in der Augustinerkirche" ebenso unauffällig-klein „Ein olympischer Sieger aus Wien". „Herr Paul Neumann" hatte „die Weltmeisterschaft im Schwimmen" gewonnen, „indem er die Strecke von 500 Metern in 8 Minuten 12 Secunden durchschwamm". Hier war kein Sportredakteur am Werk, den gab's noch nicht, und was ein Wiener Blatt heute mit einem hiesigen Olympiasieger aufführen würde, nun ja.
Tags darauf schlug sich die sportliche Inkompetenz des Chronik-Redakteurs in einem der peinlichsten Eingeständnisse der *Presse*-Geschichte nieder. Unter „Wettlauf Marathon" hieß es: Es habe nicht, wie vortags gemeldet, der in St. Louis wohnhafte Grieche Bessilacos Bellocas den Olympiabewerb gewonnen, sondern der Grieche S. Louis vor seinen Landsleuten Bessilacos und Bellocas.
Schon am 9. April hatte man lesen können, daß im „Bicycle-Rennen" über 100 km der Franzose Flameny „trotz heftigen Windes als Erster im Ziel eingetroffen" war. Und am Ende der lakonische Zusatz: „Zehn liefen". Was den Schluß zuläßt, jener Lokalreporter sei am Werk gewesen, der sonst Freudenauer Galopper-Berichte redigierte.
Zehn Jahre später – 1906 – war der NFP-Sport vom häßlichen Entlein zum, sagen wir: kleinen stolzen Schwan geworden. Eine Montag-„Sportbeilage" bietet (zum Beispiel am 30. April) einen inseratengeschwängerten Artikel über „Automobilismus", einen stattlichen „Vereinskalender" und eine Rubrik „Fechtsport". Und die Fußballnachricht, daß der WAC gegen Wr. Sportvereinigung 1 : 1 gespielt habe. Und neben dem WAC finden sich im „Bericht vom 12. ordentlichen Rudertag" weitere Vereinsnamen, die heute noch geläufig sind: Lia, Viking, Ister.

Der Österreicher Wilhelm Türk, der „stärkste Mann der Welt", stemmte 1880 die Konkurrenz in Grund und Boden.

Linke Seite: Faszination des Skisports seit Matthias Zdarskys Zeiten
Unten: Suzanne Lenglen, Wimbledon 1926

„Jetzt boxen auch schon Gentlemen, Kinder und Weiber, womit eine ungeheure Verrohung der Sitten verbunden ist." Zeitungsnotiz von 1897

Aber der Sport taucht sozusagen schubweise auf; von Regelmäßigkeit keine Spur. Die graphische Form der Sportberichte ist auch im neuen Jahrhundert noch altvaterisch geblieben. Nach „Lokalberichten" kommt das Rubrum „Sportzeitung" einspaltig einher. Der lokale Pferdesport nimmt mehr Raum ein als die Depeschenmeldungen von den Ergebnissen der „Zwischenolympiade" in Athen (wo sich der Weitsprungsieger, nach 6,35 m 1896, jetzt auf 6,96 m gesteigert hatte).

Zugegeben, 1916 war Krieg. Aber der zarte einspaltige Kolumnentitel „Sportzeitung" ist noch immer da, und er ist noch immer in die „Kleine Chronik" integriert. Am Montag, 11. April, erschöpft sich der Sport in kaum 30 Zeilen (Trabfahren, „Hürdenreiten", sonst nichts). In derselben Nummer der NFP umfaßt „Der Economist" 2 1/3 große Seiten. Aber sechs Tage später – in der großen Politik ab Seite 1 geht es um den Eintritt der USA in den Ersten Weltkrieg – opfert die Zeitung doch zwei ganze Spalten für den Sport, davon vier Fünftel für Pferde, ein Fünftel für die Fußballer. Vorschau aufs Schlagerspiel WAC-Wacker! (WAC ist Tabellenführer).

April 1926. Nach wie vor einspaltig „Sportzeitung". Aus Paris wird in einem Achtzeiler ein Sieg der (Wiener) Hakoah-Fußballer gegen eine dortige Städteauswahl gemeldet, wobei der Leser zwar das Ergebnis nicht erfährt, wohl aber die Zuschauerzahl von 8000. Nur: Hakoah war ein Profi-Klub, während in der normalen Meisterschaft Amateure, also der Austria-Vorgänger, vor Rapid führt, das laut Bericht am 10. April Vienna 1 : 0 geschlagen hat.

Nun scheint Philipp Winter, der Nachfolger Felix Grafs, des ersten „echten" Sportredakteurs der *Neuen Freien Presse*, dem Fußball in der Zeitung zum Durchbruch verholfen zu haben. (Im Blatt selbst tauchen keine Autorennamen auf.) Nebenbei: Graf wie Winter

Ruderinnen an der Alten Donau, photographiert von Lothar Rübelt

Kleinwagenrennen (4-PS-Wagen) auf der Avus (Automobil-, Verkehrs- und Übungsstrecke) in Berlin (1922)

„Der Sportredakteur muß so schreiben, daß es auch eine Mehlspeisköchin verstehen kann, denn nur so kann der Sport wirklich populär werden.“

1896, Mahnung von Viktor Silberer, Österreichs erstem Sportjournalisten

waren selbst Spitzensportler, ersterer Leichtathlet, letzterer Schwimmer.
Der Fußball beherrscht auch 1936 den jetzt endlich mehrspaltig gewordenen Sport der NFP. Wunderteam-Namen (Vogl, Schmaus, Smistik) sind natürlich noch da, über Sindelar heißt es in einem Sportfeuilleton, er könnte „seine Tricks (auch) im Varieté zeigen“, und der berühmte Admira-Mittelstürmer Bican soll zu Slavia Prag übersiedeln. Einige erst nach 1945 gereifte Talente tauchen bereits auf: Hahnemann, Stroh, Aurednik. Noch immer Seltsames aus späterer Sicht: Von der 1. Hauptrunde des Fußballcups werden zwar penibel die Schiedsrichter, nicht aber die Torschützen berichtet; und am 3. Dezember verirrt sich ein biologisch-wissenschaftlicher Beitrag über „Markierte Fische“ als Aufmacher (!) in den Sportteil. Dieser aber hat, alles in allem, endlich die Gleichberechtigung gegenüber anderen Redaktionsressorts erreicht.
1946 gibt's die *Presse* nur als Wochenzeitung. Auch die Sportberichte verleugnen nicht die Nachkriegsnot: „Wiener Technik siegt über Kalorien“ (20. April; wir haben Ungarn 3 : 2 besiegt). Am 13. Juli wird ein offenbar neues Problem gewälzt: „Frau und Sport, eine alte Streitfrage“. Der nicht genannte Verfasser urteilt steinzeitlich, also damals zeitgemäß: „Es entspricht nicht dem Wesen der Frau, die letzten Kraftreserven aus dem Körper herauszuholen. Solche Kämpfe ... zerstören die Weichheit der Gesichtszüge.“
Dann ist Österreich endlich frei, und endlich hat 1956 „Der Sport“ (so die Pagina) in der *Presse* seine tägliche Seite erkämpft. Kurt Jeschko schreibt Reportagen, Feuilletons, großartige Rückblicke (etwa im April auf Olympia 1896 – das Material dafür kann er wohl nicht aus der *Neuen Freien Presse* haben). Die Titel sind noch sehr sachlich, um nicht langweilig zu sagen, Jeschkos Sprachbilder jedoch das Gegenteil. Aus seiner Betrachtung des Länderspiels gegen Schottland (1 : 1): „Halla vergaß dabei stets, einen seiner Bombenschüsse vom Stapel zu lassen,

„Es entspricht nicht dem Wesen der Frau, die letzten Kraftreserven aus dem Körper herauszuholen. Solche Kämpfe ... zerstören die Weichheit der Gesichtszüge.“

„Die Presse“ am 13. Juli 1946

Das „Wunderteam", legendäre österreichische Fußballmanschaft der dreißiger Jahre: Das Gemälde hängt heute im Wiener Stadion.

mit denen der gelernte Dentist den Schotten die Zähne gezogen hätte." Ein Vorahmer Josef Metzgers?
Anno 1966 ist die hohe Zeit der Ära Jeschko angebrochen, noch nicht aber jene des Fernsehens. Sosehr der *Presse*-Sport wiederum an Umfang und Bedeutung zugelegt hat: Der *Presse*-Sportleser scheint (noch) nicht der von heute zu sein. Am 12. April etwa überläßt es Jeschko, der Star, der Intellektuelle, seinem Kollegen Zimmer, über den Fußball zu berichten. Der tut's in einer heute nicht mehr möglichen Breite. Jeschko selbst war an diesem Wochenende in der Freudenau und berichtet über Pferderennen. Aber „Mit dem scharfen Objektiv", seiner Kolumne, reißt k. j. zukunftsträchtige Themen auf, zum Beispiel die „Geschäftsmentalität" des Europacups und ihre Folgen.
„Olympia in Innsbruck" wird im Februar 1976 zum bis dahin umfangmäßig größten Sportereignis der *Presse*. Täglich füllt Jeschko-Nachfolger Gerhard Zimmer zusammen mit Hans Huber, Josef Metzger, Hermann Fuchs und Kollegen vier großformatige Seiten. Nach Lektüre erlauben wir uns ganz zarten, nicht bös gemeinten Schmunzelspott über die offenbare Verlegenheit, den vielen Platz auch immer mit Inhalt zu füllen – so in einer Zimmer-Glosse: „Heute beginnen die zwölften Olympischen Winterspiele in Innsbruck. Das ist nicht die originellste, aber bestimmt die erfreulichste Meldung aus Innsbruck." Zwei Tage darauf, im Klammer-Goldrausch: „Er fuhr ein typisches Klammer-Rennen und siegte nicht nach einer perfekten Leistung, sondern stellte den Erfolg trotzdem sicher."
1986 war die Ära Metzger an- und die mexikanische Fußball-WM ausgebrochen. Längst forderten massive TV-Übertragungen ihren Tribut in Form analytischer, nicht mehr vorrangig beschreibender Reportagen. Etwa: „Die Hilflosigkeit der Briten ist

nicht zu leugnen ... Man fordert in Mexico von ihnen, was sie nie lernen und daher auch nicht beherrschen. Die Wucht, die in ihnen steckt, verpufft wie die Luft, die einem Ballon entweicht, wenn man mit einer Nadel hineinsticht ..." Aber Sie würden nie ahnen, wie viele Druckzeilen Josef Metzger an diesem Tag (11. Juni) der *Presse* und ihren Lesern übermittelte. Wir wissen es natürlich auch nicht mehr, können nur nachmessen, was davon gedruckt wurde: nämlich 579 Zeilen. Das ist weit mehr als der Gesamtumfang dieses Beitrags hier.
Vielleicht, ja sogar wahrscheinlich wurden Sportredakteure immer schon ein wenig von ihren Redaktionskollegen belächelt, obgleich der Umfang ihrer Fachbildung jenem eines qualifizierten Wirtschaftsredakteurs mindestens gleichkommt und ihr Einsatz jedem Vergleich spottet. Das (Be-)Lächeln würde manchem Zeitungsmenschen auf den Lippen gefrieren, müßte er als Hauptreporter und zugleich Organisationsverantwortlicher durch die Hölle einer Olympia- oder WM-Berichterstattung gehen – und sich dann noch dem verdammt sachkundigen Urteil der Sportleserschaft stellen. Viel spricht dafür, daß in all diesen Dingen zwischen einem Felix Graf und den heutigen *Presse*-Sportredakteuren kein wesentlicher Unterschied besteht.

Idol von heute: US-Basketballstar Michael Jordan

KURT JESCHKOS ERINNERUNGEN

Die Redaktion trug damals stark familiären Charakter. „Vater" Ernst Molden leitete das Blatt im Stil eines Patriarchen, dessen Autorität in allen großen Fragen unbestritten war, dem aber Kleinigkeiten zuwider waren. So überließ er den Alltagskram gern seiner Sekretärin, Eli Heringer. Ich bin mit ihr immer gut ausgekommen, obwohl sie einmal, als ich mit vieler Mühe im Londoner Wembley-Stadion mein Gespräch mit der Redaktion erhalten hatte, um über den Länderkampf gegen England zu berichten, mitten im Diktat plötzlich an den Apparat kam und sagte: „Machen Sie jetzt Schluß! Die Telephonrechnung wird zu hoch." Zu diesem Zeitpunkt hatte ich noch nicht einmal das Resultat durchgegeben ...

In dieser ersten Zeit der *Presse* hatte man übrigens in diesem Unternehmen einen Blick für die Sorgen der Wirtschaft, aber keinen für die wirtschaftlichen Sorgen der Mitarbeiter. Die Ehre, für das Blatt arbeiten zu dürfen, wurde auf die Gage angerechnet. Das war nicht Übermut oder Böswilligkeit, sondern einfach Mangel an Gelegenheit, die Redakteure so fürstlich zu entlohnen, wie sie es zweifellos (nach Ansicht der Redakteure) verdient hätten. Den Hugo Reden, der damals in einem finsteren Loch, die Verwaltung leitete, glich einer perfekten Hausfrau, die das beste Menü zu bereiten verstünde, wenn sie die Lebensmittel dafür hätte. Damals reichte es oft nur für Sauerkraut und Knödel. Und doch, das genügte uns. Denn wir alle waren vom Anfang an stolz, für die *Presse* arbeiten zu dürfen.

„Man weiß ja, oder zumindest der, welcher der Englandmanie nicht verfallen ist, daß ein großer Teil der englischen Fußball-Professionals sich nicht gerade aus Kavalieren rekrutiert."

Elegant formulierter Sportkommentar aus der NFP vom 2. Juli 1914. Nationalpatriotische Töne gehörten stets zum Repertoire der Sportjournalisten.

HANS HAIDER

Durchhaus und Heimat für die Literatur

Das „Presse"-Feuilleton

In dem in zwanzig Sprachen übersetzten Roman „Danubio" des Triestiner Literaturwissenschaftlers und Erzählers Claudio Magris wird der Wiener Zentralfriedhof in meisterhafter Weise erwähnt. Wie es dazu kam? Ihm war das Gerücht zugetragen worden, im Zentralfriedhof fänden alljährlich Treibjagden statt. Für ihn ein Auslöser von phantastischen Vorstellungen, ja szenischen Ausmalungen! Er rief eines Tages in der *Presse*- Redaktion an und fragte, ob er sich, discretamente, einem Mäuschen gleich, eine solche Jagd anschauen dürfe. Der Wiener Bürgermeister Helmut Zilk half: Magris wurde ein Tag genannt, an dem er um vier Uhr früh vom Hotel „De France" abgeholt würde.

Magris kam nach Wien, wurde zum Friedhof gebracht und einem städtischen Jagdbeamten übergeben. Der klärte ihn auf, daß es keine Treibjagden gibt, sondern nur die kontinuierliche Dezimierung der Hasen, Fasane, bisweilen Rehe in der Nekropole. Das lärmende Lastenwägelchen eines Gärtners rettete den einzigen Fasan, der an diesem Morgen vor das Schießrohr des Jagdbeamten stolziert kam. Magris schrieb einen die ganze Geschichte des Zentralfriedhofs kolportierenden Prosabericht für das Feuilleton (Terza pagina) des *Corriere della sera*. Und *Die Presse* druckte ein paar Monate danach die Übersetzung unter dem Titel „Die Stadt der anderen Wiener". Die Geschichte fand ihren Platz im Stromstück von „Danubio".

Den Literaten dient eine Tageszeitung des liberal-bürgerlichen Typs zugleich als Heimat und als unheimliches Durchhaus. Sie wollen als Gelegenheitsgäste im Feuilleton nicht vom Tagesbetrieb vereinnahmt, nicht in aktuellen Konfliktfällen mit der „Blattlinie" identifiziert werden; doch sie hoffen auf Rezensionen ihrer Neuerscheinungen, auf Gratulationen zu ihren „runden" Geburtstagen. Das literarische Leben sucht und braucht Platz, um sich tagweise, also nicht nur in den Ewigkeitstempeln der Weltliteratur, seiner Wirkung und seiner Nachfrage zu versichern.

Die Zeitung schreibt nebenbei eine Chronologie der laufenden Ereignisse: Preise, Ordensverleihungen, Geburtstage, Ankündigungen von neuen Büchern und dramatischen Stücken, Kritiken von Neuerscheinungen und Bühneninszenierungen, Interviews über Befindlichkeiten, Meinungen, Arbeitspläne. Ein Qualitätsblatt lädt zudem auch Schriftsteller ein, sich dieses Reproduktionsmittels zu bedienen, das zwar nur kürzere, kleine Texte befördern – doch an Hunderttausende Leser rasch verteilen kann.

Soweit die schmale Typologie der Zeitungsliteratur der letzten Jahre – einer Kultur, die heute selbstverständlich wehmütig auf das Feuilleton der Jahrhundertwende zurückblickt und sich in Österreich, in Deutschland und in der Schweiz weitaus seltener in innerliterarischen

Fragen zum Duell in polemischer Rede und Gegenrede aufschwingt als in Italien oder Frankreich. Kultur- und parteipolitische Schlagabtäusche unter Literaten in Zeitungen gibt es freilich mehr als genug.

Ein rarer – wahrlich nur innerliterarischer – Streit entzündete sich 1986 an der denkbar exklusivsten poetischen Form: am Sonett. Endlich hatte die Redaktion einen Fachmann gefunden, der in der Lage war, Franz Josef Czernins Neuerscheinung „Die Kunst des Sonetts" selber zu verstehen und einem größeren Leserkreis zu erklären: Michael Köhlmeier, ein studierter Philosoph und Germanist, hatte in frühen Jahren dieses klassische Gedichtschema bedient. Endlich war der Vorarlberger breitgeschlagen, Czernins Opus magnum, einen „Sonettenbaum", zu besprechen – das ist eine seit dem Barock bekannte Regel für 211 Sonette, die alle voneinander abhängen. Köhlmeier aber fand ob Czernins formalen Kraftakts nur zu Hohn und, was noch mehr schmerzt, kameradschaftlichem Auf-die-Schulter-Klopfen: „Ich versteh es nicht. Ich verstehe es einfach nicht! Mensch, Czernin, hast du dich da in eine Privatsprache gebohrt ... Hast Du da eine Masche gefunden, wie man auf Knopfdruck Absolutes aus einem Automaten zieht? Mensch, Czernin, wer soll dein Buch lesen?"

Der Vorarlberger Michael Köhlmeier war als Autor von Hörspielen und Prosa eine *Presse*-Entdeckung schon Mitte der siebziger Jahre. Selbstverständlich wurde Köhlmeiers Verriß (eine ganze Zeitungsseite!) gedruckt, selbstverständlich Czernin sofort die Gelegenheit zu einer Erwiderung eingeräumt.

Franz Josef Czernins Wiener literarische Vorbildfigur war der Dichter Reinhard Priessnitz (1945 bis 1985). Als 1979 im Zuge einer kleinen Reform der Samstagsbeilage Spectrum zu den üblichen Rezensionsseiten Platz für neue Poesie und für die Erörterung entdeckenswerter alter und neuester Literatur geschaffen wurde, übernahm Priessnitz eine (unbezahlte) Beraterrolle. Dieses Literaricum ist nach Zahl der Themen, der darin schreibenden und darin beschriebenen Autoren rasch Österreichs größte Literaturzeitschrift geworden.

Paul Flora, der sich nach seinen großen *Zeit*-Tagen als Zeitungs-Zeichner trotz vieler Nachfragen verweigerte, schuf zum ersten Themen-Schwerpunkt – über die damals grassierende Kälte- und Eismetaphorik in den Prosatiteln – ein Blatt mit durch Eisbergwüsten irrenden Männlein und gefrorenen Riesenbuchstaben. Er schenkte es dem Literaricum zum guten Beginn.

Für die Eröffnungsnummer am 1. September 1979 bereitete Priessnitz einen Nachruf auf den drei Monate vorher verstorbenen Arno Schmidt vor. Er schrieb über den österreichischen Dadaisten Raoul Hausmann sowie über James Joyce zum 100. Geburtstag. Zum 150. Geburtstag von Wilhelm Busch schuf Reinhard Priessnitz zwölf Reimpaare, die Walter Schmögner illustrierte – ebenso in der Art des Meisters. Im Sommer und Herbst 1985 zwang ihn eine Krebserkrankung immer wieder für Wochen ins Spital. Sein großer Essay zum 100. Geburtstag von

Oben: „Der Bücherwurm", nach einer Photographie von Balle (1929)
Linke Seite: Franz Josef Czernin

„Mensch, Czernin, wer soll dein Buch lesen?"
Aus Michael Köhlmeiers Rezension von Franz Josef Czernins „Die Kunst des Sonetts"

Ernst Jandl und Friederike Mayröcker, photographiert von Sepp Dreissinger

Radikale Poesie kann auch die mutigste Zeitung nur im Windschatten großer Signalnamen anbieten – wie auch im Musikbetrieb Neutöner ins Abonnement eingebettet werden.

Ezra Pound erschien am 2. November im Literaricum – kurz vor seinem Tod. Priessnitz hatte auch seine Schrecken im Krankenhaus und seine Kritik am ganzen Heilsystem mit letzten Kräften zu Papier gebracht: Dieser Text, „die eingebildeten ärzte, pfleger, kranken (figuren in deckweiss)", kam zum ersten Todestag in die Zeitung.

Der österreichische Schriftsteller Michael Scharang setzte im Sommer 1987 an den Anfang von Literatur- und Reisenotizen aus Amerika („Was Neues in der neuen Welt?") die Begründung, warum er diesen Text nur in der *Presse* und nirgendwo anders seinen Lesern bekanntmachen wollte: „Im Frühjahr 1983 publizierte ich in der *Presse* ein Stück Prosa mit dem Titel ‚Auf nach Amerika'. Alles, was ich im weiteren berichte, hat in jenem Text seinen Ursprung, deshalb gehören auch diese Notizen hierher. Das Stück Prosa entwickelte sich nach und nach zu einem Roman, an dessen Beginn die beiden Hauptpersonen bereits den Entschluß fassen, nach Amerika aufzubrechen; im Schlußteil ist es soweit: sie haben endlich die Vereinigten Staaten erreicht ..."

Einmal, und gewiß ausnahmsweise, entwuchs einem auf Drängen der Redaktion geschriebenen Zeitungs-Lesestück ein – inzwischen schon mehrere gedruckte Bücher füllendes – Romanprojekt von musilscher Gedankenschärfe und Beharrlichkeit. Alle paar Jahre gab seither Michael Scharang Passagen aus diesem Riesenroman der *Presse* zum Vorabdruck. Auch Scharangs kritisch-polemische Attacken fanden mit Hilfe der *Presse* ihre Verbreitung.

1960 hatte Fritz Molden Ilse Leitenberger (1919 – 1995) aus Salzburg in sein neues Pressehaus in der Muthgasse engagiert. Diese hochgebildete und dynamische Blattmacherin unterstützte bald mit Rezensionen, Interviews, Schreibaufträgen die Autoren des von Wolfgang Schaffler neugegründeten Residenz-Verlags – die älteren wie H. C. Artmann und Rudolf Bayr, die jungen wie Thomas Bernhard (dessen erste Schritte sie schon in Salzburg begleitete), Peter Handke, Alfred Kolleritsch, Gert Jonke, Barbara Frischmuth, Peter Rosei, Helmut Eisendle. Der Gratiswerbung von Ilse Leitenberger und dem ORF-Generalintendanten Gerd Bacher – der ebenfalls mit Schaffler befreundet war – verdankt letztlich der Residenz-Verlag seinen Aufstieg zur führenden österreichischen literarischen Adresse.

Doch versäumte Leitenberger die pflegliche Betreuung von Ingeborg Bachmann, Ilse Aichinger, Elias Canetti, Erich Fried, Albert

Drach. Auch Ernst Jandl und Friederike Mayröcker wurden erst ab 1979 mit der Gründung des anfangs vierzehntägig angebotenen Literaricums langsam in der *Presse* heimisch. Von Günther Anders erschien erst 1982 ein Originaltext („Als – Eine Parabel"). Dorothea Zeemann und Marie-Thérèse Kerschbaumer folgten.

Die Presse hatte in den Jahren des Kalten Kriegs beherzt, aber auch sehr schematisch den antikommunistischen literarischen Dissens in Osteuropa unterstützt. Im Wiener Animositäten-Kabinett der sechziger, siebziger Jahre durfte man entweder Friedrich Torberg oder Hilde Spiel lieben; und wer mit Hans Weigel im Kaffeehaus saß, sollte Torberg nicht grüßen, behielt dafür aber bei Spiel seine Chance. Ilse Leitenbergers Wahl fiel auf Hans Weigel. Oder muß man sagen: Weigel führte sie in sein Lager? An Weigels literarischem Stammtisch im Wiener Café Raimund saß in jungen Jahren der spätere Kulturressortleiter Franz Endler. Erst nach dem Tod von Friedrich Torberg kam es zu einer Versöhnung mit der *Presse*: Marietta Torberg stellte 1981 das im Nachlaß aufgefundene Arbeitstagebuch zum Roman „Süßkind von Trimberg" (erschienen 1972) zum Abdruck zur Verfügung. Und siehe: Wer Friedrich Torberg belehrt hatte, daß er mit diesem Memento an den jüdischen Minnesänger gescheitert sei, fand alle seine Argumente vom selbstkritischen Autor selbst bedacht wieder!

Hilde Spiel, von Friedrich Torberg unliebenswürdig „Hulda Spitz" benannt, schrieb in der *Frankfurter Allgemeinen Zeitung* und wählte die *Presse* nur als Kriegsschauplatz. Nachdem in Sankt Wolfgang am See auf dem Nachbargrundstück schattenspendende alte Bäume gefällt waren, lancierte die dadurch gestörte Hilde Spiel eine Schlüsselgeschichte mit dem Titel „Der Baumfrevel" (19. April 1986). Tout Vienne wußte sofort den Namen der frevelnden Anrainer: Lernet-Holenia.

Als Bert Brecht im Jahr 1956 starb, schimpfte der *Presse*-Theaterkritiker Piero Rismondo – der sich gleich Manès Sperber vom Kommunismus abgewandt hatte – „westliche und vor allem bürgerliche deutsche Intellektuelle", weil sie den Kommunisten Bert Brecht als größten zeitgenössischen deutschen Dramatiker bezeichnet haben „angesichts der Tatsache, daß Carl Zuckmayer noch lebt und schafft und daß der Wiener Ferdinand Bruckner ein deutschsprachiger Dramatiker ist". Rismondo, Jahrgang 1905, erwarb sich als Übersetzer von drei Italo-Svevo-Romanen („Zeno Cosini", „Ein Leben", „Senilit") aus dem Italienischen bleibendes Renommee. Er starb 1989 und wurde auf dem Grinzinger Friedhof beigesetzt – präzise eine Stunde vor dem dortigen stillen Begräbnis von Thomas Bernhard.

Bis 1986 hatte Ilse Leitenberger die Leitung des Spectrums inne, und noch weitere fünf Jahre betreute sie die Buchrezensionsseiten. Ihre eigene Jugend erzählte sie in dem Buch „Kinderhaus bürgerlich", mit ihrem Gedicht „Sankt Georg" war sie eine Siegerin in einem Wettbewerb für christliche Literatur. Autoren ihrer Generation wie Gertrud Fussenegger, Franz Tumler, Herbert Eisenreich

Den Literaten dient eine Tageszeitung des liberal-bürgerlichen Typs zugleich als Heimat und als unheimliches Durchhaus.

Paul Flora schenkte dem ersten „Presse"-Literaricum zum Themenschwerpunkt Kälte und Eismetaphorik diese Illustration.

sowie der großen internationalen Romanliteratur gab sie am liebsten Raum – und zeigte doch Neugier, ja Mütterlichkeit gegenüber manchen jungen Anfängern.
So lud sie 1978 zu einem *Presse*-Prosawettbewerb ein. Die Preise wurden im Palais Palffy – im feingestimmten Rahmen der Österreichischen Gesellschaft für Literatur – überreicht: an Evelyn Schlag, Mariella Ruggiera und Markus Wilhelm. 1983 erbat *Die Presse* von Lesern Erinnerungen an die Kriegstage: Dietlinde Nöbauer, Hans Mühlbacher und Hertha Jugl waren die Gewinner. Mit der Creditanstalt als Sponsor wurden 1984 Peter-Altenberg-Preise vergeben: an Herbert Eisenreich, Michael Amon, Felix Mitterer, Ingrid Plöchl.
Thomas Bernhard schickte manchen Zornesbrief an die *Presse* – so 1976, als er sich vom österreichischen Botschafter in Lissabon („Ein destruktiver, schrecklicher Kerl") mißachtet vorkam, und 1985, als ihn der damalige Finanzminister Franz Vranitzky anrempelte und Unterrichtsminister Herbert Moritz mit Mutmaßungen über Bernhards Geisteszustand dem nachmaligen Bundeskanzler beistand. Peter Handkes „Gedicht an die Dauer" wurde, in einem Respektabstand zum wenig verkauften Buch, komplett auf zwei Zeitungsseiten reproduziert. Christoph Ransmayr stellte sich schon 1985 mit einer Reportage über ein Tourismusprojekt des Künstlers Mario Terzic ein.
Radikale und experimentelle Poesie blieb naturgemäß ein Minderheitenprogramm. Vom Dichter Bodo Hell – der sich allsommerlich am Dachsteinplateau als Viehhirte verdingt und dorthin ein *Presse*-Abonnement geschickt bekommt – wurden zweimal je eine ganze Seite füllende Texte ohne einen Punkt oder Absatz gedruckt, in welchen sich körperliche Anstrengungen beim Bergsteigen in Atemnot beim Lesen vermitteln sollen: der erste Aufstieg führte „Zum Parnaß" (1982) in Griechenland, der zweite („Vierbergelauf", 1985) folgt einem Kärntner Prozessionsweg.
Trotz aller Abweichungen von der üblichen Typographie wurden Texte von Friederike Mayröcker und Marianne Fritz großflächig plaziert. Radikale Poesie wie die von Hell kann auch die mutigste Zeitung nur im Windschatten großer Signalnamen pflegen, anbieten – wie auch im Musikbetrieb Neutöner ins Abonnement eingebettet werden. Im „Abonnement" fanden sich Barbara Frischmuth, Inge Merkel, Josef Rieger, Anton Fuchs, Alfred Paul Schmidt, Camillo Schaefer, Peter Stephan Jungk und der Sonderling Otto Kreiner. Pavel Kohout und Frederic Morton schrieben große Weihnachtserzählungen.
Immer wieder wurden Schriftsteller eingeladen, sich länger zu binden mit regelmäßig erscheinenden Feuilletons („Lieder eines im Gebüsch Sitzenden" von Jürgen W. Weil, „Gleitflüge" von Walter Vogl) oder einer Serie: Otto Grünmandl lieferte über den Sommer 1988 die zehnteilige Groteske „Vor dem Testament des Jeremias Apfelbaum".
Als der bekannte Dramatiker und Dokumentarist Rolf Hochhuth aus der Schweiz 1988 unvermutet den Aufsatz „Mayerling: Bestimmt kein Jagdunfall – aber wer hat

Gert Jonke besuchte 1979 Jorge Luis Borges in Buenos Aires und schrieb darüber im Feuilleton der „Presse".

Kronprinz Rudolf erschossen?" anbot, konnte er sicher sein, daß seine Thesen öffentlich zur Diskussion gestellt werden. Und auch Hermann Burger, Jahrgang 1942, Schweizer mit Österreich-Affinität, beschäftigte die Spectrum-Mannschaft: Burger rief im Sommer 1987 aufgeregt aus Gastein an: Er, Verfasser der Novelle „Die Wasserfallfinsternis von Badgastein" (mit der er 1985 in Klagenfurt den Bachmann-Preis gewonnen hat), sei von einem Hotelier betrogen und bestohlen und von einem offensichtlichen Komplizen dieses Hoteliers mit dem Tode bedroht worden. Burger bat, die Gasteiner Bedrängnisse in der literarischen Form einer Novelle in der *Presse* veröffentlichen zu dürfen. Das wurde ihm zugesagt. Blitzschnell intervenierte *Die Presse* beim Salzburger Kultur-Landesrat und bei den Gasteiner Fremdenverkehrsämtern, um den Fall rasch und gütlich für den Dichter zu erledigen (es ging auch um eine nicht bezahlte Rechnung und um Gepäck, das deswegen einbehalten wurde). Die Ämter halfen nervenschonend. „Abschied von Gastein – Eine Art Schachnovelle" erschien am 31. Oktober 1987. Ein herzzerreißender Text, in dem Burger Wut, Schmerz und Aktion in den formalen Raster eines Schachspiels legte. Burger machte bei seinen Telephonaten einen besorgniserregend verstörten, desorientierten Eindruck. In der Redaktion wurden darum vor der Drucklegung alle Figurenzüge nachgespielt – aber sie stimmten exakt und ergaben ein korrektes Spiel. Burger überlebte noch einen weiteren Krisensommer. Im Februar 1989 schied er aus dem Leben.

Die Presse bewährte sich als erste österreichische Adresse, an der Erlebnisse, Begegnungen, Fundstücke abgeliefert werden konnten: Gert Jonke besuchte 1979 den fast blinden Jorge Luis Borges in Buenos Aires. Der Pianist Paul Badura-Skoda besuchte Gabriel Garcia Marquez in Mexiko und schrieb darüber, Josef Winkler begeisterte sich für Hebbel und das Grab Hebbels am Matzleinsdorfer Friedhof in Wien. Erinnerungen an Ernst Meister brachte Gertrude Freisleben zu Papier; der Dichter kam in seinen letzten Jahren oft als Kurgast in Freislebens Sanatorium in Bad Aussee. Kurt Jungwirth beschrieb als Kulturlandesrat der Steiermark und Präsident des „steirischen herbsts" seine zwei Begegnungen mit Samuel Beckett in Paris.

Germanist Wendelin Schmidt-Dengler, Gastrezensent der „Presse", mit Friederike Mayröcker, Alfred Kolleritsch und Ernst Jandl (von links)

Der Multiartist Peter Weibel fragte 1982 an, ob er das Münchner Originalgenie Karl Valentin zum 100. Geburtstag würdigen dürfe. Er wurde dankbar eingeladen – und verfaßte einen herzerwärmenden Adorantentext.

Voran Wolfgang Kraus und Konstantin Kaiser, brachten Germanisten und Schriftsteller ihre Berichte über Besuche bei längst verschollenen und vergessenen österreichischen Emigranten und Vertriebenen in die *Presse*. Und das schon lange vor dem Bedenkjahr 1988, als sich der „Anschluß" Österreichs zum 50. Mal jährte. 1988 bekam der in England gebliebene Kunsthistoriker Ernst Gombrich als erster in Wien den neugeschaffenen Ludwig-Wittgenstein-Preis: *Die Presse* druckte Gombrichs große Dankesrede im vollen Wortlaut.

Mit dem jungen Robert Menasse wurde schon Kontakt gefunden, als er noch als Universitätslektor in Sao Paulo wirkte. Jeweils den 100. Geburtstag im Jahr 1985 wählte Menasse zum Anlaß, um das Lebenswerk von Georg Lukács und von Ernst Bloch zu werten. Sein Romandebüt 1988 („Sinnliche Gewißheit") lobte dann in der *Presse* Franz Schuh. Erich Hackls ebenfalls spätes Debütbuch „Auroras Anlaß" wurde 1987 von Karl Woisetschläger gewürdigt. Hackl, der vordem in der Redaktion der linken „eurokommunistischen" Zeitschrift *Tagebuch* mitarbeitete, machte nach deren Ende das *Presse*-Spectrum zu seiner Wahlheimat. Und ebenso arbeitet seit den frühen neunziger Jahren der Salzburger Literaturkritiker Karl-

„Finanzminister Vranitzky ist der Finanzminister eines schon längst zur Provinzschnurre verkommenen Kleinstaates, mit dem sich ein denkender Mensch schon lange nicht mehr identifizieren kann."

Thomas Bernhard in der „Presse" vom 13. September 1985

Robert Menasse (links) und Erich Hackl. Für Hackl wurde das „Presse"-Spectrum zur Wahlheimat.

Markus Gauß, ein guter Kenner der Literaturen Ost- und Südosteuropas, im Spectrum mit.

Die internationale, die Weltliteratur fand und findet sich in einer Spectrum-Nummer oft von bescheiden regionalen Themen begleitet. In den Schaufenstern der Buchhandlungen passiert dasselbe, der Wechsel von alt und neu, klein und groß. Österreichs Literaturprofessoren und Philologen zeigen grundsätzlich viel mehr Berührungsängste vor Gastspielen in Tageszeitungen als ihre italienischen, französischen Kollegen. Doch konnte *Die Presse* Wiener Gelehrte wie Werner Welzig (zu Peter Handke), Wendelin Schmidt-Dengler (zu Doderer, Okopenko), Hans Hinterhäuser (zum Tod des Literaturnobelpreisträgers Eugenio Montales) und Hans Schwabl (über Handkes Aischylos-Übersetzung) gewinnen.

„Das beste Feuilleton des Landes, das Spectrum":
Die Wiener Kulturzeitschrift „Falter" über die „Presse"-Wochenendbeilage

Der Erzähler Alois Brandstetter, der in Klagenfurt Germanistik lehrt, konnte einmal überredet werden, eine Nachdenk-Serie über den alltäglichen Sprachgebrauch zu schreiben: Er lieferte mehr als ein Jahr lang alle vierzehn Tage „Wörter über Worte" – über echt, Licht, Kult, Kunsteis, Urlaub und sogar Wörther See. Doch die meistgelesene Sprachkolumne betreute in den achtziger Jahren Ernst Hirschbold („Hirschbolds Pirschgang im Sprachrevier").

Aus dem Polnischen übersetzte Oskar Jan Tauschinski für die *Presse* – so Gedichte von Zbigniew Herbert. Waren für die ungarische Literatur Barbara Frischmuth – eine diplomierte und zudem literarische Übersetzerin – auf der Wiener und der Dichter Miklos Meszöly auf der Budapester Seite die Hauptvermittler, so bewahrten über die tschechische Grenze hinweg Ernst Jandl und Friederike Mayröcker bzw. Josef Hirsal und Bohumila Grögerová die Freundschaft der Dichter. 1980, als Hirsal in Prag ein elendes Dissidentenleben führte, sandten Jandl und Mayröcker der *Presse* Gedichte zum 60. Geburtstag des widerspenstigen Poeten ein.

Zur Erinnerung an die „Charta 77" und die damalige Einkerkerung von Václav Havel wurde zehn Jahre danach, 1987, ein im Gefängnis geschriebener Text publiziert. Als 1996 in Prag zur Eröffnung des Österreichischen Kulturinstituts eine Ausstellung über die Havel-Uraufführungen im Wiener Burgtheater unter dem Direktor Achim Benning vorbereitet wurde, lag nirgendwo soviel Material wie in den *Presse*-Archiven: Denn konsequent waren die Solidaritätsaktionen des Burgtheater-Ensembles unterstützt worden.

Mitte der achtziger Jahre entfaltete sich eine behutsame Zusammenarbeit zwischen dem *Presse*-Literaricum und der Burgtheater-Dramaturgie: Statt der üblichen Werbeinterviews mit Schauspielern und Regisseuren einer Premiere sollte auf breitem Raum die dramatische Literatur zur Debatte gestellt werden. Reinhard Urbach, damals Chefdramaturg, breitete seine Nestroy-Neuentdeckungen und -Neuinterpretationen aus, Reinhard Palm, später Chefdramaturg am Zürcher Schauspielhaus, deutete Elias Canettis „Hochzeit". Die Dramaturgie der nachfolgenden Peymann-Direktion nahm ein ähnliches *Presse*-Angebot nicht an.

ALS FRANZ OLAH STÜRZTE

Ein Interview mit der *Presse* sollte im September 1964 den einflußreichsten Mann in der SPÖ den Kopf kosten. Das war der 54jährige Franz Olah, vormals Präsident des Gewerkschaftsbundes und Zweiter Präsident des Nationalrates, dann Innenminister der Republik. Der praktizierende Katholik und einstige KZ-Häftling hatte nicht nur zur katholischen Amtskirche zarte Bande geknüpft, auch die kleine FPÖ bezog er in sein machtpolitisches Kalkül ein. Denn er ahnte, daß die politische Zwangsehe in Form einer Proporzregierung mit der Volkspartei nicht mehr lange gut gehen konnte. Aber Olah war zu ungeduldig, die etablierte Parteispitze ahnte, daß der Mann an die Macht drängte.

Einen Innenminister der eigenen Partei „abzuschießen", ist aber nicht so leicht. War es auch damals nicht. Immerhin saß er im Parteipräsidium, wußte über intimste Vorgänge Bescheid, hatte zudem als Innenminister Zugang zu Dossiers, vor denen so mancher mächtiger Genosse zitterte. Ein Vorwand mußte gefunden werden. Olah lieferte ihn selbst: Er empfing den innenpolitischen *Presse*-Redakteur Georg Nowotny zu einem langen Gespräch.

Ein klarer Verstoß gegen damalige Regeln in der SPÖ. Mit „gegnerischen" Medien durfte ein aufrechter Funktionär keinen Umgang pflegen. Und wenn schon, dann durfte nichts nach außen dringen. Olah setzte sich darüber klar hinweg. In dem Interview kritisiert er den Parteivorsitzenden Pittermann und seine Widersacher Christian Broda und Josef Holaubek (den damaligen Wiener Polizeipräsidenten). Ungläubig fragt Reporter Nowotny den Mächtigen, ob er etwas dagegen hätte, wenn dies alles publiziert würde. „Olah denkt zuerst nach und sagt dann müde, ‚es ist ja schon so weit gekommen', und schüttelt den Kopf", berichtet er dann.

Sehr substantiell ist die Sache nicht. Trotzdem. Georg Nowotny rückt das vierspaltige Interview in die Morgenausgabe des 15. Septembers 1964 auf Seite 5 – dann ist der Teufel los. Bereits tags darauf wird der Parteivorstand zusammengetrommelt, 24 Stunden später tagt schon das Schiedsgericht. Olah ist allen Ernstes angeklagt, in einem „nichtsozialistischen Blatt" Angriffe gegen die Parteiführung gestartet zu haben. Wieder einen Tag später ist Olah als Innenminister abgesetzt.

Daß damit die Probleme für die SPÖ erst so richtig beginnen, weiß zu diesem Zeitpunkt noch keiner der Beteiligten. Manche ahnen, daß Franz Olah nicht kampflos das Feld räumen wird, nachdem man ihn auch noch aus der Partei ausgeschlossen hat. Olah rächt sich bitter mit der Gründung einer eigenen Partei, wird in den Wiener Gemeinderat gewählt, in der SPÖ toben Richtungskämpfe, 1966 erleidet sie eine solch schwere Wahlniederlage, daß die ÖVP erstmals allein regieren kann. Die Rache der Partei folgt danach, in einem Sensationsprozeß wird Olah wegen der kurzfristigen Verpfändung eines ÖGB-Sparbuches zur Existenzgründung der *Kronen Zeitung* verurteilt, eingekerkert und später geächtet.

Vielleicht – ja sogar wahrscheinlich – wäre alles auch ohne das *Presse*-Interview so gekommen. Aber für Olahs Feinde war es der einfachste Weg. Warum Franz Olah damals den Kopf so bereitwillig auf den Richtblock gelegt hat – das bleibt sein Geheimnis.

Hans Werner Scheidl

GÜNTHER HALLER

Magie der Dunkelkammer

Pressephotographie im Zeitraffer

Willst du nicht meine alte Rollei?" Herbert Tichy, Bergsteiger und Forschungsreisender, war gerade wieder – Weihnachten 1950 – vom Reisefieber gepackt und bot der frisch absolvierten Kunstakademikerin Barbara Pflaum, mit der ihn eine lebenslange Freundschaft verband, seine Kamera an.

„Warum nicht?" Die 1912 geborene Tochter aus großbürgerlichem Wiener Elternhaus stand gerade an einem Wendepunkt ihres Lebens: Ihre Ehe war nach 14 Jahren gescheitert, sie hatte spät wieder zu studieren begonnen und die „Angewandte" mit einem Graphikdiplom abgeschlossen, nun begann sie mit Tichys Rolleiflex Porträts ihrer Kinder zu machen.

Dann kam 1955 die Wiedereröffnung der Staatsoper, die opernbegeisterte Barbara Pflaum wollte unbedingt dabei sein. Heldenhaft die angeborene Schüchternheit überwindend, marschierte sie in die Redaktion von *Presse* und *Wochenpresse* – andere Zeitungen kannte sie nicht – und ließ sich beim Chefredakteur melden: Man möge sie doch für die Staatsoperneröffnung als Photoreporterin akkreditieren. Ob so viel Kühnheit verschlug es Louis Barcata – er leitete damals die *Wochenpresse* – die Sprache: Um diesen Job balgten sich gerade ein paar Dutzend arrivierte Pressephotographen. Da die Zeitungsherren noch nichts von der ambitionierten Dame kannten, lief sie wieder zurück in ihre Wohnung, holte die Kinderbilder, am nächsten Tag kam der Anruf aus der Redaktion, sie bekam ihre Akkreditierung und lieferte herrliche Bilder ab. Eine große Karriere begann.

75 Jahre lang war die *Neue Freie Presse* Österreichs geachtetste Zeitung gewesen, doch die Entwicklung des Photojournalismus hatte sie nicht interessiert. Sie vertraute auf die Kraft des Wortes und kam im redaktionellen Bereich (nicht bei den Annoncen) ohne Illustrationen aus. 1897 war in den USA Joseph Pulitzer in seiner *New Yorker Tribune* der erste originale Abdruck eines Pressephotos gelungen – übrigens eine ziemlich langweilige Aufnahme eines New Yorker Senators –, doch das Publikum blieb reserviert. Es war die exakten Zeichnungen der Graveure und Holzschneider gewohnt, auf die sich die illustrierte Presse auch nach dem Durchbruch der Autotypie stützte, so sehr, daß noch Jahre hindurch nach den Vorlagen der Photographen exakte Holzschnitte und Metalldrucke verfertigt wurden.

Doch für die Zeitungszeichner begann auch in Österreich das Rückzugsgefecht. „Was der Photograph oft in wenigen Stunden zu leisten vermag, nimmt den Zeichner tagelang in Anspruch": Das Argument der Schnelligkeit wird bereits 1913 von Paul Knoll, der als erster über die „Photographie im Dienste der Presse" schrieb, ins Treffen geführt. Doch das Buch ist zugleich voll von heute skurril anmutenden Vorsichtsmaßnahmen zur

Abwehr der Feuergefahr bei Blitzlichtapparaten. Die technischen Schwierigkeiten, mit denen Photographen, die ihr Atelier verließen, um an Ort und Stelle Aufnahmen zu wagen, waren bis zur Entwicklung der Leica Kleinbildkamera in den dreißiger Jahren schier unüberwindlich.

1908, das Regierungsjubiläum des Kaisers wurde in Bad Ischl mit einem Festumzug begangen, überreichte die Wiener Photofirma „Lechner-Wilhelm-Müller" dem Monarchen gegen Ende der Veranstaltung ein ledergebundenes Album mit Photographien, die den Festzug dokumentierten: Ein schlagender Beweis für die Schnelligkeit des neuen Mediums. Gevifte Photohändler betreuten zunächst die aktuelle Photographie mit, erst in den zwanziger Jahren findet sich der neue Berufsstand des Photojournalisten, der sich mit der Abbildung von „Katastrophen jeder Art", „Sportereignissen", „Künstlern", „Städtebildern aus der Vogelschau (am besten aus Freiballons oder Luftschiffen)" und – last but not least – „Frauenschönheiten" beschäftigte und von den arrivierten Photographen als unliebsame Konkurrenz angefeindet wurde.

„Photographier mich beim Hochsprung!" Ulli Lederer, 1919 ein großer Allroundsportler, verstand etwas von Publicity, und sein Freund Lothar Rübelt, Technikstudent und selber aktiver Leichtathlet, drückte mit der Plattenkamera ab. Die Photos bot er drei Sportzeitungen an – und er entdeckte eine Marktlücke: Die übrigen Berufsphotographen wollten sich wegen Sportereignissen nicht die Sonntagsruhe verderben lassen und bildeten nur den Sieger in Triumphpose ab, nicht in Aktion. Zehn Jahre später begann Rübelt als einer der ersten mit einer Leica zu arbeiten, lieferte erste Skireportagen und brachte die Bewegungsphotographie, die noch stark von den beschränkten technischen Möglichkeiten beeinträchtigt war, bei den Olympischen Spielen 1936 zur Meisterschaft.

Neben den Sportzeitungen gab es vor allem *Das Interessante Blatt*, eine Illustrierte, die bereits 1914 auf einer Tiefdruckrotationsmaschine gedruckt wurde und mit Bildklischees arbeitete. Die *Illustrierte Kronen Zeitung* veröffentlichte 1925 die ersten Pressephotos, allesamt steife Frontalaufnahmen mit Blick starr in die Kamera, keine Aufnahme hatte Ausdruck, für dynamische Szenen und für die Titelseite wurden weiterhin Zeichnungen verwendet. Der Mord in Sarajewo 1914 wird in ein und derselben Illustrierten durch Photos und Strichzeichnungen dokumentiert.

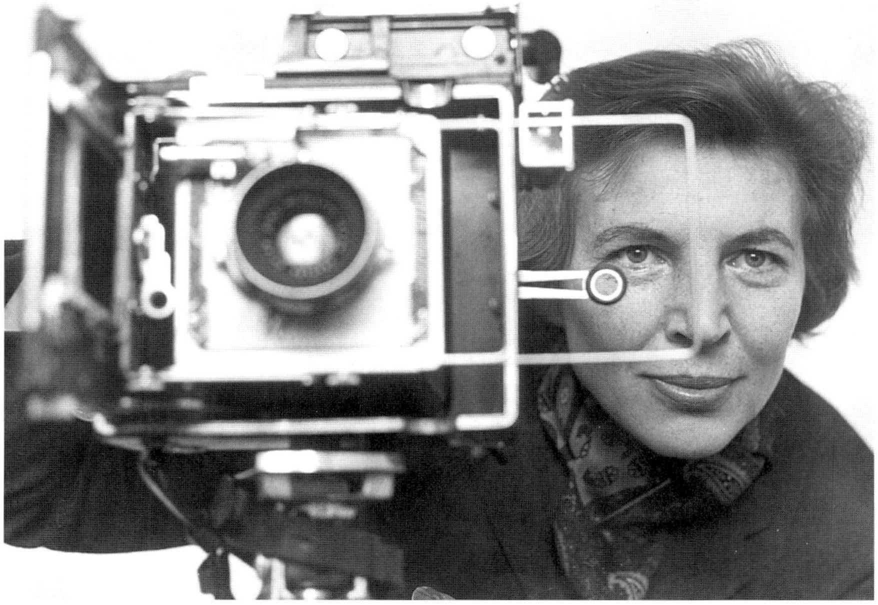

Photos der Kinder als Referenz: Barbara Pflaum begann ihre Karriere 1955 bei der „Wochenpresse"

Im März 1938, wenige Monate vor der völligen Einstellung, taucht in der *Neuen Freien Presse* doch noch ein aktuelles Photo auf: Es stammt von der Agentur Scherl und dient der NS-Propaganda. Man sieht österreichische Arbeiter, die zum Sightseeing nach Potsdam eingeladen wurden.

Die Startbedingungen für den Photojournalismus im Österreich der frühen Nachkriegszeit waren denkbar schlecht. Franz Blaha sammelte in einem zerbombten Haus in der Mariahilfer Straße die Kollegen um sich. Walter Henisch stieß bei der alliierten Presse wegen seiner nationalsozialistischen Vergangenheit auf Ablehnung und schlug sich als freier Photograph durch. Fritz Klinsky hatte das Pech, in der russischen Besatzungszone zu wohnen, und war zahlreichen Schikanen ausgesetzt. Das Zentrum des Wiener Photojournalismus der Nachkriegszeit lag jedoch in der Seidengasse: Die Amerikaner verlegten hier den *Wiener Kurier*, die Vertretungen der internationalen Agenturen AP, UPI und INS fanden sich hier, und hier betrieb der amerikanische „Information Service Branch" seine „fotosection". Die wichtigste Leitfigur für die Ausbildung der österreichischen Photojournalisten wurde deren Chef Yoichi R. Okamoto,

„Die große Sache ist, sich dem Motiv unterzuordnen. Man muß sich der Situation unterordnen, dem Menschen, den man photographiert, und dem Licht."

Barbara Pflaum

Amerikaner japanischer Herkunft. Hauptaufgabe des amerikanischen Propagandainstruments war natürlich, die Sympathien der Österreicher vor den Russen zu gewinnen. Alle österreichischen Zeitungen wurden mit Photomaterial der U.S.I.S.B.-fotosection beliefert, österreichische Photographen fanden Anstellung und Ausbildung. Chefphotograph wurde Gottfried „Jeff" Rainer. Okamoto brachte einen neuen Stil nach Wien, Karl Pawek, der Herausgeber des Kulturjournals *Magnum*, erinnert sich: „Nachdem man aber nicht mehr bloß Körper photographieren wollte, sondern Wesen, mußte etwas Neues in die Konfrontation eingeschalten werden – ein bestimmtes Sehen des Photographen. In der neuen Photographie begegnet sich das Innere des Photographen mit dem Inneren des Gegenstandes – subjektiver Geist mit objektivem Geist –, und erst diesen Vorgang registriert die Kamera."

Gastspiel des American Ballet Theatre an der Wiener Volksoper 18. Juni 1953: U.S.I.S.B.-Photograph Yoichi Okamoto hatte den Durchblick.

Am 17. April 1951 erschien das erste Photo in der neugegründeten *Presse,* eine Aufnahme der Restaurierungsarbeiten am Schönbrunner Palmenhaus. Das Photo, in schwindelnder Höhe aufgenommen, ist so spektakulär gut, daß es dem Bildtexter offenbar die Sprache verschlug: Ungewohnt holprig beschreibt er, wie hier „an das Eisenskelett des riesigen Palmenhauses die Farbe herankommt". Das Bild stammt von Albert Hilscher, dem Grandseigneur der österreichischen Pressephotographen. 1886 geboren, lebte er fast 40 Jahre lang als selbständiger Pressephotograph in Wien.

1956, das Fernsehen war in Österreich eingeführt, mußte der österreichische Photojournalismus auf das neue aktuelle Medium reagieren. Fritz Molden verlegte damals in dem renommierten Verlagsgebäude am Fleischmarkt vier Zeitschriften und Zeitungen, *Die Presse*, den *Express*, die *Wochenpresse* und die *Touring Zeitung*, und initiierte einen Zusammenschluß der Pressehaus-Photographen zu einem Photo-Pool unter der Leitung von Emil Zalesak. Die Photographen dieses Pools, Christian Bissutti, Fritz Klinsky, Ernst Kloss, Fritz Mottl, Barbara Pflaum und Fritz Schaler, sollten bei Großereignissen dem Fernsehen den Rang ablaufen. *Express*-Chefredakteur Gerd Bacher erklärte anläßlich des Chruschtschow-Staatsbesuchs in Wien seinen Photographen, daß die interessierte Öffentlichkeit schon alles im Fernsehen gesehen habe: Eine neue Perspektive sei gefragt.

Barbara Pflaum erinnert sich an eine schöne Zeit: „Die Arbeitsweise war frei und zum Teil frech. Das war ein Vorteil, den ich hatte, weil mein Chef (*Wochenpresse*-Chefredakteur Bruno Flajnik) nicht nur ein erstklassiger Journalist war, sondern er hatte auch eine fast unbändige Freiheit oder Frechheit, besonders puncto Photos. Wir haben da natürlich ganz gut zusammengepaßt, da ich auch keine Ehrfurcht hatte. Ich war nicht gemein, aber ich habe nicht beschönigt." Politiker, die noch vom bedeutsam-verlogenen, vorbildlich ausgeleuchteten „Schönbild" aus dem Atelier träumten, nahmen ihr das

Bruno Pittermann und Herta Firnberg besuchen ein Studentenheim, Rudi Blaha ist dabei.

übel, erfanden das Schlagwort vom „Meuchelphoto". „Sie sind ein Biest", pflegte Ex-Innenminister Helmer zu knurren, wenn die *Wochenpresse*-Photographin gar nichts vom „Bitte recht freundlich"-Lächeln hielt. Verbürgt ist auch das schriftlich niedergelegte „Todesurteil" des Justizministers Tschadek, nachdem Pflaum ihn – Augen zum Himmel, Zigarre im Mundwinkel – verewigt hatte. Später hat er sie begnadigt.

Anfang der sechziger Jahre entstand Barbara Pflaums berühmtestes Bild, unter dem Titel „Schatten über Österreich" erschien es am Höhepunkt der Olah-Krise. Noch Jahre später kränkte es sie, wenn sie („Ja, das Olah-Bild!") ausschließlich damit identifiziert wurde: „Dieses Bild entstand in einem Wahllokal in Dornbach. Ich war dort unter unzähligen Photographen eingezwängt, und der Schatten, der über das Gesicht Olahs geworfen wird, ist in Wirklichkeit der Schatten seiner Frau, der durch den Scheinwerfer des Fernsehens auf Olahs Gesicht fiel. Wieso nur ich dieses Bild hatte? Wahrscheinlich, weil ich just in dem Augenblick abgedrückt habe, als der Schatten auf Olahs Gesicht fiel. Mancher andere hätte es wahrscheinlich weggeschmissen. Als mir, während die Affäre Olah zu einer Kampagne der *Wochenpresse* wurde, der damalige Chefredakteur Bruno Flajnik sagte: ‚Ich brauche ein Bild vom Olah', habe ich meine Filme durchgeschaut, so lange, bis ich dieses Bild fand."

„Wenn ich photographiere, gehe ich auf unerhörte Distanz. Ganz cool, wenn ich mich mitreißen laß', wird das Bild schlecht." Einige Jahrzehnte liegen zwischen Barbara Pflaums Annäherung an die Personen, die sie porträtierte, und diesem Diktum von Rudi Blaha, einem der profiliertesten österreichischen Agenturjournalisten der Gegenwart. Blahas Karriere begann im *Kurier*-Bildarchiv, über das *Wiener Wochenblatt* gelangte er in den siebziger Jahren zur *Presse*. Nach seiner *Presse*-Zeit wurde er Freelancer bei UPI, um schließlich fix in den internationalen Pool der Agentur AP zu kommen. Heute ist er der einzige Österreicher, der im harten Geschäft der Global Players der Agenturszene mitzuhalten versteht. 1987 wurde er für das beste AP-Sportphoto des Jahres ausgezeichnet. „Ich kann mich nur dunkel erinnern, es muß ein Laufbild Frauen gewesen sein", sagt er im *profil*-Interview, auf souveräne Weise die professionelle Sichtweise des heutigen Photojournalisten dokumentierend: „Heute hast du ein Super-

Barbara Pflaums berühmtestes Bild: „Schatten über Österreich" erschien am Höhepunkt der Olah-Krise in der „Wochenpresse" (19. Oktober 1963).

bild, morgen ist es in der Zeitung und übermorgen vergessen."
Heute ist es mit Michaela Seidler wieder eine junge Frau, die bei der *Presse* ihre Karriere begonnen hat und in die Fußstapfen von Barbara Pflaum und Nora Schuster getreten ist. Ihr zur Seite steht Harald Hofmeister, der, obwohl er nicht zu altern scheint, auf dem besten Weg ist, zum Doyen der hiesigen Photographenzunft zu werden. Beide kämpfen nicht mehr – wie so oft in der Vergangenheit – mit hektisch-überforderten Redakteuren, die Bilder durch falsche Schnitte, unauffällige Plazierung oder Briefmarkengröße regelrecht verderben, nein: *Die Presse* hat – wie heute üblich – eine Graphikerin als art director: Sie bekämpft Tag für Tag den visuellen Allround-Dilettantismus von Zeitungsschreibern. Im nachhinein betrachtet, hat die Konkurrenz des Fernsehens der Pressephotographie einen guten Dienst erwiesen: Photos einmal als aussagekräftige Illustration zu einem Artikel, ein andermal „nur" als simpler optischer Anreiz zur Auflockerung der Seite werden immer wichtiger.

Ob auch die Einführung der Computertechnik der Photographenzunft einen positiven Dienst erweisen wird, steht noch in den Sternen. Das amerikanische Wirtschaftsmagazin *Forbes* hat 1987 ein Bild des amerikanischen Präsidenten Ronald Reagan vor dem Iran-Contra-Ausschuß abgedruckt. Tatsächlich wurde Reagan niemals vor diesem Ausschuß befragt. Als Vorlage dafür diente lediglich ein Bild des Präsidenten und des vor dem Ausschuß stehenden Oliver North. Dagegen muten die aus totalitären Staaten bekannten Methoden des Wegretuschierens von ideologischen Abweichlern aus Geschichtsbüchern geradezu harmlos an. Die renommierte Zeitschrift *National Geographic* druckte ein Titelbild mit zwei Pyramiden ab, die in Wirklichkeit weit voneinander entfernt sind. Der Computerretuscheur hatte der Realität um ein paar Kilometer nachgeholfen – das Magazin fiel darauf herein.
Weniger denn je sind unsere Photographen heute in der Lage, eine endgültige Definition ihres Bildes, ein visuelles Endprodukt abzuliefern. Man merkt ihnen die Verunsicherung im Gespräch an, die Magie der

Paparazzi und Prominente: Die Photographen der Boulevardpresse sind nach dem Tod der englischen Prinzessin Diana in Verruf geraten.

Thema Alkohol am Arbeitsplatz: eine Photomontage aus der „Presse" – harmlos oder eine gefährliche Entwicklung?

Dunkelkammer ist verloren, und niemand weiß genau, was an ihre Stelle treten wird. Das digitale Photo ist total manipulierbar, fast jede Bildvorstellung läßt sich umsetzen, die synthetisch entstandenen Bilder sehen absolut realistisch aus. Die Photographen spüren sehr gut, daß sie in einer Umbruchsituation leben, aber sie stehen den neuen Entwicklungen ohnmächtig gegenüber. Noch haben sie mit ihrer Argumentation recht: Sie lehnen die Digitalkameras ab, weil die Endprodukte ihren eigenen Qualitätsansprüchen nicht gerecht werden. Doch die Verleger sehen bereits die Kosten-, der Chefredakteur die Zeitersparnis, und die Zeitungsleser sehen – durch die schier grenzenlose Veränderbarkeit – immer weniger mißglückte Bilder. Noch steht der Name des Photographen kleingedruckt unter dem Photo. Wann wird es soweit sein, daß auch der Bildbearbeiter, der die Kontraste verstärkt oder abgeschwächt und die Farbtöne verändert hat, seine Leistung dokumentiert sehen will?

Die Rolle des Pressephotographen der Zukunft? Ein Kameraschwenker, der auf den Auslöser drückt und ein Zwischenprodukt abliefert, über das sich dann Retuscheure, Bildmischer, Bildmonteure hermachen – ein Blick in die schöne neue Medienwelt?

HANS WERNER SCHEIDL

Der Umgang mit den Mächtigen

Über das Verhältnis von Journalisten zu Politikern

Österreichische Außenminister haben es heutzutage besser als einer ihrer Amtsvorfahren in der Monarchie. Der hatte die Unvorsichtigkeit begangen, den allmächtigen Chef der *Neuen Freien Presse*, Moriz Benedikt, zu verärgern. Um die „Absolution" zu erhalten, pilgerte der Chef der österreichischen Diplomatie auf den Semmering zum Haus der Familie Benedikt. Und erst nach einem längeren vertraulichen Gespräch ward der Minister wieder „in Gnade" und huldvoll zurück ins Tal geschickt.

Heute ist der Umgang miteinander anders. Mißtrauen prägt das Verhältnis zwischen den politischen Journalisten, die sich mächtig wähnen, und den Mächtigen der Republik, die sich nur allzuoft als ohnmächtig erweisen. Man begegnet einander tagtäglich – mit Distanz. Und das ist gut so. Auch wenn immer noch so mancher Berufspolitiker lieber ein Blatt lesen würde, das ihm beständig Girlanden flicht.

„Liberal, aber grundsätzlich regierungsfreundlich" – so hat Bruno Kreisky die *Neue Freie Presse* in einer Nachbetrachtung einmal bezeichnet. Und der sozialistische Regierungschef merkte ironisch an: „Daß sie es heute nicht mehr ist, darüber wachen so manche. Aber hie und da weht ein dünner Hauch davon noch durch die Spalten. Wer da wohl verreist sein mag, frage ich mich dann ...".

Das Aufbegehren der *Presse* gegen die Mächtigen – gar nicht so sehr gegen den Regierungskurs – hat gute Tradition. Eigentlich lebt sie seit den Tagen ihres Wiedererstehens 1946 ganz gut damit. Julius Raab wollte sie nicht, weil da Journalisten antraten, die sich in den Kopf gesetzt hatten, parteiunabhängig zu schreiben; der Innenminister Oskar Helmer von der SPÖ wollte sie nicht, weil eine derartige Insubordination die traute Kuschelei der großen Koalition störte. Und da er für die Papierzuteilung zuständig war, konnte er die Auflagenentwicklung empfindlich beeinträchtigen. Keine extrem gute Ausgangslage für dieses neue Zeitungsprodukt, sollte man meinen.

Dazu kam die frische und ungenierte Schreibweise des neuen Blattes, die sich so meilenweit von jenem amtlichen Verlautbarungsjournalismus unterschied, den nicht nur die amtliche *Wiener Zeitung* pflegte, sondern auch das *Neue Österreich*. Dort war eine stattliche Schar hervorragender Schreiber am Werk, doch die Kommentare waren von „Vorsichtl" und „Rücksichtl" geprägt. Verständlich: Die Zeitung stand im Eigentum von Volkspartei, SPÖ und KPÖ. Auch sie hätte gern über schwere Übergriffe der alliierten Besatzungstruppen gegen österreichische Zivilisten berichtet. Aber das ging eben bei dieser Eigentümerstruktur kaum.

Daß sich ausgerechnet die bürgerliche *Presse* so schwer mit den Exponenten der Volkspartei tat, lag wohl auch

Pressefoyer nach dem Ministerrat in den siebziger Jahren. Stehvermögen war vonnöten, denn Kreisky dozierte manchmal zwei Stunden.

daran, daß die VP-Spitzen unter objektiver Berichterstattung etwas anderes verstanden als die *Presse*-Redakteure. Die Korruptionsfälle Polcar, Haselgruber oder Müllner betrafen nun einmal hochrangige „schwarze" Spitzenpolitiker. Und die VP-Funktionäre erwarteten tatsächlich, daß eine „bürgerliche" Zeitung solches tunlichst verschweigen sollte. Otto Schulmeister hat den jüngeren Redaktionskollegen oft von diesen harten Auseinandersetzungen erzählt: „Einmal hat mich der Raab finster ang'schaut, und ich mußte ihm sagen: Herr Altbundeskanzler, mit einem Koffer bin ich rasch in Freilassing. Aber die Zeitung, die Sie sich vorstellen – ‚i' will mei' Blattl' – das ist sinnlos."

Dazu gesellte sich die Tatsache, daß die Volkspartei die prägende Kraft in der Regierungskoalition war und ihre Politik daher einem strengeren Urteil unterworfen war als jene der Sozialisten. Und schließlich machte sie es den Journalisten auch immer etwas leichter als die SPÖ: Das rituelle „Obmann-Schlachten, war ein Medienereignis – die Vorgänge hinter den hermetisch verschlossenen Parteitagstüren der Sozialisten gaben da weit weniger „her".

Erst Figls und Raabs Nachfolger lernten, mit der *Presse* zu leben. Die Zeitumstände hatten sich verändert, und die Bundeskanzler Alfons Gorbach und Josef Klaus hatten zweierlei erkannt: Daß der „Transport" ihrer Politik nur über die Journalisten möglich war – und daß die Damen und Herren der *Presse*-Redaktion nicht samt und sonders Bösewichte waren, die der Bundesregierung tagtäglich an die Wäsche wollten. Oft freilich waren auch sie macht- und ahnungslos. Als Josef Krainer sen. seinen alten Freund Gorbach als Kanzler stürzte, rief er die VP-Landesobmänner zu einem Geheimtreffen ins Gasthaus „Pollerus" in Spittal am Semmering zum Abendessen. Bei Blunzengröstl, Erdäpfelschmarren und Kraut wurde der Putsch in Szene gesetzt – kein Journalist bekam davon vorzeitig Wind.

Von einer echten und vertrauensvollen Informationspolitik war man also noch meilenweit entfernt. Kanzler kamen, Kanzler wurden gestürzt (immer von der eigenen Volkspartei) – im Palais Kaunitz auf dem Ballhausplatz gab der einflußreiche Sektionschef Meznik seine Bulletins aus. Die Kontakte zwischen der *Presse*-Redaktion und den VP-Kanzlern beschränkten sich auf Audienzen für die Chefredaktion, wohl auch auf Hintergrundgespräche, von denen nichts publiziert wurde. Vom legendären Innenpolitik-Chef Hans Mauthe ging die flüsternde Legende, „er besitzt das Vertrauen des Bundespräsidenten". Und das stimmte auch. Wer kann das heute schon behaupten?

Eine andere journalistische Welt war das. Und wahrscheinlich gar nicht die schlechteste. Die Herren Redakteure der *Presse* wußten viel, aber gaben ihr Wissen nur sehr portioniert an ihre Leser weiter. Noch bis in die siebziger Jahre pflegte der Chef des innenpolitischen Ressorts diese Zurückhaltung – und zwar bis zum Ende seiner Berufslaufbahn. Erst wenn das Bulletin der Austria Presseagentur über den Fernschreiber tickerte, hatte das Ereignis auch wirklich stattgefunden.

Ob seit der „Medienrevolution" Bruno Kreiskys die Dinge wirklich um so viel besser liegen, sollte einmal hinterfragt werden. Auf die Zeitgenossen freilich wirkte es wie ein „Kulturschock". Mit einer Konsequenz sondergleichen verwöhnte er just die „bürgerlichen Redakteure", Exklusivmeldungen wurden wie Honigbrot dargereicht, kritische Anmerkungen der *Presse* steckte

Linke Seite: Julius Raab in seinem Arbeitszimmer am Ballhausplatz. Das düstere Interieur wurde später vom Nachfolger Bruno Kreisky ironisch als „Handelskammerbarock" beschrieben. Raab sah die Zeitungen von ihrer parteipolitischen Nützlichkeit her: „I' brauch' mei' Organ."

„Lernen S' Geschichte, Herr Reporter!"

Bruno Kreiskys legendär gewordene Abkanzelung des ORF-Mannes Ulrich Brunner. Der Gemaßregelte war vorher Redakteur der „Arbeiter-Zeitung" und Kreisky daher bestens bekannt.

Kreisky meist mit der größten Selbstverständlichkeit weg – um gleich darauf mit einem ganzen Honigtopf zu locken. Sehr zum Ärger der *Arbeiter-Zeitung*, die sich oft mit den Abfällen begnügen mußte.

Für „Stories" hatte er einen Riecher. In der *Presse*-Redaktion mußte oft ausgelost werden, wer zum Dienstag-Ministerrat gehen durfte. Denn es war ziemlich klar, daß der Glückspilz zwei, drei Stunden später mit dem „Aufmacher" für das aktuelle Blatt heimkommen würde. Und dazu noch mit Kreisky-Zitaten: saftig, plastisch, boshaft, witzig, bodenlos gemein – ganz nach Belieben. Heute wird der allwöchentliche Reporter-Gang zum Pressefoyer nach dem Ministerrat eher als Strafexpedition betrachtet. Wer macht schon gern leere Kilometer?

Sind wir Kreisky auf den Leim gegangen? Zweifellos. Für 13 Jahre machte er uns glauben, daß das kleine Österreich geradezu eine Weltmacht sei. Und wer glaubt das nicht gerne? Ihm war zu verdanken, daß ein Österreicher UN-Generalsekretär war – nur unseren Kardinal König brachten wir nicht als Papst in Rom durch.

„Schauen Sie, Herr Redakteur …" Auch in der Pension sorgte Altkanzler Kreisky für so manche Schlagzeile.

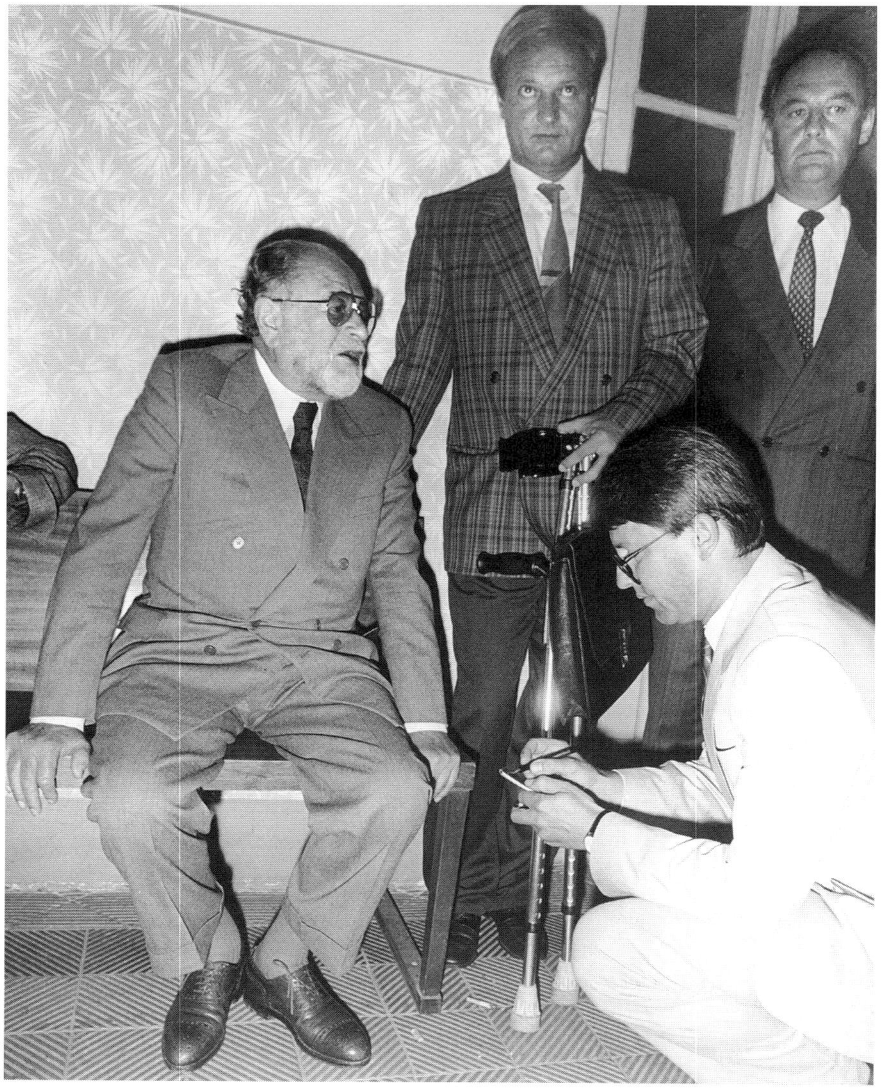

Als Fred Sinowatz antrat, war das holde Gaukelbild schlagartig verschwunden. Wer zu Kreiskys Hofstaat zählte, hatte es jetzt als innenpolitischer Redakteur schwer. Der König war im Groll gegangen, mit ihm fiel der Mantel. Und so jovial der Burgenländer zuvor als Minister mit den Medien Umgang gepflegt hatte, so verschlossen gab er sich als Kanzler. Er trug schwer an der Bürde, die ihm die Partei aufgepackt hatte – und er ließ sich ungern von Zeitungen dabei helfen. Mißtrauen und Vorsicht als Mutter der Porzellankiste, das war die Devise.

Sinowatz, der Belesene, Gebildete – er schätzte durchaus das Gespräch mit innenpolitischen Redakteuren. Aber am liebsten, wenn sich's um Historisches drehte. Da ging der Burgenländer aus sich heraus. Immerhin hatte der Mann, weil in seinem Neufelder Häuschen zuwenig Platz war, die Garage zur Bibliothek umfunktioniert. Und was für eine! Doch daß er politische Indiskretionen über die Medien gespielt hätte – undenkbar. Wo Kreisky wie mit Jonglierbällen hantierte, dort kam vom Nachfolger nichts, gar nichts. Diese leichte (leichtsinnige?) Art der Medienkommunikation war nicht üblich, dort wo Sinowatz sein Handwerk erlernt hatte: in den Gremien der burgenländischen SPÖ, als Landesparteisekretär.

Sinowatz, Vranitzky, Klima – bei keinem der drei wäre denkbar, daß sich allwöchentlich fröhliche Journalistenrunden im Haus des Bundeskanzlers der Republik Österreich breitmachen. Bei Kreisky hingegen gab's nicht nur einmal die Aufforderung an die bereits total ermattete Zuhörerschaft, ihn jetzt – weit nach Mitternacht – bei seinem Spaziergang mit den zwei geliebten Boxerhunden durch die Grinzinger Weingärten zu begleiten. Oder die Einladung, den traditionellen Skiurlaub über Silvester in Lech im „Hotel Post" zu verbringen – mit Familienanschluß, nicht immer zur Freude der betroffenen Familie.

Presse-Redakteure im Ruhestand hatten es – wenigstens bei Sinowatz – noch vergleichsweise besser. Mit denen pflegt der Burgenländer nach seinem Rücktritt gelegentlich

privaten Umgang. Aber öffentliche Aussagen, Interviews oder gar bittere Kritik an den Nachfolgern, wie dies Kreisky bis zur letzten Minute trieb – ausgeschlossen.
Der Typ war auch Franz Vranitzky nicht. Sein Privatleben hielt er vor den Blicken der Medien scheu verborgen, gelegentliche „Schön-Photos" von der heilen Familie, die sich im Laufe seiner Regierungszeit um Schwiegerkinder und Enkel vermehrte, waren das Äußerste der Gefühle. Und sosehr der spröde Kanzler als Teil seines Geschäfts manche Abende mit der sogenannten „Society" verbringen mußte – da blieb die Plexiglaswand bis heute. Kritik ließ er umgehend von seinem Pressesekretär kontern – das war's.
Natürlich wußte Vranitzky genau, was er tat – und warum er es tat. Unterstützt von einem einzigen Medienberater, der ihn zehn Jahre rund um die Uhr betreute, suchte er das Einvernehmen mit der weitaus auflagenstärksten Tageszeitung. Die galt es zu pflegen. Und das zweite wichtige Medium war der ORF, in dem alle Strukturen so verändert wurden, daß die richtigen Leute an den Schalthebeln saßen. Da bedurfte es nur noch ab und zu einer gelinden Intervention des Kanzlerbüros, um die Berichterstattung in die richtige Bahn zu lenken. *Die Presse* sah sich in einer unangenehmen Zwickmühle: Als Stimme Österreichs im Ausland schätzte sie Vranitzkys Auslandsauftritte durchaus – vor allem in der Ära des Bundespräsidenten Waldheim, der sich außenpolitisch isoliert sah und handlungsunfähig war. Vranitzky meisterte die Doppelbelastung als Regierungschef und „Schatten-Bundespräsident" durchaus respektabel – und hätte noch viel mehr Lob der *Presse* bekommen, wäre er nicht zugleich auch noch Chef der SPÖ gewesen.
In mehreren Kommentaren versuchte die Zeitung tatsächlich, Vranitzky davon abzuhalten, den Partei-Job zu übernehmen: Er wäre kein geeigneter Parteiführer, er stünde außerhalb der Traditionen dieser einstigen Arbeiterpartei usw. Gefruchtet hat das – natürlich – gar nichts, aber die distanzierte Skepsis Vranitzkys gegenüber der „bürgerlichen" *Presse*, die war damit geschaffen.
Und so schließt sich wieder der Kreis zu den Zeiten völliger Abschottung von Politik und Politik-Berichterstattung. Übertrieben? Mag

Fred Sinowatz ließ die „Arbeiter-Zeitung" mit Exklusivmeldungen versorgen. Gegen einen Verkauf oder gar eine Einstellung des Traditionsblattes wehrte er sich bis zuletzt.

sein. Zumindest die Parteitage sind öffentlich. Und die „Klausuren" dienen der häppchenweisen Abfütterung der hungrigen Medien-Raubtiere. Je perfekter die PR-Maschinerie rund um jeden halbwegs wichtigen Politiker schnurrt, umso uninteressanter wird das Ganze für Journalisten und Leser – zumindest für jene Minderheit, die an der Gestaltung des Gemeinwesens und nicht bloß an Seitenblicken interessiert ist.

„So nicht, Herr Vizekanzler!" Erhard Busek mit Chefredakteur Thomas Chorherr.

JOSEF URSCHITZ

Willkommen im fast freien Markt!

Der „Economist" der „Presse"

Es kann sehr amüsant sein, im „Economist" der *Presse* zu blättern: Die Bauwirtschaft steckt in der Krise, liest man da; die Bundesbahnen brauchen auch dann einen staatlichen Zuschuß, wenn sie als verselbständigter Wirtschaftskörper arbeiten, wird deren Generaldirektor zitiert; die Diskussion über die „Überfremdung", die der österreichischen Wirtschaft durch massive Aufkäufe durch Ausländer drohe, sei Ausdruck einer nicht zeitgemäßen nationalistischen Gesinnung, stellt ein Kommentator fest.

Da ist dann auch noch dieses Inserat: Ein Reiseveranstalter bietet Ägypten um 9410 und die US-Ostküste um 19.100 Schilling an. Und ungläubig blicken wir noch einmal auf die Seiten-Pagina: Nein, das ist nicht die Zeitung von heute. Worin wir blättern, sind *Presse*-Ausgaben vom Februar 1960.

Viel hat sich auf wirtschaftlichem Gebiet also wohl nicht getan in den vergangenen 38 Jahren, schießt einem da durch den Kopf. Ausgenommen vielleicht, daß man damals für den Gegenwert von drei Ostküstenreisen ein Mittelklasseauto (etwa einen Ford 17 M) bekommen hätte, während man heute wohl an die 15 günstige US-Reisen ausfallen lassen müßte, um statt dessen einen Mittelklasse-Ford zu erwerben.

Doch das Weiterlesen beruhigt: Das Wirtschaftsleben ist doch nicht stehengeblieben. Denn daß ein Bundeskanzler „anregt", die Paritätische Kommission für Lohn- und Preisfragen möge sich zu einer generellen Senkung der Kaffee-Endverbraucherpreise durchringen – und sich von der „Paritätischen" dann sagen lassen muß, daß eine generelle Preissenkung nicht machbar sei, man aber daran denke, die „Zulassung" des Verkaufs billigerer Kaffeemischungen in Betracht zu ziehen – das mag in den fünfziger und sechziger Jahren als normal empfunden worden sein. In unserer liberalisierten Freihandelswelt würde man sich bei einem derartigen Disput, wie er 1968 (auch in den Kommentarspalten der *Presse*, die sich natürlich auch damals vehement gegen staatliche Eingriffe dieser Art zur Wehr setzte) stattgefunden hat, wahrscheinlich nur leicht indigniert an die Stirn tippen.

Dabei war ja die sozialpartnerschaftlich besetzte „Paritätische", wie sich in der *Presse* nachvollziehen läßt, bis vor gar nicht so langer Zeit einer der markantesten wirtschaftspolitischen Machtfaktoren in diesem Land: Wer immer irgendetwas an der Lohn- oder Preisfront bewegen wollte, mußte dies erst einmal den damals wirklich noch Nebenregierung spielenden Sozialpartnern zur Genehmigung vorlegen. Ein Vorgehen, das in der Mangelwirtschaft nach dem Krieg zweifellos seine Berechtigung gehabt hat, das aber schon in den Sechzigern reichlich überkommen anmutete. Wenngleich es die Bericht-

Lange Zeit einer der markantesten Machtfaktoren der Zweiten Republik: Die Paritätische Kommission tagt (aufgenommen 1973).

erstattung der Zeitungen (und vor allem der *Presse*, die ja als einzige österreichische Zeitung seit ihrer Gründung vor 150 Jahren der Wirtschaft durchgehend eine bedeutende Stellung innerhalb des Blattes eingeräumt hat) massiv beherrschte.

Und so konnte man dann eben ausführliche Abhandlungen darüber lesen, daß und warum die Voest einen Antrag auf höhere Eisenpreise gestellt hat, daß Stölzle gerne mehr für Hohlglas verlangen würde, wenn die Damen und Herren Sozialpartner gnädigst einverstanden wären und daß sich eben die Spitzen der Wirtschaft und des Staates bis hinauf zum Bundeskanzler mit der Frage zu beschäftigen hatten, ob man nun billigere Kaffemischungen zulassen oder gleich die Preise senken sollte.

Wenn es dann gar um sogenannte „Signalpreise" ging – in den Jahren nach dem Krieg der Brotpreis, später, in den siebziger und achtziger Jahren dann, woran man den fortschreitenden Wohlstand ablesen kann, der amtlich geregelte Benzinpreis, da waren den Preisregulierern die Titelseiten sicher. Der legendäre Handelsminister Josef „Happy Pepi" Staribacher etwa brachte viele seiner regelmäßigen (und wegen ihres Unterhaltungswertes zumeist blendend besuchten) Montags-Pressekonferenzen damit über die Runden, über den „volkswirtschaftlich gerechtfertigten Benzinpreis" zu schwadronieren. Der im übrigen immer extrem hoch war, weil es für die Unternehmen stets leichter war, durch Kostensteigerungen wohlbegründete Preiserhöhungen dem Minister und den Sozialpartnern glaubhaft zu machen, als diese gegen erbitterte Konkurrenz am freien Markt durchzusetzen. Aber das ist wieder eine ganz andere wirtschaftspolitische Geschichte.

Nicht nur die Preisfindung, auch der Verkauf der Produkte (vor allem jener der verstaatlichten Großindustrie) lief nicht nach heutigen Standards. So konnte man etwa in der *Presse* lesen, daß Bundeskanzler Bruno Kreisky mit den Firmen SGP und Jenbacher über Waggonlieferungen in den Iran verhandelte oder daß der österreichische Handelsminister Bock mit seinem sowjetischen Amtskollegen Patolitschew eine Ausweitung des bilateralen Handelsvolumens um 15 Prozent vereinbart hatte. Preise von der „Paritätischen", Waggonaufträge vom Bundeskanzler, Exportsteigerungen, die im vorhinein fixiert werden: Was für eine Zeit!

Die Welt wird immer geldorientierter. Erstmals gibt es, nicht nur in Österreich, eine Generation, die auf breiter Front in der Lage ist, Vermögen zu bilden.

Waggonaufträge vom Bundeskanzler, Exportsteigerungen, im vorhinein fixiert: Was für eine Zeit! Im Bild: Bruno Kreisky (links) 1978 bei Erich Honecker.

Wer es schafft, der Anlegergeneration mit seinem Informationsangebot Nutzen zu bringen, dem braucht um die Zukunft nicht bang zu sein.

Für den Wirtschaftsjournalismus im Lande bot das überschaubare Arbeitsbedingungen: Wer gute Kontakte zur politischen Elite und zu den Sozialpartnern hatte, war aus dem Wasser. Wer sich den Zorn einiger weniger Mächtiger zuzog, hatte freilich ein kleines Problem mit der Informationsbeschaffung. Selbst in den achtziger Jahren, als die Wirtschaftsstrukturen schon aufzubrechen begannen und die mächtige „Verstaatlichte" nur noch als siecher Riese am Subventionstropf hing, konnte man als Wirtschaftsjournalist auf Öl- oder Stahl-„Generäle" treffen, die den Telephonhörer einfach auf die Gabel knallten, wenn sie auch nur eine Frage als unbotmäßig empfanden.

Weil die Welt überschaubar und sozialpartnerschaftlich oder zwischenstaatlich strikt geordnet war, gab es naturgemäß außerhalb eng begrenzter Spezialistenkreise wenig Markt für Wirtschaftsinformation und demgemäß sehr überschaubare, wenn auch sehr anspruchsvolle Leserkreise für die Wirtschaftsseiten. Das läßt sich an der Themenauswahl und an der Sprache der Wirtschaftsmeldungen und vor allem der Kommentare bis weit in die siebziger Jahre hinein schön verfolgen: Man konnte in der Tageszeitung Analysen und Kommentare auf einem Niveau und in einer Fachsprache unterbringen, die beim Leser ein abgeschlossenes Wirtschaftsstudium als Voraussetzung erscheinen ließen.

Das hat sich jetzt alles grundlegend geändert: Die Zeit der Markteingriffe, der Preisregulierungen und der regierungsamtlich ausverhandelten Exporte ist (mit Ausnahme des Agrarsektors, so sieht dort aber auch der Subventionsbedarf aus) endgültig vorbei. Die Zeichen stehen auf Globalisierung, Freihandel, Spiel der Marktkräfte. Nicht mehr die Paritätische Kommission legt auf Basis von Preisansuchen und unter Berücksichtigung volkswirtschaftlicher Aspekte irgendwelche Schlüsselpreise fest, sondern der Markt. Den Menschen hat das einen beträchtlichen Wohlstandsschub gebracht. Denn die gewaltigen realen Verbilligungen der vergangenen Jahrzehnte – von der Unterhaltungselektronik über Autos bis hin zu Reisen – haben wohl eine Hauptursache: Die Kosten müssen an die von der immer heftiger werdenden Konkurrenz vorgegebenen Preise angepaßt werden und nicht umgekehrt. Denn nach dem alten staatlichen oder sozialpartnerschaftlichen Höchstpreis-Festsetzungsverfahren ließe sich wohl selbst für Farb-TV-Geräte – die heute real nur einen Bruchteil jener Summen kosten, die etwa in den siebziger oder achtziger Jahren dafür hingelegt werden mußten – an Hand von penibel dokumentierten Lohnerhöhungen, Energiepreisverteuerungen und ande-

ren Kostenfaktoren die Notwendigkeit von Preiserhöhungen nachweisen.
Der Tod der „volkswirtschaftlich gerechtfertigten" Preise hat aber andererseits ein stabiles Gefüge aus den Fugen gebracht: In einem relativ freien Markt liegt es nicht mehr an anonymen Kommissionen, Höchst- und damit Fixpreise festzulegen. Es liegt am Konsumenten, zu vergleichen und das beste Angebot für sich in Anspruch zu nehmen. Dazu braucht er eine Fülle von Informationen, die für den einzelnen schwer zu beschaffen sind. Und das ist die große, neue, zusätzliche Aufgabe des Wirtschaftsjournalismus, der sich gerade die *Presse* verschrieben hat: In einer für den Einzelnen unübersichtlicher gewordenen Welt Orientierung zu bieten.
Nicht nur, was die Orientierung im Konsumgüterbereich betrifft: Das kann schießlich die Werbung auch. Parteiisch freilich, aber das kann der mündige Konsument bei seiner Entscheidung ja in Betracht ziehen. Das Informationsbedürfnis explodiert aber in eine ganz anderen Bereich dramatisch: In jenem der Finanzwirtschaft. Nicht nur daß der Geldsektor der erste wirklich beinahe weltweit liberalisierte ist, er dringt auch immer tiefer in das Leben des normalen Zeitungslesers ein. Denn erstmals in der Geschichte der Menschheit ist jetzt – nicht nur in Österreich, aber auch hier – eine Generation am Werk, die in der glücklichen Lage ist, auf breiter Basis Vermögensbildung betreiben zu können.
Wenn nur einer schmalen Oberschicht am Ende des Monats Geld übrigbleibt, dann genügen ein paar vermögensverwaltende Privatbankiers zur Abdeckung des Marktes. Wenn aber Zehntausende Menschen Aktien

Die Zahl der Aktienbesitzer im Land deckt sich ziemlich genau mit der Zahl der „Presse"-Leser. Optimale Hintergrundinformation ist gefragt. Im Bild: Die New Yorker Börse.

Wirtschaftsjournalismus – das war bis vor gar nicht allzu langer Zeit in unseren Breiten eine eher verschlafene Angelegenheit: Die Börse in Agonie, fast keine Anleger und eine produzierende Wirtschaft, die zu einem beträchtlichen Teil in Staatsbesitz stand.

halten, wenn Anlagefonds in wenigen Jahren kumuliert rund 600 Milliarden Schilling bei österreichischen Anlegern einsammeln, wenn die Geldvermögensbildung der kleinen österreichischen Bevölkerung schon die unfaßbare Summe von 3200 Milliarden Schilling übersteigt und wenn man weiß, daß die Probleme des Staates bei der Finanzierung des Sozialsystems immer gravierender werden und jeder einzelne sich über seine finanzielle Situation im Alter Gedanken machen (und entsprechend vorsorgen) muß, dann tut sich in diesem Bereich ein riesiger Informationsmarkt auf.

Ein Informationsmarkt, der bis vor wenigen Jahren noch keiner war, auf dessen Entstehen *Die Presse* aber längst massiv reagiert hat: In den fünfziger und sechziger Jahren ist die erste Wirtschaftszeitung des Landes mit einem auf der Wirtschaftsseite weit unten versteckten Kursteil ausgekommen, der ein paar Aktiennotierungen und ein paar Devisenkurse (der Dollar stand damals übrigens konstant bei rund 26 Schilling) enthielt. Jetzt widmet die *Presse* schon zwei Seiten täglich den aktuellen Aktien-, Devisen- und Derivativkursen und eine ganze Seite den Investmentfonds, deren Volumen geradezu explodiert. Daß diese Ende 1997 eingeführte Investmentfondsseite die einzige in Österreich ist, die internationalen Standards entspricht, versteht sich aus der Tradition der *Presse* als die Qualitätszeitung des Landes von selbst. Anleger werden daran wohl schwer vorbeikommen, weil sie hier – und derzeit nur hier – die Möglichkeit haben, die Entwicklung ihrer Geldanlage in Relation zu anderen auf Basis vergleichbar gemachter Daten zu verfolgen.

Das fügt sich in die Servicestrategie der Zeitung und paßt zum Leserkreis: Denn die Zahl der *Presse*-Leser stimmt ziemlich genau mit der Zahl der Aktienbesitzer im Lande überein und die Überschneidung der beiden Gruppen dürfte sehr groß sein. Was sich als Auftrag, diesem Geld anlegenden Leserkreis das optimale Service und die beste Information zu bieten, verstehen läßt.

Natürlich kann sich das nicht auf die tägliche Lieferung nackter Zahlenkolonnen und Daten beschränken. Schon deshalb nicht, weil neue Technologien schon sehr bald zu einem ziemlichen Umbruch in der Zeitungslandschaft und ganz besonders in der Wirtschaftsberichterstattung führen werden. Aktienkurse kann man auch schon über TV-Teletext im Wohnzimmer abrufen, sich über die SMS-Technologie (Short Message Service) auf sein Handy-Display überspielen lassen oder via Internet oder Online-Diensten von Nachrichtenagenturen auf den Heim-PC holen.

Was alle diese technischen Wunderdinge nicht bieten, ist der Hintergrund und die Analyse, die Konsumenten, Anleger, Wirtschaftstreibende für ihre Entscheidungen neben bloßen Zahlenreihen dringend benötigen. Und genau hier setzt eine gute Zeitung an: Den Lesern gut aufbereitet die Informationen zu bieten, die sie brauchen, um sich im Dschungel des immer breiter werdenden Konsumangebotes und im Dickicht der wie die Pilze nach dem Regen aus dem Boden schießenden Anlageprodukte zurechtzufinden – und vor allem persönlichen Nutzen daraus zu ziehen.

Natürlich ist Service für die Leser nicht der einzige Aspekt, den die Wirtschaftsredaktion einer großen Qualitätszeitung wie der Presse zu berücksichtigen hat. Zeitung lesen heißt auch, „herkömmliche" Information zu konsumieren und Zeitung lesen heißt auch Entertainment. Aber, das zeigen alle Untersuchungen über die Nutzungsgewohnheiten: Im Vordergrund steht der persönliche Nutzen des Lesers.

Wenn Tests über die Lesegewohnheiten regelmäßig zeigen, daß Geschichten über Bahntarife (!), Flugpreise oder neue Anlageprodukte auch bei einer hochklassigen Leserschaft wie jener der *Presse* dramatisch höhere Aufmerksamkeitswerte erzielen als „traditionelle" Branchenberichte oder Unternehmensbilanzen, und wenn die selben Tests ergeben, daß ein Großteil der Leser aus einem Kommentar oder einer Analyse umso früher „aussteigt", je „hochgeschraubter" diese verfaßt ist, dann weiß man, wohin die Reise geht: Überleben werden jene, die möglichst vielen Lesern Nutzen oder Unterhaltung (am besten beides) bringen. Und die das in einer Sprache tun, die auch von Nichtspezialisten verstanden wird.

Das ist für eine Qualitätszeitung natürlich eine diffizile Gratwanderung, die man aber schaffen kann, ohne gleich in populistische Quotenjagd mit dem damit unvermeidlich verbundenen Niveauverlust zu verfallen.

Die Zeitung bietet die Informationen, die der Leser braucht, um sich im Dickicht der Anlageprodukte zurechtzufinden.

Aber Zeitungen sind nun einmal Wirtschaftsunternehmen, die Marktbedürfnisse erkennen und befriedigen müssen, wenn sie sich behaupten wollen. Und denen es letztlich wenig nützt, wenn im Falle des Scheiterns dann in salbungsvollen Grabreden höchste Intellektualität nachgesagt wird.

Das wirtschaftspolitische Umfeld hat sich in den vergangenen Jahrzehnten dramatisch geändert, viele Probleme der Wirtschaft sind aber die gleichen geblieben. *Die Presse* ist in ihrer Wirtschaftsberichterstattung immer – selbst in den finstersten Zeiten des Staatsinterventionismus – einen wirtschaftsliberalen Kurs gefahren und sie hat mit ihrem ständigen Rufen nach Wirtschafts-Freiheit letztendlich in allen Punkten recht behalten. Sie wird auch die kommenden Umbrüche in der Medienlandschaft gut bewältigen – indem sie ihren immer zahlreicher werdenden Lesern Nutzen und Mut zur Wahrheit bietet.

V

Zeitungsleser und Zeitungsmacher

Es gibt in diesem Land eine sehr heterogene Schicht von Menschen, die den Trendforschern und Zeitgeistdiagnostikern seit einigen Jahren schon viel Kopfzerbrechen bereitet – die Zeitungsleser. Wie Ärzte, die um ein Krankenbett stehen, beobachten Soziologen das angeblich unheilbare Siechtum dieses Menschenschlags und sind sich einig: Hier stirbt etwas. Gegen die pralle Wundertütenwelt kommerzieller Fernsehkanäle, gegen die aktuelleren elektronischen Medien, die Dynamik des Internets habe die traditionelle Tageszeitung wenig Chancen.

Eine ähnliche falsche Diagnose gab es bereits einmal: Der 1980 verstorbene kanadische Medienguru Marshall McLuhan hatte den Triumph des Fernsehens verkündet: Im verkabelten Welt-Dorf werde der Mensch aus der Isolation gerissen, in die ihn das Buch verbannt habe. Inzwischen ist Ernüchterung eingetreten; wenn Neil Postman warnt, daß das Fernsehen allgemein und besonders das Privatfernsehen jede Information auf das Niveau von seichter Unterhaltung herabziehe, widerspricht ihm kaum noch jemand.

Seit es Satelliten- und Privatfernsehen in Österreich gibt, seit das Internet die Kids süchtig macht, seit Online-Dienste und Nachrichtenkanäle ihre Kunden finden, geht es der Tageszeitung *Die Presse* – und sie ist ja wohl mit ihren 150 Jahren auf dem Buckel und dem Qualitätsanspruch, den sie erhebt, eine besonders gefährdete Spezies – besser denn jemals zuvor. Sie findet heute mehr Leser, als ihre glorreiche Vorgängerin, die *Neue Freie Presse*, im Großraum der Donaumonarchie je hatte.

Wer gewohnt ist, sich hinter den Seiten seiner Tageszeitung morgens beim Frühstück gegen den Rest der Welt zu verschanzen, wer sich, von Zeitnot geplagt, mit dem Querlesen einer Zeitung einen Überblick über das aktuelle Wirtschaftsgeschehen verschaffen will, wer zufällig entdeckte Gustostückerln beim Durchblättern seines Leibblattes goutiert, wird schwer dazu zu bringen sein, sich durch das elektronisch angebotene Nachrichten-Potpourri eines Online-Dienstes zu klicken: Wichtiges und Unwichtiges wird auf ein und dieselbe Weise präsentiert, hier gibt es bestenfalls zufällige Entdeckungen.

Trotzdem kann es sich kein Marktteilnehmer leisten, angesichts der rasanten Entwicklung, die rund ums Internet zu beobachten ist, abseits zu stehen, auch *Die Presse* nicht. Seit September 1996 gibt es eine Online-Ausgabe, sie gehört zu den drei meistgelesenen Internet-Zeitungen des österreichischen Marktsegments. Das jugendliche Zielpublikum wird auch mit „up2date“, einem täglichen Jugend-Supplement, angesprochen, im Thema Freizeitwelt und Lifestylefragen steckt noch viel Potential für eine Tageszeitung wie *Die Presse*, der ganze Bereich des Veranstaltungswesens droht ansonsten an die Stadtzeitungen und Privatradiosender verloren zu gehen.

Die Schulaktionen der *Presse* haben dieselbe Zielsetzung: Es geht prinzipiell darum, Leser für die Zeitung zu erschließen. Wenn die so angesprochenen Schüler und Studenten später auch beruflich gezwungen sind, Zeitung zu lesen, werden sie die ausführlicheren und handfesteren Informationen eines Qualitätsblattes zu schätzen wissen.

Auch ein Zeitungsleser folgt den Gesetzen der Sinneswahrnehmung: Die Augen reagieren zuallererst auf Farben, dann auf geometrische Formen, und zuletzt wird der gedruckte Text wahrgenommen. Bis in die achtziger Jahre hatte *Die Presse* das Image des hochseriös-zuverlässigen, aber doch etwas verstaubten und trockenen Intelligenzblattes. Heute weiß die Zeitung, wie sich mit optischen Akzenten, Logos, Signets, Schriftzügen, Rahmen, Vorspännen, Tabellen und farbigen Photos die Aufmerksamkeit der Leser steigern läßt. Es gibt eben nicht nur den Informationssuchenden, der zur Zeitung greift, sondern auch den mehr oder weniger ungezielt Lesenden. Um seinen Interessen gerecht zu werden, muß das Blatt ihm ein spannendes und abwechslungsreiches Menü anbieten.

Die Presse hat mit einer anderen traditionsreichen österreichischen Institution, dem Wiener Burgtheater, eines gemeinsam: Sie wird in hohem Maß (zu 70 Prozent) von ihren Abonnenten genutzt. Was wie der Traum jeder Redaktion klingt, ist Ergebnis einer Fessel + GfK-Studie (Jänner 1997), die im zweijährigen Abstand das Image der Zeitungen untersucht. Die Leser bescheinigen ihrem Blatt Seriosität, Unabhängigkeit und hohen Informationswert, und zwar mehr, als dies Leser irgend einer anderen Zeitung im Hinblick darauf tun. Unangefochten an der Spitze liegt ein Zeitungselement, das der Redaktion besonders am Herzen liegt, die Kommentare: 74 Prozent der Leser sind der Ansicht, *Die Presse* würde die aktuellen Geschehnisse gut kommentieren. Eine Umfrage dieser Art läßt natürlich die Sektkorken in der Redaktion knallen, aber ganz überraschend kommt sie nicht: Über das besonders enge Verhältnis der *Presse*-Leser zu „ihrer Zeitung“ ist sich jeder im Haus klar.

Dieses ganz besondere Verhältnis kann sich im spontanen Anruf in der Redaktion – zu jeder Tages- und Nachtzeit – buchstäblich „entladen“, man greift nun einmal eher zum Telephon, wenn man sich ärgert. Daß es auch in der *Presse* Tippfehler, überflüssige Anglizismen und – horribile dictu – zeitgeistigen Wortmüll gibt („Was um Himmels willen heißt ‚up2date‘?“), wird am wenigsten verziehen. Wie zum Beweis, daß es anders auch geht, wird der verdatterte (Jung-) Redakteur dann in gepflegtem Schönbrunner-Deutsch oder wohlformulierten Briefen – mit Füllfeder geschrieben – zurechtgewiesen: eine Begegnung mit einer bürgerlichen Attitüde und Erwartungshaltung an die Zeitung, die unerbittlich Niveau und Stil einfordert.

Auf diese Leser ist in jeder Hinsicht Verlaß: Wenn *Die Presse* zu einer Spendenaktion für den Wiederaufbau der Hofburg oder die Flüchtlinge in Bosnien aufruft, oder wenn es um die Restaurierung von historischen Zeitungsbeständen der Nationalbibliothek geht, dann übertrifft diese Leserschar alle anderen an Einsatzfreude. Wenn „ihre“ Zeitung, mit der sie durch dick und dünn geht, hinter einer Sache steht, schließt sie sich an – um diese Leser lassen wir uns gerne beneiden.

Günther Haller

KARL WOISETSCHLÄGER

Es lebe die Blamage!

„Die Presse" – Studien zu einem Sittenbild

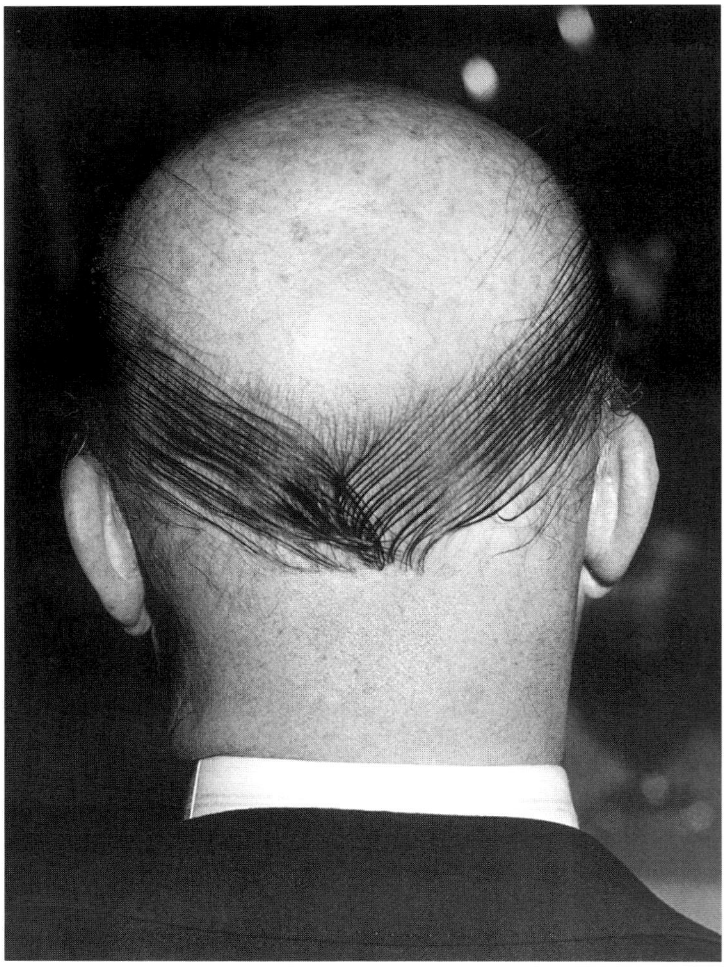

Vor ein paar Monaten hat hier in der *Presse* ein Leser angerufen. Es war Montag, und der Mann klang nicht freundlich. Am Samstag davor war in der Wochenendbeilage der *Presse*, im „Spectrum", der Beitrag einer Essayistin erschienen: ein Artikel, der sich mit weiblicher Selbstwahrnehmung und weiblichem Selbstgefühl und mit der Monatsblutung befaßte. Der Mann am Telephon, Dr. D., Rechtsanwalt in Wien, verlangte „den Verantwortlichen" zu sprechen.

Derartiges sei ihm noch nicht vorgekommen, früher hätte es dies nicht gegeben. Dr. D., wie gesagt, klang keineswegs freundlich; auch nicht eigentlich unfreundlich, eher ein wenig herablassend, überlegen. Man konnte ihm freilich nicht beipflichten. Was, bitte, sollte an der Sache „geschmacklos" sein, „eine blamable Geschmacklosigkeit"? Und warum sollte eine liberale Zeitung sich dieser Thematik verschließen, einer Thematik, welche unter anderem nicht unwichtig für unsere Fortpflanzung, den Fortbestand des Menschengeschlechts sei?

Doch Dr. D. ließ nicht locker. Dann sagte er plötzlich: „Auch ich bin an sich liberal, ich stamme aus alter liberaler Familie, meine Familie liest seit 1848 die *Presse*." Ganz beiläufig: „Meine Familie liest seit 1848 die *Presse*. Im Abonnement."

Ich erschrak. Seit 1848! Dem 3. Juli. Seit 150 Jahren. Seit ihrer Gründung also.

So etwas sitzt. Was sollte man dem entgegenhalten? Natürlich ließ ich mir nichts anmerken, aber die Wahrheit ist: Ich fühlte mich blamiert. Meine Familie ist jünger. Meine Familie hat 1848 nicht die *Presse* gelesen, sofern sie 1848 überhaupt schon fließend lesen konnte, was ich hoffen will.

So ist das. Sie können noch so gute Argumente für dieses oder jenes ins Gespräch bringen; sobald Ihnen einer sagt: Aber meine Familie liest seit 1848 die *Presse*, ist es aus und vorbei mit Ihnen, und Sie sind erledigt. Es ist entwaffnend. Es hat Größe. Du stehst schwerlich eine Debatte über die Menstruation durch, wenn dir einer hineinsagt: Seit 1848 *Die Presse*; wenn dir einer so kommt, bist du bloßgestellt. Du bist aufgeblattlt. Es ist peinlich. Du wiegst weniger als der andere. Vor soviel Vergangenheit, soviel Kontinuität, soviel Tradition stehst du in jedem Fall als ein geistig Neureicher da.

Gottlob bin ich wenigstens Akademiker. Den Titel erlangte ich mit einer Dissertation über die *Presse*, vormals *Neue Freie Presse*. Das Thema Blamage nimmt in der Dissertation ein zentrales Kapitel ein; doch davon später.

„Seit 1848 *Die Presse*." Ich habe sie gesehen. Sie ist in dicke Bände gebunden. Drei Jahre hindurch habe ich nichts anderes getan, als in diesen Bänden zu lesen. Jahrelanges Umblättern. Das prägt. Wenn man viel in die-

Linke Seite und oben: „Feine Leute", photographiert von Herlinde Koelbl

ser Zeitung liest, wird man ein anderer Mensch.
Würde man die Bände in einer Reihe aufstellen, so ergäbe das eine Strecke von 150 Metern (und jeden Monat kommt ein neuer, frischgebundener Foliant dazu). 150 Jahrgänge, lückenlos – nein, mit der einen glänzenden Ehrenlücke eben: von 1939, als die Nazis die Zeitung eingestellt haben, bis 1946. Oder denken wir uns einen großen Raum, zehn mal zehn Meter, kein Fenster, Regale an allen vier Wänden bis zum Plafond. Treten Sie ein in diesen Salon, und Sie sind von nichts als von Zeitung umgeben! 50.000 Tage sind in dem Raum eingeschlossen. Man riecht es. Sie wurde von den besseren Kreisen gelesen.
Es handelt sich um eine große Zeitung. Das ist auch wissenschaftlich beglaubigt. Sie ist „das bedeutendste Organ des Landes" (Heinz-Dietrich Fischer), sie ist die „erste Tageszeitung Österreichs" (Doris Chamrath), sie ist „vornehm" (Ingrid Walter), sie ist „ein Begriff" (Dagobert Pokorny), „international ein Begriff" (Kurt Paupié), „ein Weltbegriff" (Adam Wandruszka), sie ist „publizistisches Wahrzeichen" (Oskar Wiktora), „ein leuchtender Stern am publizistischen Horizont" (Dagobert Pokorny), sie ist „Instanz" (Albert Fuchs), sie hat „Nimbus" (Ingrid Walter).

Anhand der Unterlagen der Deutschen Gesandtschaft in Wien hat vor einigen Jahren der Klagenfurter Germanist Klaus Amann nachgewiesen, daß die *Neue Freie Presse* über Vermittlung des Generalsekretärs der Deutschen Handelskammer im August 1936 dem Pressereferenten der Reichsregierung in Berlin ein „Angebot unterbreiten" ließ. Ich zitiere aus Amanns Dokumentation „Der Anschluß österreichischer Schriftsteller an das Dritte Reich – Institutionelle und bewußtseinsgeschichtliche Aspekte", Kapitel „Nationale feile Presse": „Folgendes Angebot: Die Leitung der *Neuen Freien Presse* sei bereit, die Richtung des Blattes ‚im Sinne des Reiches zu ändern', d. h. ‚sich in der Frage des Donauraumes und der Propaganda der deutschen Waren positiv zu verhalten, würde aber als Gegenleistung zur Deckung eines etwaigen Abonnentenausfalls deutsche Inseratenaufträge erwarten'. Damit nicht genug: ‚Auch der Organisationsstab könnte bei dieser Gelegenheit eine Änderung erfahren.' Zur Bekräftigung des guten Willens legte man gleich eine ‚Aufstellung über die Redakteure, Administrateure und Druckereien' der *Neuen Freien Presse* bei, die säuberlich zwischen ‚Ariern' und ‚Juden' unterschied." Weiter im Zitat von Klaus Amann: „Beizeiten – solange man noch hoffen konnte, etwas zu lösen – begann man,

„Es gab früher etwas wie eine ganz feine Gefahr im gesellschaftlichen Leben. Die Blamage war ein Ausgleiten auf dem glatten Boden der Gesellschaft, ein falscher Tanzschritt in der Kunst des Salons."
NFP, 7. Juli 1929

seine Juden zu verschachern. Die Unterlagen der Deutschen Gesandtschaft in Wien belegen auch eine Reihe anderer Versuche der *Neuen Freien Presse*, an deutsches Geld heranzukommen."
Frage: Erscheint Ihnen dieses Zitat etwa deplaziert? Finden Sie es einigermaßen, sagen wir, „geschmacklos", halten Sie es für „eine blamable Geschmacklosigkeit", derartiges an dieser Stelle lesen zu müssen?

„Wer seine ersten Schritte in die Gesellschaft als Mitglied des handverlesenen Eröffnungskomitees des Techniker Cercle tut, hat einen blendenden Start in erlauchte Kreise."

Stammt der „Presse"-Satz aus dem Jahr 1897 oder 1997?

Was heißt Blamage? Das Wort ist, als französisierende Neubildung, im 18., 19. Jahrhundert bei uns aufgekommen und bedeutet: peinlicher Vorfall, Bloßstellung, Beschämung, Schande.
Das Thema nimmt in meiner Dissertation eine Schlüsselstellung ein, denn die Blamage ist ein wesentliches Motiv dieser Zeitung. Sie fühlt sich zur Blamage hingezogen, sie *will* die Blamage, sehnt sie inständig herbei. Ungezählte Male befürchtet sie ihren „heutigen" Niedergang (so wie sie unaufhörlich den Niedergang der „Gesellschaft", das Verschwinden des „gesellschaftlichen Lebens", den Verlust des „Geschmacks" beklagt).
„Es gab früher", schreibt eine Mitarbeiterin namens Gisela v. Berger unter dem Titel „Die sterbliche Blamage" in der Ausgabe vom 7. Juli 1929, „es gab früher etwas wie eine ganz feine Gefahr im gesellschaftlichen Leben. Die Blamage war ein Ausgleiten auf dem glatten Boden der Gesellschaft, ein falscher Tanzschritt in der Kunst des Salons. Gesellschaftsfähig sein war ursprünglich kein bloßes Wort, sondern die stillschweigende Annahme und Gewährleistung einer kulturellen Eignung, deren Unzulänglichkeit unerbittlich mit dem gesellschaftlichen Brandmal der Blamage gezeichnet wurde. Die Blamage und ihre Gefahr bestehen heute so gut wie nicht mehr. Die zarte Blüte der Blamage gedeiht nicht mehr, die glatte und erfolgreiche Blamage findet nicht mehr statt, weil das Forum fehlt, vor dem sie als solche gilt und erkannt wird. An Formen, die nicht mehr bestehen, kann man nicht anstoßen. Alles geht auch leichter und einfacher. Wie soll da noch Blamage gedeihen können? Die Gesellschaft ist undramatisch und inhaltlos geworden. Sie ist nicht mehr tonangebend in einheitlicher Weise, und unter den vielen Tönen, die sie etwa angibt, befindet sich durchaus nicht immer der gute. Lächerlichkeit ist hier unerreichbar, Blamage vergebens, Kompromittierung hoffnungslos, alles bleibt möglich und nur ein Einziges ist unmöglich: Unmöglich zu werden! Auch ihrer spezifischen Tragik hat sich die Gesellschaft leichtfertig und unbedacht begeben und damit einen großen Teil, wenn nicht den größten und bedeutendsten ihrer Macht und ihres Charakters eingebüßt. Denn es gab eine Tragik der Gesellschaft. Sie hieß: die verschlossene Tür. So hart und so unerbittlich konnte diese Tür verschlossen sein wie sonst vielleicht überhaupt keine Tür der Welt. Die einen waren drinnen, die anderen draußen, so stand die Sache. Der Kreis der Gesellschaft hat alle scharfe Kontur und ihr Charakter alle Physiognomie verloren."
Aber erstens, weiß man doch, gibt es noch immer, bis zum heutigen Tag, soviel potentielle Blamage in der Welt, daß man es kaum für möglich hält. Sie lebt ja, die Blamage, wenn man sie nur sucht! Und was, zweitens, das Lamento über unsere angeblich konturlos gewordene „Gesellschaft", die vermeintlich verlorengegangene „Gesellschaftsfähigkeit" betrifft, so läßt sich die Behauptung unverzüglich widerlegen – nehmen wir ein anderes Zitat aus der Zeitung, nehmen wir die folgende Photounterschrift: „Wer seine ersten Schritte in die Gesellschaft als Mitglied des handverlesenen Eröffnungskomitees des Techniker Cercle tut, hat einen blendenden Start in erlauchte Kreise." Frage: Stammt dieser Satz aus der Ausgabe vom 27. Jänner des Jahres 1897? Oder vielmehr vom 27. Jänner des Jahres 1997, Seite 8? – Eben. Sie lebt doch, die Gesellschaft.

Die *Neue Freie Presse* ist die Zeitung, in der es um die Belebung der Blamage in allen Schattierungen geht. Jedoch, wer die Blamage liebt, muß sich – es ist der Preis – auch ständig vor ihr in acht nehmen (ja nicht auszugleiten, ungebildet, unbelesen zu erscheinen und ähnliches mehr).
Ich behaupte, der aufschlußreichste Bereich einer Zeitung ist das Humorressort. An den Humorseiten läßt sich alles ablesen. Der Witz verrät dich. Man schaut sich die Späße an, die jemand zum besten gibt, und weiß, woran man ist (sage mir, worüber du am lautesten lachst, und ich sage dir, wovor du

Angst hast). Anfang der dreißiger Jahre hat die *Neue Freie Presse* eine Rubrik „Humor vom Tage" in Angriff genommen.
Die *Neue Freie Presse* macht einen Witz: „‚Ich möchte gern ein Buch kaufen.' ‚Soll es etwas Leichtes sein?' ‚Das ist gar nicht nötig. Ich habe mein Auto draußen.'" (15. März 1932) – Etliche Wochen später: „‚Ich möchte ein hübsches, lesbares Buch kaufen.' ‚Darf es etwas Schweres sein?' ‚Das spielt keine Rolle, ich habe mein Auto vor der Tür.'" (18. Mai 1932) – Die Zeitung erzählt rastlos diese Scherze. „Schulze kommt in eine Buchhandlung und verlangt Goethes sämtliche Werke. ‚Welche Ausgabe?' erwidert der Verkäufer. ‚Sie haben recht, mein Freund, bei den heutigen teuren Zeiten wäre dies wirklich ein Leichtsinn', sagt Schulze und verläßt den Laden" (23. Februar 1932).
Zur gleichen Zeit, Anfang der dreißiger Jahre, wird Elias Canetti mehrmals zu den „Gesellschaften" im „Hause Benedikt" eingeladen (im Haus Ernst Benedikts, des Eigentümers und Herausgebers der *Neuen Freien Presse* und Sohnes von Moriz Benedikt). Canetti erzählt davon in dem Buch „Das Augenspiel", seiner „Lebensgeschichte 1931–1937": „Ernst Benedikts Ehrgeiz richtete sich darauf, alles gelesen zu haben. Er litt es nicht, ein Buch, von dem gesprochen wurde, nicht zu kennen. Ich machte mir den Spaß, das Entlegenste vor ihm zu nennen. Dann lag es sicher das nächste Mal auf einem Tischchen da, er hatte es aufgenommen und sprach zu mir darüber. Er war vom Zwang besessen, mit Namen zu prunken, und nannte viel zu viele. Auf seine etwas läppische Art lebte er ganz im Geiste."
Ein Elektriker würde diese Gesellschaften bei Benedikts und die Rubrik „Humor vom Tage" als die beiden Pole der Zeitung markieren.
Über die *Neue Freie Presse* ist bekanntermaßen viel Kritisches und Hartes geschrieben worden. Ich sehe die Zeitung heute mit anderen Augen. Sie hat bloß Angst, das ist alles. Hier herrscht eine ungeheure Spannung. Andauernd muß sie fürchten, daß das gesellschaftliche Ereignis der Blamage dahinschwinden könnte (und damit irgendwie die bessere Gesellschaft selbst, ihre Leser); zum anderen hat sie unentwegt diese Angst, sich selbst zu blamieren (eine Angst, von der sichtlich nicht einmal ihr Eigentümer und Herausgeber verschont ist; natürlich, der erst recht nicht). Täglich möchte sie die Blamage fördern, täglich muß sie die Blamage fürchten. Was sie liebt – davor muß sie Angst haben. In dieser Zwickmühle, unter diesem unglaublichen Druck, in diesem immerwährenden Streß hat sie zu leben.
Naturgemäß ist eine gewisse Verkrampfung die Folge. Am liebsten möchte man sich diese Zeitung einfach auf den Schoß legen und sie streicheln, streicheln, streicheln.

Die Photographin Christine de Grancy sieht auf Wien.

Es formt dich. Immer wieder soviel Angst! Ein Buch nicht zu kennen. Nicht gesellschaftsfähig zu sein, also nicht zur Gesellschaft zu gehören. Bei nächster Gelegenheit irgendein Fremdwort nicht parat zu haben („Herr Neureich zu seinem Arzt: ‚Ich habe mir das Knie am Bein verletzt.' ‚Das ist ein Pleonasmus, lieber Freund.' ‚Ist das etwas

Gefährliches?'" Humor vom Tage, 13. Februar 1933). Oder einfach „geschmacklos" zu sein.

„Sehr geehrter Herr! Schämen Sie sich. Die Titelphotos der Samstagbeilage sind zumeist so blamabel geschmacklos, daß man nur mehr mit sofortiger Einstellung des Bezuges Ihrer Zeitung reagieren kann." Ich kann nicht behaupten, daß ich vor diesen Zuschriften keine Angst hätte. Sie stammen aus besseren Kreisen. Dr. Herbert K.: „Diese Cartoons sind witz- und geschmacklos, sogar indiskutabel geschmacklos." Oliver O., stud. phil.: „Für mich besteht das Profil Ihrer Zeitung eben darin, daß ein so geschmackloses Wort wie ‚Arschkriecherei' eben nicht benutzt wird. Mit Verwunderung bemerke ich eine Veränderung. Ich weiß mich in einem großen Kreis Gleichgesinnter. In diesem Sinne: ‚Wehret den Anfängen!'"

Sie lebt, *Die Presse*.

Vor dem MR. aber hat der Absender säuberlich, mit blauem Kugelschreiber, ein O hinzugestrichelt. Zweimal, auf dem Brief und auf dem Kuvert. Er ist also seit kurzem Obermedizinalrat. Nun könnte man einräumen, er habe sich mit dem O ehrlich Mühe gegeben (man sieht bei dieser kniffligen Arbeit förmlich die Zungenspitze über die Oberlippe des Obermedizinalrats fahren); und dennoch: Hat er's denn nötig? Haftet dem Verfahren nicht etwas Peinliches, Protziges, Prahlerisches an? Ich denke: Dieses O, das einfach nicht warten konnte auf die nächste Lieferung Briefpapier, dieses O verrät keineswegs *Geschmack*! Es wirkt annähernd neureich. Es ist wie das Preisschildchen am Kaschmirschal.

Ergo: glatte, erfolgreiche Blamage (so fein kann sie gesponnen sein). Ich genieße diesen Briefkopf immer wieder aufs neue. Ich gestehe, ich weide mich daran.

„Die zarte Blüte der Blamage gedeiht nicht mehr, die glatte und erfolgreiche Blamage findet nicht mehr statt, weil das Forum fehlt, vor dem sie als solche gilt und erkannt wird. An Formen, die nicht mehr bestehen, kann man nicht anstoßen."

NFP, 7. Juli 1929

Auch ich neige stark zur Blamage, doch über die schwersten persönlichen Fälle – so haargenau ich mich auch an sie erinnere – läßt sich nicht berichten, darüber kann ich nur schweigen (eine Blamage, von der man zu erzählen imstande ist, ist keine Blamage mehr, sie lebt nicht mehr, ist überwunden und zur Anekdote geworden). Das ist schade.

Nur soviel läßt sich sagen: Wer viel einstecken muß, lernt auch auszuteilen; jedenfalls lernt er, sich an den Niederlagen und peinlichen Fehlschlägen seiner Umgebung zu delektieren. So habe ich es mir zur Liebhaberei gemacht, neben meinen eigenen auch die Blamagen und Geschmacklosigkeiten *der anderen* zu sammeln. Die genieße ich. Ich lauere regelrecht darauf.

Neulich kam eine ergiebige Zuschrift aus Wien I. Inhaltlich kein erfreulicher Brief – „Ich darf der Hoffnung Ausdruck verleihen, in Zukunft von derartigen peinlichen ‚literarischen' Ausritten verschont zu bleiben, die mir die Freude am Lesen der *Presse* erheblich nehmen würden" –, doch das tut ausnahmsweise nichts zur Sache, es geht hier um etwas anderes. Es geht um die Form. Der Brief weist den bei Ärzten gebräuchlichen, normierten Briefkopf mit den Titeln und Funktionen auf – in unserem Fall: Primarius, MR., Dr., Facharzt für Innere Medizin – nebst Adresse, Telephon, Ordinationszeiten.

Sie lebt. *Die Presse* hat heute an Samstagen eine Verbreitung von 130.000 Exemplaren. Das ist die höchste Auflage in ihrer Geschichte. Zieht man für jedes Exemplar 3,3 Leser in Betracht, wie bei Tageszeitungen üblich, sind das jeden Samstag 430.000 Leser. *Das* freilich ergäbe einen Salon! Was für eine Vision! Ein gesellschaftliches Ereignis sondergleichen wäre das, ein gewaltiger ästhetischer Salon oder auch, aus Platzbedarf, eine enorme Party unter freiem Himmel, ein kolossales Gartenfest, ein Stehempfang von gigantischem Ausmaß. Wir sehen alles leibhaftig vor uns: Würden die 430.000 Personen zum Beispiel jeweils im Abstand von anderthalb Metern ungeniert Position beziehen, so könnte sich diese aufsehenerregende Stehparty von Wien bis Bregenz erstrecken, die Menschenkette würde sich durch ganz Österreich ziehen. Man denke: ein gesellschaftliches Parkett von Bregenz bis Wien, teilweise sehr glatter Boden!

Ich habe den seltsamen Traum – Allmachtsphantasie?, Angsttraum?, beides? –, diese Strecke Wien–Bregenz bewältigen zu müssen, einmal diesen imposanten Stehempfang tatsächlich abzuwandern, über Penzing, Purkersdorf, St. Pölten, über den Arlberg, und alle anderthalb Meter ein neues Individuum. Wir würden einander wiederbegegnen: Rechtsanwalt Dr. D. (dessen

Der neugierige Blick: Photo von Heribert Corn

Familie seit 1848 auf die *Presse* abonniert ist); stud. phil. Oliver O. („Mit Verwunderung bemerke ich eine Veränderung, ich weiß mich in einem großen Kreis Gleichgesinnter"); der Obermedizinalrat.
Was könnte das bedeuten? Wäre es ein Spießrutenlaufen? Nicht im mindesten, meine ich. Maximal ein bißchen peinlich – streckenweise. Man würde einander doch freundlich zunicken. Herr Doktor! Gewiß ließe sich auch gut Konversation machen, vielleicht sogar ein Witz zum besten geben auf dieser langen, strapaziösen Wanderung. Kennen Sie den? Herr Doktor, ich habe mir das Knie am Bein verletzt, das ist ein Pleonasmus, ist das etwas Gefährliches?
So ist das. Man darf bloß nicht aufstecken. Um keinen Preis wollen wir die Angelegenheit aufgeben. Dennoch: Fragen Sie sich von Zeit zu Zeit vielleicht auch, ob Sie wirklich Sie selbst sein möchten oder vielleicht, besser, doch jemand anderer?

HANS WERNER SCHEIDL

Füllfeder und Keyboard

Zeitungstechnik für Nostalgiker

Natürlich liegt sie auf dem Redaktionsschreibtisch, die gute alte Füllfeder. Wie ein Anruf aus einer anderen, längst verklungenen Zeit mutet sie an – umgeben von ein paar gespitzten Bleistiften und dem Radiergummi. Nur noch Hilfsdienste dürfen sie im Alltagsgetriebe verrichten, aber immerhin. Es geht ihnen noch besser als der Schreibmaschine, die seit Herbst 1985 im Kleiderkasten steht. Nutzlos, sinnlos, nie mehr verwendet. Nicht einmal auf Flohmärkten würde man sie noch an den Mann bringen.

Ja, früher. Da stenographierte der Parlaments-Berichterstatter im Reichsrat in fliegender Hast (selbstverständlich auf dem für ihn reservierten Platz im ersten Rang ganz links; die Aufschrift ist noch heute gut lesbar). Und bis in die achtziger Jahre griffelte so mancher Ressortleiter seine Beiträge mit dem Bleistift, um das Œuvre sodann der Sekretärin in die Maschine zu diktieren. Praktischere Zeitgenossen verfaßten gleich selbst alles auf der mechanischen Schreibmaschine. Einem Pandämonium glich die Redaktion am Nachmittag: Das Klingeln der alten schwarzen Telephonapparate, das Rattern der Schreibmaschinen, das sonore Diktat einzelner Redakteure, die hektische Recherche der übrigen, Geblödel derjenigen, die ihre Geschichte zu Ende gebracht hatten, Fauchen und Gebrüll, wenn der zugeteilte Platz nicht reichte – umso lauter, je näher der Redaktionsschluß rückte. Ist's da ein Wunder, daß wir Jungen schon während des Studiums dieser Zauberwelt verfielen? Diesem täglich wiederkehrenden Wahnsinn, der nur für Außenstehende keine Methode kannte? Wie es Artistenkinder immer in die Manege zwingt, so wäre der Großteil von uns verloren, müßte er sich auf andere Art sein Brot verdienen.

Der Wahnsinn hat Methode, durchaus. Wir bemühen uns bei jeder Hausführung durch Verlag und Redaktion der *Presse*, unseren Gästen diese Behauptung auch zu beweisen. Und Führungen gibt es mehr als genug. Seit *Die Presse* im Herbst 1985 als erste österreichische Tageszeitung die vollelektronische Zeitungsproduktion startete, sind die Redaktions-Etage im „Marriott" und die „Herold"-Druckerei in der Faradaygasse beliebte Ziele für wißbegierige Schulklassen, für Kulturvereine und unsere Abonnenten.

Und nicht wenige sind danach enttäuscht. Der einstige Schreibmaschinenlärm in der Redaktion ist dem vornehm-zurückhaltenden Geklapper der Keyboards gewichen – und den hektischen Betrieb in der Setzerei gibt es auch nicht mehr. Weil es keine Setzerei mehr gibt. Der Redakteur ist Verfasser, Korrektor, Setzer und Metteur in einer Person geworden – böse Zungen sagen dann gleich: So sieht das Endprodukt auch aus.

Der einstige Schreibmaschinenlärm in der Redaktion ist dem vornehm-zurückhaltenden Geklapper der Keyboards gewichen.

Dafür kann etwas nicht passieren, was noch heute – nach Jahrzehnten – den Augenzeugen das Blut in den Adern gefrieren läßt. Das war an einem Freitagabend Anfang der siebziger Jahre im alten „Pressehaus" an der Heiligenstädter Lände. Der Samstag-Leitartikel Otto Schulmeisters hatte wieder einmal die gewohnte Verspätung, endlich lag das Opus vor, feinsäuberlich in Bleizeilen gegossen, eingespannt in den großen schweren metallenen Seitenrahmen. Doch beim Herabheben des Blei-„Schiffes" passierte eine kleine Unaufmerksamkeit, und der gesamte Leitartikel landete in kleinen Häufchen auf dem Boden. Blankes Entsetzen bei der Techniker-Mannschaft, bleiche Gesichter bei den Schlußredakteuren. Doch große Männer erweisen sich erst im Ungemach als wirklich groß. „Stellen Sie Absätze hinein, wie's gerade kommt", befahl Schulmeister, „man versteht's ja sowieso nicht." In der Tat. Die Bewunderung der Leserschaft am folgenden Samstag für Otto Schulmeister war grenzenlos: So gescheit – und so schwer zu lesen …

Das war die Pionierzeit. Große Bleibarren schmolzen in den Setzmaschinen, der süßliche Gestank der giftigen Dämpfe durchzog das gesamte Erdgeschoß, und die Arbeiter bekamen täglich Gratismilch. Das sollte ihre Arbeitskraft ein bißchen länger erhalten. Seit dem 19. Jahrhundert hatte sich an dem Arbeitsablauf nichts mehr geändert. Die Titelzeilen wurden bis zuletzt händisch gesetzt: Mittels des Winkelhakens, der den Satz zusammenhielt – in einer für den Laien geradezu unvorstellbaren Geschwindigkeit und Exaktheit. „Zwei Cicero, schmalfette Bodoni" hieß etwa die Satzangabe für den Leitartikel. Wenn der redaktionelle *Presse*-Eleve nach vielen Monaten des Lernens erstmals diesen Vermerk an seinem Manuskript anbringen durfte, konnte er sicher sein: Er hatte es geschafft. Der erste Leitartikel ging „in Satz". Nicht nur in der Redaktion stieg das Ansehen, auch bei den Metteuren und Korrektoren.

Und dann kam der Lichtsatz. Für die Redaktion änderte sich einstweilen gar nichts, für die Setzerei aber alles. Eines Tages standen die Setzmaschinen, diese übermannsgroßen technischen Wunderwerke, als Schrott vor dem Pressehaus, der Computer ersetzte sie. Die eisenbeschlagenen langen Tische der Metteure wichen Leuchtpulten, auf denen der belichtete Satz geklebt wurde. Alles wurde flotter, heller, gesünder – und leiser. Wo früher Zeilen zersägt werden mußten, um eine Kürzung vorzunehmen, da wurde nun mit dem Rasiermesser eine Zeile vom Film geschnitten. Und die Setzkästen mit den Hunderttausenden Lettern? Die ver-

Linke Seite: Montage einer Zeitungsseite aus der Bleizeit

Parallel zur technischen Entwicklung (hier das Seiten-Layout) verändert sich das „Gesicht" des Blattes.

schwanden in den Haushalten unverbesserlicher Nostalgiker und in den Werkstätten kluger kleiner Handwerker, die heute noch damit Visitkarten, Parten oder Urkunden setzen.

Im September 1985 nahm die *Presse*-Redaktion Abschied von dem liebgewonnenen, viel zu eng gewordenen „Pressehaus". Im Bürotrakt des neuerbauten Hotels „Marriott" warteten zwei feinst ausgestattete Etagen auf die *Presse*-Mannschaft. 120 Personen richteten sich an einem Wochenende halbwegs ein. Die Computeranlage der US-Firma Hastech hatte ihre letzten Tücken verloren – die wurden ihr ausgetrieben von einem technischen Team unter Führung des Technik-Redakteurs Rolf Rothmayer. Er sollte ein Opfer seines Berufs werden. Denn die totale Identifikation mit dem neuen System, die nervenaufreibende Suche nach Störquellen, der leise arrogante Spott der schreibenden Kollegen – all das war gesundheitlicher Raubbau. Am offenen Grab sprach Thomas Chorherr vom Fluch dieser Besessenheit, die Zeitungsleute auszeichnet. Rolf Rothmayers Leben glich einer Kerze, die an beiden Enden brennt.

Doch für Besinnung, für Innehalten ist im Mediengeschäft keine Zeit. Nur ab und zu fällt ein Blick auf das gestickte Altwiener Madonnenbild, das der damalige Chefredakteur Thomas Chorherr dem Produktionsraum als Weihnachtsgabe dediziert hat: „Vertrau auf Gott / in jeder Noth" heißt es da.

Parallel zu dieser technischen Weiterentwicklung, die auch die Bildverarbeitung in der Redaktion betrifft, veränderte sich auch das „Gesicht" des Blattes. Immer wieder und in kleinen Schritten – viele Veränderungen werden den Lesern gar nicht aufgefallen sein: Das, so lehren uns die großen Zeitungsdesigner, sei die wahre Kunst. Denn jede Zeitung hat ihr unverwechselbares Gesicht mit Charakterzügen, die einem vertraut sind. Layout – das ist eine „vertrauensbildende Maßnahme", sagt Thomas Kleine-Brockhoff von der Hamburger Wochenzeitschrift *Die Zeit*.

1992 begann in einem streng geheimen „Versuchslabor" die jüngste Gesichtsveränderung der schon etwas grau gewordenen *Presse*.

Der Deutsch-Amerikaner Rolf Rehe, ebenso wie Mario García ein weltweit renommierter Zeitungsdesigner, stellte sich der Herausforderung: Das Format wurde etwas verkleinert, Hand in Hand damit schneiderte Rehe der *Presse* ihr neues Gewand. Farbe kam ins Blatt, Info-Graphiken sollten ein rascheres Erfassen komplizierter Zusammenhänge ermöglichen. Und das alles bei einer Traditionszeitung, deren guter Ruf davon lebte, nicht dem Boulevardgeschmack zu verfallen. Rolf Rehe hatte den sicheren Griff und das geschulte Auge für Machbares und Undenkbares. Er kannte schon aus vielen Redaktionen die anfängliche Skepsis der schreibenden Zunft gegenüber professionellem Zeitungsdesign. So näherte er sich seinem Auftrag und seinen Vorstellungen mit der gebotenen Demut, die man einem Traditionsblatt angedeihen läßt. Und letztlich waren alle begeistert. Er hat uns in unserer Meinung bestärkt, die wir mehr gefühlt als artikuliert haben: Die Zeitung – namentlich *Die Presse* – ist weit mehr als bedrucktes Papier oder eine Chronik laufender Ereignisse. Sie ist ein Lebewesen. Sie mag polarisieren, sie regt an, sie regt auf, sie darf nie kalt lassen. Wir, die Journalisten dieses Hauses, sind ein Teil von ihr. Sie ist unser Leben.

BRUNO KREISKY UND „DIE PRESSE“

Büro des Bundeskanzlers. Guten Tag. Ich verbinde.“ Wer beschreibt das beseligende Herzflattern, das in Kreiskys Ära jeden Redakteur befiel, wenn ihn diese berühmten sieben Worte Margit Schmidts ereilten – abends daheim, sonntags im Dienst, tagsüber, wenn man ohnedies nicht wußte, wo man zuerst sein sollte! Schrullig waren sie oft, diese Anrufe, berechnend, ausufernd. Brummelndes Lob etwa über die Krawatte, die man gestern im Pressefoyer nach dem Ministerrat getragen hatte, oder die Beschwerde über Kollegen anderer Zeitungen („Schäbiger Journalismus, net?“). No, was soll man da schon sagen? „Aber ihr seid's nobel, anständig, Gut!“ Ja, wir liebten ihn, heute kann man's zugeben.

Können S' in einer Stund' bei mir sein? Ich muß Ihnen was erzählen, dös darf man auf keinen Fall schreiben, da muß i' mich verlassen können. Haben S' schon was g'essen? Kriegen S' bei mir ein Mittagessen.“ O du höchste Wonne! Man wähnt sich im Journalistenelysium und stellt sich punktgenau im Kreisky-Vorzimmer ein. Kreiskys Diener ist schon informiert und deckt im kleinen angrenzenden Kabinett den Tisch. „Bringen S' dem Herrn Redakteur auch ein Mineralwasser.“ Und dann reicht er gönnerhaft die Hälfte seines Mittagmahls: einen grünen Apfel. Was er an diesem Tag zu erzählen hatte? Keine Ahnung mehr.

Um seine Journalisten zu beeindrucken, mußten selbst höchste Staatsorgane herhalten. Und auch Margit Schmidt hatte dabei eine tragende Rolle. So war das alljährliche große Sommer-Schlußinterview im Kanzleramt wieder einmal zur Abendstunde angesetzt. Zwei *Presse*-Innenpolitiker, das Gespräch dauert schon zwei Stunden. Da tritt Margit Schmidt auf den Plan: „Herr Bundeskanzler, der Herr Bundespräsident wartet schon.“ – „Ja? No, muß er noch a bißl warten, jetzt ist *Die Presse* bei mir.“ Man sitzt auf Nadeln, Kreisky nicht. Weitschweifig skizziert er die Lage im Nahen Osten. Schmidt, nach vielen Viertelstunden: „Der Herr Bundespräsident wartet jetzt schon zwei Stunden drüben.“ Kreisky läßt sich nicht aus der Ruhe bringen und beendet das Gespräch geraume Zeit später. Drüben in der Hofburg sind die Lichter längst gelöscht. Rudolf Kirchschläger ist heimgefahren. Oder hat vielleicht gar nie gewartet ...

Arbeitsbesuch Kreiskys bei Assad in Syrien. Wir reisen mit großem Troß, denn wir müssen die Scherben nach der Lütgendorf-Affäre wegräumen. Am ersten Abend gibt Assad ein märchenhaftes Diner, dem nur eines mangelt: Alkohol. „No, dös sind doch Heuchler“, lächelt Kreisky danach im Hotel. „Morgen werden s' Augen machen.“ Am nächsten Abend kocht der Küchenchef des Österreicher-Bataillons am Golan auf: Fritattensuppe, Tafelspitz, warmer Apfelstrudel. Dazu Gumpoldskirchner. Die Gäste nippen aus Höflichkeit, lassen sich nochmals einschenken, geraten in Fahrt – und wir sind wieder die besten Freunde.

Bei diesem Besuch visitieren wir natürlich auch die österreichischen Soldaten in ihrem Camp. In der Offiziersmesse sind sie bereits angetreten, die Herren Offiziere. Jeder salutiert, wird nach Herkunft und Familienstand befragt. Kreisky kommt zum letzten Offizier. „No, ham S' Kinder? Sind S' verheiratet?“ – „Melde gehorsamst, nicht daß ich wüßte. Ich bin der Militärgeistliche.“

Hans Werner Scheidl

DETLEF DREWES

Zeitungsleser sind klüger

Die Zukunft der Medien

Solange man mit einem Internet-PC keine Fliege an der Wand erschlagen kann, wird es die Zeitung geben. Mit diesen Worten hat der amerikanische Internet-„Papst" Nicholas Negroponte einmal die Zukunft der Medien umschrieben. Inmitten einer Internet-Euphorie für ein Medium zu plädieren, das über 500 Jahre alt ist – die Rede ist vom gedruckten Wort –, mag ein wenig nostalgisch klingen. Tatsächlich aber liegt die Zukunft noch vor den Zeitungen – neben den neuen Medien.

Ende 1997 wollte ein deutsches Marktforschungsinstitut von jungen Online-Freaks wissen, ob das Ende der Zeitungen drohe. 1995 hatten noch 24 Prozent diese Frage mit ja beantwortet, 1997 waren es nur noch 17 Prozent. Die meisten nutzen nach wie vor beide Medien nebeneinander: Zeitung und Internet. Auch wenn Europa in bezug auf das neue Medium Datennetz gegenüber Fernost und den USA noch einen erheblichen Rückstand und deshalb die Euphorie noch nicht nachgelassen hat, stellt sich doch Realismus ein. Das Internet ist kein Medium zum Lesen oder zum Leben, sondern zum Erledigen. Das Bedürfnis nach „jetzt und sofort", nach Bankgeschäften rund um die Uhr, nach grenzenloser Information und globaler Vernetzung hat ein neues, ein anderes Medium geschaffen.

Der Daten-Highway wird genutzt, aber nicht gebraucht. Das Bedürfnis der Menschen nach globalen Kontakten ist abgesehen von professionellen Nutzern bestenfalls gering. Wer in Innsbruck oder Wien lebt, wird nur selten wissen wollen, was in Bangkok oder Rio los ist. Ihn bewegt viel mehr, was im benachbarten Südtirol oder Wiener Neustadt geschieht. Die Stärke des Internet – seine Globalität – ist zugleich auch seine Schwäche. Und die Schwäche der Datenautobahn – die Regionalität – wird zugleich die Stärke der Zeitung von morgen sein.

Hinzu kommt, daß das Medium Internet die meisten Nutzer schlicht überfordert. Schon warnen die ersten Experten, daß an die Stelle der Zivilisation die „Zuvielisation" treten könne. Andere, wie der ehemalige Präsident der Deutschen Forschungsgemeinschaft, Wolfgang Frühwald, sprechen sogar offen die Hoffnung aus, daß wir uns nicht auf einem Weg in die Informationsgesellschaft befinden: Information ist die ungesichtete und nicht bewertete Mitteilung all dessen, was es auf der Welt gibt. Wissen dagegen ist die gesiebte, bewertete, beurteilte Information. Wenn diese Unterscheidung richtig ist, dann hoffe ich sehr, daß wir uns nicht zu einer Informations-, sondern in eine Wissensgesellschaft wandeln.

Diese Erwartung aber kann das digitale Netz nicht erfüllen. Es bietet den ungeordneten, weil für alles und jeden offenen, nicht zensierten Zugriff auf alle nackte Information. Ein solches Medium fordert von seinen Nutzern ein hohes Maß an Kreativität und Disziplin. Sie müssen

Beziehen wir in Zukunft Wissen nur noch aus dem digitalen Netz?

sich nämlich selbst durch den Berg von Wichtigem und Unwichtigem wühlen, müssen selbst Kriterien der Ordnung entwickeln. Das ist nicht nur mühsam, sondern auch unwirtschaftlich. Die Zeitung dagegen ordnet Information, selektiert diese (was manche früher in Verwechslung dieser Arbeit mit Manipulation gleichsetzten) und bietet dem Leser eine auf ihn orientierte Auswahl. Sie berichtet nicht nur, sie kommentiert, sie gibt nicht nur wieder, sondern gewichtet.

Die Kompetenz einer Redaktion muß im Internet von jedem Nutzer selbst aufgebracht werden. Das ist eine Chance, aber auch eine permanente Überforderung. Dem Wunsch nach umfassender Information entspricht zugleich das Bedürfnis nach Vorsortierung. Das kann das Internet nie leisten. Ganz davon abgesehen, daß es eine physische Qual wäre, einen politischen Hintergrund-Bericht vom Umfang eines Beitrages der *Presse* online lesen zu sollen und dabei noch einen Gewinn daraus zu ziehen.

Medien entwickeln sich nicht im luftleeren Raum. Der Drang nach Globalisierung war vor dem Internet da, nicht umgekehrt. Der Wunsch der Menschen nach einem Medium, in dem es weder Grenzen noch Nationalstaaten, weder Zollkontrollen noch Unterschiede der Nutzer nach Herkunft, Rasse oder Nationalität gibt, hat das Internet hervorgebracht und seine Verbreitung begünstigt. Was Wissenschaft und Wirtschaft längst praktizieren, den weltumspannenden Kontakt, das wollen auch die normalen Menschen. Das Kriterium des Nutzens oder Gewinns spielt dabei übrigens zum ersten Mal seit langer Zeit nur noch eine untergeordnete Rolle. Die Faszination, mit einem Menschen zu sprechen, dem man sonst niemals im Leben begegnet wäre, überwiegt.

Das Internet bietet insofern eine nie dagewesene Chance: Es kann Menschen verbinden, die einander früher bekriegt haben. Man stelle sich nur einmal vor, Ronald Reagan würde heute noch einmal sein schlimmes Wort über die damalige Sowjetunion als „Reich des Bösen“ wiederholen. Dann würden schon wenige Minuten später Millionen von Amerikanern und Westeuropäern via Online-Dialog bei ihren Bekannten aus Nowosibirsk oder St. Petersburg nachfragen, was denn hinter dem Eisernen Vorhang wirklich los ist.

„Der Zeitungsleser hat sich längst auf eine Arbeitsteilung eingestellt. Abends informiert das Fernsehen aktuell, aber flüchtig, am nächsten Morgen erklärt es die Zeitung ausführlich.“
Publizistikforscher Heinz Pürer

Linke Seite: Multimedia-Hit CD-ROM. Ein ganzer Zeitungsjahrgang hat Platz auf einer Scheibe.

„Woher wissen wir eigentlich, daß unsere Leser nicht nur stille Leidende sind, die die Zeitung wegen der Todesanzeigen und der Supermarkt-Angebote kaufen und den ganzen redaktionellen Teil klaglos ertragen?"

Cornelius Riewerts, Chefredakteur der „Oldenburger Volkszeitung"

Die neuen Medien schlagen eine Lücke in politisch gelenkte Propaganda. Nie war die Chance so groß, sich ungefilterte Information zu beschaffen. Nie war die Möglichkeit so greifbar, daß Menschen – ohne von Politik, Wirtschaft oder sonstigen Institutionen beeinflußt zu werden – zusammentreffen, reden, sogar politische und moralische Positionen entwickeln. Das ist die Chance dieses neuen Mediums.

Die Zeitungen spielen in diesem Prozeß nur die sekundierende Rolle. Sie werden sich dennoch nicht auf die Rolle des begleitenden, reportierenden Beobachters beschränken wollen und dürfen. In einer Welt voller Information, in der das Internet die Chance zur Selektion von Wissen möglich macht, wird es geradezu eine staatstragende und staatserhaltende Aufgabe sein, so etwas wie eine informationelle Grundversorgung sicherzustellen.

Denn eine Gesellschaft, in der jeder nur noch die Information bezieht, die ihn interessiert, droht die Balance des politischen Wissens zu verlieren. Damit eine Demokratie funktionieren kann, bedarf es eines allgemein verbreiteten politischen Informationsstandes. Den kann und wird ein Internet nie liefern, weil es keinen globalen Grundkonsens über das gibt, was zum Beispiel für einen Österreicher wichtig ist. Dies müssen Zeitungen (ebenso wie die anderen elektronischen Medien) liefern.

Chance und Aufgabe der Zeitung aber gehen noch weiter: Wenn Informationen immer schneller vom Ort des Geschehens zum Nutzer kommen, kann ein analoges Zeitungsmedium keine neuen Schlagzeilen mehr liefern. Aber wer sagt dem Wiener, Tiroler oder Vorarlberger auch in Zukunft, was die Entscheidung für ihn bedeutet, die in Wien oder New York oder sonstwo auf der Welt getroffen wird? Diese persönliche Auswirkung eines Geschehens auf einen Bürger wird er auch in Zukunft nie anders bekommen können als durch seine Zeitung. Insofern bleibt das analoge Blatt die informationelle Ergänzung der digital-elektronischen Sofort-Information. Unverzichtbar, auch für die Zukunft des 21. Jahrhunderts.

Digitale Wissensspeicher: Wer schafft Orientierung für den Leser?

BRUNO KREISKY ALS WERKLMANN

Gleichgültig, ob in Opposition oder an der Macht – zum alljährlichen *Presse*-Gschnas ins Heiligenstädter Pressehaus kam aus der Politik so gut wie alles, was Rang und Namen hatte. Glichen die drei Stockwerke der Redaktion schon an den übrigen 364 Tagen des Jahres einem Narrenschiff, so nahm der Wahnsinn am letzten Donnerstag des Faschings gemeingefährliche Formen an.

Lambert Hofers Kostümverleih hatte in den Tagen vor dem *Presse*-Fest stets Hochbetrieb. Denn Klubchefs und Parteiobmänner, Bürgermeister und Abgeordnete kamen trefflich verkleidet. Einmal schleppte ein Wortkarger schon nachmittags einen Leierkasten in die Redaktion. Am Abend stellte sich ein erbarmungswürdiger Bettler dahinter und sang zum Steinerweichen. Bruno Kreisky. Von Zimmer zu Zimmer zog er seine Drehorgel – und die Photokünstler aller Wiener Zeitungen lebten noch Jahre von den denkwürdigen Schnappschüssen.

„Was wollt's ös sein? Sozis?" krakeelte an so einem Faschingsabend der außenpolitische Redakteur Malte Olschewski in Richtung Kreisky. Der wollte mit dem Enragierten eine tiefschürfende Diskussion beginnen, doch der Herr Redakteur packte den Bundeskanzler der Republik Österreich am Revers: „I' wohn' im Gemeindebau, fahr' mit der Straßenbahn ins Büro, i' bin der letzte Marxist!" – „Zeig's ihm, Malte", stichelte Otto Schulmeister, ganz stolz auf seinen „Parade-Roten". Und während Gattin Vera Kreisky den höchst Belustigten indigniert am Rockzipfel wegziehen wollte, vereinbarte Kreisky mit Olschewski einen Mittagstermin. „Denn das laß' ich net auf mir sitzen."

So wie Schulmeister kokettierte auch der alte Kreisky stets mit einer Jugendrevolte, die sich aber schwer entfachen ließ. Schulmeisters: Trick: An jedem Mittwochabend hatten sich die „Jungspunde" im Konferenzzimmer einzufinden, um mit einem von Schulmeister herbeigeschleppten Stargast zu diskutieren. Wenn die Müdigkeit endlich alle übermannt hatte, lebte O. S. erst richtig auf und wetterte gegen die Schlafmützigkeit der heutigen Jugend. Die Begriffe „Hedonismus" und „Marasmus" spuckte er geradezu auf die betretene Zuhörerschaft. „So stürzt mich doch endlich, den Alten", rief er dann – befeuert vom eigenen Wortschwall. Und wollte im 14. Stockwerk das Fenster aufreißen. Gottlob klemmte es. Die Bausubstanz war halt eher schlecht.

Ähnlich Kreisky. Ende der siebziger Jahre glaubte er einen „harten Kern" ihm ergebener Redakteure beisammen zu haben, um die Revolte gegen die saturierten Herausgeber der bürgerlichen Zeitungen starten zu können. Doch die jungen Herrschaften fühlten sich zum höchsten Ärger des „Alten" durchaus wohl und geborgen bei ihren Altvorderen, verpetzten Kreisky in den eigenen Redaktionen – und so mußte der Kanzler ein Mittagessen für die erbosten Zeitungschefs arrangieren, bei dem er alle derartigen Absichten als „reine Erfindung" und „barocke Absurditäten" bezeichnete.

Hans Werner Scheidl

THOMAS CHORHERR

Der süße Duft von Papier

Über den Beruf des Journalisten

Es darf zitiert werden, und zwar wieder einmal Wilhelm Busch: „Eins, zwei, drei, im Sauseschritt, läuft die Zeit – wir laufen mit.“ Aber nicht zu schnell, bitte! Sonst wäre es nämlich möglich, daß wir die Schuhe verlieren. Was heißt Schuhe? Die Sandalen – oder auch, wie sie hierzulande genannt werden, die Schlapfen. Wir: die Journalisten. Es wird mit der Zeit gelaufen, wir bemühen uns, Schritt zu halten. Gefälliges Schuhwerk ist gewünscht, aber nicht „de rigeur“. Auch die Zeiten, da ein Fernsehmoderator zum Generalintendanten zitiert wurde, weil er ohne Krawatte und mit offenem Hemdkragen vor die Kameras getreten war, sind längst vorbei.

Herrschaften, verbeißt euch doch nicht in Äußerlichkeiten! Was hat dieses Äußere mit Journalismus zu tun? Was mit der Qualität der Menschen in den Redaktionen? Was mit der Frage, ob es auch in den Blättern so etwas wie eine gute alte Zeit gegeben hat? Nein, ehrlich, das hieße Augenauswischerei betreiben. Denn, und es sei gestattet, wieder zu zitieren: Plus ça change, plus c'est la même chose. Oder auch, frei nach Pirandello: So war es. War es so?

„Er kannte nur einen Lebenszweck, nur eine Vorliebe, nur eine Lebenslust – seine Zeitung, er sprach in und außer der Redaktion nur von einer Sache, von seiner Zeitung, und er sah auch das Leben nur aus einem Gesichtspunkt.“ Das Bild, die Beschreibung eines Vollblutjournalisten, nicht wahr? Eines Menschen jener Berufsgruppe, die angeblich eine besonders geringe Lebenserwartung hat. Auch heute, in der Ära der „Nine-to-five“-Berufe – Anmerkung am Rande: es soll auch Zeitungsleute geben, die um fünf Uhr nachmittags zusammenpacken, nicht um fünf Uhr früh, auch dies war einmal so, davon wird noch die Rede sein – auch heute also, in der Ära der freien Spätnachmittage, ist Lebenslust bei vielen, Gott sei Dank sehr vielen aus der Zeitungswelt mit eben dieser Zeitung verbunden. Gewiß gibt es jenen dumpf und staubig anmutenden, in Wirklichkeit aber süßen, belebenden Duft von Papier und Druckerschwärze nicht mehr. Aber auch Bildschirme können das gleiche Fluidum ausströmen, und das Klappern ist ebenso reizvoll wie animierend, auch wenn es nicht von Schreibmaschinen, sondern von Keyboards stammt.

„Er sprach in und außer der Redaktion nur von einer Sache, von seiner Zeitung.“ Plus ça change, plus c'est la même chose. Moriz Benedikt, Herausgeber und Chefredakteur der *Neuen Freien Presse*, hat für seine Zeitung gelebt. „Das Blatt“ war der Inbegriff seiner Existenz. „Das Blatt“, auch heute noch von allen, denen ihr Beruf auch Berufung ist, egal, in welcher und für welche Zeitung sie schreiben – „das Blatt“ ist Wesen und Lebewesen. Das war so, das ist so, das wird auch so bleiben – mein Wort in Gottes Ohr!

Journalismus ist kein „Nine-to-five"-Beruf: Photojournalist im Jahr 1969

Also wirklich alles anders, alles verändert, und doch alles gleich geblieben? Als junger Journalist und ebenso junges Mitglied der Journalistengewerkschaft bestaunte ich immer wieder in deren Sitzungssaal das Photo einer Gruppe älterer, soignierter Herren, wohlbeleibt alle, etliche bärtig – ein Photo, das für den Beschauer fast die Uhrketten über den Gilets klingeln ließ. Es müssen Vorstandsmitglieder einer Journalistenvertretung gewesen sein, Redakteure allesamt, auch Chefredakteure darunter, gewiß behäbig, doch auch anmutend wie Mensch gewordene Leitartikel. Die Gage – so hat man das Gehalt noch genannt, als ich den Beruf ergriff, und dies hat mir damals gezeigt, daß die Profession offenbar doch auch etwas mit Künstlertum zu tun hatte, mit Schauspielerei und allenfalls auch mit Artistik –, die Gage scheint zufriedenstellend gewesen zu sein für alle die Herren auf dem Photo; eine Dame war nicht darunter. Und sie scheinen auch alle sehr angesehen gewesen zu sein; der dümmliche Ausdruck „Starjournalist" hatte sich damals noch nicht eingebürgert.

Nein, es ist doch nicht alles gleich geblieben. Auf der Liste angesehener Beschäftigungen, auf der Universitätsprofessoren und Ärzte ganz weit oben rangieren, wetteifern Journalisten und Politiker um den letzten Platz. Das ist heute. Freilich läßt der Beruf keine Chance aus, die öffentliche Meinung durch die veröffentlichte diesbezüglich zu bestätigen. Das letzte Mal ist solches anläßlich des Todes der Prinzessin von Wales passiert. Ob, abgesehen vom Unfall, das damalige Phänomen der weltumspannenden Massenhysterie tatsächlich auf einen außer Rand und Band geratenen Journalismus zurückzuführen war, ist allerdings eine andere Geschichte; sie wird vielleicht Stoff für Dissertationen und Bücher abgeben. Und doch immer wieder: la même chose. Leitartikel, deren Sätze man – die Metapher möge entschuldigt werden – auf der Zunge zergehen lassen kann. Früher vielleicht in anderer Orthographie, aber ebenso gut wie heute. Bisweilen auch besser. Stilgerecht in jeder Bedeutung des Worts.

Plus ça change? Journalismus damals, Journalismus heute – eine Frage des Stils? Gewiß

„Er kannte nur einen Lebenszweck, nur eine Vorliebe, nur eine Lebenslust – seine Zeitung."

Zeitgenossen über „Neue Freie Presse"-Chef Moriz Benedikt

Linke Seite: Puppe von Chefredakteur Thomas Chorherr auf den Spuren von „Presse"-Gründer Zang, der selbst einmal die Zeitung am Wiener Stephansplatz verkauft haben soll.

Karikatur eines Journalisten von Aubrey Beardsley aus dem Jahr 1896

doch – nur daß der Stil, die Art der Berufsausübung meinend, sich gar nicht sehr geändert hat in den vielen Jahrzehnten zwischen einst und jetzt. Wenn es etwa um die Intimsphäre ging, waren die Zeitungen früher weit weniger zimperlich als jetzt, gynäkologische Probleme von Erzherzoginnen wurden in einer Breite diskutiert, wie sie selbst in der Regenbogenpresse von 1998 nicht aufscheint.

„Man forderte mich auf, zu schreiben, was ich gesehen hatte, und zu meiner Überraschung wurde es gedruckt. Da beschloß ich, Journalist zu werden …"

Thomas Chorherr, seit 1955 bei der „Presse", 1976 bis 1995 ihr Chefredakteur, dann Herausgeber

Hat sich am Ende das journalistische Schamgefühl geändert, sind die Grenzen zwischen dem, was noch geschrieben werden kann und darf – all the news that's fit to print –, enger gesteckt worden? Ist Ethos für die Journalisten kein Fremdwort mehr? Ich will zugeben, daß es oft schwierig ist, jenes Ethos – oder was immer man darunter verstehen will – bis ins letzte zu verfolgen. Es steht häufig jener Regung entgegen, die man als journalistisches Gewissen bezeichnen kann, die mit der Informationspflicht zusammenhängt und die den Unterschied zwischen ihr und der journalistischen Verantwortung nur ganz fein markiert.

Ich war als junger Lokalreporter ausgesandt worden, im Wohnhaus einer Mutter zu recherchieren, die ihre zwei Kinder aus dem Fenster geworfen hatte und dann nachgesprungen war. Meine Erkundigungen bei der Hausbesorgerin, dieser Primärquelle aller journalistischen Information, waren getan, ich wollte die Wohnung von außen sehen, hinter deren Tür sich die Tragödie abgespielt hatte. Ein Mann kam die Treppe herauf, ich fragte auch ihn unbekümmert, was denn die Ursache des Doppelmords mit Selbstmord gewesen sei. Der Mann war der Vater der Kinder. Ich verzichtete auf weitere Recherchen und schlich mich davon. War das richtig? Ich habe, ebenfalls als junger Reporter, einer Mutter erzählen müssen, daß ihr Sohn bei einem Unfall ums Leben gekommen sei. Ich tat es. Habe ich gegen das journalistische Ethos verstoßen?

Nur eine Lebenslust – die Zeitung? Oder eine Manege für Zyniker, die am Tag im Blut waten und am Abend oder in der Nacht Karten spielen? Denen „das Blatt" wichtiger ist als alles andere? In der Tat, sogar im Kaffeehaus, wohin sich in jener Zeit, da es noch kein Fernsehen gab und kein Radio, die Presseleute nach getaner Arbeit, also etwa um zwei Uhr früh zurückzogen, ging es um „das Blatt". Da veranstalteten sie beispielsweise – die Geschichte, angeblich verbürgt, ist mir vor vielen Jahren von einem alten Kollegen erzählt worden – da veranstalteten sie etwa einen Wettbewerb. Aufgabe: Den unauffälligsten Titel für die sensationellste Meldung (Anmerkung am Rande: heute bedarf es dafür keines Wettbewerbs) zu erfinden. Vorgabe: Ein Wiener Kirchenfürst wird auf offener Straße bei unsittlichen Handlungen verhaftet. Den ersten Preis gewann der Titel: „Aus dem hohen Klerus". Tableau!

Das Journalistenleben, das allerdings, wenn man den Statistiken glauben darf, einigermaßen kurz ist (auch war?), entschädigte und entschädigt durch angemessenes Salär. Mag sein, daß die Möglichkeit, aus dem Beruf vielleicht sogar ein Vermögen zu lukrieren, früher größer war als heute. Wer in Kalifornien den Highway One erlebte, hat gewiß auch dem „Hearst-Castle" einen Besuch abgestattet, einer Kitschorgie reinsten Wassers, der auf einer Anhöhe gelegenen Behausung eines Zeitungsmagnaten. Hearst, der Journalist, hatte sich im Land der unbegrenzten Möglichkeiten emporarbeiten können.

So wie es einst Moritz Szeps getan hatte, Chefredakteur des *Neuen Wiener Tagblatts* und Freund des Kronprinzen Rudolph, ein Journalist, der angeblich sogar ein Palais in der Liechtensteinstraße sein eigen nannte, jenes Haus, in dem heute die schwedische Botschaft domiziliert. Für Szeps hatte der Sohn Franz Josephs sogar Gastkommentare geschrieben, allerdings ohne den Lesern seine Identität preiszugeben.

Journalismus – ein ehrenwerter Beruf? Zweifellos, auch wenn, siehe Meinungsstatistik, dies nicht immer geglaubt wird. Sie sind alle auch Journalisten gewesen, deren Mitarbeit sich diese Zeitung heute rühmt und die alle bereits in jene Sphären eingerückt sind, wo ein Wald noch aus Blättern bestand und besteht und demgemäß gesund ist, die Daniel Spitzers und Raoul Auernheimers, die Egon Friedells und Rudolf Kalmars, und wie sie alle heißen, nunmehr auf dem Zeitungsolymp sitzend und die Welt beäugend.

Sie konnten sich rühmen, nicht nur das zu sein, was ein Kollege, der auch schon längst nicht mehr unter uns weilt, treffend als „Taglöhner der Literatur“ bezeichnet hat. Sie waren echte Literaten, gleichsam im Nebenberuf, bisweilen auch hauptsächlich, was vor allem für die Mitarbeiter der Kulturredaktion zutraf. Sie haben Bücher geschrieben, Romane zumeist und Biographien, oft auch Theaterstücke – Theodor Herzls Dramen sind sogar im Burgtheater aufgeführt worden. Rudolf Kalmar hat eines der eindrucksvollsten und gleichzeitig berührendsten Bücher über die Konzentrationslager der Nationalsozialisten geschrieben, „Zeit ohne Gnade“ hieß es und ist leider, wie ich glaube, längst vergriffen. Raoul Auernheimers Metternich-Biographie ist die beste, die ich kenne, Friedrich Lorenz, ein anderer Journalist mit literarischer Ambition, hat über Sokrates geschrieben und über Hippokrates. Es gibt kaum einen Journalisten von Qualität und Ansehen, der sich nicht auch als Buchautor versucht hätte, dies gilt für das späte 19. und frühe 20. Jahrhundert ebenso wie für die Gegenwart. Man möchte meinen, daß in ihnen allen der Drang innewohnt, nicht nur für den Tag zu schaffen, ein Werk zu produzieren, das am nächsten Tag Makulatur ist, sofern es nicht archiviert wird – nein, sie wollten und wollen, daß irgendetwas sie überdauert.

Was ist es aber, das es Journalisten von 1998 so schwer macht, sich ebenfalls zwischendurch auch als Literaten zu betätigen? Ist es

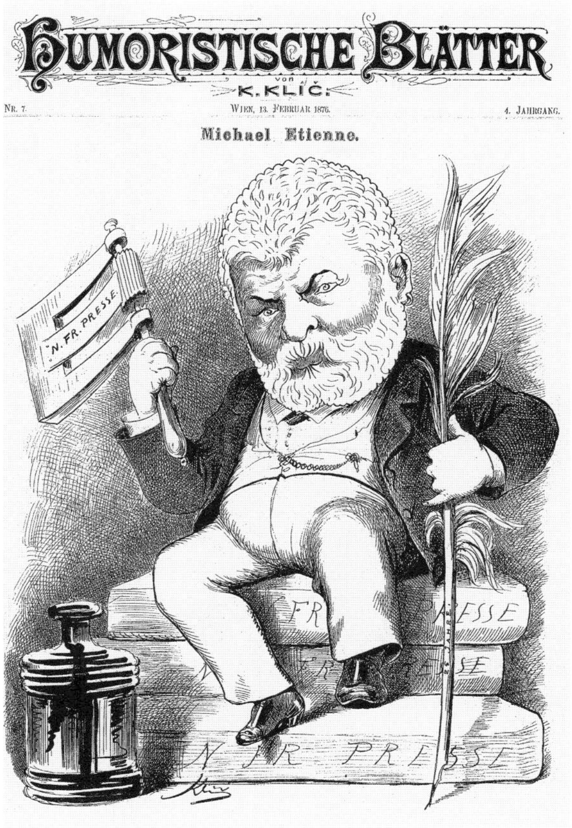

die Hektik des Berufs? Ist es eine Art von Minderwertigkeitskomplex, völlig überflüssig und unnötig, da den Zeitungsleuten eigen ist, was vielen Buchautoren fehlt, nämlich die Fähigkeit, gerafft zu schreiben und

„Neue Freie Presse“-Chefredakteur Michael Etienne und sein Konkurrent auf dem österreichischen Zeitungsmarkt des vorigen Jahrhunderts, Moritz Szeps vom „Neuen Wiener Tagblatt“

„Alles in allem ist unser Beruf einer der undankbarsten und aufreibendsten, die es gibt. Kann uns dafür das Bewußtsein entschädigen, daß einige von unseren Kollegen zufällig sich zu journalistischen Großgrundbesitzern emporgeschwungen haben?"

„Presse"-Feuilletonist Eduard Bauernschmid 1864

doch auch klar und nicht nur schreiberische Selbstbefriedigung zu treiben, sondern auch an den Leser zu denken? Aber vielleicht bleibt heute tatsächlich weniger Zeit für journalistische Literaten als früher. Einen Egon Erwin Kisch als Gegenbeispiel anzuführen, der eines seiner Bücher bekanntlich „Der rasende Reporter" nannte, scheint nicht zu genügen.

Die Nachfahren wollen offenbar nicht mehr Taglöhner der Literatur sein, sondern Taglöhner des Geschehens. Sie arbeiten auch nicht mehr mit Papier und Bleistift, wie ich, als ich in einer Redaktion Zeitungsluft schnuppern wollte und sofort an die andere, die frische gesetzt wurde, mit dem Hinweis, ich möge zurückkommen, wenn ich etwas Interessantes erlebt hätte. Und siehe, noch in derselben Stunde erlebte ich es: schwarz gekleidete SS-Männer vor dem Burgtor, und dies Anfang der fünfziger Jahre. Es ist damals ein Film gedreht worden, ich kaufte Block und Stift in einem Papiergeschäft, erkundigte mich nach dem Wie, Was, Wo, Wer und Wann (wie oft habe ich diese goldenen Ws dann später angehenden Kollegen erläutert!) und eilte per Tramway in die Redaktion zurück; es war das damals auf dem Höhepunkt befindliche *Neue Österreich*. Man forderte mich auf, zu schreiben, was ich gesehen hatte, und zu meiner Überraschung wurde es gedruckt. Da beschloß ich, Journalist zu werden ... La même chose? Mag sein, daß die Leitartikel und Kommentare früher feiner ziseliert waren. Damals hatte man auch mehr Zeit. Mag sein, daß die Mittel, die technischen wie die finanziellen, heute größer und besser sind als damals. Was indes die Spesen betrifft, ist trotz aller Änderungen alles gleich geblieben. Man hat mir in meiner Jugend zu diesem Punkt zwei Stories erzählt, die, wenngleich möglicherweise nicht wahr, doch jedenfalls gut erfunden scheinen. Die erste handelt von einem amerikanischen Journalisten, es könnte Mark Twain oder Jack London gewesen sein, der, mit einem entsprechenden Spesenkonto ausgerüstet, irgendwelche Recherchen in Alaska zu absolvieren hatte. Er kam heim, rechnete nach und fand heraus, daß er zu wenig Ausgaben nachweisen konnte. Also schrieb er „Ersatz für den Tod eines Schlittenhunds" auf die Rechnung. Leider ging es noch immer nicht aus. Daraufhin soll der findige Scherzbold auf die Liste geschrieben haben: „Blumen für die Hündin – fünf Dollar."

Ähnliches soll, immer den Erzählungen meiner alten Kollegen – Gott hab' sie selig – nach, in Wien einer Zeitung, vielleicht war es sogar die *Neue Freie Presse*, widerfahren sein, deren Reporter einem Mord auf dem

Das Bild vom Journalisten heute: Ein Hollywoodklischee (Walter Matthau und Jack Lemmon in „Frontpage" von Billy Wilder, 1974)

Kahlenberg nachgehen mußte. Auch er kam zurück und konnte nicht belegen, was er ausgegeben hatte. Daraufhin schrieb er ungeniert auf den Spesenzettel: „Kosten für einen Führer durchs Gebirge".
Noch einmal: Plus ça change, plus c'est la même chose. Der Journalismus hat sich – Scherz beiseite – gewandelt und doch auch wieder nicht. Er ist der schönste, spannendste, aufregendste Job geblieben, den ich mir vorstellen kann. Und wir alle, die wir ihn aus vollem Herzen und mit ganzer Seele ausüben, halten es mit Moriz Benedikt, der einst die *Neue Freie Presse* leitete. „Er kannte nur einen Lebenszweck, nur eine Vorliebe, nur eine Lebenslust – seine Zeitung, er sprach in und außer der Redaktion nur von einer Sache, von seiner Zeitung, und er sah auch das Leben nur aus einem Gesichtspunkt, aus dem der *Neuen Freien Presse*."
Ein Journalist, der dies nicht tut, hat, glaube ich, seinen Beruf verfehlt.

Journalisten und Politiker: Thomas Klestil, Bruno Kreisky, Thomas Chorherr, Heinz Fischer und (sitzend) Otto Schulmeister 1980

DIE KARRIERE DES PIAZ FUNDER

Andere Zeiten, andere Umgangsformen. Otto Schulmeister gestattete als Chefredakteur überhaupt nur zwei Redakteuren das Du-Wort: Der Kultur-Lady Ilse Leitenberger und dem alten Technik-Schlachtroß Walther Urbanek. So wahrte Schulmeister seine Autorität, die eines Abends kläglich in sich zusammenbrach. O. S. hielt der versammelten Mannschaft einen flammenden Vortrag, schrie die Jungen an, warum sie so wenig Leidenschaft entwickelten. Da störte „Urbatschi" mit einem einzigen Satz das betretene Schweigen: „Du hättest doch zum Theater gehen sollen, Otto!"

Thomas Chorherr ist vielleicht der einzige Journalist Wiens, der sich brüsten darf, von Außenminister Figl hinausgeworfen worden zu sein. Er hatte einen Interviewtermin und erwähnte so en passant, daß er in dieser Sache auch schon Staatssekretär Bruno Kreisky befragt habe. Dem sonst so gemütlichen „Poldl" schwoll die Stirnader: „Der Außenminister bin immer no i! Da ist die Tür!"

Der *Presse*-Sportchef Kurt Jeschko stürmte einmal nach einer Pressekonferenz die Treppe vom Rathauskeller hinauf und stieß mit dem herabkommenden Bundeskanzler Julius Raab zusammen. Jeschko wollte sich atemlos entschuldigen, aber Raab meinte nur: „Na, na, junger Mann, wollen S' mi' stürzen?"

Auch im Chronik-Ressort gibt's ungeliebte Arbeit. Eine davon ist die tägliche „Kleine Chronik" – Hochzeiten, Orden etc. Paul Yvon war es in der „Saure-Gurken-Zeit" zu ineffizient, die Schaukästen der Pfarrämter abzuklappern. In der Rubrik tauchte immer öfter ein Piaz Funder auf, „Südtiroler Extrembergsteiger, Erfinder des nach ihm benannten Querspreizschrittes." Einmal erhielt er einen Orden, dann trieb er sich wieder in Bayern herum. Der Jungredakteur wurde immer tolldreister und ließ schließlich sein Phantom in der Urania einen Vortrag ankündigen. Als abends die ersten Gefoppten in der Redaktion anriefen, beendete Schulmeister die Karriere des Piaz Funder mit einem Donnerwetter. Nicht einmal sterben durfte er mehr in der „Kleinen Chronik". *Hans Werner Scheidl*

JULIUS KAINZ

Durch Qualität zur Lust am Lesen!

Gedanken eines Herausgebers

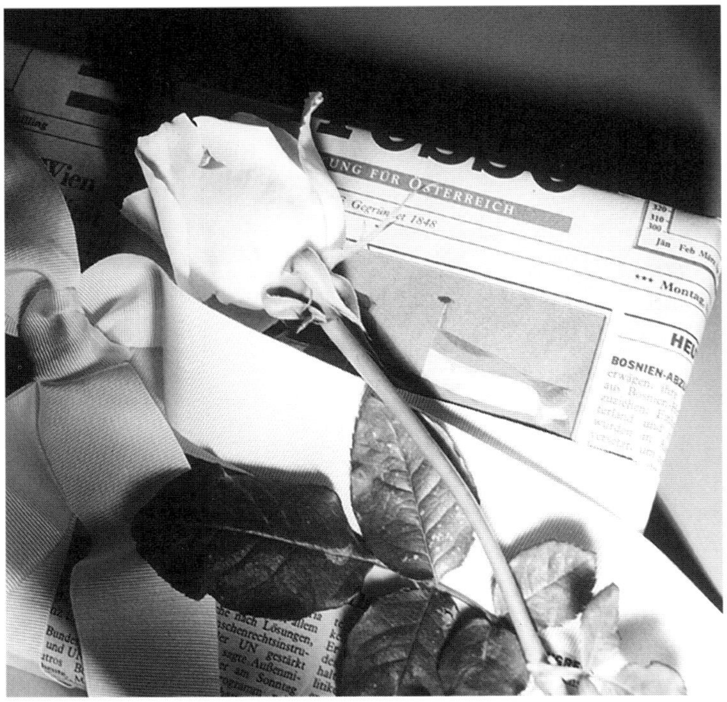

Leben – so sagt man – spielt sich in Rhythmen ab. So auch das Leben einer Zeitung, wenn sie durch so viele historische und politische, soziale und wirtschaftliche Epochen gegangen ist wie *Die Presse*. Eine wesentliche Rolle schrieben Zahlenmystiker dem Sieben-Jahres-Rhythmus zu, in dem sich bei organischem Leben letztlich jede Zelle erneuert, ohne daß sich das Wesen des Menschen grundlegend verändert – wohl aber entwickelt, neuen Anforderungen anpaßt.

So möchte ich mich hier auf die letzten sieben der insgesamt 150 Jahre konzentrieren, um aufzuzeigen, wie sich in dieser kurzen Zeit *Die Presse* zu ihrer heutigen Form entwickelt hat. Denn sie präsentiert sich heute als ein modernes Medium auf einem Markt, der sich in seinen Ansprüchen und Erwartungen, und auch im Wettbewerb mit den Neuen Medien, rasanter verändert hat als in den 143 Jahren davor.

Die Möglichkeit zu vielen grundsätzlichen und damals auch schon seit längerer Zeit anstehenden Veränderungen ergab der Eigentümerwechsel am 11. Dezember 1991: „Die Presse Verlagsgesellschaft mbH" ging zu 51 Prozent ins Eigentum des Grazer Medienhauses „Styria" über, 49 Prozent blieben beim „Verein zur Förderung der freien bürgerlichen Presse". Zahlreiche stille Gesellschafter brachten 250 Millionen Schilling an Eigenkapital ein und schufen damit eine ausreichende Basis für Maßnahmen zur Neupositionierung am Markt der Qualitätszeitungen.

Härter umkämpft als bisher war dieser Markt durch das Auftreten eines neuen, farblich leicht getönten Mitbewerbers, der sich seit 1989 an eine ähnliche Leserschaft wandte. Die Auflage der *Presse* stagnierte, leicht rückläufige Leserzahlen begannen sich aufs Anzeigengeschäft auszuwirken. Höchste Zeit also zum Reagieren und zum zukunftsorientierten Agieren!

Zwei Drittel ihrer Auflage verkauft *Die Presse* in Wien und seiner Umgebung. So lag es nahe, zuallererst auf diesem zentralen Heimmarkt Signale neuer Aktivität zu setzen: Das Wien-Journal als erste redaktionelle Maßnahme verstärkte in Politik, Wirtschaft, Chronik und Kultur den Bezug zur regionalen Kernleserschaft und wurde von dieser spontan sehr positiv aufgenommen. Innenpolitik, die unbestrittene Kompetenz des Blattes, und Sport, bekanntlich die wichtigste Nebensache der Welt, wurden verstärkt. Technische und kaufmännische Überlegungen führten auch zur Umstellung der Farbmagazine auf das internationale Magazinformat.

Diese ersten Maßnahmen stoppten den negativen Trend und gaben Mut zur nächsten, wesentlich größeren und auch gewagteren Reform. Sie wurde von manchen schon eher als Revolution erlebt und darf im Marketing-Jargon als „Relaunch" des gesamten Produkts bezeichnet werden: Woran immer es auch liegen mag – das

Eigentümerwechsel bei der „Presse" 1991: Das Grazer Medienhaus „Styria" übernahm das Ruder.

große sogenannte Rheinische Zeitungsformat hat in Österreich nie wirklich Fuß gefasst. So kamen wir heimischen Lesergewohnheiten ein paar Zentimeter entgegen und stellten die *Presse* auf das etwas kleinere Berliner Format um.

Lebendigkeit und Farbigkeit sind nicht zufällig zwei Begriffe, die mitunter synonym verwendet werden. Daß die Wiedergabe von lebendigem Geschehen auf schwarzweiß reduziert wird, war von jeher eine technisch bedingte Einschränkung. Sie im Fortschritt der technischen Möglichkeiten als gegeben hinzunehmen, wäre unflexibler Traditionalismus, nicht Tradition. So führte *Die Presse* 1993 als erste Qualitätszeitung im deutschsprachigen Raum die Farbe im redaktionellen Teil des Blattes ein. Durch die auf der neuen Vierfarbrotation bei Herold erzielte ausgezeichnete Qualität unseres Farbdrucks einerseits und durch die einfühlsame Dosierung dieses Gestaltungselements andererseits bewiesen wir den ängstlich warnenden Traditionalisten, daß Farbe nicht Boulevard bedeuten muß. Sie bietet vielmehr eine wirkliche Bereicherung der journalistischen Arbeit, wenn man nicht gleich täglich alles bunt treibt.

Die bildhafte Unterstützung von Berichten durch Graphiken – zum Teil eben auch durch Farbe in Wirkung und Aussage unterstützt – erhöhte die Informationskraft. Die Kürzung der Berichte – mit Ausnahme der großen Hintergrundgeschichten und der Feuilletons am Wochenende – verbesserte die Übersichtlichkeit. Darüber hinaus wurde das „*Presse*-Blau" nicht nur für die Werbung, sondern auch für das gesamte Blatt zum prägenden Gestaltungselement einer im gesamten Auftreten erlebbaren Corporate Identity.

Die „Revolution von 1993" wirkte sich aber noch in vielen weiteren Details aus. Denn gemeinsam mit dem international renommierten Zeitungsdesigner Rolf Rehe (USA) schufen der damalige Chefredakteur Thomas Chorherr und dann sein Nachfolger Michael Maier einen neuen Typus für die deutschsprachige Qualitätspresse: Der Kommentar wurde auf die Seite 2 verlegt, Außen- und Innenpolitik bekamen einen neuen Stellenwert. Das Wien-Journal und die Chronik wurden ausgebaut. Der Economist – ein seit der Gründung der Zeitung vor 150 Jahren eingeführter und bis heute beibehaltener Titel des Wirtschaftsteils – ist auch in diesem neuen Blattkonzept ein dominierender Bestandteil des gesamten redaktionellen Inhalts. Als besonders leserfreundlich wurde die Einführung des sogenannten „Leads" empfunden – ein kurzer Vorspann, der nach dem Titel in wenigen Sätzen den Inhalt des folgenden Berichts umreißt.

„Die FAZ wirkt zeitlos, weil sie ständig restauriert, überholt und in Details verändert wird. Nur so erfüllt Design seinen wahren Zweck."
Der deutsche Zeitungsgestalter Norbert Küppers

Optisch haben sich viele Tageszeitungen noch zu wenig auf die Opulentheit der anderen Medien eingestellt.

Der Kommentar in jedem Ressort wurde ebenso wie der tägliche Gastkommentar und die farbigen Graphiken zu einem Markenzeichen der neuen *Presse*. Sie gefiel auf Anhieb nicht nur den bisherigen Lesern, sondern von Tag zu Tag auch wieder mehr neuen Käufern und Abonnenten. Kontinuierlich stiegen seither die Auflage-, Verkaufs- und Leserziffern.

Natürlich verkauft sich auch eine gut geschriebene und gestaltete Zeitung nicht von selbst. Es tut der publizistischen Seriosität und Ehre keinen Abbruch, wenn ein professionell gestaltetes Produkt auch mit professionellen Methoden und Maßnahmen vermarktet wird. So gilt seit 1992 auch für die *Presse*: Eine ausgezeichnete Zeitung verkauft sich besser mit ungewöhnlichen Werbemaßnahmen. Da nun die Blattumstellung im Juni 1993 geglückt war, das neue Format, die Farbigkeit, das neue Layout, die neuen Inhalte von den bisherigen und den neuen Lesern positiv aufgenommen wurden, organisierte *Die Presse* den größten Werbeauftritt ihrer Geschichte: 6000 Plakatflächen (vom 16- bis zum 48-Bogen-Format) kündeten in Wien und in allen Landeshauptstädten von den Neuerungen im traditionsreichsten Medium des Landes – unterstützt von 10.000 Hörfunk-Werbesekunden, 20 Doppelseiten in auflagenstarken Tageszeitungen, Wochenblättern und Magazinen sowie Telephonmarketing und 150.000 Mailings pro Monat an potentielle neue *Presse*-Leser. Über 40.000 Sternen-Schirme waren das Dankeschön des Verlags für Leser, die mit einem Test- oder Schnupper-Abonnement die neue Qualität des Lesens erproben wollten, Fernsehgeräte, CD-Player, Kassettenrecorder, Original-Lithographien, Computerspiele, Handys etc. erleichterten dem potentiellen Leser der *Presse* den Einstieg in ein Fixabonnement.

Leser und Werbewirtschaft haben das Rezept der „Presse" goutiert und damit den Aufschwung ermöglicht.

Zeitungen leben zu 60 bis 80 Prozent vom Anzeigenaufkommen, nur 20 bis 40 Prozent des Gesamtumsatzes werden in erfolgreichen Zeitungsverlagen durch den Abonnement- und Einzelverkauf erzielt. Deshalb wurden auch in diesem Bereich – natürlich gestützt auf die nun ständig steigende Akzeptanz beim Leser – Aktivitäten professionellen Marketings gesetzt: aktive Akquisition und Kundenbetreuung, Informationsarbeit mit überzeugenden Leser- und Zielgruppen-Daten, Gestalten von attraktiven redaktionellen Umfeldern, optimale Übersichtlichkeit wie etwa in dem völlig neuartigen Immobilien- und Automarkt.

Trotz der in der neuen Erfolgswelle steigenden Auflage und Reichweite wurde der Anzeigenpreis zunächst gesenkt. Der Erfolg gab auch diesen Maßnahmen recht: Der Anzeigenumsatz konnte zwischen 1992 und 1997 nahezu verdoppelt werden. Gemeinsam mit dem Verfasser dieses Beitrages wurde 1995 Thomas Chorherr zum Herausgeber der *Presse* ernannt. Als Chefredakteur setzt seither Andreas Unterberger mit seinem Redaktionsteam weitere Impulse zur ständigen Qualitätssteigerung. Besonderes Augenmerk gilt dabei der Meinungsvielfalt, wie sie in den Kommentaren der überdurchschnittlich jungen Redaktion zum Ausdruck kommt, sich aber auch in Gastkommentaren von Autoren der unterschiedlichsten weltanschaulichen Richtungen widerspiegelt.

Einer der Gründe des vielbeachteten Aufschwungs der *Presse* liegt sicher, neben der Blattreform und den begleitenden Marketingmaßnahmen, im redaktionellen und inhaltlichen Konzept einer von allen Parteien unabhängigen Schreibweise. Die vollständige Parteiunabhängigkeit wurde der Redaktion mit dem Eintritt der „Styria" als Mehrheitsgesellschafter garantiert. Die im *Presse*-Statut festgelegte redaktionelle Grundrichtung einer bürgerlich-liberalen Qualitätszeitung wurde von den neuen Eigentümern und der Geschäftsführung ausdrücklich bestätigt.

Der Weg durch diese sieben Jahre war sicher kein einfacher. Viel Überzeugungsarbeit mußte geleistet werden, viele Zweifler mußten beruhigt werden. Mit einem Redaktions-

und Verlagsteam, das diese Herausforderungen motiviert annahm und bewältigte, war ein Erfolg zu erreichen, der sich auch in seinen Ziffern sehen lassen kann: Die Zahl der täglich verkauften Exemplare (im Durchschnitt aller Ausgaben von Montag bis Samstag) stieg zwischen 1992 und 1997 von 49.000 auf 72.000, die Zahl der Leser im gleichen Zeitraum von 203.000 auf 316.000 (Media-Analyse 1997). Die Lust am Lesen der *Presse* entdeckten also in dieser Zeit um 55 Prozent mehr! Die Leser und die Werbewirtschaft haben somit das Konzept der *Presse* als richtig anerkannt. Hohe journalistische Qualität, professionell präsentiert und überzeugend vermarktet, lohnt sich: Seit 1997 schreibt „Die Presse Verlagsgesellschaft" schwarze Zahlen.

Das ist uns aber nicht nur Bestätigung, die uns stolz macht, sondern auch Ansporn für weitere gemeinsam gesteckte, anspruchsvolle Ziele. Denn wir meinen, wir haben die Österreicher überzeugt, daß 150 Jahre eine gute Basis sind, wenn man sich ständig weiterentwickelt und erneuert – wie es zum Beispiel *Die Presse* in den vergangenen sieben Jahren getan hat.

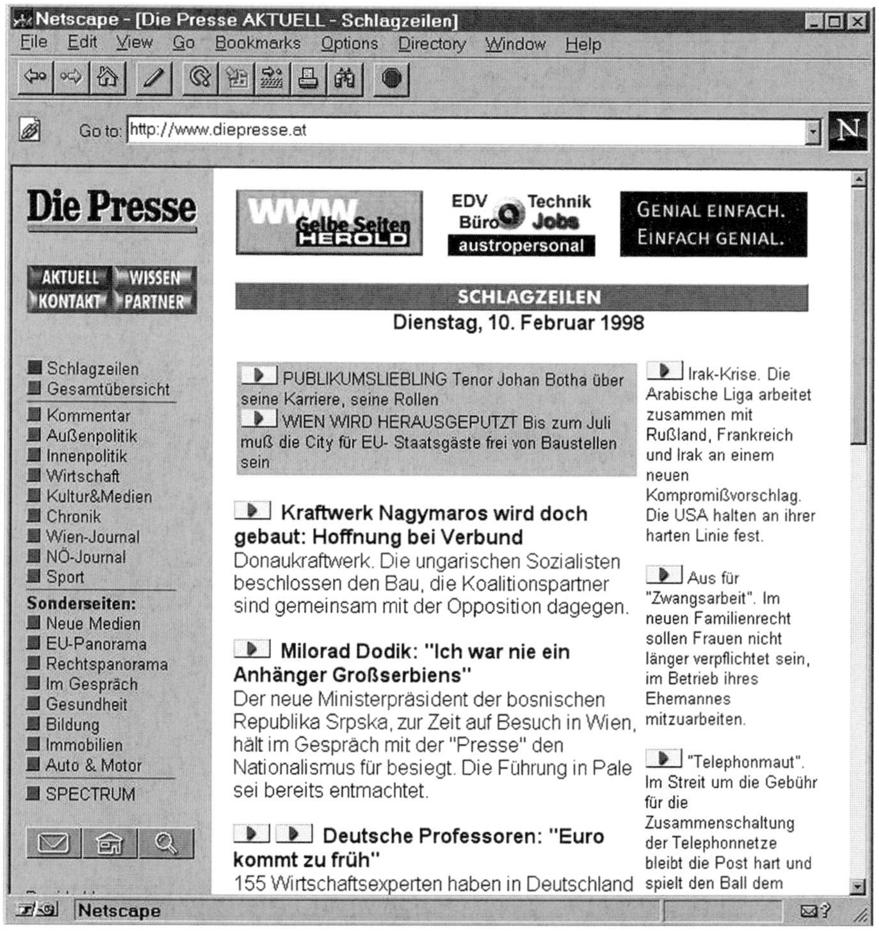

Als Online-Zeitung im Internet: Bei Auslandsösterreichern begehrt

ANDREAS UNTERBERGER

Bürgerlich und liberal

Ein Wegweiser ins nächste Jahrtausend

Durch hüfthohen Schnee mußten wir im Winter 1972/73 stapfen, um als junge Lehrredakteure zum ersten Mal ins Pressehaus in der Muthgasse zu kommen. Ein harter Ausscheidungswettkampf begann, zu dem *Die Presse* aus Anlaß ihres 125jährigen Jubiläums geladen hatte. Bald sollte uns dieser Wettkampf auch die erste Begegnung mit dem damaligen Chefredakteur Otto Schulmeister bringen. Es war eine Begegnung, die uns das Staunen lehrte. Nie noch waren wir einem Menschen begegnet, der so wie vor der Fernsehkamera auch in seinem eigenen kleinen Büro alle Register der Schauspielkunst ziehen konnte. Er löste in einer Kollegin unter uns Anfängern sogar den zornbebenden Satz aus: „Das ist der Teufel.“

Schulmeister machte uns jedoch bei seinen Monologen auch auf eine Weise mit der großen Qualitätszeitung Österreichs vertraut, die wir zwar nicht ganz verstanden – was einem seither immer wieder bei Schulmeister passiert ist –, die uns aber letztlich doch sehr eng an die Identität der *Presse* heranführte.

„Was sollen die Menschen morgen auf der Piazza Navona denken, wenn sie die Zeitung lesen?“ Diese Schulmeister-Frage wurde für uns zum belächelten und geflügelten Wort. Mehr als ein Vierteljahrhundert später zeigt sie sich als gültige Metapher, als Metapher für Rolle und Funktion der *Presse*.

Rolle und Funktion, Positionierung und Identität dieser Zeitung: Darüber gilt es nachzudenken, will man die Frage nach der Zukunft der *Presse* beantworten. Die Zukunftsperspektive hat aber noch einen zweiten, ebenso wichtigen Teil. Der war weniger aus Schulmeisters Worten heraushörbar, dafür aber in der Praxis der nächsten 25 Jahre miterlebbar: Eine Qualitätszeitung ist nicht nur ein geistiges und kulturelles Werk, sie ist janusköpfig auch ein wirtschaftliches Unternehmen. Zwischen diesen beiden Seiten besteht ein kompliziertes Spannungsverhältnis, das in seiner ganzen Widersprüchlichkeit, in seinen vielfältigen Wechselwirkungen begriffen werden muß, will man den Weg in die Zukunft mit Erfolg gehen.

Die bittere Armut, die in den Nachkriegs-Jahrzehnten der *Presse* über lange Phasen geherrscht hat, läßt sich an Details wohl am besten ablesen. Da durfte einmal das Montagblatt nur acht Seiten dünn sein, damit Papier gespart wird; da wurde ein andermal appelliert, die Bilder möglichst klein zu halten, um Klischeekosten zu reduzieren; da war es für Redakteure ein Gebot persönlicher Klugheit, in der allmonatlichen Gehaltsabrechnung nachzuschauen, ob nicht „zufällig“ irgendetwas vergessen worden ist.

Der wirtschaftliche Mißerfolg war der Zeitung seit dem Ersten Weltkrieg lange treu gewesen; sie hat den Verlust

Das Führungsteam der „Presse" 1998: von links Produktionschef Rudolf Svoboda, Anzeigenleiterin Angela Fritz, Chefredakteur Andreas Unterberger, Geschäftsführer Julius Kainz, Verlagsleiter Franz Ivan und stellvertretender Chefredakteur Karl-Peter Schwarz

des großen Hinterlands der Monarchie nicht verkraftet; sie hat einen Krieg später durch die Vertreibung und Vernichtung des liberalen jüdischen Bürgertums einen großen Teil ihrer traditionellen Leserschaft verloren; sie ist nach 1945 als erste unabhängige Zeitung seit dem Jahr 1934 weder von den Alliierten noch von den politischen Parteien goutiert worden und hat daher damals vor allem Probleme bei der Papierzuteilung und nicht jene „Lizenz zum Gelddrucken" gehabt, die viele dieser Protektionsgründungen der Nachkriegszeit durch den Erhalt eines lokalen Anzeigenmonopols bekommen haben; *Die Presse* wurde auch mittellos auf den Markt geworfen, als die Familie Molden ihr einstiges Imperium Stück für Stück versilbern mußte; sie hat einen Fred Ungart sein Vermögen gekostet; und sie ist dann über lange Jahre von der Bundeswirtschaftskammer um viel Geld am Leben erhalten, aber lange Zeit nicht mit dem nötigen Kapital und vor allem der Bewegungsfreiheit ausgestattet worden, um das ganze Potential einer Zeitung wie der *Presse* entfalten zu können. Die Zeitung war ein Stück zu nahe an die Politik herangekommen, was dem redaktionellen Spielraum nicht immer guttat.
Vor allem aber: Der Zug in Richtung modernes Verlagsmanagement wurde versäumt. In der Redaktion kursierte damals der bittere (und natürlich stark übertreibende) Scherz von den Stempelmarken, die nötig wären, wenn sich ein Gesuch auf Genehmigung eines Abonnements oder auf Einrückung eines Inserats in die *Presse* verirren sollte. Und so eng es finanziell auch überall war, so sehr wurden doch viele Millionen für einen mörderisch teuren Druckvertrag verschwendet. Das Pressehaus in der Muthgasse war damals zum teuersten Druckplatz Mitteleuropas geworden; vom oft verzweifelten Geschäftsführer Johann Fritz eingeholte Vergleichsangebote zeigten, daß sogar deutsche Drucker deutlich billiger gewesen wären.
Jedoch wagte es die Kammer als *Presse*-Besitzerin viel zu lange nicht, die Zeitung aus der Muthgasse weggehen zu lassen. Denn der Eigentümer der dortigen Druckerei war auch Eigentümer der *Kronen-Zeitung*. Und deren Wohlwollen zu behalten, war für Rudolf Sallinger wichtiger als die betriebswirtschaftliche Sanierung der *Presse*.
Doch sei Sallinger ernsthaft zugutegehalten, daß er große Summen in die Zeitung fließen ließ. Sallinger hat immer gespürt, daß er Österreichs Qualitätszeitung nicht eingehen lassen darf, auch wenn er allzu oft, als daß es nur ein Scherz gewesen sein konnte, gesagt hat: „Ich und der Chefredakteur sind die einzigen, die die *Presse* nie lesen." Thomas Chorherr, der die Redaktion damals leitete, hat sich bei der Abwehr unangenehmer Interventionen in der Tat oft in den schlauen Satz von der leider noch nicht gelesenen Zeitung gerettet.
Und letztlich war es doch die Wirtschaftskammer selbst – der die Mittel knapp wur-

Manche schaffen den Sprung von der Lehrredaktion zur vollen Mitarbeit: Redaktionsküken Babette Karner

Stimmt der Titel, paßt die Länge des Artikels? Außenpolitik-Redakteurin Eva Male

den –, die 1991 die umfassende Sanierung der *Presse* initiiert hat. Auf ihren Vorschlag trieben österreichische Banken, Versicherungen und Industrielle eine Viertelmilliarde Schilling für einen Eigenkapitalpolster und einen Investitionsschub auf; mit der „Styria" wurde erstmals ein dominierender Miteigentümer gefunden, der hochprofessionelles Verlags-Know-how ins Haus brachte. Und zugleich wurde die gesamte Konstruktion so klug gestaltet, daß niemand mehr aus einer Eigentümerrolle heraus in Management oder Inhalt der Zeitung eingreifen konnte.

Plötzlich wurde der Verkauf der täglichen Zeitung als Marketingaufgabe verstanden, es wurde sogar eine eigene Hauszustellung aufgebaut, und das Wort Vertrieb war nicht mehr doppeldeutig auch als Institution zur Vertreibung der Leser zu verstehen; plötzlich wurde der Anzeigenmarkt sehr aggressiv bearbeitet; plötzlich wurden die Druckereiverträge professionell gehandhabt; plötzlich wurde auch Image-Werbung für die Zeitung betrieben.

Man kam aus dem Staunen nicht mehr heraus. Und wenn man die Umfragen, die Auflagenentwicklung und die Bilanzen studiert, die *Die Presse* zu ihrem 150jährigen Jubiläum präsentieren kann, dann stehen diese in dramatischem Kontrast zu jener Skepsis, mit der die Sanierung anfangs von manchen in der Redaktion beäugt worden ist. Die erste Versammlung, bei der sich die neuen Eigentümer vorstellten, stand noch ganz im Zeichen des journalistenüblichen Zynismus: „Jetzt wird halt wieder einmal die Zeitung neu erfunden", sagte damals ein Kollege.

Heute ist es Faktum: Eine Qualitätszeitung wie *Die Presse* kann auch im Nachkriegs-Österreich lebensfähig sein. Zugleich hat aber auch die Redaktion begriffen: Eine Zeitung ist ein Wirtschaftsunternehmen, das auf jeden Schilling schauen muß, vor allem dann, wenn sie volle journalistische Freiheit haben will. Sie ist nicht bloße Gelegenheit zur Selbstverwirklichung der Redakteure. Auch eine 150jährige Geschichte ist noch keine Garantie für die Zukunft. Jeder einzelne Leser, jeder einzelne Inserent muß täglich neu gewonnen werden. Auf Treue allein zu bauen, ist in einer extrem mobilen Gesellschaft für eine Zeitung eine sehr fragile Basis.

Wohin sich das Wirtschaftsprodukt Zeitung entwickelt, ist im ständigen Dialog mit Markt, technischen Möglichkeiten und eigener Kreativität zu klären. Fest überzeugt bin ich dabei jedenfalls von einem: Bei aller Herausforderung durch die Elektronik hat die Zeitung als Papierprodukt Zukunft.

Die Sehnsucht der Menschen, noch ein weiteres Grundbedürfnis durch eine elektronische Maschine zu befriedigen, hält sich in Grenzen. Von der U-Bahn über die Parkbank bis zum Bett gibt es viele Orte, wo altmodisches Papier viel praktischer ist als eine weitere flimmernde Kiste.

Möglich ist freilich eines: Daß in mittlerer Frist die Zeitung vielleicht nicht mehr den zeitraubenden, pannenanfälligen und teuren Weg Druckerei-Lkw-Bahn-Post-Briefkasten nimmt, sondern aus einem großformatigen Drucker in der eigenen Wohnung kommt. Auf dem Ausdruck finden sich dann wieder Layout und Seiteneinteilung der traditionellen Zeitung.

Es hat ja gute Gründe, daß Zeitungen regelmäßig viel Geld in die optische Gestaltung der Seiten investieren. Schlechtes Layout wirkt sich nachweislich negativ auf den Markterfolg aus. Eine Zeitung ist durch die Limitierung ihres Umfangs wie auch durch die genau überlegte Einteilung in thematisch gegliederte Seiten ein idealer Wegweiser durch die täglich anschwellende Flut unstrukturierter Informationen; sie hilft, das Wesentliche vom Unwesentlichen zu scheiden, den Hintergrund und damit die Bedeutung der Ereignisse zu erfassen – auf diesem Gebiet braucht die Zeitung weder die Konkurrenz der elektronischen Medien noch jene der verschiedenen Online-Dienste zu fürchten.

Die Zeitungen werden daneben zweifellos in verstärktem Maß auch den von der *Presse* 1996 eingeschlagenen Weg über Internet und ähnliche Kanäle nehmen. Elektronisch kommen die Berichte, Kommentare und Analysen der *Presse* ja schneller auf die Bildschirme Europas, Amerikas oder Australiens als in Wien die fertige Zeitung aus der Druckerei.

Die Vorteile der Zeitung werden im Kontrast zur Elektronik erst so richtig zur Geltung kommen. Dabei werden alte Funktionen allmählich verzichtbar und neue hervortreten. Die bloße Wiedergabe von Nachrichten wird nicht mehr Hauptzweck einer Zeitung sein. Aber gerade angesichts der Nachrichtenüberflutung auf Hunderten verschiedenen Wegen wird anderes wichtiger: der Überblick, der Hintergrund, der internationale Zusammenhang und Vergleich, der Kommentar, die Kontroverse und die Befassung mit Spezialthemen.

All das wird weltweit die große Chance der Qualitätszeitungen bilden. Dabei kommen in Österreich der *Presse* ihre traditionellen Stärken wieder zugute. Mit dem größten internationalen Korrespondentennetz Österreichs, mit dem meisten redaktionellen Platz für Analyse und Welterklärung hat sie da ideale Startvoraussetzungen.

Manchmal fällt es schwer, sich im Macho-Ressort Sport zu behaupten: Ursula Fasching und Ursula Macher.

Einbußen für die Printzeitung durchs Internet wird es über kurz oder lang aber wohl bei manchen anderen Inhalten geben, mit denen die Zeitung informiert, mit denen sie auch Geld verdient: Kleininserate, Börsenkurse, Wetterberichte – da wird vieles auf den Datenhighway abwandern. Statt dessen wird der Leser mehr Wert auf die verständliche Sprache ohne Fachterminologie, auf den Humor und die emotionelle Seite der Lektüre legen, also die Lust am Lesen, wie es ein neuer Slogan der *Presse* signalisiert.

Eher skeptisch bin ich hingegen in Hinblick auf den investigativen Journalismus. Alle Medien, die sich dieser Sparte hingegeben haben, mußten zuletzt massive Rückschläge

Die „rasenden Reporter" Michael Lohmeyer, Stefan Schöffl und Heinz Müller (von links) aus der Lokalredaktion

18 Uhr, die Abendausgabe ist in der Herold-Druckerei fertiggestellt, die Redaktion kann aufatmen, Hektik und Pannen eines Tages sind vergessen.

hinnehmen. Sie laufen Gefahr, am eigenen Erfolg zu ersticken; zuviele Böcke sind da von investigativen Journalisten schon erlegt worden, was ihre Verdienste oft vergessen läßt; detektivisch aufbereitete Protokolle einer komplizierten Recherche erregen meist nur noch die Langeweile des Lesers – so notwendig unabhängige Faktensuche durch unabhängige Journalisten auch ist. Der Leser zieht jedoch jenes Medium vor, das ihm Überblick und Deutung über das gesamte öffentliche Geschehen bietet und das von den investigativen Ergebnissen nur das Relevante vermeldet.

Reden wir von der Zeitung der Zukunft als Wirtschaftsunternehmen, dann müssen wir in Österreich aber auch über die massive Diskriminierung durch die eigene Republik sprechen. Die Gier der Mächtigen auf die Medien, aber auch die politische Ignoranz gegenüber den Regeln der Marktwirtschaft haben sich in einer Fülle von finanziellen Lasten niedergeschlagen, die eine Zeitung wie *Die Presse* auch in einer Erfolgsphase nicht ohne die sogenannte „besondere Presseförderung" tragen konnte. Es herrscht gleichsam das Motto: Der Staat nimmt mit beiden Händen und gibt dann mit halber Hand zurück. Dafür will er – so glauben manche – auch noch diese Hand geküßt haben. Wofür es aber überhaupt keinen Grund gibt.

Viel wichtiger wäre es, wenn die Republik die von ihr selbst geschaffenen Diskriminierungen beseitigte: Dazu zählt nicht zuletzt die Anzeigensteuer, die zehn Prozent aller Anzeigenumsätze auffrißt. Das ist ein im restlichen Europa weitestgehend unbekanntes Instrument der Steuerschröpfung, das nicht nur mit der Begehrlichkeit (in diesem Fall: der Kommunen) nach Steuereinnahmen zusammenhängt, sondern auch mit atavistischen Aversionen gegen die Werbung als angebliche Weckerin überflüssiger Bedürfnisse.

Diskriminierend wirkt aber auch das in vielen Gesetzen und Verordnungen festgeschriebene Anzeigenmonopol der *Wiener Zeitung*: Auch wenn dieses staatseigene Blatt nicht gelesen wird, zwingt die Republik beispielsweise Aktiengesellschaften, ihre Bilanzen dort zu veröffentlichen, oder den ORF, seine Posten dort auszuschreiben. Österreich läßt nicht wie Deutschland oder die Schweiz zu, daß Firmen ihre Veröffentlichungspflicht in normalen Tageszeitungen erfüllen.

Noch viele andere kleine Schikanen belasten die Kassen einer Qualitätszeitung, die in einem kleinen Land wie Österreich ja nie sehr voll sein können. Besonders schmerzhaft sind die Drucker-Kollektivverträge, die für Tageszeitungen ohne objektiven Grund erheblich teurer sind als für die Wochenblätter. Das hängt mit der großen Empfindlichkeit von Tageszeitungen gegenüber Streiks, höchstwahrscheinlich aber auch mit dem Kalkül eines großen Verlegers zusammen: Die Großen können sich die luxuriösen Druckerlöhne noch irgendwie leisten, die Kleinen werden sie aber nicht lange überleben. Was den Großen nutzen werde.

Ich wage die Prophezeiung: Gibt es die Druckergewerkschaft künftig nicht deutlich billiger, dann wird ein guter Teil der Zeitungen in zehn Jahren in Ungarn oder der Slowakei drucken. Dann wird die Gewerk-

schaft sich erneut als der größte Arbeitsplatzkiller erwiesen haben.
Von besonderem Interesse anderer an ihrem wirtschaftlichen Wohlergehen ist *Die Presse* in ihrem 150jährigen Schicksal noch nie begleitet worden. Und doch ist diese Zeitung heute wie schon fast vom ersten Tag ihres Bestehens an ein Eckpfeiler der nationalen Identität Österreichs. Davon zeugen viele der in diesem Buch zusammengestellten Episoden. Davon zeugt auch der Hilferuf der Nationalbibliothek, weil die alten Bände der *Presse* durch die übermäßige Nutzung als einzige seriöse Zeitungsquelle in ihrem physischen Überleben bedroht sind.
Wäre da nicht sogar die These legitim, daß eine Institution wie *Die Presse* mit dem gleichen Recht staatliche Subventionen bekommen soll wie Oper, Burgtheater oder Universitäten, wichtige andere Säulen österreichischen Geistes, die mit großer Selbstverständlichkeit und noch größeren Beträgen gefördert werden? Wenn die Republik alljährlich mehr als zehn Milliarden Schilling allein für das Personal der Universitäten ausgibt, damit dort Forschung betrieben und die künftige Elite der Nation herangebildet wird, dann kann dem Staat auch die tägliche Information der wirtschaftlichen, wissenschaftlichen, politischen und kulturellen Elite Österreichs ein bißchen etwas wert sein. Diese Information hat ja zweifellos mindestens ebenso großen Nutzen für das Überleben Österreichs in einer immer komplexer gewordenen Wettbewerbsgesellschaft. Ohne das durch tägliche Qualitätsmedien bereitgestellte Wissen kann ein moderner Technologie- und Industriestaat nicht überleben.
Solche Argumentation hat absolut ihre Berechtigung. Sie ist dennoch kein gutes Rezept für die Zukunft. *Die Presse* muß vielmehr mit jeder Faser zum Ziel haben, ohne einen Groschen staatlicher Hilfe lebensfähig zu sein. Wer sich vom Staat abhängig macht, verliert an Glaubwürdigkeit und ist immer der Gefahr ausgesetzt, in den Sog der politischen Macht zu geraten. Es besteht zumindest die Möglichkeit, daß manche solches glauben oder behaupten.
Und wenn man wissen will, welcher Weg der bessere ist, denke man an die schwere geistige und ökonomische Krise der budgetabhängigen österreichischen Staats-Universitäten und an die eindrucksvolle Blüte der amerikanischen Privat-Universitäten.
Eine Zeitung kann und muß auf äußerste Distanz zu Staat und Parteien gehen und dennoch entschieden die Interessen der Republik und der parlamentarischen Demokratie vertreten. Das zeigt auch die Geschichte der *Presse*: Sooft sie auf der Eigentumsseite der politischen wie wirtschaftlichen Macht zu nahe gekommen ist, ist es ihr schlecht gegangen, nicht nur in der Nachkriegsgeschichte, sondern auch in den Jahrzehnten zuvor. Es tat der Zeitung gar nicht gut, als sie in der Zwischenkriegszeit in Staatsbesitz geriet. Es tat ihr auch gar nicht gut, als sich ihr Eigentümer in den sechziger Jahren des vorigen Jahrhunderts allzusehr von staatlichem und privatem Geld locken und die Blattlinie von außen beeinflussen ließ – bis die Redaktion die alte *Presse* verließ und die Kontinuität der großen liberalen Zeitung als *Neue Freie Presse* fortsetzte. Es tut im übrigen auch der Qualität einer anderen österreichischen Zeitung der Gegenwart gar nicht gut, daß sie wirtschaftlich von einer Großbank abhängig ist, die das Land schon in etlichen Bereichen dominiert.
Es gehört hingegen durchaus zu den Ruhmesblättern der Geschichte der *Presse*, daß sie zweimal von den Mächtigen verboten wurde, weil das Blatt für Freiheit und Demokratie gestanden ist: Unter Franz Josephs frühem Absolutismus und unter Hitlers antisemitischem Totalitarismus.
Alles hier Gesagte zeigt ein enges Beziehungsgeflecht zwischen der wirtschaftlichen Seite eines Zeitungsunternehmens und der Zeitung als ideellem, als kulturellem Produkt, in Schulmeisters Diktion eben der Piazza Navona. Es sind zwei Seiten derselben Münze: Es kann keine erfolgreiche

Vertriebs-Chef Kurt Schügerl (links) sorgt dafür, daß die Zeitung unter die Leute kommt, Dieter Seidl ist der Finanzgewaltige der „Presse".

„Was sollen die Menschen morgen auf der Piazza Navona denken, wenn sie die Zeitung lesen?"

Motivationsschub durch den Doyen der „Presse", Otto Schulmeister

„Jetzt wird halt wieder einmal die Zeitung neu erfunden."

Die erste Begegnung der Redaktion mit dem Sanierungskonzept

Zeitung mehr ohne exzellentes Management geben; es kann aber auch keine erfolgreiche Zeitung geben ohne die von einer unabhängigen und nur dem Leser und der Qualität verpflichteten Redaktion getragene geistige Identität, wie schon der erfolgreiche Übertritt der schreibenden Mannschaft im Jahr 1864 gezeigt hat.

Das Wissen um diese zweite Seite, das Bekenntnis zur Kultur der Ideen ist für die Zukunft der *Presse* ebenso wichtig wie das Wissen um die Zeitung als Wirtschaftsunternehmen. Immer wenn ein Teil dieses Wissens verlorengegangen ist, ist die Zeitung ins Schleudern gekommen. Und immer, wenn beiden Aspekten gemeinsam Aufmerksamkeit geschenkt wurde, hat *Die Presse* floriert.

Was macht nun diese inhaltliche Identität der *Presse* aus? Es scheinen aufs erste eher abstrakte Ideen und Vokabel zu sein, sie haben sich aber in jeder Epoche mit prallem Leben gefüllt, haben oft zu Zeitungskämpfen geführt und haben in der Geschichte des Blattes große Kontinuität bewiesen:

– Die Überzeugung, daß richtig verstandener Liberalismus die beste Formel für das Gemeinwohl ist;
– das Bekenntnis zu Menschenrechten, Rechtsstaat und Aufklärung;
– ein klares Ja zum technischen und wissenschaftlichen Fortschritt: von der ersten Veröffentlichung über Röntgenstrahlen bis zum einsamen Ja zu den Möglichkeiten der Gentechnik;
– eine positive Haltung zur Rolle der großen Religionen des österreichischen Bürgertums, also vor allem zu Christentum und Judentum;
– die Absage an alle totalitären Systeme und Ideen;
– eine enge Verbundenheit mit dem kulturellen Leben in all seiner Kantigkeit;
– ein klares Ja zur Marktwirtschaft;
– ein Ja zur geistigen Internationalität und ein Nein zu kleinlich-chauvinistischer Abkapselung;
– der Mut, sich nötigenfalls auch gegen den Zeitgeist zu stellen;
– Sympathien einst für die deutsche, heute die österreichische nationale Identität bei gleichzeitig klarem Ja zur Zusammengehörigkeit Mitteleuropas;
– Toleranz für andere Meinungen und Einsatz für gelebten Meinungspluralismus;
– Sympathien für bürgerliche Werte wie Fa-

Die ersten Leser: Die Mannschaft der Druckerei Herold. Was den Herren so gefallen hat, wäre noch eine Recherche wert.

milie, Elitenbildung, anspruchsvolle Erziehung, Leistung, Recht und Ordnung;
– und in allem eine Linie der bürgerlichen Mäßigung.

Jedem einzelnen dieser Werte ist *Die Presse* durch einen Großteil ihrer Geschichte treu geblieben, wenn es auch immer wieder – aus Furcht, Irrtum oder Opportunismus – Phasen der Widersprüchlichkeit und des Abweichens von eigenen Überzeugungen gegeben hat.

Jede dieser Positionen ist aber jedenfalls an der Jahrtausendwende noch immer ein guter Kompaß in die Zukunft der *Presse*. Dieser Kompaß funktioniert heute besser denn je, da die zwei großen und schmerzhaften Verirrungen der von den 150 Jahren der *Presse* begleiteten Epoche in historischen Katastrophen geendet haben, da die Sozialdemokraten und die Vertreter religiös inspirierter Wirtschaftstheorien völlig umdenken müssen.

„Gleiches Recht für alle", schrieb August Zang als Motto der ersten Zeitung. Das gleiche Motto könnte heute mindestens ebensogut über vielen Kommentaren der *Presse* stehen. Wenn die Zeitung für die Rechte der Jungen gegen die Verteidiger alter Privilegien kämpft. Wenn die Zeitung dem Feminismus das Prinzip des „gleichen Rechts" entgegenhält, das etwas ganz anderes ist als das Prinzip des gleich(macherisch)en Ergebnisses; wenn gerade die bürgerlich-liberale *Presse* für die Gleichberechtigung der Arbeitslosen gegen die Vorrechte der gewerkschaftlich Vertretenen kämpft; wenn sie auf das „gleiche Recht" der nächsten Generation pocht, ohne die Schuldenlast der Väter anzutreten; wenn sie dafür eintritt, den Familien mit Kindern das gleiche Recht zuzubilligen wie jenen ohne Kinder.

All die oben genannten liberalen Prinzipien werden heute in Österreich von keiner Partei ausreichend vertreten. Das macht die Aufgabe der *Presse* für die Zukunft Österreichs, für dessen internationale Öffnung so besonders wichtig.

Vielleicht stecken wir uns zu Unrecht eine Feder an den Hut, wenn wir jenen gerne recht geben, die eine Schlüsselrolle dieser Zeitung beim Beitritt Österreichs in die Europäische Union sehen. Gewiß kann auch eine Qualitätszeitung nur dann etwas bewegen, wenn ihre Argumentation logisch und richtig ist; aber es ist jedenfalls eine Tatsache, daß *Die Presse* als erste Zeitung Österreichs konsequent den Vollbeitritt zur Europäischen Gemeinschaft verlangt hat. Faktum ist übrigens auch, daß die Redaktion dies lange gegen deutlichen Druck der damals noch beitrittsfeindlichen Bundeswirtschaftskammer getan hat, obwohl diese in jenen Jahren immerhin die Eigentümerin der *Presse* war. Niemand weiß, ob uns auch die Geschichtsschreibung einmal eine entscheidende Rolle auf Österreichs Weg in die EU hinein bestätigen wird. Genauso ist offen, wie eines Tages die Rolle der *Presse* auf dem Weg Österreichs in die Nato beurteilt werden wird. Aber auch hier ist nachweisbar, daß *Die Presse* als erste für einen Beitritt eingetreten ist. Genauso wie sie etwa in den scheinbar so lustigen siebziger Jahren die lauteste Warnerin vor den dramatisch anschwellenden Staatsschulden gewesen ist, deren Folgen dann zum beherrschenden Thema der achtziger und neunziger geworden sind.

Die letzte Station: Die Zeitung ist beim Leser eingelangt.

Eine Qualitätszeitung wird sich in Wirtschaft wie Politik immer den zentralen Problemen Österreichs stellen müssen. *Die Presse* ist gut beraten, wenn sie das engagiert und ohne Zögern notfalls auch ganz alleine, aber immer mit sachlichen Argumenten und auf hohem Niveau tut. Es wäre ein fataler Fehler, würde sie den Mut verlieren und opportun dem jeweiligen Zeitgeist folgen, wie er von manchen anderen Medien gerne propagiert wird.

Eine Zeitung kann und muß auf äußerste Distanz zu Staat und Parteien gehen und dennoch entschieden die Interessen der Republik vertreten. Das zeigt auch die Geschichte der *Presse*: Sooft sie auf der Eigentumsseite der politischen wie wirtschaftlichen Macht zu nahe gekommen ist, ist es ihr schlecht gegangen.

Diese Zeitung muß sich auch immer den kulturellen Kontroversen stellen. Die Liste prominenter Autoren, die vieles erstmals in der *Presse* und der *Neuen Freien Presse* veröffentlicht haben, ist lang: von Schnitzler zu Bahr, von Hofmannsthal zu Zweig, von Salten zu Beer-Hofmann, von Schönherr zu Ginzkey. Wir sollten uns freilich auch darüber klar sein, daß kein Feld so offen ist für Irrtümer wie jenes des Kultur. Man denke nur an die vielen Belanglosigkeiten, die in der *Neuen Freien Presse* einst als Fortsetzungsroman veröffentlicht worden sind. Man denke nur an die peinlichen Verrisse von vielen der schönsten Werke italienischer und deutscher Opernkunst nach ihren Uraufführungen im 19. Jahrhundert.

Kultur wird mehr als alles andere immer ein Feld der Irrtümer, der Moden und Subjektivität bleiben. Es gilt daher, sich ihr zu stellen, aber dabei nie die innere Gelassenheit gegenüber allzu selbstherrlichem Kultururteil zu verlieren. Obwohl gerade die Kultur die Urheimat der subjektivistischen Apodiktiker und der Intrige um ihrer selbst willen ist. Und obwohl die Kultur viel von ihrem moralischen Impetus der Epoche der Aufklärung verloren hat und oft nur noch dem oberflächlichen Sinneskitzel dient, der einmal brillant ästhetizistisch inszeniert wird, ein andermal die Provokation zum Selbstzweck macht. Die Österreicher als angebliche oder wirkliche Nazis zu entlarven ist noch kein Substitut für wirkliche Tiefe. Die Auseinandersetzung mit all diesen Tendenzen macht die Befassung einer bürgerlichen Tageszeitung mit Kultur besonders spannend, aber auch oft schwierig.

Auch auf anderen Feldern hat *Die Presse* genug Irrtümer begangen. Sie hat sich bisweilen von Emotionen hinreißen lassen wie etwa in der Aufregung um die Abweisung des Skifahrers Karl Schranz von den Olympischen Spielen. *Die Presse* hat sich aber fast immer nach solchen Emotionsanfällen sehr bald ernüchtert, ist als erste zu liberal-aufgeklärter Nüchternheit und Distanz zurückgekehrt. Sie war auch, wie ein Beitrag in diesem Buch belegt, am Beginn des Ersten Weltkriegs eine der eher zurückhaltenden Stimmen – ganz im Gegensatz zu der von Karl Kraus gezeichneten Karikatur.

Wer Zeitung objektiv beurteilen will, darf jedenfalls den simpel klingenden Satz nicht vergessen: Es sind Menschen, die die Zeitung machen, die nebenbei bemerkt auch immer unter großem Zeitdruck stehen.

Die Presse-Redaktion muß auch an einer ganz anderen Front ein Minus in Bilanz wie Ausblick verbuchen: Es ist nicht gelungen, die wichtige Funktion der Korrektoren wie Revisoren ins Computerzeitalter zu retten. Das hat, trotz aller Bemühungen um Ersatzstrukturen und trotz noch so starker Konzentration, der sprachlichen Qualität der Zeitung nicht gerade geholfen. Und für Österreichs Qualitätszeitung Nummer eins kann es da auch kein Trost sein, daß es um die Sprache der anderen Zeitungen keineswegs besser bestellt ist.

In der Summe aber können die vielen erfreulichen Statistiken und Studien der letzten Jahre, die über Österreichs Zeitungen erstellt worden sind, für die *Presse* und ihre Zukunft doch sehr optimistisch stimmen. Die Steigerung von Marktanteil und Auflage in den neunziger Jahren um 50 Prozent führte alles frühere Gerede von einer Bedrohung der *Presse* durch den *Standard* – der sich in letzter Zeit ja selbst in erster Linie nur noch mit dem *Kurier* vergleicht – ad absurdum; die führende Stellung bei den Entscheidungsträgern in großen Firmen macht die *Presse* zur wichtigsten Informationsquelle der österreichischen Elite; die absolute und überaus deutliche Führung bei der im Ausland verkauften Auflage bestätigt die *Presse* als die Stimme Österreichs in der Welt.

Am schönsten ist aber das hervorragende Image der Zeitung bei den Lesern: *Die Presse* liegt bei der Frage nach der „Seriosität" ebenso wie bei jener nach der „Qualität der Kommentare" oder nach der „Hintergrundinformation" absolut an der Spitze unter allen Printmedien. Nach den Irritationen der Vergangenheit ist besonders erfreulich, daß unter allen Wiener Zeitungen heute auch die „politische Unabhängigkeit" der *Presse* am besten beurteilt wird (Quelle: Fessel/GfK-Untersuchung: Image der Tageszeitungen).

Das macht Mut für die weitere Arbeit. Damit ist aber die Zukunft noch nicht gewonnen. *Die Presse* wird auch in den nächsten Jahren auf einem sehr schmalen Weg und oft durch hüfthohen Schnee gehen müssen: zwischen der Notwendigkeit von liberaler Öffnung

und Deregulierung auf der einen Seite und dem ebenso notwendigen Schutz der Schwachen und Benachteiligten auf der anderen; zwischen der Ratio der modernen Wissenschaft und Wirtschaft und dem unerläßlichen Einsatz für menschliche Wärme, humanes Engagement und Bürgerpflichten; zwischen einem Höchstmaß an journalistischer Neugier und dem Respekt vor individueller Privatsphäre; zwischen dem Bemühen um Verständlichkeit aller Texte in der Zeitung und sachlicher Rücksicht auf die vielen komplizierten Nuancen der Realität; zwischen einem laizistisch gewordenen Land und dem Wissen um die Unverzichtbarkeit der Religionen; zwischen Irrtümern und den immer raffinierter werdenden Desinformationen, mit denen Firmen und Nichtregierungsorganisationen, Lobbies und Parteien auf die Medien Einfluß zu nehmen versuchen; zwischen dem fortschrittsfeindlichen Strukturkonservativismus und dem destruktiven Verzicht auf alle Werte.

Solange die Redaktion diesen Weg auf der ständigen Suche nach der Wahrheit, nach der Qualität und nach den richtigen Relationen geht, solange die Dialektik zwischen der intellektuellen und der ökonomischen Seite einer Zeitung gesehen wird, solange wird Österreich auch die große bürgerliche Zeitung haben, die es braucht. Und die es 150 Jahre lang gehabt hat.

Wer Zeitung objektiv beurteilen will, darf jedenfalls den simpel klingenden Satz nicht vergessen: Es sind Menschen, die die Zeitung machen, die nebenbei bemerkt auch immer unter großem Zeitdruck stehen.

VI

Anhang

Chronik 1848 – 1998
Die Autoren des Buches
Literaturnachweis
Bildnachweis
Personenregister

Die erste Redaktion der „Presse" befand sich in der Wohnung August Zangs am Kohlmarkt (erstes Haus links, Aufnahme von 1874)

1848 Am 3. 7. wird *Die Presse* von August Zang gegründet, die Redaktion ist zunächst in Zangs Privatwohnung am Kohlmarkt 1146; die Zeitung unter Chefredakteur Leopold Landsteiner findet rasch Anklang; am 5. 10. Übersiedlung vom Kohlmarkt in die Tuchlauben; vom 29. 10. bis 6. 11. ist *Die Presse* eingestellt.

1849 Landsteiner scheidet aus der Redaktion aus und gründet eine eigene Zeitung; am 8. 12. wird *Die Presse* verboten, am 25. 12. übersiedelt sie nach Brünn (liegt außerhalb des Verbotsrayons) und erscheint ab 27. 12. dort – ein Bravourstück sondergleichen.

1850 Ein Jahr der Schikanen, am 1. 9. wird die Auflage beschlagnahmt, am 4. 12. muß Zang die *Presse* einstellen.

1851 *Die Presse* kehrt nach Wien zurück, am 25. 9. beginnt sie wieder zu erscheinen. Trotz der geistigen Knebelung wird sie das einflußreichste Journal der Monarchie.

1852 *Die Presse* übersiedelt am 19. 10. in Zangs neuerbautes Verlagsgebäude in das Weißgerberviertel, Obere Gärtnerstraße 113 (Wien-Landstraße, heute Seidlgasse 8). Redaktion, Druckerei und Administration sind ab nun in ein und demselben Haus.

1853 *Die Presse* erreicht eine Auflage von 17.000 Stück.

1854 *Die Presse* macht eine Extraausgabe zur Vermählung Franz Josephs mit Elisabeth.

1855 Eduard Hanslick wechselt von der *Wiener Zeitung* zur *Presse*.

1856 Zang kauft die damals modernsten Druckmaschinen aus Frankreich; Max Friedländer und Michael Etienne stoßen zur *Presse*.

1857 Der Zeitungsstempel, eine neue Abgabe, bringt Verteuerungen der Zeitungen mit sich.

1858 Die volkswirtschaftliche Rubrik „Kleiner Kapitalist" wird eingeführt.

Leopold Landsteiner, der erste Chefredakteur der „Presse", Vater von Karl Landsteiner, dem Entdecker der Blutgruppen

1859 Friedrich Uhl kommt als Feuilletonist zur *Presse*. Aufsehenerregender Prozeß der *Presse* gegen Sebastian Brunners *Wiener Kirchenzeitung*, die Zang „Prostitution und Lüge" vorgeworfen hatte.

1860 Abschaffung der Polizeizensur für Zeitungen; in Budapest wird Theodor Herzl geboren.

1861 Trotz des liberaleren Pressegesetzes wird *Die Presse* am 15. 12. wegen Majestätsbeleidigung verwarnt; August Zang wird in den niederösterreichischen Landtag und Wiener Gemeinderat gewählt; Karl Marx schreibt ein Jahr lang für die *Presse* als Londoner Korrespondent.

1862 17. 12. neues Pressegesetz, Ausscheiden der Zeitungen aus dem Kompetenzbereich der politischen Behörde.

1863 Eduard Hanslick nennt Wagners „Tristan"-Vorspiel in der *Presse* „eine trostlose Musik, wenn überhaupt eine"; Zang beendet seine politische Tätigkeit.

1864 Im Mai rebelliert fast die gesamte *Presse*-Redaktion gegen den despotischen Zang und kündigt; am 1. 9. erscheint die erste *Neue Freie Presse* unter der Leitung von Max Friedländer und Michael Etienne.

1865 Daniel Spitzers erste „Wiener Spaziergänge" erscheinen in der *Presse*; der Feuilletonist Karl von Thaler beginnt, für die NFP zu schreiben.

1866 Daniel Spitzers „Wiener Spaziergänge" erscheinen im Feuilletonteil der *Presse*.

1867 Zang verkauft im März seine *Presse* samt Haus und Einrichtung an die Regierung; am 1. 8. wird Ludwig Speidel Feuilletonchef der *Presse*.

1868 August Zang gründet die „Vereinsbank" und bleibt bis 1872 Bankier.

Neue Freie Presse.

Morgenblatt.

Nr. 1. Wien, Donnerstag den 1. September. 1864.

An unsere Leser.

Feuilleton.

Wiener Brief.

Ein Rückblick.

Die erste Ausgabe der „Neuen Freien Presse" vom 1. 9. 1864

1869 Am 1. 9. bezieht die NFP ihr neues Haus in der Fichtegasse 11.

1870 Im deutsch-französischen Konflikt stellt sich die NFP wie alle liberalen Blätter – entgegen der Zeitstimmung – auf die Seite Deutschlands.

1871 Friedländer führt Verhandlungen mit Banken zwecks Umwandlung der NFP in eine Aktiengesellschaft: Die mit der Unionbank vereinigte Anglo-österreichische Bank kauft die NFP.

Max Friedländer und Michael Etienne vollzogen den Exodus aus der „Presse" und gründeten die „Neue Freie Presse".

1872 Die NFP führt revolutionäre Verbesserungen im Druckwesen durch („System Reisser-Becker"); Max Friedländer stirbt.

1873 Eine neue Rechtsform für die NFP wird gefunden: die „Österreichische Journal AG", 17. 6.; die Anglo-österreichische Bank hat die Aktienmehrheit; die NFP präsentiert sich mit einem eigenen Pavillon auf der Weltausstellung; Ludwig Speidel wechselt von der *Presse* zur NFP.

1874 Karl Kraus wird geboren (28. 4.); die NFP wird in der Auflagengröße vom *Neuen Wiener Tagblatt* überholt.

1875 Karl Emil Franzos publiziert noch vor der Buchausgabe Ausschnitte aus Büchners „Woyzeck" in der NFP.

1876 Raoul Auernheimer wird geboren (15. 4.); die NFP führt eine Kampagne für die Reduzierung des Heeresaufwandes im Interesse des Staatsbudgets.

1877 Ganz Wien lacht, als Daniel Spitzer im Juni Richard Wagners Briefe an eine Wiener „Putzmacherin" boshaft kommentiert.

1878 Die NFP agitiert gegen die Annexion von Bosnien-Herzegowina, will keine Budgetbelastung und keinen Zuwachs an slawischer Bevölkerung.

1879 Michael Etienne stirbt, sein Nachfolger als Chefredakteur wird Eduard Bacher.

1880 Die NFP steht in Opposition zur konservativen Regierung Taaffe, der politische Wind in Österreich beginnt sich zu drehen, die liberale Politik verliert an Einfluß; Moriz Benedikt wird neben Eduard Bacher zum Mitherausgeber.

1881 Ministerpräsident Taaffe versucht, die Aktien der NFP-Herausgeber an sich zu bringen; mit Hilfe von Finanzkreisen (Rothschild) können die Herausgeber Benedikt und Bacher die Aktienmehrheit für sich sichern.

Briefkopf der NFP im Weltausstellungsjahr 1873.

Christoph Reisser (links), Druckereileiter der NFP, und Eduard Bacher, der als Herausgeber die Zeitung von 1880 bis 1908 nach außen repräsentierte.

1882 Teile des Rougon-Macquart-Zyklus von Emile Zola erscheinen als Fortsetzungsroman; das Bismarck-Interview Moriz Benedikts (24. 6.) wird in ganz Europa beachtet; Moriz Benedikts Sohn Ernst wird geboren.

1883 Am 4. 12. wird das neue Reichsratsgebäude an der Wiener Ringstraße eröffnet, die NFP reagiert enttäuscht: „Nüchterner, trockener, frostiger hätte sich der Umzug kaum vollziehen können …"

1884 Am 1. 8. stirbt Heinrich Laube, der vor seiner Amtszeit als Burgtheaterdirektor Theaterkritiker der NFP war.

1885 Der Wiener Gemeinderat zieht in das neue Rathaus ein (23. 6.); alles sieht jetzt „hochparlamentarisch vornehmer" aus, aber ob ein vornehmerer Geist einziehen wird, bezweifelt die NFP.

1886 Radikale und gemäßigte Sozialdemokraten bemühen sich um eine gemeinsame Linie. Die NFP bringt keine Meldungen über die Arbeiterbewegung in Österreich.

1887 Die Christlichsozialen formieren sich, die Karriere Karl Luegers beginnt, die NFP steht in Opposition.

1888 Am 4. 3. stirbt August Zang; *Presse*-Kritiker Speidel beklagt den Wechsel vom alten ins neue Burgtheater; die NFP macht Furore, als sie sich als erste österreichische Zeitung eine lange Bismarckrede telegraphisch übermitteln läßt und die 7000 Worte auf achteinhalb Spalten abdruckt (6. 2.).

1889 Die erste *Arbeiterzeitung* erscheint am 12. 7; am 1. 9. feiert die NFP ihr 25-Jahr-Jubiläum.

1890 Erste große Maifeier der Wiener Arbeiter, es erscheint der berühmte NFP-Leitartikel: „Die Soldaten sind in Bereitschaft, die Tore der Häuser werden geschlossen, in den Wohnungen wird Proviant vorbereitet … Frauen und Kinder wagen sich nicht auf die Gasse …"

1891 Theodor Herzl nimmt das Angebot der NFP an, als ihr Korrespondent nach Paris zu gehen; am 3. 9. veröffentlicht Bertha von Suttner in der NFP den Aufruf zur Gründung einer österreichischen Gesellschaft der Friedensfreunde; erste ausführliche Würdigung Otto Wagners in der NFP (16. 9.)

1892 Am 27. 6. erscheint die 10.000 Nummer der NFP; die alte *Presse* wird immer mehr von Subventionen abhängig.

1893 Daniel Spitzer stirbt am 11. 1. in Meran.

1894 Theodor Herzl berichtet vom Dreyfusprozeß; Karl Kraus beginnt als freier Mitarbeiter für die Literaturbeilage der NFP zu schreiben.

1895 *Presse*-Korrespondent Theodor Herzl erlebt die Degradierung von Hauptmann Dreyfus – entscheidend für die Gründung der zionistischen Bewegung; am 5. 1. erfährt die Öffentlichkeit zum ersten Mal von der Entdeckung der Röntgenstrahlen durch einen Artikel in der *Presse*.

1896 Am 31. 10. wird die alte *Presse* eingestellt; Herzls „Judenstaat" erscheint; *Die Zeit* wird gegründet, bald eine ernsthafte Konkurrenz für die NFP.

1897 Erster Zionistenkongreß in Basel, die NFP nimmt keine Notiz davon.

1898 Karl Kraus erhält von der NFP das Angebot, die durch den Tod Daniel Spitzers verwaiste Feuilletonrubrik zu übernehmen – er lehnt ab.

1899 Im April erscheint die erste Nummer der *Fackel* von Karl Kraus; am 25. 12. Erstabdruck von Hugo von Hofmannsthals „Reitergeschichte" in der NFP.

1900 Der letzte Artikel von Ludwig Speidel erscheint in der NFP (14. 10.); am 25. 12. Erstabdruck von Arthur Schnitzlers „Leutnant Gustl".

1901 Die NFP muß sich gegen Vorwürfe wegen Schnitzlers „Leutnant Gustl" wehren, Schnitzler selbst verliert seinen militärischen Grad.

1902 Am 27. 9. wird die seit 1894 erscheinende Wochenzeitung *Die Zeit* auf Tageszeitung umgestellt – eine Konkurrenz auf hohem Niveau.

1903 Die NFP schüttet 8 Prozent Dividende aus und steht finanziell sehr gut da; Milan Dubrovic wird am 26. 11. geboren; Eduard Hanslick verreißt Puccinis „Bohème": Die „Melodieerfindung" in dieser Oper sei sehr gering.

1904 Tod Theodor Herzls am 3. 7.; die NFP beginnt mit regelmäßiger Sportberichterstattung.

1905 Der Petersburger Korrespondent der NFP meldet am 22. 7. als erster Journalist die bevorstehende Zusammenkunft zwischen dem russischen Zaren Nikolaus II. und dem deutschen Kaiser Wilhelm II: Die Anekdote erzählt, er habe eine Jacht gemietet und sei so lange im finnischen Meerbusen gekreuzt, bis er das tatsächliche Zustandekommen des Treffens feststellen konnte.

1906 3. 2. Tod Ludwig Speidels; Hugo Wittmann wird Burgtheaterreferent; Ernst Benedikt tritt in die Redaktion ein.

1907 Die *Neue Freie Presse* ist am Höhepunkt ihrer innenpolitischen Macht: „Man fürchtet sie am Ballhausplatz und versucht sie bei guter Laune zu halten", berichtet der deutsche Botschafter Brockdorff-Rantzau nach Berlin.

1908 Ersterscheinen von „Komtesse Mizzi" von Arthur Schnitzler in der NFP; nach dem Tod Eduard Bachers wird Moriz Benedikt Alleinbesitzer der *Neuen Freien Presse*; anläßlich des Besuches von Kaiser Wilhelm in Wien (6. 5.) betont die NFP Freundschaft und Bündnistreue zu Deutschland; Karl Kraus schmuggelt einen völlig erfundenen Artikel über ein Erdbeben in die NFP ein.

1909 Prozeß gegen Heinrich Friedjung: Der Historiker wurde wegen eines Artikels in der *Neuen Freien Presse* (25. 3.) von serbisch-kroatischen Abgeordneten wegen Ehrenbeleidigung angeklagt; die NFP würdigt Clemenceau als Vertreter des „Willens zum Frieden" (21. 7.).

1910 Karl Lueger stirbt (10. 3.); die NFP findet kein positives Wort über den „Mirabeau der Kneipe" im Nachruf.

1911 Siegmund Rubinstein übernimmt nach Gustav Steinbach das innenpolitische Ressort in der NFP; in den Spalten der Zeitung spiegelt sich die heftige Kontroverse um das Loos-Haus am Michaelerplatz; Karl Kraus konvertiert zum Katholizismus; die NFP blamiert sich mit der Veröffentlichung des Grubenhund-Artikels (18. 11.).

1912 Die NFP verurteilt die serbische Agitation: „Serbien weiß genau, daß kein Staat eine solch überflüssige Stichelei und dieses völlig sinnlose Reizen sich auf die Dauer gefallen lassen kann." (18. 11.); ab der Ausgabe vom 27. 1. schreibt Karl Kraus jede Nummer der *Fackel* im Alleingang.

1913 Außenpolitisch ist die NFP für die Beibehaltung des Dreibunds, die Zeitung nennt sich selbst deutsch-fortschrittliches Organ und bekämpft die Nationalismen auf dem Balkan.

1914 Die NFP gibt zu Kriegsausbruch eine Sonderausgabe heraus, in der das amtliche Kommuniqué veröffentlicht wird (28. 7.); sie trägt die Kriegseuphorie nicht von Anfang an mit, muß sich als „Friedenswinsler" beschimpfen lassen und stimmt dann ab 26. 7. ebenfalls in die antiserbische Agitation ein.

1915 Die Zeitung entsendet Roda Roda, Alice Schalek, Stefan Zweig, Franz Molnar, Ludwig Ganghofer, Franz Karl Ginzkey und Sil Vara als Kriegsberichterstatter an die Front, am 18. 3. wird zum ersten Mal der ganze Leitartikel zensuriert. Moriz Benedikt schreibt Durchhalteparolen: „Eines hat uns das Jahr 1915 gegeben. Den Glauben daran, daß wir mit Deutschland gemeinsam jedem Sturm gewachsen sind."

Die Belegschaft der NFP gratuliert ihrem Chef am 1. 9. 1914 zum 50. Geburtstag seiner Zeitung.

1916 Der langsame Übergang von siegessicherer Überzeugung hin zur Erkenntnis der Niederlage läßt sich anhand der Leitartikel des Jahres 1916 nachweisen.

1917 Moriz Benedikt wird vom Kaiser zum Mitglied des Herrenhauses ernannt; die NFP stellt sich immer mehr auf die Seite der Friedensförderer und unterstützt sie in zahlreichen Leitartikeln; zum ersten Mal wird eine Filmrubrik in der NFP eingerichtet.

1918 Die NFP würdigt das Lebenswerk Viktor Adlers in einem Nachruf; am 12. 11. besetzt die „Rote Garde" das NFP-Haus in der Fichtegasse.

1919 Die NFP führt einen ergebnislosen Kampf gegen die Bestimmungen des Friedensvertrags von Saint Germain: „Dr. Renner ist ein besonnener Staatsmann und weiß, daß er in Saint Germain das nackte Leben seines Volkes zu verteidigen hat." (27. 7.); die Zeitung plädiert für einen Anschluß an Deutschland.

1920 Am 18. 3. stirbt Moriz Benedikt; sein Sohn Ernst wird Herausgeber und Eigentümer der Zeitung.

1921 Ernst Molden tritt in die NFP-Redaktion ein, in den 30er Jahren wird er stellvertretender Chefredakteur.

1922 Richard Graf Coudenhove-Kalergi veröffentlicht in der NFP vom 18. 10. seinen Aufruf zur europäischen Einigung (Paneuropa-Idee); die Aufhebung des Kolportageverbots begünstigt die sensatioslüsterne Boulevardpresse.

1923 Trotz der Wirtschaftskrise erscheinen in Wien noch immer 23 Tageszeitungen; die NFP unterstützt die von Ignaz Seipel betriebene „Genfer Sanierung".

1924 Die NFP führt eine kleinformatige *Illustrierte Wochenbeilage* ein; beim Personal muß die Zeitung sparen, es gibt keine Neuzugänge mehr.

1925 Ernst Benedikt führt Reformen durch, die Zeitung erhält einen Aufmacher, der gewohnte Leitartikel auf Seite eins muß weichen.

1926 Theodor Heuss, der spätere deutsche Bundespräsident, veröffentlicht am 8. 10. sein erstes Feuilleton für die NFP.

1927 Die NFP unterstützt bei den Aprilwahlen die Christlichsozialen und agitiert gegen die „marxistische Koalition".

1928 Die Schwurgerichtsprozesse gegen die Demonstranten des Juli 1927 (Justizpalastbrand) gehen mit Freisprüchen zu Ende (13. 1.). Die NFP spricht unter dem Titel „Kabinettsjustiz von unten" von einem Justizskandal.

1929 Durch das Übergreifen der Weltwirtschaftskrise auf Österreich verschlechtert sich die wirtschaftliche Situation der Zeitung rapide; Verschärfung des Pressegesetzes.

1930 Ab 1930 schreibt die NFP keine schwarzen Zahlen mehr.

1931 Die NFP wird durch stille Zuschüsse des Bundespressedienstes am Leben gehalten.

1932 Ernst Benedikt muß fünfzig Prozent der Anteile an der NFP an ein Konsortium („Portus AG") verkaufen, der volkswirtschaftliche Ressortleiter Stephan von Müller erwirbt ebenfalls Anteile.

1933 Louis Barcata wird Redakteur der NFP.

1934 Einschränkung der Pressefreiheit durch Notverordnungen; der bisherige Chefredakteur Ernst Benedikt muß dem volkswirtschaftlichen Redakteur Stephan von Müller seine Position überlassen und scheidet aus der NFP aus (29. 5.); die Aktien der NFP befinden sich am Ende des Jahres via Bundespressedienst in den Händen der österreichischen Bundesregierung.

1935 Annäherung der NFP an Deutschland, Bagatellisierung der rassistischen Politik in Deutschland.

1936 Die NFP betreibt eine Gratwanderung zwischen Schuschnigg und Hitler, sie darf in Deutschland verbreitet werden; Karl Kraus stirbt.

1937 Die versöhnliche Haltung gegenüber dem Dritten Reich bringt der NFP Vertrauensverlust bei ihren liberalen und jüdischen Lesern.

1938 Nach der Okkupation Österreichs Gleichschaltung und Nazifizierung der österreichischen Zeitungen, auch der NFP; die Zeitung muß die verordnete Jubelstimmung und die Volksabstimmungspropaganda mittragen.

1939 Am 31. 1. wird die *Neue Freie Presse* eingestellt, das Konkursverfahren über die „Österreichische Journal AG" eröfffnet.

1946 26. 1. Neugründung der *Presse* in der Tradition der NFP ohne direkte Rechtsnachfolge, sie erscheint jeden Samstag, hat 12, später 16 Seiten und kostet 30 Groschen. Adresse: Wien I., Universitätsstraße 5 (Palais Reitzes). Eigentümer der „Neuen Wiener Presse Druck- und Verlagsgesellschaft" sind zu je 25 Prozent Ernst Molden, Friedrich von Maurig (Schoellerbank), Hans von Lauda (Generaldirektor Veitscher Magnesit) und Manfred Mautner-Markhof.

1947 *Die Presse* bringt am 24. 5. ein Feuilleton von Albert Camus; sie beginnt ihren Kampf für die Unabhängigkeit Österreichs und einen Staatsvertrag.

1948 Ab 8. Oktober wird *Die Presse* Tageszeitung.

1949 Die Wochenausgabe der *Presse*, als *Wochen-Presse* weitergeführt, floriert, die Tageszeitung *Die Presse* hat mit enormen finanziellen Schwierigkeiten zu kämpfen.

1950 Fritz Molden übernimmt die kaufmännischen Agenden, Ernst Molden bleibt weiterhin Herausgeber und Chefredakteur.

1951 Am 17. 4. erscheinen die ersten Photos in der *Presse*.

1952 Am Sonntag erscheint eine Roman-Beilage; die Feuilletontradition der NFP wird weitergeführt, in der Weihnachtsbeilage erscheinen Texte von Franz Karl Ginzkey, Erich Kästner, Alexander Lernet-Holenia, François Mauriac und Thornton Wilder.

Die frühere Redaktion der „Presse" in der Universitätsstraße 5, Wien I.

1953 Am 11. 8. stirbt Ernst Molden, Fritz P. Molden wird Verlagsleiter, Milan Dubrovic Chefredakteur.

1954 Gustav Peichl (Karikaturist Ironimus) beginnt für die *Presse* zu arbeiten.

1955 Das *Presse*-Archiv wird gegründet, es wird zum größten privaten Zeitungsausschnittsarchiv Österreichs ausgebaut; am 1. 4. erscheint *Die Wochen-Presse* als Fortsetzung der Wochenausgabe der *Presse*: Österreich erhält den hierorts bis dahin unbekannten Typ des Nachrichtenmagazins, Chefredakteur wird Louis Barcata.

1956 *Die Presse* übersiedelt am 1. Oktober ins neue Verlagsgebäude am Fleischmarkt 3 – 5 in Wien I.

1957 Eberhard Strohal wird nach Louis Barcata Chefredakteur der *Wochenpresse*.

1958 Die Auflage der *Presse* beträgt wochentags 56.000, sonntags rund 80.000 Exemplare und ist damit bereits wesentlich höher als die der *Neuen Freien Presse* in der Zwischenkriegszeit; das *Presse*-Buch „Geschichte einer Zeitung" von Adam Wandruszka erscheint.

1959 Am 2. 9. erscheint die erste Theaterkritik Friedrich Torbergs in der *Presse*.

1960 Am 24. 2. erwirbt *Presse*-Herausgeber Fritz P. Molden die bisher nicht im Familienbesitz befindlichen Anteile an der „Neuen Wiener Presse Druck- und Verlagsgesellschaft m.b.H."; am 15. 10. übernimmt Ilse Leitenberger die Beilagenredaktion der *Presse*.

1962 Ab 1. 1. erscheint *Die Presse* in fünf statt wie bisher in vier Spalten; am 1. 2. tritt Dubrovic als Chefredakteur ab, Fritz Molden ist bis Oktober Herausgeber und Chefredakteur, Alfons Dalma wird „diplomatischer Korrespondent", Hans Winge Filmkritiker; am 17. 10. legt Fritz Molden Herausgeberschaft und Chefredaktion zurück, Verlags- und Herausgeberrechte werden von Fred Ungart erworben. Technische Herstellung und Vertrieb verbleiben weiterhin im Pressehaus Fritz Moldens; am 1. 11. wird Otto Schulmeister Chefredakteur.

1962 Am 1. 1. wird Wolf In der Maur Verlagsleiter.

1956 übersiedelt „Die Presse" in das Verlagsgebäude am Fleischmarkt.

1963 Ab 1. 1. erscheint *Die Presse* im internationalen Großformat, *Die Presse am Sonntag* wird eingestellt; am 1. 9. Übersiedlung ins Pressehaus Wien XIX., Muthgasse 2; Einführung einer ständigen Fernsehrubrik; Ludwig Marton wird Ressortchef der Außenpolitik.

1964 Karl Graber wird am 1. 7. Ressortleiter des „Economist", Franz Olah stürzt über ein Interview für die *Presse* (18. 9.).

1965 Eigentümerwechsel am 1. 10.: Eigentümer, Herausgeber und Verleger wird die „Presse Verlagsgesellschaft m.b.H. Wien." Ein Wiener Rechtsanwalt erwirbt im Auftrag der Bundeswirtschaftskammer 80 Prozent der Anteile; Hans Thür wird Ressortchef der Innenpolitik.

1966 Verlagsleiter Wolf In der Maur legt mit Jahresende seine Funktion zurück.

1967 Mit 1. 1. übernimmt Erwin Kuhn die Geschäftsführung der „Presse Verlagsgesellschaft m.b.H."; am 1. 4. kommt Pia Maria Plechl zur *Presse*; die „Tagesschau" wird eingerichtet und von Erich Grolig geleitet.

1968 *Die Presse* hat ein hohes Defizit, Verkaufsgerüchte (Axel Springer, Hans Dichand); Janko von Musulin beginnt, für die *Presse* zu schreiben (1. 12.).

1969 Arthur Mussil, der Generalsekretär der Bundeswirtschaftskammer, bestätigt Anteile des ÖVP-Wirtschaftsbundes an der *Presse*, die Redaktion fordert Bekenntnis zur parteipolitischen Unabhängigkeit und journalistischen Freiheit.

1970 Fritz Molden verkauft am 1. 5. das Pressehaus; Thomas Chorherr wird statt Thür Ressortchef der Innenpolitik (1. 9.); Gerhard Zimmer schreibt für den Sport.

1971 Am 10. 4. erscheint die erste Gourmetkritik „Mit Appetit unterwegs", eine Gourmetrubrik am Wochenende existiert bis heute.

Amtsübergabe vor dem Heiligenstädter Pressehaus: Thomas Chorherr wird am 1. 10. 1976 Chefredakteur.

1972 Das „Wer-kauft-die-*Presse*-Spiel" ist auf seinem Höhepunkt, Wirtschaftkammerpräsident Rudolf Sallinger verkauft aber nicht; ab 1. 3. kostet die Wochentagsausgabe drei Schilling.

1973 *Die Presse* erhält von der University of Missouri die Auszeichnung „Zeitung des Jahres"; das *Presse*-Buch „Zwischen den Zeilen" von Franz Endler erscheint.

1974 Am 24. 8. erhält *Die Presse* einen neuen Herausgeber. An die Stelle der „Presse Verlagsgesellschaft m.b.H." tritt der „Verein zur Förderung der freien bürgerlichen Presse in Österreich", Obmann ist Rechtsanwalt Erich Schröfl, sein Stellvertreter der ehemalige Vizekanzler Fritz Bock; am 8. 11. erhält *Die Presse* ein Redaktionsstatut, das die grundsätzliche Haltung des Blattes („in Unabhängigkeit von den politischen Parteien bürgerlich-liberale Auffassungen auf einem gehobenen Niveau" zu vertreten) fixiert. Kein Redaktionsangehöriger darf gezwungen werden, „in einer bestimmten Art tätig zu werden, die seinen Standespflichten, seinem Gewissen oder der grundsätzlichen Haltung des Blattes zuwiderläuft"; am 29. 6. erscheint das erste „Schaufenster", es bringt zunächst auf drei Seiten Kultur- und Veranstaltungstips, im Oktober wird es als achtseitiges Supplement dem Wochenendfeuilleton beigelegt: Eine der erfolgreichsten Innovationen der *Presse* ist geboren, heute ist das auf Hochglanzpapier gedruckte Farb-„Schaufenster" einer der wichtigsten Bestandteile der Zeitung.

1975 Ende 1975 wird Erwin Kuhn als Geschäftsführer von Johann P. Fritz abgelöst; dieser war bis dahin Stellvertreter von Wirtschaftsbundgeneralsekretär Erhard Busek. Fritz leitet die geschäftlichen Belange der *Presse* 16 Jahre lang.

1976 Am 1. Oktober übernimmt Thomas Chorherr die Chefredaktion der *Presse*, Otto Schulmeister wird Herausgeber.

1977 Im Juni beteiligt sich *Die Presse* an „Radio Adria", einem in Aquileia stationierten Rundfunksender, der für die deutschsprachigen Urlauber an der oberen Adria ein Musik- und Serviceprogramm anbietet.

1978 Die Wochenendbeilage „Spectrum" wird ausgebaut, ab 3. 11. erscheint das „Eco-Journal", ein Wirtschaftssupplement, das Reportagen über die Tagesaktualität hinaus liefert.

1979 Das Werbesujet „Der große Horizont" wird im Rahmen eines Plakatwettbewerbs ausgezeichnet. Der Slogan schlägt ein, noch viele Jahre nach Auslaufen der Kampagne wird *Die Presse* damit identifiziert; das *Presse*-Magazin (Reise, Gourmet, Lifestyle) wird ab 1. 9. völlig neu gestaltet, erscheint im Halbformat mit 16 Seiten; unter dem Titel „Literaricum" erscheinen im „Spectrum" unveröffentlichte Manuskripte junger Autoren.

Leitende Redakteure in den 70er Jahren: Gerhard Zimmer, Franz Endler, Ilse Leitenberger, Chefredakteur Thomas Chorherr, Pia Maria Plechl, Josef Metzger, Dieter Lenhardt und Herausgeber Otto Schulmeister (von links)

1980 Mit der Ausgabe vom 8. 8. wird das „Schaufenster" im Tiefdruckverfahren im Niederösterreichischen Pressehaus hergestellt; *Presse*-Korrespondentin Irene Miller wird aus Polen ausgewiesen.

1981 *Die Presse* feiert am 21. 7. die 10.000 Ausgabe seit 1946; am 1. 8. erscheint eine Notausgabe, einem dreitägigen Streik im Pressehaus fallen drei Ausgaben Anfang August zum Opfer; mit Jahresende wird Pia Maria Plechl statt Ilse Leitenberger stellvertretende Chefredakteurin.

1982 *Die Presse* wird ab März im modernen elektronisch gesteuerten Lichtsatz hergestellt, das Bleizeitalter ist für die Zeitung zu Ende.

1983 Das von Hans Haider gestaltete „Literaricum" erscheint zum 100. Mal in der Wochenendbeilage „Spectrum".

1984 *Die Presse* gibt Anteile von „Radio Adria" ab.

1985 *Die Presse* baut als erste Zeitung in Mitteleuropa ein Redaktionssystem auf (Firma Hastech), in dem vom Schreiben und Redigieren bis zum Umbruch der fertigen Seite alles auf dem Bildschirm geschieht. Über eine Datenfernleitung wird die fertige Seite mit Text und Satz- und Umbruchanweisungen an die Druckerei geschickt. Ab Mitte September übersiedelt *Die Presse* ins neu eröffnete Parkring-City-Center (Wien I., Parkring 12a), in dem auch das Marriotthotel untergebracht ist; ab 4. 11. erscheint jeden Montag die Farbbeilage „Eco Magazin", eine „Brennpunkt"-Seite mit Schwerpunktthemen wird eingerichtet.

1986 *Die Presse* wird ab 2. 1. nicht mehr im Pressehaus Wien XIX. gedruckt, sondern in der Druckerei Herold in Wien VIII.; am 6. 1. wird zum ersten Mal der *Presse*-Weltcup der Skimarken vergeben.

1987 *Presse*-Journalisten verfassen in Kooperation mit dem Ueberreuter-Verlag in lockerer Folge Bücher zu aktuellen Themen.

1988 Am 19. 10. erscheint die erste Ausgabe des *Standard*, der im Qualitätszeitungssegment in Konkurrenz zur *Presse* tritt; zwei Tage später stellt *Die Presse* eine Blattreform vor: Die Politik-Berichterstattung wird ausgebaut, das „Schaufenster" wird erweitert, das „Magazin" wird farbig und kulinarischer, das „Spectrum" erweitert.

1989 Ab 27. 2. hat *Die Presse* ein neues Layout nach dem Konzept des deutschen Zeitungsdesigners Hans F. Krebs; am 28. 6. wird Gerd Bacher Nachfolger von Otto Schulmeister als Herausgeber. Otto Schulmeister geht nach vierzigjähriger Tätigkeit für die *Presse* in Pension.

1990 Gerd Bacher gelingt am 13. 7. ein Comeback als ORF-Generalintendant, er tritt sein Amt am 11. 10. an und scheidet damit aus der *Presse* aus.

1991 Am 4. 11. erhält *Die Presse* eine neue Eigentümerstruktur: Das Grazer Druck- und Verlagshaus Styria beteiligt sich mit 51 Prozent an der „Presse-Verlags Ges.m.b.H.", der bisherige Alleineigentümer, der „Verein zur Förderung der freien bürgerlichen Presse in Österreich", hält ab nun nur noch 49 Prozent; Styria entsendet Geschäftsführer Julius Kainz, die neuen Eigentümer präsentieren ein Sanierungskonzept, das die Zeitung in die schwarzen Zahlen führen soll. Eine Kapitalgesellschaft bringt die notwendigen Geldmittel für die Sanierung auf. In der Kapitalgesellschaft wird der „Verein zur Förderung der Presse" mit 51 Prozent verbleiben, als zweiter großer Teilhaber tritt der Styria-Verlag ein. Banken und einige weitere Wirtschaftsunternehmen fungieren als stille Gesellschafter. Die bisherigen Eigentümer übergeben die *Presse* lastenfrei. Geschäftsführer Johann P. Fritz scheidet aus, mit Ende des Jahres übernimmt Kainz seine Agenden.

1992 Franz Ivan wird ab 1. 3. Verlagsleiter der *Presse*; ab 7. 4. erscheint das *Presse*-Hauptblatt in vier Büchern eingeteilt, das „Wien-Journal" als eigenes Ressort wird gegründet, Angela Fritz wird in der Anzeigenabteilung ab 1. 9. Nachfolgerin von Josef Spiess.

Andreas Unterberger (rechts) beim Fest zum 80. Geburtstag seines früheren Chefs Otto Schulmeister

1993 Am 12. 6. erscheint *Die Presse* zum letzten Mal im „Rheinischen Format", sie wechselt zum handlicheren „Berliner Format" mit neuem Layout, das vom international renommierten Designer Rolf Rehe entworfen wird: Neu ist der Einsatz von Farbphotos und von Info-Graphiken. Die übersichtlichere Gliederung wird von den Lesern honoriert, die Reichweite steigt um 20 Prozent, das bedeutet um 39.000 Leser.

1994 Im September fällt die Entscheidung für ein neues integriertes Produktionssystem, „News 2000" (Firma Lernpeiss Graz). Die Texte werden auf den Bildschirmen in der Redaktion genauso dargestellt, wie sie in der Zeitung aussehen werden. Der digitale Bildempfang (Hersteller Hasselblad) ermöglicht, ganze Seiten samt Illustrationen über Standleitung zur Druckerei Herold zu übertragen.

1995 Thomas Chorherr tritt nach 19jähriger Amtszeit als Chefredakteur am 1. 3. ab. Bei der Abstimmung über das designierte Nachfolger-Duo Michael Maier und Kurt Horwitz spürt Horwitz die Macht des Redaktionsstatuts: Nur Michael Maier wird bestätigt, Horwitz bleibt weiterhin Stellvertreter. Julius Kainz und Thomas Chorherr teilen sich das Amt des Herausgebers. Der neue Chefredakteur Michael

Maier durchlief eine steile journalistische Karriere: Er kam 1993 von der *Kärntner Kirchenzeitung* zur *Presse*, wo er die Layoutreform leitete und als Medienredakteur und Chef vom Dienst arbeitete. Im Sommer wechselt Horwitz zum *Neuen Volksblatt*, und im Herbst geht Michael Maier zur *Berliner Zeitung*. Am 20. 11. wird Andreas Unterberger, der der Redaktion seit 1973 angehört und zuletzt das Ressort Außenpolitik leitete, Chefredakteur.

1996 Im Jänner feiert *Die Presse* ihr 50jähriges Wiedererscheinen nach dem Krieg; am 1. 4. wird Karl-Peter Schwarz stellvertretender Chefredakteur, ab 21. 9. gibt es eine Online-Ausgabe der *Presse* im Internet. Vertriebsleiter Kurt Schügerl gründet im Juni den „*Presse*-Club", der für Abonnenten Ausstellungsführungen, Theaterkarten, Buchsubskriptionen, Kinopremieren usw. organisiert.

1997 Mit 1. 9. führt *Die Presse* als Leserservice die Währungsangabe zusätzlich zum Schilling in Euro ein; die Zeitung distanziert sich von der geplanten Rechtschreibreform. *Die Presse* beteiligt sich zu 24 Prozent am Privatradiosender Antenne Wien, der am 1. 4. 1998 den Sendebetrieb aufnimmt. Ab 10. 12. erscheinen täglich zwei neue Jugend-Event-Seiten („up2date").

1998 *Die Presse* feiert am 3. 7. ihren 150. Geburtstag mit einer kulturgeschichtlichen Ausstellung im Historischen Museum der Stadt Wien, sie präsentiert sich als erste österreichische Tageszeitung mit einer CD-Rom. Die Media-Analyse für 1997 weist ihr 4,8 Prozent Reichweite nach (316.000 Leser). Die Zahl der Leser ist damit seit 1994 um 83.000 gestiegen. Am 2. 7. feiert *Die Presse* ihren 150. Geburtstag mit einem Festakt im Schloß Belvedere.

Die *Presse*-Chefredakteure seit 1946

Dr. ERNST MOLDEN war bereits letzter Chefredakteur der *Neuen Freien Presse* im Jahr 1938. Der Ehemann der Dichterin Paula von Preradovic (von ihr stammt der Text der österreichischen Bundeshymne) führte nach Kriegsende erste Gespräche über die Neugründung der *Presse*. Er war Chefredakteur vom 26. Jänner 1946 bis zu seinem Tod im Jahr 1953.

MILAN DUBROVIC gehörte der *Presse* seit ihrem Wiedererscheinen nach dem Krieg an und führte das Blatt als Chefredakteur von 1953 bis 1961. Dann ging er als österreichischer Presse- und Kulturattaché nach Bonn und war von 1970 bis 1977 Herausgeber der *Wochenpresse*. Der „Doyen des österreichischen Journalismus" starb 1994 im Alter von 90 Jahren.

Dr. OTTO SCHULMEISTER war ab 1946 bei der *Presse* tätig und seit 1953 stellvertretender Chefredakteur. Er leitete die Zeitung von 1961 bis 1976. Bis heute legendär sind die Diskussionsrunden der Chefredakteure, an denen Schulmeister gemeinsam mit Hugo Portisch und Franz Kreuzer teilnahm. Dem Rundfunkvolksbegehren galt sein volles Engagement, bei der Wachablöse 1976 galt Schulmeister als „publizistisches Monument". Bis 1989 war er Herausgeber der *Presse*.

Dr. THOMAS CHORHERR begann 1955 als Lokalredakteur bei der *Presse* und wurde 1957 Leiter des Chronik-Ressorts. Seit 1970 war er Ressortchef der Innenpolitik, nach drei Jahren als stellvertretender Chefredakteur wurde er 1976 *Presse*-Chefredakteur. Er leitete das Blatt bis 28. Februar 1995 – der längstdienende Chefredakteur dieser Zeitung. Seit 1. März 1995 ist Chorherr gemeinsam mit Julius Kainz Herausgeber der *Presse*.

Dr. MICHAEL MAIER war Chefredakteur mit der kürzesten Amtszeit. Er kam 1992 von seinem Posten als Chefredakteur der *Kärntner Kirchenzeitung* zur *Presse*, war für die Layout-Reform der Zeitung 1993 verantwortlich und seither Chef vom Dienst. Im März 1995 wurde Maier Chefredakteur, zehn Monate später wechselte er zur *Berliner Zeitung*.

Dr. ANDREAS UNTERBERGER, seit 1973 bei der *Presse*, leitete ab 1985 das außenpolitische Ressort der *Presse* und ist seit Dezember 1995 deren Chefredakteur. Er ist seit 1988 Lehrbeauftragter für Politikwissenschaften an der Universität Wien.

Herausgeber:
Komm.-Rat Julius Kainz,
Prof. Dr. Thomas Chorherr
Chefredakteur:
Dr. Andreas Unterberger
Stellvertreter:
Mag. Karl-Peter Schwarz
Chef vom Dienst:
Dr. Wolfgang Böhm, Mag. Benedikt Kommenda, Hans Werner Scheidl
Art Director:
Verena Govoni
Auslandsressort:
Andreas Schwarz; Burkhard Bischof, Dr. Wolfgang Böhm (EU), Mag. Peter Krotky, Mag. Eva Male, Dr. Irene Miller, Mag. Christian Ultsch
Inlandsressort:
Dr. Anneliese Rohrer; Karl Ettinger, Dietmar Neuwirth, Mag. Dagmar Schwelle, Dr. Erich Witzmann
Wien-Journal, NÖ-Journal und Chronik:
Norbert Rief, Detlef Harbich; Claudia Dannhauser, Alexander Fieber, Gerhard Hofer, Michael Lohmeyer, Michael Reichel, Mag. Ursula Rischanek, Hilde Schmidt, Manfred Seeh, Stefan Schöffl
Sport:
Josef Metzger; Walter Delle Karth, Wolfgang Wiederstein
Economist:
Josef Urschitz; Dr. Christine Domforth, Dr. Erich Hoorn, Peter Martos, Mag. Michael Neubauer, Petra Percher, Herbert Pollak, Franz Schellhorn, Andreas Schnauder, Dr. Hedwig Schneid, Andreas Zenker
Kultur:
Dr. Hans Haider; Mag. Thomas Kramar (Wissenschaft), Barbara Petsch, Dr. Wilhelm Sinkovicz, Bettina Steiner, Ingrid Luttenberger (Medien)
Spectrum:
Dr. Karl Woisetschläger; Wolfgang Freitag, Dr. Harald Klauhs
Schaufenster:
Dr. Wilhelm Sinkovicz; Ingrid Goll, Mag. Michaela Knapp, Claudia Richter (Reise)
Photo:
Harald Hofmeister, Michaela Seidler
Graphik:
Peter Antreich, Karl Drexler, Mag. Peter Maler, Klaus Pahlich, Raphael van Loo
Leserbriefe:
Anita Pizzini
Schlußredaktion:
Peter Berger, Robert Brunowsky, Johann Hubinka, Wilhelm Kriehebauer, Gerhard Nebenmayer, Johann Traxler

Korrespondenten Inland:
Graz/Klagenfurt: Dr. Ernst Sittinger; *Innsbruck/ Bregenz:* Robert Benedikt; *Linz:* Mag. Sonja Frank; *Salzburg:* Mag. Claudia Lagler; *St. Pölten:* Josef Tomek
Korrespondenten Ausland:
Athen: Ariane Condellis; *Bangkok:* Andreas Lorenz; *Belgrad:* Oliver Vujovic; *Berlin:* Dieter Stäcker; *Bern/Luzern:* Thomas Gerber; *Bonn/Berlin:* Ewald König; *Bozen:* Elisabeth Baumgartner; *Brüssel:* Doris Kraus B.A.; *Budapest:* Eugen Pogany-Falkenhausen; *Buenos Aires/Montevideo:* Werner Kroll; *Den Haag:* Helmut Hetzel; *Genf:* Andreas Zumach; *Hongkong:* Peter Achten; *Istanbul:* Martin Peter; *Kairo:* Peter Gerner; *Kopenhagen:* Dr. Hannes Gamillscheg; *London:* Cornelia Böcker; *Madrid:* Nikolaus Nowak; *Mailand:* Dr. Günther Depas; *Melbourne:* Gerald Stewart; *Moskau:* Uwe Engelbrecht, Elke Windisch; *New Delhi:* Bernhard Imhasly; *New York:* Peter Bauer; *Paris:* Mag. Reinhold Smonig; *Peking:* Otto Mann; *Prag:* Hans-Jörg Schmidt; *Preßburg:* Mag. C. Thanei; *Pretoria:* Thomas Knemeyer; *Rio de Janeiro:* Carl D. Goerdeler; *Rom:* Dr. Oktavia Brugger; *Sofia:* Veneta Jankova; *Tel Aviv:* Susanne Knaul; *Tokio:* Angela und Rainer Köhler; *Warschau:* Klaus Bachmann; *Washington:* Dr. Monica Riedler; *Zagreb:* Norbert Mappes-Niediek

Medieninhaber:
Die Presse Verlags-Gesellschaft m.b.H.
Geschäftsführer:
Komm.-Rat Julius Kainz
Stellvertreter und Verlagsleiter:
Mag. Franz Ivan
Anzeigenleitung:
Dr. Angela Fritz
Bundesländer Beilagen:
Franz Janach
Report und Journale:
Mag. Thomas Brey; Mag. Judith Grohmann
Produktion, EDV:
Rudolf Svoboda
Vertrieb, Expedit und Abo-Werbung:
Kurt Schügerl
Rechnungswesen, Controlling, Personal, Büroverwaltung:
Dieter Seidl
Alle:
1015 Wien, Parkring 12a
Hersteller:
Herold Druck- und Verlagsgesellschaft m.b.H., 1032 Wien, Faradaygasse 6

ACHLEITNER, *Friedrich*
o. Prof., Mag. arch., Dr. techn., geboren 1930.
1953–58 Freischaffender Architekt
Ab 1958 Freier Schriftsteller, Mitglied der „wiener gruppe"
1962–72 Architekturkritiker der *Presse*
Ab 1983 Vorstand der Lehrkanzel für „Geschichte und Theorie der Architektur" an der Hochschule für angewandte Kunst.
Zahlreiche Auszeichnungen und Publikationen, darunter „Österreichische Architektur im 20. Jahrhundert" (4 Bände, 1980–1995).

BRIX, *Emil*
Mag., Dr. phil. (Germanistik und Anglistik), geboren 1956.
Seit 1982 im Diplomatischen Dienst, 1985–86 ÖVP-Parlamentsklubsekretär.
1986–89 Leiter des Ministerbüros im Wissenschaftsministerium.
1990–1995 Generalkonsul in Krakau.
Seit 1995 Leiter des Österreichischen Kulturinstituts in London.
Zahlreiche Publikationen, darunter „Wien um 1900" (Hg. mit P. Berner, W. Mantl, Wien 1986), „Projekt Mitteleuropa" (zus. mit E. Busek, Wien 1986), „Liberalismus" (Hg. mit W. Mantl, Wien-Köln-Weimar 1996).

CHORHERR, *Thomas*
Prof. Dr. (Rechtswissenschaften), geboren 1932.
1950–1951 Lokalreporter *Neues Österreich*
Ab 1. 2. 1955 Redakteur der *Presse*.
1976–1995 Chefredakteur der *Presse*, seit 1. 3. 1995 ihr Herausgeber.
1973–88 Lektor am Institut für Publizistik und Kommunikationswissenschaften Wien.
Berufstitel Professor seit April 1992.
Zahlreiche Auszeichnungen und Publikationen, darunter „Der Freizeitschock" (Wien 1980), „Große Österreicher" (Wien 1985), „Wien – eine Geschichte" (Wien 1987).

DREWES, *Detlef*
Mag. (Theologie und Psychologie), geboren 1956.
Chefkorrespondent und Ressortleiter Politik/Wirtschaft der *Augsburger Allgemeinen,* Autor mehrerer Bücher über Zukunft und Mißbrauch des Internets, Träger der höchsten deutschen Journalistenauszeichnung, des Wächterpreises der Tagespresse 1995.

DUCHKOWITSCH, *Wolfgang*
Dr. phil., geb. 1942
Leiter der Fachbibliothek des Instituts für Publizistik- und Kommunikationswissenschaft der Universität Wien, vorher Leiter der Forschungsabteilung der Österreichischen Nationalbibliothek. Universitätslektor für Publizistik- und Kommunikationswissenschaft seit 1979. U. a. Geschäftsführer des Ludwig-Boltzmann-Instituts für neuere österreichische Kommunikationsgeschichte, Obmann des Arbeitskreises für historische Kommunikationsforschung. Mitherausgabe von medienhistorischen Büchern, zuletzt „Zeitungen im Wiener Fin de siècle" (1997).

EIDLITZ, *Johannes*
Geboren 1920.
1945 Mitbegründer der Österreichischen Volkspartei.
Journalistische Tätigkeit bei *Wiener Zeitung*, *Wochenpresse*, später stellvertretender Chefredakteur der *Presse*.
1968 Cheflektor des Molden-Verlags, ab 1980 ORF-Mitarbeiter im Zeitgeschichte- und Wissenschaftsressort.
Herausgeber *Paneuropa*, Chefredakteur *Freiheitskämpfer*.

GRIESER, *Dietmar*
Geboren 1934.
Freier Schriftsteller in Wien.
Wichtigste Bücher: „Schauplätze der Weltliteratur" (1976), „Musen leben länger" (1981), „Alte Häuser – große Namen" (1986), „Nachsommertraum" (1993), „Alle Wege führen nach Wien" (1997). Fernsehreihen „Schauplätze der Weltliteratur", „Dichtung und Wahrheit", „Köpfe", „Die kleinen Helden".
Donauland-Sachbuchpreis, Eichendorff-Literaturpreis, Mitglied des PEN-Clubs.

HAIDER, *Hans*
Dr. phil. (Theaterwissenschaft und Kunstgeschichte), geboren 1946.
Theater- und Literaturkritiker, Kultur-Ressortchef der *Presse*. Begann 1979 im „*Presse*-Spectrum" den Aufbau eines eigenen Literaturteils („Literaricum").
Herausgeber von Publikationen zeitgenössischer Autoren (H.C. Artmann, Barbara Frischmuth, N. C. Kaser) sowie der Autobiographie des Kunstsammlers Serge Sabarsky.

HALLER, *Günther*
Mag., Germanistik und Geschichte, geboren 1955.
Seit 1984 verantwortlich für Zeitungsdokumentation im Archiv der *Presse*. 1997/98 Umstellung des Text- und

Bildarchivs der *Presse* auf elektronisches Suchsystem, 1998 Gestalter der Ausstellung und Verfasser der Katalogtexte „Ein Stück Österreich – 150 Jahre im Spiegel einer Zeitung" im Historischen Museum der Stadt Wien.

HAMANN, *Brigitte*
Dr. phil., geboren 1940.
Studium in Münster/Westfalen (Germanistik und Geschichte), seit 1965 in Österreich als freiberufliche Historikerin tätig.
Zahlreiche Publikationen zur Geschichte der Habsburger, darunter „Rudolf. Kronprinz und Rebell" (1978), „Elisabeth. Kaiserin wider Willen" (1981), „Die Habsburger. Ein biographisches Lexikon" (Herausgeberin). Zuletzt erschien „Hitlers Wien" (1996).

KAINZ, *Julius*
Kommerzialrat, geb. 1935.
1958 Eintritt in die Styria/*Kleine Zeitung*, ab 1968 Verlagsleiter, ab 1969 Verlagsdirektor bei Styria; ab 1997 Mitglied des Vorstandes der Styria Medien AG.
Seit 12. Dezember 1991 Geschäftsführer, seit März 1995 auch Herausgeber der *Presse*.

LENHARDT, *Dieter*
Dr. (Staatswissenschaften), geboren 1937.
Während des Studiums Arbeit für das *Linzer Volksblatt*, ab Oktober 1961 innenpolitischer Redakteur des *Kurier*, Ressortleiter 1969.
Ab Februar 1977 Ressortleiter Innenpolitik der *Presse*, 1981 leitender Redakteur, ab 1987 Chefkommentator.
Veröffentlichung: „Midlife-Crisis der Republik" 1986.

LEUBE, *Kurt R.*
Professor of Economics, geboren 1943.
Gilt als einer der engsten Schüler F. A. von Hayeks und ist seit den frühen achtziger Jahren „Research Fellow" an der Hoover Institution, Stanford University, wo er in den Gebieten der Ideengeschichte und wirtschaftspolitischen Grundsatzfragen von Transformationsgesellschaften forscht. Nach mehreren Gastprofessuren in verschiedenen osteuropäischen und südamerikanischen Ländern leitet er seit 1984 das „International Masters Program in Austrian Economics" an der California State University, Hayward. Gemeinsam mit anderen gründete Leube 1993 das „Internationale Institut Österreichische Schule der Nationalökonomie" (IIAE) mit Sitz in Wien und Stanford.

MEYSELS, *Lucian Otto*
Dr. phil. (Geschichte und Archäologie), geboren 1925.
Nachrichtenredakteur Palestine Broadcasting Service (1946–48), Redakteur *Jerusalem Post* (1952–54).
1959 bis 1991 Außenpolitischer Redakteur, dann leitender Redakteur und schließlich stellvertretender Chefredakteur der *Wochenpresse*.
1976 Berufstitel Professor.
Publikationen in Auswahl: „In meinem Salon ist Österreich. Berta Zuckerkandl und ihre Zeit" (Neuausgabe 1994), „Morde machen Politik", „Revolutionen verändern die Welt".

MOLDEN, *Fritz P.*
Geboren 1924.
Sohn des Historikers und *Presse*-Chefredakteurs und *Presse*-Herausgebers Ernst Molden und der Dichterin Paula von Preradovic.
Ab 1938 im Katholischen Widerstand gegen das NS-System, mehrfach verhaftet.
Nach 1945 kurzfristig im diplomatischen Dienst, dann Redakteur, Verlagsdirektor, Herausgeber und Chefredakteur der *Presse* bis Ende 1961.
Seit 1964 Buchverleger, Präsident des Auslandsösterreicherwerks.

MÜLLER, *Heinz*
Mag. Phil. (Geschichte und Publizistik), geboren 1965.
Seit 1986 Redakteur der *Presse*, ressortzuständig im Bereich Kriminalitätsberichterstattung und Verkehr; Diplomarbeit über die „Geschichte des Österreichischen Automobil-Clubs von 1898 bis 1938."

NENNING, *Günther*
Dr. phil. (Religionswissenschaften und Philosophie), Dr. rer. pol., geb. 1921.
Journalistische Laufbahn begann 1948 bei der *Neuen Zeit*, er wechselte 1958 zur Kulturzeitschrift *FORUM*, später *Neues Forum*. Ab 1960 Vorsitzender der österreichischen Journalistengewerkschaft, Vor- und Querdenker in der SPÖ und der Grün-Bewegung; Kolumnist der Wochenzeitung *profil*, Moderator des „Club 2" im ORF.
Zahlreiche Veröffentlichungen, darunter „Realisten oder Verräter? Die Zukunft der Sozialdemokratie" (1976), „Vorwärts zum Menschen zurück" (1982), zuletzt „Gott ist verrückt. Die Zukunft der Religion" (1997).

OBERMAIER, *Walter*
Dr. phil. (Geschichte und Germanistik), geboren 1942.
Im Oktober 1967 Eintritt in die Wiener Stadtbibliothek als Fachreferent für Geschichte und Topographie Wiens. Seit 1974 Leiter der Handschriftensammlung der Wiener Stadt- und Landesbibliothek. Seit 1991 stellvertretender Bibliotheksdirektor.
Zahlreiche Publikationen zur Wiener Geschichte, Literatur und Kultur, insbesondere zu Fragen der Altwiener Volkskomödie. Mitherausgeber und Bandbearbeiter der historisch-kritischen Ausgabe der Werke Johann Nestroys. Teiledition der „Wiener Spaziergänge" Daniel Spitzers und von Musikerbriefen.

PFABIGAN, *Alfred*
Dr. iur., geboren 1947.
Unterrichtet Sozialphilosophie und Politikwissenschaft an den Universitäten Salzburg, Wien und am Franklin and Marshall College in Lancaster, Pennsylvania.
Veröffentlichte u. a. „Karl Kraus und der Sozialismus" (1976), „Max Adler. Eine politische Biographie" (1981), „Die andere Bibel" (1991), „Geistesgegenwart" (1992).

PORTISCH, *Hugo*
Dr. phil. (Zeitungswissenschaften und Germanistik), geboren 1927.
1955 stellvertretender Chefredakteur des Wiener *Kurier*, 1958 Chefredakteur. Wechselte 1967 vom *Kurier* als Chefkommentator zum ORF.
Er ist Autor zahlreicher Bücher und Fernsehdokumentationen, von denen einige weltweit Beachtung fanden. Sein besonderes Engagement galt der Aufarbeitung der jüngeren österreichischen Geschichte, seine Fernsehserien „Österreich I" und „Österreich II" wurden von Millionen Menschen gesehen und mit mehreren Preisen ausgezeichnet.
Dr. Karl-Renner-Preis 1966 und 1989, Goldene Kamera 1968 und 1993, Fernsehpreis der österreichischen Volksbildung, Donaulandpreis, Österreichischer Staatspreis (1986) usw.

RAUCHENSTEINER, *Manfried*
Ao. Univ.-Prof., Dr., geboren 1942.
Seit 1966 wissenschaftlicher Beamter am Heeresgeschichtlichen Museum / Militärwissenschaftlichen Institut. 1975 Habilitation für österreichische Geschichte an der Universität Wien. Seit 1992 Direktor des Heeresgeschichtlichen Museums (Hofrat).
Das Schwergewicht von Forschung und Lehre liegt auf der Militär- und Zeitgeschichte. Die wesentlichsten von zwölf Büchern: „Der Sonderfall. Die Besatzungszeit in Österreich 1945–1955", „Die Zwei. Die große Koalition in Österreich 1945–1966", „Der Tod des Doppeladlers. Österreich-Ungarn und der Erste Weltkrieg".

SCHEIDL, *Hans Werner*
Geboren 1944.
Seit 1965 *Presse*-Mitarbeiter, Redaktionsmitglied seit 1971, Chef vom Dienst.
Träger des Leopold-Kunschak-Preises und des Staatspreises im Interesse der geistigen Landesverteidigung.

SCHMIDT-DENGLER, *Wendelin*
o. Univ. Prof., Dr., geboren 1942.
1974 Habilitation mit der Schrift „Genius. Zur Wirkungsgeschichte antiker Mythologeme in der Goethezeit."
1980 außerordentlicher, 1989 ordentlicher Universitätsprofessor.
1996 Leiter des Österreichischen Literaturarchivs an der Österreichischen Nationalbibliothek.
Herausgeber von Schriften (vor allem Tagebüchern) Heimito von Doderers; Mitherausgeber der Werke Fritz von Herzmanovsky-Orlandos.
Zahlreiche Aufsätze zur deutschen und österreichischen Literatur, im besonderen aus dem 19. und 20. Jahrhundert.

SCHULMEISTER, *Otto*
Dr. (Staatswissenschaften), Diplomvolkswirt, geboren 1916.
Journalistische Tätigkeit ab 1946 für *Presse* und *Wochen-Presse*, seit 1953 stellvertretender Chefredakteur der *Presse*, seit 1961 Chefredakteur, von Oktober 1976 bis Dezember 1989 Herausgeber der *Presse*.
Chefredakteur und Mitherausgeber der Kulturzeitschrift *Wort und Wahrheit* (1946 bis 1973).
Mitherausgeber von „Spectrum Austriae" (1957) und „Imago Austriae" (1963), Verfasser von „Die Zukunft Österreichs" (1967), „Die Welt, die wir verlassen" (1970) und andere.
Hanns Martin Schleyer-Preisträger 1989 zusammen mit Golo Mann.

SCHWARZ, *Karl-Peter*
Mag. phil. (Geschichte und Romanistik), geboren 1952.
Stellvertretender Chefredakteur der *Presse*.
Auslandskorrespondent in Rom (1986–1990) und in Prag (1990–1995).

SINKOVICZ, *Wilhelm*
Dr. phil., geb. 1960.
Studierte Komposition am Konservatorium der Stadt Wien und Musikwissenschaft (nebst Pädagogik) an der Universität Wien. Seit 1984 Musikkritiker der *Presse*. Von 1989 bis 1992 Leiter des Kulturressorts, seit 1992 Leiter des „Schaufensters".
Lehraufträge an der Hochschule für Musik und darstellende Kunst sowie an der Universität Wien.
Buchveröffentlichungen: „Das Haus am Ring" (1996), „Mehr als zwölf Töne" (1998).

UNTERBERGER, *Andreas*
Dr. iur., geb. 1949.
Seit 1973 Redaktionsmitglied der *Presse*. 1984–1995 Ressortleiter Außenpolitik und Leitender Redakteur, seit Dezember 1995 Chefredakteur.
Seit 1989 Lehrbeauftragter an der Universität Wien, Bereich Politikwissenschaft, Außenpolitik.
Buchveröffentlichung: „A ... wie alternativ" (1981)

URSCHITZ, *Josef*
Geb. 1952
Zunächst freier Mitarbeiter beim Wirtschaftsmagazin *Trend* sowie bei den Fachzeitschriften *a3-Volt* und *a3-Bau*. Ab 1980 Mitglied der Wirtschaftsredaktion der *Presse*, daneben Mitarbeiter einer Reihe ausländischer Zeitungen (*Die Welt*, *Industriemagazin*). Ab 1. 9. 1988 Leiter des Wirtschaftsressorts der „Austria Presse Agentur", seit 1. 8. 1993 wieder bei der *Presse* als Ressortchef des Economist.

VENUS, *Theodor*
Dr. phil. (Publizistik und Kommunikationswissenschaften), geb. 1952.
Universitätslektor an den Universitäten Wien und Salzburg. Schwerpunkte: Österreichische Medien- und Kommunikationsgeschichte des 19. und 20. Jahrhunderts sowie historische Forschungsmethoden.
Mitarbeiter der Stiftung Bruno Kreisky Archiv. Veröffentlichungen in in- und ausländischen Fachzeitschriften und Sammelwerken.

WASHIETL, *Engelbert*
Dr. phil. (Philosophie mit Schwerpunkt Geschichte), geb. 1941.
1966 – 1988 Außenpolitikredakteur der *Presse*, 1979 bis 1985 Deutschlandkorrespondent; anschließend Chefredakteur-Stellvertreter. Danach bei den *Salzburger Nachrichten* Leiter der Wiener Redaktion und 1995 Chefredakteur.
Seit 1996 stellvertretender Chefredakteur beim *Wirtschaftsblatt*, Lehrbeauftragter am Publizistik-Institut der Universität Wien.
Ausgezeichnet mit dem ersten Kurt-Vorhofer-Preis für Journalismus.
Buch: „Österreich und die Deutschen" (1987).

WIDMAIR, *Eva-Maria*
Mag. Dr. phil. (Germanistik und Pädagogik), geb. 1967.
Diplomstudium der Deutschen Philologie und Pädagogik an der Universität Innsbruck.
1997 Dissertation „Markus Vallazza – Graphische Rezeption von Literatur", Mitarbeiterin beim Folio Verlag.

WITZMANN, *Erich*
Dr. phil. (Geschichte und Germanistik), geb. 1945.
Journalistische Laufbahn bei *Presse*, *Salzburger Nachrichten* und seit 1993 wieder *Presse*. Ressort Innenpolitik mit Schwerpunkt Bildungs- und Wissenschaftsjournalismus.
1983 Kardinal-Innitzer-Förderungspreis für wissenschaftliche Publizistik, 1989 Staatspreis für Wissenschaftsjournalistik, Vorsitzender des Klubs der Bildungs- und Wissenschaftsjournalisten.
Publikation: „Herr Biedermeier auf der Barrikade. Wiener Karikaturen aus dem Revolutionsjahr 1848." 1987.

WITZMANN, *Reingard*
Dr. phil. (Volkskunde, Theaterwissenschaft und Philosophie), geb. 1948.
Tätigkeit am Österreichischen Museum für Volkskunde, seit 1976 Referentin für Stadtvolkskunde und Soziologie sowie Museumsdidaktik am Historischen Museum der Stadt Wien. Weitere Schwerpunkte zu den Themen Wiener Walzer, Frauengeschichte, Kind und Spiel, Kaffeehauskultur. Autorin von Kinder- und Jugendliteratur.

WOISETSCHLÄGER, *Karl*
Dr. phil. (Germanistik und Publizistik), geb. 1954.
Dissertation über „Die Rezeption neuer Erzählliteratur in der *Neuen Freien Presse* und der *Frankfurter Zeitung* 1918–1933." (1991).
Lernte das journalistische Handwerk bei der *Presse*, ab November 1989 als Nachfolger Hans Haiders Ressortchef der *Presse*-Wochenendbeilage „Spectrum".

Grundlegend

Chorherr, Thomas: „Die Presse" – Bestandteil des Landes und seiner Geschichte. In: Ivan, Franz/Lang, Helmut W./Pürer, Heinz (Hg.): 200 Jahre Tageszeitung in Österreich 1783–1983, Wien 1983. S. 257–267

Ein Stück Österreich. 150 Jahre „Die Presse". Katalog zur Ausstellung im Historischen Museum der Stadt Wien. 1998

Endler, Franz: Österreich zwischen den Zeilen. Die Verwandlung von Land und Volk seit 1848 im Spiegel der „Presse". Wien 1985

Paupié, Kurt: Handbuch der österreichischen Pressegeschichte 1848–1959. Wien-Stuttgart 1960

Raisp, Egon: Die Wiener Tagespresse 1848–1950. Versuch einer Typologie. Diss. Univ. Wien 1952

Walter, Edith: Österreichische Tageszeitungen der Jahrhundertwende. Ideologischer Anspruch und ökonomische Erfordernisse. Wien-Köln-Weimar 1994

Wandruszka, Adam: Geschichte einer Zeitung. Das Schicksal der „Presse" und der „Neuen Freien Presse" von 1848 zur Zweiten Republik. Wien 1958

Wandruszka, Adam: „Neue Freie Presse" In: Heinz-Dietrich Fischer: Deutsche Zeitungen des 17. bis 20. Jahrhunderts. Pullach 1972, S. 225–239

Johann Winckler: Die periodische Presse Österreichs. Wien 1875

Zur Pressesituation 1848

Helfert, Joseph Alexander Freiherr von: Die Wiener Journalistik im Jahre 1848. Wien 1877

Neunteufel, Thomas: Die Aufhebung der Zensur im Jahre 1848 und ihre Folgen. Unter Berücksichtigung der Sonderformen in der Wiener Presse. Dipl.-Arb. Univ. Wien 1987

Reschauer, Heinrich: Das Jahr 1848. Geschichte der Wiener Revolution. Kapitel Die Wiener Presse. Wien 1872. Bd. 2, S. 534 ff

Skalnik, Kurt: An der Wiege der österreichischen Journalistik. Die Wiener Presse im Jahre 1848. Wien 1958

Witzmann, Erich: Herr Biedermeier auf der Barrikade. Wiener Karikaturen aus dem Revolutionsjahr 1848. Wien 1987

Zenker, Ernst Viktor: Geschichte der Wiener Journalistik während des Jahres 1848. Wien 1893

Zu August Zangs „Presse"

Gottscheer, Hertha: Studien über August Zang. Diss. Univ. Wien 1938

Holiczki, Walter: Die Entwicklung der Gerichtsberichterstattung in der Wiener Tagespresse von 1848 bis zur Jahrhundertwende. Diss. Univ. Wien 1970.

Oswald, Gertrud: Die Beziehungen zwischen Österreich und Italien in den Jahren von 1859–1861 im Spiegel der „Presse" und des „Figaro". Diss. Univ. Wien 1990

Pasteyrik, Walter: Die alte „Presse". Diss. Univ. Wien 1948

Pröll, Helene: Die Wiener politische Presse während der Ministertätigkeit Dr. Alexander Bachs (1848–1859). Diss. Univ. Wien 1937

Raab, Amalia: Die Stellung der „Presse" zur deutschen Frage vom Ausgang des Jahres 1859 bis zum Kriegsbeginn 1866. Diss. Univ. Wien 1937

Richter, Heinrich Moritz: Die Wiener Presse Wien 1848–1888. Denkschrift zum 2. Dezember 1888. Herausgegeben vom Gemeinderat der Stadt Wien. Wien 1888

Spavento, Don: Wiener Schriftsteller und Journalisten. Wien 1874

Uhl, Friedrich: Aus meinem Leben. Wien 1908

Winkler, Günther: „Die Presse" als Wegbereiterin und Hüterin des Verfassungsstaates. In: Günther Winkler (Hg.), Rechtswissenschaft und Politik. Wien-New York 1998

Zum Thema Marx und „Die Presse"

Hanisch Ernst: Karl Marx und die Wiener „Presse". In: Ernst Hanisch: Der kranke Mann an der Donau. Marx und Engels über Österreich. Wien-München-Zürich 1978. S. 304-315

Rjasanoff, N.: Karl Marx und die Wiener Presse. In: Der Kampf. Sozialdemokratische Monatsschrift VI. Jg. 1913. S. 249–257

Zur Geschichte der „Neuen Freien Presse"

Goldschmidt, Hans E.: Von Grubenhunden und aufgebundenen Bären im Blätterwald. Wien 1981

Jubiläumsbeilage der NFP vom 1. 9. 1889

Jubiläumsbeilage der NFP vom 30. 8. 1914

Kessler, Fritz: Damals in der Fichtegasse, in: „Die Presse" 29./30. 6. 1968, S. XXI.

Kessler, Fritz: Erinnerungen. Ungedrucktes Manuskript. In: Archiv der „Presse" Wien.

Schütz, Arthur: Der Grubenhund. Experimente mit der Wahrheit. Hg. von Walter Hömberg. München 1996

Servaes, Franz: Grüße an Wien. Wien 1948

Thaler, Karl von: Wie die Zeitung gemacht wird. In: Wienerstadt. Lebensbilder aus der Gegenwart. 1895

Zweig, Stefan: Die Welt von Gestern. Wien 1948.

Zur Familie Benedikt

Benedikt, Ernst: Erinnerungen. Ungedrucktes Manuskript in: Archiv der „Presse" Wien

Grossmann, Stefan: Ein Journalist. In: Das Tagebuch Jh. 1920, 1H. S. 434

Lindinger, Michaela: Österreicher, Jude, Emigrant. Biographisches zum Journalisten, Schriftsteller und Maler Ernst Benedikt (1882–1973). In: Medien & Zeit, Jg. 7, Heft 1, S. 14–24

Scheichl, Sigurd Paul: „Im großen Styl der Kaiserlichen Redeweise". Beobachtungen zu Form und Stil der Leitartikel Moriz Benedikts in der „Neuen Freien Presse". In: Zeitungen im Wiener Fin de siècle. Oldenbourg 1997. S. 123–147.

Walter, Ingrid: Moriz Benedikt und die „Neue Freie Presse". Diss. Univ. Wien 1950

Zum Feuilleton

Brunner, Susanne: Aspekte des Wiener Feuilletons. Dipl.-Arb. Univ. Salzburg 1989

Chamrath, Doris: Das Feuilleton der „Neuen Freien Presse". Diss Univ. Wien 1959

Jörg Christian: Die Faszination des Orients in der Berichterstattung der „Neuen Freien Presse" über Indien 1919–1925. Diss. Univ. Wien 1986

Koller, Ebba: Das Reisefeuilleton als Mittel der publizistisch-literarischen Aussage in der „Presse" und seine Bedeutung für die zwischenstaatlichen Beziehungen der Nachkriegszeit. Diss. Univ. Wien 1968

Karl, Robert: Der Kulturteil der „Neuen Freien Presse" von 1864–1874. Diss. Univ. Wien 1948

Maierbrugger, Arno: Federkiel und Meinungsmacht. Kunstkritik im österreichischen Feuilleton der Zwischenkriegszeit. Wien 1995

Mauthe, Jörg: Wiener Meister-Feuilletons von Kürnberger bis Hofmannsthal. Wien 1946

Nemec, Elke: Das Feuilleton der Wiener Tagespresse im Ersten Weltkrieg. Ein Beitrag zur Wiener Pressegeschichte im 20. Jahrhundert. Diss. Univ. Wien 1980

Wechsler, Ernst: Das Wiener Feuilleton. In: Wiener Autoren. Leipzig 1888

Wenny, Andrea: „... wir blickten nur auf Bücher und Bilder": das Feuilleton der „Neuen Freien Presse" um 1900. Dipl.-Arb. Univ. Wien 1994

Wittmann, Hugo: Feuilletons. Wien 1925

Wittmann, Hugo: Zur Geschichte des Feuilletons. In: NFP 19. 10. 1899 (Morgenblatt)

Woisetschläger, Karl: Die Rezeption neuer Erzählliteratur in der „Neuen Freien Presse" und der „Frankfurter Zeitung": 1918–1933. Diss. Univ. Wien 1991

Zur liberalen Ära

Haidvogl, Felicitas: Die öffentliche Aufgabe der liberalen Wiener Tagespresse 1860–1900. Diss. Univ. Wien 1977

Hummel, Elfriede: Der Liberalismus in seiner Relation zur Wiener Presse mit besonderer Berücksichtigung der ideengeschichtlichen Entwicklung. Wien 1953

Mandlmayr, Martin C.: Das Wahlrecht im Spiegel der liberalen Presse 1873–1880. Dpl.-Arb. Univ. Wien 1983

Wiktora, Oskar: Die politische Haltung der „Neuen Freien Presse" in der liberalen Ära. Diss. Univ. Wien 1948

Zu 1873

Reich, Josef: Die Wiener Presse und der Wiener Börsenkrach von 1873 im wechselseitigen Förderungsprozeß. Diss. Univ. Wien 1947

Veith, Emil: Die Krise von 1873 und die Wiener Presse. Wien 1931

Zur Arbeiterbewegung

Fexer, Friedrich: Die Neue Freie Presse und die österreichische Sozialdemokratie 1867–1897. Diss. Univ. Wien 1948

Yvon, Paul: Der Beitrag der „Neuen Freien Presse" zur Lösung der sozialen Frage in Österreich-Ungarn von 1867 bis 1914. Diss. Univ. Wien 1981

Zink, Gertrude: Die Anfänge der Arbeiterbewegung in Österreich im Spiegel der liberalen Presse. Wien 1942

Zum Anzeigenwesen

Luger, Josef Friedrich: Das Anzeigenwesen der Wiener Tagespresse in der Ersten österreichischen Republik und im Ständestaat. Das Inserat als politischer, wirtschaftlicher und sozialer Indikator der Jahre 1919–1938. Diss. Univ. Wien 1985

Moser, Herbert: Die Zeitungsanzeige als Spiegel wirtschaftlicher, sozialer und kultureller Strömungen am Beispiel der „Neuen Freien Presse" von 1864–1918. Dipl.-Arb. Univ. Salzburg 1989

Schadenböck, Helga: Das Anzeigenwesen in den Wiener Tageszeitungen 1848 bis 1873 mit besonderer Berücksichtigung der Geschäftsanzeigen und der Kleinen Anzeigen. Diss. Univ. Wien 1977

Zu Theodor Herzl

Dethloff, Klaus: Theodor Herzl oder Der Moses des Fin de siècle. Wien-Köln-Graz 1986

Herzl, Theodor: Ein echter Wiener. Feuilletons kommentiert von André Heller. Wien 1987

Leser, Norbert (Hg): Theodor Herzl und das Wien des Fin de siècle. Wien 1987

Schoeps, Julius H.: Theodor Herzl 1860–1904. Text-Bild-Monographie. Wien 1995

Schoeps, Julius H.: Theodor Herzl und die Dreyfus-Affäre. Wien 1995

Uhlich, Barbara: Der Feuilletonist Theodor Herzl. Eine Analyse. Dipl.-Arb. Univ. Wien 1987

Vision und Politik. Die Tagebücher Theodor Herzls. Auswahl und Nachwort von Gisela Brude-Firnau. Frankfurt 1970

Zu Ludwig Speidel

Bründl, Wilhelm: Ludwig Speidel. Ein Beitrag zur Geschichte des Feuilletons. Diss. Univ. Wien 1931

Deutscher, Gerda Maria: Die kritischen Grundsätze bei Ludwig Speidel. Diss. Univ. Wien 1968

Hevesi, Ludwig: Ludwig Speidel. Eine literarisch-biographische Würdigung. Berlin 1910

Speidel, Ludwig: Meister der Kleinen Form. Band 2. Ausgewählte Schriften Hg. von Sigismund von Radecki. Wedel 1947

Speidel, Ludwig: Fanny Elßlers Fuß. Wiener Feuilletons. Hg. von Joachim Schreck. Wien-Köln 1989

Zu Daniel Spitzer

Nöllke, Matthias: Daniel Spitzers Wiener Spaziergänge. Liberales Feuilleton im Zeitungskontext. (Münchener Studien zur literarischen Kultur in Deutschland, Bd. 20). Frankfurt 1994

Spitzer, Daniel: Hereinspaziert ins alte Wien. Heiter-satirisches aus der Donaumonarchie. Hg. von Hermann Hakel. Herrenalb 1967

Spitzer, Daniel. Wiener Spaziergänge. Katalog der 227. Wechselausstellung der Wiener Stadt und Landesbibliothek. Hg. von Herwig Würtz, Text von Walter Obermaier. Wien 1993

Spitzer, Daniel: Wiener Spaziergänge. Hg. von Walter Obermaier. 4 Bde. 1986–1991

Spitzer, Daniel: Wiener Spaziergänge. 7 Bde. Leipzig-Wien 1869–1894

Zu Karl Kraus

Arntzen, Helmut: Karl Kraus und die Presse. (Literatur und Presse. Karl Kraus-Studien Bd. 1) München 1975

Pfabigan, Alfred: Karl Kraus und der Sozialismus. Eine politische Biographie. Wien 1976

Reinprecht, Hansheinz: Karl Kraus und die Presse. Diss. Univ. Wien 1948

Senoner, Erika Elisabeth: Karl Kraus' Pressekritik in der „Fackel" von 1899 bis 1905. Diss. Univ. Innsbruck 1983

Stelzer, Markus: Karl Kraus. Themen zwischen Zionismus und Nationalsozialismus. Dipl.-Arb. Univ. Salzburg 1992

Theurer, Melitta: Die Darstellung des Journalisten in Dramen von Hermann Bahr, Arthur Schnitzler und Karl Kraus. Ein Beitrag zum literarischen Journalismus. Diss. Univ. Wien 1983

Timms, Edward: Karl Kraus. Satiriker der Apokalypse. Wien 1995

Zum Thema Musik

Endler, Franz: Julius Korngold und die „Neue Freie Presse". Diss. Univ. Wien 1981

Hanslick, Eduard: Aus meinem Leben. 1987

Strauß, Dietmar: Vom Kaffeehaus zum Katheder. Hanslicks Musikfeuilletons in der „Presse" und das Studium der Musikgeschichte. In: Eduard Hanslick. Sämtliche Schriften. Historisch-kritische Ausgabe Bd. I,3. Wien-Köln-Weimar 1993

Zum Thema jüdische Journalistik

Barth, Gerda: Der Beitrag der Juden zur Entfaltung des Pressewesens in Wien zwischen 1848 und dem Ersten Weltkrieg. In: Lohrmann, Klaus (Hg.) 1000 Jahre österreichisches Judentum. Eisenstadt 1982, S. 152–160

Duchkowitsch, Wolfgang: „Aber ich vergieße darüber keine Träne: Journalisten, Kultur und Gesellschaftskritiker jüdischer Herkunft. In: Österreichisch-jüdisches Geistes- und Kulturleben. Liga der Freunde des Judentums (Hg). Bd. 2 Wien 1988

Grunberger, Richard: Jews in Austrian Journalism. In: Fraenkel, Josef (Hg.), The Jews of Austria. London 1967, S. 83-95

Mattes, Angelika Maria: Wiens Juden. Subjekt und Objekt der Wiener Journalistik. Am Beispiel „Neue Freie Presse". Dipl.-Arb. Univ. Salzburg 1995

Zum Ersten Weltkrieg

Bachinger, Ursula: Alice Schalek, Feministin(?), Kriegsberichterstatterin(?), Revolutionärin(?). Dipl.-Arb. Univ. Salzburg. 1990

Dreßler, Gustav: Zwischen Euphorie und Realismus. Die „Neue Freie Presse" im Ersten Weltkrieg. Diss. Univ. Wien 1981

Fellner, Fritz: Zwischen 28. Juni und 28. Juli 1914. Die Wochen zwischen Attentat und Kriegsausbruch im Spiegel der „Neuen Freien Presse". In: Fritz Fellner: Vom Dreibund zum Völkerbund. Studien zur Geschichte der internationalen Beziehungen 1882–1919. Hg. von H. Maschl und B. Mazohl-Wallnig 1994

Grundner, Bernhard: „Das haben Se gut getroffen". Zur Darstel-

lung der Kriegsberichterstatter und ihrer Berichte in Karl Kraus' „Die letzten Tage der Menschheit." Dipl.-Arb. Univ. Graz 1991
Oggolder, Christian: Die Wiener Tagespresse während der Julikrise 1914 am Beispiel der „Neuen Freien Presse", „Arbeiterzeitung" und „Reichspost". Dipl.-Arb. Univ. Wien 1992
Pokorny, Dagobert: Die Wiener Tagespresse und ihre Einflußfaktoren im 1. Weltkrieg. Diss. Univ. Wien 1950
Scheichl, Sigurd Paul: Journalisten leisten Kriegsdienst. Die „Neue Freie Presse" im September 1915. In: Österreich und der Große Krieg 1914–1918. Hg. von Klaus Amann und Hubert Lengauer, Wien 1989, S. 104–109

Zur Zwischenkriegszeit
Baumgartner, Ernst Georg: Die österreichische Presse und ihre Stellungnahme zur Anschlußfrage 1918–1938. Diss. Wien 1950
Csoklich, Fritz: Presse und Rundfunk. In: Erika Weinzierl, Kurt Skalnik (Hg), Österreich 1918–1938. Geschichte der Ersten Republik. Bd. 2. Graz 1983, S. 715–730
Hartl, Franz: Kriminal- und Gerichtssaalberichterstattung in der Ersten Republik: untersucht am Beispiel des Mordfalles Katharina Fellner in der „Neuen Freien Presse" und dem „Tag"/„Wiener Tag". Dipl.-Arb. Univ. Wien 1993
Hausjell, Fritz: „... daß das eine grausige Situation ist. Die Freunde im Exil und ich hier als Journalist im ‚Dritten Reich'". Ein Gespräch mit Milan Dubrovic. In: Medien und Zeit 2/1988, S. 8–12
Hollweck, Martin: Journalismus und Diktatur. Eine Analyse der Arbeitsbedingungen des Journalisten Milan Dubrovic im Ständestaat und im Nationalsozialismus. Dipl.-Arb. Wien 1992
Jagschitz, Gerhard: Die Presse in Österreich von 1918–1945. In: Manfred Bobrowsky, Wolfgang Duchkowitsch, Hannes Haas (Hg), Medien- und Kommunikationsgeschichte. Ein Textbuch zur Einführung. Wien S. 226–240
Meysels, Theodor F.: Die erste Woche. Notizen eines österreichischen Journalisten. Jerusalem 1944
Mitterbauer, Johanna: Das Bild Deutschlands in österreichischen Tageszeitungen zwischen 1933 und 1938: am Beispiel der „Neuen Freien Presse", „Arbeiter-Zeitung" und „Roten Fahne". Dipl.-Arb. Univ. Wien 1992
Paupié, Kurt: Ende einer Zeitung oder das Verstummen Altösterreichs. In: Das größere Österreich. Geistiges und soziales Leben von 1880 bis zur Gegenwart. Hg. von K. Sotriffer. Wien 1982, S. 347–350
Steinberger, Gerda: Vernichtung, Vertreibung, Anpassung und Aufstieg von Journalisten im „Ständestaat" und im „Dritten Reich": eine Analyse am Beispiel der „Neuen Freien Presse" (1933–1939). Dipl.-Arb. Univ. Wien 1991
Wisshaupt, Walter: Das Wiener Pressewesen von Dollfuß bis zum Zusammenbruch 1933–1945. Diss. Univ. Wien 1955

Zur Pressephotographie
Hauer, Alexander: Österreichische Pressefotografie 1945–1960. Dipl.-Arb. Univ. Wien 1989
Kaltschmid, Hans Michael: Das Bild in der österreichischen Presse, seine historische Entwicklung als Wirkungsmittel der Publizistik. Diss. Univ. Wien 1958
Schnabl, Gerhard: Die Geschichte des österreichischen Photojournalismus vom Durchbruch der Autotypie bis zur Einführung des Fernsehens. Diss. Univ. Wien 1983

Zur „Presse" 1946 bis heute
Bayrleitner, Sigrid: Massenmedien und soziale Herrschaft: diskurshistorische Analyse der Berichterstattung über Italien in der „Presse" Februar, März, April 1977. Dipl.-Arb., Univ. Wien 1996
Becker, Holger: Die Wirtschaft in der deutschsprachigen Presse: sprachliche Untersuchungen zur Wirtschaftsberichterstattung in der „Frankfurter Allgemeinen Zeitung", der „Neuen Zürcher Zeitung", der „Presse" und im „Neuen Deutschland." Frankfurt-Wien 1965
Charmatz, Richard: „Ein Idealist gründet eine Zeitung. Zur Erinnerung an Dr. Ernst Molden." In: Sonderbeilage der Presse vom 18. Okt. 1953
Chorherr, Thomas: „Die Presse". Materialien zu ihrer Geschichte in der Zweiten Republik. In: Franz Endler, Österreich zwischen den Zeilen. Neuauflage Wien-München-Zürich 1973, S. 335–343
Dubrovic, Milan: Veruntreute Geschichte. Wien-Hamburg 1985
Ebersberger, Christina M.: Die Veränderungen der Wirtschaftsberichterstattung in den Tageszeitungen seit 1945: ein Vergleich mit Hilfe der Inhaltsanalyse. Dipl.-Arb. Univ. Wien 1993
Gradwohl, Wolfgang: Zur Problematik der Vermittlung von Wissenschaft: ein Inhaltsvergleich der (expliziten) Wissenschaftsrubriken von „Presse", „Standard" und „Salzburger Nachrichten". Dipl.-Arb. Univ. Wien 1992
Habres, Christof: Journalistische Mythenbildung: die Direktionszeit Claus Peymanns am Wiener Burgtheater; eine Untersuchung der Tageszeitungen „Die Presse" und „Neue Kronen Zeitung". Dipl.-Arb. Univ. Wien 1994
Hausjell, Fritz: „Redaktionskultur". Zur Veränderung der Arbeitsräume von Journalisten und Journalistinnen. In: Fabris, Hans Heinz/Hausjell, Fritz (Hg): Die vierte Macht. Wien 1991. S. 179–215
Hausjell, Fritz: Otto Schulmeister, 70: Materialien zur Vergangenheit. In: Medien und Zeit 1/2 1986, S. 75–79
Jasper, Bernhard: Das Feuilleton in der Wiener Tagespresse der Gegenwart dargestellt am Vergleich mit der liberalen Presse des 19. Jahrhunderts. Diss. Univ. Wien 1956
Jubiläumsausgabe 1946–1996. Beilage der „Presse" am 26. 1. 1996
Jubiläumsausgabe 120 Jahre „Die Presse". Beilage der „Presse" am 29. 6. 1968
Leitner, Karl: Personalisierung, Dethematisierung, Negativismus: die „Amerikanisierung" der Wahlberichterstattung in den österreichischen Medien; ein Vergleich zwischen Boulevard- und Qualitätszeitungen am Beispiel der beiden Tageszeitungen „Die Presse" und „Kleine Zeitung". Dipl.-Arb. Univ. Wien 1996
Malina, Peter: „Wieder Fuß fassen, nicht gefragt werden, schweigen dürfen." Ilse Leitenberger. Ein österreichischer Lebenslauf. In: Medien und Zeit. 1/89. S. 26–32
Medwedeff, Thorsten: Der Sprachgebrauch von „Kronen-Zeitung" und „Die Presse" dargestellt anhand der Berichterstattung über die Fußball-Weltmeisterschaften 1962 bis 1994 unter besonderer Berücksichtigung der Fremdwortproblematik. Dipl.-Arb. Univ. Wien 1995
Molden, Fritz: Besetzer, Toren, Biedermänner. Ein Bericht aus Österreich 1945–1962. Wien 1980
Oberlinniger, Maria: Veränderung des Images von Fremdarbeitern anhand der Kriminalitätsberichterstattung in „Presse" und „Kurier". Dipl.-Arb. Univ. Wien 1991
Sauer, Brigitte: Dr. Ernst Molden – Versuch einer Biographie. Diss. Univ. Wien 1966
Schönherr, Otto: Anno 1948 – als junger Journalist zwischen APA und „Presse". In: Österreichischer Journalismus um das Jahr 1948. Medien & Zeit 9/3/ 1994, S. 15–18
Susanka, Susanne: Werbestrategien für Tageszeitungen. Kommunikationsmarketing und Werbeaktivitäten von „Standard", „Presse" und „Salzburger Nachrichten". Dipl.-Arb. Univ. Wien 1992
Tscheplak, Andrea: Unterschiedliche Sprachstrukturen von Qualitäts- und Boulevardpresse: die Wiener Festwochen 1994; eine Sprachuntersuchung der Tageszeitungen „Die Presse", „Der Standard" und „Neue Kronen Zeitung". Dipl.-Arb. Univ. Wien 1994
Uhl, Heidemarie: Zwischen Versöhnung und Verstörung: Eine Kontroverse um Österreichs historische Identität fünfzig Jahre nach dem „Anschluß". Wien 1992

Westendorf, Martin: Politikvermittlung bei „Presse", „Standard", „Frankfurter Allgemeine Zeitung" und „Neue Zürcher Zeitung": ein Tageszeitungsvergleich des Ressorts Politik zu Beginn der 90er Jahre. Dipl.-Arb. Univ. Wien 1991
Wimmer, Alexander: Die EU-Berichterstattung in „Standard" und „Presse" anhand der Reflexionshypothese der Agenda-Setting Forschung: eine empirische Untersuchung über die Berücksichtigung von Erwartungen der österreichischen Bevölkerung in der Berichterstattung von zwei Qualitätszeitungen. Dipl.-Arb. Wien 1996

Agentur AP: 32, 71, 275
Agentur reuters: 39, 253, 266
Agentur UPI: 262, 297
Archiv für Kultur und Geschichte (AKG) Berlin: 21 oben, 29, 34, 35, 37, 85 oben, 85 unten, 101, 103, 105, 121, 123, 148, 177 unten, 224 unten, 225 oben, 251, 255
Begsteiger: 235 oben, 271 oben
Bildarchiv der Österreichischen Nationalbibliothek: 20, 38, 42 unten l., 43, 44 unten, 46, 47, 57, 58 oben, 63, 65, 75, 77 oben, 84, 87, 89, 93 oben, 94, 96 unten l., 97, 99, 107, 114, 115, 118, 137, 140, 141, 142, 143, 144, 147, 149, 168, 169 oben, 169 unten, 170 unten, 170 oben, 172 oben l., 172 oben r., 174, 175 oben, 175 unten, 176, 178, 180 unten, 185, 186, 189 oben, 191, 202 oben, 206, 206, 207 oben, 213, 214, 234 oben, 234 unten, 249 oben, 264, 299 unten, 319 oben
Heimo Binder: 303
Die Bombe: 1873 (2. 2.) 25 oben
Contrast: 293, 294
Heribert Corn: 287
Die Presse/Archiv: 15 unten, 21 unten l., 24 unten, 33, 36, 40, 49, 55 unten, 60, 96 unten r., 98, 106, 111, 116, 122, 124, 125, 138, 145, 154, 158, 160 unten, 167, 171 oben, 171 unten, 179 oben, 179 unten, 180 oben, 182 oben, 188 unten l., 188 unten r., 200, 202 unten, 208, 212, 219, 242, 243 oben, 249 unten, 263, 267, 268, 274, 289, 290, 298, 300, 305, 311, 311, 319 unten, 320, 321, 322, 324, 327
Die Presse/Bissutti: 227 unten
Die Presse/Blaha: 184, 237 unten, 245 Mitte, 245 oben, 258, 265 oben, 269, 273, 296, 329
Die Presse/Hofmeister: 25 unten, 72, 190 unten, 195, 217, 270, 304, 309 unten, 313
Die Presse/Klinsky: 246
Die Presse/Kloss: 228 unten, 230, 241, 245 unten
Die Presse/M. Faust: 240
Die Presse/Mösslinger: 198, 199, 307, 308 oben, 308 unten, 309 oben, 310, 312, 315
Die Presse/Mottl: 201 unten
Die Presse/Pflaum: 203, 210, 215, 232, 233 oben, 233 unten
Die Presse/Seidler: 196, 197 unten l., 197 unten r., 247, 254, 260, 272, 302, 306, 330
Sepp Dreissinger: 256
Figaro: 1864 (Nr. 41): 26
Der Floh: 1890 (14. 10.) 172 unten, 1877 (24. 6.) 164
Paul Flora: 257
Christine de Grancy/Agentur Anzenberger: 285
Georg Paul Günsberg: 228 oben
Hans Haider: 259
Fotostudio Haslinger: 271 unten
Historisches Museum der Stadt Wien: 10, 14, 17, 18, 21 Mitte, 21 unten r., 22 unten, 22 oben, 23, 28, 30, 31, 41 oben, 42 unten r., 44 oben, 48, 50, 54, 55 oben, 59, 64 unten, 64 oben, 67, 74, 76 unten, 80, 83, 109, 110, 119 unten, 151, 159 oben, 160 oben, 161 oben, 181 oben, 223, 252
Eric Holan: 301
Franz Hubmann: 56
Humor. Blätter: 8.3. 1874 161 unten; 13.2.1876 299 oben
Illustriertes Wiener Extrablatt: 12. 6. 1895 70 unten; 6. 2. 1897 250 oben
Das Interessante Blatt: 20.9.1883 165
„Ironimus" Gustav Peichl: 192, 205 oben, 207 unten, 235 unten, 236, 237 oben, 238 oben, 239 unten, 239 Mitte, 239 oben, 243 unten
Jüdisches Museum: 136
Keystone/Viennareport: 248
Kikeriki: Mai 1873 62, 66 oben, 66 unten; 7. 7.1914 93 unten; 1. 5. 1879 41 unten; 18. 9. 1890 162 oben; 23. 7. 1911 163 oben; 9. 7. 1911 58 unten
Herlinde Koelbl: 282, 283
Erich Lessing: 201 oben
Lichtbildstelle der Dokumentationsgruppe der Bundespolizeidirektion Wien Mag. Harald Seyrl: 222, 224 oben, 225 unten, 227 oben, 229
Magistrat St. Pölten 112
Peter Ma(h)ler: 292
Manz Verlag: 108, 117
Dr. Emil Mayer: 78 unten, 189 unten
Victor Mory: 181, 187
Muskete: 4. 5. 1911 119 oben; 14. 4. 1910 120; 27. 7. 1911 211 unten; 24. 4. 1913 177 oben
ORF Fotodienst: 79, 238 unten
Foto Palffy: 190 oben
Petris: 216
Mag. Claudia Prieler: 182 unten, 183
Privat: 33, 61, 88, 102, 127, 139, 150 oben, 188 oben, 279, 322
Heinrich Reschauer: Das Jahr 1848. Geschichte der Wiener Revolution. Wien 1872: 15 oben 16
Rhein. Bildarchiv: 126
Nora Schuster: 220
Sven Simon: 288
Suhrkamp Verlag Frankfurt: 76 oben, 78 oben
Ludwig Steiner: 204
Technisches Museum: 113
Theater i. d. Josefstadt: 81
United Nations: 209
VBK, Wien, 1988: Carry Hauser: „Im Cafe Herrenhof", 1920: 211
Votava: 205 unten
Harry Weber: 82
Wiener Charivari 1848: 24 oben, 24 Mitte, 27, 163 unten
Wiener Luft: Nr.46 1895 162 unten
Wiener Stadt- und Landesbibliothek: 159 unten, 211 oben
Wienerstadt. Lebensbilder aus der Gegenwart. Wien 1895: 68, 69, 70 oben, 72, 73
Wodicka: 277
Zionistisches Archiv Jerusalem: 86

Abdul Hamid 84
Achleitner, Friedrich 233
Adler, Friedrich 103, 225, 226
Adler, Viktor 46, 47, 226, 324
Aerenthal, Aloys Graf Lexa von 79
Aichinger, Ilse 256
Akiba, Ben 249
Albee, Edward 125
Albrecht, Erzherzog 41, 42, 98, 222
Alice, Erzherzogin 130
Allen, Woody 125
Althoff, Friedrich 110
Amann, Klaus 283
Amann, Max 147-149
Amerling, Friedrich 16
Amon, Michael 258
Anders, Günther 257
Armstrong, Louis 125
Artmann, Hans Carl 256
Aslan, Raoul 186
Assad, Hafez 291
Attersee, Christian Ludwig 327
Auernheimer, Raoul 152, 153, 185, 187, 188, 190, 191, 299, 320
Aurednik, Harry 251
Auspitz, Rudolf 116

Bach, Carl Philipp Emanuel 175
Bach, Johann Christian 175
Bach, Johann Sebastian 175
Bacher, Eduard 43, 53, 87, 320, 321, 322
Bacher, Gerd 197, 215, 238, 239, 256, 264, 329
Bachmann, Ingeborg 256
Badeni, Kasimir Felix 76
Badura-Skoda, Paul 259
Bahr, Hermann 185, 186, 314
Bakunin, Michail 33
Baltazzi, Alexander 43
Barcata, Louis 146, 201, 213, 262, 324, 326
Barsch, Paul 75
Bauer, Hans 213
Bauer, Otto 115
Bauernfeld, Eduard von 16, 18
Bauernschmid, Karl Eduard 157, 300
Bayr, Rudolf 256
Beardsley, Aubrey 298
Beckett, Samuel 259
Beer-Hofmann, Richard 314
Beethoven, Ludwig van 169, 170
Behrens, Hildegard 181
Ben Gurion, David 85
Benedikt, Ernst 53, 61, 82, 85, 127, 137-143, 153, 190, 195, 213, 285, 322, 324
Benedikt, Moriz 53, 61, 69, 78, 80-88, 90, 91, 93, 112, 127, 136, 137, 139, 145, 157, 187-191, 268, 285, 296, 297, 301, 320, 321, 322, 323, 324
Benning, Achim 260
Beranek, Christina 229
Berg, Alban 179, 180
Berger, Gisela von 284
Bergman, Ingrid 125
Bernhard, Thomas 256-259
Bernhardt, Sarah 158, 172
Bican, Pepi 251
Billroth, Theodor 42
Bismarck, Fürst Otto von 42, 53, 63, 91, 164, 321
Bissutti, Christian 264
Blaha, Franz 263
Blaha, Rudolf 265
Blauensteiner, Elfriede 230, 231
Bloch, Ernst 259
Bock, Fritz 273, 327
Bogart, Humphrey 125
Bögl, Günther 229, 230
Böhm-Bawerk, Eugen von 109, 111-113, 115, 116
Bolzano, Bernhard von 108
Borges, Jorge Luis 258, 259
Börne, Ludwig 172
Borrosch, Alois 30
Bosel, Siegmund 139, 140
Bösendorfer, Celeste 171
Bourbon-Parma, Sixtus 105
Brahms, Johannes 160, 175
Brando, Marlon 125
Brandstetter, Alois 260
Braumüller, Wilhelm 178
Braun, Martha Steffy 115
Brecht, Bertolt 54, 56, 257
Breuer, Josef 55, 56
Broch, Hermann 79
Brockdorff-Rantzau 322
Brod, Max 240, 241
Broda, Christian 261
Bruckner, Ferdinand 257
Brüll, Theodor 153
Brüning, Heinrich 139
Brunner, Sebastian 319
Brunner, Ulrich 270
Brussilov, General 101
Büchner, Georg 178-183, 320
Büchner, Ludwig 178, 180, 181
Bürckel, Josef 149
Burckhard, Max 171
Buresch, Karl 139, 140, 141
Burger, Hermann 259
Busch, Wilhelm 255, 296
Busek, Erhard 126, 238, 271, 328

Camus, Albert 325
Canaval, Gustav A. 215
Canetti, Elias 56, 58, 59, 127, 256, 260, 285
Caransa, Maurits 228
Casals, Pablo 125
Castelli, Ignaz Franz 16, 100
Chagall, Marc 125
Chamrath, Doris 283
Charmatz, Richard 137, 153
Chevalier, Maurice 125
Chirico, Giorgio de 125
Chorherr, Thomas 195, 198, 242, 245, 271, 290, 297, 298, 301, 303, 304, 307, 327, 328, 330
Chorinsky, Fritz 203
Chruschtschow, Nikita 264
Churchill, Winston 125
Clemenceau, Georges 105, 124, 323
Cles, Ferdinand 201
Cocteau, Jean 125
Colloredo-Mannsfeld, Ferdinand Graf 16
Conrad von Hötzendorf, Franz 98, 106
Corn, Heribert 287
Coudenhove-Kalergi, Richard Graf 324
Csoklich, Fritz 242
Cuhel, Franz 115
Czech, Hermann 232, 233, 235
Czernin, Franz Josef 255
Czernin, Ottokar Graf 105

Dali, Salvador 125, 126
Dallinger, Alfred 242
Dalma, Alfons 243, 326
Danhauser, Joseph 16
Danninger, Karl 244
David, Jakob Julius 68
David, Otto 190
Davis jr., Sammy 125
Dawison, Bogumil 172
Degenfeld-Schönburg, Ferdinand Graf 113
Demuth, Helene 34
Derka, Ludwig 203
Dethloff, Klaus 57, 58
Deutsch, Otto Erich 153, 137
Diana, Princess of Wales 266, 297
Dichand, Hans 215, 219, 326
Dingelstedt, Franz Freiherr von 171
Doderer, Heimito von 260
Dollfuß, Engelbert 125, 139, 142, 201, 212
Donath, Robert 137
Drach, Albert 257
Dreissinger, Sepp 256
Dreyfus, Alfred 58, 82, 83, 122, 123, 126, 322
Dub, Moritz 141
Dubrovic, Erika 214
Dubrovic, Milan 195, 203, 207, 208, 210-215, 221, 241, 322, 325, 326
Dulles, Allan 203
Dulles, John Foster 204

Ebner-Eschenbach, Marie von 55, 75, 168
Edthofer, Anton 120
Eibl, Georg 225
Eidlitz, Johannes 244
Einstein, Albert 122, 125
Eisendle, Helmut 256
Eisenhower, Dwight D. 204
Eisenreich, Herbert 257, 258
Elisabeth, Kaiserin 40, 41, 44, 45, 128, 223, 224, 318
Ellington, Duke 125
Elsner, Moritz 32
Elßler, Fanny 170
Emmerich, Klaus 213
Endler, Franz 29, 244, 257, 327
Engelhart, Josef 70
Engel-Janosi, Friedrich 114
Engels, Friedrich 28-34, 35-38
Etienne, Michael 13, 26, 32, 37, 52, 53, 179-181, 299, 318, 319, 320
Eugen, Erzherzog 130
Eybner, Richard 186

Falk, Kurt 215
Farkas, Karl 151
Fasching, Ursula 309
Fedosejew, Wladimir 177
Felder, Cajetan 27, 66
Felmy, General 217, 218
Felsenburg, Bela 127
Ferdinand von Bulgarien 43
Ferdinand, Kaiser 17
Fernandel 125
Feuchtersleben, Ernst Freiherr von 16
Feuerstein, Günther 232
Fichtner, Karl 16
Fiechtner, Helmut 232
Figl, Leopold 205, 214, 215, 238, 269, 301
Filene, Edward A. 138
Firnberg, Herta 265
Fischer, Ernst 214, 215
Fischer, Heinz 301
Fischer, Heinz-Dietrich 283
Fischer, Rudolf 147, 148
Flajnik, Bruno 264, 265
Flameny 249
Fliegel, Friedrich 137
Flora, Paul 255, 257
Fontana, Oskar Maurus 218
France, Anatole 58, 183
Franz Ferdinand, Erzherzog 92
Franz II., Kaiser 15
Franz Joseph, Kaiser 26, 40-45, 48, 63, 89, 91, 93, 101, 102, 165, 222, 223, 311, 318
Franzos, Karl Emil 43, 178-183, 320
Freisleben, Gertrude 259
Freud, Sigmund 124
Freytag, Gustav 190
Fried, Erich 256
Friedell, Egon 299
Friedjung, Heinrich 78, 323
Friedländer, Julius 35
Friedländer, Max 13, 26, 29, 31, 32, 34-39, 52, 318, 319, 320
Frischmuth, Barbara 256, 258, 260
Fritz, Angela 307, 329

Fritz, Johann P. 198, 307, 328, 329
Fritz, Marianne 258
Frühwald, Wolfgang 292
Fuchs, Albert 283
Fuchs, Anton 258
Fuchs, Hermann 252
Fuchs, Isidor 69
Fuhrich, Dagmar 227, 228, 229
Funk, Walther 201, 218
Fussenegger, Gertrud 257

Gallmeyer, Josephine 172
Garcia Marquez, Gabriel 259
García, Mario 290
Garibaldi, Giuseppe 33
Garland, Judy 125
Gartner, Felix 226
Gatterer, Claus 244
Gause, Wilhelm 59
Gauß, Karl-Markus 260
Geoffroy, Abbé de Julien Louis de 156
Gide, André 125
Giessriegl, Carl 201
Ginzkey, Franz Karl 314, 325
Girardin, Emile de 20, 21
Glaise von Horstenau, Edmund 94
Goebbels, Joseph 143, 147-149
Goldmann, Paul 142, 185, 189-191
Gombrich, Ernst 259
Gorbach, Alfons 237, 269
Gorcakov, Michail 63
Graber, Karl 326
Graf, Felix 250, 253
Grancy, Christine de 285
Granichstaedten, Emil 69
Gratt, Thomas 229
Graumann, Julius 180
Grillparzer, Franz 16, 57, 164, 171
Grögerová, Bohumila 260
Grogger, Paula 187
Gropius, Walter 125
Grossmann, Stefan 91
Gruber, Karl 214, 215
Gruber, Martin 183
Grünbaum, Fritz 151
Grünberg, Carl 113
Grünmandl, Otto 258
Güdemann, Moritz 83
Guernut, Henri 122
Gufler, Max 227
Gussmann, Olga 185

Haberler, Gottfried von 115, 117
Hackl, Erich 259, 260
Hahnemann, Willi 251
Haider, Hans 328
Halsmann, Mordok 122-126
Halsmann, Philipp 122-126
Hammel, Fritz 187
Hammer-Purgstall, Josef Freiherr von 16
Hampel, Reinhard 231
Handke, Peter 256, 258, 260
Hanel, Erika 233
Hanisch, Ernst 29
Hanke, Karl 148
Hanslick, Eduard 26, 27, 70, 157, 174-177, 183, 318, 319, 322
Harden, Maximilian 77
Haselgruber, Johann 269
Hasenauer, Carl Freiherr von 168
Haupt, Helga 214
Hauptmann, Gerhart 58, 157, 172, 179, 183
Hauser, Carry 211
Hausmann, Raoul 255
Havel, Václav 260
Haydn, Joseph 169
Hayek, Friedrich A. von 115-117
Hearst, Randolph 26, 298
Hebbel, Friedrich 259
Heckmann, Carl-Justus 109
Heer, Friedrich 232
Heine, Heinrich 44, 45, 172
Heinrich Ferdinand, Erzherzog 130
Heiterer-Schaller, Aglae 214
Helfert, Joseph Freiherr von 18, 22, 25
Hell, Bodo 258
Helmer, Oskar 202, 265, 268
Hengel, Adrian van 139
Henisch, Walter 263
Henlein, Konrad 147
Henn, Rainer 126
Herbert, Zbigniew 260
Heringer, Eli 253
Herrmann, Josef 179
Herzen, Alexander 33, 39
Herzka, Hermann 225
Herzl, Theodor 57, 58, 82-85, 87, 122, 157, 186, 187, 299, 319, 321, 322
Herzog, Werner 182
Heuss, Theodor 324
Hilscher, Albert 264
Hindenburg, Paul von 95
Hinterhäuser, Hans 260
Hippokrates 299
Hiršal, Josef 260
Hirschbold, Ernst 260
Hirschfeld, Ludwig 118, 119, 152
Hitchcock, Alfred 125
Hitler, Adolf 53, 142-144, 146-149, 201, 212, 221, 311, 325
Hobbes, Thomas 108
Hochhuth, Rolf 258
Hofer, Francisca 224, 225
Hofer, Lambert 295
Hofmannsthal, Hugo von 57, 94, 96, 98, 157, 170, 183, 314, 322
Hofmeister, Harald 266
Hohenfels, Stella 172
Holaubek, Josef 228, 229, 261
Hollein, Hans 235
Holzbauer, Wilhelm 233
Holzmeister, Clemens 238
Honecker, Erich 274
Hoorn, Erich 244
Horvath, Ödon von 123
Horwitz, Kurt 244, 330
Hosch, Heinz 214
Hoyos, Gräfin 91
Huber, Hans 244, 252
Hume, David 108, 116
Hundertwasser, Friedensreich 234, 235
Hupka, Josef 124
Hurdes, Felix 216
Huxley, Aldous 125

Ibsen, Henrik 58, 157, 172, 173, 183, 184
In der Maur, Wolf 326
Ivan, Franz 198, 307, 329

Jack the Ripper 224
Jagschitz, Gerhard 142
Jandl, Ernst 256, 257, 259, 260
Janstein, Elisabeth 153
Jaruzelski, Wojciech 209
Jeritza, Maria 120
Jeschko, Kurt 244, 251-253, 301
Jonke, Gert 256, 258, 259
Jordan, Michael 253
Josef II., Kaiser 14
Joyce, James 255
Jugl, Hertha 258
Jungk, Peter Stephan 258
Jungwirth, Kurt 259

Kainz, Josef 127, 171, 172
Kainz, Julius 198, 307, 329, 330
Kaiser, Konstantin 259
Kalb, Kurt 327
Kalbeck, Max 160
Kalmar, Annie 77
Kalmar, Rudolf 299
Karl Franz Josef, Erzherzog 92
Karl I., Kaiser 102-106
Karner, Babette 308
Kästner, Erich 325
Kathrein, Karin 244
Kaufmann, Felix 117
Kelly, Grace 125
Kelsen, Hans 115
Kempen, Johann Franz von 24
Keplinger, Othmar 229
Kernstock, Ottokar 187
Kerschbaumer, Marie-Thérèse 257
Kessler, Fritz 137, 213
Keynes, John Maynard 116
Kinski, Klaus 182
Kippenberg, Anton 182
Kirchschläger, Rudolf 209, 291
Kisch, Egon Erwin 61, 153, 300
Kisch, Paul 137, 153
Kläger, Emil 123
Klammer, Franz 252
Klaus, Josef 238, 269
Kleine-Brockhoff, Thomas 290
Klestil, Thomas 301
Klic, Karl 161
Klima, Viktor 270
Klinsky, Fritz 214, 263, 264
Kloss, Ernst 214, 264
Knigge, Adolph Franz Friedrich Freiherr von 88
Knoll, Paul 262
Koelbl, Herlinde 283
Kohl, Helmut 238, 239
Köhlmeier, Michael 255
Kohout, Pavel 258
Kolleritsch, Alfred 256, 259
Kommenda, Benedikt 244
Komorzynski, Johann von 116
König, Ewald 244
König, Franz 216,270
Koren, Hanns 216
Koren, Stephan 242
Korngold, Julius 177
Kossuth, Lajos 17
Krainer, Josef sen. 269
Kralik, Richard 218
Kraus, Heinrich 225
Kraus, Jakob 74
Kraus, Karl 57, 60, 61, 74-81, 96, 98, 99, 157, 165, 169, 185, 211, 314, 320, 322, 323, 325
Kraus, Wolfgang 259
Krebs, Hans F. 329
Kreiner, Otto 258
Kreisky, Bruno 214, 219, 237, 238, 268-271, 273, 274, 291, 295, 301
Kreisky, Vera 295
Krotky, Peter 244
Kuhn, Erwin 242, 326, 328
Kuhn, Franz Freiherr von 162
Kunz, Nicolin 190
Küppers, Norbert 303
Kürnberger, Ferdinand 54, 66, 157, 165
Kurrent, Friedrich 233

Landsteiner, Karl 318
Landsteiner, Leopold 21, 27, 318
Lang, Alfred 213
Lassalle, Ferdinand 31, 32, 33, 34, 35
Laube, Heinrich 170, 171, 321
Lauda, Hans von 202, 325
Lechner, Hans 216
Lederer, Ulli 263
Leibl, Wilhelm 171
Leitenberger, Erich 244
Leitenberger, Ilse 197, 215, 256, 257, 301, 326
Lemmon, Jack 300
Lenglen, Suzanne 249
Lenhardt, Dieter 242
Lenin, Vladimir Iljitsch 33, 54, 104
Leopold Salvator, Erzherzog 130

Leopoldi, Hermann 151
Lernet-Holenia, Alexander 211, 257, 325
Lessing, Erich 201
Lewis, Sinclair 125
Libeny, Janos 222
Lieben, Richard 116
Liegler, Leopold 77
Lincoln, Abraham 33, 36
Liszt, Franz 175
Löbl, Emil 68, 69, 71
Locke, John 108
Löffler, Sigrid 244, 246
Lohmeyer, Michael 309
Loibl, Fritz 244
London, Jack 300
Loos, Adolf 121
Lorenz, Friedrich 299
Lorm, Hieronymus 157
Lothar, Ernst 153
Lothar, Rudolph 191
Louis Philippe 17
Lucheni, Luigi 224, 225
Ludwig II., von Bayern 177
Ludwig, Eduard 140, 141, 142, 145, 146, 200
Lueger, Karl 42, 59, 76, 321, 323
Lukács, Georg 259

Macher, Ursula 309
Machlup, Fritz 115, 117
Magris, Claudio 254
Maier, Michael 197, 303, 330
Makart, Hans 170, 171
Male, Eva 308
Malraux, André 125
Mann, Thomas 122, 125
Manthey, Marlene 213, 241
Mao Tse-tung 29, 33
Marcuse, Max 142
Marek, Emil 226
Marek, Martha 226, 227
Maria Theresia, Kaiserin 168
Martin, Ludwig 326
Marton, Lajos 244
Martos, Peter 244
Marx, Groucho 125
Marx, Karl 28-39, 46-48, 319
Mataja, Viktor 111
Matejka, Viktor 234
Matisse, Henri 125
Mattes, Eva 182
Matthau, Walter 300
Mauer, Otto 232
Mauriac, Francois 325
Maurig, Friedrich von 201, 218, 325
Maurig, Lela von 218
Mauthe, Hans 203, 206, 269
Mauthner Markhof, Manfred 325
Mautner, Franz H. 102
Maximilian, Erzherzog 40, 41
Mayer, Hans 114, 117
Mayer-Gunthof, Franz Josef 201, 202
Mayröcker, Friederike 256-260

McLuhan, Marshall 280
Megerle, Karl 143
Meinl, Julius 133, 202
Meister, Ernst 259
Mell, Max 211
Menasse, Robert 259, 260
Mendelssohn-Bartholdy, Felix 164
Menger, Carl 108, 109, 110, 111, 113, 116
Merkel, Inge 258
Meszöly, Miklos 260
Metternich, Clemens Wenzel Lothar 14, 16, 17, 20, 40
Metzger, Josef 244, 252, 253
Meyer, Robert 116
Meyrink, Gustav 168
Meysels, Theodor 146, 150, 153, 213
Meznik, Fritz 269
Miklas, Wilhelm 122, 125
Miller, Irene 328
Mises, Ludwig von 111, 113, 115-117
Mitterer, Alexander 182
Mitterer, Felix 258
Mitterwurzer, Friedrich 172
Molden, Berthold 90, 201
Molden, Ernst 110, 137, 153, 194, 195, 201, 208, 216, 218, 221, 253, 324, 325
Molden, Fritz 194-196, 200, 201, 203, 207, 209, 213-216, 218, 221, 236, 241, 256, 264, 325, 326, 327
Molden, Otto 216, 221
Molotow, Wjutscheslaw 205
Monroe, Marilyn 125
Montale, Eugenio 260
Montenuovo, Alfred Fürst von 44
Morgenstern, Oskar 117
Mörike, Eduard 169
Moritz, Herbert 258
Morton, Frederic 258
Morzé, Petra von 187
Mosenthal, Salomon Hermann 164
Mottl, Friedrich 214, 264
Mozart, Wolfgang Amadeus 169
Mühlbacher, Hans 258
Müller, D. H. 150
Müller, Heinz 309
Müller, Stephan von 139-143, 145, 146, 150, 153, 324
Müller-Hartburg, Herbert 235
Müller-Tellering, Eduard von 30
Müllner, Viktor 269
Musil, Robert 56, 57, 60
Mussil, Arthur 326
Musulin, Janko von 326
Myrbach, Felician 70

Nabokov, Vladimir 125
Napoleon III., Kaiser 33, 35
Natter, Heinrich 170
Negroponte, Nicholas 292
Nejedly, Alfred 228
Nellböck, Johann 226
Nestroy, Johann 15, 18, 47, 48, 165
Neumann, Paul 249
Neurath, Konstantin von 143
Nikolaus II., Zar 322
Nikolaus, Zar 102
Nipperdey, Thomas 248
Nitschke, Anna 75
Nöbauer, Dietlinde 258
North, Oliver 266
Nowotny, Georg 246, 261
Nußbaum, Ernst-Werner 242, 243

Okamoto, Yoichi R. 263, 264
Okopenko, Andreas 260
Olah, Franz 236, 261, 265, 326
Olivier, Laurence 125
Olschewski, Malte 244, 295
Ostermayer, Christine 190

Palm, Reinhard 260
Palmers, Walter Michael 228
Palmerston, Lord 32, 33, 35
Paoli, Betty 157
Papen, Franz von 139, 142, 143, 201
Paryla, Nikolaus 81
Paryla, Stephan 81
Passler, Franz (von) 125
Patolitschew, Nikolai 273
Paupié, Kurt 283
Pawek, Karl 264
Payer, Vanessa 182
Péguy, Charles 204, 207
Peichl, Gustav 195, 214, 235, 236, 237, 238, 239, 325
Perger, Werner A. 244
Petrowsky, Fritz 214
Petsch, Barbara 244
Petwaidic, Walter 147
Peymann, Claus 260
Pflaum, Barbara 214, 233, 262-266
Philippovich, Eugen von 111, 113
Picasso, Pablo 125
Piccaver, Alfred 120
Pichler, Alois 231
Pichler, Walter 327
Pittermann, Bruno 237, 238, 261, 265
Pius II., Papst 15
Plechl, Pia Maria 197, 247, 326, 328
Plöchl, Ingrid 258
Pokorny, Dagobert 283
Pol Pot 33
Polcar, Fritz 202, 269
Polgar, Alfred 157
Pollak, Oscar 202
Polsterer, Ludwig 215
Portisch, Hugo 241, 242

Possanner, Georg 244
Postman, Neil 280
Pound, Ezra 256
Preradovic, Paula von 153, 201, 216, 221
Preßburger, Richard 125
Priessnitz, Reinhard 255, 256
Priester, Eva 47
Prihoda, Vasa 226
Prosch, Theodor 225
Puccini, Giacomo322
Pulitzer, Joseph 26, 262
Pürer, Heinz 293
Pusch, Hans 238

Raab, Julius 196, 202, 205, 208, 214, 218, 219, 237, 238, 268, 269, 301
Radetzky, Johann Josef Wenzel 98, 103
Rainer, Gottfried 264
Rainer, Roland 238
Ranftl, Matthias 16
Ransmayr, Christoph 258
Ratkay, Georg 222
Reagan, Ronald 266, 293
Rechberg, Graf 40
Reden, Alexander Freiherr von 88
Reden, Hans Hugo von 88, 253
Reden, Kurt von 88-90
Reden, Sixtus von 88
Rehe, Rolf 290, 303, 329
Reimers, Emmerich 186
Reiner, Johann Josef 223
Reisch, Richard 115
Reisser, Christoph 321
Reitler, Josef 137
Renner, Karl 201, 324
Richter, Heinrich M. 68, 72
Rieger, Josef 258
Rieth, Kurt 142
Riewerts, Cornelius 294
Rismondo, Piero 203, 257
Rjasanow, D. 28, 29, 35
Roda Roda 323
Rodenberg, Julius 38
Roscher, Wilhelm 109
Rosdy, Ladislaus 232
Rosei, Peter 256
Roth, Joseph 60, 83, 157, 179
Rothmayer, Rolf 242, 243, 290
Rothschild, Familie 20, 87, 320
Rothschild, Louis 138
Rousseau, Jean-Jacques 108
Rübelt, Lothar 250, 263
Rubinstein, Siegmund 232
Rudolf, Kronprinz 41-43, 45, 108, 109, 259, 298
Ruge, Arnold 29
Ruggiera, Mariella 258
Rupp, Sieghardt 190
Russell, Bertrand 125

Saar, Ferdinand von 168
Sallinger, Rudolf 219, 307
Salten, Ernst 153

Salten, Felix 57, 137, 153, 185, 188-190, 314
Sander, Friedrich 47
Sandrock, Adele 172
Sartre, Jean-Paul 125
Sauerlaender, Remy 181
Sax, Emil 116
Schacht, Hjalmar 143
Schaefer, Camillo 258
Schaffler, Wolfgang 256
Schalek, Alice 96, 105, 323
Schaler, Fritz 264
Schams, Franz 23
Schandl, Adolf 228
Scharang, Michael 256
Schärf, Adolf 202, 204, 205
Scheichl, Sigurd Paul 104
Scheidl, Hans Werner 244
Schier, Benjamin 140, 146
Schiller, Friedrich 169, 173
Schir, Bernhard 187
Schlag, Evelyn 258
Schleinzer, Karl 238
Schlenther, Paul 44, 171
Schlick, Moritz 226
Schließmann, Hans 75
Schmerling, Anton Ritter von 36
Schmid, Gerhard 182
Schmidt, Alfred Paul 258
Schmidt, Arno 255
Schmidt, Margit 291
Schmidt-Dengler, Wendelin 259, 260
Schmied, Wieland 232
Schmögner, Walter 255
Schmolke, Michael 68
Schmoller, Gustav von 109, 110
Schmutzer, Ferdinand 111
Schnitzler, Arthur 94, 127, 157, 184-191, 314, 322
Schnitzler, Heinrich 185
Schnitzler, Johann 184
Schnitzler, Lily 185
Schnitzler, Olga 185
Schober, Johann 137, 138, 139
Schöffl, Stefan 309
Scholz, Wenzel 47
Schönberg, Arnold 177
Schönerer, Georg Ritter von 42
Schönfeld-Illy, Leo 115
Schönherr, Karl 187, 314
Schorske, Carl E. 77
Schranz, Karl 314
Schratt, Katharina 26, 43, 44
Schreiner, Karl 229
Schriefl, Alexandra 229
Schröfl, Erich 327
Schubert, Franz 163, 170
Schubirsch, Walter 228, 229
Schügerl, Kurt 311, 330
Schuh, Franz 259
Schulmeister, Otto 195, 197, 201, 203, 207, 208, 213, 215, 218, 219, 231-234, 240-246, 269, 289, 295, 301, 306, 311, 312, 326, 328, 329
Schumpeter, Josef A. 109, 111, 113, 115
Schuschnigg, Kurt von 140, 142, 143, 144, 146, 201, 212, 325
Schuster, Nora 266
Schütz, Alfred 117
Schütz, Arthur 80
Schwabl, Hans 260
Schwarz, Karl-Peter 244, 307, 330
Schwarz, Walter 244
Schwarzenberg, Friedrich Fürst 16
Schwerin-Krosigk 148, 149
Sedlnitzky, Josef Graf 16, 17
Seidl, Dieter 311
Seidler, Alma 186
Seidler, Michaela 266
Seipel, Ignaz 137, 138, 324
Semper, Gottfried 168
Servaes, Franz 127
Seyß-Inquart, Arthur 146, 149, 216
Shaw, George Bernard 58, 157, 183
Sil, Vara 323
Silberer, Viktor 43, 248, 251
Sindelar, Matthias 251
Sinowatz, Fred 238, 270, 271
Skalnik, Kurt 232
Smistik, Pepi 251
Smith, Adam 116
Smolka, Harry Peter 153
Sokrates 299
Sonnenfeld, Kurt 137, 153
Sonnenthal, Adolf von 168, 172
Sontag, Susan 125
Spalt, Johannes 233
Spann, Othmar 113, 114
Speidel, Ludwig 69, 157, 165, 168, 169, 170-173, 175, 183, 185, 319, 320, 321, 322
Speidel, Wilhelm 169
Sperber, Manès 56, 59, 257
Spiel, Hilde 257
Spiess, Josef 329
Spitzer, Daniel 62, 64, 70, 75, 157-165, 176, 299, 319, 322
Spitzmüller, Alexander von 138
Springer, Axel 326
Stacher, Alois 229
Stadion, Franz Graf 24, 27
Stagel, Richard 141
Stalin, Josef 28, 33, 54
Staribacher, Josef 273
Steinbach, Gustav 323
Steinbeck, John 125
Steiner, Herbert 47
Steinrück, Albert 180
Stern, Felix 69
Stern, Julius 69
Sternberg, Julian 152, 153
Stolper, Gustav 136, 137
Strau, Nicole 229
Strauß, Johann 48, 67, 177
Strigl, Richard von 115
Strindberg, August 58, 157, 183
Stroh, Pepi 251
Strohal, Eberhard 210, 213, 326
Stürgkh, Karl Graf 103, 226
Sündermann, Helmut 148, 152
Suttner, Bertha von 322
Svevo, Italo 257
Svoboda, Rudolf 307
Szemere, László von 179
Szeps, Moritz 42, 43, 298, 299

Taaffe, Eduard 13, 42, 43, 320
Tankosic, Woja 93
Tate, Sharon 125
Tauschinski, Oskar Jan 260
Tegethoff, Wilhelm 98, 163
Teilhard de Chardin, Pierre 125
Templ, Günther 235
Tertsch, Ekkehart 213
Terzic, Mario 258
Tessier, L. A. 121
Thaler, Karl von 70, 73, 319
Thimig, Helene 120
Thür, Hans 326, 327
Tichy, Herbert 262
Tilgner, Victor 44
Tisza, Stefan 107
Torberg, Friedrich 195, 211, 213, 214, 257, 326
Torberg, Marietta 257
Trotzki, Leo 54
Tschadek, Otto 265
Tschaikowsky, Peter I. 176
Tumler, Franz 257
Türk, Wilhelm 248, 249
Tuszynski, Ladislaus 225
Twain, Mark 300

Uhl, Friedrich 157, 319
Uhland, Ludwig 169
Ungart, Fred 196, 218, 219, 307, 326
Unterberger, Andreas 198, 199, 218, 244, 304, 307, 330
Urbach, Reinhard 260
Urbanek, Walther 203, 206, 301

Vajda, Stephan 240
Valentin, Karl 259
Vischer, Friedrich 176
Vodopivec, Alexander 236
Vogl, Adolf 251
Vogl, Walter 258
Vranitzky, Franz 238, 258, 259, 270, 271

Waechter, Alexander 185
Wagner, Otto 235
Wagner, Richard 70, 164, 169, 173-177, 319, 322
Waldheim, Kurt 271
Waldmüller, Georg Ferdinand 16
Walter, Ingrid 283
Wandruszka, Adam 29, 201, 203, 214, 283, 326
Warhol, Andy 125
Washietl, Engelbert 242, 243
Wasserbauer, Arnold 203
Wassermann, Jakob 122, 125
Weber, Edmund 202
Weibel, Peter 259
Weigel, Hans 257
Weil, Jürgen W. 258
Weilen, Josef 164
Weinberger, Lois 216
Weinheber, Josef 211
Weinwurm, Josef 228
Weiss, Franz X. 115
Welzig, Werner 260
Werfel, Franz 211
Wertheimer, Paul 137
Werthner, Adolf 26, 53, 319
Westphalen, Jenny von 34
Wieser, Friedrich von 109, 111-117
Wiktora, Oskar 283
Wilbrandt, Adolf von 171
Wilczek, Hans Graf 43
Wilder, Billy 300
Wilder, Thornton 325
Wilhelm II., Kaiser 44, 84, 91, 322
Wilhelm, Markus 258
Winckler, Johann 63
Windischgrätz, Alfred Fürst zu 30
Winge, Hans 326
Winkler, Josef 259
Winkler, Max 147-149
Winter, Philipp 250
Withalm, Hermann 219, 238
Wittmann, Hugo 69, 169, 320, 322
Witzmann, Erich 244
Woisetschläger, Karl 259
Wolf, Hugo 174-177
Wolter, Charlotte 168, 172
Woyzeck, Johann Christian 179

Yvon, Paul 301

Zalesak, Emil 214, 264
Zang, August 12, 13, 20, 21, 23-27, 30-32, 36-41, 47, 157, 184, 297, 313, 318, 319, 321
Zasche, Theodor 70
Zechmeister, August 217
Zedlitz, Joseph Christian Freiherr von 16
Zeemann, Dorothea 233, 257
Ziegelmayer, Leontine 173
Ziegler, Clara 158
Zilk, Helmut 254
Zimmer, Gerhard 244, 252, 327
Zola, Emile 58, 122, 157, 183, 189, 321
Zuckerkandl, Berta 124
Zuckerkandl, Robert 110, 116
Zuckmayer, Carl 257
Zweig, Stefan 54, 59, 106, 157, 183, 314, 323

Abonnement.

Ganzjährig 6 fl. C. M.
Halbjährig 3 fl. C. M.
Vierteljährig 1 fl. 30 kr. C. M.
Monatlich 30 kr. C. M.
Einzelne Blätter kosten 1 kr. C. M.

Tägliche Postversendung.

Ganzjährig 7 fl. 12 kr. C. M.
Halbjährig 3 fl. 36 kr. C. M.
Vierteljährig 1 fl. 48 kr. C. M.

Inserate aller Art werden angenommen. Einrückungs-Gebühr für die einspaltige Petitzeile bei einmaliger Einrückung 4 kr. Für die zweite und dritte Wiederhohlung jedesmal 2 kr. Folglich für dreimalige Einrückung 8 kr. C. M.

Einrückung 8 kr. C. M.

Die P

№ 1. **Wien, Montag**

Die Austräger dieses Journals sind angewiesen, Abonnements-Bestellungen für die Stadt und alle Vorstädte in das Expeditions-Bureau, Wollzeile Nr. 778, zu befördern.

Es genügt also, dem Austräger Namen, Adresse und die Dauer des Abonnements genau anzugeben, um am andern Morgen das Journal mit der Pränumerations-Karte zu erhalten.

Den Abonnenten wird das Journal täglich ohne Erhöhung des Preises in das Haus geschickt.

Inhalt: Unser Zweck. — Die Executiv-Gewalt Deutschlands und Erzherzog Johann. — Oesterreich und Deutschland. — Wien. — Nachricht aus Treviso. — Sicherheits-Ausschuß vom 1. und 2. Juli. — Pest. — Prag. — Frankfurt, die provisorische Central-Gewalt für Deutschland. — Berlin, Rückblicke in die letzte Vergangenheit Deutschlands. Preußen. — Hannover. — Zürich. — Luzern. — Rom. — Großherzogthum Posen. — England. — Frankreich. — Börsenbericht.

Wien den 2. Juli.

Bei der Gründung des Blattes, dessen erste Nummer wir hier dem Publikum vorlegen, haben uns mannigfache Ideen geleitet und Plane vorgeschwebt, deren Verwirklichung unser

Namen der Gesetze dem Un
gegentrat. Das Erste, was m
Presse, und man hatte D
Händen die Geschicke der n
nung ist die Königin
schaffen, berathen, leiten dies

Wie hat nun seit dieser er
gestaltet? Wir sagen es frei,
den rechten Weg zu finden.
ßend, oder abstract, oder
einmal von ihren Auswüchsen,
sind und weil sie durch Pfleg
mag uns hier gegönnt sein, u
deuten.

Wir sind Demokraten im
wir lieben das Volk, aber wir
berzeugung, daß die große Pf
Geister in das öffentliche Leb
erneuten Staates unparteiisch
und zu sagen, und durch Bele
stiger Gleichheit anzustreb
vor dem Gesetze, dieser he
immer Täuschung wird. Das
erkämpft, die Presse muß dafü
für das Volk erkämpfen.

Der Bürger hat in unseren